THiNKr

新思

新 一 代 人 的 思 想

西班牙帝国

走向
全球霸权之路
1492—1763

How Spain Became
a World Power

Empire 1492—1763

Henry
Kamen

[英]
亨利·卡门
◆ 著 ◆

罗慧玲
◆ 译 ◆

中信出版集团｜北京

图书在版编目（CIP）数据

西班牙帝国：走向全球霸权之路，1492—1763 /
（英）亨利·卡门著；罗慧玲译. -- 北京：中信出版社，
2023.1（2024.5 重印）
书名原文：Empire: How Spain Became a World
Power, 1492-1763
ISBN 978-7-5217-4801-7

Ⅰ.①西… Ⅱ.①亨… ②罗… Ⅲ.①西班牙－历史
－1492-1763 Ⅳ.①K551.3

中国版本图书馆 CIP 数据核字（2022）第 175992 号

西班牙帝国：走向全球霸权之路，1492—1763
著者： ［英］亨利·卡门
译者： 罗慧玲
出版发行：中信出版集团股份有限公司
（北京市朝阳区东三环北路 27 号嘉铭中心　邮编　100020）
承印者： 北京通州皇家印刷厂

开本：880mm×1230mm 1/32　　印张：21.5
插页：16　　　　　　　　　　　字数：504 千字
版次：2023 年 1 月第 1 版　　　印次：2024 年 5 月第 4 次印刷
京权图字：01-2019-4435　　　　书号：ISBN 978-7-5217-4801-7
定价：139.00 元

目 录

导读

顾卫民 [*]

本书是英国著名历史学家亨利·卡门（Henry Kamen，1936— ）教授撰写的关于西班牙帝国历史的著作。作者是英语世界研究近代早期欧洲史、西班牙史和西班牙帝国史的著名学者，他于1936年出生在当时还是英属殖民地的缅甸仰光，早年在牛津大学学习，在该校圣安东尼学院（St. Antony's College）获得博士学位。1966年至1992年，他任教于沃里克大学（University of Warwick）以及西班牙的一些大学。1970年，他被选为英国皇家历史学会（Royal Historical Society）的会员。自1984年起，他在威斯康星大学麦迪逊分校（University of Wisconsin-Madison）的"人文研究院"（Institute for Research in the Humanity）担任"赫尔伯特·F. 约翰逊荣誉教授"（Herbert F. Johnson Professor）。从1993年至2002年退休为止，他还在巴塞罗那科学研究高等院（Higher Council for Scientific Research）担任教授。亨利·卡门教授在退休以后继续从

* 作者为华东师范大学历史学系教授、澳门科技大学特聘教授。

事教学和写作，笔耕不辍。*

《西班牙帝国：走向全球霸权之路，1492—1763》一书所写的西班牙帝国的历史起自 1492 年西班牙基督教王国的统一，止于 1763 年"七年战争"的结束和具有历史意义的《巴黎条约》（Treaty of Paris）的签订。作者指出，尽管 1713 年的《乌特勒支和约》（Treaty of Utrecht）给西班牙带来了巨大的冲击，但是西班牙仍然保持帝国的权力，《巴黎条约》则最终承认和明确了帝国的控制范围，作者以此事件作为叙述的终点。

全书分为十一章：（1）"帝国的建立"，讲述"收复失地运动"以及西班牙基督教帝国的初建；（2）"西方帝国伊始"，讲述查理五世（Charles V the Great，r. 1519—1556）任神圣罗马帝国皇帝时期西班牙哈布斯堡王朝在西班牙本土和欧洲其他领地的统治，以及

---

* 作者的其他主要著作有：（1）《西班牙王位继承战争，1700—1715》（*The War of Succession in Spain, 1700–1715*）；（2）《镣铐的世纪：欧洲的社会变迁，1550—1660》（*The Iron Century: Social Change in Europe, 1550–1660*）；（3）《17 世纪晚期的西班牙》（*Spain in the Later Seventeenth Century*）；（4）《黄金时代的西班牙》（*Golden Age Spain*）；（5）《1500—1700 年的欧洲社会》（*European Society：1500–1700*）；（6）《凤凰与烈焰：加泰罗尼亚与反宗教改革运动》（*The Phoenix and Flame: Catalonia and Counter-Reformation*）；（7）《西班牙的腓力》（*Philip of Spain*）；（8）《西班牙宗教裁判所：历史的重新思考》（*The Spanish Inquisition: A Historical Revision*）；（9）《近代早期的欧洲社会》（*Early Modern European Society*）；（10）《阿尔瓦公爵》（*The Duke of Alba*）；（11）《被剥夺者：流放与西班牙文化的形成，1492—1975》（*The Disinherited: Exile and the Making of Spanish Culture, 1492–1975*）；（12）《想象西班牙：历史的神话与民族的身份》（*Imagining Spain: Historical Myth and National Identity*）；（13）《埃斯科里亚尔王宫：文艺复兴中的艺术与力量》（*The Escorial: Art and Power in the Renaissance*）；（14）《1469—1714 年的西班牙：一个冲突的社会》（*Spain 1469–1714: A Society of Conflict*）。

查理五世为维持帝国统一与和平所做的种种努力；（3）"新世界"，讲述西班牙人对于新大陆的征服以及印第安人在此过程中的历史角色；（4）"创造世界强国"，讲述查理五世之子腓力二世（Philip II or Philip the Prudent，r. 1556—1598）在欧洲维持和扩张帝国的事业，以及其与父王不同的措施与理念；（5）"东方的明珠"，讲述帝国在太平洋地区的扩张和菲律宾殖民地的建立，还有"马尼拉大帆船"的航行路线以及帝国对菲律宾的经营；（6）"帝国的边疆"，讲述西班牙的妇女和美洲的印第安妇女、殖民者、"海盗"（即持有政府颁发的许可证的私掠船主和从事违禁品贸易的人）、神职人员的活动，还有从欧洲引进殖民地的动物和作物给当地带来的生态变化；（7）"世界强权的贸易"，讲述西班牙海洋帝国在欧洲、美洲和亚洲的贸易活动以及其与英国、荷兰的海上战争；（8）"身份认同与教化使命"，讲述帝国殖民地社会各阶层以及各种族的人对于自我身份的认识，还有帝国在这些地区的宗教传播以及各种不同文化的交流与融合；（9）"帝国的巩固（1630—1700）"，讲述此一时期帝国与英国、意大利、德意志、法国、葡萄牙、荷兰的战争与和平，以及维持帝国统一所遇到的困难和危机；（10）"在新的治理下"，讲述波旁王朝早期的西班牙与欧洲；（11）"结论：皮萨罗的沉默"。

这是一部关于西班牙帝国历史的经典著作，既适合专业人士，也适合社会大众阅读。作者以流畅的文笔书写，尽可能少用专有名称、术语、日期和统计数据。

作者基于历史事实和自己的研究心得，在书中提出了一些特别的观点。他认为在习惯上人们认为是"西班牙创造了帝国"，但是在近代西班牙基督教王国刚刚形成的时候，西班牙还没有形成真正意义上的政治实体或者经济实体，在文化上也不具备扩张输出的能力。但是，西班牙近代基督教王国的开创者"天主教双王"（Catholic Monarchs）——卡斯蒂利亚女王伊莎贝拉一世（Isabella I of Castile，r. 1474—1504）和阿拉贡国王斐迪南二世（Ferdinand II of Aragon，r. 1479—1516）——通过勤政努力，使各基督教小王国的统治者放下分歧，一致对外，并使得半岛上的各族人民在帝国的初创事业中凝聚起来，强化了国家的统一，西班牙由此获得了逐渐强大与扩张的基础。作者还认为，帝国的建立之所以成为可能，更是由于欧洲各国和各地区提供了丰富的精神资源和物质资源的支撑：历代罗马教皇的祝福，使得西班牙的统一和扩张获得了"欧洲十字军"的称号和所谓的"正当性"；自1482年以后，历代教皇还通过征收十字军税向西班牙的王室提供了慷慨的财政支持，以至于西班牙王室的战争费用中有四分之三来自罗马教会的税收；犹太人金融家和意大利的金融家，如热那亚的富有商人，也提供了关键的经费支持；王室也雇用了瑞士的雇佣军，他们进入伊比利亚半岛以后为卡斯蒂利亚的军官提供了作战策略、技术和兵力；法兰西、意大利、德意志、英格兰的志愿者也纷纷来到半岛协助西班牙人作战，特别是米兰和德意志的炮兵在半岛统一战争中发挥了重要的作用，此外，意大利、佛兰德、英国与法国的商人们还通过购买半岛的产品，特别是羊毛等，为帝国财政输入了大量资金，等等。

作者肯定了查理五世的哈布斯堡王朝在巩固帝国的事业中发挥的特别作用。当时的哈布斯堡王朝不仅拥有西班牙本土，还拥有包括尼德兰、奥地利和意大利的西西里在内的许多地方。但是查理五世综合考虑以后的举措很大程度上巩固和发展了帝国的事业。首先，他通过与德意志富裕的银行家族，如韦尔泽家族、富格尔家族，以及意大利热那亚的银行家族的合作，引入国际资本来支持帝国事业。其次，他发展了帝国的通信事业。由于此时帝国的面积已经大大超越以前，信息的通畅对于维持帝国的统一有极为重要的作用。查理任命了一些能干的官员担任帝国邮政总监和各级邮政官员，维持着从维也纳、布鲁塞尔、罗马一直到马德里的信息通畅；再次，他将国家资源作为贸易商与金融家的担保，以此来分散商业的风险，为商人阶级提供资金的保障。开始时，西班牙本土和欧洲国家的储备资金发挥主要作用，后来，来自帝国美洲殖民地的资金显得越来越重要。通过查理五世的努力，帝国在西班牙本土维持了和平与安宁，皇帝赢得了普通百姓的支持，贵族则将战争与扩张的兴趣转向了海外。同时，帝国在意大利的领土，如米兰和那不勒斯等，则显得越来越重要，帝国开始在地中海地区凸显自己的影响力。

腓力二世执政时代是"日不落帝国"的全盛时期。他的方针与父王的有相同的地方，也有不同的地方。其最大的不同之处在于帝国完全由西班牙人控制，国王常驻马德里，而非往返于西班牙本土与其他欧洲领地之间。从1561年开始，马德里成为帝国的行政中心，"腓力的统治成了真正的西班牙式的，甚至是真正的卡斯蒂利亚式的"。他尽一切努力将卡斯蒂利亚人安置在各个关键职位上，以便与帝国其他领地建立直接的联系。该政策在尼德兰地区造成了人民的反感与疏离，最后成为导致荷兰革命的原因之一。腓力与父王相同的地方就是他也重视财政与经济的发展，他改革了帝国的财政部，帝国凭借着与美洲的联系和在欧洲的关键位置，发展各地之间的经济与贸易往来。在腓力二世任内，卡斯蒂利亚城镇人口上升了 50%，塞维利亚的人口增加了 2 倍，生产的总量也随之上升，西班牙和欧洲对于美洲食品和制成品的需求也日益增加。商人和制造商有机会将更多的资金投入生产，农业发展也很迅速，大片土地得到开垦，外国的资金也注入西班牙。腓力与父王一样，也要克服帝国各地因距离遥远而沟通不便的问题。他极力加强信息的流通和交换，完善邮政和通信制度。他在青年时代就关注意大利文艺复兴的成就，也重视尼德兰等地制图业的发展，委托制图家认真地测量帝国各地的乡村与城镇。从 1576 年开始，他还委托专业人士广泛调查美洲的植物、地理、经济和宗教情况。在军事方面，除了封建征兵和强制征兵以外，他也重视招徕外国的雇佣兵。当时，参加帝国时期西班牙军队的有各国、各地区的人士，如法国人、德意志人、意大利人、比利时人、弗里斯兰人、英格兰人以及苏格兰人等等。腓力二世还在大西洋上建立了强大的海军系统，对往返于大西洋两岸的西班牙商船实施护航。这些都是腓力二世得以维持帝国并取得成就的原因。

西班牙帝国史的重要篇章是其美洲殖民地的建立。1519—1521 年，在埃尔南·科尔特斯（Hernán Cortés，1485—1547）率领之下的西班牙殖民者征服了中美洲的阿兹特克王国。弗朗切斯科·皮萨罗（Francisco Pizarro，1471—1541）率领的殖民者则于 1532 年征服了南美洲的印加帝国。西班牙帝国由此建立了在美洲辽阔土地上广大的殖民地。作者特别指出，美洲的征服不是帝国派遣军队实现的，而是由服从于国王的小群探险者实现的，这些探险者通常是工匠、公证人、商人、海员、贵族和农民，他们是欧洲移民的社会阶层的缩影，某种程度上也反映了西班牙的社会结构。西班牙殖民者征服美洲的方法之一就是利用超自然的象征符号去迷惑盟友或对付敌人。当时的自然征兆似乎有利于西班牙人，以至于阿兹特克人认为西班牙人是神族的后裔并且具有超人的能力。西班牙人另一个有效的方法就是利用美洲原住民部族之间的矛盾，挑拨他们之间的关系，让他们陷入内斗，以实现征服。如征服阿兹特克人的时候，许多印加人为殖民者提供了协助，甚至加入殖民者一方战斗。在征服结束以后，西班牙人将他们在伊比利亚半岛生活的基本单位——城镇——搬到了美洲殖民地，16世纪新大陆上出现了一大批以西班牙名称命名的城镇，如特鲁希略、莱昂、圣地亚哥等等，它们都是按照西班牙城镇的模式建立的，为殖民者提供了有利的生存与贸易环境。西班牙人还建立了"委托监护"制度，与当地原住民酋长达成协议，组织劳动力，包括印第安人劳工以及以后被贩卖到那里的黑人劳工。由此，西班牙人成为美洲新的主人。在此过程中约有2 000万印第安人受到极为残酷的迫害。

作者从社会史的角度分析不同社会人群在西班牙人的扩张事业中的角色，他把西班牙海外殖民地视为"边疆的社会"，特别谈到妇女在开拓事业中的作用。美洲妇女的自我保护意识以及勇敢给欧洲殖民者留下了深刻的印象，由此产生了"亚马孙女战士"的传说。殖民者们还与当地的女子结婚或者同居，由此产生了混血的族群。也有少数伊比利亚半岛上的妇女来到美洲大陆。西班牙殖民者高度重视从本土来到美洲的女性。1539—1541年，帝国政府禁止单身女性来到美洲。但是随着时间的推移，还是有妇女随同丈夫来到美洲，她们参与了殖民地的事业，包括随军作战、建立定居点和从事劳动。她们对殖民地的发展具有重要意义，给了那些不安分的冒险者定居下来的动力，由此形成了比较稳定的家庭与城镇。由于生活条件的严酷，许多妇女很快成为寡妇，不得不再婚。一些妇女则独立地管理财产和劳动力。还有一些妇女则加入教会，成为新大陆宗教生活中的女性先驱者。作者关注的另一种类型的人是神职人员，在反宗教改革时代，帝国以推广天主教为己任，在"王家保教权"的庇护之下，传教士们纷纷来到美洲和亚洲的殖民地从事"拯救灵魂"的事业。天主教会是国际性的宗教团体，因此，除了西班牙传教士以外，欧洲各国和各地区的传教士也纷纷参与其中。方济各会修士与耶稣会会士的表现最为突出，他们卓有成效地将传教事业融入帝国的扩张事业中，他们学习当地的语言，向当地人传播宗教信仰，努力改变当地人的社会风俗，以使其适应基督教的道德要求。耶稣会在巴拉圭建立的所谓"耶稣会国"特别引人注目。出于自身的宗教立场，神职人员也对殖民地世俗当局的一些做法，特别是其残酷压榨印第安人的做法提出异议甚至批评，但另一方面，传教士也在当地建立只有教会和修会团体控制的以教堂为中心的村落和定居点，利用当地人的劳动从事生产。作者提到，在1700年左右，耶稣会在秘鲁总督区沿海拥有大片土地，上面出产蔗糖和葡萄，原住民被禁止消费这些农产品，其利润被用来资助秘鲁的11所耶稣会学院。耶稣会还从巴西进口黑人奴隶从事劳动，由此也引发了殖民地世俗当局对神职人员的反批评和指控。

本书有专门的一章"东方的明珠"谈到西班牙人在太平洋地区的殖民地菲律宾，以及著名的"马尼拉大帆船"的国际性贸易活动。作者指出西班牙人入侵对菲律宾的影响比对美洲的影响要小得多，也没有引发人口灾难。当地人与亚洲别的地方的文明保持接触，对新的疾病也有抵御的能力。西班牙殖民者没有在当地引进太多的新作物（小麦无法在当地生长，当地人对于从美洲来的玉米也没有兴趣）或开矿山。相反，西班牙人还要以当地的稻米为主食（这是他们不习惯的）。作者认为由于地理和气候条件等各种因素，西班牙在菲律宾的殖民地并不如一些历史学家认为的那样重要。在香料贸易中，西班牙人唯一得到的重要香料只有肉桂，其他如丁香等产自更远的马鲁古群岛，那里是葡萄牙人的属地。作者认为从马尼拉向北再转向西直达阿卡普尔科的"马尼拉大帆船"航线，在1565年开辟以后的200多年中毫无疑问是一条独一无二的帝国航线，但是它并没有有助于帝国的扩张，它缺乏可靠的中转港口，沿途都是荒岛，航行中船员的死亡率也很高。"马尼拉大帆船"从美洲带回的物品，如墨西哥白银，刺激了亚洲各地区贸易的发展，新的食物尤其是玉米在以后的数世纪里帮助了中国人度过饥荒。不过，在菲律宾的西班牙殖民者只关心贸易带来的利润，而不愿意在农业、防务与城镇建设上投入过多的力量。作者特别提到了中国人在菲律宾和太平洋地区的重要性，他称中国人才是"南太平洋以及马尼拉地区的真正主人"，早在西班牙人到来以前，中国人已经在这些岛屿从事贸易，西班牙人也要依靠中国人在吕宋岛的甲米地船厂建造船只，原料是当地工人砍伐的树木。在西班牙专家的监督之下，中国人和马来人建造了岛上大部分的远洋大帆船。最重要的是，菲律宾贸易的性质也是由中国人决定的，因为"马尼拉大帆船"运出的货物大部分是从中国福建等地输入马尼拉的。

作者以较多的篇幅谈到西班牙帝国的文化及其对欧洲各地的影响。他指出帝国的学者关心文艺复兴，他们前往意大利汲取文艺复兴学术的养料。不过，从总体上看，西班牙帝国自以为强大与优越，对外来的文化持不屑一顾的态度。西班牙的贵族、神职人员、精英人士的文化修养水平都比较低。欧洲其他地方的人士反而比较重视西班牙的文化，在德意志，从1600年至1618年翻译出版了19部流行的卡斯蒂利亚语作品，但是西班牙人很少翻译德语作品。英国地理学家理查德·哈克卢特（Richard Hakluyt）在1589年出版了《英格兰的重要航海、旅行及发现》，其中有关于西班牙的记载，引起了英格兰民众对于西班牙文化的热忱。不久以后，英格兰人对西班牙的文学也产生浓厚的兴趣，但是在西班牙没有任何英语作品被翻译出版。17世纪，荷兰人对西班牙的兴趣也有增无减，荷兰的私人与公共图书馆中，收藏有关于西班牙的千余种作品。意大利的学者也热衷于介绍西班牙的文化。随着时间的推移，西班牙的少数精英人士改变了一意排拒外来文化的态度，特别是在音乐与艺术领域，他们注重吸收外来元素，将其改良和本土化。在此方面，腓力二世、腓力四世都是榜样，前者收藏了大量欧洲艺术品，后者资助大画家委拉斯开兹和鲁本斯的绘画。

西班牙帝国时期作物与植物的世界性流通是目前大家很关心与热衷于讨论的问题。与众不同的是，作者没有以过多的篇幅讨论人们关心的美洲作物和其他植物对于外部世界的影响，相反，他谈到了欧洲人引进的动物，如狗、马、鸡、绵羊、猪、山羊和牛在新的环境中的影响："一些穿越大西洋的船几乎成为名副其实的挪亚方舟。"猪是西班牙人喜欢和带到美洲的重要家畜，从1493年被哥伦布首次带到美洲以后，到16世纪30年代，猪几乎遍布伊斯帕尼奥拉、古巴、墨西哥和秘鲁的广大地区。牛的繁殖能力特别强，1518年的报告说，野外的三四十头牛在三四年内可以增长到300头。1619年，布宜诺斯艾利斯的长官报告说每年有8万头牛被宰杀，以供人们获取牛皮。至于马匹，虽然它们大部分死于航行途中，繁殖也很慢，但是因为新大陆土地辽阔，西班牙人需要马匹代步，所以马匹还是在那里发挥了重要的作用。这些动物永久地改变了殖民地当地人民的生活。许多当地人从素食者变成了肉食者。富裕的印第安人也懂得骑马出行，用牛犁地。跟随西班牙殖民者一起来到当地的还有可食用植物、树木和鲜花，还有害虫和其他有害动物（如船鼠），最后还有导致印第安人大量死亡的疾病。作者将这种现象称为"生态帝国主义"（ecological imperialism）。

作者必然谈到了西班牙殖民者在美洲犯下的种种罪恶。他指出西班牙人对印第安原住民的残酷压迫是无可争议的，他们是无情和野蛮的，他们的恶行不受殖民地当局的限制。"对于西班牙人来说，残忍地杀害原住民其实并不符合他们的利益，而且这样做显然会损害他们原本实行的委托监护制。然而，为了在这片土地上站稳脚跟，他们毫不犹豫地使用了最大限度的暴力。"印第安人被奴役、过度劳累、被虐待、营养不良，甚至会死于饥荒。作者引用其他学者的统计称，约有 2 000 万原住民被西班牙殖民者残忍地杀害。更加残酷的来自欧洲人带来的疾病，包括天花、斑疹伤寒、麻疹、白喉、流感、伤寒、鼠疫、猩红热、黄热病、腮腺炎、感冒、肺炎、淋病。这些"疾病的直接影响是毁灭性的"。

作者是英语世界研究西班牙帝国史的权威的和资深的历史学家，由于其欧洲文化的背景，他对于西班牙在整个欧洲史中的地位了如指掌，因此在叙述西班牙帝国史的时候，对于西班牙与欧洲各国和各地区的关系，如与英国、法国、尼德兰、意大利的关系的叙述较为深入和仔细，占用的篇幅也比较大，这是本书的另一个特点。西班牙帝国在地中海周边海域和领地遇到的劲敌就是西扩的奥斯曼土耳其帝国，帝国将抵御奥斯曼土耳其的进攻视为十字军"圣战"的继续，同时为此目的也与意大利的各种政治、宗教和社会力量结成"神圣同盟"，它们之间结成了非常密切的合作关系。1555—1559年，西班牙帝国专门设立了一个委员会来处理与意大利各国以及它在意大利的领地（如那不勒斯等地）有关的事务，6名委员中有3名分别来自西西里、那不勒斯和米兰。西班牙在欧洲的主要军事基地位于米兰公国，米兰的地理位置可以阻止法国向意大利的扩张。那不勒斯与伊比利亚的军队可以在这里会合，开往欧洲北部；或者穿越阿尔卑斯山的隘口，抵达莱茵河；再或者穿越瑞士的瓦尔泰利纳山谷，从中欧进入哈布斯堡家族的领地。作为西班牙领地的那不勒斯王国通过征兵、收税和造船，为西班牙帝国做出了重要的贡献。那不勒斯以巨额的地方税收为西班牙军队（步兵和海军）提供军费。其他的意大利国家是主权国家，拥有各自的政府、法律和货币制度，特别是威尼斯共和国与教皇国。西班牙通过与当地贵族精英，特别是与贡萨加家族、科隆纳家族和美第奇家族结成友好互助关系来拓展其影响力。帝国王室通过任命他们为官员和赋予他们以荣耀头衔来笼络他们，建立代理人网络。同时，西班牙也将在美洲掠夺的黄金输入意大利，刺激米兰公国军事工业的发展，同时支付欧洲各地的特殊军费开支。书中对于帝国在尼德兰地区的种种施政也有较多和较深入的叙述和分析。本书提及的这些历史背景很可能有助于中国的读者了解西班牙帝国与其领地的错综复杂与相互交织的历史，对于想了解这一段时间整个欧洲史的读者也会有触类旁通的启发。

作者特别提到自己在写作时的基本切入点。他指出："我在此试图讲述的是一段帝国历史，而不仅仅是一个扮演着帝国角色的民族国家的历史。在我的书中，帝国不是一个民族的产物，而是不同民族之间的关系，是各种历史偶然事件的最终产物，在这些事件中，西班牙的贡献并不总是最重要的。上一代的历史学家们更侧重故事中关于西班牙的那一面。"作者进而指出："我在前文中的叙述明确否定了一种流行观点，即欧洲人是权力的基础，欧洲的某种奇迹赋予了它世界霸主的地位。我也不接受一些历史学家轻松论证出来的那种观点，即欧洲在世界舞台上的地位主要基于'西方武器相较于其他地区的武器拥有的绝对优势'。读者们会看到，于我而言，西班牙帝国不只是欧洲人的创造物，也是美洲原住民、非洲人和亚洲人的创造物。"

作者还认为，所谓帝国的"力量"并不一定指展示武力的能力，而是指帝国赖以建立的基础，比如提供金融和其他服务的能力。关键在于谁能够聚集人力、提供信贷服务、组织贸易活动、建造船只和制造枪支火炮。西班牙人之所以能够征服美洲大陆，是因为他们的事业有了欧洲人和美洲原住民的参与。事实上，"征服"的权力的重要性往往不及"商业"或是整合资源的能力。与葡萄牙海洋帝国一样，西班牙的全球事业在许多阶段都显示了"商业帝国"的种种特点。正因为如此，本书对于西班牙本国人的叙述并不太多，而是将重点放在不同族群的人参与下的帝国事业，除了征服者以外，参与帝国事业的还包括被征服者、移民、妇女、被驱逐者、被排斥者等等，他们中不仅有西班牙人，还有意大利人、比利时人、德意志人和中国人。正如作者自己说的："从古至今，许多西班牙人都更倾向于将帝国视为他们自己的独特成就，但是本书将会为另一种观点提供佐证。"

感谢在译者和出版社等各方努力之下，这部历史著作的中译本问世了，它可以为读者在观察近代早期西班牙帝国及其海外殖民地、欧洲以及亚洲其他相关地方的社会历史、文化、宗教和贸易联系时提供较为广阔的视角。本文作者也相信广大读者对于这部著作的内容会做出比本文的阐述更加深入有益和富于批判性的理解和思考。

前言

——年轻的亚历山大征服了印度。

——他是单枪匹马获胜的吗?

——恺撒打败了高卢人。

——他都没带个厨师吗?

——贝托尔特·布莱希特,《阅读者的提问》

没有印第安人,白人该怎么办?

——新格拉纳达的一名瓜希罗印第安人,18 世纪

当我们思考西班牙霸权的规模,并将其与产生它的贫困做对比时,我们就不应该再感到骄傲了。

——拉蒙·卡兰德,1969 年

本书的缘起,要追溯到圣康坦(St Quentin)的战场上,圣康坦是靠近比利时边境的法国小镇。1557 年,西班牙国王腓力二世的军队在此击败了法军。在我的另一本书《西班牙的腓力》(*Philip of Spain*,1997)中,我基于史料文献与最近的研究成果,对这次战

役进行了简要的介绍。一位著名的历史学家在评论此书时表示，我的描述"并没有反西班牙的倾向，但其中一些结论令人惊讶"，因为我指出参与战斗的西班牙士兵仅占军队总规模的十分之一，由此颠覆了"圣康坦战役的结果是西班牙的胜利"这一传统观点。这位历史学家指出，来自西班牙的军队可能很少，但他们比其他地区的队伍更高效，这一点让胜利属于西班牙人。他还补充说，无论如何，胜利都属于为这场战争付出代价的那一方，也就是西班牙。因此，无论从哪个角度来看，这都是一场西班牙的胜利。"西班牙军队赢得了战斗。"这些反对意见似乎完全合理，并在我的脑海中引发了一系列问题，最终导致了本书的诞生。各方做出了怎样的行动？又为了什么目标而付出代价？这些问题不一定都能有答案。是科尔特斯征服了墨西哥吗？贝尔纳尔·迪亚斯·德尔·卡斯蒂略（Bernal Díaz del Castillo）查看官方历史学家戈马拉（Gómara）的报告时无比惊讶，因为戈马拉相信科尔特斯几乎是单枪匹马推翻了强大的阿兹特克帝国。而我在看到许多学者关于西班牙帝国的建立的论述时，惊讶之情毫不亚于贝尔纳尔。

因此，我的这本书只探讨关乎西班牙如何崛起为世界强国的几个问题。它不仅是对圣康坦战役的思考，也是对西班牙历史演变的沉思，从这个意义上来说，它与我过去30年的总体研究方向一脉相承。就在几年前，为了向我目前旅居的这片土地及其人民致敬，我出版过一部专著，主要考察反宗教改革时代加泰罗尼亚人的家庭生活、社会与文化状况。而本书终于实现了我计划已久的另一个研究主题：西班牙人。多年来，正是这些西班牙人让我得以了解、欣赏并探究西班牙文化与历史的复杂特征。

以西班牙为讨论中心的名著不胜枚举，从 R. B. 梅里曼（R. B.

Merriman）的四卷本《西班牙帝国的崛起》（*The Rise of the Spanish Empire*），到萨尔瓦多·德·马达里亚加（Salvador de Madariaga）的同主题作品皆属此类。在这种视角下，西班牙这样的小国取得了令人惊叹的帝国权柄，使世界为之震惊，随后却又陷入无法避免的"衰退"之中。强调西班牙——尤其是卡斯蒂利亚——在帝国创建中的作用，这种论调由来已久。从本质上来看，帝国主义与欧洲中心主义的论调主导了传统的历史写作范式。卡斯蒂利亚人从一开始就为他们在帝国（他们更习惯将自己的国家称作"君主国"，而非"帝国"）中享有的地位而深感自豪，因此极力倾向于美化、夸大卡斯蒂利亚在帝国建立中的作用。一位著名的当代西班牙学者所言正反映了人们的普遍认知："西班牙人占领了意大利，以胜利者的姿态穿过欧洲腹地，翻越高耸的安第斯山脉。"[1]卡斯蒂利亚（西班牙）被视为世界的巨人、民众的征服者、战争的胜利者。曾经与西班牙交手的民族，如葡萄牙人、墨西哥人、意大利人和加泰罗尼亚人，也倾向于夸大对手的实力，以彰显自己拥有足以抵抗西班牙的强大力量。英国民间流传的 1588 年英格兰重创西班牙"无敌舰队"的故事就是其中一个例证。[2]荷兰人在这方面更是有过之而无不及。1600 年前后，阿姆斯特丹著名的市长科内利斯·霍夫特（Cornelis Hooft）就曾说过："与西班牙国王相比，我们简直就像是对抗大象的老鼠。"[3]不管是卡斯蒂利亚人还是其他民族，一个强大西班牙帝国的形象都能给他们带来不少便利，各国的民间传说和历史书籍也会有意加深这种印象。然而，如果人们仔细观察，就会发现这种"大象"的形象并不属实。事实上，或许最中肯的观察结论恰恰来自遥远的菲律宾群岛，霍洛岛（Jolo）上的苏丹就曾向当地的西班牙官员直言道："尽管我们确实可以被比作一条狗，而西班牙人是头大象。但或许有一天，大象也会发现这条狗的实力快要赶上它了。"[4] 东方人的洞察力确实是难以超越的。

我们对过去的许多看法都充满了各种迷思，就像我们之中仍然有人笃信地球是平的。如果这些迷思没有实际害处，我们也不必急于将它们赶尽杀绝。然而，关于西班牙帝国的故事并不是全然无害的。对于今日的西班牙人而言，过去并不是遥远的传说，而是当下许多争论得以出现的内在因素，也将持续构成西班牙人政治期待与文化抱负的核心部分。"伟大的帝国时代"则是迷思与争议相继出现的这一领域的重要"战场"。对于普通读者而言，"帝国"一词意味着征服与国力扩张。16 世纪的西班牙人对此了然于心，他们将抵达美洲边疆的冒险家们称作"征服者"，就是在表示这些冒险活动也属于帝国事业。权力的概念被广泛使用，随之流传的还有"西班牙征服美洲"这样的术语。"民族主义"视角下的解读将西班牙的扩张简单地视作国家实力的体现。然而，研究帝国史的历史学家们近来开始质疑这一点，并且更倾向于探讨关于国家力量的本质问题。[5]

这里的"力量"并不一定只是施展武力的能力。更准确地说，它也可以指帝国赖以建立的基础，例如，提供金融和其他服务的能力，等等。[6] 换一种说法，即关键在于谁能聚集人力、提供信贷服务、组织贸易活动、建造船只并制造枪支火炮。例如，我们从 17 世纪瑞典的案例中可以了解到，在近代早期，很少有国家能够在没有盟友帮助的情况下掌握足以征服欧洲大陆的资源。同样，仅仅是西班牙人，也无法取得足够的资源来征服美洲大陆。他们得到了欧洲人和美洲原住民的帮助。事实证明，"征服"和权力的重要性往往不及"商业"或是整合资源的能力，西班牙的全球事业在许多阶段都显示出了"商业帝国"的种种特点。

这本书实际上是一个简单的概述，试图勾勒那些促成西班牙帝国崛起的因素。书中关于西班牙人本身的叙述并不多，因为西班牙的历史学家们已有不少作品予以透彻讲述了。我叙述的更多是那些不为人知的故事，借用诗人的话来说，这些故事不再将西班牙人视为"塑造帝国光辉"的唯一"推动者和变革者"，[7] 而仅仅将其视为一桩宏大事业的参与者，这桩帝国事业只有在属于不同民族的人群的合作下才能实现。书中将要介绍的帝国创造者，不仅包括来自西班牙的征服者，同样也包括被征服者、移民、妇女、被驱逐者、被排斥者等等。这些人也不仅仅是西班牙人，还有意大利人、比利时人、德意志人和中国人。从古至今，许多西班牙人都更倾向于将帝国视为他们自己的独特成就，但是本书将会为另一种观点提供佐证。

美国历史学家威廉·L. 舒尔茨（William L. Schurz）在其出版于1939年的名著中，对西班牙帝国的形象做出了最贴切的概括：就像马尼拉大帆船的命运一样，作为一艘孤独的船，它在亚洲和阿卡普尔科（Acapulco）之间的太平洋水域航行了两个多世纪，承载着西班牙人、墨西哥人、中国人、日本人和葡萄牙人的财富与希望，是伊比利亚人在全球的利益分布范围的象征。这个帝国像无情的帆船一样，存在了几个世纪，为许多人服务。这些人中无疑有很多西班牙人，但也有不少来自世界其他地方的人。我在此试图讲述的是一段帝国历史，而不仅仅是一个扮演着帝国角色的民族国家的历史。在我的书中，帝国不是一个民族的产物，而是不同民族之间的关系，是各种历史偶然事件的最终产物，在这些事件中，西班牙的贡献并不总是最重要的。上一代的历史学家们更侧重故事中关于西班牙的那一面，因此陷入了那些被臆想出的、如今已过时的问题，比如所谓的"西班牙的衰落"。[8]一旦我们对帝国机制做出明确的定义，"衰退"这个概念就不再具有任何意义。

只有考虑到所有参与者的作用，我们才能理解这桩史无前例的帝国事业。这里先列出几个结论，或许可以便于读者理解。第一个主要结论最为根本：我们习惯于"西班牙创造了帝国"的观念，但更有意义的说法应该是"帝国创造了西班牙"。在文中所述的历史时期开始时，"西班牙"还并不存在，它没有形成政治或经济上的实体，其文化也不具备扩张输出的能力。然而，半岛上各族人民在帝国事业上的合作使他们有了一桩共同的事业，这导致他们团结起来，从而强化了半岛的统一（尽管还有许多不尽如人意之处）。

第二个结论同样重要：帝国的建立之所以成为可能，不仅仅是由于西班牙，更是由于西欧和亚洲国家都提供了资源支撑，这些国家都全方位、合法地参与到这桩通常被人们（甚至是专业历史学家）认为是专属于"西班牙"的事业中。因此，本书试图解构西班牙的角色，使人们了解帝国事业的参与者及其贡献。费尔南·布罗代尔（Fernand Braudel）曾将腓力二世的帝国描述为"彻底的失败品"（un total de faiblesses），[9]字面意思就是"全是缺点"，我对这一点格外关注。在整个帝国建立的过程中，我会强调其他欧洲人的作用，因为"帝国"始终是一份共同的事业。近来还有一位学者提醒我们"欧洲的扩张，尤其是随之而来的海外帝国体系，是技术方面的普遍进步，以及欧洲因此获得的领先世界的商品生产效率与服务能力等多种因素共同作用的结果"。[10]但是正如我们所知，这些技术通常是欧洲的，而非西班牙专有的。

大约两代人以前的阿梅里科·卡斯特罗（Américo Castro）在试图评估西班牙对文明的贡献时，有充分的理由坚信"西班牙从未有过重大创新"。[11]据他的说法，西班牙的宗教思想、人文主义、技术、科学、意识形态都来自外部。他的观点与伟大的神经学家圣地亚哥·拉蒙·卡扎尔（Santiago Ramón y Cajal）一致，后者也认识到了"查理五世时代思想与产业的方方面面——科学、工业、农业、商业——都完全不及欧洲总体水平"。[12]然而，恰恰是被动的伊比利亚文化掌握了建设世界强国的力量。西班牙的发展得益于外部世界，但与此同时，西班牙人也充分利用了自身的特质，来构建他们的帝国之路。需要指出的是，我在前文中的叙述明确否定了一种流行观点，即欧洲人是权力的基础，欧洲的某种奇迹赋予了它世界霸主的地位。[13]我也不接受一些历史学家轻松论证出来的那种观点，即欧洲在世界舞台上的地位主要基于"西方武器相较于其他地区的武器拥有的绝对优势"。[14]读者们会看到，于我而言，西班牙帝国不只是欧洲人的创造物，也是美洲原住民、非洲人和亚洲人的创造物。

我还需要简单地介绍下本书所涉及的年代。虽然西班牙帝国的历史可以追溯到更早的起源，但我认为帝国建立是直到16世纪中期才发生的，当时的卡斯蒂利亚国家政权开始从大批探险者、冒险家、传教士和创业者（正是这些人使冒险活动成为可能）那里夺回主动权。不同于前后的其他帝国，西班牙帝国几乎没有进行征服和扩张，因为王室已经声称其领土来自上帝的恩赐，这些领土除了欧洲部分的附属领地，还包括美洲、亚洲的大部分地区。因此，西班牙需要做的仅仅是巩固它在理论上早已拥有的权力。在接下来的两个世纪，即本书主要论及的年代中，王权面临着种种挑战与史无前例的考验。尽管1713年的《乌特勒支和约》给西班牙带来了巨大的冲击，但西班牙仍然得以保有其帝国权利。到了1763年，具有历史意义的《巴黎条约》承认了西班牙的主张并明确了其控制范围。至此，所有导致日后帝国分裂的要素均已就位，也为我的叙述提供了适宜的终点。

无须赘言，本书仅仅讲述了故事的一小部分。例如，我的书中几乎没有提及北美印第安人历史上那些令人惊叹的进步成果。对于那些要求颇高，或是想要看到更多优质参考书目的读者，这本书或许不尽如人意。我要向这些读者解释一下，要在一本书里对所有主题进行充分介绍是不可能的。史蒂文·朗西曼（Steven Runciman）在他自己的西班牙历史作品中评论道："作者做出了大胆的尝试"，"尽管人们大可以批评他的能力不足或结论荒谬，但是他的雄心不应受到批判"。

我也有必要指出本书不具备的东西。它不是像 J. H. 帕里（J. H. Parry）1966 年出版的杰作那样对大西洋帝国做精湛论述，也没有认真描述西班牙在欧洲的外交政策（这个主题常常被忽视）。这本书无意以任何方式引起争议。西班牙帝国在几百年前就已经消失了，如今再去争论这个问题是很愚蠢的。我在书中尽可能少用专有名称、术语、日期和统计数据。首字母大写的 Empire 和 Imperial 专指德意志民族的神圣罗马帝国，首字母小写的 empire 和 imperial 则主要用于西班牙的领土及其他背景。半岛上各王国的公民通常根据其原籍地点予以区分，以免因不准确地使用"西班牙的"（Spanish）这个形容词而造成混乱。为便于表达，我保留了用"印第安人"（Indian）一词来指代美洲的原住民，用"非洲人"（African）一词来指代非洲的原住民。地名以当今的名称为准，例如，我会使用"密西西比河"（Mississippi），而不是西班牙旧称"圣灵河"（Espíritu Santo）。荷兰的情况则比较复杂，我就借用了当时通行的术语，但我会倾向于用"比利时"（Belgium）来指代荷兰南部地区。（英文版中的）大多数西班牙语名称都采用原本拼法而不是英文转写；与此不同的是，来自其他语言（像是克丘亚语、阿拉伯语和中文）的名称，我通常都会使用传统的英文拼法（例如"蒙特祖马"拼作 Montezuma）。过于详细的参考书目显然会轻易占据与全书正文相当的篇幅，因此我也尽量少地使用文献尾注。

作为本书的作者，我首先要感谢前辈以及与我同代的学者，人数之众，难以在前言中一一列举。他们的潜心研究为我的论述提供了基础，我的引用注释便是对这些劳动成果的致敬与感谢。没有他们的辛勤努力，本书无法写成。其次，我要由衷感谢科学研究高等院［属于西班牙高等研究委员会（Consejo Superior de Investigaciones Científicas，简称为 CSIC）］的资助。我还要特别感谢巴塞罗那的米拉·伊·冯塔纳斯学院（Institució Milà i Fontanals，属于 CSIC）图书馆的工作人员，他们尽力帮助我借阅必要的书籍。一如既往，我的夫人尤拉莉亚的智慧和宝贵意见也令我受益匪浅。

我相信，拙作能使读者了解到许多个人与民族跨越时代的伟大贡献，他们创造了现代第一桩全球化事业——"西班牙帝国"，并因这桩事业而合作和受苦。

2002 年于巴塞罗那

第一章

帝国的建立

> 仅靠我国财政已无力维持庞大的陆军与海军来应付如
> 此强大的敌军。
>
> ——"天主教国王"斐迪南，1509 年 7 月

1492 年，在西班牙中北部的大学城萨拉曼卡（Salamanca）举行的一场小规模庆典上，人文主义者安东尼奥·德·内夫里哈（Antonio de Nebrija）向卡斯蒂利亚女王伊莎贝拉献上了刚刚出版的卡斯蒂利亚语《语法》的首印册。略显困惑的女王询问此书有何用处。5 年前，曾有人向女王进献了同一作者编著的拉丁语语法书，不得不承认，那本书的确对女王颇有裨益，它帮助女王在拉丁语学习上取得了进步——女王在认真自学拉丁语，但这种努力并不是很成功。但是，一本针对日常使用的卡斯蒂利亚语的语法书，情况就有所不同了，毕竟卡斯蒂利亚语并不是专业人士和律师们在正式场合使用的语言。此前，还没有其他欧洲国家有过类似的出版物。内夫里哈尚未解释，女王的告解神父、阿维拉（Avila）主教埃尔南多·德·塔拉韦拉（Hernando de Talavera）就抢先代人文主义者回答了这个问题。"在那些野蛮的部族、语言各异的民众臣服于陛下

之后，"主教说，"作为被征服者，他们必须接受我们颁布的法令，还要学习我们的语言。"这番话正合女王的心意，因为就在此前的几个月里，她一直忙着在卡斯蒂利亚南部采取军事行动，满心只想着"征服"。

内夫里哈随后为《语法》一书撰写的前言显然继承了塔拉韦拉的思想，他宣称："我得出了一个可以确信的结论，语言与帝国总是相辅相成的，它们总是会同时出现，共同发展，共同繁荣。"这种论断在当时已经司空见惯。内夫里哈其实借用了意大利人文主义者洛伦索·瓦拉（Lorenzo Valla）的原话。这句话的含义也并不新奇，它充分反映了内夫里哈意欲通过与当时的政府建立良好关系，来获得事业上的发展机会。在这种情况下，"语言"已经不仅限于词汇和语法，也包括了强加给被征服人民的文化、习俗，特别是宗教信仰。语言就是权力。如同意大利皮埃蒙特的人文主义者乔瓦尼·博特罗（Giovanni Botero）在一个世纪后所写的那样，征服者"会将自己的语言引入被征服的地区，罗马人就曾这样做过"。随着与其他民族接触的不断深入，此后的几代卡斯蒂利亚人也越来越意识到，沟通已经成了他们面临的一大挑战。伊斯兰占领地格拉纳达被光复后的现实情况也使塔拉韦拉主教发现，征服不可能凭借法律和语言的改变就能轻易实现。理解与被理解，已成为有效推行统治之前必须解决的一大难题。

然而，仅靠卡斯蒂利亚人的力量是不够的。与同时期的其他卡斯蒂利亚人文主义者一样，内夫里哈在编著《语法》时也借助了很多外力，吸收了很多来自外国的知识。15世纪70年代以来，德意志人为西班牙带来了印刷术。到了16世纪初，整个西班牙的印刷业几乎全要依靠外国人，[1]其中以德意志人为主，法国人与意大利人其次。出版业的发展，一方面有利于伊比利亚半岛文化与欧洲文艺复兴文化接轨，另一方面也在政治上发挥了举足轻重的作用——因为在第一批面向卡斯蒂利亚民众发行的出版物中，就有王室法令的文本。伊莎贝拉女王从一开始就大力资助出版业，为其提供经济扶持，实行特殊优惠的保护政策。然而，西班牙本土的印刷业在很长时间里都发展缓慢。许多学者都苦于找不到专业的本土印刷厂来印制自己的作品。1514年，一位卡斯蒂利亚人文主义者这样叹息道："无论是阿尔杜斯（Aldus）的细致工艺还是弗罗本（Froben）的娴熟技术，我们都无缘见识到！"[2]这一怨言也道出了深刻影响西班牙政治前景的问题，即技术上的匮乏。另一个细节也可以提供例证：尽管最先到达美洲新大陆的是卡斯蒂利亚人，但第一幅以美洲印第安人为题材的画作并非出自卡斯蒂利亚人之手，而是出自德意志人克里斯托夫·维迪兹（Christoph Weiditz）之手，画中的主人公是他于1529年在西班牙遇到的一位印第安人。[3]美洲的第一部出版物同样要归功于德意志人：塞维利亚的汉斯·克龙伯格（Hans Cromberger）及其手下的意大利人乔瓦尼·保利（Giovanni Paoli）于1539年在墨西哥印制了这里的第一部书籍。[4]其他方面的技术创新，西班牙也常常落于人后。米格尔·德·埃吉亚（Miguel de Eguía）是西班牙本土印刷业最早的开拓者之一，多年后的他也深深感慨：西班牙的出版业过于依赖外国人，作者们不得不花费很长时间等待自己的作品被印制好，就好像等待从美洲姗姗来迟的礼物。[5]尽管西班牙的本土印刷业最终得到了改善，但在接下来约两代人的时间里，那些想要更好地印制自己作品的人，还是会选择亲自带着稿件去法国、佛兰德和意大利。[6]

来自外国的经验和知识至关重要。文艺复兴知识在伊比利亚半岛上的传播，早期得益于德意志印刷技术的推动，后来则部分归功于西班牙学者在意大利的游学经历，此外还要归功于前来传道授业的意大利和西西里＊的学者们，其中一些人就此定居下来。[7]这些意大利来访学者中的重要人物有：人文主义者彼得·马尔太尔（Peter Martyr d'Anghiera）、教皇的使节巴尔达萨雷·卡斯蒂廖内（Baldassare Castiglione）、西西里学者卢卡·迪·马利尼思（Luca di Marinis，他在卡斯蒂利亚也被称作卢西奥，全拼为 Lucio Marineo Siculo）。除了伊比利亚半岛本土文化的深远影响外，在长达半个世纪的时间里，西班牙各地的学者都在关注并接受着外来的学问。1534 年，卡斯蒂廖内作品《廷臣论》（The Courtier）的西班牙语译本问世，译者为加泰罗尼亚诗人霍安·博斯卡（Joan Bosca），博斯卡的好友、同时期的诗人加尔西拉索·德·拉·维加†称"这可能是用西班牙语写成的第一部值得学者关注的作品"。值得注意的是，这本书是从意大利语翻译过来的。自此，卡斯蒂利亚本土的创作冲动开始与国际知识的发展紧密结合，并通过学习其他民族的经验而逐渐发展壮大。

内夫里哈生活时代的西班牙，从很多方面来讲都处于欧洲大陆的边缘。罗马人一直认为，西班牙就是世界的尽头。诗人们说，赫

＊　西西里，包括西西里岛和南意大利的一部分，于 1130 年建立起西西里王国，此后，被欧洲各国争夺，曾被法国、西班牙、奥地利等国统治，直到 1861 年才正式并入意大利。——编者注

†　加尔西拉索·德·拉·维加（Garcilaso de la Vega，1503—1536），西班牙诗人。其诗作吸收了意大利的诗韵形式和文艺复兴思想，丰富了西班牙诗歌的风格和题材，对西班牙抒情诗的发展产生很大影响。——编者注

拉克勒斯之柱间的通道，即今人口中的"直布罗陀海峡"，会通往一片无法逾越的黑暗之海。因此，伊比利亚半岛成了所有伟大文明扩张的终极目的地。凯尔特人、腓尼基人、罗马人都曾与这里的原住民共生共存。8世纪，穆斯林从北非入侵，跨过直布罗陀海峡，将伊比利亚半岛的四分之三收入囊中。到了10世纪，科尔多瓦哈里发国已经发展成一个欣欣向荣的帝国，阿拉伯人在半岛留下了永恒的印记。当地的犹太少数民族设法在穆斯林的统治下生存了下来，就像后来在基督徒的统治下艰难求生一样。在之后数代人的岁月里，基督徒们光复了大部分土地，伊斯兰世界仅剩南部一隅，这个地方被称作"安达卢斯"（al-Andalus）。西班牙保存了丰富而复杂的文化遗产，包括政治制度、语言、信仰，这使半岛内部的统一变得难上加难。不过，当时的人们满怀希望地追求统一，这也不足为奇。他们认为，对统一的追寻能给他们带来和平与生存的意义。结果就是，人们只有在为了自己疆域外的共同事业而努力时，才会同心协力。

今日西班牙的领土，主要由卡斯蒂利亚王国和阿拉贡王国组成。它们通过政治协议合并，结束了15世纪长达几十年的内战，开启了西班牙的帝国之路。卡斯蒂利亚王国的伊莎贝拉公主得到了大贵族的广泛支持，得以在10年的纷争后继承异母兄长恩里克四世的王位。在几项与其他贵族联姻的方案先后流产后，1469年1月，18岁的伊莎贝拉公主同意与阿拉贡王国国王胡安二世的儿子，即17岁的西西里名义国王斐迪南结婚。乔装打扮的斐迪南只带了几位侍从，穿越伊比利亚半岛，来到了卡斯蒂利亚。1469年10月18日，这对新人的婚礼在巴利亚多利德（Valladolid）举行。婚后的一段时间里，斐迪南并未掌握政治实权，他后来继承的加泰罗尼亚的部分地区也陷入了内战（1469—1472年）。伊莎贝拉于1474年登基成为卡斯蒂利亚女王，而军事斗争一直持续到1479年。同年，阿拉贡国王胡安二世去世，斐迪南继位。年轻的君主们终于可以开始平定西班牙境内的战火了。

这片土地丝毫称不上是一份充满希望的遗产。尽管内战已经结束，但王国仍然经受着动荡之苦。农村实际上掌握在贵族和军阀手中，他们控制着土地和农村经济，有众多属臣效忠。为了存续，王室不得不结盟。王室持续建立和发展各种制度、机构，与贵族、城镇居民、教会人士、商人等各阶层进行合作。然而，他们手中的经济资源却少得可怜。当时的西班牙非常贫困，经常遭遇极端天气，土地分配不公，交通闭塞，原材料匮乏。国家的主要产业是羊毛贸易，大量羊毛出口到欧洲北部。而进口商品多为基本的生活必需品，尤其是纺织品、粮食、武器、纸张及各类小型制成品。[8] 除了国内的困难局势，新的统治者还面临着邻国法兰西和葡萄牙的军事威胁，还有一个威胁，是来自定都于格拉纳达的安达卢斯埃米尔国，这个伊斯兰国家掌控着与非洲遥遥相望的大片海岸线。1500年前后，卡斯蒂利亚和阿拉贡的人口加起来约为550万，当时的它们似乎注定只是欧洲的边缘小国。然而，斐迪南和伊莎贝拉尽管资源有限，却为他们的王国带来了和平，并努力开拓海外事业。[9] 卡斯蒂利亚因为拥有联合王国约80%的人口和三分之二的土地，自然而然地成为他们的政权基础。

内战结束后，两位君主通过"建立组织"而非"消除暴力"的明智策略来维护和平。在卡斯蒂利亚北部的部分地区，王室支持组建了城市治安组织"圣兄弟团"（Hermandades），其任务主要是对违法者进行严厉而公正的审判，它们因手段残忍而出名。

王室还让西班牙南部进入战争状态，积极鼓励臣民们持有武器，同时采取措施招募民兵，这一方面是为了维持和平稳定，另一方面也是为了应对来自安卢斯的穆斯林统治者的威胁。政治评论家们很快就了解到了两位统治者的勤政高效，两人会随时出现在需要他们的地方，对王权的加强做出了不可磨灭的贡献。"双王"孜孜不倦地到访王国各个角落，说他们是当时欧洲统治者中游历最多的君主也不为过。1481年，伊莎贝拉陪同丈夫巡视了阿拉贡王国领土（由阿拉贡、加泰罗尼亚、巴伦西亚组成）并被确认为共同统治者。此后6年，他们未再到访阿拉贡领土。他们不在的时候，则由总督代掌各省的统治权。斐迪南大部分时间都住在卡斯蒂利亚，负责领导对格拉纳达的战争；议会承诺，只要斐迪南住在卡斯蒂利亚就会支持他。在37年的国王生涯中，斐迪南在阿拉贡住了不到3年，在加泰罗尼亚待了3年，在巴伦西亚只待了区区6个月。而伊莎贝拉女王近乎终生都在卡斯蒂利亚度过。在她的治下，王国几乎每个角落都留下了她的足迹，她在短短几年内到访过的疆域跨度超过2 000千米。卡斯蒂利亚很少有居民没见过女王。王家委员会的法官往往会与她同行，女王会亲自主持法律事务的裁决，甚至在小城镇和村庄里也不例外。斐迪南则继续通过与他同行的国务秘书团来处理阿拉贡王国的事务。两位统治者都通过巡视来巩固王权、安抚国民。这种政策无疑是行之有效的：1484年，一位外国游客描述称"每个听到女王的名号的人都会激动得战栗"。然而，这种富有个人色彩的君主制得以存续的核心不在于恐惧，而是合作。统治者们利用不断巡视到访的机会建立联盟，鼓励原本相互斗争的贵族为了共同的事业放下分歧。"双王"的成就得到了显贵阶层的认可，其中一位重要贵族——

卡斯蒂利亚海军上将——在 1522 年回忆道："他们是王国的统治者，是我们语言的主宰者，也是我们中的一员。他们认识每一个人，把荣誉授予每一个值得尊敬的人；他们踏遍国土，国民无论贫富贵贱，都能接触、了解他们。"

在社会的各个层面，民众都能感受到王室与他们同在。这点对于少数民族社区的意义尤为深刻。伊比利亚半岛的王国是西欧国家中唯一承认基督教、犹太教和伊斯兰教合法共存的政权。卡斯蒂利亚和阿拉贡有许多规模不大的伊斯兰社区，它们都是中世纪一个伟大文化的遗产，通常处于贵族而非王室的控制之下。与之不同的是，那些小的犹太社区则常常受到王室的直接管辖。在谋士们的帮助下，斐迪南和伊莎贝拉联合起各方力量，在不改变传统权力结构的情况下实现了政治稳定。他们制定法律时都会经过传统议会的批准，提高税收时也会事先争取纳税人的同意，惩治罪犯也是通过各城镇的现有体制进行的。两位年轻统治者的成就很快就成了传奇。他们之间的精诚协作，为编年史家笔下的"西班牙"（Spain）这一政治共同体的出现奠定了基础。他们结束了伊比利亚半岛的分裂状态，并将贵族的尚武精神转移到对外战争中。最重要的是，他们还奠定了海外扩张的基础。作为他们的支持者，许多神职人员怀有热切的期望，幻想西班牙王室将建立起"普世的君主统治"（universal monarchy）。[10]

西班牙的影响力得到空前扩张，这一现象不仅令当时的人感到惊讶，也在卡斯蒂利亚引发了夸张的宣传。1514 年，斐迪南国王在回顾他的成就时声称："西班牙王室取得了 700 年来从未有过的伟大和辉煌。"作为王权的长期代言人，内夫里哈写道："尽管名义上的（神圣罗马）帝国还在德意志，但实际的帝国权力却掌握在西班牙君主手中，他控制着意大利和地中海的大部分地区，还出兵非洲，派遣舰队在恒星指引下向西印度群岛和新大陆进发。"斐迪南国王从不讳言自己的成功，并对未来的大业有坚定信心。一位擅长预言的修女还断言"他在有生之年一定能赢得耶路撒冷"，这让他更加振奋。

军事上的成功会带来无尽的可能性。这种观点在国王的圈子里赢得了广泛支持，并在一个世纪之后更加牢固，当时，西班牙诸王国的联合关系在斐迪南统治期间已经完成。人们普遍认为，双王夫妇的结合让西班牙变得伟大，并奠定了整个帝国的基础。根据 17 世纪作家巴尔塔萨·格拉西安（Baltasar Gracián）的记述，腓力二世曾经凝视着斐迪南的画像评论道："没有他，一切都无从谈起。"在斐迪南去世一个世纪后，历史学家赫罗尼莫·德·苏里塔（Jerónimo de Zurita）及胡安·德·马里安纳（Juan de Mariana）在他们的著作中，坚定地宣称斐迪南是西班牙王权的缔造者。随后一代的费尔南德斯·德·纳瓦雷特（Fernández de Navarrete）则表示，斐迪南国王"不仅统一了我们自己的国家，更将帝国疆土扩展到了意大利和新世界，从而开启了庞大君主国的伟业"。1700 年，佩德罗·波托卡雷罗（Pedro Portocarrero）也同意"斐迪南国王是帝国的缔造者"这一观点，这种"帝国"理念与伟大君主的不朽传奇一起，深深扎根于西班牙历史中。[11] 在卡斯蒂利亚人眼中，这份成就是欧洲其他国家难以望其项背的。

西班牙对"帝国"的热情又是从哪里来的呢？上溯到 16 世纪初期，"帝国"（empire）一词的含义在当时仍然是其拉丁文词源（imperium）所指涉的自主"权力"，而非后来的领土"统治"。1135年，卡斯蒂利亚国王阿方索七世加冕时使用了"皇帝"（emperor）的尊名，成为"西班牙皇帝"，但这一称呼只能反映他的自负而非其实际权力。在"天主教君主"斐迪南和伊莎贝拉时期，欧洲君主们依然对"帝国"的概念非常热衷。当时受到普遍认可的"皇帝"是德意志民族神圣罗马帝国的统治者，这个称呼通常被留给德意志人。但帝位是通过选举产生的，因此其他欧洲统治者也觊觎着这一尊位。在宗教改革时期，英国国王亨利八世的一位顾问就曾向国王保证，英格兰本身也是一个"帝国"。恰如我们所见，内夫里哈和其他卡斯蒂利亚人一样，认为西班牙并不需要什么"帝国"的空名，因为它已坐拥"帝国"之实。

事实上，西班牙的现实权力远不如官方宣传的那样值得称道。阿拉贡的斐迪南在阿拉贡的权威更接近宪政下的统治者，而不是帝国征服者。斐迪南作为阿拉贡国王所统辖的三个省份都拥有完全的自治权，具备各自的法律、税收和议会体系。斐迪南同时也是西西里王国和撒丁王国的国王，并在1504年继承了那不勒斯王国。但这些领地都彼此独立，国王无法为辖下的众王国建立起共同的政府、行政机构或军队。他与伊莎贝拉的联姻也没能解决这一问题。卡斯蒂利亚和阿拉贡在各个层面上都是彼此独立的政治实体。尽管"西班牙"（Spain）这一概念从中世纪以来就被习惯性地使用在各种演讲和著作中，但事实上，它更大程度上是为了强调伊比利亚半岛居民的内部联系，并没有实质性的政治意义，就像当时的"德意志"（Germany）、"意大利"（Italy）等概念一样。1481年，阿拉贡作家迭戈·德·巴莱拉（Diego de Valera）在一部献给伊莎贝拉的作品中写道："上帝已经将西班牙所有王国的君主权柄都赐予了您。"这里的"西班牙所有王国"也包括葡萄牙。尽管统治者频繁提到"西班牙"一词，但因其概念模糊，他们从未将其用在正式的称号中，而是自称"卡斯蒂利亚、莱昂、阿拉贡、西西里等王国的国王及女王"。王国间的政治联合常常是不稳定的，1504年伊莎贝拉去世后，斐迪南就不得不把卡斯蒂利亚的王位让给他们的女儿胡安娜，自己离开伊比利亚半岛，前往他的意大利领地。直到1507年，由于胡安娜精神状况堪忧，斐迪南才回来并同意接管卡斯蒂利亚。

由于没有一个完整的"西班牙"政府，斐迪南只能通过私人关系与联盟网络来实现对众王国的统治。他也因此建立起了一个完整的关系网，这后来成为西班牙权力体系的一大特点。此外，在这个权力关系网络中，非西班牙人经常扮演着关键角色，因为西班牙的王国疆域难以满足君主的所有需求。当时的卡斯蒂利亚政治评论者很少注意到这种权力网络的存在，这导致他们的评论主要局限于颂扬本王国人民的功绩。在这种歌颂下，他们成功创造出被高度扭曲的历史图像。而历史真相则是，尽管卡斯蒂利亚人功不可没，但"西班牙帝国"从来就不仅仅是卡斯蒂利亚人的事业，一个典型的例子就是帝国与葡萄牙的竞争。

无论是在大西洋还是在后来的东亚海域，卡斯蒂利亚人都比葡萄牙人落后一步，他们受益于葡萄牙人宝贵的专业经验，并最终与其展开密切合作。15世纪内战期间，葡萄牙人曾直接干预卡斯蒂利亚的事务，力图将他们的候选人推上卡斯蒂利亚王位。他们还积极展开海上活动，占领了大西洋上的马德拉群岛和亚速尔群岛。1478年，伊莎贝拉被尊为女王后，同意帮助卡斯蒂利亚贵族及探险者挑战葡萄牙向非洲沿海地区的扩张。就在半个多世纪以前，法国和卡斯蒂利亚贵族还曾短暂地占据过加那利群岛的一些岛屿。1477 年，卡斯蒂利亚王家委员会的一项法律决议确认了 4 个较小的岛屿（兰萨罗特岛、富埃特文图拉岛、费鲁岛和戈梅拉岛）归贵族埃雷拉（Herrera）家族所有，其控制权一直保持到 18 世纪末。但另外 3 个面积较大的岛屿（大加那利岛、帕尔马岛、特内里费岛）则属于卡斯蒂利亚王室。自 1478 年起，一些卡斯蒂利亚贵族就在王室的支持下自筹资金，招募雇佣兵并逐渐占领群岛。

少数当地人进行了激烈的抵抗。原住岛民多以狩猎为生，仍然居住在洞穴中，不事农耕。尽管他们拥有的武器极少，但他们还是设法抵抗卡斯蒂利亚军队达数年之久。其中最大的岛屿，大加那利岛，直到 1483 年才被征服。功劳最大者当数阿隆索·德·卢戈（Alonso de Lugo），一位颇具军事经验的富豪。他于 1479 年首次登上这些岛屿，随后在 1491 年被国王授予王家远征队的最高指挥权，负责征服帕尔马岛。卢戈在同年 9 月登陆，次年夏天成功控制了该岛。这次成功得益于部分当地人的协助，他们当时正因为部族纷争陷入分裂。1493 年，卢戈带领大批士兵和一些骑兵在特内里费岛登陆，这次他们也得到了部分当地人的辅助。后来这支部队被逐渐消灭，该岛也直到 1496 年才被完全控制。1497 年，卢戈凯旋，在卡斯蒂利亚受到了英雄般的礼遇，获得了"先遣官"（adelantado）头衔，受封为帕尔马及特内里费总督。在数年的管理和经营之后，他在特内里费岛度过了自己最后的日子，于 1525 年辞世。卢戈是第一个也是最默默无闻的缔造西班牙帝国的征服者。

对这些岛屿的占领给原住民带来了灾难性的影响，他们的人口因战争而锐减。为了保证有充足的劳动力在火山地区进行艰苦劳作，征服者开始在加那利人、戈梅拉人和关契斯人[*]中推行奴隶制。¹² 在原住民发起抗议后，卡斯蒂利亚王室下令限制奴隶制，但这些政令并没有被严格遵守。有记录显示，仅 1498 年至 1502 年，就有 600 名来自加那利群岛的奴隶被贩卖到巴伦西亚。¹³ 群岛上的居民减少了超过 90%。原住民们积极参与了西班牙的征服事业，在对其他岛屿的占领中发挥了重要的作用。有些人甚至在 1510 年被招募到意大利参战。到 16 世纪中叶，根据一位调查官的统计数据，岛上所剩的原住民家庭已经不到 1 200 个了。由于西班牙人的征服者队伍中"鲜有女性"，时间一长，岛上的混血人口逐渐增加。到了征服后的一代，岛上的社会、经济状况发生了巨大变化。殖民活动也对环境产生了消极影响：树木被大量砍伐用于房屋和船只的建造，水资源变得越来越稀缺。¹⁴ 这一系列问题，在日后西班牙殖民者侵占热带岛屿时再度上演。

对加那利群岛的占领让我们得以一窥西班牙帝国的扩张方式。尽管帝国大业是由卡斯蒂利亚人率先发起的，但葡萄牙人、意大利人、加泰罗尼亚人、巴斯克人、犹太人和非洲人都在随后的过程中发挥了重要作用，摩里斯科人[†]和北欧人也参与其中。¹⁵ 由于这些军事扩张归根到底还是商业活动，难免存在风险，所以探险者通常会与银行家签订合约，以保证获取充足的资金。以里帕罗利奥（Ripparolio）为首的热那亚银行家与塞维利亚商人胡安·德·卢戈（Juan de Lugo）密切合作，为征服加那利群岛提供了经济支持。弗朗切斯科·里帕罗利奥（Francesco Ripparolio）还资助了征服特内

---

[*]　关契斯人（Guanches），一般指特内里费岛上的原住居民。——编者注
[†]　摩里斯科人（Morisco），指被迫改信基督教的西班牙摩尔人。——编者注

里费岛和帕尔马岛的事业，[16] 并在大加那利岛建造了第一家糖厂。热那亚人主导着这些岛屿的经济。其中一个热那亚人声称："如果没有我，特内里费岛绝不会像现在这样人丁兴旺。"[17] 伊莎贝拉女王于 1499 年指出，大加那利岛一半以上用于生产糖的土地都掌握在热那亚人手中。16 世纪初，很多热那亚移民成为镇议会的成员，参与当地政府的管理事务，尽管他们作为外国人原应被排除在上述职位之外。可以说，如果没有热那亚人的经济投资和作为劳动力的葡萄牙移民，被征服的群岛将依旧贫瘠。事实上，葡萄牙人构成了岛上最大的非卡斯蒂利亚人社区。[18] 他们与当地居民及输入的黑人奴隶所提供的劳动力，一起促成了西班牙早期殖民事业的成功，并在之后的几十年里都发挥着重要的作用。来自西班牙本土的移民从 16 世纪 20 年代起则有所减少，究其原因，是探险者们已经开始寻找更遥远的目标，把目光投向了更加令人兴奋的新世界。

国王和女王不停歇地前往各地巡视，也反映出当时西班牙社会的情况。同欧洲其他地区一样，伊比利亚半岛也逐渐向外界开放。西班牙人口一向保持着较高的流动性。[19] 有些迁移是季节性或暂时性的，例如年轻人前往城镇学习职业技能，已有家室的男人到其他地方帮忙收割庄稼赚钱，等等。埃斯特雷马杜拉（Extremadura）的农村就是一个典型的例子，据当时的史料记载，"当地的大多数人生活贫困，只能去安达卢西亚（Andalusia）赚钱谋生，一年中的大部分时间都在外面"。当然也有相当一部分由于工作、通婚、新兴城镇开发等因素而产生的永久性移民。很少有人迁移到伊比利亚半岛之外的地方，但这一状况很快就改变了。双王的新统治为移民活动和帝国大业提供了前所未有的机会。

举世闻名的 1492 年为西班牙奠定了国际声誉。1 月 2 日，国王斐迪南和女王伊莎贝拉的军队开进格拉纳达，把这个伊斯兰城市并入卡斯蒂利亚的版图。军事斗争的胜利在国民中引发了一股弥赛亚式的乐观主义情绪，统治者们也借机于 3 月 30 日宣布驱逐王国境内的犹太人。4 月中旬，他们向热那亚水手克里斯托弗·哥伦布发布了一项委托任务。哥伦布此前参加了格拉纳达的受降仪式，想要为自己的探险事业寻求王室支持。哥伦布的计划在很多王室顾问看来是异想天开，然而伊莎贝拉女王很乐意支持他。夏末时节，驱逐一定比例犹太人的行动业已完成，此时的基督教统治者们满怀信心。教皇亚历山大六世为了表彰双王在格拉纳达的成就（更重要的是，为了从他们那里获得在意大利的军事援助），于 1494 年授予二人"天主教君主"的称号。这个名号被此后所有的西班牙统治者承袭。斐迪南和伊莎贝拉在阿拉贡（主要是在巴塞罗那）度过了1492 年的最后几个月以及次年的大部分时间。终于，在 1493 年的一个春日，他们接见了返航归来的哥伦布，后者兴奋地汇报说，自己已经探索出一条通往东方的新航线。

长达 10 年的格拉纳达战争和哥伦布的开拓之旅，以不同的方式成为迈向帝国大业的至关重要的一步。然而，这些航海旅程在最初的许多年里没有表现出显著的影响力，反倒是各路战事把卡斯蒂利亚推向了国际关注的前沿。一位充满激情的作家弗雷·伊尼戈·德·门多萨（Fray Iñigo de Mendoza）曾猜测，斐迪南国王在征服格拉纳达后并不会止步，而是会继续前行，征服非洲，击败土耳其人，最终统治世界。

作为曾一度占据了伊比利亚半岛四分之三的伊斯兰势力的最后据点，15 世纪 80 年代的安达卢斯埃米尔国拥有大约 50 万人口，但此时的它已深陷内忧外患：与周边基督教邻国的小规模冲突不断，国内的政治和宗族分裂造成持续的内耗。基督教军队在1482年的一场边境冲突中夺取了伊斯兰城镇阿拉马（Alhama）。这一结果加剧了紧张局势，并最终演变成一场西班牙军队攻占整个安达卢斯领土的行动。在长达10年的战争中，西班牙南部的人口都在提供士兵，以及生产粮食及其他补给品。中世纪基督教对穆斯林的战争在200年前就已经结束了，但这种古老的对抗在此时又重获了新生。

卡斯蒂利亚人仅靠自身力量是无法征服格拉纳达的，他们缺乏财力、人力与武器。和欧洲其他王国一样，卡斯蒂利亚军队都不是常备军，而是为了特定战事而临时招募的。对阵安达卢斯的军队都是由独立军团组成的，这些军团分别隶属于王室、贵族、教会、卡斯蒂利亚的圣兄弟团等组织，服役时间有限，战事结束后立即解散。令人惊异的是，卡斯蒂利亚人并没有足够的海军力量，无法组织对海岸的协同作战，他们所有的战事都在陆地上进行。[20] 有几艘受雇的热那亚船巡视海岸，但也只是为了预防穆斯林从非洲进攻而已。唯一稍显可靠的海军力量是斐迪南的加泰罗尼亚臣民们提供的，那不勒斯人也提供了部分支援。[21] 该帆船舰队由那不勒斯的特里文托伯爵加尔塞拉·德·雷克森斯（Galcerà de Requeséns）指挥，曾在围攻马拉加（Málaga）的战役中表现突出。当时的一位编年史家、塞维利亚附近的洛斯帕拉西奥斯的助理神父这样记录了这段历史："整个马拉加都被王家舰船包围着，士兵们荷枪实弹，严阵以待。从陆地上看王家军队真是壮观；而在海上，伟大的无敌舰队还在持续围攻。"[22] 想来这些战斗并非持续不断地进行，而是像大多数的中世纪战争一样旷日持久，时战时休，当什么事情都没有发生的时候，或者当士兵们只是回家休息或躲避夏天的炎热时，战间期就会延长。当时并没有难分难解的酣战，[23] 军事行动主要是以夺取特定的城镇为目标，方式也都以小规模进攻、突袭、围攻为主。武力对抗与和平共存的时期交替出现。

国际社会的支持是赢取战争胜利的重要保障，因为"收复失地运动"也激发起基督教欧洲的激情。西班牙王室因这场运动声名鹊起，获得了欧洲"十字军"的地位，并受到教皇的祝颂，获得了来自全欧洲大陆的资金支持。斐迪南聪明绝顶，知道如何利用宗教因素。1481 年，他宣称自己的目标是"将所有天主教信仰的敌人驱逐出境，并让西班牙成为上帝的仆从"。1485 年，斐迪南还表示："我们发动这场战争的目的既不在于扩张领土，也不在于攫取利益。"从 1482 年起的所有教皇都向西班牙王室提供了慷慨的财政支持（通过征收十字军赎罪券向资助或参与收复失地运动的人提供特别优惠）。一位不久后移居卡斯蒂利亚的佛罗伦萨外交官弗朗切斯科·圭恰迪尼（Francesco Guicciardini）报道说："如果没有这些补贴，斐迪南国王不可能攻克格拉纳达。"另一位近年的历史学家也证实，在西班牙王室用于战争的费用中，四分之三来自教皇的教会税。[24] 还有一些资金来自卡斯蒂利亚的犹太金融家，以及定居在塞维利亚的意大利金融家：例如，为决定性的巴萨（Baza）围城战提供资助的，就是热那亚富商，其中 40 位居住在塞维利亚，20 多位居住在加的斯（Cadiz）。[25]

手握这些意大利金融家的资金，国王雇用了誉满欧洲的佣兵——瑞士步兵，他们的作战策略赢得了卡斯蒂利亚军事指挥官的极大赞赏。一些外国志愿者也从欧洲各地赶来参加"圣战"。16 世纪的一位士兵这样描述他的所见："许多外国人从法兰西、意大利、德意志、英格兰来到西班牙"，[26] 追寻荣耀。在众多的国际兵团中，有一个英格兰分队由 300 名弓箭手组成，指挥官为英格兰王后的兄弟爱德华·伍德维尔爵士（Sir Edward Woodville）。[27] 最具决定意义的外援是来自意大利和佛兰德的重型火炮部队，操作火炮的技术人员主要是米兰人和德意志人。从 1487 年起，大炮就已在战争中被频繁使用；到了 1491 年，数量已超过 200 门，它们能够摧毁中世纪的防御工事，为夺取对穆斯林战争的最终胜利提供了保障。战争初期，穆斯林军队没有类似武器；但后来他们也获得了大炮，并使用它们取得了巨大战果。[28]

战争所创造的共同目标把伊比利亚人民团结在了一起。这是在中世纪反穆斯林的"收复失地运动"之后，200 年来伊比利亚半岛上爆发的第一场大规模战争。这场战争让西班牙的几个王国放下了分歧，团结在斐迪南和伊莎贝拉的领导下；再加上适当的宣传，双王的声望空前加强。加泰罗尼亚人、巴伦西亚人、阿拉贡人自愿加入一场理论上是由卡斯蒂利亚主导的战争。阿拉贡的资金来自议会和出售十字军赎罪券的收入。1488 年，阿拉贡议会在萨拉戈萨（Saragossa）召开会议，投票决定是否支持"反穆斯林的战争"。[29] 彼得·马尔太尔在看到了基督徒军队后说："谁能想到加利西亚人、骄傲的阿斯图里亚斯人，还有比利牛斯山生性粗鲁的山民，会与托莱多人、拉曼查人、安达卢西亚人和睦相处，像同一个家庭的成员一样，使用同样的语言，遵守同样的纪律？"[30] 西班牙人之间的合作，还有对共同语言卡斯蒂利亚语的强烈依赖，均为日后在战争、海外探险、建立殖民地方面的协同开创了重要先例。西班牙人在夺取格拉纳达的战斗中并肩作战，日后还将在意大利和美洲继续通力协作。当时的作家们很快就接受了一种普遍的身份认同，迭戈·德·巴莱拉（Diego de Valera）就是其中一位，他将作品《西班牙编年史》(*Chronicle of Spain*)献给了"西班牙女王伊莎贝拉"。

随着战争的进行,西班牙人之间的团结意识逐渐增强;与此同时,他们对敌人的仇恨也越来越大。"十字军运动"的观念得到了教皇的支持,并让基督徒们坚信其事业的公正性,并让他们坚信敌人也就是"异教徒们"不应得到宽恕。从 1488 年起,许多西班牙士兵在军服外佩戴十字军的十字架,(由教皇送给斐迪南国王的)巨大银十字架也被带到军队面前。延续着希腊和罗马的古老传统,格拉纳达战争的部分战败者也被迫沦为奴隶。"变俘为奴"是穆斯林和基督徒在地中海一带的战争中经常采用的手段。"奴隶"只是暂时失去了人身自由,并不代表着地位的永久改变,他们成了中世纪晚期西班牙国内已有的少量奴隶(多为撒哈拉以南非洲的黑人)的重要补充。

格拉纳达溃败的决定性因素是穆斯林们的自掘坟墓。在西班牙帝国漫长的传奇历程中,类似的历史以不同的方式重复了一次又一次。15 世纪 60 年代,格拉纳达王国的最后两代君主艾卜勒-哈桑·阿里(Abu'l-Hasan Ali)和其子穆罕默德十一世〔(卡斯蒂利亚人称他为布阿卜迪勒(Boabdil)〕之间产生了严重的分裂,后者于 1482 接管了格拉纳达,只留给父亲马拉加一隅;双方都在各自的阵地继续抵御着来自基督教王国的进攻。1483 年,布阿卜迪勒在一次冒险袭击卢塞纳(Lucena)的行动中,被基督徒军队俘虏。关于这段历史,后来的一位穆斯林史学家评论道,这"加速了我们国家的毁灭"。[31] 被俘之后,布阿卜迪勒接受了与斐迪南秘密结盟的提议,以击溃当时趁机在格拉纳达复辟的艾卜勒-哈桑的兄弟和继承人——穆罕默德〔人称赞格(al-Zagal)〕。对于许多穆斯林而言,和基督徒合作并无不可,因为西班牙在中世纪就是多种宗教共存。斐迪南实际上延续了这种模式，并保证，在15世纪90年代投降的穆斯林臣民中"保留穆罕默德之法"。1485年起，重获自由的布阿卜迪勒在格拉纳达的阿尔瓦伊辛区（Albaicin）驻扎，并在城市其他区领导了反赞格及其支持者的内战。渐渐地，布阿卜迪勒是否继续和基督徒秘密结盟已经不再重要，他挑起的战争使赞格无法继续有效地保卫安达卢斯的其他城市。穆斯林最惨烈的一场失败发生在马拉加。在被基督徒围困了4个月，遭受了巨大的人员伤亡后，1487年8月全城沦陷。所有幸存居民，包括妇女和儿童，都沦为了奴隶。[32]

1489年，巴萨市的首领们在为自己争取了有利条件（当然，对其他居民而言则不然），并得到土地和财产的保证后，宣布投降。安达卢斯其余未被征服的地区也先后效仿了这一模式。同年12月，赞格以相同的方式交出了阿尔梅里亚（Almeria）和瓜迪克斯（Guadix）。许多穆斯林首领都留了下来并接受改宗，因为这是对自己财产的最佳保护方式。就这样，正如一位穆斯林编年史学家所说，在1489年，"安达卢斯的土地最终落入卡斯蒂利亚国王之手。唯一仍受穆斯林统领的地区就是格拉纳达市及其周边的村庄"。[33]到那一年，战争实质上已经结束了。穆斯林迅速溃败的原因显而易见。看到再抵抗也无济于事，愤怒的赞格想要尽力拯救可挽救的一切，但同时，他希望布阿卜迪勒受到惩罚。如穆斯林史学家所说："他想孤立格拉纳达，让它像国内其他地方一样被摧毁。"[34]不久之后，赞格及其追随者们登船前往北非。

格拉纳达的陷落已经近在咫尺，它被布阿卜迪勒的支持者和敌人之间的分歧弄得四分五裂。布阿卜迪勒已经和斐迪南的谈判代表们有了接触，他们由斐迪南的一名指挥官贡萨洛·费尔南德斯·德·科尔多瓦（Gonzalo Fernández de Córdoba）领导。1490 年至 1491 年的那个冬天，基督徒开始在城市以西 6 英里 * 的平原上建造一个新的定居点，并给它起了一个意味深长的名字——圣菲（Santa Fe，意为"神圣的信仰"）。也正是在那里，人们商定了关于热那亚水手哥伦布横跨大西洋的最终条件。1491 年 10 月，有关格拉纳达投降的谈判开始，会谈在夜间秘密进行，由贡萨洛·科尔多瓦主持。当然，该市的官员们无疑希望促成协议，但同时又惧怕会激起民众的负面反应，因此不敢匆忙行事。布阿卜迪勒则希望无论如何都要保留国王身份，哪怕是处于基督教的统治下。

最终，双方于 1491 年 11 月在圣菲就投降条件达成了一致，决定遵从基督徒和穆斯林之间的中世纪战争传统，采用呈递"投降书"的形式或按照事先商定的条件投降。[35] 作为交换，城中居民的习俗、财产、法律和宗教将会得到保留。最后一项得到了"永久"的保证。"征服"的概念并未在任何地方得到体现：穆斯林甚至被允许保留除枪炮外的所有武器。协议允许基督教军队于次年 1 月 1 日晚上秘密进入格拉纳达城，并占据关键地点。正式移交的日期定于第二天，也就是 1492 年 1 月 2 日，在一个隆重辉煌的仪式上，"双王"穿着摩尔人的衣服，带领着朝臣，从最后一位穆斯林国王手中接受了阿尔罕布拉宫的钥匙。4 天后，格拉纳达的新统治者正式进入这座城市。

整个基督教欧洲都为安达卢斯的灭亡和穆斯林在半岛统治的终结而欣喜若狂，但随之而来的重要问题就是帝国如何统治。势单力薄的穆斯林们很快就意识到了失败所带来的后果，该地区的经济和

---

* 1 英里 ≈1.6 千米。——编者注

政治环境都发生了明显变化，以至于投降协议中的很多内容都没得到遵守。许多穆斯林精英人士忍受不了基督教治下的生活，纷纷移居到北非。负责领土整顿工作的是伊尼戈·洛佩斯·德·门多萨（Iñigo López de Mendoza），他先后受封为滕迪利亚（Tendilla）伯爵二世、蒙德哈尔（Mondéjar）侯爵一世。伊莎贝拉女王的忏悔神父埃尔南多·德·塔拉韦拉被任命为第一任大主教。他鼓励通过慈善劝服、尊重穆德哈尔人*的语言和文化来规劝人们改宗，并提倡在宗教活动中使用阿拉伯语。一位摩里斯科人领袖在年轻时曾追随塔拉韦拉，在他的回忆中，大主教传道、做弥撒的足迹遍及格拉纳达的山区。由于没有管风琴演奏音乐，大主教就请当地人跳传统的摩尔舞；弥撒中他也总是用阿拉伯语祝福"上帝与你同在"。"我记得这件事，"这位改宗的教徒回忆说，"就像发生在昨天一样。"[36]

最具对抗性的变化发生在宗教方面，1500 年之后，许多神职人员开始使用强制手段推行基督教。卡斯蒂利亚教会的枢机主教西斯内罗斯（Cisneros）支持集体受洗的政策，在 1499 年 12 月引发了格拉纳达穆斯林聚集区阿尔瓦伊辛的小规模抗议，幸亏有滕迪利亚伯爵和塔拉韦拉的斡旋，抗议才得以平息。在 1500 年的大部分时间和 1501 年初，南部的其他地区也爆发了多次起义，政府面临严重的政策问题。滕迪利亚伯爵和西斯内罗斯枢机主教等人都赞成采取严厉措施。西斯内罗斯认为，因为叛乱，穆德哈尔人已经失去了靠投降换来的所有权利，现在他们只能二选一，要么

---

* 穆德哈尔人（Mudéjar），中世纪西班牙基督教国王复国后允许留在西班牙的穆斯林。——编者注

受洗，要么被驱逐。西斯内罗斯本人倾向于让他们"改宗并成为奴隶；因为奴隶会成为更好的基督徒，领土安全问题也会得到彻底解决"。[37] 相反，斐迪南则主张采取更加温和的做法，他这样对朝臣们说："如果诸位的马被绊倒了，你们不会马上拔出剑来杀了它，而是先拍拍马背。因此，我和女王的观点是让这些摩尔人受洗。哪怕他们本人不是虔诚的基督徒，他们的子孙后代也会是。"[38]

此后的几个月里，格拉纳达的穆斯林有组织地接受了洗礼，部分人获准移民他国。到 1501 年，官方宣称原格拉纳达王国已经成为摩里斯科人的国家。他们在法律上与基督徒平等，但被禁止携带武器，并被迫放弃原来的文化。根据 1501 年 10 月的王家法令，格拉纳达举行了一场大规模的焚书活动，大量阿拉伯语书籍被销毁。[39] 这就是投降的最终结果以及穆斯林安达卢斯的终结。当时的穆斯林领袖、学者尤塞·贝内加斯（Yuce Venegas）居住在格拉纳达附近的庄园，他感叹道："如果征服者之王都不守信用，我们还能奢望从他的继任者那里得到什么呢？"[40] 穆斯林少数族群逐渐发现自己被剥夺了原有的身份、文化和宗教信仰；他们是这个新帝国统治政策的最早受害者。在这些高压政策下，大约从 1501 年开始，格拉纳达作为一个自由的穆斯林社会已不复存在，转而成了一片被征服的土地。

有着苦难和英雄主义历史的格拉纳达战争，甚至超过了远征加那利群岛，成为卡斯蒂利亚帝国历史的典型。它促使卡斯蒂利亚人与传统敌人陷入持续的冲突，又鼓励他们继续追求军事冒险。它创造了一种文化对抗，使卡斯蒂利亚人蔑视被征服者的习俗和信仰。它催生了大规模移民浪潮，在 1485 年至 1498 年之间，大约 4 万名来自西班牙南部其他地区的基督徒迁入并定居在原格拉纳达埃米尔国。更重要的是，这场战争巩固了西班牙君主的领导地位，并使贵族确信必须与统治者合作。最后，它让分属不同地区和阶级的西班牙人都为自己所属的这个新兴国家而自豪。穆斯林格拉纳达被粉碎更加强化了基督教西班牙这一概念。

这场战争还产生了一个虽小但影响深远的必然结果：收复格拉纳达促使宗教领袖们开始重新考虑西班牙南部的犹太人问题。宗教裁判所自 1480 年成立以来一直在搜集有关犹太裔西班牙人的宗教活动的信息，并称他们为"改宗者"（conversos）。经过几年迫害改宗者和处决了大量的异端分子后，[41] 宗教法官们似乎认为，格拉纳达的收复正是王室改变犹太人信仰的契机。

根据中世纪欧洲的传统，改宗被视为耶稣再次降临的标志。当时，西班牙境内只剩少数的犹太教徒了。1492 年，定居在阿拉贡王国的犹太人仅有上一个世纪的四分之一。大部分犹太人因为受到迫害而皈依基督教，还有些人则选择了离开。在巴塞罗那、巴伦西亚、马略卡（Mallorca）等大城市，富裕的犹太社区已经完全消失；即使一些人口较少的乡镇也出现了犹太人骤减或完全消失的情况。赫罗纳（Girona）的著名社区仅剩下 24 名纳税人，与过去的盛况没法比。在卡斯蒂利亚王国，虽然还有一些与基督教徒混居的幸存者，但犹太人口的缩减也是不争的事实。1390 年以前，塞维利亚有 500 多个犹太家庭；半个世纪之后，只剩下 50 个。伊莎贝拉登基时，卡斯蒂利亚的犹太人总数不超过 8 万。1492 年，斐迪南接受了宗教裁判所大法官托克马达（Torquemada）的建议，3 月 31 日在格拉纳达颁布驱逐令：生活在卡斯蒂利亚和阿拉贡的犹太人，在 7 月 31 日之前必须做出选择，要么受洗，要么立刻离开西班牙。[42]

事实上，"驱逐令"并不彻底，因为一半以上的人选择了改宗。当时的一个犹太人叹息道："大多数犹太人选择了继续留在西班牙，他们没有能力移居外国，对上帝也并不十分虔诚。"也有人说："在那段黑暗的日子里，成千上万的犹太人改信了基督。"[43] 离开西班牙的犹太人只是少数，总数不超过 4 万，但无论是改宗还是驱逐，都在当时产生了巨大的影响。这一政策强化了西班牙王室的愿景：作为基督教世界捍卫者，进一步扩大与穆斯林和犹太人的对立，并最终解放耶路撒冷。

在这一系列意识形态上的成功后，伊莎贝拉女王不打算再容忍卡斯蒂利亚其他地区的穆斯林了。1502 年 2 月，她命令穆斯林居民必须在"受洗"和"被驱逐"之间做出选择。几乎所有的人，那些从中世纪起就是王国臣民的人，都选择了受洗，因为当时严苛的政策使得移居国外的可能性微乎其微。随着他们的改宗，伊斯兰教在卡斯蒂利亚的土地上消失了，仅在阿拉贡王国还有一息尚存。两个王国采取的不同政策清楚地表明，对于西班牙双王来讲，宗教统一并非当务之急。[44]

阿拉贡国王在这段时期可谓功成名就。时年 40 岁的斐迪南，正处于人生的黄金时期。他最大的梦想之一就是收复 30 年前在加泰罗尼亚内战时被法国占领的塞达尼亚（Cerdanya）和罗塞略（Rosselló）两个伯国。利用 1489 年通过《梅迪纳·德尔坎波条约》（Treaty of Medina del Campo）与英国缔结的外交联盟，斐迪南争取到英国军队的支持。幸运的是，当时的法国国王查理八世正全力准备远征意大利，意图早日从这两个伯国抽身，所以在 1493 年 1 月，通过签订《巴塞罗那条约》，他将塞达尼亚和罗塞略两地和平割让给西班牙。至此，西班牙王室无可争议地取得了从直布罗陀海峡到比利牛斯山脉之间的所有领土。在此后的数年里，西班牙的主要敌人是法国，虽然比利牛斯山脉的边境地区冲突不断，但西法之间的主要战事还是集中在意大利，这部分将在下文中详述。

王室在寻找新的军事资源以充分准备安达卢西亚的战事。虽然卡斯蒂利亚人对海洋并不陌生，但它绝不是一个以航海闻名的国家。[45] 葡萄牙才是毋庸置疑的大航海先驱，早在15世纪初就已先后找到了与非洲、亚洲通商的航线，并确立了在香料贸易中举足轻重的地位。[46] 反观西班牙，只有北部海岸的巴斯克人、坎塔布里亚人以及东部的加泰罗尼亚人在几个世纪以来的海洋活动中有所建树。[47] 在15世纪中叶收复塞维利亚之前，卡斯蒂利亚的中心地区并没有直接通往主要港口的通道。航海技术主要掌握在穆斯林手中，他们借此来统治地中海一带，并威胁基督教欧洲的海岸沿线。占领格拉纳达使得卡斯蒂利亚王室有机会弥补其海上力量的不足。1492年，女王从加的斯侯爵手中夺取了加的斯，并以此作为卡斯蒂利亚进军大西洋的基地。1502年和1503年，伊莎贝拉又先后从贵族手中拿下了直布罗陀和卡塔赫纳（Cartagena）。至此，卡斯蒂利亚王室首次掌握了通向地中海南部的重要通道。

夺取格拉纳达后，成千上万的士兵一时陷入无仗可打的境地。好在地中海的战事还有他们的用武之地，意大利很快成了他们的新战场。彼时的西班牙更多关注的是如何处理好国内事务，对扩张领土并不感兴趣；然而，形势的发展却将其拉入了境外（尤其是在意大利）的军事冒险。阿拉贡王室一向对地中海西岸有着传统的王朝利益。在1458年，阿方索五世去世后，他生前治下的广袤土地被分为了两部分：那不勒斯王国被留给了其私生子费兰特（Ferrante），而加泰罗尼亚-阿拉贡则被留给了斐迪南的父亲胡安。1476年，费兰特迎娶了斐迪南的妹妹胡安娜，延续了家族的两大分支之间的联系。随后的几年里，斐迪南在全心投入西班牙政治的同时，也一再参与意大利的事务，其目的是维护他在那不勒斯的家族的利益。

与后来被称为西班牙或法国的地方一样，当时的"意大利"也是多个小国的集合体，这些小国之间几乎不存在共同利益，而且还因为缺乏共同的文化、语言和传统而存在分歧。局部冲突不断，往往还会有外部势力介入。亚平宁半岛北部地区（尤其是面积占意大利北部三分之一强的米兰公国）在政治上截然不同，理论上是神圣罗马帝国的一部分，因此它在局部冲突中多次倾向于外来势力。最强大且完全独立的意大利国家是威尼斯共和国。其他所有地区，甚至包括罗马教廷的广大领土，都时常受到内外强权者的摆布。几个世纪以来，外来者一般都是取道阿尔卑斯山从北部入侵意大利，通常会在撤退后留下一片废墟。15世纪后半叶，一种更为紧迫的威胁从海洋上而来：奥斯曼帝国及其北非盟友袭击了亚得里亚海沿岸和西地中海沿岸。法国点燃了持久战争的火焰，年轻的国王——年仅22岁的查理八世——满脑子充满了奇怪的千禧年幻想，他宣称有权继承那不勒斯王位，并于1494年8月率一支2.2万人的军队越过阿尔卑斯山，入侵意大利。因为已事先与米兰公爵等多方结盟，同年12月，法军顺利到达罗马，教皇无力抵抗。1495年2月，查理八世进入那不勒斯，迎接他的是欢呼雀跃的人群，执政者费兰特二世陷入了四面楚歌的境地。

自1494年以来，阿拉贡的斐迪南一直试图组建一个反法国际外交联盟。而法国人迅速开进属于他家族的领土，使得他成了意大利各国的可能捍卫者。经过谈判，1495年3月，教皇、神圣罗马帝国、威尼斯、米兰和西班牙在威尼斯"为了意大利的和平与安宁"结成了同盟。与此同时，1494年12月，斐迪南派海军上将加尔塞拉·德·雷克森斯带领士兵乘船前往西西里王国，并于1495年春季增兵2 000人，让贡萨洛·德·科尔多瓦指挥。6月份，西班牙军队转移到卡拉布里亚，以帮助费兰特抵抗法国军队。此时法国国王已撤到北方，但安排了1万军队驻守那不勒斯。在随后的反法战争中，卡斯蒂利亚军队所向披靡，贡萨洛·德·科尔多瓦也因功勋卓著而获得"大将军"的称号。至1496年底，那不勒斯人与卡斯蒂利亚人同仇敌忾，成功驱逐了法国军队。就在这时，费兰特逝世，王位由叔父费代里戈（Federigo）继承。3年内先后更换了5位君主，政局的稳定无从谈起，那不勒斯陷入了混乱。1497年初，法国和西班牙作为外国交战方达成了停战协议，11月，双方大使在卡斯蒂利亚小镇阿尔卡拉（Alcalá）签字。那时，两国要将那不勒斯分而治之的第一个苗头已然出现。

1498年4月，查理八世在法国昂布瓦斯（Amboise）因意外猝亡。[48] 他的继任者路易十二仍对那不勒斯念念不忘，甚至还盯上了米兰公国，他通过祖母的血统主张继承权。1499年，法国军队入侵米兰，但西班牙军队按兵不动，后来于1500年晚些时候派出一支小部队，帮助威尼斯人对抗袭击凯法洛尼亚岛（Cephalonia）的土耳其人。这次行动出动了8 000名士兵、300名骑兵、4艘战船和多艘运输船，由贡萨洛·德·科尔多瓦指挥，于1500年9月从意大利墨西拿（Messina）启程，向地中海东部进发。[49] 在赞特（Zante，希腊扎金索斯的旧称），一艘法国船加入；随后而至的还有一支载有1万名士兵的威尼斯舰队。土耳其主力部队闻风而逃，基督教军队包围了凯法洛尼亚岛，攻占了防御薄弱的圣乔治堡垒。至此，西班牙政治迈出了重要的一步。

1500 年 11 月 11 日，法国和西班牙签订了《格拉纳达条约》，将那不勒斯一分为二（就像它们在 3 年前非正式地做的那样）。这是该地区政治动荡以及两个签约国之间利益争夺所带来的必然结果。条约于次年得到了教皇的认可，因为作为那不勒斯的正式封建领主，他的准许不可或缺。后来的意大利作家们有充分的理由抨击这一决定。"大将军"贡萨洛·德·科尔多瓦也对此感到不满，就连出使他国的西班牙使节们也很难自圆其说。不管怎样，1501 年 7 月，奥比尼（d'Aubigny）率领的法国军队自米兰前来，从北部进入那不勒斯，贡萨洛·德·科瓦麾下的西班牙军队则从南部进入。那不勒斯城不战而降，费代里戈国王流亡法国。他的儿子——卡拉布里亚公爵费兰特——在奥特朗托市（Otranto）继续抵抗西班牙军队，最终于 1502 年 3 月投降，并被流放到巴伦西亚王国，在那里他得到了与其身份相称的尊重。[50]

几乎不可避免地，胜利者们之间很快又开始一决雌雄。原本计划的共同占领演变成法国和西班牙之间在那不勒斯的直接战争。接下来的两年，西班牙的帝国之路经历了历史性的转变。卡斯蒂利亚的军队有史以来首次在伊比利亚半岛之外展开了全面战争。有时，纯粹的中世纪骑士比武的场面也会重现，比如，1502 年至 1503 年间，特拉尼（Trani）城墙外 11 位法国骑士对阵 11 位西班牙骑士。数千人观看了格斗，裁判由威尼斯人担任。法国方阵的首席骑士是大名鼎鼎的巴亚尔（Bayard），号称"英勇无畏的骑士"（le chevalier sans peur et sans reproche）；西班牙方阵则由迭戈·加西亚·德·帕雷德斯（Diego García de Paredes）骑士率领。战斗结束后，双方相互拥抱。此时火器仍未普及，中世纪骑士的英勇行为仍然在战斗中占有重要地位。

战争中更实质和更血腥的一面体现在激烈的会战中，在起初的几个月里，法军占据明显的优势。1502年12月，奥比尼的部队在卡拉布里亚的泰拉诺瓦（Terranova）击败了卡斯蒂利亚军队。但就在几个月以后，1503年4月28日，"大将军"贡萨洛·德·科尔多瓦率军在切里尼奥拉（Cerignola）打了一场胜仗，随后于5月顺利进入那不勒斯城。法军退守加埃塔（Gaeta），从米兰调来拉特雷穆瓦耶（La Trémoille）的部队来收复那不勒斯。1503年的最后几个月里，双方在加里格里阿诺河（Garigliano）沿岸数度交战，在12月28日的大决战后，法军战败撤离。多年以后，法国军人皮埃尔·德·布朗托姆（Pierre de Brantôme）凭吊了父亲去世的地方。他这样写道："那是个下午，日暮降临，影子宛若幽灵，我仿佛看到英勇的法国军人的灵魂从地下升起，对我说话。"[51] 法军已无力抵抗，最终，加埃塔的驻军于1504年1月投降。同年3月，法国签署正式条约，承认阿拉贡的斐迪南对整个那不勒斯的主权。

意大利战场的经历为卡斯蒂利亚军队的威名奠定了基础，意大利人马基雅维利在其论著《战争的艺术》（*Art of War*）中也对他们赞赏有加。后来，"大将军"麾下的一名名叫迭戈·德·萨拉萨尔（Diego de Salazar）的军士模仿马基雅维利，写成了自己的《战争论》（*Tratado de re militari*），这是用现代卡斯蒂利亚语写成的第一部以战争为题材的作品。意大利战场上与法军的浴血厮杀激发了卡斯蒂利亚人去大量描述本民族英雄的事迹，以及赋予战士这一职业以尊严，并打造出卡斯蒂利亚军事常胜的不朽传说。[52] 当然，这个传说是基于西、法两国在意大利战场上持续不断的交锋。值得一提的例子是1512年4月的拉文纳血战，此战场景惨烈，法军在遭受重创之后险胜，西班牙5 000名军士阵亡，斐迪南的将军佩德罗·纳瓦罗（Pedro Navarro）[53]与那不勒斯的佩斯卡拉（Pescara）侯爵被擒。唯一能够让国王聊以自慰的是，当时的一个目击者表示："经过这场战斗，法国人更加惧怕西班牙人了。"[54]这次激战中，卡斯蒂利亚军队英勇无畏，声名远播，[55]并在此后的战斗中也是如此。当加泰罗尼亚议会因那不勒斯并入阿拉贡王国而志得意满时，斐迪南坚定地提醒朝臣们，在这件事上，他们几乎没有做出任何贡献，所有的荣耀都归功于卡斯蒂利亚王国的士兵。

人力的优势使得卡斯蒂利亚王国无可争议地成了西班牙的军事领袖。但这份成就假如没有西班牙其他地区的支持和帮助就无从谈起。例如，加泰罗尼亚人的贡献就不容忽视。战事在那不勒斯继续之时，斐迪南于 1503 年 4 月返回了阔别 8 年的巴塞罗那，此前他一直在卡斯蒂利亚境内。然后，他率领一支军队北上，从法国的围困下解放了萨尔斯（Salses）要塞。这支部队以加泰罗尼亚人为主力，[56]但后来得到了卡斯蒂利亚军队的大力增援。10 月，法国军队被逐出萨尔斯，这无疑也是加泰罗尼亚人的胜利。

卡斯蒂利亚人在前人的基础上发展出自己的军事技术。[57]15世纪欧洲战争中的主要创新在于防御工事和瑞士人开创的步兵改革。在格拉纳达战争中，王室雇用的瑞士军队表现出色，激发了斐迪南效仿他们推进步兵改革的决心。1495 年和 1496 年颁布的法令为改进军工技术奠定了基础。同时，政府鼓励平民维护公共秩序，1495 年的一项政令规定："无论是谁，无论何种阶级，都应持有适当的攻防武器。"1497 年春，军队开始使用长枪，士兵们被编入"西班牙方阵"（tercios）。接下来的几年里，各个步兵单位根据在意大利的实战经验确定了各自的特定任务。[58]同时，部队开始装备火枪（火绳枪），这将给他们在战争中的新角色的发挥带来越来越大的作用。此外，格拉纳达战争的经验，鼓励了卡斯蒂利亚军队在意大利前线使用重型大炮，这方面，法国人同样不甘落后。不过，伊比利亚半岛内战争的战术似乎并没有什么重大变化，因此我们很难由此定义说西班牙发生了真正意义上的军事革命。[59]

如果说格拉纳达战争是西班牙在帝国之路上迈出的第一步，那么意大利战争则是其走向国际扩张的第一步。西班牙人在此后的300年里统治了意大利，对该半岛的历史产生了深远的影响。但是，尽管有1500年签订的《格拉纳达条约》，西班牙人并未以帝国征服者的身份自居。16世纪的西班牙编年史家以自豪的口吻回忆对那不勒斯的"征服"。一位诗人在1506年写下了这样振奋人心的语句：

> 我们不仅支配着
> 已经征服的土地，
> 我们也横渡了
> 不可通航的海洋。
> 我们几近四海无敌。[60]

政治宣传者们时常会忘记，最初是那不勒斯人请求西班牙人加入战争，并导致其最终获胜的。卡斯蒂利亚军队帮助那不勒斯盟友对抗法国，这场战争的敌人并非意大利人，而是法国人。许多年后的1531年，那不勒斯议会提醒当时的统治者查理五世皇帝："如果没有他们的帮助，法国军队就永远不会被击败和赶出。"[61] 斐迪南原本无意将势力范围扩展到意大利。1504年3月，他的驻罗马大使写信建议，在那不勒斯的军队向北推进，目标是"将意大利从法国的魔爪下解救出来",斐迪南承认这是一个好主意,但这对迅速达成和平协议并无裨益。[62] 同月,法国承认斐迪南对那不勒斯的主权,而那不勒斯被证明由于政治上的不稳定而无法自治。此后,那不勒斯成为斐迪南国王的领地,[63] 由总督代为统治。那不勒斯是斐迪南个人的,不受西班牙控制,甚至也不属于阿拉贡王国,就像西西里一样,在国王的直接统治下独立存在。[64]

收复格拉纳达后的第二年,斐迪南国王派代理人前往北非考察那里的军事形势。历史学家后来推断,斐迪南当时已急于将帝国扩张到海峡彼岸的穆斯林土地。引用当时人彼得·马尔太尔的一句评论:"对他而言,征服非洲已经成了一种执念。"他也许的确早已在酝酿这个计划,但在攻取格拉纳达后的几年里却没有采取行动。来自对岸穆斯林的威胁仍然是他最大的担心。进军北非的计划尽管在他与朝臣和其他王室的通信中偶被提及,但并未被付诸实践。而伊莎贝拉女王则更加虔诚,受神职人员的影响也更大,她非常热衷于"十字军运动"。在遗嘱中,伊莎贝拉恳请自己的继承人"坚持不懈地为征服非洲和反对穆斯林的信仰而战"。然而,时机尚未成熟。在她 1504 年去世时,卡斯蒂利亚并未出兵非洲。事实上,在收复格拉纳达之后的一段时间里,北非的一些沿海城镇有意与获胜的西班牙建立友好关系。例如,米尔斯克比尔(Mers-el-Kebir)和附近的奥兰(Oran)的穆斯林领导人都愿意接受西班牙的统治。[65]

那不勒斯战争结束后,那些对非洲虎视眈眈的人再次看到了机会。[66] 葡萄牙人早在一个世纪以前就在北非海岸建立了据点(自 1415 年起一直占据休达),并以签订条约的形式,禁止卡斯蒂利亚在这一地区活动。然而,向地中海沿岸渗透依然有着令人信服的理由，这样既可保护海上贸易免受海盗袭扰，又可以穿越撒哈拉沙漠带回黄金。1495 年，教皇亚历山大六世继续执行将非基督教世界的领地分配给海上天主教大国的政策，确认了西班牙对摩洛哥以东地区的权利。卡斯蒂利亚在北非进行扩张的第一步，是 1497 年梅迪纳-锡多尼亚公爵（Duke of Medina-Sidonia）在王室的批准下占领了半被遗弃的小城梅利利亚（Melilla）。斐迪南随后同意派遣一小支部队来守卫该城。他还支持加那利群岛的先遣官阿隆索·德·卢戈率领的小型探险队前往北非。

对非洲异教徒进行"圣战"的重要倡导者是托莱多大主教、卡斯蒂利亚枢机主教弗朗切斯科·希门尼斯·德·西斯内罗斯。这位严谨的方济各会改革者曾是女王的忏悔神父。他在 1495 年被任命为托莱多大主教后，立即开始整顿教会，并将精力投入与异教徒的斗争中。他雇用了威尼斯船长杰罗尼莫·维亚内利（Geronimo Vianelli）对北非海岸进行侦察，并于 1505 年 8 月指挥招募自西班牙的士兵和从那不勒斯回来的军队，从马拉加港口横跨海峡，袭击了非洲小镇米尔斯克比尔。这次远征动用了大约 1 万人，但几乎兵不血刃。沿海地区的柏柏尔人审时度势，改变了阵营。9 月，米尔斯克比尔的指挥官决定向优势明显的西班牙军队投降。[67] 军士们在冲锋前大喊："非洲！非洲！为了西班牙国王，我们至高无上的主！"据说他们冲进人群时都哭了。米尔斯克比尔虽然很快就被西班牙占领了，但要想守住它却难如登天，因为它远离基督教大陆，孤立无援，且不时会受到附近奥兰的柏柏尔人的攻击。尽管如此，这次成功仍令卡斯蒂利亚人群情振奋。安达卢西亚军人兼编年史学家贡萨洛·德·阿约拉（Gonzalo de Ayora）认为这只是一个开端："如果这种情况继续下去，整个非洲将会被毫不费力地征服，因为穆斯林内部的纷争总是没完没了。"[68]

斐迪南没有财力继续资助远征了，不过他支持了一场规模小得多的探险——1508 年 7 月征服戈梅拉岛。与此同时，西斯内罗斯枢机主教提出，自己所辖教区在整个基督教世界的富裕程度仅次于罗马教区，他愿意倾自己所有，为西班牙王室的征服目标服务。斐迪南听到这个消息后说他很高兴，并认为这是一项伟大的服务，国王还对他的驻罗马大使说："实际上，西斯内罗斯有一种强烈的愿望，想要发动对异教徒的战争。"[69]组织十字军征伐的努力收到了效果，枢机主教组织的这场十字军运动令人印象深刻，在他资助和指挥下，军队于 1509 年 5 月中旬开始横渡海峡，剑指北非。

数百辆运输工具运送了多达 2 万人。48 小时内，整支军队就在米尔斯克比尔附近登陆。一位指挥过意大利战争的老兵指挥着这支军队，他就是纳瓦拉人佩德罗·维雷特拉（Pedro Vereterra），即奥利韦托（Oliveto）伯爵，卡斯蒂利亚人叫他佩德罗·纳瓦罗（Pedro Navarro）。73 岁的枢机主教也随军出征。在巨大的银色十字架之前，他骑着骡子跟随士兵的队伍行进，勉励他们为信仰而战或为信仰而牺牲。他们的目标是关键城镇奥兰，它拥有超过 1.2万名居民，"一望无垠像鸽子一样白"（据去过那里的人说），白色的房屋沿海岸线延伸，它就像是"充满花园、田野和山坡的天堂"。[70]正如在格拉纳达战争中发生的那样，镇上的两名官员向基督徒投降，打开了城门，帮助西班牙人进入奥兰。[71]5 月 17 日夜幕降临时，西班牙军队占领了该镇，大规模屠杀手无寸铁的平民。根据西班牙人自己的统计（鉴于他们所占有的优势，想必是实情）：他们损失了 30 名士兵，而歼灭敌军多达 4 000 人。西斯内罗斯放弃了继续向邻近的特莱姆森镇（Tlemcen）进军的想法，于一周之内返回了西班牙。

1510 年 1 月，国王命令佩德罗·纳瓦罗领军攻打小镇布日伊（Bougie，贝贾亚的旧称）。纳瓦罗于 1 月 5 日率领一支 4 000 人的部队占领了该镇。同月，他继续"说服"阿尔及尔（一个拥有 2 万居民的城市）市长接受西班牙的保护。为了确保协议得到遵守，他在阿尔及尔对面的佩尼翁岛（Peñón）上留下了一支西班牙驻军。同年 7 月 25 日，纳瓦罗还成功夺取了海岸线以东遥远的的黎波里（Tripoli），那里的守军伤亡惨重。的黎波里被顺理成章地并入斐迪南的西西里王国，这对后者的安全形势有更直接的影响。8 月底，当纳瓦罗和海军指挥官加西亚·德·托莱多（Garcia de Toledo）试图占领仅有一个小城镇的杰尔巴岛（Djerba）时，这一系列的成功很快就以灾难告终。士兵们没有带足够的饮用水，被炎炎夏日晒得奄奄一息。那些没有死于缺水的人又遭到当地穆斯林的杀害。有些人设法逃脱，但其中大部分人乘坐的 4 艘船在风暴中倾覆了，导致多数人遇难。丧生的人数总计有 4 000 之多。[72]

实际上，在非洲北部海岸建立西班牙人定居点意义不大。占领城镇满足了托莱多大主教的十字军情结，然而，尽管斐迪南明确表示希望城镇完全由来自半岛的基督徒定居，但跟随部队前来的西班牙人却寥寥无几。此外，驻扎在非洲乡镇的士兵总是很容易受到攻击。例如，1515 年，斐迪南不得不从马略卡岛调来 3 000 名士兵来保卫布日伊，以抵御 4 个令人生畏的土耳其海盗组织的袭击，"这些人以阿鲁吉（Aruj）和赫伊尔丁（Khayr al-Din）为首"（基督徒也称后者为"巴巴罗萨"或"红胡子"）。赫伊尔丁在阿尔及尔建立了基地，后来还将自己的权力扩展到地中海沿岸的主要城市。

编年史学家很自豪地认为在奥兰和其他地方的驻军是西班牙自

身实力的体现和成为帝国的证明。在地中海南岸拥有一些分散的前哨基地，满足了一种历史上的渴望，即扭转了穆斯林文化在数个世纪里主宰伊比利亚半岛并威胁基督教欧洲的局面。这还在历史上首次证明了卡斯蒂利亚可以有效利用海洋，从而在国家领土之外建立防线。"非洲"这个概念以前在西班牙人的心里所占的位置微乎其微，而此时却成了一个挑战和吸引卡斯蒂利亚人的新边疆。"非洲之梦"一词进入了西班牙帝国的语言。[73] 但它仍然只是一个梦，只能给人以权力的香味和幻觉。西班牙驻军拥有的权威从没超出过他们所占领的穆斯林城镇。他们不能获取周围村镇的支持，甚至无法得到粮食供应，而传播福音的愿望只能如海市蜃楼般缥缈。同样，由于缺乏船只，他们也无法控制非洲沿岸的海域。

斐迪南一方面忙于意大利的事务，另一方面专注于维护自己在半岛的权力。1502 年 1 月，他的女儿胡安娜与女婿哈布斯堡家族的腓力（二人 1496 年在里尔结婚）一起从尼德兰来到卡斯蒂利亚。在托莱多和萨拉戈萨，他们参加了议会举行的仪式，宣誓成为西班牙王位的继承人。二人于 1504 年春天返回尼德兰。然而几个月后，伊莎贝拉女王去世，其与阿拉贡的王室联合也随之失效。那时刚成为那不勒斯国王的斐迪南不再是卡斯蒂利亚的统治者了。为了争夺权势，斐迪南经过谈判与法国国王的侄女热尔梅娜·德·富瓦（Germaine de Foix）结婚，婚礼于 1506 年 3 月在巴利亚多利德附近举行。6 周后，胡安娜和腓力作为卡斯蒂利亚的统治者抵达半岛。9 月，斐迪南和热尔梅娜动身前往那不勒斯，在他们到达目的地几周后，斐迪南收到了腓力突然去世的消息。1507 年 6 月，这对王室夫妇离开那不勒斯。

他们的第一站是热那亚附近的萨沃纳镇（Savona），在那里他们与法国国王路易十二进行了为期 4 天的历史性会晤。斐迪南由"大将军"贡萨洛·德·科尔多瓦陪同，路易十二由奥比尼陪同。那不勒斯战争的伟大主角一起就休战条件进行谈判。当斐迪南最终于 8 月到达卡斯蒂利亚时，他亲眼看到了女儿胡安娜因丈夫的死而悲痛欲绝，精神状态每况愈下。1510 年 10 月，卡斯蒂利亚议会以他女儿的名义承认他为王国的统治者。对于斐迪南国王来说，这是一个艰难的时期，而他的新婚妻子未能给他生下一个儿子的现实使这段时期变得更加艰难。王后热尔梅娜的最大贡献在于她的祖国纳瓦拉，这是一个小王国，坐落在法国和西班牙之间比利牛斯山脉西部的森林中。

斐迪南通过他父亲的第一任妻子、纳瓦拉女王布兰切（Blanche）直接获得了王位的继承权。在他父亲 1479 年去世后，王位传给了斐迪南同父异母的妹妹埃莉诺（Eleanor），她的丈夫是声名显赫的法国人加斯东·德·富瓦（Gaston de Foix）。另外，通过埃莉诺的继承人，强大的阿尔布雷（Albret）家族也获得了王国的继承权。由此，纳瓦拉成为富瓦家族（斐迪南的妻子热尔梅娜来自该家族）和阿尔布雷家族的共同领地。当加斯东·富瓦在意大利拉文纳战役中阵亡后，斐迪南立即以自己和妻子的名义宣布了对纳瓦拉的继承权。虽然纳瓦拉的历任统治者从文化上来讲更像法国人而不像西班牙人，但自 15 世纪后期以来，这个王国就一直处于卡斯蒂利亚的势力范围内。然而，在这一时期，法国需要纳瓦拉这块缓冲地带提供安全，以保护边境不受斐迪南入侵。事实上，在斐迪南与英格兰达成协议后，多塞特（Dorset）伯爵指挥的 1 万名英格兰军士于 1512 年 6 月抵达帕萨赫斯港，以便参与对法国的行动。这一行动已经筹划了很长时间。年轻的英格兰国王亨利八世自 1509 年起成为斐迪南的女婿，当时亨利八世娶了阿拉贡的凯瑟琳公主（Infanta Catherine），也就是他兄长亚瑟王子的遗孀。从 1511 年开始，斐迪南一直忙于对所谓的"撒拉森人"*战争的准备工作。"我就是那个'撒拉森人'。"法国路易十二讽刺地评论道。[74] 1512 年 7 月，英格兰军队正在巴斯克地区的伦特里亚（Renteria）等候前进的命令。然而，斐迪南调整了他的优先考虑方向，认为纳瓦拉王位继承问题更加紧迫。

6 月，国王在吉普斯夸（Guipúzcoa）召集了一支由 1 000 名卡斯蒂利亚贵族骑士组成的军队；随行的还有 2 500 名骑兵，6 000 名步兵和 20 门大炮。[75] 卡斯蒂利亚城镇又提供了 3 000 名步兵和 400 名骑兵。阿尔瓦（Alba）公爵法德里克·德·托莱多（Fadrique de Toledo）[76] 为联军的总指挥。同时，人文主义者内夫里哈作为王室的忠实仆人，在后方记录着军队的功绩。斐迪南希望英格兰人加入他的行列。但是当多塞特伯爵发现这次军事活动不是针对之前在法国南部的预定目标而是针对纳瓦拉时，他表示拒绝并准备返回英格兰。而对斐迪南来说幸运的是，英格兰人的存在将法国人牵制在那个地区，这使他的计划变得容易进行。斐迪南借口纳瓦拉人拒绝让他的部队越过领土，还借口纳瓦拉与法国结盟，命令军队进入纳瓦拉。部队于 7 月 21 日越过边境，在这个小而毫无防御能力的山地国家几乎没有遇到反抗。阿尔布雷王室逃往法国，7 月 24 日，

---

* 撒拉森人（Saracen），中世纪时，欧洲人对信仰伊斯兰教的阿拉伯人的称呼。该词原指叙利亚和阿拉伯半岛之间沙漠中的游牧民，十字军东征时专指反抗十字军东侵的穆斯林，后泛指阿拉伯人中的穆斯林，有时亦泛指阿拉伯人。——编者注

首都潘普洛纳投降。参加这场战争的并不仅仅是卡斯蒂利亚，萨拉戈萨大主教在阿拉贡集结了 3 000 步兵和 400 匹马，于 8 月 14 日围攻图德拉（Tudela），一个月后图德拉守军投降。

从理论上讲，这场冲突是由王朝争端引发的，斐迪南一开始关注的是谈判条款。但当他看到谈判行不通时，他宣布"征服"，并获得了纳瓦拉国王的头衔。8 月 28 日，纳瓦拉的一部分名流在潘普洛纳集会并宣誓效忠于他。11 月，继承权的主张者让·阿尔布雷（Jean d'Albret）带着法国军队进入，但未能赶走卡斯蒂利亚人。纳瓦拉王国的其余部分，在阿尔布雷王室逃亡的情况下，接受了不可避免的事实，于 1513 年 3 月宣誓效忠阿拉贡国王。为了确保自己对王国的控制，斐迪南于 1514 年派军队穿过比利牛斯山脉占领了法属纳瓦拉的一小块地方（这个地区在他去世后被割让）。1515 年 6 月的布尔戈斯（Burgos）议会上，斐迪南在拒绝了将纳瓦拉与阿拉贡合并之后，将其并入了卡斯蒂利亚。对于纳瓦拉来说，这样做在政治上并没有太大的实质性变化。实际上它既没有"被征服"也没有"被吞并"，因为它在各方面都保持了完全的自治权。唯一的变化就是统治王朝改变了。随后的几代人，纳瓦拉人也设法保持了独立，甚至连其境内征收的税款都主要流向了自身的统治精英阶层而不是卡斯蒂利亚。[77]

纳瓦拉仍然存在的问题是一部分贵族和社区反对政权。一支小规模卡斯蒂利亚部队驻守在潘普洛纳，以防御未来法国的入侵。当斐迪南于 1516 年去世后，纳瓦拉流亡者试图夺回王国，但该计划失败了，卡斯蒂利亚的摄政王、枢机主教西斯内罗斯对叛乱分子采取了坚决行动。叛乱分子的城堡被拆除，其中包括沙勿略家族（Xavier family）的城堡。这些事件发生时，这个家族的一个后代——年仅 10 岁的方济各·沙勿略 [*]，眼睁睁看着工人们拆毁了一半祖先传下来的房子。[78] 他的一些兄弟被流放到法国，5 年后的 1521 年，他们参加了进攻纳瓦拉的行动。当他们围攻潘普洛纳时，守卫部队中的一名骑士是一个年轻的巴斯克贵族，他就是依纳爵·罗耀拉（Ignatius Loyola），他在行动中受伤并被迫放弃了他的军旅生涯。在接下来的几年中，罗耀拉一直在旅行，并于 1528 年注册成为巴黎大学的一名学生。一年后，他和其他学生一起搬入学生宿舍，这些学生中就有 1525 年以来一直在这所大学学习的年轻的方济各。这是一段友谊的开始，几年后他们在巴黎成立了耶稣会，并对葡萄牙帝国和西班牙帝国的发展产生了划时代的影响。

到 1516 年斐迪南去世时，这位天主教国王似乎已经为西班牙未来的伟大奠定了基础。卡斯蒂利亚后来的历史学家从未对此产生过任何怀疑。克劳迪奥·克莱门特（Claudio Clemente）在他的《基督教政治文集》（*Dissertatio christiano-politica*，1636）中写道："斐迪南，奠定了这个西班牙帝国巨大结构的基础。"[79] 他确定了未来国际政策的大致路线：遏制法国利益（在意大利和比利牛斯山脉），确立地中海西部的统治地位，打击伊斯兰势力。通过罗塞略和纳瓦拉的并入，他为西班牙北部边境提供了一个半世纪的安全保障。在地中海地区，阿拉贡的统治者自 1409 年以来就把持着撒丁岛和西西里岛，占领那不勒斯更是使西班牙在南欧事务中一家独大。

---

[*]　方济各·沙勿略（Francisco Xavier），西班牙人，来华传教士，天主教耶稣会创始人之一。"方济各·沙勿略"为专有译名。——编者注

这些成果的取得，并不是由于西班牙的强大国力或是对扩张的渴望。无论是在那不勒斯还是在纳瓦拉，起作用的因素都是王位的继承权，当地的统治阶级几乎没有异议地接受了斐迪南的要求。有时人们说，成功的秘诀在于"西班牙"以统一民族国家的形象出现。然而，海外扩张的潜力并不是由它作为"民族国家"的潜力所决定的。[80] 被统称为"西班牙"的半岛领地在 18 世纪之前并没有发展成为一个国家。这些领地自己也不能产生帝国发展所需的动力。扩张始终是一项多元化的事业，只有通过联合使用资源才能实现。在一个还没有民族国家的欧洲，16 世纪的殖民事业是所有想从事这项事业的人面临的巨大挑战，是国际合作的产物，而不是国家能力的产物。

必须承认，斐迪南为了使西班牙的新责任能够被邻国和国际社会广泛接受，做出了具有独创性的重要贡献。有两个方面值得深入讨论。

首先，与奥地利的哈布斯堡家族一样，他采取有计划的联姻作为追求政治目标的一种方式。斐迪南安排的婚姻在西班牙帝国未来的领土积累中具有无法估量的重要性。正如耶稣会历史学家胡安·德·马里安纳在一个世纪后所认识到的那样："帝国通过婚姻发展壮大。众人皆知，西班牙能成为如此庞大的帝国，依赖的是军人的勇武和统治者的婚姻，婚姻带来了许多领地，甚至还有一些国家。"[81] 西班牙与英格兰的都铎王朝结盟：1489 年 3 月的《梅迪纳·德尔坎波条约》明确规定了凯瑟琳公主与亨利七世之子亚瑟王子的婚姻。西班牙试图与葡萄牙联盟：公主伊莎贝拉 1490 年嫁给了阿方索王子，但新郎不久后去世，1497 年伊莎贝拉又嫁给了马诺埃尔王子（Prince Manoel）。西班牙还与哈布斯堡王朝建立了密切联系：正如我们看到的，1496 年 10 月，胡安娜公主与神圣罗马帝国皇帝马克西米利安一世之子、勃艮第大公"美男子"腓力在尼德兰的里尔结婚。同年 4 月，胡安王子在布尔戈斯迎娶了腓力的妹妹女大公玛格丽特。由于一系列的早亡，这些复杂的安排注定会遭遇不幸，其中最重要的是胡安王子的死，他于 1497 年 10 月去世，没有留下子嗣。随着他的去世，王位将不可能有任何直系的男性继承人。紧接着，1498 年，伊莎贝拉公主因难产去世。而她年幼的儿子如果能存活下来的话，原本可以继承所有伊比利亚王国的王位，不幸的是，他在两年后夭折了。西班牙王室继续发展与葡萄牙王室的联姻，斐迪南和伊莎贝拉的第 4 个孩子玛丽亚（Maria）于 1500 年嫁给了马诺埃尔。1517 年，在生下一个儿子——葡萄牙的下一任国王之后，她也过早地离世了。随后，胡安娜公主的大女儿埃莉诺（Eleanor）与马诺埃尔结婚。当时，西班牙王室似乎没有因为这一系列精心设计的联姻而得到什么实际的好处。然而，这种婚姻网络最终导致了西班牙王位男性继承人的产生，即胡安娜的儿子——根特的查理（Charles of Ghent）。在 16 世纪最后几十年里，这种婚姻网络也成为西班牙成功夺取葡萄牙王位的基础。

其次，斐迪南是最早利用常规外交联系的欧洲统治者之一。当 1474 年卡斯蒂利亚的恩里克四世去世、伊莎贝拉成为王位的主要继承人后，与葡萄牙的战争迫使斐迪南和伊莎贝拉与许多可能的盟友保持联系。这只能通过代理人来实现，这些代理人会在欧洲各处巡游，有时也会居住在他们被指派的地方。[82] 虽然这些人通常是大贵族或高级神职人员，但他们也可能是文人，例如编年史家阿隆索·德·帕伦西亚（Alonso de Palencia）和埃尔南多·德尔·普尔加（Hernando del Pulgar），或诗人戈麦斯·曼里克（Gómez Manrique）。斐迪南是欧洲外交体系的先驱之一。[83] 他将派驻使节的做法扩大化，使其成为民族国家之间正常关系的一部分，而之前，这仅在意大利城邦之间比较常见。到了 15 世纪 90 年代，西班牙王室在伦敦、布鲁塞尔、神圣罗马帝国（德意志）、罗马教廷和意大利各城市，尤其是威尼斯、米兰和热那亚，都有常驻外交使节。斐迪南清楚自己需要支持，所以利用宣传和外交来推进他的政策。在格拉纳达战役期间，他确保其他国家都知道有这场冲突，并欣然接受神圣罗马帝国皇帝送来的弹药和士兵。女王甚至带领法国大使在这个被围困城市的外围巡视。[84] 与其他国家的外交接触是必要的手段，不仅能在欧洲还能够在地中海沿岸的伊斯兰国家展示西班牙的君主形象。由于斐迪南统治着多个国家，他从各个国家聘请当地的贵族作为王室的代表。卡斯蒂利亚人、安达卢西亚人、加利西亚人、巴斯克人、加泰罗尼亚人、阿拉贡人、巴伦西亚人、撒丁岛人、西西里人，还有那不勒斯人，都在他手下担任外交使节。[85] 由于文化的广泛性和语言的多样性，使节们能够克服沟通的障碍，尤其是他们能够用拉丁语交流的时候（在德意志的土地上这点是很必要的）。他们是一个国际化的群体，但他们并不效忠于西班牙，也并不代表西班牙的利益（除非他们是西班牙人）。事实上，他们只是国王和女王的代言人。

换句话说，这些联姻和外交代表并不是西班牙走上帝国之路的标志。斐迪南和伊莎贝拉的权力实际上属于他们的王朝，涉及他们个人的权威，但不一定是他们国家的权威。在 1512 年意大利拉文纳战役之后，当时身在西班牙布尔戈斯的斐迪南写信给他的驻罗马大使，为"他自己"的胜利而致谢。[86] 这并不是一种傲慢的表达。这场姑且算是打赢了[87] 的战争，胜方并非那不勒斯、西西里、阿拉贡或卡斯蒂利亚，而是斐迪南自己利用各国士兵取得了胜利。任何重要任务，统治者都必须以个人身份完成。因此，斐迪南到访意大利对于巩固他在当地的权威至关重要。同样，当时的重大决定必须当面做出，两位国王在萨沃纳的会面就是一个例子。斐迪南坚持要求他的外交官们一定要随时汇报，因为只有他才有权采取行动。1507年，他向驻罗马的使节们提出抗议："我很惊讶，尽管有你们在那里，但我本该直接通过你们知道的事情，却要先通过其他途径了解。"[88]但这些都是早期欧洲外交的现实情况。消息传递速度缓慢，路线不安全，通邮不畅，相关机构也不多。任何形式的通信都不是完全可靠的，国王也不确信自己是否掌握了做出正确判断所需的足够信息。

精英阶层和统治者之间的合作至关重要，尤其是在金融领域。"仅仅依靠来自王室的钱，"斐迪南在1509年解释道，"并不足以维持如此庞大的军队和舰队，来对抗如此强大的敌人。"[89]正如我们看到的那样，西班牙王国的经济存在普遍缺陷。因此，他们也缺乏财力来进行帝国扩张。谁来支付枪支、士兵和船只的费用？斐迪南和伊莎贝拉当然不能。内战已使他们债台高筑，财政赤字继续增长。[90]此外，他们没有中央国库来管理财政，也没有可靠的税收收入。像所有中世纪的统治者一样，他们选择以个人的名义为每个特定项目签订协约，并在自身资源不足时邀请金融家合作。幸运的是，正是通过这种方式，意大利金融家为铸就帝国的大业添砖加瓦。例如，一个热那亚人和一位佛罗伦萨金融家资助了征服加那利群岛的帕尔马岛的队伍。[91]更为重要的是，意大利战争只有借助意大利的财力才得以实现。1503年，"大将军"军队中的财务主管在那不勒斯抱怨说："寻找资金成为大问题，即使加上卡斯蒂利亚的部分税收也远远不够，我们所需的大部分资金都必须从其他地方获得。"[92] 威尼斯和罗马的金融家以提供汇票的方式给出了解决方案。接下来的几年中，金融家和西班牙王室各取所需。如果没有意大利银行家的支持，王室将无法供养其派驻到整个欧洲的外交官。[93]

自中世纪以来，意大利、佛兰德、法国和英格兰的商人就一直很青睐西班牙的产品，尤其是羊毛原料。他们资助了在半岛南部对穆斯林的战争。1500 年前后热那亚的金融家中，多里亚（Doria）、格里马尔迪（Grimaldi）、斯皮诺拉（Spinola）、琴图廖内（Centurione）和索普拉尼（Soprani）都是塞维利亚地区盛产的橄榄油和葡萄酒的主要买家。[94] 在 1489 年至 1515 年间，至少有 437 名热那亚商人的名字出现在塞维利亚的公证文书中。[95] 他们中的许多人把采买活动扩展到其他品类，尤其是会买入羊毛原毛和丝绸，然后将其出口到国外，也会将其转卖给卡斯蒂利亚本地的制造商。当 1487 年马拉加被从穆斯林手中夺回后，它立即成为王室在该海岸的主要港口，其商业主要掌握在琴图廖内家族手中。[96]

彼时，热那亚人处于有利地位，他们很好地利用了与新发现的加勒比地区建立的早期贸易联系。1516 年，一位意大利旅行者这样描述："在加的斯的外国人比当地居民多，大部分是热那亚人。"[97] 他们当然要与当地的安达卢西亚商人竞争，安达卢西亚商人是当地的第二大商人群体，主要来自塞维利亚和加的斯。从人数和重要性上来看，紧随其后的是布尔戈斯商人，再次是英格兰商人。[98] 斐迪南和伊莎贝拉非常高兴可以由其他人来承担征服行动的费用。历史学家费尔南德斯·德·奥维多（Fernández de Oviedo）后来写道："国王和女王几乎从不为这些新发现投入金钱，投入的只是政府文书和冠冕堂皇的说辞。"[99]

同时，每个地区都被要求提供资源来支持共同的帝国事业。早在 1508 年，斐迪南宣布准备远征非洲时，就曾解释说："我们已经要求那不勒斯和西西里提供大量小麦、点心以及其他物资，其中一部分已经在路上了；至于我们在西班牙的省份，则派出了军官来招募尽可能多的步兵和士兵。"[100] 两年多后，也就是 1510 年的圣诞节，他写信给西西里总督乌戈·德·蒙卡达（Hugo de Moncada），向他说明，预计非洲远征所需的约一半物资和人员将来自他的意大利领土。意大利人和卡斯蒂利亚人一样，有一个非洲梦，一直到几个世纪后的佛朗哥和墨索里尼时代都是如此；而此时，斐迪南使这个梦成为他在地中海的两片土地的共有事业。

事实上，在遥远的大西洋彼岸，他们已经在共同实现着另一个伟大的梦想。

克里斯托弗·哥伦布于 1451 年出生于热那亚，早年在热那亚人琴图廖内的银行当代理人。他从里斯本出发进行了短暂的航行，在此期间，他确信通往西面海洋的航线可以到达亚洲。在 1492 年于圣菲签下协定之前，他一直没有找到西航计划的资助。阿拉贡的犹太改宗者路易斯·德·桑坦赫洛（Luis de Santángel）帮助哥伦布让一切变成了可能。无论是当时还是后来，都有金融家愿意在海外探险事业上冒险：热那亚人和佛罗伦萨人是主要的支持者。[101]《圣菲协定》承诺，如果成功，哥伦布将获得高贵的地位、海洋上将的头衔，以及在他可能发现的领土上的广泛特权。1492 年 8 月 3日，他的 3 艘小船载着 90 名船员，从加的斯附近的帕洛斯（Palos）出航。在加那利群岛停留 4 周后，他们出发，越过西海，于 10 月

12 日抵达巴哈马，登陆圣萨尔瓦多［San Salvador，现在被认为等同于华特林岛（Watling Island）］。10 月底，哥伦布一行到了古巴，12 月初，他们到达伊斯帕尼奥拉岛，那里注定是接下来几十年西班牙殖民的中心。1493 年 1 月哥伦布开始返航，因天气原因被迫停靠在里斯本，最终于 3 月 15 日抵达帕洛斯。他立即动身向当时在巴塞罗那的君主们汇报。斐迪南和伊莎贝拉向教皇亚历山大六世提出了卡斯蒂利亚对新领土的主张，得到了教皇的认可。随后，教皇发布了一系列的诏书，其中一个是 1493 年著名的《划界训谕》（Inter caetera）。葡萄牙认为划分过于笼统，严重影响到本国利益。于是，两国统治者决定直接进行谈判，并在 1494 年 6 月签订了《托德西利亚斯条约》（Treaty of Tordesillas）。该条约规定，以佛得角群岛以西 370 里格 * 的子午线为分界线，该线以西发现的土地属西班牙，以东则归葡萄牙。就这样，这条线穿过了很大一片美洲的土地，把巴西划给了葡萄牙。

哥伦布返航的消息起初对西班牙人的影响很小。就像任何新奇事物一样，它被少数作家注意到了，尤其是西班牙的彼得·马尔太尔，并由此在欧洲的好奇者中传播开来。哥伦布的第一份航海报告（或"信件"）在 1493 年印刷了 9 次，到了 1500 年又重印了 11 次。在发现者哥伦布头脑中，他遇到的东西和他希望发现的东西之间存在着不可避免的混乱。一位历史学家指出："［哥伦布］与［美洲］原住民的交流方式很蹩脚，而且他依靠想象描述他不理解的东西。"[102] 然而，哥伦布带回来的黄金样本最具说服力，并促成了第二次更大规模的航海探险，1493 年 9 月，哥伦布一行从加的斯

---

* 1 里格 ≈5.5 千米。——编者注

起程。这次有 17 艘船，1 200 名船员，其中包括 12 名神父，但没有女性。他们的目标是在伊斯帕尼奥拉岛定居，但他们也在加勒比海其他岛屿上进行了探索。这位海洋上将于 1496 年 6 月回国，并带回伊斯帕尼奥拉的一些原住民当奴隶。之后，他又进行了两次美洲航行。1498 年至 1500 年，他们到达了特立尼达和南美洲大陆；1502 年至 1504 年，他对洪都拉斯海岸和巴拿马地峡进行了探察。但在第三次远航之后，哥伦布就与在伊斯帕尼奥拉定居的西班牙人产生了严重矛盾，他和他的家人被戴上镣铐押送回国。最后一次航行的最大特点是，没有发现任何有意义的新东西。

哥伦布 1506 年去世时，很富有但也很失落。这条新航线似乎没有像他希望的那样能快速通往亚洲。可获得的财富包括黄金和一些奴隶，但没有香料。对于一个曾期望发现"我们的主在《启示录》中预言的新天地"的人来说，这仅是一个小小的回报。彼得·马尔太尔称西部土地为"新世界"（novus orbis），而西班牙人通常将其称为"印度群岛"（Indies），这反映出他们误认为这里是亚洲的一部分。对于大多数欧洲人来说，他们记住的名字是"美洲"（America），这个词源于佛罗伦萨航海家亚美利哥·韦斯普奇（Amerigo Vespucci）的名字，最早出现在瑞士地图制作人马丁·瓦尔德塞弥勒（Martin Waldseemüller）于 1507 年出版的世界地图上。

关于这片新大陆的信息很少，足以刺激人们的好奇心。在哥伦布的第一次航行中，马丁·阿隆索·平松（Martín Alonso Pinzón）和他"平塔号"（Pinta）上的船员发现了黄金，这成为人们最痴迷的东西。在哥伦布保存的航海日志中，他意识到了这些发现所带来的可能性。此外，他还发现伊斯帕尼奥拉的原住民是和平而顺从的。"他们没有武器，赤身裸体，也没有制造武器的技术，在 3 个

［西班牙人］手里只逃走了 1 000 人。因此他们很容易服从命令，可以让他们去干活，去种地，去做任何想让他们干的事情，［还可以让他们］建造城镇，学会穿衣服，接受我们的习俗。"从一开始，他并没有试图去评估一下当地人的文化水平，就认为他们是很容易被奴役的："所有人都可以被带到卡斯蒂利亚，或者被当成俘虏关押在岛上。"[103]

哥伦布通过观察得出的结论是，西班牙人不需要对加勒比北部的阿拉瓦克人（Arawak）使用武力。实际上，这些岛屿没有被征服过。[104] 原住民接受了陌生人的到来，并为这些陌生人让路，当这些陌生人到达大陆时，他们继续这样做。虽然他们后来进行了抵抗，但那是在陌生人开始夺取他们的土地和妇女之后。在早期，加勒比地区具有一个和平、安宁的社会的所有优势，那里不缺本土食物，没有战争，没有瘟疫，并且很奇怪的是，也没有酒。1498 年，哥伦布在伊斯帕尼奥拉写道："这片土地上什么都有，尤其是面包和肉。除了葡萄酒和衣服外，什么都不缺。我们在这里的每个人都有两三个印第安人为他服务，还有狗帮他打猎。虽然也许不该说，这里的女人美到令人惊叹。"[105] 在第二次航行时的 1494 年，当地印第安人奋起反抗西班牙人的暴虐。这致使约 500 名印第安奴隶被扣押并被运往西班牙，其中一半人在 1495 年初抵达西班牙之前不久死亡，被扔进大海。西班牙殖民者的残暴、印第安原住民的反抗以及西班牙殖民者内部的激烈竞争，为加勒比地区生活的恶化埋下了伏笔。

人们普遍认为加勒比地区是欧洲人向往的天堂，对哥伦布带回来的令人兴奋的新奇事物很感兴趣。彼得·马尔太尔记录了国王第一次品尝菠萝时的喜悦，"这种水果已成为他的最爱"。[106] 实际上，当时并没有人急于去新大陆，因为航程既漫长又危险，在新世界的生活条件也不确定。[107] 在哥伦布航行之后长达四分之一个世纪的时间里，吸引西班牙人去往新大陆仍然很困难。早期移民中有很大一部分人死于气候、缺乏食物以及与当地人的冲突。由于自愿移民的人很少，政府在 1497 年制订了将罪犯流放到这些岛屿上的计划。前景并不是诱人的。伊斯帕尼奥拉没有致富的机会（早期能找到黄金的迹象消失了，此时西班牙人还没开始采矿），甚至没有任何令人满意的食物。岛上的定居者能幸存下来仅仅是依靠着印第安人的食物。许多人尽快回到了欧洲，而留在那里的人基本都死了：据估计，在 1493 年跟随哥伦布第二次远航来到西印度群岛的 1 200 人中，25 年后只有 200 人存活下来。[108] 在 1498 年底，哥伦布实际上帮助了 300 名殖民者［其中包括拉斯·卡萨斯（Las Casas）的父亲］返回西班牙，因为他们在这些岛上看不到未来。哥伦布在写给政府的信中乐观地描绘出一幅充满机遇的美好图景，但未能让人信服。这位海洋上将多年来对这些群岛的控制以所有人的失败而告终。他在 1502 年所做的关于最后一次航行的报告，是一个混乱的陈述。他坚持认为自己已经到达亚洲，并对自己的发现所具有的意义有着世界末日式的幻想，这是他成就的消极方面。另一方面，哥伦布对欧洲人和伊比利亚人眼界的扩大做出了积极而巨大的贡献。他是航海方面的先驱。通过他的远航，西班牙人第一次受到激励，敢于冒着生命危险，横渡大西洋去探险和征服。

在 15 世纪末的欧洲，追寻黄金时代、追寻千禧年的想象运动甚为流行。源自中世纪的预言和神秘思想被整个欧洲大陆接受，在文艺复兴时期的意大利也是如此。僧侣萨伏那洛拉（Savonarola）

因为对腐败的激烈谴责，招致了教会和政府的敌视。梦想的冲动指引着富人和穷人，并在一代人的时间之后促进了那本著名预言集《诸世纪》（Centuries）在法国的出版，作者是预言家诺查丹马斯（Nostradamus）。这种冲动也影响了年轻的法国国王查理八世，他在 1494 年领导他的军队穿越阿尔卑斯山进入意大利，[109] 受到了包括萨伏那洛拉在内的意大利支持者的热烈欢迎。伊比利亚半岛也未能免于这些千禧年思想的影响，在一些当时的人看来，有些思想似乎在 1492 年的事件中就得到了实现。

克里斯托弗·哥伦布始终处于这种神秘主义幻想的第一线。在他的《预言书》（1501）中，他认为自己是一个具有开拓性的解放者，是到达亚洲土地上的"基督的使者"（拉丁语中的"Christoferens"）。[110] 即使是像斐迪南国王这样务实的人也有可能允许自己根据预言做出决定，因为他注意到了一个名叫贝娅塔·德·彼德拉伊塔（Beata de Piedrahita）的圣女的言论。事实上，所有欧洲人都生活在一个充满宗教思想、抱负和梦想的社会环境中。这种心态影响到了政治态度。人们声称他们参加战斗是为了捍卫他们的宗教希望，尤其是当他们与基督教欧洲的传统敌人穆斯林作战时。当依纳爵·罗耀拉在潘普洛纳的围城中受伤，无法继续在战争中服役时，他迅速将自己的军事抱负转向了穆斯林和圣地，并将其作为自己追求的目标。神职人员看向了超越他们周围的更大的世界，看到了梦想的期望和精神领域的进步。其中较突出的是托莱多的大主教西斯内罗斯。他是一位对他那个时代的灵修文学有深刻了解的方济各会修士，是神秘主义的追随者，尤其对萨伏那洛拉的思想推崇备至，萨伏那洛拉的书曾在卡斯蒂利亚出版过。

斐迪南、哥伦布、西斯内罗斯和依纳爵的抱负和愿景都是真实而有力的动机，塑造了他们的个人生活和公共成就。那些有阅读能力的极少数人，很容易受到他们所读到的书籍的影响。学者们纷纷提到罗马时代的西班牙哲学家塞内加的著作，他曾预言说："以后的某个时代必将有这么一天，海洋将放松它的束缚，一片广袤的土地将出现，一个像他一样的航海家将带领着伊阿宋*发现一个新世界，极地图勒岛（Isle of Thule）将不再是世界的尽头。"[111]然而，这些少数人实现梦想的背景是多数人不读书，没有文化，不了解自己所在地区以外的社会，对教会的宗教信仰也没有深刻理解。当时的人们仍然普遍认为，西班牙人对穆斯林和犹太人的进攻反映出一种自信的宗教精神，这种精神激励他们将真正信仰的旗帜带到世界各地。然而，斐迪南和伊莎贝拉时代西班牙宗教的真实状况，却有着本质上的不同。

早在宗教改革开始或欧洲向海外扩张之前，西班牙的教会领袖就深刻地意识到了自身宗教文化存在缺陷，以及将真正的宗教带给本国人民的必要性。[112]在16世纪的第一个10年里，多明我会的传教士活跃在西班牙西北部山区。1512年在塞维利亚举行的主教和神职人员会议，强调要传播福音并鼓励人们去教堂。他们不仅不自信也不激进，一心只想弥补自己的缺点。斐迪南和伊莎贝拉试图对卡斯蒂利亚的宗教秩序进行一些改革，但几乎完全失败了。在哥伦布及其继承者的时代，西班牙教会仍然是基督教世界中最落后和未经改革的教会，拥有一群不成熟的、无知的神职人员和普通信徒。[113]尽管如此，教会中还是有少数神父怀着满腔热情欢迎新大

---

* 伊阿宋（Jason），希腊神话中的英雄，曾率领阿尔戈英雄们赴海外寻觅金羊毛，历经艰险，后在美狄亚的帮助下获得成功。——编者注

陆的开辟，虽然他们还没有能力改革自己人民的宗教或是尝试让格拉纳达的穆斯林改宗。

文艺复兴时期，神职人员、知识分子和贵族都对精神进步有着一个共同的挑战性愿景。他们希望消灭信仰的敌人（彼时尚未被视为"异端"，因为宗教改革尚未发生），解放圣地，并实现永恒的预言。这些想法影响了好多人，其中有一位加泰罗尼亚诗人，他称赞斐迪南是将"西班牙王国"转变成"普世帝国"的伟大国王，还有一个巴伦西亚医生则认为斐迪南会在西班牙消灭伊斯兰教和犹太教，并征服非洲、中东和耶路撒冷。[114] 这些愿景也深深影响了西班牙领导人，其中包括斐迪南国王和伊莎贝拉女王，他们认为与格拉纳达的穆斯林、法国人和其他地方的野蛮人战斗只是为了给解放圣地这一伟大的、预言性的帝国使命做准备。哥伦布始终坚定地向国王和女王宣称，与命运赋予他们的宏大使命相比，"法国和意大利的事情"是微不足道的，甚至没有任何重要性。1510 年，罗得岛骑士团的大团长写信向斐迪南保证，他是上天选中的，他可以毫不费力地收复耶路撒冷，并征服直到埃及的所有非洲地区。其他人则声称国王将很快解放伊斯坦布尔。16 世纪初，西班牙的政治和军事事件似乎开始被纳入了一种救世主式的、不可预见未来的帝国计划之中。[115]

第二章

西方帝国伊始

发现和征服，对于王朝的发展和扩张至关重要。它使国家强大兴盛，使君主权重望崇。

——贝尔纳多·德·巴尔加斯·马丘卡，

《民兵与西印度群岛记述》（1599）[1]

16世纪第二个10年，当阿拉贡的斐迪南去世时，开放的大西洋实际上仍是一片人迹罕至的海域，冒险闯入的船只屈指可数。原则上，葡萄牙人可以被称为先行者，他们建立起第一个欧洲海外帝国，[2] 但随后几乎所有国家都积极参与到海洋事业中，其中也包括了意大利人、巴斯克人、加泰罗尼亚人和法国人。从15世纪开始，非洲的黄金成为南方航线繁盛的主要动力。到15世纪末，航行者们已经向西进发，跨过海洋，到达马德拉群岛和亚速尔群岛，并对该地区的风向和洋流都有了相当程度的了解。哥伦布1492年的航行，以及6年后瓦斯科·达·伽马绕过非洲南部的航行，使欧洲人获得了在西大西洋和南大西洋上的决定性主动权。

1516年斐迪南去世后，卡斯蒂利亚和阿拉贡的王位传给了他的外孙、胡安娜和"美男子"腓力的儿子——哈布斯堡的查理大公[*]。查理于 1500 年出生在根特，由其姑母抚养，在尼德兰长大，是一位典型的文艺复兴时期的王子。他知书达理，心虔志诚，在作战方面训练有素。1516 年，查理在布鲁塞尔被宣布为西班牙王国的联合统治者（其母在法律上依然是卡斯蒂利亚女王，直到她去世为止）。1517 年秋天，查理前往西班牙继承王位。这位外来统治者对卡斯蒂利亚语知之甚少，身边的顾问又大多来自尼德兰。新国王与臣民之间的严重误会引发了一系列的不满，很快，卡斯蒂利亚爆发了起义。那时查理已经离开西班牙前往德意志，在那里他被选为神圣罗马帝国的皇帝，并于 1520 年 10 月在亚琛加冕。

查理的皇帝头衔将西班牙与他的命运紧紧相连。他控制的领土比以往所有欧洲统治者控制的都多：以尼德兰为中心的整个勃艮第；哈布斯堡王朝的庞大领地，包括神圣罗马帝国内的奥地利和帝国外的匈牙利；整个西班牙；意大利的那不勒斯及西西里；再加上美洲大陆。他的职责促使他走遍各地：1555 年在布鲁塞尔退位时，查理回忆起他曾通过陆路和海路对西欧和非洲的每块领土进行视察，光是在海上航行就达 11 次。他统治时间的四分之一都花在旅途上。他后来说："我的一生，就是一次漫长的旅行。"

然而查理的帝国并不属于西班牙，西班牙人自己也非常清楚这一点。特别是卡斯蒂利亚人在城市公社起义期间（1520 年）明确地表达出他们的态度。他们之前也有过外国国王，比如查理的父亲腓力。所以他们反对的核心并不在于查理是外国人，而是查理给外国人的过多特权。最重要的是，在经历过几乎无处不在的斐迪南和伊

---

* 这位"查理"就是后来的神圣罗马帝国皇帝查理五世（1519—1556 年在位）、西班牙国王卡洛斯一世（1516—1556 年在位）。——编者注

莎贝拉之后，他们反对国王到外国领土巡视。他们坚持认为，统治者应该居住在他统治的领土上：这一议题也在查理在位期间的每一届卡斯蒂利亚议会上反复出现。1531 年，卡斯蒂利亚海军上将写道："陛下长期不在西班牙的领土上，这是一件让您的臣民难以认同的事情。"随着时间的推移，西班牙人开始逐渐接受他们的国际化命运，而查理本人在某种程度上西班牙化了（比如他只选择西班牙人作为自己的忏悔神父）。同时，西班牙人被带入了欧洲政治和文化生活的中心。他们有资格获得外国荣誉：从 1516 年开始，著名的勃艮第金羊毛骑士团为他们保留了 10 个名额。查理国王也做出了学习西班牙语的重要姿态，很快西班牙语就成了他继母语法语之后的第二语言。

在查理统治的大部分时间里，他的西班牙领土继续扮演着从"天主教国王"斐迪南那里继承而来的有限的地中海角色，并且拒绝参与到北方的帝国事务中去，因为西班牙人既不理解这些事务，也没有做好准备。在查理访问德意志并成为皇帝之后，他于 1522 年 7 月返回伊比利亚半岛，并在那里住了 7 年，这也是他与他的西班牙臣民相处最久的一次。1526 年 4 月，他在塞维利亚迎娶了他的表妹，美丽的葡萄牙公主伊莎贝拉。她于 1527 年 5 月在巴利亚多利德生下了他们唯一的男性后代——王子腓力。

皇帝不在西班牙期间，皇后伊莎贝拉 10 年里有 6 年在处理政府事务，直到她 1538 年英年早逝。她和查理的通信清楚地揭示了卡斯蒂利亚王国对于世界的认识。[3] 尼德兰几乎没有在她的信件中出现过，新大陆也几乎没有被提。卡斯蒂利亚王国的土地被称作"这些领土"，而阿拉贡王国的土地被称作"那些领土"。外面的世界几乎完全是地中海，以及它的港口、航运和防卫。信中也未提及半岛北部：西班牙坎塔布里亚和巴斯克地区或通向欧洲北部的海域。唯一反复提及的主题是她对她丈夫的关心、他的缺席、他的安全、他的战争以及她对他久疏问候的不可避免的抱怨。她在1531年请求查理"请不要让时光白白流逝却不给我写信，请至少每三周给我一次陛下您的消息"。

查理在伊比利亚半岛的首席行政长官弗朗切斯科·德·洛斯·科沃斯（Francisco de los Cobos）坚决反对皇帝在德意志做出的昂贵承诺，并默默支持卡斯蒂利亚议会拒绝给予财政援助。[4] 在西班牙城市公社起义失败很久以后，哥伦布航行后大概又过了一代人的时间里，大多数西班牙人似乎对大西洋对岸和欧洲开启的新天地兴趣寡淡。只有少数为王室服务的人文主义者［比如，加泰罗尼亚顾问米尔（Mir）和查理的忏悔神父佩德罗·德·索托（Pedro de Soto）］，急切地抓住与国际接触的新机会。尽管对外部世界的漠不关心普遍存在，但查理的统治对卡斯蒂利亚起到了决定性的重要作用。正是他创造的所有机制，后来使他的儿子腓力二世得以明确地界定西班牙帝国权力的轮廓，也使卡斯蒂利亚在伊比利亚半岛内部享有至高无上的权力，正如当时的官方文件所言，卡斯蒂利亚成为"王国之首"，是皇帝的行政官员们定居的地方，也是皇室在军队和金钱上的依靠。地位提升的卡斯蒂利亚，更容易受到查理五世广泛的国际活动的影响。此外，还有一个发展使它迅速获得了人们从未预想到的重要性，那就是从新世界，也就是官方所说的那片"卡斯蒂利亚属印度"的领土源源不断运来的大量贵重金属。

查理从德意志只得到了皇帝的头衔，在他的其他领地里，他根据每个王国赋予他的不同权力进行统治。将他治下的所有领土捆绑在一起的（同他之前的斐迪南治下一样）是王朝权力。也正是这一权力让他在统治结束后，能够将领土分配给他的家庭成员。当他在1517年跟西班牙各个王国的议会谈判时，他发现西班牙财力匮乏，同时还拒绝帮助他的国际事业。从一开始，他就不得不依靠欧洲商人，而不是伊比利亚半岛的商人。当时欧洲银行业的中心位于尼德兰、德意志中部和意大利北部，查理在这些地方筹集贷款随后通过在当地征收的税偿还。在执政的初期，他很快就债台高筑，特别是在1519年他参与皇帝选举的德意志地区。他还从佛兰德贵族那里获得了帮助，这些贵族以献金的方式向查理换取在新大陆的特权。他的廷臣获得了在新大陆和贸易领域的投资权。在查理登基后的几个月里，借助于国际资金，卡斯蒂利亚的视野开始扩展到从未预料到的极限。

西班牙人终于慢慢地开始认同自己有着更加广阔的命运。政府官员、主教和历史学家这样认为，是因为他们受雇为皇帝服务。查理的拉丁文秘书阿方索·德·巴尔德斯（Alfonso de Valdés）将他的主人描绘成各国人民实现和平与团结的希望。他写道："那里有一群羊和一位牧羊人。"大街上的民众也充满了同样的、真正的热情。当皇帝和伊莎贝拉因结婚而造访塞维利亚时，一座新建的凯旋门拔地而起，并且宣称"将你带到这里的行动也会将带你到耶路撒冷"。随着时间的流逝，人们向查理提出了他们在斐迪南时期提出的同样诉求。1538年，直布罗陀镇宣布，国王注定要解放耶路撒冷，"如同圣人预言的那样"。[5]

卡斯蒂利亚人开始把查理视为自己的皇帝了，一个说着他们语言的皇帝，查理的确学得又快又好。然而，虽然他们接受了这位皇帝，但他们对"帝国"的概念却产生了严重怀疑。现实情况是，查理从未对他治下领土的意义有过什么宏伟蓝图，他将"帝国"

理论的构想工作留给了他的顾问们，特别是那些贵族律师，比如首相皮埃蒙特的麦库里诺·加蒂纳拉（Mercurino Gattinara）。加蒂纳拉是罗马的崇拜者，"帝国"一词于他，意味着不受限制地行使主权的资格，但并不具有对外扩张的含义。事实上，加蒂纳拉似乎并没有把新大陆看作自己君王的"帝国"的一部分。[6] 卡斯蒂利亚的作家们也遵循了内夫里哈设定的先例，积极地抗拒"德意志"的帝国使命。这是在查理的普世帝国里为西班牙争取自治的一种方式。许多西班牙多明我会的成员在很长一段时间内坚持反对普世帝国的概念，为的就是保护家国的完整。[7]

1525 年，考虑到面临的任务之艰巨，年轻的查理意识到自己绝不能失败。"我很清楚，时间在不断流逝，正如我们自己的生命一样。我不能允许虚度光阴，一事无成。想到这些，任何事情都无法阻挡我实现一番伟业，希望上帝的恩典能赐予我和平与安宁。"[8]

查理没有认真考虑建立一个监督总方针的管理人员团体，之前的国务委员会（Council of State）可能发挥过类似作用，但它纯粹是一种荣誉。另一方面，他对自己各个领地之间交易的有效管理非常关切。对查理而言，有三个基本的优先事项：必要时可以获得金钱，有效而准确地传达自己的政令，有充足的作战人员可供支配。这一切都需要建立一个国际网络，这对皇权的运作至关重要。"天主教国王"斐迪南可用的资源十分有限，仅凭卡斯蒂利亚王国无法完成上述任务。而德意志地区可供依靠的可能性更小，由数以千计的诸侯统治着的庞大领土并没有一个统一的政府可以为他所用。皇帝查理五世对必要的政府工作的关注是开拓性的，它标志着欧洲的社会组织向前迈进了一大步，并让他能够利用手上有限的资源来完成看似不可能完成的任务——统治大到几乎相当于当时已知世界一半的领土。

　　查理的第一项创举是促进了国家之间的资本流动。[9] 显然，货币供应在这里发挥了根本性的作用，我们将在第七章中详细讨论这一点。皇帝初到西班牙时还带着他自己的银行家，尚未急着压榨伊比利亚半岛上的资源。然而，卡斯蒂利亚人很快发现他们不得不同朝臣们争夺巨大的金融利益。斐迪南曾与一小群银行家共同管理自己的事务，这些银行家跟随他四处奔走，确保他在需要的时候可以获得现金。在查理的治下，银行家和银行业呈现出一种新的面貌。哈布斯堡王朝的西班牙是将国际资本和国际资本家强加给政府的最典型例子。[10] 最初，查理同德意志韦尔泽家族（Welsers）的银行和富格尔家族（Fuggers）的银行合作。到后来，从大约 1560 年开始，热那亚的银行家也强势加入。

　　他的第二项创新在通信领域。在过去，信息能否及时到达往往是政治、军事和商业事务成败的决定性因素。船只、马匹和车辆是三种效率不同的交通工具，它们都很缓慢并且不能确保信息的送达。15 世纪 90 年代，在布鲁塞尔，政府雇用了一位非凡的人来担任邮政总监。弗朗索瓦·德·塔西斯（François de Tassis）是著名的塔索（Tasso）家族的成员，该家族源自意大利北部贝加莫（Bergamo）附近。在 15 世纪，该家族成员在尼德兰（在这里他们的姓拼作 Tassis）和德意志（在这里他们的姓拼作 Taxis）扎根壮大。大约在 1450 年，他们组织了从维也纳到意大利和布鲁塞尔的皇家邮政线路。到 1500 年左右，他们在邮政通信方面的成功为他们赢得了财富和高贵的地位。在 1516 年继承西班牙王位之后，查理任命塔西斯及其商业伙伴（是他在意大利的家族的成员）为他所管辖的所有领土的邮政总监。这是一项巨大的垄断。1518 年，巴利亚多利德的议会强烈反对将卡斯蒂利亚的业务委派给外国人，并提出"外国人不得就业，不得获任高级职务，不得当选行政长官或入籍"。[11] 同时阿拉贡地区也有类似的抗议活动。但塔索家族的特权并没有受到干扰，他们继续维持着巨大的邮政网络，这个网络连接了维也纳、布鲁塞尔、罗马和一直延伸到那不勒斯的西班牙领地。在卡斯蒂利亚，他们也成了杰出的贵族成员。西班牙人也意识到，通信等国际性行业需要比他们自己所掌握的更多的专业知识和资源。帝国的任务是全球性的，所以也需要全球性的方案。塔西斯从未失去自己的统治地位，但西班牙的邮政代理人很快也加入其中，[12] 他们同其他国家的官员一起参与欧洲各地间信息传递沟通的事业。

与此同时，代表皇帝的大使对于发展和扩大国家间的联系至关重要。查理的外交活动集中在尼德兰，但他的使节来自其领土的不同部分。西班牙人则只占其中的一小部分。查理接管了那些为斐迪南服务的人，[13] 但他的重要使节往往来自勃艮第或者意大利。在腓力二世创建特殊的西班牙帝国结构之前，卡斯蒂利亚外交官（他们很少说除了母语以外的其他语言）在国际事务中只发挥了次要作用。[14] 皇帝的军事和行政精英往往来自北方，以至于一名西班牙军官在那不勒斯向佩斯卡拉侯爵抱怨说："皇帝只会提拔尼德兰人，并且授予他们领导职位，看来西班牙人和意大利人就不必期待皇帝的支持了。"[15] 但是西班牙人和意大利人很快就证明了他们的价值，并且得到了最高的军事职位。

政府创新的第三项，主要是通过提供国家资源作为贸易商和金融家的担保来分散商业风险。然而正是金融家们自己，通过接受条款和高信贷率，让资金以一种中世纪世界所未知的方式流动起来。在商业界，船主可以支付保费来防范他们在海上的风险。金融家们同样需要保护自己免受那些不履行债务的政府的影响。查理的地位相当独特，他能够为这些商人提供安全保证，因为他并非只代表一个政府，而是代表多个政府。在他晚年，他开始越来越依赖来自美洲的资金，但在他统治的最初几十年，非西班牙领土的贡献占了多数，分散了风险。他的那不勒斯总督拉努瓦（Lannoy）提醒他："自从你离开西班牙（1520年）以来，你只从那不勒斯和佛兰德得到过资金。"[16]

一旦王权的责任涉及全球，保护这些责任就成了当务之急。斐迪南雇用小型的、地方性的临时武装部队的方法已经不能满足国际化安保任务的需求。幸运的是，君主制下的欧洲领主通常能够处理自己的防御：他们根据需要招募人员和筹集金钱，并允许王室在使用这些人员和金钱方面保有相当大的自由。卡斯蒂利亚人自豪且高兴地参与到皇帝的事业中。在意大利战争中服役的士兵和贵族也可以在其他地方参加政治活动。这并不意味着西班牙人被强行拉入了战争。恰恰相反，查理的统治对西班牙人来说是一种意想不到的宁静，这是一个很容易被遗忘的事实。除了偶尔与北非海盗的冲突外，西班牙没有发生战争。意大利战争第一阶段的结束（1504年）给卡斯蒂利亚和阿拉贡带来了长期的国内和平。在随后的半个世纪里，伊比利亚半岛没有面临严重的军事威胁。哈布斯堡家族和法国瓦卢瓦王朝之间的欧洲王朝冲突牵连到了西班牙军队，但几乎没有触及伊比利亚半岛，只在比利牛斯山脉边境引发了一些小冲突，且冲突主要集中在佩皮尼昂附近。在卡斯蒂利亚，议会愿意（1527年）资助对土耳其人的战争，因为他们就在西班牙的后方。而另一方面，当土耳其人出现在遥远的维也纳时，议会又拒绝（1538年）资助对土耳其人的战争。

没有战争意味着在西班牙境内几乎没有必要建立大规模的军事机构。相反，卡斯蒂利亚通过著名的西班牙大方阵，在欧洲保持了军事存在又不需要参战。西班牙大方阵成立于斐迪南统治时期，为查理五世在意大利的战争提供过军队。之后，他们确立了一套组织和纪律方面的法规（参见第四章）。西班牙军队在查理五世统治期间继续作为哈布斯堡军队的一个小却必不可少的组成部分而存在。他们不一定比其他部队更优秀，但他们的优势在于军事服务的连贯性和更严格的纪律，这让他们比别人有更多的经验。后来他们被称为"老兵"不是没有理由的，他们也对这种称呼相当自豪。他们的人数不到1527年参与罗马之劫的军队的五分之一，也不及1547年在德意志为查理服役的军队的六分之一。在梅斯围攻中，西班牙将军阿尔瓦公爵指挥的西班牙部队仅占步兵总数的9%和骑兵总数的3%。[17]除此之外，特定地点还有武装分队，主要是在非洲，从1536年起，米兰也有驻军。总体而言，西班牙的实际贡献总是很小。

西班牙长年的和平无疑使那些对战争感兴趣的贵族感到无聊。同时，战争也是贵族伦理的长期基础。大多数帝国都是基于与贵族的积极合作，贵族则通常会提供帝国权力所需的投资和服务。贵族们也是殖民活动的先驱者和军队的指挥官。[18]在皇帝治下从未直接参与战争的西班牙，贵族们只能在北方边境对抗法国，或者在海岸防御巴巴罗萨和土耳其人。因此，那些更有进取心的人热情地接受了在伊比利亚半岛以外服务的机会。比如1525年，查理任命的米兰总督、阿斯科利（Ascoli）王子安东尼奥·德·莱瓦（Antonio de Leyva）就是一个很好的例子。莱瓦自己支付了费用，但保留了账单，并在后来将这些账单呈给皇帝，要求其偿还。[19]

1532 年，当土耳其人深入多瑙河流域的哈布斯堡领地时，许多卡斯蒂利亚贵族请求前往德意志作战，皇后对此非常关注。她表示："有这么多人离开王国并带走了这么多马和钱，卡斯蒂利亚将失去防御能力。"当然，皇帝很高兴，他曾这样写道："如果他们都来，我会很高兴的。"[20]

查理皇帝的统治给西班牙人带来了挑战，但就像先前的城市公社起义一样，他们的反应非常模棱两可。他们在议会和乡村等各个层面公开表达了他们的异见和怀疑。卡斯蒂利亚议会不断抱怨皇帝的缺席。老百姓则抱怨他为战争花掉的钱。历史学家桑多瓦尔（Sandoval）报告说，有一次，在托莱多的山区狩猎时，查理迷路了，跟一位不认识他的农民攀谈起来。这位老人说他曾在卡斯蒂利亚看到过五位国王。当查理问他哪个最好，哪个最差时，农夫回答说"天主教国王"斐迪南当然是最好的，现在的国王最差，并接着解释说，现在的国王抛弃了他的妻子到外国去了，还带走了王国的财富，并且正在用税收毁掉农民的生活。

在查理五世统治了一代人之后，卡斯蒂利亚人克服了对他的不信任，并以他的成就为荣。但他们对皇帝的支持有高度的选择性。当皇帝与那些西班牙的敌人，比如土耳其人、法国人和异教徒发生冲突时，他们支持皇帝。因为这些行为可以被看作是保卫国家，是可以接受的。相比之下，他们对自己不理解的哈布斯堡家族的遗产一直无动于衷。结果就是，他们一直拒绝为包括意大利企业在内的外国企业提供资金。1530 年，身在博洛尼亚的查理给他弟弟斐迪南写信道："在西班牙，人们不乐意见到我把他们的钱花在意大利身上。"[21]

在随后的几十年里，卡斯蒂利亚的历史学家完全接受了哈布斯堡王朝，并在他们的著作中称卡斯蒂利亚"已成为伊比利亚半岛各王国之首"，这也契合了皇帝在1523年巴利亚多利德议会上提出的观点。在卡斯蒂利亚陆军和卡斯蒂利亚海军的帮助下，查理五世期望建立一个具有世界影响力的跨洋君主制国家的形象，然而实际情况是，西班牙帝国是在皇帝去世一段时间后才正式出现的。西班牙尽管有自身的局限性，但也是帝国政策不可忽视的重要资源。另外，卡斯蒂利亚王国是半岛上唯一对皇室财政有过慷慨贡献的王国。据1520年英格兰大使的观察，"如若没有西班牙的支持，皇帝将没有充足的资金开战"。[22] 卡斯蒂利亚人虽然一再批评国王的对外花销，但总体来说仍是慷慨的。但是查理从未在任何他统辖的领土内给予卡斯蒂利亚人特殊的地位和待遇，依旧在平等的基础上对待他们。他在1523年对卡斯蒂利亚议会这样解释："我们打算在合理的范围内，接受我们统治领域内所有国家的共同服务，并保留他们各自的法律和习俗。"

尽管除了在意大利，西班牙人几乎没有在更广泛的军事领域发挥作用，但在对抗法国人和土耳其人的边界防御战中做出了重要贡献。并且，当时在意大利，西班牙人和他们的军队继续巩固其从斐迪南统治时期开始获得的军事声誉。在1494年后的半个多世纪里，西班牙和法国继续在意大利半岛争夺霸权，在此过程当中，两国人民间也逐渐对彼此产生了敌意。

斐迪南的动机并非出自对帝国主义的追求，而是对王朝的维护。他主要期望维持自身的权力，而不是扩展领土边界，并且他只对那不勒斯王国的安全提出要求，对那里的内政事务很少干涉。相反，查理五世迫切需要为他在欧洲其他地区的政策寻找财政帮助，寻找范围不仅局限在那不勒斯，而是在整个意大利。从传统意义上讲，意大利北部也是神圣罗马帝国的一部分，皇帝理所当然地认为这些地区属于他的势力范围。他在意大利的第一次军事干预是针对米兰公国的拥有者法国，该公国也曾是神圣罗马帝国的封国。

1521 年夏天，在教皇的首席将领普罗斯佩罗·科隆纳（Prospero Colonna）的统领下，一支由 2 万多名士兵组成的军队代表皇帝出征，抗击法国人。虽然这些士兵主要是意大利人和德意志人，但一支来自那不勒斯的由 2 000 名西班牙人组成的小分队也在陪同作战，由那不勒斯将军、佩斯卡拉侯爵费兰·阿瓦洛斯（Ferran d'Avalos）和西班牙人安东尼奥·德·莱瓦指挥。对于西班牙人来说，这是他们向前迈出的重要一步，他们首次在阿拉贡人传统影响范围之外的地方感受到自身的存在。与此同时，这场战争也使米兰成为西班牙人可能感兴趣的目标。1523 年 12 月，在科隆纳去世以后，查理五世任命那不勒斯总督、佛兰德人查理·德·拉努瓦（Charles de Lannoy）为指挥官，并让其从那不勒斯增兵。拉努瓦同时也听从法国统帅查理·德·波旁（Charles de Bourbon）的命令。波旁虽然名义上是法国军队的统帅，但是自 1523 年和法国国王发生争吵后，就开始正式效忠皇帝。由佩斯卡拉侯爵和他的侄子瓦斯托（Vasto）侯爵阿方索·德·阿瓦洛斯（Alfonso d'Avalos）指挥的西班牙军队，变成了为皇帝服务的国际军队的重要组成部分。

查理·德·波旁指挥下的帝国军队进入法国并深入马赛地区。因无法取得进一步的进展，他们于 1524 年 9 月退至伦巴第。据弗朗什-孔泰一个叫费里·德·居永的士兵的回忆，在一次灾难性的撤退中，他们只能靠普罗旺斯果园内的食物为生："整整一周，敌人总是跟在我们身后，不时对我们发动袭击。"[23] 法国新国王弗朗索瓦一世上台后做出了颇具戏剧性的决定。1524 年 10 月，他觉得帝国不再对法国构成威胁，于是亲自率领军队越过阿尔卑斯山脉进入伦巴第平原，并在几乎没有太多抵抗的情况下攻占了米兰。波旁的军队撤退至洛迪城（Lodi），而法国国王的军队则继续向前，围攻帕维亚（Pavia），该城由莱瓦指挥的德意志军队负责驻守。经过 3 个月的围攻，1525 年 1 月底，波旁和拉努瓦集合他们两部的力量试图将法国人驱逐出境。2 月底，他们决定通过战争来打破僵局，尽管法国在骑兵和炮兵方面都占有毋庸置疑的优势。

帝国军队的 2.4 万人由佩斯卡拉侯爵指挥，其中包括 1.4 万名德意志人、5 000 名意大利人和 5 000 名西班牙步兵。[24]1525 年 2 月 23 日晚上，他们开始进攻法国阵地，并于第二天黎明前获取了胜利。在战场上，来自那不勒斯的军队（其中包括 3 名卡斯蒂利亚人和 1 名弗朗什-孔泰的士兵）擒获了法国国王，[25] 后来法国国王正式向拉努瓦将军投降。据目击者所述，这场战争的胜利应归功于德意志雇佣步兵对法国阵营中瑞士步兵的重创，以及来自那不勒斯的卡斯蒂利亚士兵的火枪的致命火力。[26]一位卡斯蒂利亚的参战人员这样写道："我可以证明西班牙人的所作所为，因为我亲眼看到了这些。"这一历史事件展现了西班牙军事方面的力量。一代人之后，布朗托姆和法国指挥官吉斯公爵在讨论法国战败的原因时，吉斯公爵认为卡斯蒂利亚的火枪可能是帝国获胜的重要因素。[27]

2 月 24 日，帝国在帕维亚之战中获得胜利，彼时正值查理五世 25 岁生日。这一战役对西班牙在欧洲政治中开始扮演的新角色产生了深远影响。卡斯蒂利亚人似乎对这场战役的结果没什么兴趣，半岛上的士兵也未曾有一人参与其中，因此当该消息被人们知晓后，人们并未举办任何庆祝活动。然而，欧洲最有权势的国王在战役中被俘这样的事情并不是每天都会发生。弗朗索瓦一世于1525 年8 月抵达马德里，他被以礼待之，但仍旧被严格看守。虽然两位君主经常会面并且一见就是很长时间，但是这段在马德里的日子对于弗朗索瓦一世而言，是一段令人感到不快且羞辱的经历。最终，他于1526 年3 月被释放，他的两个儿子代替他到西班牙当人质。后来，西法两国于1529 年签订《康布雷和约》，弗朗索瓦一世的两个儿子被释放。查理五世大败法军引起欧洲其他国家的警觉，西班牙获得的声望也迅速消失。1526 年5 月，法国国王重获自由不久就在干邑（Cognac）与教皇结盟，以"结束毁灭基督教世界的战争"为己任，换句话说，他是为了遏制查理在意大利的势力扩张。新的联盟未能以军事行动的形式取得任何成果。1527 年初，由波旁和德意志将军格奥尔格·冯·弗伦茨贝格（Georg von Frundsberg）指挥的帝国支队在皮亚琴察会合，共同南下向法国的盟友罗马进军。

3 月，教皇决定让步，答应与帝国使者达成停战协议，但为时已晚，他已无法阻止势如破竹的帝国军队。5 月的第一个星期结束时，军队攻入永恒之城并在那里抢劫、杀戮和纵火。[28] 西班牙人与德意志人和意大利人一起参与了这场破坏。查理听到这个消息时万分震惊，但其余欧洲基督教徒把责任完全归咎于他；而查理的追随者，特别是西班牙人，则把责任归咎于波旁（在进攻开始时就因伤而死）和弗伦茨贝格将军。私下里，许多人对罗马教皇此次受到的重创感到非常满意。政治上的反对者认为教皇制定政策时就应做好自食恶果的准备，而宗教改革者和人文主义者则认为教会的腐败理应受到严厉的惩罚。查理的拉丁文秘书、西班牙人阿方索·德·巴尔德斯起草了一篇题为《关于近期在罗马发生的事件的对话》的文章，该文章以手稿的形式在官员中传阅并获得普遍认可。与此同时，法国利用当时的形势将另一支由洛特雷克（Lautrec）指挥的军队派往意大利。这支军队侵入伦巴第（除米兰之外）的大部分地区，然后向南挺进那不勒斯，并于1528年4月围攻其首都。与此同时，热那亚海军将领安德烈亚·多里亚的侄子菲利皮诺·多里亚（Filipino Doria）指挥舰队从海上封锁了这座城市。

地中海一直都是意大利人而非西班牙人的势力范围。所有重要的海军部队都是由意大利人组建，皇帝这样做是为了在他进行军事行动的同时保障意大利的安全。西班牙海军仅拥有沿海船只和一些"西班牙战舰"，这支由十几艘船组成的小舰队听从皇室的命令，指挥官是卡斯蒂利亚的首席海员阿尔瓦罗·德·巴赞（Alvaro de Bazán）。在皇帝统治时期，高贵的阿尔瓦罗·德·巴赞开创了久负盛名的海军指挥官王朝。1528年5月，由热那亚贵族法布里齐奥·朱斯蒂尼亚诺（Fabrizio Giustiniano）指挥的舰队在萨莱诺（Salerno）湾被多里亚海军击溃，皇帝在地中海西部地区的弱势地位可见一斑。西西里岛前总督乌戈·德·蒙卡达在战役中丧生，其他贵族被俘虏至热那亚。

这一不幸的结果却并未对皇帝产生不利的影响，因为当时安德烈亚·多里亚正在考虑放弃和法国联盟。同年夏天，他与查理派驻意大利的新任最高指挥官、来自弗朗什-孔泰的年轻的奥伦治亲王沙隆的菲利贝尔达成了历史性的协议。根据这一协议，[29]多里亚将他那支由12艘战舰组成的私人舰队献给皇帝，作为回报，皇帝也做出了一些重要让步以助多里亚巩固在热那亚的地位。与此同时，多里亚的家人领导的一场政变彻底将这座金融业发达的滨海之城牢牢置于哈布斯堡王朝的阵营。这位海军上将于9月返回热那亚，当时法国人已经匆忙撤走。他的背弃以及随后洛特雷克军队遭受的军事失败，迫使法国国王与皇帝和平相处。从这一天开始，多里亚舰队在查理五世所有的地中海远征中都起到了重要作用。

1529年8月《康布雷和约》的签订是西欧历史上的一个关键时刻，标志着双方放弃了可能会导致战火再起的相关主张。皇帝承认了弗朗索瓦一世对勃艮第的控制权，作为交换，弗朗索瓦也同意查理对意大利的统治。与此同时，这一和约还标志着查理对外政策的转变。在那之前，他的关注点主要集中在地中海地区；在那之后，欧洲北部地区，特别是德意志的事务开始引起他的注意。

1529年夏天，当他离开巴塞罗那去意大利时，为了尊重当时西欧的普遍风格，他剪短了头发，那些随行人员也不得不效仿其举动，剪短了自己的头发。安德烈亚·多里亚的海军在巴塞罗那港等待着护送皇帝。这位杰出的海军上将时年64岁，头发很长且留着白胡须，他和一群热那亚贵族同行，与皇帝进行了第一次私人会面。当他准备脱帽时，查理阻止了他。[30] 在西班牙哈布斯堡王朝，这是一种姿态的体现，拥有在皇室面前无须脱帽的特权意味着该贵族将被授予"大公"爵位。多里亚对查理五世说："最强大的帝王，我会说得很少，但会做得很多。我可以向陛下保证，我已准备好效忠您，执行一切符合您利益的事情。"年轻的皇帝回答说："我信任你。"这个联盟持续了下去。在查理和他的儿子腓力二世统治期间，热那亚的舰队确保了神圣罗马帝国和西班牙在地中海西部的优势地位。

查理五世和他庞大的舰队正式出发，该舰队由37艘战舰和130艘载有整个骑兵和步兵的运输船组成。这一消息令人印象深刻，以至于巴伦西亚的流亡者胡安·路易斯·比韦斯（Juan Luis Vives）

在尼德兰听到这个消息时，兴奋地给人文主义者伊拉斯谟写信说，"西班牙掌控一切"。[31] 西班牙远征队于 8 月中旬抵达热那亚。在他逗留的 6 个星期里，查理五世封多里亚为梅尔菲（Melfi）亲王，这意味着给予其对那不勒斯的控制权。他还提醒多里亚需持续关注来自北非海盗的威胁。10 月，西班牙舰队的 6 艘战舰被巴巴罗萨在福门特拉（Formentera）岛的海战中摧毁，后来这被看作"西班牙在海战中遭遇到的最大失败"。[32]

皇帝此次意大利之行主要是为了和来自半岛各地的王公贵族会面，但更为重要的任务是在博洛尼亚会见教皇。为了确保意大利在脱离法国人控制后的和平与稳定，双方大使为此次会面做了充分的准备。皇室队伍向南缓慢前行，并于 1529 年 11 月 5 日进入博洛尼亚。这座城市被装饰一新，意大利的主要贵族和安东尼奥·德·莱瓦指挥的帝国军队都出席了欢迎仪式。来自美第奇家族的教皇克雷芒七世（1527 年"罗马之劫"的受害者）尽管健康状况不佳，但是仍很高兴地欢迎了查理：他们共同商榷分歧的解决方案，达成妥协，落实政治安排。在博洛尼亚长时间的会谈促成了 12 月底签订的决定意大利所有地区政治框架的著名条约，这也是首相、皮埃蒙特人加蒂纳拉最大的功劳。

这一系列的事件在次年年初达到高潮，当时正在举行庆祝皇帝正式加冕的仪式。恰巧 10 年前，科隆大主教也曾在亚琛为查理加冕。1530 年 2 月 22 日，教皇为查理举行庄严的加冕仪式并将伦巴第人的铁王冠戴在了他的头上。两天后，教皇在圣佩特罗尼奥大教堂举行了一场更为宏大的仪式，并且那天恰逢查理生日，帝国的金色皇冠被戴在他的头上。[33] 4 周后，查理离开博洛尼亚，在曼图亚（Mantua）待了一个月左右的时间，并于 5 月初抵达奥地利。

他在离开巴塞罗那的 7 个月里，通过个人接触、密集谈判、绝对施压以及大量赐予奖励、荣誉、土地和头衔的方式，巩固了他对意大利的控制，同时也保障了西班牙自身利益的安全。查理对此非常满意，他在 5 月从因斯布鲁克寄给妻子的信中写道："意大利的事务进展得异常顺利。"[34] 这里只有佛罗伦萨的问题比较突出。这座城原本受美第奇家族的统治，在理论上属于克雷芒七世，但后来反抗过它的领主。1530 年 8 月，经过 11 个月的围困，包括艺术家米开朗琪罗在内的守军向帝国和教皇的联合部队投降。几年后，一位威尼斯大使在总结半岛的政治局势时得出的结论是，查理是"意大利大部分地区的统治者，除了教皇、威尼斯和从某种程度上来看的费拉拉公爵之外，很少有统治者或国家可以免受他的管控，其他所有都是陛下的附属国或臣民，有些甚至是陛下的仆人"。[35]

在西班牙人最终在欧洲确立霸权的过程中，意大利领土远比他们想象中的重要。事实上，没有意大利也就没有西班牙帝国。意大利人憎恨法国人，并把其看作试图占领他们领土的"野蛮人"，但他们很快也开始憎恨西班牙人。他们的历史学家把 1494 年被入侵之后的几十年看作是"灾难时期"，这些历史学家认为，因为远离家乡，外国军队的维护费用高昂，所以他们对意大利的占领从未持续过很长时间。然而，在这种情况下，西班牙人代表军事存在而非军事占领。实际上，驻扎在意大利半岛（米兰除外）的西班牙军队人数非常少。16 世纪时，整个意大利境内的西班牙士兵一般不会超过 2 万名，其中大部分都驻扎在米兰。[36] 直到 17 世纪，这个数据才有了大幅度的增长。虽然查理五世时期西班牙定期参与意大利各地的军事行动，但其权力并非基于占领和压迫，而是基于强大的庇护网络和经济利益。皇帝似乎早就决定将他统治下的地中海国家的命运联系在一起，因此了解这些联系是什么就显得非常重要。卡斯蒂利亚人的后代倾向于认为是他们征服了意大利，但该观点没有确切的依据。

首先，皇帝的权力是基于对意大利的两大主要领土的控制。1504年，斐迪南成功获得那不勒斯，之后那不勒斯就隶属于阿拉贡王朝。米兰（法国为了它挑起了持续一代人时间的战争）在帕维亚战役之后正式归查理五世控制。1535年最后一位斯福尔扎（Sforza）公爵死后，米兰成为查理五世的领地，然后被传给他的儿子腓力。除此之外，查理还拥有西西里岛和撒丁岛的世袭领地，并控制着托斯卡纳的沿海要塞。这些领土共占现今意大利面积的40%。自1530年博洛尼亚和平之日起，查理至高无上的权力被意大利人承认；而当他被教皇正式加冕成为神圣罗马帝国的皇帝时，哈布斯堡王朝在意大利的地位得以牢固确立，但是这种地位是基于王朝权利而非军事控制。

第二，在王权直接管控的领地之外，哈布斯堡王朝的统治地位依赖于与主要国家贵族间的紧密联盟。热那亚是欧洲商业和航海最为发达的城市之一，自16世纪20年代起，哈布斯堡王朝就与斯皮诺拉家族保持着紧密的结盟关系。自1528年起，多里亚家族也和哈布斯堡王朝联盟，为其掌控米兰提供安全保障。在其他城邦亦是如此。我们以佛罗伦萨为例。1536年，因其同父异母的妹妹玛格丽特与佛罗伦萨公爵的婚姻，查理开始为美第奇家族提供支持。在公爵死后，玛格丽特又嫁给了帕尔马的法尔内塞（Farnese）公爵。意大利贵族很乐意与实力强劲的哈布斯堡王朝合作，特别是他们自身也能获得利益和安全保障的时候。他们被适时地邀请加入查理的国际帝国：1531 年在图尔奈举行的勃艮第金羊毛骑士团的会议上，瓦斯托侯爵、安德烈亚·多里亚和费兰特·贡萨加（Ferrante Gonzaga）这三名意大利贵族也成为其中的一员。[37]

与此同时，意大利人和西班牙人也被鼓励建立政治联盟。意大利贵族和西班牙贵族之间的通婚为两国近两个世纪的合作奠定了基础，并在意大利创造了一个公认的由军士和行政人员组成的精英管理阶层。佩德罗·德·托莱多（Pedro de Toledo）是阿尔瓦公爵的儿子，也是那不勒斯的总督。16 世纪 30 年代，托莱多的女儿嫁给了佛罗伦萨公爵、美第奇家族的科西莫一世；托莱多的儿子和瓦斯托侯爵的女儿结婚；瓦斯托的姐夫维斯帕夏诺·科隆纳和贡萨加的妹妹结婚；贡萨加的儿子娶了多里亚的女儿。在这些年里，托莱多担任那不勒斯总督，瓦斯托侯爵担任米兰总督，贡萨加在接替瓦斯托在米兰的职务前担任西西里总督。紧密的血缘关系和各自的影响力有助于巩固精英阶层和统治王朝的利益，这是一个对每个人都合适的安排。表面上看，这是皇帝做出的决定，但实际上这些决定是由直接掌权的贵族阶层做出的。

第三，西班牙王室聘请了意大利北部领先的银行来为他们服务，这些银行是现代金融技术的先驱，并在当时为皇帝提供专业知识和资源。热那亚、佛罗伦萨和威尼斯的金融家们已经控制伊比利亚半岛的绝大部分贸易。[38] 1530 年后，他们成为帝国在意大利北部和那不勒斯政策的支柱。热那亚主要的政治家族和银行家与西班牙紧密相连，它虽然是个典型的自由独立的国家，但在实际运作中却好似西班牙帝国的一部分。

最后，意大利成为君主国在地中海地区海军和军事力量的根本基础。意大利和西班牙的力量联合起来几乎可以毫不费力地控制西地中海地区。1530年2月，查理从博洛尼亚给皇后写信，在信中强调卡斯蒂利亚王国主要通过船只和金钱两种方式来确保他的权力。[39] 然而在实践中，查理的大部分资源通常来自意大利。仅在之前那封信件发出的两个月后，查理又于1530年4月从曼图亚写信给他的妻子，解释说他已经决定完全依赖意大利，他计划从这里获取对抗非洲巴巴罗萨的所需物品。[40] 考虑到"他们的效率和作战经验"，查理决定启用在意大利服役的士兵（来自德意志、意大利和西班牙）。他宁愿不选择刚从西班牙招募的士兵，因为他认为他们是新手，不具有相关作战经验。出于同样的原因，"我已经决定在这里准备船队"。查理希望意大利和法国能提供50艘船，他也期望目前正在巴塞罗那建造的船只能够派上用场。当然，卡斯蒂利亚必须提供一些所需资金，但资金应转给热那亚人。热那亚将负责提供"炮兵、梯子、工具、火药、火绳保险丝和其他所需物品"。至于远征队的食物，"我已经写信给那不勒斯、西西里岛和撒丁岛，让它们为船队准备一些点心、肉、酒、蔬菜和其他食品"。卡斯蒂利亚人当然也需要提供一部分补给存放在马拉加。他需要"1万公担*点心、100桶酒、1 000桶凤尾鱼和沙丁鱼，以及300公担火药和500枚炮弹"。

　　实际上，意大利仍为西班牙人留下了查理统治时期最重要的帝国经验。虽然在最后几年，查理几乎完全专注于德意志问题，特别是路德宗改革引发的骚乱，但是西班牙人的关注点已基本固定在意大利。皇帝的一位忠实的士兵于退役期间，在自己的家乡科尔多瓦完成了回忆录，回顾了法国、德意志和西班牙军队在意大利的那些

---

* 　1公担=100千克。——编者注

日子，认为意大利是这些军事强国觊觎的妓女。成千上万的外国士兵在那里死亡，这也证明了当时查理拥有的世界霸权。1536 年春天离开罗马后，皇帝命令他的部队北移，以阻止法国人进入意大利。虽然军队由安东尼奥·德·莱瓦指挥，但用皇帝自己的话来说，"军队主要由 1.5 万名德意志人、2 000 名西班牙人、一些来这里服务的瑞士人以及许多意大利人组成"。[41] 事实上，这只是这支军队的核心，因为皇帝还希望雇用 3 万德意志人，来阻止法国人入侵。就这样，年复一年，欧洲的主要战斗力量深陷意大利。这位退役的士兵凭借其自身经验和同时代其他人的预估，计算出他在那里服役时，即从 1521 年至 1544 年，皇帝共雇用了 34.8 万名士兵，其中 44% 是德意志人，30% 是意大利人，15% 是西班牙人，5% 是瑞士人。[42] 这些数据公平地反映出各国对维护帝国在意大利的霸权所做出的贡献。

尽管西班牙人对意大利并无多大贡献，但是他们仍然会记住在意大利的经历，因为这是最后一个传统军事英雄辈出的伟大时代。[43] 他们拥有安东尼奥·德·莱瓦和费尔南多·德·阿拉尔孔（Fernando de Alarcón）这样的杰出将领，但在民众看来，真正的殊荣应该属于方阵中的普通士兵，他们的壮举延续了过去骑士时代的荣耀。值得一提的士兵包括：胡安·德·乌尔维纳（Juan de Urbina），他在米兰的战斗中成名，冒死从 5 名围攻他的意大利士兵手中救回了一名战友；迭戈·德·帕雷德斯（Diego de Paredes），他在特拉尼与巴亚尔对战，一战成名，不论是在意大利本土作战还是向维也纳进军时，他都在士兵方阵中表现不俗。毫无疑问，纳瓦拉人佩德罗·纳瓦罗将军原本也该身居西班牙的伟大英雄之列，但他后来叛逃到法国的行为使历史学家对他的事迹讳莫如深。而在意大利战争中，个人所能达成的军事成就巅峰或许出现在帕维亚战役中：西班牙方阵中的 3 名士兵幸运地俘虏了法国国王弗朗索瓦一世。

　　意大利境内的那不勒斯王国受到了查理五世国际战略的直接影响。那不勒斯在 1504 年后由阿拉贡国王统治，理论上它可以维持独立于西班牙统治的自治权，拥有自己的法律和制度。但从实际来看，那不勒斯王国已经开始被纳入西班牙的帝国网络中。那不勒斯宪制的第一次重大变化发生在 1506 年至 1507 年，当时"天主教国王"斐迪南视察了该地，解除了"大将军"的指挥权。此后那不勒斯不再由国王直接统治，而是由国王的代表"总督"代为管理。1507 年起，王国也受到全境理事会（Collateral Council）管辖，理事会地位高于本地法院，成员中也有西班牙人。在查理任命的最重要的那不勒斯总督佩德罗·德·托莱多的治下，那不勒斯的政治调整经历了最关键的阶段。托莱多总督还采取一系列措施，要将那不勒斯变成地中海最大的海军建设中心之一。[44] 16 世纪 30 年代后期，那不勒斯桨帆船成为西班牙王室防御力量的重要组成部分。

　　当然，西班牙与意大利之间的关系不仅限于军事方面，也并非仅仅依靠来到意大利的西班牙人。至少从 15 世纪开始，意大利人一直活跃在伊比利亚半岛的文化、商业等诸多领域。一大批热那亚商人和银行家迁居到塞维利亚。与新世界关系的打开，为他们提供了绝佳的商业契机。[45] 在与美洲开展贸易活动的初期，这些人发挥了举足轻重的作用。[46] 查理五世时期，热那亚人成为王朝依靠的主要银行家和资本家群体，为皇帝的多项战略提供资金支持，并通过信贷扩展自身在整个地中海西部地区的业务。[47] 一位历史学家敏锐地观察到："当西班牙人征服美洲'新大陆'时，热那亚人也在西班牙找到了他们的'新大陆'。"[48]威尼斯驻西班牙大使巴多尔（Badoer）在1557年透露，热那亚人的经济活动"遍布所有王国和国家"，热那亚共和国"可以给全世界提供贷款"。[49]他们在帝国形成中发挥了至关重要的作用，包括给移民提供资金、进行货物贸易、运送奴隶，以及推动美洲的蔗糖生产。1563年，一位塞维利亚的代理人写信给一位卡斯蒂利亚大银行家时表示："这里的一切都如热那亚人所愿。"[50]这种银行业务的机制是，意大利银行家按照事先约定的时间和地点向王室提供信贷服务（通过被称为"汇票"的信用票据，即现代支票的前身），卡斯蒂利亚政府会从将来的收入中拨款偿还。在可能的情况下，热那亚人更乐意接受的偿还方式是，用船队从美洲往塞维利亚运送金银。就这样，大量财富从西班牙流向安特卫普和热那亚的银行代理机构。

当皇帝查理五世在欧洲北部遭遇新教改革挑战时，西班牙南部地区也持续受到非洲及地中海地区穆斯林海军力量的威胁。这位皇帝的统治恰逢奥斯曼帝国历史上最成功的扩张期——从1520年延续到1566年的苏莱曼大帝统治时期。西班牙人也无法幸免。1518年，海雷丁·巴巴罗萨向苏丹称臣，并保证在伊斯坦布尔的支持下，他会继续掠夺地中海西部的基督教航船。他在1522年夺回了戈梅拉岛，又在1529年攻克了阿尔及尔的佩尼翁岛，在这里驻守的150名卡斯蒂利亚军人拒绝投降，因此全部遭到处决。拥有60艘船的巴巴罗萨舰队的影响力远不止于此，因为在西班牙内部，很多心怀不满的摩里斯科人也会支持他们。1529年，查理五世从热那亚派出的8艘桨帆船在福门特拉岛海岸被巴巴罗萨击败。这为查理五世敲响了警钟，他意识到自己必须采取行动了。但那时他正处

于一个非常困难的阶段，几乎没有什么可供选择的选项。从 1530
年 4 月开始，他把大部分时间都花在了帝国内部事务上——他既需
要应付德意志诸侯，又要应对奥斯曼帝国对维也纳的紧迫威胁。西
班牙的海岸线仍然暴露在外，没有足够的舰船或是防御工事。加泰
罗尼亚的当地居民也不情愿花费力气从事防御工作，最终，皇帝不
得不强行征募当地的法国移民来做这项工作。[51]

卡斯蒂利亚的政治领袖们愿意承担半岛上的军事防御支出，
但他们坚决反对查理在当地为应对威胁维也纳的土耳其人筹集资
金。查理的皇家委员会成员洛伦索·加林德斯·德·卡瓦哈尔
（Lorenzo Galíndez de Carvajal）指出：“帝国及其他非西班牙地区事
务的开支不应该用西班牙的钱来支付，也不能强迫西班牙支付。”[52]
事实上，查理并没有向卡斯蒂利亚人施压，但是他动用了驻扎在意
大利的军队。由瓦斯托侯爵指挥的卡斯蒂利亚人和意大利人方阵，
共有 6 000 多名士兵，被派驻多瑙河畔。他们进行了一次历史性的
行军，从米兰出发，翻越瓦尔泰利纳山谷（Valtelline）向东行进，
经过因斯布鲁克、帕绍和林茨，最终抵达维也纳，这是第一支出现
在神圣罗马帝国的意大利-西班牙联军。[53] 此次远征的奇特之处是，
许多军士带上了自己的女眷，共有约 2 500 位女子随军，其中大部
分可能是意大利人，不过我们无法确定她们的具体国籍与社会地
位。行军方阵深入中欧展示了西班牙在践行一个强国理应承担的国
际义务。参与行军的一位充满激情的军士，写诗表达了他心中对西
班牙荣耀的感慨：

> 西班牙人啊，西班牙人，
> 所有人都畏惧你们！[54]

1532 年，来自大陆各地的数百名贵族冒险家也前往维也纳，加入对抗土耳其的战斗。其中一些是卡斯蒂利亚贵族，希望借此向皇帝展示他们的忠诚。阿尔瓦公爵、贝哈尔公爵、比利亚弗兰卡侯爵、科戈柳多侯爵、蒙特雷伯爵、富恩特斯伯爵，以及梅迪纳-锡多尼亚家族、纳赫拉家族、阿尔武凯克（Alburquerque）家族、蒙德哈尔家族等大贵族的子孙，都踏上了向北的征程。他们随后出场在很大程度上只是象征性的，因为皇帝为保卫维也纳而召集的这支大军拥有 15 万步兵和 6 万骑兵。来自弗朗什-孔泰的费里·德·居永赞叹地称之为"半个世纪以来人们所能见到的最雄壮气派的军队"——所以土耳其人在见到这支军队后，立时决定拔寨回师。西班牙方阵于 1532 年 9 月 24 日抵达目的地，当时土耳其军队已经开始撤离，因此战斗并未打响。来自维也纳的弗朗切斯科·德·洛斯·科沃斯自豪地报告了皇帝视察新抵达的大军的情形："前天陛下前往营地看望西班牙和意大利的军士，他们是有史以来最好的士兵，尤其是那些西班牙人。"[55]

在保卫维也纳的同时，帝国也在地中海东部持续发起反击，试图吸引围攻维也纳的土耳其兵力。1532 年春，安德烈亚·多里亚率领一支由 44 艘桨帆船（其中 17 艘是西班牙人的战船）组成的舰队，载着由德意志人、意大利人和卡斯蒂利亚人组成的 1 万多人的军队驶向希腊。尽管卡斯蒂利亚人在此一役中并非主角，但他们仍然重现了上一代人受"大将军"领导时的英勇。这场远征获得胜利，军队在 9 月占领了科伦（Coron，多里亚留下 2 500 名卡斯蒂利亚士兵驻守这里，由赫罗尼莫·德·门多萨指挥）和帕特雷（Patras）。第二年，苏莱曼派遣军队收复了科伦，但多里亚带着 30 艘战船（包括阿尔瓦罗·德·巴赞麾下的 12 艘船）返回爱琴海并击溃了土耳其军队。但事实上，这些攻取的据点几乎是无法维持的，在1534年土耳其人反击时又被夺走。帝国的财政无法负担战事的巨大开支，当西班牙军团在1534年抵达墨西拿时，士兵们就曾威胁说如果不发军饷，他们就会哗变。[56] 这是个不祥之兆。过去在意大利的战役中，德意志人常常会哗变，但卡斯蒂利亚士兵通常会保持克制。而在1534年之后，士兵叛乱在西班牙方阵中也屡见不鲜。

多里亚刚一回到爱琴海，就要面对地中海西部地区剧烈变动、危险重重的局势。巴巴罗萨在1533年前往伊斯坦布尔，被奥斯曼帝国任命为西部海域的海军司令，并得到了土耳其人的舰队和兵力支援。有了土耳其人的支持，巴巴罗萨得以维持对北非海岸地带的控制，并对意大利海岸地带不断进行袭击与破坏。1533年春，查理返回卡斯蒂利亚，迫切想要将自己思虑已久的计划付诸实践，即毁灭非洲海岸的那些城市，彻底根除北非海盗。在枢机主教塔维拉（Tavera）的主导与皇后的支持下，卡斯蒂利亚的政要们公开反对将突尼斯作为摧毁的目标。对他们来说，阿尔及尔是一个更理想的目标，因为这里的航运活动对卡斯蒂利亚海岸的威胁更大。最终，皇帝的顾问们还是选择了突尼斯。

1535年6月初，著名的突尼斯远征队在撒丁岛卡利亚里（Cagliari）港集合。正如发生在西地中海地区的所有军事行动一样，这是一项国际行动，但主体仍是意大利人，毕竟意大利的海岸防御是重中之重。热那亚、罗马教皇、那不勒斯、西西里岛和马耳他骑士团均派出了船只。查理从巴塞罗那出发，带领着15艘西班牙桨帆船前来会合，其他战船在皇后伊莎贝拉的兄弟指挥下从葡萄牙出发。来自西班牙的1万名新兵乘坐的是由比斯开（Vizcaya）和马拉加提供的运输船。意大利、佛兰德和卡斯蒂利亚的贵族精英们均已到场。

　　400 多艘战舰已经集结起来，场面十分壮观。[57] 完成战备的82 艘桨帆船中，约有 18% 来自西班牙，40% 来自热那亚（安德烈亚·多里亚的战船占了大部分），其余约 42% 来自意大利其他各王国（包括加西亚·德·托莱多麾下的那不勒斯桨帆船）。舰队中有 3 万多名士兵，其中包括西班牙新兵、来自意大利方阵的 4 000名战士、7 000 名德意志士兵和 8 000 名意大利士兵，此外还有数千位自掏腰包前来战场的冒险家。[58] 军事行动由两名意大利将军指挥，多里亚为海军统帅，瓦斯托侯爵为步兵统帅。军事行动的资金部分来自美洲的金银，部分来自热那亚银行家的资助（他们提供的同样是来自美洲的黄金）。这是有史以来基督教力量在地中海西部地区发起的最壮观的军事远征行动。

　　拉戈莱塔（La Goletta）要塞位于突尼斯海湾入口处，由一支实力强劲的土耳其守军保卫。对此处的围攻从 6 月 20 日开始，战斗持续了 3 个半星期，其间还有友好的当地穆斯林领袖率军前来增援。堡垒最终于 7 月 14 日被攻陷，那是一个酷热难耐的日子，征服者和被征服者都备受天气折磨。费里·德·居永回忆说："尽管天气炎热，我们还是取得了胜利。那天井水干涸，河流也枯竭了。战斗在下午 4 点后打响。士兵们疲惫不堪，战斗刚取得胜利，他们就立刻坐下或是躺在地上。"[59] 查理决定继续向突尼斯城进发，该城于 7 月 21 日陷落，战胜方洗劫了全城。巴巴罗萨落荒而逃，穆莱·哈桑（Muley Hassan）成为突尼斯新任总督，并宣誓效忠查理。拉戈莱塔由一些西班牙驻军留守。查理理所当然地对这场鼓舞了地中海基督教世界的胜战感到满意。这支庞大的海军舰队随即解散，各自返乡。在意大利的一个海岸附近，舰队中一艘载满了德意志人士兵的桨帆船倾覆，船上所有人都遇难了，[60] 这场事故中丧生的人数比突尼斯军事行动中阵亡的总人数还要多。

查理五世刚刚在突尼斯获得荣耀之时，新的威胁出现了，这一次是来自法国。查理五世直接从突尼斯乘船前往西西里岛和那不勒斯，整个冬天都在那里度过，并致力于管理他在意大利南部的王国。1536 年 3 月，他接受了教皇的邀请，去商讨他们共同面对的问题，并于 1536 年 4 月 5 日到达罗马。就在两天前，法国军队越过边境进入意大利，一场战争拉开了帷幕。

查理与教皇保罗三世有不少要商谈的问题，保罗三世还为这位皇帝安排了凯旋仪式。4 月 17 日，在教皇的见证下，查理召集了枢机主教和外交官员并发表讲话。查理对法国打破和平局面一事感到非常生气，以至于他拒绝使用母语法语来演讲，这让在场会众感到震惊。他用卡斯蒂利亚语愤怒地谴责了法国对和平构成的威胁，及其与异教徒巴巴罗萨可耻的联盟。查理手里拿着一沓弗朗索瓦一世和巴巴罗萨之间的秘密信件，说："我手里握着的，正是我在拉戈莱塔亲自截获的证据。"他强烈要求弗朗索瓦一世通过和他的个人决斗来解决他们二人之间的分歧，而不要白白牺牲这么多基督教徒的性命。在冗长乏味的长篇大论之后，查理坚定地重复道："我企盼的是和平、和平、和平！"

听众们都惊呆了，因为他们没想到查理会采用这种截然不同于外交辞令的语言风格。梅肯（Macon）主教是法国派驻罗马教廷的一位使者，他请求皇帝提供一份会议发言稿，因为他听不懂卡斯蒂利亚语。查理言简意赅地回答他："我的主教，我要清清楚楚地告诉你，不要指望我讲西班牙语以外的任何语言，西班牙语是很高贵的，所有基督教徒都理应学习和理解这门语言。"查理的顾问也因他毫无预兆的"布道"（人们用这个词来描述查理的演讲）热情以及用西班牙语发言的行为而感到困惑。第二天，皇帝的怒气稍有平息后，他私下召唤了两位法国使者，用"非常流利的意大利语"将他前一天的卡斯蒂利亚语发言做了口头概括。尽管发生了这起事件，查理在私人生活和公共场合还是倾向于使用他的母语法语。

1535 年 9 月，皇后提醒查理，突尼斯的胜利"对于那不勒斯和西西里王国，乃至整个意大利而言，都是令人振奋的"。[61]卡斯蒂利亚人一直坚持要远征阿尔及尔，对突尼斯则没有太大兴趣，只有阿拉贡王国对非洲海岸地带的突尼斯感兴趣。事实确实如此，早在 1510 年，斐迪南国王就表示"征服突尼斯是阿拉贡王国的责任"。[62]与此同时，卡斯蒂利亚人仍然坚持要占领阿尔及尔。这些地区的海盗侵袭活动在任何时候都未曾停止。巴巴罗萨对突尼斯战事的回应也让人们大吃一惊，他于 9 月 1 日率领 30 艘战舰对巴利阿里群岛（Balearic Islands) 的马洪港 (Mahon) 发动了闪电式袭击。他们洗劫了这座城镇，带走了大部分囚犯，并在 5 天后离开。

皇后和她的顾问们希望远征阿尔及尔的行动能够弥补突尼斯战事的缺憾。但是由于皇帝卷入了 1535 年 11 月米兰公爵弗朗切斯科·斯福尔扎去世引发的米兰政局动荡，远征计划不得不推迟一段时间。1536 年 2 月，远在那不勒斯的查理写信给皇后，要求她不但要继续拟议远征阿尔及尔的计划，还要立即向热那亚运送作战资源，以应对可能会与法国在意大利北部地区爆发的军事冲突。皇帝在信中表示，所有可征用的战舰都应当被派往热那亚，由阿尔瓦罗·德·巴赞指挥，需要被运往热那亚的还包括 3 000 多名步兵、能征集到的所有物资，以及刚刚从美洲运抵塞维利亚的黄金和白银。[63]从皇帝所要求的这些援助事项中可以看出，西班牙在皇帝优先考虑事项中的排序靠前了，它不再只是帝国的组成部分之一，并占据了更关键的地位。查理的西班牙语演讲也向全世界宣告了这一事实。演讲后的第二天，查理在写给妻子的信中头一次坦率地承认，除了西班牙，他"无法从任何地方获取资金支持"以满足军事需求。[64]而正如我们所看到的那样，西班牙本地的税收金额并不多，因此，能够支撑皇帝军事开销的显然是来自新世界的贵金属。

现实还在不断印证基督教国家的脆弱性。1538年9月，基督教世界的海军力量在地中海东部科孚岛附近的普雷维萨岛（Prevesa）遭遇挫败。由西西里总督贡萨加指挥的130艘战舰——包括一支西班牙特遣队以及分别归属于多里亚、威尼斯和教皇的船只——与巴巴罗萨指挥的混合舰队正面相遇。[65]基督教军队没有取得任何实质性的成就，这场战事再一次表明了土耳其人仍是地中海东部地区的海洋霸主。对于下一代人来说，他们不得不从地中海西部地区就开始注重海防，因为那里的基督教领土面临着持续不断的袭击。皇帝肩负的压力越来越大，尤其是来自西班牙人的压力，他们要求进攻阿尔及尔。

最终，皇帝在1541年对阿尔及尔发动了一场注定失败的军事行动。据官方估计，那不勒斯和西西里岛为战争支付了60%的费用，卡斯蒂利亚支付了40%。各王国提供的战舰数量比例也与此相近，意大利人提供了三分之二，西班牙人提供了三分之一。[66]三分之二的士兵都是（科隆纳指挥的）意大利人和（阿尔瓦公爵指挥的）德意志人，另外三分之一是（费兰特·贡萨加指挥的）西班牙人。这支集结起来的部队于1541年10月中旬从马略卡岛出发，途中在卡塔赫纳接上了阿尔瓦公爵。部队总计有65艘大帆船、450

艘支援船和运输船、1.2 万名船员和 2.4 万名步兵。军队将领中还包括征服了墨西哥的埃尔南·科尔特斯。10 月 23 日，步兵开始在距离阿尔及尔城 6 英里的地方登岸。

那天下午，一场突然而来的暴风雨席卷了海岸。[67]"那天是星期二，"枢机主教塔维拉事后说，"巨大的风暴不仅让我们无法卸下物资和枪支，还掀翻了许多小船，还有十三四艘战舰。"风暴持续了 4 天，摧毁了相当多的船只，也带来了不少人员损失（"感谢上帝，"塔维拉指出，"没有重要人士蒙难，损失的只是普通士兵、仆人和水手"）。人们也没法从船上卸下火炮。26 日，让被围困的阿尔及尔人感到惊奇的是，查理皇帝开始下令撤军。恶劣的天气还在持续造成阻碍，让他们没法有序撤离，直到 11 月底，查理才抵达马略卡岛。即使不算上大炮和物资的折损，查理军队遭受的损失也很可能不低于 150 艘船和 1.2 万名士兵。[68]这是皇帝查理第一次遭遇惨败，从各方面来说，这都是一场彻头彻尾的灾难，是一个深刻的耻辱，也正是因为如此，这场战争也是查理最后一次对伊斯兰势力发起的远征。

在接下来的几年里，意大利和西班牙的海上利益主要由安德烈亚·多里亚及其舰队负责维护。陆地上的作战行动几乎完全停止，这令奥兰的指挥官阿尔考德特（Alcaudete）伯爵颇为愤慨，他自 1535 年上任后就雄心勃勃地做了许多努力，欲将西班牙的势力扩张到特莱姆森王国，但总是收效甚微。而奥斯曼帝国也在不断巩固对北非的控制，1552 年，特莱姆森被土耳其人占领。1555 年，卡斯蒂利亚控制达 45 年之久的布吉伊被阿尔及利亚的一支穆斯林军队占领。1558 年，阿尔考德特不顾时任国王腓力二世的警告，独自发起了一场远征，结果被穆斯林军队挫败，指挥官也被杀。

西班牙人民与尼德兰人民自中世纪晚期以来就保持着深厚的友谊。由于缺乏贸易往来，西班牙人通常对欧洲北部国家并不熟悉，欧洲北部的文化与语言对西班牙人而言无比神秘，但尼德兰是一个例外。西班牙人通过海路得以与尼德兰直接展开贸易，并将那里的专业金融知识与文化创造传回了伊比利亚半岛。而尼德兰也是卡斯蒂利亚主要出口商品羊毛的主要外国市场。胡安娜与"美男子"腓力的联姻似乎预示着一段前景美好的关系，尤其是当腓力成为卡斯蒂利亚国王、根特的查理继承了西班牙的所有王位后。随着时间的推移，尽管没能给出任何确切的理由，查理仍然坚定地认为西班牙与尼德兰理应将彼此的利益合而为一。1522 年 2 月，查理在布鲁塞尔签署了一项决议，将哈布斯堡家族的领土转交给他的弟弟斐迪南。这份协议可以被视为对日耳曼土地和其他家族遗产的明确分割，但那时还很年轻的皇帝在这件事上还没有什么显著的意图。

欧洲大陆西北海岸的诸多自治省，因地势低洼而得名尼德兰，这片土地在中世纪晚期成了勃艮第国家的核心区域，国家的另一个组成部分则是同名的内陆公爵领地——勃艮第公国（这片领地在 16 世纪被分为弗朗什-孔泰与法属勃艮第）。尼德兰横跨莱茵河、默兹河与斯海尔德河，致力于发展农业、渔业与贸易，在 16 世纪时拥有欧洲最大的金融活动中心——安特卫普港。这里的尼德兰（佛兰德）语言与文化占据着社会主流，但统治者却是来自南部的、讲法语（瓦隆语）的贵族。在查理的统治下，各地接受了统一的宪政体制，进而联合起来。

尽管布鲁塞尔建立了一个中央行政机构，但各省仍保留了自己的政府，由执政（stadhouder）主持政务。查理以严厉的大家长风范来管理他故乡的诸省。他用宗教法庭来镇压异端，并于 1539 年亲自指挥镇压了根特——他的出生地——的叛乱。然而与此同时，查理对尼德兰却十分慷慨，他对尼德兰的关照远超他对包括西班牙在内的其他领土的关照。他移驾西班牙的时候，也随身携带了他所珍视的一切：佛兰德的文化、宗教、艺术、音乐、宫廷礼仪（也被称作"勃艮第典礼"）、荣耀仪式（金羊毛骑士勋位）以及最为重要的佛兰德官员——这些官员在西班牙乃至意大利都被授予要职。随着查理的时间更多地被地中海和德意志的战事占用，他待在尼德兰以外的时间变得更久。但对查理来说，那里仍然是他最珍视的故乡。

简而言之，这一切都表明了尼德兰在西班牙早期哈布斯堡王朝统治者心目中的优先地位。然而这些省份绝非西班牙帝国的一部分，亦不受西班牙支配，它们与西班牙唯一的政治联系仅仅是拥有同一位统治者。我们之前已经简要了解了西班牙与意大利之间的关系，那么西班牙与尼德兰之间的联系又是怎样的呢？[69] 许多学者曾坚持认为查理目标是"将尼德兰变为西班牙在欧洲北部地区的前哨"。[70] 但这种看法不可能是真的，也没有任何论据支持。如果反转下看法，把西班牙看作尼德兰经济与文化势力在南欧的前哨，似乎会更有意义。皇帝的行为也昭示着他并不希望其治下任何一个领地向另一个臣服。他镇压根特的叛乱时，也只是征召了当地的 4 000 名尼德兰人与 4 000 名德意志人士兵，[71] 全然没有调用地中海地区的兵力。

然而，此时已有西班牙人在欧洲北部服役。尽管西班牙的势力范围不是特别明确，但我们还是可以通过西班牙军队的活动范围，简洁而精确地衡量。查理在位时期，活跃在欧洲的西班牙部队比较少。当查理与法国交战时，他将部分西班牙军队派遣到尼德兰，并将其部署在法国的北部边境。[72] 6 000 名卡斯蒂利亚士兵于 1527 年从桑坦德（Santander）登船，前往尼德兰北部服役。1540年初，皇帝还从拉雷多（Laredo）调遣了2 000名士兵，以应对根特起义后可能需要的增援。这一时期也是佛兰德人与西班牙人的蜜月期，而这很大程度上要归功于伊拉斯谟人文主义在半岛上的普及与繁荣。所有这些因素共同促成了这段富有成效的合作时期。正如我们看到的那样，佛兰德神父也与卡斯蒂利亚的神职人员合作，在新大陆开展了第一次传教活动。1540年后，半岛上的士兵持续增援北方，在1543年与1544年分别有3 000人和5 000人抵达尼德兰，同一时间，也首次发生了因军纪不严而产生的混乱。

西班牙士兵在意大利也发挥了重要作用。他们曾是帝国得以掌控那不勒斯的中坚力量，并且在1530年后开始协助米兰的防务。众所周知，在1532年，西班牙士兵第一次大规模地出现在多瑙河畔与土耳其人作战，但他们在战后立刻就返回了意大利。1536年，在莱瓦指挥下从米兰入侵法国普罗旺斯的2万大军中，西班牙方阵大概占了一半。攻势逐渐放缓，莱瓦在艾克斯(Aix)阵亡，部队于9月撤回意大利。[73] 而西班牙军队再次登上国际舞台已经是1542年，也就是神圣罗马帝国的皇帝与法国的最后一场战争爆发之时。从1543年到1544年，查理从意大利调用了8 000名西班牙士兵，让他们驻扎在梅斯的军事基地，准备进攻法国的皮卡第。之后的10年里，西班牙方阵帮助查理勉力维持了他在日耳曼领土上摇摇欲坠的军事地位，不过西班牙军队的作用始终是辅助性的，尽管西班牙人协助皇帝在德意志取得了他最后的军事大捷，但这不代表西班牙帝国的势力延伸到了那里。

在德意志各地蔓延的新教改革使得皇帝劳心伤神、过早衰老。1546年，在针对参与施马尔卡尔登联盟（Schmalkaldic League）的路德宗诸侯的军事行动中，皇帝严重依赖那些从意大利调来的兵力（包括意大利人与西班牙人），以及从尼德兰征募的士兵。两股敌对势力间的正面冲突被推延了数月之久，最终还是不可避免地走向了双方部队领取军饷后打道回府的结局。查理所损失的兵力，从他的兄弟斐迪南和路德派新盟友萨克森公爵莫里斯那里获得了补充。于是，彼时的帝国军队主要由德意志和西班牙的士兵构成，并由皇帝和阿尔瓦公爵指挥。军中有 5 000 名西班牙士兵，占全部兵力的五分之一，此外还有一些意大利人。[74]

1547 年 4 月 24 日上午，帝国军队抵达米尔贝格镇（Mühlberg）对面的易北河畔，萨克森选帝侯约翰·弗里德里希（Johann Friedrich）领导的联军正在这里集结。[75] 选帝侯下令摧毁了河面上唯一可用的桥，并确信皇帝的部队无法渡河。然而查理的手下建造了临时的浮桥，并且找到了一处方便渡河的浅滩。突然涌来的帝国部队对萨克森叛军展开了毁灭性的打击。萨克森贵族蒂洛·冯·特罗塔（Thilo von Throta）俘虏了在战斗中负伤并企图逃跑的选帝侯约翰。[76] 此时在帝国军队中服役的卡斯蒂利亚贵族路易斯·德·阿维拉-苏尼加（Luis de Avila y Zúñiga）越发坚信，帝国的军事实力取决于德意志军队。[77] 他最赞赏的是匈牙利骠骑兵，"他们以惊人的速度取得优势，并且能够确保最终的胜利"。卡斯蒂利亚人在这场战争中扮演了重要的角色，尽管并不是像官方历史学家洛佩斯·德·戈马拉与后来的卡斯蒂利亚学者所想象的那样。[78] 当时在场的威尼斯大使声称西班牙军队"野蛮、粗暴且缺乏经验，尽管他们正在成长为优秀士兵，就像我在德意志（其他战役中）见过的优秀老兵一样"。[79]

皇帝的这场胜利，当然是查理整个政治生涯中最有名的大捷，在提香所绘的一幅技艺高超的查理五世骑马肖像中得到不朽，这幅画现陈列于普拉多（Prado）博物馆。1552 年，卡斯蒂利亚的方阵仍然在德意志地区参与了皇帝最后一场灾难性的战役。在对梅斯的失败围攻中，卡斯蒂利亚为皇帝的部队提供了不足十分之一的步兵，以及不到百分之四的骑兵。[80] 虽然那时的西班牙在西欧的霸权之路刚刚开启，在意大利半岛以外的地方还没有什么影响力，但这些行动已经开始引发褒贬不一的评论。尽管一位名为埃尔南多·德·阿库尼亚（Hernando de Acuña）的卡斯蒂利亚诗人欢迎"一个君主、一个帝国与一把剑"主宰下的普世皇帝统治，但西班牙以外的人却不以为然。一位身处皇帝宫廷的英格兰观察者写道："如今西班牙人掌握着帝国的印章，在一切事务中都占据着主动权。"1551 年，后来成为枢机主教格朗韦勒（Granvelle）的安托万·佩勒诺（Antoine Perrenot）告诉查理，如果他过于依赖西班牙军队，那么"当西班牙人走后，皇帝将无法确保自身在德意志的安全"。[81]

直到 16 世纪 50 年代，意大利以外的欧洲各地还没有明显的反西班牙情绪。欧洲人对西班牙人的好奇多过恐惧。欧洲人不信任西班牙人，因为后者更像是皇帝操纵局势的工具。腓力王子（后来的腓力二世）在 16 世纪中叶游历西欧时感受到的善意，与后来宗教战争时期对西班牙人的敌意形成了鲜明的对比。经历了米尔贝格之战的皇帝已经萌生隐退之意，他在布鲁塞尔召见了他的儿子。1548 年 11 月，王子从加泰罗尼亚出发，开始了一段漫长而富有历史意义的旅程，他穿过法国南部、意大利北部、翻越了阿尔卑斯山，途径巴伐利亚与莱茵兰等地，最终抵达尼德兰。[82]

旅途中唯一的麻烦发生在米兰，一些与王子随行的卡斯蒂利亚士兵引发了骚乱。除此之外，王子在其他各地都受到了慷慨而体贴的礼遇。这令腓力王子无比高兴，他在海德堡写信时表示自己"受到了德意志所有领主与城市的欢迎，他们对我十分热情"。在尼德兰，他顺利地访问了17个省，并在每一个主要城市宣誓。在他结束访问返回西班牙的途中，奥格斯堡才出现了第一起针对他西班牙人身份的抗议事件。皇帝召集了哈布斯堡家族的主要成员，讨论这个庞大帝国中多个王位的继承问题。查理多年来一直让他的弟弟斐迪南掌控奥地利与波希米亚等家族世袭领地。斐迪南自1531年以来一直是"罗马人民的国王"，这一头衔也使他有资格继承帝国皇位。但查理依旧希望能由自己的儿子腓力来继承包括德意志在内的全部疆域。而凭借着德意志的强力支持，斐迪南也希望问鼎皇位，并希望将之传给长子马克西米利安，后者是波希米亚国王，正在西班牙代腓力摄政。德意志人无论如何都不想被西班牙人统治。奥格斯堡枢机主教在11月宣称，只有德意志人可以统治德意志。一位大使报告称，德意志人宁可接受土耳其人的统治，也不愿见到腓力继承王位。

1492年哥伦布在加勒比登陆后的很长一段时间里，美洲人几乎察觉不到这些新来者的影响。在将近30年，也就是整整一代人的时光后，西班牙才在新世界的大陆上建立起稳固的据点。美洲并没有立刻创造出财富，也没有航线通往盛产香料的群岛，这让开拓者们无比失望，逐渐将美洲抛到脑后。在哥伦布航行近60年后，官方历史学家洛佩斯·德·戈马拉才声称美洲的发现是"除造物者的诞生与死亡外，创世以来最伟大的事件"。[83] 然而那时，一整代的西班牙人已然蹉跎老朽，人们发现了银矿，财富开始源源不断地被输往欧洲。戈马拉的说法显然是后见之明。在查理五世继承西班牙王位之初，很少有人怀有如此乐观的态度。

　　西班牙人花了很长时间才彻底消除了原住民零星的抵抗（个别地方的征服活动持续了近 20 年之久），真正占领了加勒比海上的主要岛屿。他们主要的定居地是伊斯帕尼奥拉岛，新大陆的第一个西班牙城市圣多明各（Santo Domingo）就是在这里建立起来的。到了 1500 年，岛上移民达到 1 000 人，全部是男性。伊斯帕尼奥拉岛成为各种劫掠性活动，像是掳走其他岛屿的印第安劳动力或是捕捞珍珠的中心。一些移民很乐意从事农业，耕种土地。拉斯·卡萨斯记载称，当他问及西班牙的一位农民为什么要把他的儿子们送到加勒比地区生活时，农民回答说，这是为了让儿子们能够"生活在一个自由的世界里"，耕种他们自己的土地。在那时，农业收获是比征服更重要的移民目标。[84]

　　但是一些西班牙人不再满足于加勒比地区的农耕生活，他们开始变得焦躁不安。不满的人中也有埃尔南·科尔特斯，他发出了那个有名的抱怨："我来这里是为了发财，而不是像农民一样耕田。"早期新大陆最大的吸引力就是这里的黄金，这是哥伦布和早期定居者都在热切追寻的东西。[85] 伊斯帕尼奥拉岛很快就成了家喻户晓的掘金地，大量黄金从这里被运回西班牙本土。1502 年 4 月，随着新总督尼古拉斯·德·奥万多（Nicolás de Ovando）的到来，一段相对稳定的时期由此拉开序幕。与他同行的还有 2 500 名新移民，其中一些是行政官员，其他则是些移民和冒险家（包括拉斯·卡萨斯）。这些人的到来非常及时，因为当时岛上的移民已经锐减，仅剩 300 人左右。奥万多的统治持续了 7 年，他事无巨细地记录了殖民领地的各方面事务，特别是原住民在岛上定居者群体中的人口分布状况。但他对待原住民的方式非常残忍，曾一次屠杀了 84 名印第安人领袖。

西班牙的占领很快就展现出它的负面影响。原住民们（在所谓"委托监护制"*的劳动分配体制下）被迫为移民者工作，在恶劣的劳动条件下成千上万地死去。在传统生活方式被打破后的 20 年中，当地的阿拉瓦克人数量急剧减少并逐渐消亡。一个必然的结果是，西班牙人开始袭击周边的其他岛屿，并将那里的原住民变成奴隶，强迫他们去伊斯帕尼奥拉岛上劳作。这一行动的后果之一是巴哈马地区总人口的减少。在 1509 年至 1512 年期间，约有 4 万人被从这里劫掠、运送到西班牙占领区。

然而，轻松致富的前景越来越渺茫，很快那些来自西班牙的定居者也开始离开伊斯帕尼奥拉。这些人曾经受到官方许可（伊莎贝拉女王在 1503 年批准的文件）的鼓舞，想要去伊斯帕尼奥拉奴役所谓的"食人族"，并寻找更多黄金。西班牙的定居者们开始移居其他岛屿：1508 年起，一些人开始前往波多黎各；1511 年左右起，又有一些人移居牙买加和古巴。其中，古巴是被迭戈·贝拉斯克斯（Diego Velázquez，古巴的第一任总督）"平定"的，他对那些手无寸铁的、被拉斯·卡萨斯形容为"单纯而温和"的当地人发起了恐怖镇压，还在镇压中谋杀了他们的一位酋长阿图埃伊（Hatuey）。在加勒比地区的经验为西班牙的扩张提供了动力，促使那些冒险者继续向外扩张，他们首先踏足周边岛屿，随后进一步染指内陆地区。到 16 世纪第二个 10 年，少数西班牙人已经散布到其他各地去寻找财富。1510 年，他们中的一群人从当地印第安人手中夺取了

---

* 委托监护制（Encomienda），又译"监护征赋制"，西班牙在美洲殖民地实行的剥削奴役印第安人的制度。——编者注

加勒比海南部乌拉瓦（Urabá）湾地区一个村庄的控制权，并在那里建立起达连镇（Darien）。[86]

加勒比群岛上白人人口的减少迫使西班牙政府重新考虑其政策是否得当，或者说是否缺少这样一个政策。当地劳动力短缺的问题很快被来自西班牙和非洲的黑人解决了，关于这一点我们很快就会讨论到。但是，对于那些不断迁徙流动的白人，又该怎么办呢？阿隆索·苏亚索（Alonso Zuazo）1517年被枢机主教西斯内罗斯派到加勒比群岛，据他报告说，问题的症结部分在于这些西班牙移民都没有结婚，所以没法安定下来。"目前，"他写道，"三分之二的移居者都没有妻子，也没有固定居所。"[87]苏亚索还给出了一项最终改变了整个帝国特质的提案。他提议，应当鼓励世界各地的人（只要他们是虔诚的基督教徒即可）移民到美洲新大陆去。与此同时，还应该鼓励更多港口对新世界开放。他认为，伊斯帕尼奥拉岛丰富多样的农作物能够为人们带来大量财富。

在殖民化的早期阶段，外国资本就已经占据了重要地位。如果没有大量的投资和强大的风险管控，远征探险就不可能进行，而出现在伊斯帕尼奥拉岛上的外国金融家们已经准备好承担相应的风险了。政府在新世界的自由贸易政策使他们的工作变得更容易。查理五世极度缺钱，他不得不接受来自德意志金融家的合作提议，他在1528年与韦尔泽家族达成协议，允许后者在一定限制条件下在委内瑞拉进行探索、开发和定居。韦尔泽家族赞助的第一批殖民者于1529年初抵达，在接下来的16年里，韦尔泽家族的公司完全控制着这个地区的发展，像对待奴隶那样剥削当地居民，并不断探索奥里诺科河河谷的财富。[88]与此同时，皇帝也在考虑富格尔家族要求在秘鲁享有类似权利的提议。

这些地方的货物被运回加勒比地区，以换取主要由热那亚人及其他外国人控制的黄金，正如奥万多在 1504 年向斐迪南国王报告的那样。在黄金开采的最初阶段，定居者们发现，他们也可以利用廉价劳动力，从引进自非洲的甘蔗中提取蔗糖。与加那利群岛的情况一样，外国资本发挥着至关重要的作用。伊斯帕尼奥拉的制糖厂（包括蔗糖厂与精炼糖厂）主要由热那亚资本支持，[89]这对新大陆产生了深远的影响。为了直接经营自己的产业，许多热那亚人开始前往新大陆。1508 年至 1515 年间，金融家杰罗尼莫·格里马尔迪（Geronimo Grimaldi）长期居住在伊斯帕尼奥拉岛上，代表同事琴图廖内、斯皮诺拉、多里亚及卡塔内奥等人的利益，在岛上指挥他的公司业务。后来热那亚人又将他们的活动扩展至波多黎各、古巴和美洲大陆。[90]16 世纪 20 年代，西里西亚的矿工逐渐移民至伊斯帕尼奥拉岛，1525 年至 1526 年，韦尔泽家族在岛上建立了一家工厂，由金融家格奥尔格·埃因格尔（Georg Ehinger）与安布罗修斯·阿尔芬格（Ambrosius Alfinger）担任他们的代理人。[91]

1515 年左右，伊斯帕尼奥拉岛上开始制糖，奥万多在临终前将岛上生产的第一批糖送给了斐迪南国王。制糖业的发展为生活在加勒比地区，特别是伊斯帕尼奥拉岛和波多黎各的西班牙人提供了摆脱经济衰退的新出路。然而，正如岛上的多明我会修士指出的那样，糖厂对原住民的灭绝负有责任，一些原住民因在工厂中过度劳累而死亡。自 1494 年起，哥伦布为了补充劳动力，开始奴役岛上的阿拉瓦克人，这带来了灾难性的后果。在西班牙人到达之前，这里的阿拉瓦克人至少有 30 万人；到了 1548 年，历史学家奥维多甚至怀疑现存的阿拉瓦克人是否能达到 500。这场无法估量的灾难促使西班牙人首次产生了对进口劳动力的需求，也就是对非洲奴隶的需求。

1513 年，当西班牙人试图在加勒比地区建立稳定的经济体系时，一群居住在古巴且不满于现状的西班牙冒险家开始向外航行，并与佛罗里达沿岸地区取得了联系。那些探险船只上的领航员开始逐渐了解加勒比地区的洋流和风向，以及如何在海峡中航行和如何航行至西班牙。与此同时，其他人正从加勒比海西部沿岸向内陆挺进。1510 年，约 300 名坚持不懈（且冷酷无情）的冒险家将达连（最初被西班牙人称为圣马利亚·拉·安提瓜的地方）当作前沿地带的定居点。这些人自 1511 年起开始接受瓦斯科·努涅斯·德·巴尔沃亚（Vasco Núñez de Balboa）的领导，巴尔沃亚既能有效地管控居住在此地的西班牙人，也能与周边的印第安人和平共处。在寻找一个以盛产黄金而闻名的部落时，巴尔沃亚收集了足够的信息，并于 1513 年向王室提出申请，期望获取更多人手和武器装备。在王室拒绝了他的请求后，巴尔沃亚于 1513 年 9 月 1 日带领一群西班牙人和大量印第安人帮手从达连出发。印第安人带着巴尔沃亚一路朝南，穿越山脉、森林和宽阔河流等一系列复杂地形。他们从不缺食物，因为在每一段旅程中，都有友好的原住民部落为他们提供所需的任何物品。此外，他们得以从陆上穿越巴拿马地峡的一大助力，是他们在旅途中遇见的当地居民都没有对他们产生敌意。[92] 27 日清晨，巴尔沃亚和他的同伴爬上了一座山的山脊，第一次看到延伸至南部的广阔海域，他以王室的名义宣布了对这里的所有权。两天后，他们到达了通往同一片海域的另一个海湾。巴尔沃亚跳入海水中，再次举行了宣布占有领地的仪式。特别讽刺的是，他得意扬扬地宣布西班牙王室占有了这片海域时，却不知葡萄牙人早已在此航行，并与有"香料群岛"之称的马鲁古（Maluku）群岛取得了联系。在返程途中，巴尔沃亚先向北穿过海湾，然后跨过巴拿马地峡，沿途都在专心寻找黄金。在此期间，一些部落首领因坚称当地没有黄金而被巴尔沃亚下令施以酷刑乃至处死。历史学家奥维多简洁地表示，这趟旅途中"确实发生了许多残酷的事情，尽管它们并没有被明确记录下来"。[93]

为了继续推进寻找加勒比海南岸黄金的事业，1513 年 7 月，西班牙王室任命佩德拉里亚斯·达维拉（Pedrarias Dávila）为"陆地"（Tierra Firme）总督，而在正式的任命文件中，此地则被称作"卡斯蒂利亚黄金省"（Castilla de Oro）。和佩德拉里亚斯一起从塞维利亚出航的 1 500 名探险者与之前的移民大不相同，正如苏亚索后来向查理五世汇报所言，"他们中的大部分人都曾跟随'大将军'去过意大利"，他们都是冷酷无情之辈。斐迪南国王也亲自警告过佩德拉里亚斯："他们中的很多人已经染上了各种陋习，这会让你遇到一些棘手的状况。"[94] 由于航行过程中的疾病感染以及无法适应新环境等因素，近半数的人在抵达达连不久后就身亡了。新成立的"卡斯蒂利亚黄金省"很快遭遇重重困难，其中最严重的要数佩德拉里亚斯和巴尔沃亚之间的矛盾，最终在 1519 年 1 月，总督佩德拉里亚斯下令逮捕并处决巴尔沃亚。

佩德拉里亚斯·达维拉的例子凸显出帝国早期发展过程中最严重的问题之一，即王室无法远距离控制事情的进展。直至斐迪南国王去世，这个问题仍没有得到解决，尽管在他的统治时期，多米尼加人已经开始了各种反抗活动。枢机主教西斯内罗斯的摄政时间太短，以至于他无法实施任何改革。于是，统治的重任就落在了拉斯·卡萨斯的朋友查理五世身上。然而，对于查理五世和他的儿子腓力二世而言，西印度群岛的财富远比其他一切事物更具吸引力。西班牙人在加勒比地区实施的暴行太多，不论在当时的西印度群岛还是在西班牙都已经众所周知。他们把欧洲文明及其生活方式带到新世界的同时，也使数以万计的原住民在短短几年内丧生。这是大西洋两岸大陆彼此接触的第一阶段。

1519 年，即巴尔沃亚被处决的那一年，又发生了两件给西班牙帝国发展带来巨大飞跃的历史性事件。当年 2 月，11 艘小船在埃尔南·科尔特斯的领导下从古巴西端出发，前往尤卡坦半岛。9 月，在葡萄牙水手麦哲伦的指挥下，4 艘与卡斯蒂利亚王国签订了合同的船只从西班牙的圣卢卡（Sanlucar）出发，期望通过南部航线进入那片被巴尔沃亚宣布主权的海域。这一年也标志着巴拿马城在太平洋海域的建立，这是巴尔沃亚探险带来的直接后果。巴尔沃亚是第一位目睹这片波光粼粼的广阔新海域的欧洲人，这里在之后的两个多世纪一直被称作"南海"（South Sea）。此后，对新世界的探险活动仍持续不断，遍及所有可涉足的领域。一些人是为了探索，一些人是为了征服，但无一例外，所有人都渴望寻求财富和冒险。正如编年史学家贝尔纳尔·迪亚斯·德尔·卡斯蒂略一样，那些活着讲述自身经历的人，仍然会惊奇于他们遇到并克服的如此巨大的地理障碍和气候障碍。

在整个统治期间中，查理皇帝始终饱受无力支付账单的折磨。当一个王国无法为他负担开支时，他就转向另一个王国寻求帮助。"我几乎无力支付我在这里的开销，"他于 1531 年在布鲁塞尔写信道，"除了向卡斯蒂利亚诸领地求助以外别无他法。"[95] 在统治的最初几年，皇帝严重依赖热那亚的金融家，他们曾为帕维亚战役的胜利提供过资金支持。根据帕维亚战役中的一名士兵所述："几天前，国王陛下曾给热那亚商人送去了大笔资金，以供后者与军队供应商打交道时使用。"[96] 查理五世设法让卡斯蒂利亚王国承担更多开支，但这里的财政收入还要支付斐迪南和伊莎贝拉积累下的债务，所以无法满足查理的国际政策需求。

幸运的是，新世界的发现拯救了他。黄金是令人们无法抗拒的巨大诱惑：哥伦布、科尔特斯、皮萨罗，以及随后的每一位冒险家都把寻找黄金放在首要位置。黄金主要产自加勒比地区，哥伦布曾在那里看到当地原住民使用金盘子吃饭。最初，人们是在山间溪流中淘金。16世纪20年代，西班牙人从加勒比地区收取了约14吨黄金（具体数据是14 118公斤）。[97] 秘鲁发现黄金的消息引发了西班牙人对这里的进一步勘探、发掘和开采，大部分贵金属都流入了西班牙，并在那里引起轰动。1534年，王室财政部的官员在塞维利亚写道："每天从美洲，特别是秘鲁运到这里的黄金数量之多令人难以置信，我想，如果这样的状态持续10年，这里将成为世界上最富有的城市。"[98] 卡斯蒂利亚王室的财政部很快就注意到了这种影响。"我非常高兴，"查理五世于1536年，与法国的战争一触即发之时，在意大利写信称，"秘鲁和美洲其他地区的黄金来得非常及时，总计近80万达克特*，完全能满足我们目前所需。"[99] 自16世纪40年代起，美洲大陆地区，特别是墨西哥的萨卡特卡斯（Zacatecas）和瓜纳华托（Guanajuato）以及秘鲁的波托西发现了第一批银矿。然而，在16世纪中叶人们发现利用汞提取白银的方法前，这些银矿的产量都还很低（详情见本书第七章）。

---

* 达克特（ducat），旧时在大部分欧洲国家流通的金币。——编者注

查理五世利用现有的或是即将运达的贵金属作为担保，在奥格斯堡、热那亚和安特卫普的那些国际关系广泛的银行家那里建立起了信用。[100] 这些银行家反过来也在塞维利亚以及卡斯蒂利亚王国的其他地方建立并扩大了自己的业务，可以更加便捷地获取利润。这意味着来自美洲的很大一部分黄金和白银，早在被开采出来的数年之前，就不可避免地被承诺会支付给外国银行家。显然，查理五世使用了他有权获得的那部分贵金属，即对美洲所有矿山征收的"五一税"*。但是自 1523 年起，查理还开始向居住在塞维利亚的卡斯蒂利亚商人"借用"（实质上却是强行征用的借款）货物，这种行为在 1535 年后更加频繁。1536 年，这些卡斯蒂利亚商人愤愤不平地抱怨说这种举措给外国商人带来了优势，"他们掌控了所有的钱"。[101]

事实上，外国人控制的不仅仅是金钱。皇帝为了偿还他欠外国银行家的债务，将卡斯蒂利亚关键产业的产权也拱手让出。德意志的金融家不仅获准管理相关机构、购买地产，甚至控制了西班牙南部阿尔马登地区（Almadén）丰富的汞矿。1548 年，在巴利亚多利德的议会抗议说："陛下在德意志和意大利贷款导致的后果是很多外国人来到了这里。他们不满足于从银行获取的利润，也不满足于他们获得的财产、主教辖区和地产，他们还想买下所有的羊毛、丝绸、铁、皮革和其他商品。"[102] 外国银行家们控制着国王，并在国际金融活动中占据了显著的主导地位，这一点也能从他们的贷款规模中看出来。在查理五世统治时期，他与外国金融家签订了 500 多份特许契约（这些契约也被称作 asientos）。他从西欧银行家手中

---

* 五一税，对开采出的黄金等征收其价值五分之一税额的制度。——编者注

总共借贷了近 2 900 万达克特。热那亚人贷给他 1 160 万，德意志人则贷给他 1 030 万,二者占据了全部贷款金额的四分之三。[103] 西班牙资本家只提供了贷款总额的 15%，尽管在理论上，他们才应该是最容易获得新世界财富的人。

这幅场景看似是帝国正在受到国际金融的压迫和剥削，但这种视角并不能帮助我们真正理解当时的事态。事实上，银行家们提供的贷款确实维持了查理五世政权的存续，而国王只需要找到新的收入来偿还债务就行。1552 年是查理统治生涯中最糟糕的时刻之一，当查理被萨克森公爵莫里斯的军队围困在奥地利的因斯布鲁克，并被迫冒着冬日风雪逃到菲拉赫（Villach）时，正是这些银行家和美洲的白银救了他。在菲拉赫，查理五世和他的银行家安东·富格尔签订了一项至关重要的合同，甚至就在他们商谈之时，还不断有船只满载着刚从美洲运来的白银，从西班牙开往热那亚。[104] 资金供应一旦出现问题，整个帝国的权力体系都会处于危险之中。1555 年，当时在布鲁塞尔的腓力亲王派阿尔瓦公爵前往意大利，负责军务。当公爵发现根本没有足够的资金支持他完成工作时，他既伤心又愤怒。从 1555 年 4 月到 1556 年 5 月，西班牙王室完全没有向意大利还款，热那亚的银行也因现金短缺而暂停营业。在那不勒斯，当时正在为西班牙效力的德意志军队一连数月都没有领到军饷，于是开始哗变。阿尔瓦公爵设法从那不勒斯的税收中筹集了一些钱，但他警告腓力说："如果你欠军队的军饷再不及时发放，你的各个王国的安全就会受到威胁，你的臣民们也会纷纷叫嚷喧闹，说你欠钱不还。"[105] 没有资金，帝国就无法运转。

具有讽刺意味的是，当他在德意志陷入困境，以及西班牙资金短缺的那几个月中，这位皇帝还企图通过吞并英格兰来扩展领土。1553 年 7 月，在粉碎了反对她继位的一系列叛乱和阴谋后，玛丽·都铎继位为英格兰女王。这一事件堪称查理统治时期的神来之笔，对西班牙的未来造成了不可估量的影响。

许多年前，查理五世也曾是玛丽·都铎联姻的意向人选之一。在与玛丽协商之后，查理写信给王储腓力——后者刚与葡萄牙的玛丽亚公主结婚，就成了鳏夫——问他是否愿意和玛丽女王联姻。1553 年 7 月，腓力和玛丽沿袭了西班牙王室的联姻传统（如同斐迪南和伊莎贝拉的联姻一般），在温彻斯特举行了他们的婚礼。此次英格兰和西班牙的联姻并不涉及政治主体的联合，事实上，身处伦敦的腓力也非常谨慎，从不参与英格兰王室的任何决议。查理和他的顾问团认为，他们和英格兰在军事和商业方面的联盟关系，在保卫尼德兰免受法国侵略上具有重要作用。勃艮第的遗产一如既往地在查理心中占据着核心地位。"要不惜一切代价，"他写信给帝国驻英格兰大使、弗朗什-孔泰人西蒙·雷纳德（Simon Renard）说，"让英格兰和尼德兰结成联盟，互帮互助，共同对抗敌人。"[106]早在 3 年前，查理已经决定将勃艮第的遗产全部交托给腓力。英格兰也被纳入腓力的势力范围，这意味着腓力将成为西欧最强大的统治者。

这种可能性引起了欧洲其他国家的深切忧虑，而英格兰人也担心自己会受到西班牙的统治。在腓力逗留英格兰期间，英格兰人已表现出不信任他的迹象。这样的表现是基于政治原因，基于对未来的担忧，和西班牙人具体的所作所为其实没有关系，因为两国人民一直都还保持着良好的关系。腓力的一名随行人员抱怨说："我们生活在一个美好的国度里，却要面对着世界上最糟糕的一群人。这些英格兰人对西班牙民族非常不友好。"在伦敦，街头经常发生西班牙人遭到抢劫和攻击的事件。当西班牙贵族们对此抱怨时，他们却被告知"为了皇帝陛下的利益，最好还是尽量掩盖这些不光彩的事件"。英格兰人能够接受腓力这个人，但并不乐见西班牙的权力拓展到英格兰本土。威尼斯大使评论说，腓力王子不仅大受欢迎，还深受英格兰人爱戴，如果他能摆脱围绕着他的那些西班牙人，英格兰人会更欢迎他。

刚刚实现联姻，查理皇帝就觉得自己已经顺利达成了将权力移交给家族成员的目标。几年来，健康问题一直困扰着查理，让他感到自己不得不放弃肩负的重责。两年前，一份从布鲁塞尔寄给腓力的机密报告中描述了皇帝的病情：

> 在医生看来，陛下可能时日不多了，因为有好几种顽疾折磨着他，这些病在冬季的寒冷时节变得格外严重。他试图表现出身体健康的样子，但实际上他的身体已经到了最虚弱的时候，因为痛风侵袭着他的身体，使他的四肢、关节和神经严重受损……普通感冒也会对他造成巨大的影响，以至于他有时会虚弱到像临终时一般，无法讲话，或是讲出来也无法被其他人听清楚……他的痔疮也给他带来了极大的痛苦，稍有不慎就难免疼痛落泪。所有这些病痛，加上精神痛苦，使他不再像曾经那般幽默且和蔼可亲，而是陷入了无尽的忧郁。他时常像个孩子一般哭泣不止。

年仅50多岁的皇帝饱受痛风之苦，准备退位，并以他一贯的细心开始为退位做准备。1555年10月25日，查理在布鲁塞尔市政厅举行集会，尼德兰的主要官员、三级会议代表、哈布斯堡家族成员、邻近的亲王以及荣获金羊毛骑士勋位的人都应邀出席，查理五世在会上宣布退位，他总结了自己巡视疆域的旅程：

> 我曾经去过德意志 9 次，西班牙 6 次，意大利 7 次；我来过佛兰德 10 次，去过法国 4 次（不论是因为战争还是和平到访），英格兰 2 次，非洲 2 次，还有其他尚未提到、规模较小的旅程。我在地中海进行过 8 次航行，在西班牙海域航行过 3 次。在不远的未来，当我被送回西班牙下葬时，那将是我在西班牙海域的第 4 次航行。[107]

据英格兰特使观察，当查理讲话的时候，"在座的所有人都纷纷落泪"。查理被人们的情绪感染，一时激动，也哭了起来。他转向坐在自己右边的腓力亲王，拥抱腓力并让他跪在自己面前。查理把手放在腓力头上并予以祝福。随后，亲王起身接受被委托的职责。在仪式上以及后来 1556 年通过正式公证的法案中，查理交出了自己的大部分权力。他将中欧的哈布斯堡家族领地留给了兄弟斐迪南，但在斐迪南的请求下，查理推迟了自己作为神圣罗马帝国皇帝的退位时间。查理将其他王国都传给了儿子，于是，西班牙的腓力成了英格兰、尼德兰（随后又增添了弗朗什-孔泰）、卡斯蒂利亚、阿拉贡、米兰、那不勒斯与西西里等诸王国，以及地中海诸岛屿、北非诸要塞和新世界殖民地的统治者。拥有这些领土，意味着腓力的权力还涉及相关国家（像是意大利的公爵领地或是爱尔兰），以及在太平洋海域的主权要求。西班牙现已从神圣罗马帝国中分离出来，开始独立掌握自己的命运。腓力得到的这份遗产超乎了人们的想象。

很快，腓力就被宣布为这些领地的统治者。1556年3月，巴利亚多利德主广场上举行了一场恰如其分的仪式，腓力由此正式继任卡斯蒂利亚国王。腓力是王位的继承者而非征服者，他从容地走上父亲为他准备的位置。这是西班牙最具雄心、最具创造力时代的开端，它即将以全新的面貌与世界其他地方展开联结。正如伊丽莎白时代的编年史家威廉·卡姆登（William Camden）后来认识到的那样，腓力的帝国"比之前所有皇帝统治的疆域都要辽阔，以至于他确实有资格说，太阳一直照耀在我身上（Sol mihi semper lucet）"。[108]

第三章

新世界

在征服时代，这里没有基督教神灵，亦无西班牙国王，更不存在正义，因此不论是西班牙人还是印第安人，都只顾着掠夺和抢劫，导致王国之内饿殍遍地，尸横遍野。

——费利佩·瓜曼·波马，
《新编年史与良好政府》（1614）

与所有扩张中的国家一样，西班牙在武力征服和占领上毫不手软。如果没有军队以及随之而来的死亡、混乱与毁灭，那么阿拉贡王国对那不勒斯的收复，乃至纳瓦拉被并入卡斯蒂利亚王国等都无从谈起。然而，意大利战争已经表明，卡斯蒂利亚并没有足以支撑扩张行动的资源。而西班牙在新大陆的事业性质，早已决定了国王从一开始就不考虑动用军事力量。不论是斐迪南还是查理五世，都未曾把他们在美洲的冒险活动视作"征服"。当西班牙人把力量扩展到大洋彼岸的土地上时，尽管编年史作家们骄傲地宣称西班牙人征服了这些领土，实际上他们并没有。对新大陆的占领和开发，比单纯的征服行动要复杂得多。

这场"征服"没有动用任何一支西班牙军队。西班牙人建立起的统治，主要是通过一小群探险家零星的努力实现的，这些人后来又被国王管控。这些被骄傲地称作"征服者"的人，往往连士兵都不是。1532年在卡哈马卡（Cajamarca）俘获印加皇帝的那群人，是由工匠、公证人、商人、海员、贵族和农民组成的，他们是美洲移民的一个缩影，在某种程度上也反映了西班牙本土的社会结构。新大陆的其他地方也有类似的团体在活动着。他们中的大多数人，尤其是领导人，都是监护主*——陪同巴尔迪维亚（Valdivia）前往智利的150名探险家中，有132人是监护主。这意味着他们之所以远征，完全是因为他们与国王签订了合约，获得了监护主的委任状，这使他们可以向当地人索要贡品并要求后者提供劳动力，监护主被赋予的职责还包括为国王服务、捍卫国王的权力，以及教导当地人改信基督教。而这些合约的措辞经常明确无误地表现出一种"带着武器与马匹"为君主效劳的封建服务形式，[1]很明显，这就是一种军事协议。委托监护制使西班牙政府得以在新大陆进行军事行动，却又不必向那里派遣军队——如果没有委托监护制，这是无法实现的。历史学家奥维多强调说，西班牙征服时期几乎完全仰赖那些个人的努力，正如我们从他作品中所读到的那样，他评论说"国王陛下几乎从不把他们的收入和现金投入这些新发现中"。这一点极为重要，监护主也从不会忘记这一点。

此外，所谓的"征服"美洲也从未真正实现过。监护主们在任何时期都没能彻底地征服当地居民，除了盘踞在他们所侵占的一

---

* 监护主（encomendero），指在委托监护制下被授予土地与印第安人管辖权的人士，监护主通常是西班牙士兵和冒险者，也有原住民中的贵族。——编者注

小块地盘上，他们也无法占领更多的土地。监护主人数太少，活动也过于分散。在所谓的"征服时代"结束两个多世纪之后，制图师们也早已不会在绘制地图时将整个美洲都划归"西班牙所属"，西班牙人实际上只控制了美洲大陆的一小部分，主要是加勒比地区和太平洋沿岸的肥沃地带。这一点在理解西班牙在美洲所扮演的角色上至关重要。这个孤悬海外的帝国领地是一项脆弱的事业，尽管西班牙人从这里的金矿、银矿中获取了可观的利益，但是他们并没有成功实现对美洲的全盘控制。

最后，早期在新大陆活动的西班牙人坚持认为，他们通过"征服"——这一欧洲旧大陆所认可的传统权利——理应获得他们所赢得的一切，但这一观念很快就被摒弃了。为国王提供咨询意见的神职人员表示，西班牙人没有权利像强盗一样闯入，随心所欲地掠夺，然后宣布自己已经"征服"了这片土地。1511年圣诞节的前一个星期天，在伊斯帕尼奥拉岛圣多明各的一个教堂里，多明我会修士安东尼奥·德·蒙特西诺斯（Antonio de Montesinos）走上讲坛，谴责那些压迫印第安人的西班牙监护主。其他神职人员随后也参与了谴责，其中最重要的是另一位多明我会修士巴托洛梅·德·拉斯·卡萨斯（Bartolomé de las Casas）。1512年，斐迪南国王批准颁布了《布尔戈斯法》，试图规范殖民者的活动，并规定了印第安人应遵守的规则。虽然在新殖民地中，没有人注意到这些法律条款，但其中有一份由王家委员会成员胡安·洛佩斯·德·帕拉西奥斯·鲁比奥斯（Juan López de Palacios Rubios）起草的特殊文件，它被称为《诏示》（requerimiento），这份文件宣称，西班牙对美洲的主权并非源于简单的征服，而是来自教皇的馈赠。

这份文件本是用来公开读给那些不接受西班牙主权的印第安人听的。西班牙探险者曾在许多不同场合使用这一文件，宣称上帝把世界赋予了教皇，教皇又把"这些岛屿和大陆"赠予了西班牙的统治者，如果当地人不服从西班牙，也不信仰基督教，他们就会被视为反叛分子，并被剥夺财产、沦为奴隶。拉斯·卡萨斯评论说，他第一次读到这份文件时"哭笑不得"，当然，也有很多西班牙人认为《诏示》非常荒谬。[2] 就连这份文本的起草者自己也意识到这些内容是很可笑的。费尔南德斯·德·奥维多记载道："当我告诉帕拉西奥斯·鲁比奥斯一些指挥官的所作所为时，他也忍俊不禁。"事实上，奥维多自己也批评过卡斯蒂利亚黄金省的第一任总督佩德拉里亚斯·达维拉，达维拉麾下的一个船长向一群完全听不懂的印第安人宣读了这份文件。奥维多告诉达维拉："在我看来，这些印第安人并不想要《诏示》里的宗教信仰，你也没有义务让他们去尝试理解；你只要把印第安人关进笼子，他们就有闲暇研究这些东西了。"[3] 阿隆索·苏亚索在写给查理五世的一份报告中描述了人们诵读《诏示》的情况："这个文件是用西班牙语宣读的，印第安人一个字也听不懂。此外，宣读者通常是隔着很远的距离对印第安人读文件，听众即便能听懂西班牙语，也不可能听清他们在说些什么。"[4] 在条件允许的情况下，有些地方根据听众的需求翻译这个文件。但由于口译者自己也不明白文件上在说些什么，最终的结果几乎都很荒诞。

人们很容易从欧洲人最终获得胜利的结果，来看待他们踏足新大陆的历史。因此，传统的叙事有充分理由去强调那些似乎能给欧洲人带来优势的因素：西班牙人被认为拥有先进的政治文明、独特而重要的宗教思想，以及与异教徒斗争的迫切愿望。他们的壮举基本都源于先进的技术以及对黄金的热切追求。其中一些因素无疑是真实存在的，但它们并不一定能确保成功，毕竟西班牙人的历史本身也是个巨大的失败。当然，我们在回顾历史时，会发现许多参与征服的人都拒绝承认失败。历史学家兼殖民者贝尔纳尔·迪亚斯退休后在危地马拉过着俭朴的生活，年老失明的他回忆道："我经常停下来思索那个时代的英雄行为。那些场景和事件仿佛历历在目，我相信那些行动并非出自我们自己的意愿，而是上帝的指引。"[5]西班牙人自己的编年史家们共同编造了一个西班牙人凭借神的旨意成功实施征服的神话。但现实更为复杂：虽然也有一些具体的成功事迹，但总体来说，西班牙人需要不断适应各种不利情况。不论是成功还是失败，作为第一个远征新大陆的欧洲国家，西班牙的殖民事业都具有其独特之处。

西班牙人从加勒比海沿岸零星地向北方和南方展开探险活动。从 1509 年起，他们向南与内陆的原住民接触，并开始寻找当地使用贵金属的证据。在北部，他们抵达了更远的岛屿并在那里定居（例如 1511 年的古巴），并与墨西哥大陆取得了联系。总督贝拉斯克斯派遣探险队从古巴出发，向北前往墨西哥湾沿岸和尤卡坦半岛［庞塞·德·莱昂（Ponce de Léon）于 1513 年到达］。在加勒比地区，决定性的事件是科尔特斯在大陆内部成功地发现和征服了一个富足而强大的文明（大致发生在 1519 年至 1521 年间）。在西班牙人发现美洲的 25 年后，墨西哥就沦为了西班牙的殖民地。这一壮举在其他不安分的西班牙人群体中引发了狂热的躁动，这些人开始分散到美洲大陆各地去寻找财富。在征服新大陆的第二阶段，西班牙人又花费了 25 年，有了一些在当时蔚为壮观的惊人发现。

美洲大陆是众多高度发达的文明的家园，墨西哥中部和安第斯山脉地区出现了"帝国"形式的文明，当地社区会定期将贡品献给最高的统治者——居住在岛城特诺奇蒂特兰（Tenochtitlan，主宰墨西哥人民的纳瓦人联盟的中心）的墨西卡人和安第斯山脉的印加人。在这些帝国中，贵族阶级享有特权，宗教具有普遍的仪式性作用，土地财产往往由公共团体控制，这种团体在墨西哥被称为"卡尔普伊"（Calpulli），在秘鲁被称为"阿伊鲁"（Ayllu）。在这些帝国管辖区域之外，美洲的辽阔土地上还有很多西班牙人闻所未闻的定居的或是迁徙不定的部落群体。

"在1519年的耶稣升天节（4月21日）那天，"埃尔南·科尔特斯的战友贝尔纳尔·迪亚斯·德尔·卡斯蒂略在他的编年史中记载道，"我们与所有舰队抵达圣胡安德乌卢亚（San Juan de Ulúa）的港口。我们在船上升起了王家旗帜，在我们抛锚后不到半小时，就有两只大木船划了过来，上面载满了墨西哥的印第安人。这些印第安人说他们的领主，也就是伟大的蒙特祖马的一个侍从，派他们来了解我们的身份和意图。他们还表示，如果我们自己或者我们的船只有什么需要，可以告诉他们，并从他们那里得到补给和帮助。"[6] 从这份饱含感激之情的记录来看，墨西卡人亲切欢迎了这支几个月前从古巴出发、一路驶向尤卡坦海岸的小型探险队。同年2月，探险队偶然遇到了西班牙人赫罗尼莫·德·阿吉拉尔（Jerónimo de Aguilar），他在尤卡坦地区遭遇船难，但随后就在这里定居并娶了一位玛雅人妻子。不久之后，当地一位玛雅酋长又赠给了西班牙人20名女奴。其中一位改名叫玛丽娜，她是墨西卡人，母语是纳瓦特尔语（Nahuatl），但在被囚禁期间，她也学会了当地的玛雅方言。阿吉拉尔和玛丽娜对科尔特斯而言宛若天赐。当科尔特斯需要与玛雅人打交道时，阿吉拉尔能够为西班牙人提供翻译；当与纳瓦人接触时，玛丽娜会把纳瓦特尔语翻译成玛雅语（此时她还没有开始学习西班牙语），再由阿吉拉尔把她的话翻译给科尔特斯。

一段时间过去了，印第安人陆陆续续收到了关于这些来到他们海岸的陌生人的可靠信息。然而，他们仍然不确定应该如何对待这些外来者。科尔特斯率领着 400 名士兵、16 名骑兵和一些炮兵来到这里，并坚信他所踏足的土地都归他的君主所有。据贝尔纳尔·迪亚斯回忆，当地人给科尔特斯和他的手下带来礼物、无价的黄金、饰品以及"其他许多我已经记不清的东西，因为这一切都是很久以前的事了"。然而，对科尔特斯来说，这些礼物只会让他更加坚信，自己的主要目标就是让墨西卡人承认卡斯蒂利亚统治者的权柄。只要实现了这个目标，科尔特斯自己的地位也会得到提升。抵达后不久，科尔特斯就决定拒绝承认总督贝拉斯克斯的权威，完全依靠西班牙王室的支持。于是，随着西班牙人深入墨西哥各地，开启了他们引人入胜的旅程。他们与一些部落联盟，恐吓其他部落，直到 11 月他们最终进入了至少有 25 万人口的强大城市特诺奇蒂特兰，与蒙特祖马正面交锋。

虽然心怀疑虑与恐惧，墨西卡人可敬的历史传统还是让他们相信了这是白人天神的到来。被征服后的第一代原住民撰写的本土文献，迫切想要运用各种符号和征兆，来解释为什么他们的文明会走向崩溃。"10 年前，西班牙人来到这片土地上，当时的天空中出现了火焰一般既壮观又可怕的东西。"[7] 纳瓦人的记载谈到了 8 种征兆的出现，因为 8 是纳瓦人数字中的一个标准单位，而这些征兆被视为新故事的序幕，而非象征着某种即将到来的厄运。正如贝尔纳尔·迪亚斯所说，西班牙人和纳瓦人的第一次接触是亲切而诚恳的。西班牙人在前往特诺奇蒂特兰的路途中结交了许多朋友。在海岸地带的第一站，塞姆波阿拉（Cempoala），西班牙人与蒙特祖马派来的使者展开对抗，赢得了托托纳克人（Totonac）的友谊与联盟。1519年8月，西班牙人来到特拉斯卡拉（Tlaxcala），这是一个历来对特诺奇蒂特兰怀有敌意的纳瓦人城市。在那里，城市领袖坚持武力抵抗西班牙人，直到他们发现新来的西班牙人不会与他们憎恶的蒙特祖马为友。经过为期3周的接触与谈判，西班牙人成功和特拉斯卡拉人结成了同盟，这将对日后的局势产生决定性的影响。特拉斯卡拉人迫切渴望利用这些陌生人的帮助，推翻墨西卡人的霸权。然而，科尔特斯不愿仅仅成为特拉斯卡拉人的工具，他坚持要前往特诺奇蒂特兰，而他的部下在5 000名特拉斯卡拉人的陪同下向乔卢拉（Cholula）进发。

乔卢拉人是墨西卡人的忠实盟友，也是特拉斯卡拉人的仇敌，他们已经和蒙特祖马的间谍密谋，为西班牙人设下了陷阱。科尔特斯对危险毫无察觉，他自信能战胜乔卢拉人。但是在这座城驻扎了3天后，他开始产生怀疑，并告诉部下："我们必须保持警惕，因为他们可能会搞些破坏。"幸运的是，跟随他的塞姆波阿拉的间谍和特拉斯卡拉的间谍获取了乔卢拉人秘密行动的消息细节。次日，科尔特斯和他的手下佯装要离开，并将乔卢拉的战士们召集到一个庭院的中央。西班牙人和他们的盟友随即跳出陷阱，对乔卢拉的战士发动了无情的攻击。"他们用长矛攻击敌人，尽可能地杀掉所有人，他们的印第安人盟友杀死的人可能更多，因为乔卢拉人既没有携带武器，也没有防御护具护身，只能悲惨地死去。"成千上万的特拉斯卡拉人涌进城市，对他们的敌人展开了血腥的复仇，直到科尔特斯制止杀戮为止。在这场长达5个小时的战斗中，可能有3000多名乔卢拉人丧生。

大屠杀在这片土地的记忆中留下了深刻的烙印。"在墨西哥，所有西班牙人所到之处，那里的人们痛苦而且惶恐不安，就像地球被撼动了一样，到处都是恐惧与惊怖。"科尔特斯想让乔卢拉重归安定，在接下来的几天里，他成功实现了这一点：他不仅实现了乔卢拉的和平，还促成了乔卢拉和特拉斯卡拉之间的和平关系。彼时，整个平原上的主要城市都站在科尔特斯这边，他计划向墨西哥深处进军。然而，他却选择了一种可能会让西班牙人一败涂地的策略——他选择让一支规模相对较小的部队靠近特诺奇蒂特兰，这支队伍中也包括他自己麾下的450名西班牙人，以及大约1000名充当搬运工和向导的印第安人。"西班牙人和所有印第安人（他们是西班牙人的盟友）成群结队地来到这里，发出巨大的声响，四处开枪射击；他们的武器远远地发射出火光，让所有看见的人都感到极度恐慌。"不论是纳瓦人还是西班牙的作家，很多都描述了西班牙人穿过伊斯塔帕拉潘（Iztapalapan）、进入传奇之都特诺奇蒂特兰的过程。科尔特斯的前方是5排士兵，其中最后一排都是些装备了滑膛枪的步兵，"当军队进入大宫殿时，枪手们接连不断地开枪。到处都是枪林弹雨，火光四溅，炮声轰鸣。硝烟弥漫，到处都是一片灰暗"。[8]紧随西班牙人的是"来自山的另一边的特拉斯卡拉人、特里奎特佩克人（Tliliuhquitepec）以及徐荷金科人（Huexotzinco）。他们全副武装参战……他们蹲下身子，用手拍嘴，大喊大叫，唱着托库兰（Tocuillan）风格的歌，吹着口哨，摇头晃脑。一些人拖着安装在木轮上的大炮，一边走一边大声叫嚷着"。

蒙特祖马给科尔特斯安排了传统的欢迎仪式，科尔特斯向皇帝报告说蒙特祖马充分展现了自己的敬意。蒙特祖马的言辞内容确实显得十分诌媚。"这就是你的房子，就是你的宫殿，"他对科尔特斯说，"尽情享用这里的一切，与你的所有队长和同伴一起在这里好好休息。"在随后的6个月里，西班牙人有效地控制了蒙特祖马，但他们自己的地位也岌岌可危。当科尔特斯开始下令摧毁当地的雕像时，墨西卡的首领们虽然对此逆来顺受，但也感到愤愤不平。就在这个阶段，蒙特祖马告知科尔特斯，有18艘来自古巴的船只在潘菲洛·德·纳瓦埃斯（Pánfilo de Narváez）的指挥下抵达韦拉克鲁斯（Veracruz），带来了更多的西班牙人，他们是贝拉斯克斯总督派来逮捕科尔特斯并接掌大权的。科尔特斯立即决定离开特诺奇蒂特兰前往海岸，带着他的大部分手下去对抗纳瓦埃斯的优势兵力，留下佩德罗·德·阿尔瓦拉多（Pedro de Alvarado）和足够的人来保护蒙特祖马。这不是一个容易的决定，因为蒙特祖马曾警告过他，墨西卡人的首领们正在密谋杀害所有西班牙人。贝尔纳尔·迪亚斯描述了这些人持久的警惕状态：他们习惯了衣着整齐、全副武装地睡觉，甚至根本不睡觉。迪亚斯再也没有恢复正常睡眠。"我总是穿戴整齐地躺下，"他在多年后写道，"更重要的是，我晚上只睡上一小会儿，就一定会起床，看看天空和星星，在露气中四处走走。"

科尔特斯于1520年5月离开特诺奇蒂特兰，前去迎战纳瓦埃斯。他迅速击败了纳瓦埃斯的军队，而在此之前，他曾秘密向即将到来的西班牙人示好。纳瓦埃斯受伤并失去了一只眼睛，他的手下有5人被杀，科尔特斯手下有4人被杀。大多数西班牙人则同意站在科尔特斯那边，就在此时，科尔特斯收到了两名特拉斯卡拉人从特诺奇蒂特兰带来的信息，称阿尔瓦拉多及其手下在一个节日期间对墨西卡人的首领们发动了袭击，并因此陷入了严重的困境。科尔特斯匆匆赶回首都。"我们有 1 300 多名士兵，"迪亚斯写道，"其中既有纳瓦埃斯的人，也有我们自己的人，还有 96 匹马、80 名弓箭手和同样多的火枪手。此外，特拉斯卡拉首领还给了我们 2 000 名战士。我们于 1520 年 6 月 24 日抵达墨西哥。"然而，他们发现这里的人在公开反抗西班牙人，在激烈的街头战斗后，他们被迫考虑撤退。当墨西卡人的首领们选出新皇帝时，局势变得更加危急，蒙特祖马本人也被乱石击中身亡。在成千上万的墨西卡人的攻击下，西班牙人落荒而逃。在 7 月 10 日那个致命的夜晚，即所谓的"悲伤之夜"（Noche Triste），[9] 大约 800 名西班牙男人与 5 名西班牙妇女丧生，此外还有 1 000 多名特拉斯卡拉盟友身亡。西班牙人撤退后，他们的印第安人盟友向玛丽娜诉苦说，如果西班牙人撤走，墨西卡人就会将他们统统消灭。但科尔特斯告诉他们："别担心，就算我离开了，也会很快回来并摧毁墨西卡人。"这极大地安慰了特拉斯卡拉人。"当西班牙人已经入睡，夜深人静之时，晚风中还飘扬着乐器的声响，有木制的长笛与横笛发出的声音，也有隆隆的鼓声，那是战鼓的声音。"[10] 西班牙人不得不在特拉斯卡拉休整，因为"他们人数太少，无力与墨西卡人再战"。

袭击特诺奇蒂特兰的准备工作花费了大约 8 个月的时间。[11] 在特拉斯卡拉的基地，科尔特斯把补充兵力作为第一要务，这项工作能够完成，多亏了随后几周从古巴、牙买加和西班牙而来的援军和物资补给。"西班牙士兵带着许多马匹、武器和弹药来到特拉斯卡拉，这激励了科尔特斯重整旗鼓，再次返回去征服墨西哥。"特拉斯卡拉人还开始了一项建造船只的计划，船只被用来运送人们渡过特诺奇蒂特兰湖。科尔特斯在特拉斯卡拉人的支援下，对邻近的城镇发起了突袭。到 1520 年底，安纳华克（Anahuac）平原的大部分地区，包括特拉斯卡拉、乔卢拉和韦霍钦戈（Huejotzingo）等城市，都在西班牙人的帮助下建立了反对墨西卡人的联盟，墨西卡人的帝国已经处于崩溃的边缘。战争的下一步就是打破特诺奇蒂特兰和特斯科科之间的联盟，因为这两座城市是墨西卡国家权力的根基。1520 年圣诞节刚过，1 万名特拉斯卡拉战士护送科尔特斯和他的手下向特斯科科进军。这个城市的统治者伊克斯利克希特尔（Ixtlilxochitl）看到安纳华克的力量是如何转向反抗墨西卡人之后，便热情地迎接科尔特斯，并承诺会支持他。当时一切都已准备就绪，只等攻击特诺奇蒂特兰了。3 月和 4 月，西班牙人对特诺奇蒂特兰附近与墨西卡人友好的城镇进行了几次成功的突袭。到 4 月底，仅剩特诺奇蒂特兰孤军奋战。在特斯科科的基地中，为西班牙人建造的双桅帆船已经整装待发，准备向特斯科科湖的西北岸进发。1521 年 5 月的第 2 周，围攻正式开始。

　　自从科尔特斯第一次带着 400 人登陆海岸以来，情况发生了巨大的变化，所有纳瓦人都开始反对他。科尔特斯的西班牙人队伍的规模仍然没有壮大多少，即便算上最近的增援也不过 900 多人。但大多数曾经是墨西卡人附庸和盟友的城市都站在了他的一边。特斯科科的印第安人史学家阿尔瓦·伊克斯利克希特尔（Alva Ixtlilxochitl）称，特斯科科的统治者在围攻之前检阅了自己的部下，"在同一天，特拉斯卡拉人、韦霍钦戈人和乔卢拉人也检阅了他们自己的军队，每个领主与他们的部下都来了，总计有 30 余万人"。[12] 支援西班牙人的印第安人军队规模也很庞大，在必要时还可以从后方获得补充兵力，而墨西卡人的岛屿城市却被切断了外部援助的通道。特诺奇蒂特兰现在由蒙特祖马的堂弟夸乌特莫克

（Cuauhtemoc）统治，城中还曾有天花传播——这种疾病显然是被纳瓦埃斯的士兵带来的。随着围攻的进行，最初为首都提供补给的湖畔城镇也转而支持科尔特斯。尽管处境艰难，阿兹特克人还是顽强抵抗了3个半月之久，这场绝望的斗争导致成千上万人丧生，也导致攻城的袭击者们在入城后有计划地摧毁这座城市——这是唯一能削弱城市防御力量的方法了。最终，夸乌特莫克在试图逃跑时被抓获。特诺奇蒂特兰尸横遍野，死亡的人有数千之多，幸存者花了3天时间才得以撤离。

"当墨西哥被摧毁的消息传遍各地时，"贝尔纳尔·迪亚斯回忆说，"领主们都不敢相信，他们派遣部落首领来向科尔特斯表示祝贺，表示对西班牙国王的臣服，并查看他们曾经如此敬畏的城市是否真的已经被夷为平地。"一首纳瓦人的歌曲哀叹道：

> 除了鲜花和哀歌
> 墨西哥与特拉特洛尔科
> 什么也没留下
> 包括那曾经的战士与智者

科尔特斯和他的手下赢得了不朽的声名，他们在有生之年就已经成为人民心中的英雄，不仅在西班牙，在欧洲所有国家也都是如此。这群人都是谁？他们中的大部分人都还很年轻：科尔特斯当时34岁，贝尔纳尔·迪亚斯只有24岁。在那些征服特诺奇蒂特兰的欧洲人中，一项针对其中近三分之二[13]参与者的调查显示，94%的人都是西班牙人，6%的人来自其他国家，其中大多数是葡萄牙人和热那亚人，还有少数希腊人和尼德兰人。队伍中至少有两名黑人。而在已知出生地的 500 多名西班牙人中，三分之一来自安达卢西亚，其余主要来自埃斯特雷马杜拉、旧卡斯蒂利亚*和莱昂。长久以来，人们都倾向于把那些在美洲活动的早期西班牙人描绘成人中败类，但这种叙事并不是完全可信的。同样，许多西班牙历史著作中也有对这些人的记载，并常常把他们归作西班牙下层贵族（hidalgo），这种说法也是没有根据的。那些穿过大西洋抵达新大陆、饱受敌对部落侵扰和恶劣气候折磨的人，都是些强壮而聪明的幸存者（如果他们确实算得上幸运的话）。进入特诺奇蒂特兰的 500 名西班牙人中，近 85% 的人能够签自己的名字，这表明他们至少是识字的，但他们的职业地位如何我们就不得而知了。在这500 人中，只有 13% 的人的职业身份可以确定：他们主要是工匠、水手、士兵与抄写员。[14]

许多西班牙人获得的唯一好处，就是帮助推翻了墨西哥的名声。贝尔纳尔·迪亚斯表示，在伟大的特诺奇蒂特兰城沦陷后，"当看到那里的黄金并不多，每个人能分到的也很少时，我们都大失所望"。这些西班牙人开始彼此争吵不休，大多数人又去了别处寻找宝藏。"当我们意识到，"迪亚斯写道，"墨西哥周边城镇并没有金矿或棉花时，我们便觉得那里十分贫瘠，于是前往其他地方开展殖民活动。"参与围攻特诺奇蒂特兰的大多数人都在贫穷中度过了余生。[15] 他们并没有像贝尔纳尔·迪亚斯那样幸运，得以长寿。多达 800 名西班牙人死于"悲伤之夜"，所有已知的征服者中，超过一半的人员在与墨西卡人作战时死去。[16] 推翻美洲帝国的代价极

---

* 卡斯蒂利亚王国的南部和北部分别称为新卡斯蒂利亚和旧卡斯蒂利亚。——编者注

其高昂，而参与这项事业的人，却并非总能获得回报。

直到 10 年后，另一批西班牙人，以巴拿马地峡为基地，开始集中他们的资源，并派遣探险队沿着南美洲的太平洋海岸而下。新建立的巴拿马小镇成了一个典型的边境大熔炉，各类探险家都聚集在那里，寻求快速获利的办法。为了筹备一次探险活动，三位探险家决定把自己有限的资源都集中起来。这三人分别是弗朗切斯科·皮萨罗，他目不识丁，来自埃斯特雷马杜拉的特鲁希略（Trujillo），是当地一个退伍老兵的私生子；迭戈·德·阿尔马格罗（Diego de Almagro）；以及神父埃尔南多·德·卢克（Hernando de Luque），他可以依靠卡斯蒂利亚金融家埃斯皮诺萨（Espinosa）在塞维利亚的联系人，为他们的活动寻求资金支援。1524 年，他们第一次沿着南美洲海岸向南探险的尝试以失败告终，但与此相反的是，1526 年至 1527 年的第二次探险明确意味着他们将有可能收获财富。为了争取下一步探险所需的援助资金，皮萨罗于 1528 年回到西班牙，并于 1529 年夏天在托莱多（他在那里与科尔特斯见了面，并进行了交谈）获得了所需的赠款，并被授予了总督职务和先遣官头衔，以及太平洋沿岸一大片领土的权利。1530 年初，他从圣卢卡出发时，还带回了他的 4 个兄弟和 1 个表亲。[17]

1531 年 1 月，在弗朗切斯科的指挥下，一支由 3 艘船组成的探险队，载着大约 180 名船员与 30 匹马离开了巴拿马。塞瓦斯蒂安·贝纳尔卡萨（Sebastián Benalcázar）的 2 艘船随后在海岸附近加入这支船队。后来，埃尔南多·德·索托（Hernando de Soto）又带着 2 艘船，载着大约 100 个人与 25 匹马加入队伍。这些人联合起来的力量不容小觑，但西班牙人仍然不得不面对沿海地带印第安人的顽强抵抗。他们在通贝斯（Tumbez）附近的瓜亚基尔（Guayaquil）湾逗留了几个月，开始了解他们即将挺进的这片土地。

印加帝国是人类历史上最引人注目的帝国之一。早在 12 世纪，当时的克丘亚人便开始了大范围的扩张。到 15 世纪时，克丘亚人的统治疆域绵延 5 000 多公里，从今天的哥伦比亚南部一直延伸到智利中部，从内陆地区穿过安第斯山脉，延伸至亚马孙雨林。当时的统治部落是印加人，他们在安第斯山谷的当地精英群体之上形成了一个更高的统治阶层。对于一个技术水平尚处原始阶段、没有车轮、没有书写文字也没有发明拱形建筑构件的国家而言，印加帝国高效与精密的运作体系一直令后世惊叹不已。在西班牙人抵达时，这片同时拥有四个季节、被称作"塔万廷苏尤"（Tawantinsuyu）的土地正在被争夺王位的两方势力割裂。最后一位无可置疑的印加统治者瓦伊纳·卡帕克（Huayna Capac）去世之后，他的两个儿子阿塔瓦尔帕（Atahualpa）和瓦斯卡尔（Huascar）激烈地争夺继承权，至于他的其他儿子，年纪都还太小，无法参与这场争斗。瓦斯卡尔在南部地区占优势地位，掌握了帝国的首都库斯科（Cusco）；阿塔瓦尔帕则以北部城市卡哈马卡为基地。阿塔瓦尔帕显然更有兴趣与这些外来的陌生人接触。1532 年秋天，这些探险者率领 60 名骑兵和 100 名步兵，准备穿越安第斯山脉，向内陆进发。

阿塔瓦尔帕不觉得这一小群陌生人能带来什么威胁，所以当这些人进入卡哈马卡富饶的山谷地带时，阿塔瓦尔帕还派遣特使去迎接他们。阿塔瓦尔帕当时正在国内斗争中处于优势地位，他的将军基斯基斯（Quisquis）刚刚击败了瓦斯卡尔的部队，并俘虏了他的印加人对手。阿塔瓦尔帕想引诱西班牙人进入他的领土，随后在那里将他们一网打尽。[18] 西班牙人也确实被吓坏了，尤其当他们得知印加皇帝还有一支庞大的军队驻扎在首都城外时，皮萨罗不得不向士兵们发表讲话，以鼓舞士气。1532 年 11 月 15 日下午，西班牙人进入半荒废的卡哈马卡。而印加皇帝对他们的行动一直了如指掌。皮萨罗派遣索托率领代表团前往阿塔瓦尔帕的阵营，邀请他在返回后的第二天与西班牙人会面。11 月 16 日星期六下午，随着印加皇帝返回的时刻临近，皮萨罗小心翼翼地布置陷阱。阿塔瓦尔帕坐在 80 位贵族抬起的轿子上，在数千名百姓的簇拥下走进卡哈马卡举行仪式的广场。他威严十足地坐在巨大广场的中央，打量着那几个想要入侵他领土的人。印第安人翻译费利皮略（Felipillo）开始为印加人翻译皮萨罗的随队神父巴尔韦德（Valverde）诵读的《诏示》。随后，神父就开始劝诫印加人接受真神。阿塔瓦尔帕拒绝了神父拿来的祈祷书，并将其丢在地上。巴尔韦德被激怒了，他跑回皮萨罗身边。皮萨罗"举起了一块布，作为对印第安人采取行动的信号"。[19] 一门早已布置好的大炮开始直接朝着印第安人群射击，引发了难以描述的恐慌。一直躲在广场两侧建筑物里的士兵和骑兵们，现在也喊着"圣地亚哥！"的口号冲了出来，用他们的火枪对准聚集的人群，故意要杀死更多的人。与此同时，皮萨罗和他的助手们迅速出击，将阿塔瓦尔帕擒住。惊慌失措、毫无防备的人们[20] 试图逃出广场，却在惊慌中互相践踏，引发了踩踏伤亡事件，人群的力量甚至推倒了一整面墙壁。"他们惊恐地哀号着，试图弄明白眼前是真实发生的事情，还是一个噩梦；大约有超过 2 000 人遇难。"[21] 整个事件中没有一个西班牙人丧生（"除了我方的一个黑人。"一名参与屠杀的士兵如此说）。夜幕降临，数千名安第斯人在城外苦苦等待，不但无法进城，反而被那些拼命逃离广场的人带来的恐慌笼罩。在昏暗的光线里，放眼望去，整个卡哈马卡山谷都是逃亡的印第安人。[22]

阿塔瓦尔帕被俘是西班牙帝国历史上独一无二的事件。这是第一次也是最后一次，一个几乎完全由西班牙人组成的战队，在没有任何当地盟友帮助的情况下，在困难重重、前途未卜的境况中成功达成了令人难以置信的壮举。直到在广场上发起行动前的最后一刻，他们心中仍然充满了恐惧。一位年轻的巴斯克士兵不久后给他的父亲写信说："我们以为自己就要丧命了，因为有不少人，甚至是妇女都在取笑我们，说他们为我们感到难过，因为我们一定会被杀死。"[23] 这项成就就远比科尔特斯及其手下在特诺奇蒂特兰的行动更加大胆。

俘获阿塔瓦尔帕的那 160 人除了赚钱以外，短时间内都没有什么别的计划。他们尽管像美洲边疆的大多数西班牙人一样能够熟练地操作武器，但并不是职业军人。他们代表了半岛上大部分人的特质：职业以工匠、公证人和商人为主，其中四分之三是平民出身。[24] 他们都喜欢冒险，年轻力壮——其中 90% 的人年龄在20 岁到 34 岁之间，只有皮萨罗一个人年逾 50——他们完成了有史以来（至少在欧洲人看来）最惊人的壮举。阿塔瓦尔帕以一种不失尊敬的方式被囚禁在卡哈马卡，并最终获准用一笔前所未有的庞大赎金来恢复人身自由：他得用取自印加帝国臣民的黄金和珍宝，填满软禁他的那间 22 英尺 *长、17 英尺宽、9 英尺高的囚室。

对印加人宝藏的集中搜刮是欧洲帝国历史上最具有象征意义的行为之一。这完完全全地展现了欧洲人对与贵金属相关的财富的痴迷。最重要的是，这种行为还表明欧洲人并不在意其所接触的文化

---

* 1 英尺折合为 0.3048 米。——编者注

是否会遭到破坏。而印加帝国的使者从帝国各地搜集来的这些装饰品——盘子、杯子、珠宝、寺庙的花砖，以及各种工艺品——则在西班牙人的监督下被统一熔化、铸成锭块。1533 年 3 月到 6 月的这 4 个月里，不仅是印加文明，安第斯文明的大部分艺术遗产也都一点一点地消失在火焰中。2 000 年来，安第斯地区的工匠们把自己的高超技术运用在黄金加工和装饰工艺中。而这些都只剩下回忆。仅在卡哈马卡一地，西班牙人就设法将工艺品熔铸成 13 420 磅＊黄金和 26 000 磅银。在接下来的几周里，西班牙人又发现了不少同样精妙绝伦的宝藏，它们也都被扔进了熔炉。

　　弗朗切斯科·皮萨罗并没有兑现释放印加皇帝的承诺。阿塔瓦尔帕被指控煽动阴谋、篡夺王位以及谋杀其弟瓦斯卡尔，[25] 被阿尔马格罗坚持判处死刑。阿塔瓦尔帕随即像罪犯一样，于 1533 年 6 月 28 日在卡哈马卡的广场上被西班牙人绞死，其遗体也被焚烧（他是被"仁慈地"绞死的，因为他同意接受洗礼并以基督徒的身份死去）。[26] 皮萨罗事后为自己辩护，声称他无法干预。"我看到侯爵流下了眼泪，"一位目击者说，"因为他无法挽救阿塔瓦尔帕的生命。"其他西班牙人，包括索托在内都公开谴责这起谋杀及相关人员捏造证据的行为。后来的西班牙评论者也一直把这个事件视作谋杀犯罪。何塞·德·阿科斯塔（José de Acosta）就认为："我们的人民在杀死（印加）统治者的过程中犯下了重罪。"在安第斯人民的记忆中，尽管他们的皇帝像普通的罪犯一样被绞死，但他的死亡变成了一件更崇高的事，成为一种象征性的斩首，也意味着皇室血脉的断绝，而这一血脉又将在未来的某个时刻重新焕发生机。

＊　1 磅折合为 0.4536 千克。——编者注

征服者急着向西班牙政府确认他们应获取的份额（当然也留出了查理五世所享有的"五分之一"的金银）。一部分印加宝藏通过陆路被运送到圣多明各，引发了各地的轰动。在巴拿马，一个目睹了珍宝的人发誓说"这就像一场梦"；在圣多明各，历史学家奥维多则向一个朋友保证说"这不是神话或童话"。[27] 1533 年底，携带着胜利消息和金银的 4 艘船中的第一艘抵达塞维利亚，几天后，埃尔南多·皮萨罗护送着给皇室的金银也抵达此处。很快，找到同样的金银宝物成为所有新到西印度群岛的人的热切希望。弗朗切斯科·皮萨罗和他的手下前往印加首都库斯科，那里曾经由瓦斯卡尔控制。1534 年 3 月，他们在那里获得了更多的财富，大约是在卡哈马卡所获得的一半。1534 年秋，皮萨罗离开库斯科前往海岸地带，并于 1535 年 1 月 6 日在那里建立起了"国王之城"洛斯雷耶斯（Los Reyes），这里后来被称作利马。

印加帝国尚未被推翻，只是失去了他们的元首。事实上，还要再过 35 年，而且是在印第安人与西班牙人的合作下，印加帝国才真正被推翻。下一个向南征服的人是佩德罗·德·阿尔瓦拉多，接着又是塞瓦斯蒂安·德尔·贝纳尔卡萨。阿尔马格罗也向南前往的的喀喀湖（Lake Titicaca）和智利。但他没有找到黄金，这次远征活动还损失了 1 万多名协助探险的印第安人，空手而归。整个安第斯地区陷入了一个漫长的战争时代，曾经伟大的印加帝国沦为一片废墟。反抗西班牙人的第一个领导人是曼科（Manco），他是瓦斯卡尔的弟弟，被皮萨罗安置在库斯科，担任印加帝国的最高统治者。曼科曾对西班牙人的到来表示欢迎，因为当时的他认为自己可以利用西班牙人来对付阿塔瓦尔帕的将领们。在西班牙人手中受辱长达 3 年后，曼科从库斯科逃走，从塔万廷苏尤各地集结起一支 5

万人的庞大军队，围攻首都，而当时守卫首都的西班牙兵力仅有埃尔南多、胡安和贡萨洛·皮萨罗（Gonzalo Pizarro）带领的不足200人的小队，以及一些印第安人援兵。对秘鲁人来说，攻下都城本来应该是很容易的任务，结果却恰恰相反。从1536年3月到1537年4月，对库斯科的围攻持续了一年多。当城中战况几乎进入绝境时，一群西班牙人冲出城市，飞速奔向位于更高处的、俯瞰着库斯科城的古老石头堡垒萨克萨瓦曼（Sacsahuaman）。他们占领这里并以此为基地，从而扭转了局势。据曼科的儿子所说："这场战斗对双方来说都是很血腥的，因为许多当地人支持西班牙人，其中就有我父亲的两个兄弟，以及他们的追随者。"[28] 在突袭成功后，西班牙人派了50名士兵以及大量印第安人援兵驻扎在萨克萨瓦曼。这是他们勇敢无畏的英雄时刻之一。然而，西班牙人能从围城中幸存下来，完全仰赖于那些与印加人敌对的当地部落，他们在过去一年中源源不断地为西班牙人提供援助。

曼科试图从皮萨罗和阿尔马格罗的内战中获利。计划失败后，他于1537年撤退到山区，退守比尔卡班巴（Vilcabamba）的维特科斯（Vitcos），随他去的还有大批来自帝国各个角落的印第安人。从那里树木茂密的高地上，人们可以俯瞰乌鲁班巴河（River Urubamba），该地区还有崇拜日神的古老宗教圣地，其确切位置直到20世纪才为人所知，[29] 在那里曼科复兴了印加帝国，但它只持续了一代人之久，便于1572年灭亡。与此同时，西班牙人内部也纷争不休，在1538年的一场派系斗争后，阿尔马格罗被皮萨罗囚禁并被处以死刑。

西班牙人的成功与其说是因为军事优势，不如说是因为他们适应不利条件的能力。他们的人数总是很少，在 200 到 500 之间，往往要面对地形陌生、食物供应不足，以及敌众我寡的艰难境况。在这种情况下，他们不得不运用各种技能，让有限的资源发挥出更大的作用。科尔特斯成功进军墨西哥的辉煌经历为后来的大多数探险家树立了榜样。枪支和大炮（如果能获得的话）的用途往往非常有限，因为它们数量不足，而且很容易因为火药匮乏或是热带降雨等情形而变得很不可靠。科尔特斯主要用它们来制造恐惧而非杀人。在这种情况下，西班牙人在技术上几乎并不占有实质性的优势，而且在任何情况下，他们都更容易受到美洲本土的熟练弓箭手的袭击，而欧洲武器对原住民的杀伤力则相对较弱。从欧洲带来的几匹马，价值则要高得多。这种马比印第安人已知的任何动物都要大，凭借这些马匹在高度、灵活性和速度方面的优势，西班牙人可以轻易摧毁对手。在皮萨罗和印加人的战役中，几匹冲锋的马轻而易举就粉碎了敌方大军的攻势，并保证了最终的胜利。然而，除了征服所需的工具之外，还有 3 个基本因素是任何历史学家都不能忽视的。

首先，西班牙人很快就学会了利用超自然的象征符号来迷惑盟友和对付敌人。其次，他们享有海上的机动优势，这有利于实现对敌军的孤立和阻击。最后也是最重要的一点，西班牙征服者总是会与反对印加帝国统治的原住民携手合作。

超自然的征兆似乎从一开始就对西班牙人有利。当然，关于墨西哥和秘鲁征服事件的那些神秘解读也可能是在很久之后才盛行起来，然后被西班牙人利用，并最终为当地作家们所接受。这些说法终归是后见之明，不过是为征服的合理化找借口而已。纳瓦人流传下来的歌曲似乎印证了他们自身的文明没有什么未来，[30] 不过近来的许多学者都在质疑这一观点。西班牙编年史家传达了这样一种观点，即科尔特斯被当地人视为回归的神灵（阿兹特克人信仰的羽蛇神），西班牙人也被视为神的族裔。印加人的资料文献中也有类似的说法。然而，其他原住民对西班牙人到来的描述并不都是如此，他们可能还有别的解读方式。

欧洲人来自海洋，也把他们的成功归功于海洋。美洲人民在河流和湖泊中安家，在沿海地区展开活跃的贸易，但他们从未发展出远洋活动的能力。相比之下，欧洲人像阿拉伯人那样，长久以来对大海都很熟悉，这给了他们非凡的移动能力。在欧洲人征服新大陆的关键时刻，他们能够很快就从某处带来补给和增援的士兵，戏剧性地改变事件的进程。

关于早期大西洋帝国的一个经久不衰的传说，是欧洲征服者具备某种超人的能力。见证了秘鲁重大事件的早期编年史家谢萨·德·莱昂（Cieza de Léon）评论道："寥寥数位西班牙人在这片辽阔土地上创下了如此辉煌的功绩，还有什么是我们未曾听闻过的？"[31] "埃尔南多仅凭不到 1 000 人就推翻了一个伟大的帝国，"上过美洲前线的老兵巴尔加斯·马丘卡（Vargas Machuca）写道，"克萨达（Quesada）仅仅带着 160 名西班牙人就征服了新格拉纳达王国。"[32] 官方历史学家戈马拉在《印第安人历史》（*History of the Indies*）中讲述了同样辉煌的故事："从来没有一个国王或民族，像我们一样在这么短的时间里，就实现了这么遥远的冒险与征服，也没有其他人能够像我们这样在武器技术、航海和传教方面取得这么大的成就。"当然这些都是写给皇帝看的。实际上，这一时期几乎所有编年史家都把想象力用到了玩各种数字游戏上。他们通过这种方式为同胞们（甚至是今天的许多历史学家）塑造了一种难以磨灭的形象，那就是西班牙人英勇无畏，是优越种族。少数对此感到不满的征服者中有贝尔纳尔·迪亚斯，他对官方历史学家戈马拉对科尔特斯的夸大之辞感到愤愤不平。

贬低征服者们的惊人胆识固然是不公平的。但同样重要的是，我们也应该记住，西班牙人只有在美洲原住民的帮助下才有可能实现其军事成功。[33] 一些印第安人对另一些印第安人的征服奠定了西班牙帝国的基础。当地人的帮助有两种，一种是作为下层士兵在西班牙军队服役，另一种则是在高层建立起军事盟友的关系。西班牙的军队中常常会有数百名当地人，他们承担着不可或缺的职责：搬运行李物资、寻找食物和水源、照料牲口、准备饭菜，以及满足西班牙人的各种需求等。没有他们的协助支持，西班牙人将会徒劳无功，永远也无法实现目标。如果没有印第安人的帮助，巴尔沃亚永远也不可能到达太平洋。印第安人过去习惯于为自己的领主提供这些服务，但在大多数西班牙人的远征中，他们通常是被迫为西班牙人劳动，并且往往被严酷剥削至死。据当地编年史记载，特诺奇蒂特兰城沦陷后，阿尔瓦拉多向南进军时只带了 300 名西班牙人，但他的主力其实是近 2 万名印第安人。[34] 阿尔瓦拉多跋山涉水前往厄瓜多尔的行程中只带了 500 名西班牙人，但他的队伍中却有 3 000 名来自危地马拉的印第安人奴隶。巴尔迪维亚在 1540 年第一次远征智利时，随行只有 150 名西班牙人。然而，如果没有原住民向导和 1 000 名当地的搬运工，他是不可能实现这场远征的。

当然，关键的帮助来自军事盟友。西班牙人在对抗墨西卡人和印加人时都依靠了与原住民的联盟，而这些原住民则利用联盟关系达成自己的目的。印加的瓦斯卡尔就表达过对皮萨罗的支持，他的兄弟曼科后来也站在了西班牙一边。一个目睹过阿塔瓦尔帕被俘的人表示："印加人如果不支持西班牙人，就无法成功争夺到王国的权力。"[35] 盟友们往往能够提供宝贵的信息，充当间谍和侦察员，并帮助西班牙人招募帮手，还能为他们提供关于地形和气候问题的建议。1560 年，新西班牙 * 的韦霍钦戈人为腓力二世所立的丰碑上便介绍了这座城市曾为科尔特斯提供的帮助：

> 我们带着所有的贵族和封臣去帮助西班牙人。我们不仅在战争中帮助他们，而且提供了他们所需要的一切。我们为他们准备衣食，背（或是抱）起那些在战争中受伤或病重的西班牙人，我们完成了一切战备工作。正是我们的辛勤努力，才让西班牙人可以乘船征服墨西哥。而他们用来造船的木头和沥青，也是我们提供的。[36]

最重要的是，这些印第安人盟友也参与了战斗。他们投入的兵力很多，从而总是让胜利的天平向西班牙人倾斜。1519 年 9 月，科尔特斯在袭击特拉斯卡拉时就动用了印第安人辅助部队（这也是历史记录中科尔特斯第一次动用印第安人协助作战），除了科尔特斯自己的士兵外，他还得到了来自塞姆波阿拉的 400 人和来自伊克斯塔卡马斯蒂特兰（Ixtacmaxtitlan）的 300 名援兵。当科尔特斯在 1521 年围攻特诺奇蒂特兰城时，正如我们看到的那样，他得到了一支庞大军队的帮助，这让墨西卡人的首都的沦陷成为必然。与此同时，科尔特斯的胜利还得益于一个令人意想不到的盟友——天

---

* 新西班牙（Nueva España），历史地名，西班牙 16—19 世纪在美洲的殖民地总督辖区之一。——编者注

花。在1519年摧毁了伊斯帕尼奥拉岛之后，天花疫情也蔓延到了特诺奇蒂特兰城。数千人死于天花，这足以削减墨西卡人的作战能力。"当疫情稍微减轻后，"据纳瓦人的编年史记载，"离开已有200多天的西班牙人又回来了。哈尔托坎（Xaltocan）、夸乌蒂特兰（Quauhtitlan）、特南约坎（Ten-anyocan）、阿兹卡波特萨尔科（Azcapotzalco）、特拉科潘（Tlacopan）和科约阿坎（Coyoacan）的人也都来了。"[37]

在围攻特诺奇蒂特兰城时，特拉斯卡拉盟军的队伍唱起了歌："帮助我们的领主，那些穿着铁甲的人，他们在包围城市，他们要围攻墨西卡人，让我们勇敢地前进！"[38] 在特诺奇蒂特兰被围困后，玛丽娜向墨西卡人传达了明确的信息：交出夸乌特莫克，停止战斗。"这里，"玛丽娜指着与西班牙人随行的印第安人说，"已经集合了特拉斯卡拉、韦霍钦戈、乔卢拉、哈尔托坎、奥克瓦坎（Acolhuacan）、库埃纳瓦卡（Cuernavaca）、霍奇米尔科（Xochimilco）、米斯基克（Mizquic）、库伊特拉瓦克（Cuitlahuac）和库尔瓦坎（Culhuacan）的统治者。"[39] 墨西卡人应该试图抵抗如此强大的敌军联盟吗？在随后几年里，这些美洲原住民盟友没有辜负西班牙人的期望。我们已经看到，特拉斯卡拉的士兵在1524年加入了阿尔瓦拉多的队伍，向危地马拉的进军，并在6年后协助了努尼奥·德·古斯曼（Nuño de Guzmán）在墨西哥西部的行动。[40] 阿尔马格罗在1535年对智利发起的远征，也仰赖于他从库斯科和查尔卡斯*带去的1.2万名安第斯战士才得以成功。贡萨洛·皮萨罗在亚马孙河的探险固然失败了，但他的准备工作也是依靠从基多

---

* 查尔卡斯（Charcas），玻利维亚法定首都苏克雷的旧名。——编者注

（Quito）带来的 1 万名当地人完成的。1576 年在智利的一次战斗中，2 000 名当地人为 30 名西班牙人提供了协助；在 1578 年的另一场战争中，也有 1 000 名当地人支援西班牙人。[41] 1524 年，3 000 名特拉斯卡拉人加入了科尔特斯前往洪都拉斯的远征队伍。

很显然，西班牙人的行动只有在美洲原住民的大力帮助下才得以实现，这些当地人也理应为自己的贡献感到自豪。与最初的西班牙人一样，被征服后的特拉斯卡拉领主也有权获得"征服者"的头衔。但西班牙的征服终归是有限的。显然，有些领土（主要是在加勒比地区）由于原住民不复存在，完全被新移民占领了。但相比之下，在整个大陆上，西班牙人征服的范围很少能够超过他们可以生存的有限区域，通常是在沿海地区或中心地带，像是纳瓦人和印加人的城市。在这些地区之外，西班牙人很难征服当地人，他们与美洲广大未被征服地区的关系，在几代人的时间里都很不稳定。许多地区仍然不受西班牙控制，仅仅是因为西班牙人没有入侵的必要。例如，当皮萨罗的特使们从卡哈马卡进军库斯科时，有些部落认为没有必要阻止西班牙人，因此西班牙人也不会对这些地方发动攻击。"所以，"这些部落的人后来也表示，"没有人来征服我们这个地区，因为这里从来也没有人要反抗西班牙人。"[42] 不论是从字面意义上还是从法律意义上来看，这部分当地人都是从未被征服过的，因此，他们认为自己不该得到被征服者那样的待遇。

在征服美洲的过程中，玛雅文明的发源地尤卡坦半岛的案例也彰显了原住民的作用。西班牙人从 1502 年起就开始涉足尤卡坦海岸，但在接下来的 20 年里，他们只是偶尔与玛雅人产生短暂的零星接触。1527 年后，西班牙人开始真正地进入这片领土，殖民活动于 1542 年西班牙人在梅里达（Mérida）建立定居点后达到了高潮。1541年，一大批纳瓦士兵随西班牙军队进入这片土地。多年后，一位玛雅人领袖在编年史中记录了这一时刻：

> 我当时只是个小男孩，跟在担任公职的父亲身边；我现在说的都是当时我亲眼见的。事情发生在一口井边，那里有一棵大树……当那些陌生人到达时，天刚破晓，地平线上出现了一缕阳光。当那些人到达卡尔基尼（Calkini）社区的入口时，他们开了一枪；到达大草原的边缘时，他们又开了一枪；到达居民住宅后，他们开了第三枪。[43]

纳瓦人并不是唯一在尤卡坦半岛上帮助过西班牙人的群体。就像在墨西哥和秘鲁发生过的情形一样，也有一些玛雅人原住民领袖抓住机会，利用西班牙人对付自己的敌人。像是佩赫（Pech）和修（Xiu）这样的家族，其首领便指示族人帮助侵略者。佩赫家族的统治者告诉他们的族人："没有人会发动战争，但他们会承诺帮助西班牙人征服，并与他们同行。"[44]这些玛雅人为自己在西班牙帝国建立中所起的作用感到自豪，他们把另一些玛雅人抵抗西班牙人的失败视作自己对内敌的胜利。佩赫家族的一位主要成员甚至称自己是"第一个下层贵族征服者"（hidalgos concixtador en）。[45]一些原住民部落与西班牙人的合作甚至延续了好几代，因为西班牙人在这片土地上的侵略活动已经开展了很久。早在1583年的玛雅人的编年史中，人们就可以找到讲述"我们这些住在蒂克舍尔（Tixchel）的麦克顿人（Mactun）如何参与一场使不信基督者成为基督徒的行动"的内容。[46]

剩余未被征服的美洲人通常被描述为"抵抗者"或"反叛者"，

这些术语错误地暗示了这些当地人在某种程度上违背了公认的忠诚。事实上，印第安人对西班牙人采取的主要行动一直都是"战争"，这是他们在自己的自由主权领土上反抗外来入侵者的合法行为。1541 年的米斯顿战争（Mixtón wars，见第六章）就是一个例子。在智利，从 16 世纪末开始，原住民也开始与那里的西班牙人进行广泛的斗争。这场战争持续了整整一代人的时间，导致西班牙人放弃比奥比奥河（River Bio-Bío）以外的整个智利南部地区，7 个西班牙城镇被摧毁，阿劳坎人（Araucanian）开始运用马匹和火枪，改善他们的作战技术。在西班牙定居者随后发起的所谓平定"叛乱"的战斗中，成千上万的当地辅助部队发挥了关键作用。1594 年的一份官方报告称，智利的印第安人是"为战争贡献了最多人力与物力的人"。[47] 阿劳坎战争实际上展现了即使是不发达的部落社会也有能力抵抗欧洲势力。到 1599 年，一位西班牙神父指出阿劳坎人已经发展出了一支优秀的步兵队伍和一支非常熟练的骑兵队伍，而他们的战马正是从西班牙人那里得来的。

那些深入新世界神秘内陆的少数探险家取得的成就绝不亚于任何征服者（无论是西班牙人还是印第安人）。殖民活动只是帝国的一个维度，同样强大的还有帝国扩大自身边界的强大驱动力，这促使西班牙人不断前进。"在这片土地上，"有人说，"人们从不会停下脚步，总是从一个地方移动到另一个地方。"[48] 科尔特斯和皮萨罗的经历都充分证实，探险家的主要目标还是黄金，他们的探险经历证实黄金是存在的，但最重要的是，这延续了欧洲人关于黄金宝藏的神话，即在美洲大陆和原住民之中，黄金是随处可见的日常之物。瓜曼·波马在其历史作品中尖刻地批评了哥伦布及其手下船员的探险动机：

> 他们一天都不想在港口逗留。他们每天一心只想着金银和
> 秘鲁的印度群岛上的财富。他们已经陷入极度的疯狂，满心只
> 剩下对金银的贪婪。

通过询问当地人并根据听到的消息进行追踪，西班牙人很快就积累起一系列关于黄金宝藏地点的故事——我们则称之为神话。人们在"内陆"的一些地方发现了黄金，这导致该地区在1514年被更名为"卡斯蒂利亚黄金省"，此外，16世纪30年代以来，陆续有西班牙人报告称他们在卡塔赫纳内陆的西努（Sinu）地区的墓穴中发现了黄金。从那时起，关于"埃尔多拉多"*的神话开始流传，并与奇布查人（Chibcha）的居住地区紧密联系起来。当克萨达担任圣玛尔塔（Santa Marta）的总督时，他第一次听说了"埃尔多拉多"的传说以及瓜塔维塔（Guatavita）圣湖的仪式。不久之后，从秘鲁而来的贝纳尔卡萨在基多附近遇到一个印第安人，这个印第安人告诉他"曾经有一个国王赤身裸体地登上木筏去献祭，他从头到脚都涂满了黄金粉末，像太阳一样闪闪发光"。[49]此后，对这个传说之地的探寻成为美洲探索和征服神话的一部分。在那个传说中的地方，黄金是如此常见，以至于可以被用来装饰身体。50年后，阿维拉的圣特雷莎修道院（St Teresa of Avila）的一位修士从基多发

---

* 埃尔多拉多（El Dorado），西班牙语意为"镀金人"，16、17世纪西班牙殖民者对传说中南美北部盛产黄金、极为富庶的国家的君主的称呼，后又被用来指富有金银财宝的国家或地区，意为"黄金之国"。——编者注

回报告，希望能组建一支探险队去寻找"镀金人，在寻找他的过程中，成千上万的船长和人手都迷失方向了"。[50]

特诺奇蒂特兰沦陷后，西班牙人就各奔东西，追随着情报信息，前去寻找像墨西卡人一样富有的新族群。最早向北寻找传说中的西博拉七城（Seven Cities of Cibola）的人中也有努尼奥·德·古斯曼，他于1529年带领探险队进入库利亚坎（Culiacan）地区。最著名的探索北美洲的活动（见第六章）就发生在这一时期：1539年至1542年埃尔南多·德·索托从古巴出发开始的冒险活动，以及1540年至1542年科罗纳多（Coronado）以墨西哥为基地开展的探索行动。皮萨罗对安第斯山脉的探索活动也产生了重要的影响。也许最著名的英雄是佩德罗·德·阿尔瓦拉多，他在墨西哥战役中发挥了主导作用，后来又带领一支庞大的辅助部队南下，到达危地马拉地区。1534年，阿尔瓦拉多听说秘鲁的事情之后，便乘船沿着太平洋海岸前往基多，他在阿尔马格罗和贝纳尔卡萨之后抵达基多，侥幸避免了与他们交战。贝纳尔卡萨又带领手下去往更北的地方，1536年，他在那里建立了波帕扬镇（Popayán）。1538年，他继续向北前进并遇到了另一个西班牙人——来自安达卢西亚的贡萨洛·希门尼斯·德·克萨达（Gonzalo Jiménez de Quesada）。

同一时期，最重要的非西班牙人探险队也进入该地区。韦尔泽家族在委内瑞拉通过合约获得了深入内陆的资格。安布罗修斯·阿尔芬格于1531年进行了探险，格奥尔格·霍赫穆特（Georg Hohermuth）则于1535年至1538年进行了探险；但最著名的是尼古劳斯·费德曼（Nicolaus Federmann）的探险，他于1537年出发进入山区，向"埃尔多拉多"进发。他后来承认："我失去了许多人马，随我出发的300人中只有90人生还。"[51] 这些探险都付出了巨大的生命代价。当克萨达到达目的地时，和他一起出发的近900人只剩下166人。据早期研究美洲的意大利历史学家本佐尼（Benzoni）的描述："前去秘鲁的人中，每100人中有80人身亡。"早期拓荒者的无畏精神成了传奇，编年史家们也孜孜不倦地反复强调这一主题。谢萨·德·莱昂在编年史作品中写道："世界上再没有其他国家的人能够忍受西班牙人所面临的苦难与饥饿。"在编年史作家的笔下，这些传说很快就沾染了种族主义的排他色彩，无畏精神也变成了卡斯蒂利亚人独有的品质。成千上万的印第安人在探险中展现出的坚韧和毅力，被逐渐从历史记忆中抹去。谢萨·德·莱昂问："还有哪个民族可以像西班牙人那样，不用别人的帮助，仅凭个人的英勇无畏，就能征服如此崎岖不平的土地、如此广阔茂密的森林、如此巍峨巨大的山脉和辽阔的沙漠，以及如此宽阔无垠的河流？"

阿尔马格罗被处决后，弗朗切斯科·皮萨罗自觉有能力巩固他在南部地区的权威。他与佩德罗·德·巴尔迪维亚签订了一项协议，后者是参加过意大利战争的老兵，于1536年来到秘鲁。1540年初，巴尔迪维亚带着一支由150名西班牙人和1 000多名印第安人组成的探险队离开库斯科，向南进发，并于1541年2月在智利建立了圣地亚哥镇（Santiago de Chile）。在随后的几年里，巴尔迪维亚自封为该地区的总督，并首次与敌对的阿劳坎人进行接触。1547年，他回到秘鲁，帮助新任总督加斯卡（Gasca）平定了皮萨罗一党的叛乱。作为回报，他被授予智利总督的职务，但他在1549年不得不回到圣地亚哥处理阿劳坎人的问题。对于巴尔迪维亚来说，与阿劳坎人的战争是一场持久的冲突，直到1554年1月，他在一次战斗中被俘，并被按照惯例以酷刑处决。战争还在继续，

1558 年，阿劳坎人一度被击败，战争中止。在西班牙军队服役的年轻士兵阿隆索·德·埃尔西利亚（Alonso de Ercilla）讲述了他们英勇的抵抗故事，他创作的《阿劳坎纳》（La Araucana）至今仍然是最伟大的史诗之一。

大西洋海岸并没有被遗忘。来到这里的第一批访客中，有威尼斯人塞瓦斯蒂安·卡博托（Sebastian Cabot），他认为有一条穿过美洲大陆抵达亚洲的路线，这条路线会比麦哲伦的海上航线还要短（关于麦哲伦的航线，见第五章）。他得到了官方的支持，于 1526 年 4 月从圣卢卡出发，随他出行的有 4 艘船，以及 210 名船员，其中大多数都是德意志人和意大利人。[52] 卡博托的船只勘察了南美洲的海岸，并于 1528 年初进入了一条河流的河口，卡博托将其命名为"拉普拉塔河"（意为"白银之河"），希望能在这里找到更多贵金属。而真正的白银还在大陆另一边，在此时尚未被发现的印加帝国那里，但卡博托和他的手下无法继续探险，不得不返回西班牙。5 年后，对印加人的发现终于让人们兴奋地肯定，穿过大西洋抵达秘鲁的路线是可行的。

1534 年 1 月 14 日，埃尔南多·皮萨罗带着一部分印加宝藏抵达塞维利亚。一时之间群情鼎沸，大批志愿者要求参与探险活动。1534 年 5 月，安达卢西亚士兵佩德罗·德·门多萨（Pedro de Mendoza）签订了一份王家合同，获得了探索拉普拉塔河的权限，被授予了"先遣官"的头衔，并得到了一大片领土的治理与管辖权。1535 年 8 月，探险队派出 14 艘大型船，这些船至少载有 1 500 名西班牙人，以及大约 100 名比利时人、德意志人和葡萄牙人。据历史学家戈马拉说，这是迄今为止航行到西印度群岛的最大舰队。记录这一事件的编年史作者、德意志人赫尔德里希·施密特

（Huldrich Schmidt）描述了门多萨手下的主力人员在拉普拉塔河的河口（他们从那里开始了在布宜诺斯艾利斯的定居）遭受的极端困苦和印第安人的猛烈攻击，他们的人数很快便锐减至原先的五分之一。施密特本人跟随着胡安·德·阿约拉斯（Juan de Ayolas）带领的队伍抵达巴拉那（Paraná）。1539 年 8 月，他们建立了亚松森镇（Asunción）。之后门多萨返回西班牙，但在途中不幸身亡。1540 年，查理五世将门多萨的特权转授阿尔瓦尔·努涅斯·卡韦萨·德·巴卡（Alvar Núñez Cabeza de Vaca），他是一位在北美大陆探索中表现非凡的老兵（见第六章）。卡韦萨·德·巴卡的经验在探险中发挥了很大的作用，1541 年 12 月，他带领着一支小规模却高效的探险队向伊瓜苏河（Iguaçu）推进，与友好的印第安人度过了一个轻松的圣诞节。次年 1 月，他们发现了壮观的伊瓜苏瀑布，不久后就改变了方向，沿着巴拉那向下游航行，前往亚松森。

在卡斯蒂利亚人实施的不计其数、种类繁多且意义重大的探险中，有两场冒险活动因其理念和结果的不同而格外引人注目。第一场是弗朗切斯科·德·奥雷利亚纳（Francisco de Orellana）高度个人化的行动，他在瓜亚基尔担任官员，在当时的基多总督贡萨洛·皮萨罗手下当差。1540 年，奥雷利亚纳陪同皮萨罗对大陆内部展开了一场漫长却徒劳无功的探险。两年后，皮萨罗空手而归，他派奥雷利亚纳和一小队人马到前方寻找食物。这群人被水流迅速地冲到了下游，几乎没有生还的希望。但是这帮西班牙人还是靠智慧和努力生存了下来，他们制作了木筏，并尽可能与友好的印第安人一起行动。1542 年 8 月底，在花了 8 个月的时间沿着这条河顺流而下之后，他们来到了大西洋，其间听说了当地关于女战士的传说，并将这条河流命名为"亚马孙河"。然后，他们沿着海岸航行，最终抵达特立尼达附近的一个港口。

1558 年，西班牙人从秘鲁出发，再次在亚马孙河上开始了一场探索。探险队由纳瓦拉塞·佩德罗·德·乌苏亚（Navarrese Pedro de Ursúa）率领，计划从亚马孙河的支流马拉尼翁河（Marañón）出发。不幸的是，乌苏亚招募了一些容易惹麻烦的人，其中就包括士兵洛佩·德·阿吉雷（Lope de Aguirre）。他还犯了一个错误，即带着美丽的寡妇伊内斯（Inés）同行。在他们从马拉尼翁河向下游出发后不久，阿吉雷领导了一场政变，他杀害了乌苏亚（1560 年 12 月），抓住了伊内斯，随后又谋杀了她。他还杀死了其他可能反抗他的对手，宣称自己为国王，并公开反抗西班牙国王。阿吉雷的血腥旅程和反叛生涯十分短暂，他最终被抓捕并被处死。

这两次远征都没有推进帝国的事业。但这些人还是在广袤而几乎无法进入的大陆上宣示了西班牙的存在，尽管过程充满了曲折艰辛。单纯的探索在某种程度上变成了一种征服行为。在欧洲人奇怪的思维方式中，只要到达一个地方就意味着他们已经占领这片领土。因此，亚马孙河现在已经成了西班牙国王的领地，就像几个世纪后，欧洲国家也宣称拥有非洲和亚洲其他河流、瀑布和湖泊的主权，仅仅是因为某个探险家碰巧发现了它们。伊瓜苏瀑布的轰鸣声曾经被 5 英里外的卡韦萨·德·巴卡及其队员听到，他们为了避开这未知的可怕声响，不得不在森林中长途跋涉，而这个瀑布如今已成为西班牙帝国文化遗产的一部分。

大约到了 1570 年，即哥伦布之后约 75 年的时候，西班牙人的足迹已经遍及大西洋世界的每一个角落。然而，西班牙人分布在各地的人口太稀疏，以至于他们几乎没有什么存在感。经过两代人的种种艰苦斗争，他们最终成功地使印第安人逐渐接受了他们。但是，在广袤无垠的新大陆，人数稀少的西班牙人无法进行欧洲式的占领。西班牙人从来没有在真正意义上"征服"美洲，因为他们从来没有足够的人力与物力。而且西班牙人的所有定居点都很小，容易受到攻击。1550 年，整个古巴只有 322 个西班牙人家庭；20 年后，哈瓦那也只有 60 户；1570 年，卡塔赫纳市只有 300户。1570 年前后，据国王的御用地理学家洛佩斯·德·贝拉斯科（López de Velasco）称，新大陆所有定居点的西班牙人总共有 2.5 万户。[53] 换句话说，像是塞维利亚这样一个中等规模的欧洲城镇，就可以轻易容纳下整个美洲的西班牙人口。在美洲的大城镇之外，几乎没有殖民者活动。殖民者们始终关心的，是占领一片有用的沿海地带，然后保障其周围区域的安全，就像 1545 年他们在尤卡坦半岛的梅里达和坎佩切（Campeche）定居点所做的那样。

想要在美洲拓展势力，西班牙人就必须建立一个基于合作而非征服的体制。无论在哪里开展统治，西班牙人的第一个行动都是宣传他们的委托监护制，这一制度赋予了他们支配当地劳动力的"权利"。为此，他们不得不与当地酋长达成一些协议。在可能的情况下，他们会选择在美洲原住民中保留现有的权力模式，将自己置于过去阿兹特克人和印加人占据的高位上。旧的纳贡体制仍被继续沿用，这次是由当地的印第安人领袖帮助西班牙人从原住民身上榨取贡品。我们可以在秘鲁的瓦曼加（Huamanga）地区看到这一体系的运作过程，西班牙人于 1539 年在那里建立起了城镇。许多当地人心甘情愿地与西班牙人结盟，希望以此摆脱印加的统治，并为自己争取利益。[54] 事实证明，当地人的协助为西班牙政权的建立提供了很大助力。在西班牙开始统治的前几十年里，特别是在秘鲁山谷等偏远地区，当地的印第安人社会继续保持着传统的生活方式，并没有受到新大陆其他地方正在发生的变化的影响。西班牙人定居地带的中心地区形成了两个平行的社会：一个是按照殖民者的要求组织起来的西班牙人世界，另一个是保持着自身文化和统治精英阶层的印第安人世界。尽管随着时间的推移，两个世界开始逐渐融合，但是二者在几代人的时间里都保持着彼此的独立。到了16世纪50年代，瓦曼加的印第安人在其酋长的领导下，使当地经济体制服务于西班牙人的需要。由于印第安人的数量减少，这个体制在大约10年后瓦解了。

西班牙人一旦巩固了他们的影响，首先关心的就是建立一个城镇，这是他们在伊比利亚半岛上的基本生活单位。到16世纪中叶，新大陆上出现的一些小城镇往往以西班牙小镇的名称直接命名，像特鲁希略、莱昂、圣地亚哥。西班牙人在确保自己能够进入海洋并获准开采美洲当地的财富后，便开始组织自己的劳动力。其间他们还要与当地原住民的酋长（墨西哥的 caciques，以及秘鲁的 curacas）达成协议，为殖民地早期的基本经济体制——委托监护制——提供劳动力。印第安劳工，以及后来被运到新大陆的一些黑人劳工，使西班牙人得以成为美洲的新统治阶级。"凭借在战争中的表现，"一位骄傲的年轻征服者于1552年从智利给身处梅迪纳·德尔坎波（Medina del Campo）的父亲写信时说，"我获得了委托监护主的权力，我现在掌管了一个海边的山谷，那里有1 000多名印第安人。我给自己建造了坚固的住所，指挥着麾下的骑兵。我烧毁房子，绞死印第安人，使这片区域都服从于我。"[55] 正如委托监护制的捍卫者所指出的那样，强制劳役也是墨西卡人和印加人的传统做法。对于绝大部分早期定居者来说，强制获得的当地劳动力是他们赖以生存的支柱。1578年，一位新来的西班牙人解释道：

"我的目标就是找到一些印第安人，因为在这一带，没有印第安人我们就无法生存。"[56]

由于新大陆幅员辽阔，西班牙人数量稀少且征服能力有限，因此他们从未对当地人口实现全面控制。在有可能实施委托监护制并能利用当地劳动力的地区，西班牙人驱使印第安人为他们建造房屋、种植作物、照料和灌溉田地、纺织和编织日用纺织品，以及运输货物。这种基本经济模式在第一代殖民地中充分发挥了作用。但是，当更多的西班牙人来到新大陆时，本地劳动力资源也变得不足了。西班牙人总是需要获取一些自身惯用但当地人无法供应的物品，像是小麦、橄榄、糖、酒、武器和优质布料。于是这些西班牙人从本地生产转向进口，以获取他们需要的基本物资。处于这种经济模式边缘的许多印第安人，也不可避免地回到了他们原本的生活方式。西班牙人的市场体系对许多美洲当地人来说仍然很重要，但对大多数人而言，已经变得次要起来，因为他们有自己的社会和市场。总之，在没有发展采矿业的地方，印第安人得以在自己的社会中持续生存。

西班牙人在大西洋活动的一个中心问题，就是原住民的生存问题，或者说，从另一个角度看，也是如何使用印第安人劳工的问题。西班牙人像许多早期来到新大陆的法国人和英国人一样，是为了快速致富，而不是为了在这里定居并辛勤工作。在迁徙过程中，早期的欧洲人完全依靠定居的原住民来获取食物和生存资料。从各个重要领域的情况来看，我们都可以说西班牙帝国控制下的经济和社会发展都是由新大陆的原住民创造的。美洲产品的产量会随着本土生产性劳动力的供给有升有降。1600年，来自智利的一份报告中明确写道："所有西班牙人的生存资料，都是依靠印第安人的辛勤劳作来维系的，我们全部仰赖他们的汗水维生。"[57]众所周知，编年史作者们还会一遍又一遍地向众人宣扬，伊比利亚半岛上的西班牙人不是去美洲劳作的，而是去那里剥削当地劳动力的。

因此，西班牙人在美洲的活动致使大量美洲原住民被奴役。[58]在中世纪的欧洲，奴役活动通常是战争后会发生的事，但1495年2月，哥伦布从加勒比地区抓获500名年轻奴隶并将他们押送回西班牙时，战争并没有发生；同年6月，又有300名年轻人沦为奴隶。伊莎贝拉女王在1503年10月宣布禁止任何强制奴役行为，并在12月颁布法令规定，新大陆的原住民应被视为"自由民，而非被奴役者"。然而在她去世后，美洲原住民被奴役成为普遍状况，特别是在加勒比地区，如果当地人被界定为"食人族"或"反叛分子"，奴役他们就被明确准许了。斐迪南国王在1511年向哥伦布承认，奴役行为"让我的良心感到不安"，但他也没有限制奴隶制的发展。西班牙王室第一次试图废除奴隶制是在1530年，当时查理五世下令停止奴役。终其一生，查理都对这个问题忧心忡忡。尽管出于实际原因，查理被迫于不久后撤销了禁令，但在1542年，他又下达一项法令，并于同年11月将其纳入著名的《新法律》（New Laws），坚定地废除了奴隶制。这是历史性的一步。此后，西班牙王室仅正式允许过一次蓄奴行为，那是在1608年，王室允许了对智利的阿劳坎"反叛分子"的奴役（直到1674年才被废除）。

然而实际上，西班牙颁布的规则和条例在大西洋彼岸却是被完全忽视的。奴隶制，以及贩卖印第安人的奴隶贸易即使在理论上早已不合法，却仍对原住民人口产生着根本性的影响。在欧洲人和美洲原住民进行接触的第一个世纪中，整个历史都与奴隶贸易联系在一起。我们如果只关注殖民活动的主要中心，有些地区往往会被遗忘，而奴隶贸易在这些地方的影响是极其巨大的。当西班牙人在巴拿马定居，并在 1530 年后将利益范围扩展到秘鲁时，他们迫切需要当地劳动力的协助。因此，尼加拉瓜（Nicaragua）一带的太平洋沿岸地区成为最大的奴隶中心之一。有人认为，在 1532 年至 1542 年的 10 年中，即奴隶需求最旺盛之时，有多达 20 万原住民在这条海岸被抓捕，作为奴隶被运送到他处。[59] 早在 1535 年，就有一位官员报告说，尼加拉瓜地区有三分之一的人口都被充作奴隶。

这些为数不多的细节足以表明，新大陆的原住民用劳动和生命，为欧洲人在新世界的扩张做出了主要贡献。在数以万计的印第安人非自发的英雄主义面前，征服者们原本毋庸置疑的英雄主义也显得微不足道了。印第安人参与了新秩序，并试图在新秩序下生存下去。

在不知不觉中，西班牙成为大西洋世界农业生活和社会生活发生变化的渠道。来到新世界的第一批卡斯蒂利亚人所面临的问题，是他们在新环境里无法像预期的那样获得食物、饮品、衣服、工具，以及用于劳作或运输的动物。新大陆的食物引发了一些让他们备受折磨的疾病，这可能也是早期欧洲移民死亡的主要原因。因此，西班牙人带来了他们所需要的一切。在这个过程中（见第六章），他们也开始深刻地改变新大陆的生物环境。

很少有历史问题能像欧洲扩张对新大陆人口的影响一样，引起如此多的争论。论战是由巴托洛梅·德·拉斯·卡萨斯引发的，他在一部极具论辩性的著作中展现了印第安人几乎被灭绝的残酷景象。他估计，有 2 000 万印第安人被西班牙人残酷杀害。这场灾难无疑是真实发生过的。在哥伦布到来后的 30 年里，加勒比部分地区和美洲大陆部分地区的原住民几乎绝迹。和拉斯·卡萨斯一样，许多后来的评论者都将这里的情况归咎于欧洲人的残忍行为。1542年，法学家托马斯·洛佩斯·梅德尔（Tomás López Medel）被派往危地马拉，评估刚刚颁布的《新法律》，他得出的结论或许在统计数据上有所夸大，却是对其亲眼所见的事实的感想：

> 我们的旧大陆对新大陆的五六百万男女的死亡负有责任，他们有的死于战争与征服活动，有的死于虐待、折磨或是其他残酷的迫害，有的死于矿山里恶劣的工作环境，有的死于强迫劳动以及种种为欧洲人提供的私人服务……这些可怜的美洲人死于我们无止境的贪婪。

西班牙人的残酷是无可争议的，他们是无情而野蛮的，从来不受殖民地政权的限制。对于西班牙人来说，残忍地杀害原住民其实并不符合他们的利益，而且这样做显然会损害他们原本实行的委托监护制。然而，为了在这片土地上站稳脚跟，他们毫不犹豫地使用了最大限度的暴力。定居的殖民者对原住民普遍而致命的虐待行为，在方济各会教士托里维奥·德·莫托里尼亚（Toribio de Motolinía）眼里是非常可怕的，他在《新西班牙的印第安人史》（*History of the Indians of New Spain*，1541）一书中，把西班牙人的残暴之举列入了毁灭纳瓦人的"十灾"中。关于西班牙人残暴的例子数不胜数。在1536年对抗曼科·卡帕克的战争中，据一名参加相关行动的西班牙人的陈述，西班牙人"活捉了100名印第安人，砍掉了一些人的手臂，又削掉了另一些人的鼻子，割去了女人的乳房，然后把他们送还给敌人"。[60]当西班牙人在尤卡坦的梅里达地区定居时，玛雅人于 1546 年袭击了他们，杀死了 15 名到 20 名殖民者。作为报复，那里的监护人杀害了数百名玛雅人，将大约 2 000 人贬为奴隶，烧死了 6 名当地的神职人员，还绞死了一些妇女。[61]

在整个新大陆，这样的事件层出不穷。像 16 世纪的玛雅编年史作者一样，当时的许多记录者也在讲述"西班牙人让我们遭受了多少苦难"。[62]这些记录并不太关注那些在肉搏战中逝去的生命，却叙述了作者每天目睹和亲身经历的事情：被奴役、过度劳累、虐待、营养不良和饥荒。关于印第安人的死亡人数，当地以及西班牙的编年史作者都给出了令人不安的数字。对于西班牙人冷酷行径的记录也迅速传回欧洲，并被欧洲人铭记在心。当身在法国的蒙田开始写作之时，西班牙人的残忍早已尽人皆知。一些欧洲的评论者最终确定，被西班牙人杀害的印第安人总数多达 2 000 万。[63]

然而，对新大陆原住民的残酷行为，只是随后巨大灾难中的一小部分。在美洲，西班牙人并没有多到足以杀害如此大量的当地人。毫无疑问，美洲人口灾难性锐减的主要原因是欧洲人带来的传染病。大西洋世界的原住民当然会得普通疾病，也会得传染病。[64]但是欧洲人的入侵带来了残酷的新死亡形式。西班牙人携带的病毒在哥伦布登陆后不久就袭击了加勒比地区，甚至在科尔特斯登陆之前就到达了大陆。1518 年底，伊斯帕尼奥拉暴发了第一次大流行病（天花），病毒在 1520 年蔓延到墨西哥，似乎还传播到了北美，可能也扩散到了印加帝国。欧洲人从他们的大陆和非洲带来了一系列可怕的致命传染病，包括天花、斑疹伤寒、麻疹、白喉、流感、伤寒、鼠疫、猩红热、黄热病、腮腺炎、感冒、肺炎和淋病。[65]梅毒在美洲也开始广为人知，尽管它可能只是某种现存疾病的突变产物；梅毒此时出现在欧洲，也使许多人将之归咎于同美洲的接触。疾病的直接影响是毁灭性的，印第安人在编年史中也记录了这一点。造成大规模死亡的还有其他原因，但那些影响都是间接或长期的。

大量文献都记载了新大陆原住民人口的下降。统计数据通常是根据当时起草的报告，以及行政人员和神职人员随后发起的人口普查得出的。然而，接触疾病前的美洲人口规模这一尚未被解决的根本问题，却引发了许多争议：[66] 在传染病暴发之前，加勒比地区和美洲大陆的人口有多少？人口统计学家做过一些学术上的猜测，他们总会倾向于确定接触传染病前的美洲人口数据的最高值。[67]与 16 世纪中叶以来美洲当局通过普查得到的极低的人口数据相比，这些杰出历史学家提供的虚高人口数据无疑在逻辑上给出了明显的结论。可以肯定，美洲确实发生了大规模的人口减少。在哥伦布到达伊斯帕尼奥拉岛后的半个世纪内，岛上的原始居民已经被迫害殆尽。在一代人时间内，西班牙占领区外围的原住民都受到了影响。到了 1590 年，新西班牙西北部纳亚里特（Nayarit）和锡那罗亚（Sinaloa）的托托拉梅（Totorame）和塔胡伊（Tahue）部落的人口都已经减少了约 90%，尽管其他部落遭受的人口损失相对较小。[68]

此外，往往在侵略者与原住民真正接触之前，这类传染病的病原体就已通过空气、昆虫、动物和其他当地人等途径开始传播了。据一份纳瓦人文献的记载："当西班牙人（在"悲伤之夜"后）到达特拉斯卡拉时，特诺奇蒂特兰就暴发了一场严重的瘟疫。"1528年，也就是西班牙人抵达塔万廷苏尤的几年前，最后一位无可争议的印加统治者瓦伊纳·卡帕克就已死于瘟疫。[69] 就这样，天花为美洲帝国的毁灭铺平了道路。细菌感染几乎是新大陆在与旧大陆接触时所遭受的一种巨大的、非人故意所为的、遍及整个大陆的惩罚。

欧洲人的到来——无论他们后来犯下了什么样的暴行——似乎只在宇宙灾难的史诗中扮演了一个很小的角色。然而，欧洲人在与美洲原住民真正接触之前造成的破坏，于空间和时间上都是有限的，他们无法随意施暴，[70] 而是会受制于当地的条件。[71] 相比之下，在他们直接接触后，疾病传播更为迅速了。暴发于 1545—1548 年的传染病可能是墨西哥中部地区有史以来最严重的了。[72] 1576 年，一位定居者写道："墨西哥的传染病很可怕。印第安人代表着的是我们所有的财富，那么多印第安人死去了，这让一切都陷入了停滞。"[73] 但是，随着殖民时代的到来，欧洲人与原住民的接触变得更加致命。我们永远无法统计出受影响的总人数，但如果要说 90% 以上的新世界原住民的死亡原因是感染而非虐待，恐怕也不无道理。[74]

有人指出，16 世纪大西洋世界的诞生，也涉及大规模的国际人口迁移。[75] 其中西班牙移民占据了主要地位。

在哥伦布的第一次航行中，一个卡斯蒂利亚人也没有；大多数水手来自安达卢西亚或是坎塔布里亚的海岸地带，他们更了解海洋。然而，在接下来的 10 年里，在伊比利亚半岛上占多数的卡斯蒂利亚人，成了前往加勒比地区和美洲大陆的冒险家中的主要成员。在陪同科尔特斯从古巴前往墨西哥的 380 位随从中，来自卡斯蒂利亚、安达卢西亚和埃斯特雷马杜拉的人员就占据了总人数的五分之四。在后来可确定身份的征服者群体中，来自这三个地区的人也是最多的。随后的几年中，移民者的原籍的分布情况有所变化，这主要取决于经济环境。显然，很多人移民是为了摆脱贫困，逃离那个"极度贫困、痛苦，所有人都没有未来"的国家，走向新天地。[76] 一位在墨西哥定居的人坦白说，"我决定不要让我的儿子成长在一个有着太多苦难压迫的国家里"，就像在西班牙那样；在新格拉纳达，另一个人希望"在一个更好的国家养育孩子，让他们能够吃饱"。[77]

新土地的所有条件都吸引着那些一无所有的西班牙人，他们中的许多士兵和水手在格拉纳达战争和意大利战争结束后就失业了，许多能吃苦却没什么手段的年轻人，包括许多低阶贵族（像科尔特斯）以及不识字的劳工（如皮萨罗），都希望在美洲获得更多财富。移民是改善生活的途径。"你必须明白，"一个刚到巴拿马的人给他身在西班牙的儿子写信说，"一个人想要过得更好，就不能一直生活在他出生的地方。"[78] 普埃布拉（Puebla）的一位移民对他身在埃斯特雷马杜拉的姐夫解释说："如果你要来，第一件事是去马德里办理移民许可证，当你获得许可证后，你就得尽可能多地筹钱，然后去塞维利亚，寻找最便宜的船票。"[79]

从伊比利亚半岛出发的移民虽多，却也没到泛滥的地步。所有移民都必须在塞维利亚的贸易署*登记。16世纪时大约有5.6万人登记，但是有历史学家指出，登记在册的人数可能只占实际移民总数的五分之一左右，因为很多人都是在未受体系控制的情况下成功移民的。如果我们接受了这项推论，那么前往新世界的人数要比现存记录中的数据多得多。最近的一项测算表明，在1500—1650年的这段高峰时期，大约有43.7万西班牙人前往新大陆，在1500年到1700年的两个世纪里，大约有10万葡萄牙人去了新大陆。[80] 事

---

* 贸易署（Casa de la Contratación），西班牙管理美洲殖民地交通和贸易事务的中央行政机构，1503年创建于塞维利亚，为第一个专管西印度事务的王家机构。——编者注

实上，所有数据推算的前提，都是有大量人口源源不断地横渡大西洋（这其实是不太可能的）。没有确凿的证据表明这是事实。未登记的移民显然是有的，但正如最近学界所议论的那样，[81]这个数字其实要小得多。美洲主要城市中的西班牙人一直很少，来自半岛的移民其实相当有限。那些在新世界取得成功、希望家人也移民过来的人的信件足以表明，要使西班牙人相信移民的好处是不容易的。

在西班牙人看来，在新大陆获得的成功取决于个人努力。危地马拉的一位移民说："像我一样贫穷的西班牙人来到这里，必须经历很多才能找到生计。"[82]其他人则对自己的机会十分悲观："美洲不适合穷人，一个人很难挣到足够的钱来吃饱穿暖。"[83]然而，这里也不乏乐观之辈："凡是在这片土地上努力工作的人，一年挣的钱比在旧世界一辈子挣的还要多。"还有人在墨西哥中部写信说："有心工作的人不会一无所获，这里的机会比西班牙多得多。"[84]当然，也有很多移民仅仅通过劳动就得以改善生活，就像1550年前后的一位在普埃布拉的农民所言："我只是个农场工人，和其他工人一起工作一年后，我就得到了土地，还买了四群牛，把我的小麦卖到墨西哥城里做成面粉。"[85]显然，这片土地是很有吸引力的，"那里没有饥荒，可以让那些想要努力的人在短时间内变得富有"，这里说的就是1559年的秘鲁。[86]

当然，来自成功移民的报告往往会忽略原住民和外来黑人的重要贡献（就像拉斯·卡萨斯指出的那样），如果没有这些人的帮助，西班牙人自身是无法取得多少成就的。一位在墨西哥定居的移民简要解释道："这个国家是不会有饥饿的，我们会有和在卡斯蒂利亚一样甚至是更多的产出，因此，来到这里的人不会怀念西班牙。即使你很穷，你在这里也比在西班牙过得好，因为在这里你是管理者，不需要亲自劳作，而且你工作时往往都是骑在马背上的。"[87] 利马的一位移民解释说："我的财产是一个带有葡萄种植园的农场，还有很多土地，以及价值许多达克特的牛。这个农场价值很高，我有十几个黑人在这里干活，这还不包括那些能够带来巨大收益的印第安人。"[88] 他很富有，但年纪也大了，他恳求自己住在马德里的儿子过来继承遗产："孩子，如果你来这里，你每年会挣到4 000多比索。"美洲一直以来就有的美好前景刺激着更多的西班牙人移民到这里，这种前景更多是基于机遇，而不是"劳作"。

人们很容易忘记的是，航海的恐怖之处使许多西班牙人不敢移民。到美洲的航程经常是漫长而痛苦的炼狱。在所有的航行中，死亡率都非常高，但更大的危险来自海上持续多天的风暴，它们会把小船撕成碎片。在1544年7月，巴托洛梅·德·拉斯·卡萨斯乘船（这艘船属于一支由27艘船组成的舰队）从塞维利亚出发，与他同行的乘客帕德雷·德·拉·托雷（Padre de la Torre）就生动地描绘了乘客们的悲惨遭遇：

> 这艘船是一个狭窄逼仄的监狱，即使没有铁条或铁链，也没有人能从里面逃出来。这里的环境如此酷烈，以至于乘客与囚犯毫无区别。被压扁、窒息和炎热的感觉格外强烈。人们往往席地而睡，有些人带着枕头，我们的枕头很破，又小又硬，里面塞满了狗毛，毯子也是用山羊毛制成的劣质货。船上有很多呕吐物，乘客们的脾气大多很坏，这些都让人几乎完全失去理智：一些人的理智能够保持得更久一点，也有些人一直都处于失控状态。你会感到难以置信的干渴，点心和一些咸味食物会使这种感觉更糟糕。每天的饮品只有

1升水，除非自己带酒，否则就没酒可喝。有无数的跳蚤在啃咬你，也没法洗衣服。船上的气味很难闻，尤其是在货舱里，尽管船上各处的气味都足以令人无法忍受……在船上，这些痛苦以及其他困扰都是很正常的，但我们的感受格外糟糕，因为我们还没有习惯这些。[89]

一旦到达新世界，新的殖民者都会意识到，他们与祖国之间的距离已经很遥远了。16 世纪 90 年代，一位在墨西哥的殖民者对他在西班牙的侄子哀叹说他们可能再也无法相见了，两人的距离如此之远，以至于"我们无法再像过去那样，登门拜访彼此了"。[90]

移居国外的人对他们想去的地方总是非常挑剔。政府试图鼓励他们在各个地方定居，但移民者大多有明确偏好的地点。拉普拉塔河早期探险事业的失败，意味着没有人愿意去那里。1558 年，当官方试图招募移民乘船前往拉普拉塔一带时，招募信息中明确解除了通常不允许外国人、犹太人和穆斯林参与的禁令。尽管如此，探险队的组织者还是抱怨招揽不到足够的人手。到最后，所有原本的禁令都被打破，甚至连摩里斯科人都被允许参与，"尽管如此，在整个西班牙都还是招不到人手"。[91] 探险队最终还是出发了，但主要成员都是士兵，这并不是西印度委员会 * 的本意。

随着墨西哥和秘鲁的矿藏被发现，越来越多的人被吸引到这里。某些职业明显供不应求，能为新来者快速赚取收益。墨西哥

---

* 西印度委员会（Council of Indies），西班牙主持管理美洲和菲律宾殖民地的最高权力机构，1524 年正式建立，驻地在马德里，直接向国王负责。——编者注

的一位面包师表示"你在这里挣得比在西班牙多";同地区的另一位移民证实"对穷人来说,这里比西班牙好得多"。[92] 即使是众所周知在西班牙人数过多的神父,也能在美洲找到自己的位置。新格拉纳达的一位移居者表示:"对于神父来说,美洲是一个非常好的地方。"[93] 在所有的职业中,最不受欢迎的是律师,早期的征服者试图把律师们挡在美洲之外。然而,律师的服务很快就被认为是必不可少的,因为他们可以协助移民保护存在争议的财产权。一位身处基多的神父讽刺地写道:"在这里,连驴子都能谋生,更何况是律师。"[94]

许多移民都希望借机获利,并带着财富回国:"上帝保佑,三四年后我们能挣到3万多比索,然后回到卡斯蒂利亚。"[95] "我们这些住在偏远地方的人,"一位年迈虚弱的定居者从特鲁希略写信给西班牙的家人说,"唯一的愿望就是能回到祖国的家中度过余生。"[96] 许多人确实回国了,但随后也只能依靠积蓄度日。1574年,新西班牙的一位居民提到他的某位朋友"现在很富有,想离开(西)印度群岛;他对我说每次乘船出海时,都再也不想返回美洲,因为他实在是受够了"。[97] 然而,穷人是无法回国的。"那些来到这个国家的人,赚不到钱就无法返回卡斯蒂利亚,因为所有人都会嘲笑他们。"[98] 事实上,由于各种各样的原因,只有一小部分人能够回国。大多数人都太安定、太成功,又或是年纪太大了("既然我已经这么老了,就还是留在这里吧"[99]),从而没有回西班牙。尽管他们渴望与家人重聚、一起生活,炫耀他们获得的财富,但他们害怕旧世界,因为他们对旧世界的记忆太刻骨铭心了。"我们确实想尽快回到西班牙,"一对兄弟从波托西——自1576年起,白银开采在那里十分兴盛——写信说,"但是想想我们在西班牙经历的苦难，以及我们在这里所拥有的一切，我们就只想留在这里，这个国家既富裕又美好。"[100]

从一开始，非西班牙人不仅在欧洲帝国，也在新世界和亚洲的帝国的创建中发挥了重要作用。然而，官方历史编纂者往往会掩盖这些事实。他们常常默不作声地忽略了哥伦布是意大利人，以及麦哲伦是葡萄牙人这样的细节。1499 年颁布的一项法令（在 1501 年又重申了一遍）禁止所有外国人进入美洲，但这项禁令从未得到遵守。无论如何，移民都可以轻易声称自己来自哈布斯堡王朝的其他领地。德意志人和法兰西人冒充尼德兰市民是常有的事情。在贸易联系紧密的城镇里，外国人往往数不胜数。1519 年建立巴拿马城的人里，有 7 人是外国人；而在随后的半个世纪中，镇上十分之一的家庭是非西班牙人。[101] 这种存在许多"外国人"的特殊情况，源于查理五世在 1526 年 11 月 17 日颁布的敕令，它允许其领地内的所有臣民前往美洲。从那时起，移民的数量几乎是不受控制的。

当然，如果认真考虑查理五世对他的佛兰德廷臣所做的让步，非西班牙人实际上占有新大陆的大部分地区。16 世纪 30 年代，许多荷兰人都获得官方许可，在加勒比地区、新格拉纳达和拉普拉塔河一带定居。半岛上的卡斯蒂利亚人一直对外国人在美洲拥有的特权怀恨在心。1528 年，委内瑞拉的土地被转让给了德意志的韦尔泽家族的银行，这引起了极大的愤慨，因为这种让步无疑为外国势力的渗透敞开了大门。1534 年，当韦尔泽家族的代理人希罗尼穆斯·科勒（Hieronymus Kohler）前往委内瑞拉时，据说他船上的人"操着不同语言，其中很多人来自苏格兰、英格兰和尼德兰，但主要还是巴斯克人、西班牙人和意大利人，总共约有 30 人，他们即使被凑到同一艘船上，也无法相互交流"。[102]

尽管受到种种控制，新大陆上的非西班牙人——尤其是葡萄牙人和意大利人——还是随处可见。这种现状使得历史学家奥维多感叹"在美洲来往穿梭的人，都来自完全不同的民族和国家，他们的境况也各不相同"。尤其是在圣多明各，"你能听到各种语言，这里的人来自基督教世界的各个角落：意大利、德意志、苏格兰、英格兰等，还有法国人、匈牙利人、波兰人、希腊人、葡萄牙人，以及亚、非、欧三大洲其他所有国家的人"。[103]美洲大陆无比辽阔，这里无法保持对外闭塞的状态，在整个殖民时代，非西班牙要素都在这里发挥着重要作用。正如我们提到过的那样，在哥伦布之后的那一代人的时间里，要把西班牙人吸引到加勒比地区是非常困难的，政府费了很大工夫才将加那利群岛的西班牙移民吸引到新大陆。[104]最后，当局只得同意葡萄牙移民进入伊斯帕尼奥拉岛，他们在那里繁荣发展，为制糖业做出了巨大贡献，也将岛上部分地区变成了一个"小葡萄牙"。[105]1535 年，岛上有"200 多名葡萄牙人经营糖厂，一些人则以务农为生，还有很多木匠、石匠、铁匠以及各行的从业者；这些葡萄牙人在移民中占比颇高，他们的工作效率都很高"。[106]1588 年，圣多明各市议会向政府抱怨说，葡萄牙人"在这个小镇上人数比西班牙人还多，他们公开进行贸易并攫取了这个国家的财富"。在美洲的许多地区，葡萄牙人继续发挥着重要的作用。例如在 17 世纪早期，布宜诺斯艾利斯 5% 的人口都是葡萄牙人；到 17 世纪中叶，这里的卡斯蒂利亚人家庭与葡萄牙人家庭的比例是 3∶1。[107]葡萄牙人在同一时期也控制了奴隶贸易，因此，他们便将奴隶贸易作为打入新大陆的途径。1618 年，卡塔赫纳的一位官员报告说："最大的问题是，大部分奴隶船都是葡萄牙人的；这些葡萄牙人都在贩卖黑人奴隶，然后定居在卡塔赫纳。"也难怪塞维利亚的官员抱怨说："葡萄牙人在西印度群岛地区做了这么多生意，就好像西印度群岛不属于卡斯蒂利亚，而是属于葡萄牙一样。"[108]

意大利人也无处不在。正如我们所见，无论是亲自参与还是以聘请代理人的方式，意大利人都参与了早期的探险活动。在新大陆移民潮兴起的第一个世纪中，意大利人随处可见，尤其是在墨西哥。[109]意大利人——主要是那些来自热那亚的探险者——参加了几乎所有的征服运动：他们跟着科尔特斯前往墨西哥，在卡哈马卡围攻印加人，还与巴尔迪维亚同行前往智利。一位伦巴第人把印刷术传到了墨西哥。当巴尔沃亚发现太平洋之时，他身边就跟着一个西西里人。在16世纪30年代，意大利人是第一批在拉普拉塔河的河口地带开展殖民活动的群体。同样是在16世纪30年代，由佩德罗·德·门多萨率领的探险队从纽伦堡带来了一船德意志商人和冒险家，其中一些人协助门多萨他们开拓了在巴拉圭地区的殖民地。在早期西班牙人的美洲殖民地，除了少数热那亚和德意志的商业代理人外，外国人一般都无法进入统治上层。在伊斯帕尼奥拉岛和古巴，大多数人和西班牙人一样，都是些追求财富的普通人，包括水手、农民、商人和工匠。[110]

与此同时，一场同样影响深远的非自愿的"移民活动"正在进行。早在欧洲和非洲诸国之间建立起贸易关系之初，欧洲国家除了购买黄金这一主要商品外，还会购买大量的奴隶。在中世纪的西欧，奴隶制已经存在，而在地中海地区，基督徒和穆斯林之间持续的战争也使得奴隶制继续存在。奴隶作为非洲国家经济生活的一部分而得以存续，这些非洲国家往往在不同层面上都使用奴隶，而且非常乐意用奴隶来换取欧洲商品。[111]

政府一直允许奴隶贩子将黑人奴隶运到新大陆，拉斯·卡萨斯甚至还提议引进黑人劳动力来减轻印第安劳工的负担。美洲首次进口黑人奴隶可以追溯到1510年，当时的国王斐迪南授权贸易署，将在里斯本获得的250名黑人基督徒运往伊斯帕尼奥拉岛。越来越多的黑人被贩卖至美洲，拉斯·卡萨斯后来也评论说，这种贸易"并没有给印第安人带来任何助益或是自由"。来自伊比利亚半岛的黑人是合法奴隶，也就是说，他们最初是在非洲海岸的军事袭击活动中被俘虏的。但新大陆日益增长的需求远远超出了伊比利亚半岛的供应能力。[112] 因为西班牙人在非洲没有多少领土，无法从这里攫取黑人，所以他们只好求助于在非洲热带地区设有大量前哨的葡萄牙人。

西班牙直接参与将非洲人贩卖到美洲的贸易，可以追溯到第一次将非洲奴隶贩卖到伊斯帕尼奥拉岛时的情形。一种贸易模式由此建立，成为所有海外事业（既包括民事活动，也包括军事行动）的标准行动模式，并极大促进了殖民地的发展。国家往往无法直接获得开展这种贸易所需的资源或专业知识，它预付资金，制定规则，但把其他事情都交给了企业家们。葡萄牙人早已经这么做过了。在15世纪晚期，西班牙人在非洲奴隶贸易中所用的资金，主要是由佛罗伦萨金融家巴尔托洛梅奥·马尔基奥内（Bartolomeo Marchione）及其热那亚同行提供的。[113] 因此，纵观整个帝国历史，西班牙帝国的非洲奴隶贸易都是由国际金融力量主导的。早期的许可形式是颁发数量有限的"许可证"（licences），后期采用的是长期的"特许契约"（asientos）。1518年，第一份允许奴隶贩子从非洲贩卖黑人的许可证被颁发给弗朗什-孔泰的贵族劳伦特·德·格雷沃德（Laurent de Gorrevod），而他又将许可证转给其他人。1528 年，第一个签订特许契约的是德意志韦尔泽家族的代理人海因里希·埃因格尔（Heinrich Ehinger）。[114] 这些非洲奴隶主要来自上几内亚地区（Upper Guinea，从塞内加尔向南延伸到塞拉利昂）和刚果，而奴隶贸易是由葡萄牙商人掌管的，他们集中在佛得角群岛和比夫拉（Biafra）附近的圣多美。

葡萄牙人的新贸易很快就因为过于野蛮而引起了西班牙官员和教会人士的强烈抗议。强烈的抗议使腓力二世一度暂停了这些奴隶贸易。最直言不讳的批评者之一是多明我会修士托马斯·德·梅尔卡多（Tomás de Mercado），他于 16 世纪 50 年代定居在墨西哥并目睹了奴隶贸易的情形。他称此种贸易是"野蛮"而"不义"的，并将黑人描述为"被欺骗、被侵犯、被侮辱以及被掠夺的人"；他做证说，在横越大西洋的黑奴贸易活动中，被运送到彼岸的黑人有五分之四都死于途中。[115] 后来的几位西班牙作家，如耶稣会会士阿隆索·德·桑多瓦尔（Alonso de Sandoval），他于 1627 年在塞维利亚出版的《非洲人的救赎》（De instaurando Aethiopum salute）中，尖锐地批评了"中央航路"（Middle Passage），这段从非洲通往加勒比海的漫长而残酷的航线也因此广为人知。桑多瓦尔总结道："奴隶制是所有罪恶和痛苦的开始，它是一种永恒的死亡，一种正在上演的死亡，甚至让活人也深陷死亡的牢狱。"

我们无法准确预估被运送到大西洋彼岸的非洲人数量，这个问题也在持续引发学者们的争论。最近的一项估算表明，[116] 大约在 1500 年，每年从非洲西部海岸运出的奴隶有 5 000 人，在 1550 年前后增加到 8 000 人，到 1650 年前后增加至 13 800 人，最终于

1700 年前后增加到 36 100 人。其中只有一部分奴隶进入了西班牙人的种植园（1650 年后，其他欧洲人在美洲的劳力需求推动了奴隶贸易的繁荣）。但从非洲输往西属美洲地区的奴隶数量很大，在 17 世纪早期，美洲主要的港口卡塔赫纳平均每年都会接收到 4 000 个被贩卖来的奴隶。[117]

对于 18 世纪以前非自愿移民到新大陆的非洲人数量，我们找不到完全令人满意的测算方法。文件记录是不准确的，那时的欺诈行为也很猖獗，大西洋航行中过高的死亡率也大大削减了我们所估算的单程航行人数。总而言之，比起徒劳地计算细节数据，或许基于总体情况的估算会更有启发性。有权威学者指出，在 1450 年至 1600 年间，美洲可能接收了约 29 万非洲人；而在 1600 年至 1700 年间，奴隶贸易达到顶峰，大约有 149 万非洲人被运往美洲。[118]流向西班牙殖民地的人数比例仍然存在很大的争议。近来的新观点是，截至 1600 年，西班牙属美洲地区总共接收了约 7.5 万人，在 1600 年至 1700 年之间的数字是约 45.5 万人，[119] 但是这些数据在很大程度上只是有助于我们从全球角度看待这个问题，并不能被视作可靠的。

大量黑人被贩卖到美洲，这使新世界的黑人数量很快就超过了白人。历史学家奥维多在伊斯帕尼奥拉岛写道："这个岛上有许多糖厂，让你感觉自己仿佛置身于真正的埃塞俄比亚。"这种景象令人震惊，尤其是当我们考虑到非洲移民持续的高死亡率。据估计，在 16 世纪横渡大西洋的旅程中，平均均有四分之一的俘虏死于疾病或恶劣的条件。这样的例子为数不少，例如一艘在 1717 年抵达布宜诺斯艾利斯的船，船上最初载着的 594 名奴隶中只有 98 人幸存。[120] 当然，这还是在非洲大陆本身的奴隶贸易已经造成高死亡率之后的情况。一旦到了新大陆，奴隶们还要被送到不同的地区，这意味着还会有更多苦难和死亡。他们最终到达工作地点后，往往还会面对极易损害寿命的恶劣环境。尽管如此，他们还是忍耐并且挺了过来。黑人奴隶在极端恶劣条件下生存的能力，为他们赢得了优质劳动力的名声。但事实是，成千上万的奴隶都死了，他们通常也还来不及繁衍子嗣，[121] 因此引进更多奴隶成为一种永久的需求。

虽然最初引进黑奴是为了满足加勒比地区的劳动力需求，但他们很快就被视为在生产的各个方面都必不可少，在西班牙占领的大陆地区，黑奴的数量迅速增加。在伊斯帕尼奥拉岛，黑奴成为糖厂和农业种植的唯一劳动力来源。1556 年，圣多明各市议会宣布："只有黑人才能耕种土地。"[122] 1553 年，新西班牙的总督向帝国政府汇报："这片土地上到处都是黑人和混血儿，他们的人数远远超过了西班牙人。陛下应该下令不许再运送黑人过来，因为新西班牙已经有 2 万多名黑人，而这个数字还在增加。"[123] 在 16 世纪 90 年代的新西班牙中部，黑人是人口规模仅次于印第安人的族群，人数是西班牙白人的 2 倍。秘鲁的情况也是如此。从 16 世纪的最后 10 年开始，利马有一半的人口都是非洲人，这种情况一直持续到 17 世纪中叶。[124] 在 1590 年的智利，黑人数量多达 2 万人，远远超过了仅有 9 000 人的欧洲人族群。[125] 在巴拿马地峡，绝大多数外来人口都是黑人。1575 年，巴拿马镇有 500 户西班牙人家庭，但该地区的黑人奴隶多达 5 600 人。到 1607 年，该镇近 70% 的人口都是黑人。[126]

非洲人在建立和保卫西班牙帝国的过程中发挥了重要的作用，他们还参与了早期征服者的战役。巴尔沃亚发现太平洋、佩德拉里亚斯·达维拉殖民巴拿马、科尔特斯进军特诺奇蒂特兰、阿尔瓦拉多进入危地马拉——这些重大事件都有黑人参与。[127] 阿尔马格罗手下的黑人数量显然是西班牙人的两倍多，而贡萨洛·皮萨罗叛乱时，他麾下的黑人多达 400 人。[128] 早期殖民地边疆最著名的黑人是胡安·巴连特（Juan Valiente），他是征服智利的英雄，与阿尔瓦拉多、阿尔马格罗及巴尔迪维亚一起征战，并于 1550 年成为一位"监护人"，在 1553 年与阿劳坎人的战斗中牺牲。这些黑人士兵的英勇故事成为传奇，黑人也一直活跃在保卫帝国美洲领土的前线上。

在帝国发展之初的两个世纪中，西班牙完全没有能力向殖民地派遣足够多的军人。黑人便成为民兵的主要组成部分，他们与印第安人作战，在边境巡逻，镇压叛乱并打击外国海盗。[129] 在加勒比地区，黑人的防御工事一次又一次地击退了欧洲入侵者。1600 年，哈瓦那的总督配备了一支由自由的穆拉托人*组成的有色人种民兵队伍，由他全权指挥。到 17 世纪末，黑人可以在殖民地的民兵队伍中担任下级军官。另一方面，西马隆人（cimmaron，逃亡黑奴）和反叛的黑人也为欧洲军事远征队提供了强大后援，并帮助他们夺取加勒比地区的领土。这种极具威胁性的情况最早发生在 1572 年，30 名黑人逃亡者协助弗朗西斯·德雷克（Francis Drake）完成了穿越巴拿马地峡的壮举。

非洲黑人对西班牙帝国的贡献主要集中在经济方面。[130] 如果没有他们的贡献，新大陆诸岛屿及内陆的产业就会崩溃。自从西班牙传教士和官方认定美洲原住民无法忍受特定产业的高强度劳动后，非洲奴隶就成了替代劳动力。他们成为制糖业、采矿业和农业的主

---

* 穆拉托人（mulatto），即白人与黑人生下的混血儿。——编者注

要劳动力。自黑奴被引入新大陆之初，人们就把蔗糖生产与大量进口的黑奴联系在一起。加勒比地区的糖制品都是由黑人生产的。他们也为墨西哥的银矿以及哥伦比亚与秘鲁的金矿开采做出了重要贡献。在哥伦比亚的金矿中，黑奴逐渐取代了印第安人的角色，这一点在哥伦比亚巴瓦科阿斯（Barbacoas）圭尔马姆比（Güelmambi）的黑人矿工社区流传的神话故事中也得到了有力的呼应：

> 在我们黑人到来之前，印第安人就住在这里。当我们到达这里时，印第安人便逃到地下，奔向河流源头所在的山脉。但在逃跑之前，他们带走了所有的金子，动手打碎了所有金银器皿，并将之磨成金属粉末。现在，我们这些黑人只得不顾身体地卖力工作，才能找到金沙，才能在印第安人曾经居住过的地方生存下去。[131]

另一方面，在著名的波托西矿山，黑人奴隶仅仅发挥着辅助作用，因为人们认为黑人无法像印第安人那样适应高海拔的气候。最重要的是，在西班牙属美洲各地的庄园和大牧场里，黑人都充当着服务他人和被奴役的角色，他们种植并照料西班牙人社会赖以生存的农作物和牲畜。

黑人也是家庭劳动的主要承担者。旧世界的欧洲人对黑人已经很熟悉了，也许正因如此，黑人在新世界社会中也更容易受到信任。此外，黑人虽然背井离乡，却表现出融入当地社会的惊人能力。在秘鲁，黑人从事家政服务成为普遍现象，随着一些黑奴凭借优质服务被主人授予自由身份，大量自由的黑人出现了。到1650年前后，秘鲁可能有十分之一的黑人享有合法的自由身份。[132] 除了家政服务，黑人还会从事铁匠、鞋匠、木匠和裁缝等服务性职业。秘鲁的小型造船业——主要集中在瓜亚基尔——主要就是由种族、阶层各不相同的黑人经营的。[133] 由于大部分黑人都未受过职业训练，也不识字，所以他们在造船业的发展也相对受限；他们的工作效率令人钦佩，但其生产的船只质量仍有许多不足之处。从长远来看，尽管奴隶解放的进程仍在持续（不断有奴隶个体获得自由），但黑人还是很难获得法律赋予的普遍自由。这是殖民地社会普遍存在的问题。在 16 世纪中叶被废黜的印第安奴隶制，在此后的很长一段时间里仍然公开并非法地延续着。然而，尽管没有被实际遵守，印第安人至少还是有法律保护的。非洲人甚至找不到任何法律来保护自己。[134]

在很大程度上，是黑人创造了西班牙在新世界的帝国。[135] 他们所扮演的角色，直到不久前，仍然会被西班牙的历史学家忽略，[136] 而葡萄牙学者一直都能意识到黑人在巴西文明起源中的作用。

对于西班牙政府来说，比起控制印第安人，对移民阶层的管理是更大的问题。事实上，国王从未成功地将自己的意志充分施加于殖民地的统治阶层，从秘鲁的皮萨罗叛乱开始，当地的精英们就证明了自己可以决定游戏规则。

美洲的西班牙人深信这片大陆是属于他们的，因为这些领土是他们用自己的血汗换来的。"我要声明，"巴尔加斯·马丘卡在 1599 年写道，"我们亏欠了（西）印度群岛的发现者和殖民者，因为正是这些人用无畏的刀剑为他们的国王赢得了荣耀的领土，正是他们发现了这些领地，在此征战并定居下来。"[137] 这种说法完全正确。自从占领加那利群岛时起，由于国王并没有足够的财富、士兵和武器来实现帝国的野心，为了满足冒险者的需求，他便授予了探险者自由开展军事行动的权力以及管理当地人的权威。西班牙军队的扩张不是一个由随机掠夺者参与的偶然过程。在一个充满威胁的未知世界里，人们只愿意与他们信任的人在一起，并谨慎地约定各自能做出的贡献。皮萨罗家族在巴拿马达成的协议是一个典型。信任的联结会扩展到那些来自同一家庭、同一城镇乃至同一省份的人。来自埃斯特雷马杜拉的人就组成了一个紧密协作的团体，并在秘鲁战役期间支持来自特鲁希略的征服者皮萨罗，直到贡萨洛·皮萨罗的叛乱被挫败，他们才走向分裂。[138] 前去开拓佛罗里达地区的先驱都属于一个来自阿斯图里亚斯的家族网络，他们都有血缘关系，分别来自阿维莱斯（Avilés）、希洪（Gijón）、桑坦德、乌迪亚莱斯堡（Castro Urdíales）和拉雷多（Laredo）等城镇。西属佛罗里达创建者佩德罗·梅嫩德斯来自阿斯图里亚斯，他建议国王从阿斯图里亚人和巴斯克人中挑选佛罗里达地区的代理人，"这些人是最适合在佛罗里达工作的，部分是由于他们天性纯良，部分是因为他们在这里有众多亲友"。[139]

帝国政府的成立相对较晚。它主要由一位总督（1535 年时在新西班牙，1542 年起则转至秘鲁）管辖，理论上，总督掌管行政事务，监督财政并向王室提供资金。[140] 总督理应与当地最高行政机构检审法院（Audiencia）一起工作，后者由西班牙派来的高级官员组成。检审法院最早出现在圣多明各和墨西哥城。截至 1661 年，西印度群岛已设有 12 个检审法院，马尼拉设有 1 个（1583 年）。所有总督和法官（oídore）都是从西班牙派来的，这一点意义重大。西班牙人在美洲没有设立任何自治政府机构，也没有制定任何法律（除了一些行政规则）；所有立法都由设在西班牙的西印度委员会决定，然后在美洲实施。实际上，查理五世于 1524 年正式设立、由 6 位法律专家组成的西印度委员会为美洲所有的事务做决策。法律和秩序、城市规划、劳动力的分配以及其他影响移民日常生活的问题，都只能由西班牙来做决策。

但伊比利亚半岛对美洲的这种令人印象深刻的控制，很少与实际情况相符。[141] 殖民地制度的实际运作与立法者的意图几乎没什么关系。正如门多萨总督所看到的那样，美洲政府为了避免叛乱而暂停在墨西哥推行《新法律》，如果没有殖民者的协助，这些法律都无法生效。腓力二世意识到了这一点，所以不得不向那些现存的领地监护人妥协，并满足他们的要求。由于距离遥远，又缺乏必要的资源，西班牙无法通过征税或胁迫等方式来控制美洲。传递的信息和派遣出去的信差，常常会迷失在广阔的山脉、森林和海洋之中，从此杳无音信。"我要去秘鲁王国，"一个商人在 1575 年从卡塔赫纳写信说，"我要走上整整一年，因为从陆路到那里有 3 000 英里之遥。"[142]

对美洲保持控制的唯一可行方式，就是不断让步、妥协。因此，16 世纪世界上最伟大的帝国，其存续有赖于它不受直接控制的实际状态。当时有很多杰出的总督，其中最著名的是弗朗切斯科·德·托莱多，他在 1569 年到 1581 年间担任秘鲁总督，为疆域横跨各大洋的帝国内部政府带来了表面上的秩序平衡。但来自母国的控制缰绳从未收紧，而且随着时间的推移变得松散起来。到 16 世纪晚期，美洲的政治和经济实权被牢牢掌握在殖民者而非国王手中。墨西哥中部的特拉斯卡拉镇就是一个典型的例子。[143] 政府的最初政策是将平民阶层的白人殖民者排除在权力之外，以便印第安人实现有序的自我管理。但该地区有大量未开发的肥沃土地和丰富的本地劳动力，二者结合起来形成了一种使西班牙殖民者无法抵抗的诱惑。从 1540 年左右开始，西班牙人殖民者设法在官方为印第安人划定的领土范围内攫取土地。虽然总督试图阻止这种情况，但到了 16 世纪 60 年代，白人未经授权侵占土地这一现象已然随处可见，到 16 世纪末，大片的西班牙人牧场已经占据了大部分的肥沃平原。

帝国控制的弱点在商业领域尤为突出。从一开始，外国人就被禁止前往美洲，但他们还是去了。经过一段有限的自由贸易时期后，西班牙政府再度禁止外国人去新大陆进行贸易活动。但无论如何，这些外国人仍然在这里频繁从事贸易活动。他们还被禁止在美洲获取金银和其他产品，但他们仍然这么做了，反倒还获得了一个额外的好处，那就是不用纳税，因为他们在这里进行的是非法活动。在每个方面，法律控制的体系总是会被规避和忽视掉。[144]

欧洲人海外事业的先驱几乎无一例外，都是世俗人士；甚至在哥伦布的第一次航行中，也没有神父随行。然而，所有人都时刻把福音挂在嘴边，他们缺少信仰，却都宣称自己的目的是宣扬基督信仰。在向墨西哥进军的过程中，科尔特斯始终强调宗教的重要性，他亲自传教，并率先推倒印第安人崇拜的雕像。从最初在加勒比地区活动时起，西班牙的神职人员就一直对这种前所未有的机会感到惊异，那就是向从未受过西方文明腐化因素影响的野蛮人传道。他们带到新大陆的信仰并不是卡斯蒂利亚独有的文化产物。自 15 世纪以来，受过良好教育的西班牙神职人员的思想理念主要来自多明我会、方济各会和圣哲罗姆会这三个托钵修会的主要派别，并普遍受到意大利的影响，以及所谓"当代虔信"（devotio moderna）的尼德兰宗教运动的戒律影响。萨拉曼卡大学的多明我会修士深受托马斯·阿奎那哲学复兴的影响。"当代虔信"的理念极为深刻地渗入方济各会的精神思想中，并使其在 1524 年派出了 12 名成员——知名的"十二使徒"——去新西班牙传播福音。这一时期抵达新大陆的方济各会修士中有 3 个尼德兰人：彼得·范·德尔·莫雷（Pieter van der Moere，他在西班牙又被称作"根特的彼得"，是皇帝的亲戚）、扬·范·德尔·奥韦拉（Jan van der Auwera，也被称作"爱奥拉的胡安"），还有约翰·德克斯（Johan Dekkers，又名"特克托的胡安"）。[145] 他们将尼德兰天主教中预言色彩浓厚的精神特质也带到了新大陆。

在早期的新西班牙，修士们为了夺取控制权而争斗不休。[146] 方济各会修士于 1524 年 5 月最早抵达。多明我会修士，包括著名的"十二使徒"在 1526 年抵达新大陆。又过了 7 年，奥斯定会也来到了这里。在大西洋彼岸的新世界，传教士们面临着很多他们并不熟悉的挑战。他们在伊比利亚半岛上经历过伊斯兰信仰热潮，见识过愚昧和不信教的人，但没有遇到过自成一派的异端。无论如何，传教士们在宇宙神学二元论——上帝与魔鬼、善与恶、正义与报复各居其位——方面受过的训练，使他们完全没法适应新大陆非定居族群的文化，那里并没有对上帝的信仰，其宗教通常是一种宽泛的"万物有灵论"，即日常生活诸要素的神化特性。

在某种程度上，传教士在美洲的不懈努力可以被视作与世俗征服平行的精神征服。就像那些征服者一样，传教士们的决心毫不动摇，他们实际上破坏了不少当地的文化遗产，包括建筑、美术、雕塑等，同时也毫不犹豫地对印第安人施加暴力。方济各会到达新西班牙后仅仅一代人的时间里，就建立起 80 个宗教机构，多明我会建立了 40 个。到 16 世纪末，新西班牙已经建立起约 300 个修道院，拥有 1 500 名修士。从 16 世纪中叶开始，新成立的耶稣会也加入了其他托钵会修士在美洲的传教事业，他们于 1550 年从巴西的巴伊亚港（Bahia）首次抵达南美洲。

神职人员想尽办法，也没能把伊比利亚半岛的传统信仰带到新大陆。他们信仰的是更纯粹的天主教。作为人文主义时代的继承者，他们有着更加理想化的宗教理念；同时作为中世纪传统的继承者，他们又会倾向于宗教改革之前的神权政治；另外作为新千年宏伟愿景的继承者，他们又坚信印第安人的改宗预示着世界末日的预言将成为现实。对于自身以及继任者们的传教行动，修士们给出的主要解释是，他们的目标就是单纯地遵循福音，拯救美洲原住民的灵魂。从 1551 年蒙特西诺斯在圣多明各的著名布道到 16 世纪末，在很长一段时间里，大多数传教士都在不间断地批评西班牙殖民者，并宣称自己才是印第安人的真正捍卫者。历史学家赫罗尼莫·德·门迭塔（Gerónimo de Mendieta）就代表了方济各会神秘主义学派的观点，他认为印第安人信仰的转变是整个世界神圣计划的一部分。许多教团的修士都受到《启示录》的启发，认为美洲的改信是基督再次降临的最终条件。历史即将终结，当"十二使徒"即将从伊斯帕尼奥拉岛的码头出发前往墨西哥时，他们的导师对他们说："世界末日即将来临。"[147]

这是一个令人振奋的梦想。他们将进入未曾有基督徒涉足的土地，在美洲再次建立起使徒时代的早期基督教会，借机纠正教会官方在长达 15 个世纪的动荡历史中所犯下的错误。问题在于，这些传教士们的愿景就像滤镜一样，既扭曲了他们所看到的景象，也使他们的行动所产生的结果背离了初衷。

他们面临的第一个巨大障碍就是基本的沟通问题。当印加帝国末代皇帝阿塔瓦尔帕及其麾下的士兵们在卡哈马卡广场上聆听西班牙人泰然自若地宣读《诏示》时，这个问题就暴露无遗。历史学家印卡·加尔西拉索·德·拉·维加 * 告诉我们，当时的翻译者费利皮略在为印加人翻译《诏示》时，将"三位一体的神"翻译成"三位神灵加一位"（Dios tres y uno, son cuatro），使得阿塔瓦尔帕还以为西班牙人要他供奉四个神灵。随后，巴尔韦德修士几乎是模仿着内夫里哈为西班牙女王献上《语法》时的动作，走向印加统治者，将一部祈祷书献给他，并通过翻译向他介绍说这本祈祷书"说出"了上帝的话。瓜曼·波马这样描述了当时的场景：

> "把它给我，"阿塔瓦尔帕说，"好让这本书对我讲话。"他把书拿在手里，开始翻动书页。"为什么它不跟我说话？这本书没有对我讲话！"印加皇帝阿塔瓦尔帕坐在王座上，威严地讲完这番话，随后便将祈祷书抛了出去。[148]

这是西班牙人期待的挑衅之举，他们也充分利用了这一点。[149]在卡哈马卡，西班牙人与印加统治者都没能理解对方的意思，事情最终以秘鲁旧秩序的终结和基督教上帝的胜利告终。但沟通难问题一直没有得到解决。半个世纪后，当瓜曼·波马想要评论西班牙在秘鲁的征服历史时，征服者和被征服者之间的语言隔阂，表明了双方的相互理解仍然是难以实现的。[150]关于这个问题，我们稍后还

---

* 印卡·加尔西拉索·德·拉·维加（Inca Garcilaso de la Vega, 1539—1616），秘鲁编年史学家，生于库斯科，印加帝国皇室后裔，为西班牙军官与印加公主之子，代表作是《印卡王室述评》。——编者注

会加以讨论。[151]

当修士们来到一个多种语言混杂的大陆时，掌握这些语言是他们面临的第一个重大挑战。根特的彼得，以及一些佛兰德人很快学会了纳瓦特尔语，这是墨西卡帝国的语言，但是在另一些地区，官方语言又有所不同——萨波特克语（Zapotec）、托托纳克语（Totonac）以及奥托米语（Otomi）——且很难掌握。根特的彼得帮助起草了第一本纳瓦特尔语学习指南，这部作品在安特卫普发行，随后在墨西哥再版。在秘鲁，传教士多明戈·德·圣托马斯（Domingo de Santo Tomás）编纂了第一本克丘亚语的词汇及语法书。几年后的 1590 年，方济各会修士赫罗尼莫·奥莱（Jerónimo Oré）编写了第一本克丘亚语的教理问答书。这两位作者都对印第安人掌握欧洲哲学概念的能力持乐观态度，并且认为克丘亚语是传递福音的适宜工具。[152] 一些早期的神职人员在文献和自然科学方面的智力劳动令人印象深刻，他们的工作也得到了主教和西班牙王室的积极支持。但也有人怀疑征服者和被征服者是否能够用同一种语言交流，并且是否真的观念相通。

实际上的障碍是非常大的。[153] 据门迭塔记载，在墨西哥的早期殖民地，"没有那么多传教士能用印第安人的语言传教，所以我们都通过翻译来布道"。[154] 1580 年前后，即阿塔瓦尔帕被俘虏近半个世纪后，秘鲁的大多数神职人员仍然不会说当地的语言。他们布道时，必须依靠口译员翻译内容，而且"我们也听不懂口译们说的是什么"，一位传教士承认了这一点。[155] 秘鲁的语言多样性问题——耶稣会修士何塞·德·阿科斯塔称之为"语言的森林"——最终被印加人自己解决了，他们开始推行克丘亚语，将其作为唯一的通用语。但对很多安第斯人来说，不论在过去还是未来，克丘亚语都是一门外语。人们也常常怀疑传教士们是否充分地掌握了相关语言知识。试图用克丘亚语传道的神职人员总会词不达意，讲得一团糟。[156] 语言学习的主要问题，是人们难以从当地语言中找到能够表达欧洲人概念的词。天主教信仰的基本术语，像"三位一体""恩典""圣礼""天堂""地狱"，在当地语言中都没有对应的词。最终，很多西班牙词语被引入印第安人的语言，其中最重要的或许就是"上帝"这个代表唯一真神的词。不难想象，很多当地人只会把这个"上帝"理解成他们熟悉的众多神灵中的又一位新神。

试图渗透当地人民的语言，成为欧洲传教士的计划的一部分。他们开始积累有关新大陆的知识，因为知识就是力量。[157] 他们想要了解这片土地，了解这里的人民、习俗、仪式和宗教。他们系统地撰写报告、分析文章和研究成果。其结果是大量美洲民族志作品的出版，这些作品大部分是由卡斯蒂利亚的神职人员撰写的，也有一些出自王室官员之手。无论是在当时还是在后来的帝国历史中，这些出版物都是稀有的珍贵资料。因为那些写作者不仅意识到自己在收集信息，也意识到周围的世界正在迅速变化，所以他们必须赶在变化之前予以记录。

西班牙王室通过鼓励人们收集美洲当地文化的信息，做出了自己的贡献。众所周知，腓力二世对美洲文明非常痴迷，他赞助了弗朗切斯科·埃尔南德斯（Francisco Hernández）的植物学研究，以及何塞·德·阿科斯塔的民族志研究。在墨西哥待了6年后，埃尔南德斯告诉国王："我完成了10本图册和5本文字著作，主要讲述了这片大陆的植物、动物和古代遗址。"[158] 然而，在16世纪70年代的某个时候，官方停止了对这类工作的支持。1577年，一条王家法令禁止人们继续研究当地的历史和宗教。出台这项禁令的原因是一个有待探索的谜题，因为国王并没有反对研究工作的动机。无论真正的原因是什么，这个禁令看起来只影响了一小部分人，那就是方济各会的写作者们。其中受到影响最大的两位，就是贝尔纳迪诺·德·萨阿贡（Bernardino de Sahagún）以及赫罗尼莫·德·门迭塔。

萨阿贡做出的最早也是最了不起的尝试之一，就是试图弥合西班牙人与印第安人之间的文化鸿沟，他的不朽杰作《新西班牙事物史》（*History of the Things of New Spain*）——有时也被称作"佛罗伦萨手抄本"（Florentine Codex）——是在纳瓦人助手的协助下草撰的，这位助手还撰写了一份文本，后来被修士翻译成卡斯蒂利亚语。[159] 大约在 1547 年，在萨阿贡的指导下，纳瓦人抄写员记录下大量实用信息和民间记忆，包括当地人对西班牙征服史的回忆。直到 20 年后，萨阿贡才开始整理并翻译这些纳瓦特尔语文本。虽然他声称并笃信这些文献是他自己讲述的内容，但这些文献实际上都是纳瓦人记忆的产物。这位修士的最大贡献，是他开启了对西班牙人与新大陆原住民交往历史最早的真实记录（尽管是在一代人后写成的）。由于违反了禁止撰写关于美洲原住民内容的禁令，这本书直到 20 世纪才得以完整出版。

然而，早期传教士们的杰出作品只代表了征服活动的一面。征服的另一面是不可避免的暴力。一些印第安人领袖看到了信仰基督教所能带来的政治利益，于是选择改宗，但他们的民众却常常是被胁迫改信这门新宗教的。传教士们采取的布道体系完全依赖于纪律管理，任何违反纪律的人都会受到相应的肉体惩罚。门迭塔在这一点上态度强硬："如果认为有别的方法可以向印第安人传授信仰真理，那无疑是错误的。上帝提到他们时，对仆人说，强迫他们进来。"[160]

早期传教士中最突出的暴力强迫者，是主教弗雷·迭戈·德·兰达（Fray Diego de Landa），他在尤卡坦半岛发起的改宗运动，包含着名副其实的恐怖。他在1562年宣称只有惩罚才能使印第安人接受基督教。"他们虽然看上去是一群单纯的人，"他说，"却很喜欢搞各种小破坏，固执地坚守他们祖先的习俗和仪式。整个大陆都是被诅咒的，如果你不强迫他们，他们就永远不会说真话。"在他任职时期，4 000多名玛雅人受到虐待和折磨，其中约200人因宗教问题被处死。这里不能谈论适应当地文化的问题，当地文化必须被连根拔起并被摧毁。与安第斯人不同，尤卡坦半岛的玛雅原住民祭司，是美洲少数能够书写文字的群体。他们尽可能地把本土作品隐藏起来，对西班牙人保密。直到20世纪，他们的一些文本才被发现并被破译出来，文本合集被统称为《奇拉姆·巴拉姆之书》（*The Books of Chilam Balam*）*。德·兰达不会放过他发现的任何一本玛雅象形文字的书。"这些人，"他宣称，"利用某些字符或字母来记录他们的历史和科学，我们发现了很多类似书籍，并把它们都烧光了。"[161]

许多殖民者和神职人员都强烈反对这些暴力手段。其结果之一，是权力逐渐从托钵修会转移到当地政府手中。修士们早期的乐观情绪变成了审慎的悲观态度。门迭塔则将那一时期视作"黄金时代"，而萨阿贡在16世纪50年代就已经开始感到，西班牙对美

---

* "奇拉姆"意为代言人，指玛雅祭司，"巴拉姆"意为美洲豹，也指神秘之事。——译者注

洲的精神征服失败了。[162] 他把目光投向新大陆以外的世界，在太平洋地区看到了基督教王国的新天地。

在 16 世纪中期的墨西哥，方济各会的活动正值鼎盛时期，最著名也是最顽固的修士门迭塔坚定地向皇帝表达了他对在墨西哥实现宗教力量和世俗力量的融合，并且如同《启示录》所言建立起神权政治的期盼："我请求陛下尽一切努力促成耶稣基督第五王国的实现，使其扩张并拥抱整个世界，而您则是这一伟业的领袖。"[163] 门迭塔以独特的方式在《新西班牙的印第安人史》中表达了这个伟大的方济各会梦想，即建立了一个基督统治下的帝国，这无疑是帝国事业早期阶段人们所构思的最宏大的梦想之一，萨阿贡和门迭塔也表达了这个伟大的梦想。门迭塔的请求来得太迟了，身心疲惫的查理皇帝已经决定放弃权力，去寻找另一个永恒王国的安宁。神职人员们渴望的普世基督教帝国，要到他儿子的治下才能实现。后者会从 1543 年开始统治伊比利亚半岛，并注定要在他行使权力的半个世纪里，建立起欧洲有史以来最伟大的世界帝国。

第四章

创造世界强国

我们西班牙虽然有很多骁勇善战之人,但还是缺乏武器装备和作战实践。

——赫罗尼莫·卡斯蒂略·德·博瓦迪利亚,

《行政官的政治指南》(1597)[1]

1556 年,刚刚从父亲那里继承王位的西班牙国王年仅 28 岁,他沉默寡言,金发碧眼,中等身材。他爱好狩猎和比武,有教养,为人严肃,保持着虔诚的宗教信仰,他花了近 5 年的时间游历了主要的欧洲国家。从 1543 年起,当时尚不满 16 岁的他就开始担任西班牙的摄政,积累了丰富的执政经验。[2] 他与妻子玛丽·都铎在英格兰待了几个月后,于 1555 年穿越布鲁塞尔,从他父亲那里继承了西班牙的领土,自那时起,这些领土就构成了他政治遗产的一部分。查理没有让出西西里岛、那不勒斯和米兰的统治权,因为这些领地已经属于腓力——他在 1540 年就被授予米兰公爵的继承权,并在 3 年后正式封爵。1554 年,就在腓力与玛丽·都铎结婚的前一天,他还获得了西西里和那不勒斯的王权。剩下还没交给腓力的,就只有尼德兰、卡斯蒂利亚(包括新大陆)、阿拉贡和撒丁了。

腓力的统治权力与他父亲一样都是王朝式的，也就是说，权力纯粹是基于家族继承的原则。腓力在他所有的欧洲领土上得到的头衔也体现了王朝的特性。但是在他的领导下，一种本质上不同于王朝统治的要素开始发挥作用。腓力控制的领土主要集中在地中海地区，自从他决定以西班牙作为自己的统治中心后，腓力很快就将政治焦点转移到了这里。他在尼德兰待了4年，尼德兰与法国之间因意大利事件而起的新战事急需他关注。但从那时起，做出决定并行使权力的，就是西班牙和西班牙人了。

在一支法国军队入侵意大利、进攻米兰的同时，另一支法国军队入侵了尼德兰。到1557年7月，腓力在布鲁塞尔集结了一支3.5万人的防御部队，由萨伏依公爵埃马努埃莱·菲利贝托（Emanuele Filiberto）和奥兰治亲王拿骚的威廉（William of Nassau）统领，埃格蒙特伯爵拉莫拉尔（Lamoral）指挥骑兵。在腓力可以调配的全部士兵（他们并不是都实际参加了战斗）中，只有12%是西班牙人。其余的，德意志人占53%，尼德兰人占23%，英格兰人占12%。所有的指挥官都不是西班牙人。国王全力以赴准备作战。[3]在7月的最后一周，腓力忙着安排他麾下的意大利部队和德意志部队在圣康坦会合。他的职责使他无法亲临前线，但他坚持要求萨伏依公爵（这也是他在信件中重点强调的）"在我到达之前，你一定要尽力避免交战"。8月10日，正值圣劳伦斯节，法国将领率约2.2万名步兵和骑兵，向圣康坦前方的萨伏依公爵的阵地进发。这个小镇对尼德兰人至关重要，它既可以阻挡法国人前进，也可以为进军巴黎的道路扫清障碍。萨伏依公爵已经无法避免冲突，因此发起反攻。

经过一场短暂但是血腥的行动，佛兰德军队[4]击溃并摧毁了法国军队，法军损失超过 5 000 人，还有数千人被俘。萨伏依军队损失的兵力可能不超过 500 人。在那个时代里，这几乎是最辉煌的军事胜利之一了。腓力的朋友兼顾问鲁伊·戈麦斯（Ruy Gómez）评论说胜利显然要归功于上帝，因为他们是在"没有经验、兵力不足、资金短缺"的情况下取胜的。尽管西班牙人在其中发挥的作用并不大，但胜利的荣耀还是归西班牙的新国王所有，腓力也将胜利视为上帝对其王权统治的祝福。[5] 法国人被迫进行和谈，谈判于 1558 年晚些时候开始，直到 1559 年 4 月在卡托-康布雷西（Cateau-Cambrésis）签订条约。

腓力于 1559 年 9 月回到卡斯蒂利亚，他很乐观地相信自己与法国签订的和约将会带来长久的和平。他在 1559 年早些时候写道："对我来说，维持战争是完全不可能的。"因为他需要解决严峻的财务问题，早在 1556 年发生的事件就已经显示出问题的严重性——驻守佛兰德的一个西班牙军团因为没有领到薪酬叛变了。"我感到非常抱歉，"腓力在给萨伏依公爵的信中写道，"我无法向您支付这支军队的薪酬，因为我根本没有钱。您会发现，唯一可能的办法就是与富格尔家族的人进行谈判。"不仅是在尼德兰，在意大利，战争开支也已经令人难以承受。

《卡托-康布雷西条约》做出了停战的规定。这是瓦卢瓦王朝和哈布斯堡王朝之间长期冲突的结束，并以腓力与法王亨利二世的女儿伊丽莎白的婚姻告终。然而，其他大国看到腓力控制了如此广阔的领土，都担忧他会有更大的政治企图。腓力宫廷中的威尼斯大使却对此秉持乐观态度。他报告说，腓力"不是为了扩大王国领地，而是为了保持和平、保卫土地才发动战争的"。在腓力统治期间，他从未改变过这一想法。"我对别人的领土没有兴趣，"腓力曾经在给父亲的一封信中写道，"但我也希望人们能够理解，我必须捍卫从您那里继承来的东西。"[6] 腓力一再对外交官坚定表示自己没有扩张的意图，他雇用的官员也大多是一些明确表示反对侵略政策的人士。[7] 另一方面，现实的政治局势不可避免地将他拖入了持续不断的防御和侵略战争中。除了他父亲积累的所有债务，腓力还需要应对一些棘手的问题。他向他在佛兰德的首席大臣、枢机主教格朗韦勒[8] 承认，佛兰德的财务欠款问题已经非常严峻，但"我向你保证，我这里的情况比你那边还要糟糕。我承认我从没想过事情会发展成这样"。[9]

腓力领导下的"西班牙帝国"有着独特的本质，我们不得不对此予以解释说明。最主要的新颖之处在于它是由西班牙人控制的。从那时起，国家的行政决策者成了定居在西班牙而非往返于其治下领地之间的统治者。然而，就控制地区而言，帝国几乎没有什么新颖之处——腓力直接从他父亲那里接管了许多国家，而这些地方从 16 世纪 40 年代起就已经处于腓力的管辖之下了。葡萄牙及其诸多属地在 1580 年至 1640 年间由西班牙国王统治，但它们一直保持着自治权，并不受西班牙政府的正式管理。此外，腓力还获得了一些新的领土，像是菲律宾，以及意大利的两个要塞，但是这个"帝国"自诞生之日起，它的形态就已经基本固定下来了。它并不像历史上其他大多数帝国一样，凭借军事行动的成果持续扩张。因此，西班牙君主制的独特之处，就在于它并不是帝国建设事业的产物，也不是侵略性帝国主义的果实。它在诞生之时就已经是一个成熟的系统，但国王也能清楚地意识到这个系统的严重缺陷。在继位后的 20 年间，腓力也不断采取必要的措施，以便更严格地限制并界定帝国活动的边界。

近半个世纪以来，西班牙第一次拥有了一位长期定居在西班牙本地的国王，这位国王决心将自己的注意力集中到这个君主制国家上。但在此之前他还需要解决一些别的问题，因为他所继承的一些王国的政府已经濒临破产。卡斯蒂利亚的国库严重亏空，腓力在 1557 年 6 月身处伦敦之时，就已经试图将部分债务合并到公债（juros）中。他在 1560 年 11 月又进行了一次债务处理。"我几乎将我所有的盈利产业都卖掉或抵押掉了，"他在 1565 年说，"除此之外，我欠下了一大笔钱，我还需要更多资金来维护我的领地。"[10]

他回国后着手的第一件事就是改革了卡斯蒂利亚财政部（Hacienda）的会计系统。他必须应对的棘手问题，包括穆斯林势力的威胁以及卡斯蒂利亚地区出现的潜在新教徒团体。但是，西班牙的前景并非毫无希望。16 世纪中叶的西班牙正沐浴在事业成功的光辉中。[11]凭借着与美洲的联系以及自身在欧洲政治体系中的关键地位，卡斯蒂利亚经历着前所未有的扩张。在 1530 年至 1580 年间，卡斯蒂利亚的城镇和乡村人口都增长了约 50%，塞维利亚的人口更是在 1534 年至 1561 年间增加了两倍。生产总量也随之上升。除了本土人口增长带来的需求，还有美洲对食品和制成品的需求。新的财富的到来使商人们有了更多的资金来进行贸易投资，也使制造商能将更多资金投入生产。农业发展迅速，根据编年史家弗洛里安·德·奥坎波（Florián de Ocampo）在 1551 年的观察结果："因为卡斯蒂利亚的所有土地都被开垦播种了，所以荒地都消失了。"塞戈维亚和其他卡斯蒂利亚城镇的羊毛产业，以及格拉纳达的丝绸产业也不断发展壮大。外国人的金融活动（像是热那亚人就主导了西班牙出口到意大利的丝绸生意），在西班牙的经济扩张中发挥了关键作用。长达半个世纪的内部和平——我们可以看到西班牙几乎没有直接参与皇帝发起的任何战争——有助于经济成果的巩固。

　　当然，经济活动的扩张也存在消极方面。当时的人们对商品价格的迅速上涨感到担忧，他们没法理解价格为什么攀升时，就会将其归咎于那些获利者。托马斯·德·梅尔卡多在1568年写道："在30年前，1 000枚马拉维迪（maravedís）还是一笔不小的数目，但在今天已经买不到什么东西了。"人们对外国商人的活动感到忧虑，并指责这些商人带来各种进口商品，赚走了西班牙的白银和黄金。1548年，一位愤怒的卡斯蒂利亚议员在一场会议中提出："那些把进口商品卖给我们的外国人，能带走的应该只有我们的商品而不是现金。"另一位议员在同一场会议中声称："对于外国人来说，西班牙已经变成了另一个印度。"这种反应是很典型的，人们发现自己很难适应帝国扩张带来的复杂现实状况时，都会抱有这种态度。相比之下，腓力二世则试图专注于提升卡斯蒂利亚的实力，以稳定并加强政府力量。

　　与法国达成和平协议后不久，西班牙就不得不将注意力转向地中海穆斯林势力的紧迫威胁。几乎就在腓力派使者去卡托-康布雷西议和的同时，神圣罗马帝国皇帝斐迪南一世在维也纳城前与土耳其军队缔结了休战协定。在地中海东部，土耳其海军继续向西推进。从1558年到1566年，腓力二世首要关心的就是土耳其的穆斯林盟友——他们的基地位于的黎波里和阿尔及尔。海盗德拉古特（Dragut）正率领着北非军事力量大肆劫掠基督教世界的航船。

　　1558年，当腓力离开布鲁塞尔，并因此无法兼顾所有政治决策时，由他妹妹主导的摄政政府批准了一场草率的军事行动：阿尔考德特伯爵率领军队，远征奥兰海岸。如我们所见，这支队伍被阿尔及尔的军队歼灭了。1559 年 6 月，腓力仍身处布鲁塞尔，他批准了一支意大利大军远征的黎波里的行动，这场远征是西西里岛总督梅迪纳塞利（Medinaceli）公爵和马耳他骑士团大团长让·德·拉瓦莱特（Jean de La Valette）的主意。组成这支庞大部队的有吉安·安德烈亚·多里亚（Gian Andrea Doria）海军上将麾下的约 90 艘战船，以及总督麾下的 1.2 万名士兵。1559 年 12 月初，他们离开了集合点锡拉库萨（Syracuse），但恶劣的天气迫使他们返回，直到 1560 年 3 月他们才再度起航，并占领了的黎波里海岸附近的战略要地杰尔巴岛。但是天气造成的延误，使伊斯坦布尔的土耳其人能够集结起一支救援队伍，并于 5 月袭击了杰尔巴岛。基督教一方的半数船只被击沉，士兵们也在军官的影响下惊慌逃跑。多里亚和梅迪纳塞利设法逃脱了，但是土耳其船队困住了残余的部队。7 月，超过 1 万名士兵投降，他们被迫出现在伊斯坦布尔街头土耳其的凯旋仪式上。[12]

这是西班牙及其盟国有史以来最大的灾难。"你不会相信，"法国驻托莱多大使说，"宫廷和整个西班牙对这场损失感到有多痛心，他们对此深感羞耻。"杰尔巴岛事件让腓力意识到，西班牙在地中海的战略布局急需改革。1561 年，德拉古特又摧毁了 7 艘西班牙船只。随后的 1562 年，一场反常的风暴在马拉加海岸附近摧毁了另外 25 艘西班牙战船。西班牙在地中海西部本就有限的海军力量正在迅速瓦解。当国王试图了解土耳其的动向时，他着手开始实施一项重要的造船计划，同时仍对非洲保持关注。1564 年 8 月，新任地中海舰队司令加西亚·德·托莱多设法组建了一支部队，占领了北非沿海地区的戈梅拉岛的要塞。

占领戈梅拉岛港口是一个虽然不大却具有象征意义的成就。它揭示了西班牙无论遇到怎样的阻碍，都可以在地中海地区保持领先地位的惊人能力。法国贵族皮埃尔·德·布朗托姆参与了围攻，这段经历使他在余生中都对西班牙人无比钦佩。返回法国后，他向年轻的国王查理九世讲述了西班牙庞大舰队给他留下的深刻印象。"我要那么多船做什么，"国王表示，"只要不去国外打仗，我现在的钱难道不是已经够用了吗？""您说的对，陛下，"布朗托姆回答说，"但是，如果您拥有这样一支舰队，您在海上就会和在陆地上一样强大。如果您的前任国王们当初注重发展海军，那么今天的您原本可以坐拥热那亚、米兰和那不勒斯。""陛下，"另一位贵族插嘴道，"布朗托姆说得很对。"[13] 值得注意的是，这则逸事出现在布朗托姆关于安德烈亚·多里亚成就的叙述中，这一记录无疑确认了意大利人在西班牙帝国事业中的重要贡献。

1565 年 4 月，当人们在意大利南部发现一支土耳其舰队时，它给人的第一印象是它正在驶向拉戈莱塔要塞。然而，这支舰队在 1565 年 5 月袭击了马耳他岛，该岛主要由让·德·拉瓦莱特指挥的马耳他骑士团守卫。骑士团在此只有 2 500 人，却要驻守 3 个主要堡垒，对抗这支拥有 4 万名士兵的土耳其舰队。第一个要塞圣埃尔莫（St Elmo）迅速投降，但土耳其人不得不对另外两个要塞展开围攻。双方的伤亡率都很高，骑士、士兵、马耳他平民，以及土耳其的围攻部队都伤亡惨重。9 月初，加西亚·德·托莱多率领一支拥有 1.1 万人的增援部队从西西里岛赶来，迫使土耳其人解除围攻。[14] 这场胜利让欧洲基督教徒欢欣鼓舞，也给西班牙帝国带来了荣耀，展示了西班牙作为地中海海上强国是名副其实的。但是，西班牙人还没有理由感到自满，因为意大利和西班牙仍然受到威胁，西班牙的军事力量依旧较弱，且国库亏空。必须做出巨大努力，全面加强基督教世界的防御力量。

西班牙无法应付军事冲突给君主政体带来的压力，根源在于这个问题并没有现成的解决方案：半岛内外都缺乏集中的行政与财政管理。[15] 直到 1700 年，政府仍主要依靠私人承包商来获得士兵和船只。这意味着西班牙的军事力量不是由国家掌控的，而是取决于政权控制之外的人员的效率。这个问题是无法解决的，因为国家机器仅在卡斯蒂利亚王国内部才具备有效的管辖权。在王朝君主辖下的其他领土，甚至是在殖民地，出于实际情形或是宪法因素，实际权力都掌握在地方当局的手中。这不是一个新问题，因此我们也不能把它当作王权崩坏的迹象。这个问题在帝国成立之初就已经显现，是由卡斯蒂利亚王国及其相关领土之间的内部关系结构所导致的。尽管后来 17 世纪的政治家们采取了种种激进的政策，但由于卡斯蒂利亚无法改变其行政管理的本质，帝国效率的问题从未得到充分解决。当时的所有欧洲大国——英格兰、勃兰登堡、瑞典、法国——都在朝着由国家和王室共同控制陆军与海军的方向发展，而在卡斯蒂利亚，国家力量却不足以驾驭这个本有可能发展为世界最强大国家的多王国共同体的资源。[16]

正如我们所看到的，卡斯蒂利亚地区实现帝国身份的能力，在很大程度上取决于其盟友的贡献。历史学家们一度秉持着完全相反的意见，认为卡斯蒂利亚本身就是一个极为强大的国家。今天我们可以说这个想法无疑是种幻觉。卡斯蒂利亚本身无法提供什么资源。相比之下，没有来自美洲的黄金，以及来自其他欧洲国家的人力、专业知识与金融的支持，这样一个全球帝国是无法建立起来的。此外，战争开支严重影响了财政的正常运作。在 1560 年之前，卡斯蒂利亚的政府深陷债务，无法履行偿还贷款的承诺。1560年后，腓力二世开始认真清算开支，但是各地扩充兵力的需求——首先是在地中海地区，随后是在欧洲北部——将所有计划都打乱了。国王在1560年后重组了他的财务部门，但始终未能建立起一个高效的财政部。或许最令人震惊的是，国王甚至没有国家银行来处理支付业务。[17] 1576年，一位佛兰德金融专家向国王提议在西班牙全境建设银行网络，但这项计划从未付诸实践。

来自时间和距离的挑战是提高效率的根本障碍。对于西班牙这样的世界帝国，幅员过于辽阔、信息不足或是过时、官员因遥远而不好管控——这些问题中的任何一个，都能让帝国的管理无法达到令人满意的水平。为了与附属地区的每个角落都能保持联系，"西班牙与距离障碍展开了不懈的斗争"。[18] 在最快的情况下，从布鲁塞尔寄往马德里的信件可以在两周内抵达，而从墨西哥寄往马德里的信件周转时间往往会超过3个月。从发送信件到最终收到回信，一个遥远殖民地的官员可能需要等待两年，才能获得对某一事件的行动指令。同样的情况在欧洲也没有好多少。[19] 格朗韦勒在1562年抱怨过信件延误的问题，他宣称布鲁塞尔与马德里的联系比美洲与马德里的联系还要少。格朗韦勒后来担任那不勒斯总督时，引用了前任总督的一句话："如果一个人不得不等待死亡，他会希望死神是从西班牙来的，因为这样死亡永远都不会降临。"在频频的低效率和延误之中，帝国各地的事件发展逐渐脱离了统治者的控制。

腓力二世也试图克服信息传递方面的巨大障碍。那些走出自己文化区的欧洲人也会发现，自己在与其他人交流时难免会遇到种种问题，[20] 西班牙人也不例外。卡斯蒂利亚的帝国政策很快就在它试图行使权力的地区遭遇了语言上的劣势。卡斯蒂利亚人在国内惯于运用的言语、思想和知识，不足以应对他们与外部的复杂世界接触时所遇到的挑战。[21] 不论是在欧洲还是美洲，许多卡斯蒂利亚人都乐于敞开心扉，与其他文化进行开放对话，但也有一些人会坚持自己祖先的传统。这两种态度博弈的关键事件之一，就是伊拉斯谟的支持者与反对者的冲突，这场冲突在 16 世纪 20 年代的卡斯蒂利亚达到了高潮。年轻的腓力二世亲身经历了卡斯蒂利亚在扩展疆域过程中的问题，但他很快就打破了他的人民与世界其他国家之间的边界。1548 年，腓力二世（当时的他只有 21 岁，已经担任西班牙的摄政）在欧洲游历时，目睹了文艺复兴时期意大利的种种奇观，以及该地区在艺术、航运、建筑、防御工事和印刷等方面的明显优势。一切都有待学习，而腓力二世迫切想要学习。当他成为国王后，他不断从意大利引进这些领域的专家。尼德兰之旅对国王的影响甚至更大。腓力二世在英格兰游历了数月之久，却从未显示出对英格兰的任何感情，但他对尼德兰的热情却是深远而持久的。当他从尼德兰回到西班牙时，他尽己所能地想要将尼德兰各方面的成果都带回去：绘画、时装、创意、书籍，以及艺术家、园丁和技术人员等必要的人员。

国王也在旅行中丰富了自己的阅历，并开始收集与帝国事业相关的数据。在 1559 年离开尼德兰之前，他委托制图师雅各布·范·德芬特（Jacob van Deventer）"参观、测量并描绘我们领土上的所有城镇"。[22] 整个项目耗时 14 年才完成。腓力在 1566 年告诉那不勒斯总督，"因为每天都有新事情发生，为了更加清楚地了解这些事件，我们就有必要弄清楚我国疆域中各个地方距离的远近，以及所有的河流与边境"，因此应该向国王呈递一份详细绘制的地图。1575 年，总督被要求"对其统辖的疆域进行调查，了解当地的产业贸易"。所有地方的总督似乎都收到了同样的要求。1566 年，腓力还曾下令对西班牙进行一场全新的地理调查。调查结果现存于埃斯科里亚尔（Escorial），这是整个 16 世纪欧洲国家的同类调查中令人们印象最深刻的一项调查。[23] 1570 年，他委托葡萄牙天文学家弗兰塞斯科·多明戈（Francisco Domingues）对整个新西班牙进行地理调查。次年，他任命胡安·洛佩斯·德·贝拉斯科（Juan López de Velasco）为美洲的官方"天文-历史学家"。国王敏锐地意识到，他的国家在地理和历史方面缺乏有条理的信息，这种情况使政策制定变得极为困难。1566 年，当腓力被要求就莱加斯皮（Legazpi）前往菲律宾的航行问题做出决定时，他犹豫不决，因为他找不到该地区的地图。"我相信我有一些相关地图，"他写信给他的秘书说，"前几天我在马德里的时候试图找到这些地图。等我回去后，我会再找找看。"[24]

　　腓力对地图始终如一的兴趣并不是出于业余爱好者的好奇心。他很少收集地图。更确切地说，这些地图在腓力眼里是国家统治的基本工具。但是就西班牙地图绘制行业普遍落后的情况而言，国王的兴趣并未激发起西班牙人对这门科学的兴趣。他们甚至连可靠的伊比利亚半岛地图都没有。当时最好的地图绘制者都是外国人，其中大多数是意大利人，他们更关注西班牙的海岸（出于航运的实用目的）而非内陆。因此，腓力对亚伯拉罕·奥特利乌斯（Abraham Ortelius）1570 年在安特卫普出版的《世界概貌》（*Theatrum Orbis Terrarum*）——一部题献给腓力的地图集——极为满意。其他尼德兰人也对伊比利亚半岛的知识积累做出了巨大贡献。回国后不久，腓力就邀请安东·范登·温盖尔德（Anton van den Wyngaerde）来西班牙，对城市做调查。[25] 由于卡斯蒂利亚缺乏本土专家，西班牙地图绘制事业的重大进展都得益于外国人的工作。[26] 马德里的第一张街道地图是由佛兰德人绘制，并且是在尼德兰而非西班牙本土出版的。索托在北美洲的探险结果直到 1584 年才体现在奥特利乌斯的地图出版物上，而到 1597 年，科内利斯·范·维特弗利特（Cornelis van Wytfliet）才在鲁汶（Louvain）绘制出第一部完整的美洲地图集。[27]

　　从 1575 年开始，王室议会开始准备所有调查计划中最雄心勃勃的一项。1576 年 5 月，腓力发布了一份详细的清单，列出了 49 个问题，要求美洲所有官员回答。问卷涵盖了从植物学、地理学到经济和宗教等所有人们可能想到的问题。这些答案，也就是著名的"地理关系"（Relaciones Geográficas），从 1577 年开始被汇集起来，汇集活动持续了 10 年之久。[28] 腓力还下令对卡斯蒂利亚地区也进行类似调查。通过这些在 16 世纪 60、70 年代盛行一时的调查项目，我们可以清楚地看到，国王渴望在其国土上建立起一个百科全书式的庞大信息宝库。当时没有其他任何一位君主像腓力那样，会去赞助通史写作、地理研究、地形调查以及绘制王国疆域的地图。与其他所有项目一样，腓力希望这些研究是以对原始数据的系统运用为基础展开的。他不是为了让人们深刻铭记这些成就，而是为了学习并付诸实践。像其他统治者一样，腓力从未成为一位伟大的学者。但是毫无疑问，他是欧洲君主中最有创意的项目赞助者。

　　除了信息汇集与传递的问题之外，另一个重要问题是寻找可靠的官员。由于帝国缺少统一的官僚机制，国王不得不自行在其统辖的各个国家里寻找代理人。行政职位的候选人通常是从当地精英中诞生的，这种做法有利于政局稳定，也能让当地精英阶层与王室保持联结。但是在 16 世纪 50 年代后，局势发生了翻天覆地的变化。后来西班牙政权的批评者往往坚持认为，腓力二世将君主制卡斯蒂利亚化了并将马德里变成了决策中心。与查理五世的君主统治不同，腓力的统治成了真正的西班牙式的，甚至是真正的卡斯蒂利亚式的。从 1561 年起，马德里被选为政府所在地，这是一个卡斯蒂利亚人会做出的决定。这一举动经常被误解。马德里并没有因此转变为西班牙的首都（这是到了 1714 年才发生的事情），但是它为这个新兴帝国提供了一个行政中心。自从腓力于 1556 年成为国王时起，他就尽一切努力将他信任的卡斯蒂利亚人安置在各个关键职位上，以便与各地的政府建立直接联系。若是没有了这种联系，帝国的控制能力就会大打折扣，各地传来的信息也会变得不再可靠。但是这一政策也伤害了民众的感情，尤其是在尼德兰等完全自治的地区，从长远来看，该政策造成了严重的后果。在意大利的领土上，国王实现了一些变革，将权力有效地集中在西班牙官员手中。1568 年，他命令那不勒斯总督说："以后凡是有职位空缺，如果可以任命西班牙人来填补，须及时通报。"几乎所有涉及军事安全的职位，都是要保留给西班牙人的。[29] 任命了很多卡斯蒂利亚人做总督就印证了这一点，相关情况还通过 1559 年的检查加以确认，以保证新制度的正常运行。

然而，腓力并没有一味徒劳地为西班牙人揽权，如果有人认为他会这样做，那显然是大错特错了。尽管腓力试图将重要的决策权集中到西班牙手里，但他尽可能少地干预各王国的内部政府。正如他父亲之前的做法一样，腓力主持并打造了将其他各国精英联结起来的人际网络。他还为这些精英提供了分布于帝国各处的职位。精英们往往会担任行政官员、财务官、外交官和将军。当然，只有更具国际化背景（或是更有影响力）的人士才能担任这些职位。在大多数情况下，各地精英（像在加泰罗尼亚的）[30] 更喜欢生活在自己的家乡，他们了解那里的人民，讲自己的语言，行使自己的权力，偶尔抱怨到处都是来自卡斯蒂利亚的外来人。在那时，卡斯蒂利亚人确实占据了主导地位，但同时也有许多帝国精英积极参与政治活动。博特罗和康帕内拉（Campanella）这样的非西班牙作家，就曾对将各王国精英都纳入帝国政府的政策表示赞扬，他们并没有提出任何非常规的建议，只是在记录那些某种程度上业已存在的现实情况。

一个很好的例子，就是腓力二世最亲密的合作伙伴之一、比利时贵族让-巴蒂斯特·德·塔西斯（Jean-Baptiste de Tassis）。他于1530年生于布鲁塞尔，是一位皇家邮政部门负责人的6个儿子中最小的那个，与父亲同名。塔西斯没有进入邮政管理部门，而是选择了从军，在神圣罗马帝国和西班牙帝国中为哈布斯堡家族服务，但他最重要的职业生涯是在尼德兰展开的，他在那里先后服务过阿尔瓦公爵、唐胡安（Don Juan）和法尔内塞（Farnese）。阿尔瓦公爵认可了他的才华，并派他执行过几次外交任务。就这样，塔西斯将自身的外交和军事背景结合起来，完成了他的欧洲之旅，并在萨伏依、丹麦、苏格兰和英格兰，以及葡萄牙和地中海地区承担起重要的外交任务。一路走来，除了母语佛兰德语和法语，他还熟练掌握了4种语言（德语、拉丁语、卡斯蒂利亚语和意大利语）。[31] 作为坚定支持尼德兰统一事业的爱国者，塔西斯的观点在一定程度上与枢机主教格朗韦勒的观点一致，后者或许会被视为塔西斯的导师。但是塔西斯比格朗韦勒思想更开放、更灵活，这一点可以解释他何以在持有不同观点的人群中广受欢迎，以及他在外交倡议方面取得的巨大成功。1574年，当塔西斯前往马德里履行某个任期时，新任尼德兰总督雷克森斯就恳求将塔西斯调回布鲁塞尔，因为"他受到了两国民众的极大欢迎，所以我恳请您立刻命令他回到这里任职"。[32] 塔西斯最后一项伟大的贡献，或许就是在法国内战的最后几年担任腓力二世的大使，去参加法国三级会议。

从"大将军"贡萨洛·德·科尔多瓦的时代起，在意大利服役的卡斯蒂利亚士兵都会被编入步兵团，每个团约有 2 000 名士兵，这些军团后来被称为"西班牙方阵"。它们在格拉纳达战争期间被创建出来，并在意大利战争中由"大将军"及其指挥官发展起来，以应对法国强大的步兵建制。法国人和卡斯蒂利亚人都模仿了瑞士模式，但是科尔多瓦对其进行了调整，创建出规模更小、机动性更强的纵队。[33] 西班牙方阵一直没有被列入正式编制，直到 1536 年查理五世在热那亚颁布法令，正式组建了 4 个特殊军事单位。这些士兵很快就因作战效率高而闻名，因为他们不是义务兵，而是主动选择将战争作为职业的有偿志愿兵。他们必然会在意大利领土上持续服役，并成为欧洲第一支永久性的常备军。西班牙方阵中的士兵往往来自较高的社会阶层。例如 1567 年在佛兰德地区服役的西班牙方阵中，[34] 至少有一半的成员具有贵族身份，其中绝大多数成员来自卡斯蒂利亚和安达卢西亚。作为社会上层人士与军事精英，方阵中的军官都会受到应有的礼遇：在阿尔瓦公爵写给西班牙方阵军官的一封信件中，开头就是"值得尊敬的先生们"，而这些官兵刚刚因为拖欠军饷而在哈勒姆（Haarlem）反叛，这是他们周期性发起的抗议活动。

西班牙人的一个惯例，是决不让西班牙方阵参与国内军事活动，[35] 除非他们找不到其他部队可调用。西班牙方阵尽管组织有序，但数量并不多，只占王室可用军事力量的一小部分。在佛兰德地区的战争期间，西班牙方阵的兵力很少超过军队总人数的 10%。与此同时，也有许多意大利人组成的类似方阵，这些方阵主要在米兰和那不勒斯王国招募士兵，而且并不像西班牙方阵那样声誉斐然。如果王室没有在规定时间内偿付军饷（这种情况经常发生），西班牙方阵的兵士们完全有能力发动叛变。布朗托姆就记载过，1564 年占领了戈梅拉岛后，来自一个西班牙方阵的 400 名士兵拒绝在马拉加登船前往意大利，转而前往马德里索要被拖欠的薪酬。"他们每四人一组漫步在街头，像王子一样勇敢而骄傲地高举着佩剑，他们精心修剪了胡须，蔑视甚至是威胁每一个人，他们既不惧怕法庭审判，也不畏惧宗教裁判所。"[36] 国王拒绝对这些士兵采取任何行动，但他要求阿尔瓦公爵直接与他们交涉，并解释说士兵们只要回到意大利就能拿到薪水。

然而对于帝国扩张所带来的众多问题，西班牙方阵只是一个小小的解决方案。卡斯蒂利亚的人口只有 500 万，无法与人口众多的法国、意大利和德意志相提并论，因此，它在任何时候都没有足够的人力来满足海外战争与维持和平的需求。当时的作家们抱怨说，前往新大陆的移民活动带走了相当一部分男性人口，但是这些人口还远远不及 16 世纪 60 年代以来西班牙对士兵的持续需求。像其他没有常备军队建制的欧洲政府一样，卡斯蒂利亚王国只能通过贵族传统的封建体制（这种做法一直持续到 18 世纪，未曾中断过），以及其他自愿或强迫的方式在境内征募士兵。未经当地政府的明确许可，卡斯蒂利亚也无权从加泰罗尼亚、巴伦西亚、阿拉贡或是纳瓦拉调遣军队。结果就是大量的卡斯蒂利亚士兵持续被输往外国作战。[37] 据统计，在 1567 年至 1574 年之间，大约有 3.4 万名士兵离开西班牙，前往意大利和尼德兰作战，平均每年输出的兵力都超过 5 000 人。[38] 这种情况在持续多年之后，对卡斯蒂利亚本土和农村地区造成的影响可想而知。这些前往海外服役的士兵死亡率非常高。有人推测，从 1582 年到 1600 年的 18 年间，每年都可能有 1 500 名西班牙人死在佛兰德的战场上。[39] 16 世纪 80 年代的死亡率甚至还要更高，大约每周就会有 55 名西班牙士兵殒命。那些从战场上回来的士兵（根据腓力三世后来的评论）"都身负重伤，要么四肢不全，要么双目失明，总之都变得全无用处了"。[40]

封建征兵和强制入伍都不足以支撑起一个世界帝国。因此，卡斯蒂利亚像其他欧洲国家一样开始通过签订合同来招募外国士兵，这些士兵经常被鄙视为"雇佣兵"，但他们从各个方面来说都是专业人士，总是比新兵素质更高。直到 17 世纪时，许多"国家"的军队实际上都还是由多国士兵组成的。16 世纪末，法国王家军队也依然主要由外国部队组成。[41] 拿骚的莫里斯在 1610 年指挥的"荷兰"军队中不仅有荷兰人，还有法国人、德意志人、比利时人、弗里斯兰人、英格兰人以及苏格兰人。[42] 在之后的 1644 年，一个活跃在德意志的"巴伐利亚"军团中也不只有德意志人，还有意大利人、波兰人、斯洛文尼亚人、克罗地亚人、匈牙利人、希腊人、弗朗什－孔泰人、法国人、捷克人、西班牙人、苏格兰人和爱尔兰人。[43] 同样，在整个帝国时期的所谓"西班牙"军队中，西班牙人始终只占少数，大部分士兵都是非西班牙人。没有外国士兵与军官的支持，西班牙哈布斯堡王朝的军事行动是不可能顺利进行的。这是"西班牙"权力最脆弱的那一面。西班牙军队中的意大利人和德意志人总是比卡斯蒂利亚人多。在西班牙政府派去驻守佛兰德的部队中，西班牙人从未超过士兵总数的十分之一，[44] 那里的部队大多是从尼德兰和德意志调来的步兵军团。外国士兵在维护西班牙帝国权力上发挥着不可取代的作用，但他们在政治上并不臣属于他们的西班牙人雇主，这一事实容易导致军纪涣散，从"大将军"到斯皮诺拉，这个问题始终没得到解决。唯一的挽救因素是，由于西班牙帝国的庞大规模，相当一部分"外国"军队实际上也是国王的臣民，因此某种政治忠诚的纽带是存在的。

人们通常认为，在查理五世退位时，德意志人与哈布斯堡家族的西班牙分支早已分道扬镳。但实际上这种情况并没有发生，也不可能发生。神圣罗马帝国是继意大利之后西班牙主要的士兵来源地，腓力二世一直小心翼翼地与马克西米利安二世（他娶了腓力的妹妹玛丽亚）以及其他德意志诸侯保持良好的关系。西班牙在欧洲的势力也一直得益于德意志的人力支持。相较于其他欧洲国家（包括西班牙）的军队，阿尔瓦公爵更青睐德意志军队，这绝非偶然。腓力上台后，于1564年首次大规模招募德意志士兵，当时有3 000名德意志人被运送到非洲，协助占领了戈梅拉岛。在1575年，国王招募的士兵中有四分之三都是德意志人，在那一时期，许多德意志贵族也会在西班牙统辖的军队中服役。[45]

意大利的贵族和平民都会在国王的军队中服役。王室当然乐见各地的精英在军事活动中携手合作。1572年，米兰总督向腓力二世报告说："雇用米兰的贵族，使他们为您所用，必将有利于您的帝国事业。"[46]伦巴第的许多大家族，像是贡萨加、博罗梅奥（Borromeo）和埃斯特（d'Este）等家族，都参与了西班牙帝国的战争，还派出了自己的私人武装力量。例如，1592年底，米兰的军队中就包括特雷维科（Trevico）侯爵指挥的20个那不勒斯步兵团，以及巴尔纳博·巴尔博（Barnabó Barbo）指挥的10个伦巴第步兵团。那不勒斯王国的贵族参加了哈布斯堡王朝的所有军事行动：他们在1527年参与了对罗马的洗劫，在1529年参与了维也纳保卫战，在1530年参与了佛罗伦萨围攻战。1528年在意大利，"许多那不勒斯的骑士、绅士、可敬的公民，都与西班牙士兵及德意志雇佣兵一起参加了各种冒险活动"。[47]1556年，当阿尔瓦公爵要与教皇进行军事对抗时，那不勒斯的波波利（Popoli）公爵统领着骑兵。那不勒斯的大人物都去了勒班陀（Lepanto）。1580年，他们还在葡萄牙于阿尔瓦公爵麾下服役。1597年，那不勒斯的卡拉法（Carafa）亲王参与了亚眠保卫战，抵御法国亨利四世的进攻。那不勒斯的普通士兵在17世纪充当了西班牙军队的主要牺牲品。仅仅是在1631年至1636年间，那不勒斯王国就给米兰军队提供了4.8万名士兵和5 500匹马。[48]

另一个例子是爱尔兰人。从16世纪开始，当英格兰人开始摧毁爱尔兰人的家园时，就有许多爱尔兰贵族和士兵来到欧洲大陆，并从16世纪80年代起开始成为西班牙军队的一个规模虽小却持续存在的组成部分。到了17世纪初，这些人主要在他们自己的将领手下服役，比如蒂龙（Tyrone）伯爵休·奥尼尔（Hugh O'Neill）的儿子们。[49]在尼德兰战争期间，1586年到1621年，每年约有5 000名爱尔兰士兵在佛兰德服役，这个数字在17世纪中叶时还有所增长。[50]在那之后，他们中的大部分还是更倾向于直接去伊比利亚半岛上服役：1641年至1654年间，约有22 500名爱尔兰人移民到西班牙。[51]"这个国家的几乎所有男人都来到这里，"一位西班牙官员在1640年写道，"他们始终带着最坚定的勇气在这里服役。"[52]这些爱尔兰士兵在许多军事行动中发挥过关键的作用，例如在1638年，他们就在富恩特拉维亚（Fuenterrabia）击退了法国军队。在人手短缺的时候，从任何地方招来的新兵都会大受欢迎，尽管人们的欢迎会有所保留。一位将领在 1647 年评论说："只有当爱尔兰人、德意志人、比利时人和意大利人都无法满足我们的需求时，我们才会被迫考虑苏格兰人。"[53]

在这种情况下，西班牙军队中很难推行单一的宗教意识形态。查理五世麾下的那些来自西班牙境外的军队中总是有许多新教徒。在腓力二世统治下，佛兰德的军队可以毫不费力地从德意志地区招募新教徒士兵，在欧洲的西班牙军队中，新教徒几乎随处可见。当然，到了 17 世纪，雇用异教徒不再被认为是不可容忍的。1647 年，一位西班牙官员谈论到政府在德意志地区的征兵时说："从那里征募的军队非常优秀，但只有一点，他们全部信奉异端。"[54] 同年，腓力四世也观察到，"我麾下那些西班牙境外的军队中，宗教信仰与我们不同的士兵往往更容易得到宽容"，[55] 但他也毫不犹豫地接受了一项提议，即雇用 6 000 名尼德兰的新教徒士兵在安达卢西亚服役。在这一事件中，雇用新教徒的提议最终没有被落实。但这并不影响 17 世纪中叶以后，成千上万新教徒士兵领取着西班牙的薪资在欧洲北部服役的事实，正像他们在腓力二世统治的鼎盛时期所做的那样。他们不一定要为天主教的西班牙国家而战。我们应该记住，用于维持政治统治的人力是很少被派上战场的。尽管战斗往往是决出胜负的关键，但这都是特殊事件。权力的维系往往倚赖的还是军事驻守力量，尤其是分布在主要城镇的小型驻军，这种象征性的军事存在主要发挥威慑性作用，很少是为了"占领"。这种驻军的最典型例子，就是帝国在非洲北部海岸以及一些意大利城市的驻军。

西班牙在查理五世统治下充分享受着和平，新的哈布斯堡王朝也得以建立起来，但这也给西班牙的军事力量带来了严重的破坏。不论是在新大陆还是在伊比利亚半岛，没有了作战需求，国家的征兵、军事训练和武器军备都开始迅速退步。西班牙的军事议会（Council of War）也在 1562 年承认："在经历了多年的和平后，士兵们运用武器的能力和作战能力都已经大幅下降。"[56] 一位高级官员评论说："我们的西班牙急需进行武器使用与作战方面的实践练习，我们已经处于普遍和平的时代，连军事纪律也大不如前。"[57] 当腓力二世刚刚继承王位时，一位卡斯蒂利亚作家感叹"看到西班牙步兵的作战技能已如此生疏，实在令人深以为耻"。[58] 不久之后的 1560 年，被派遣至杰尔巴岛的远征队彻底惨败，西班牙在军事上的脆弱暴露无遗。这种情况到腓力二世统治末期依旧存在。一位军官曾在 1593 年指出，西班牙丧失战斗能力的主要原因，是长期和平使人们忽视了对军队的训练。

简单来说，腓力二世继承的这个帝国没有足以自保的军事手段。一名军官向国王抱怨道："即使是在被摩尔人占领的时期，西班牙都不曾像现在这样，举国上下没有马，没有盔甲、火绳枪或长矛，更别提其他类型的武器，更不会有人知道该怎么使用这些武器。"[59] 这些并不完全是夸大其词。1569 年至 1571 年发生在格拉纳达的摩里斯科人大动乱暴露了半岛防御的脆弱性，战役所需的大量物资都需要从国外——主要是意大利和佛兰德——进口。[60] 半岛上原本拥有丰富的自然资源，可被用作军事原料，但这些资源并没有得到充分或是正式的发掘开采。到了 16 世纪 60 年代，唯一可以有效产出的马拉加大炮铸造厂，还是在德意志和比利时的技术人员的指导下得以运转的。

当时西班牙几乎完全依赖从国外进口的大炮、装甲、弹药、加农炮和火绳枪。[61] 可想而知，西班牙的海外军队也主要从国外采购军需物资。16 世纪 60 年代，身处佛兰德的阿尔瓦公爵从马拉加获得了一些补给，但其余的物资都来自米兰、汉堡，甚至是英格兰。[62] 西班牙尽管也尝试进行了几次改革，却无法建立起足以支撑起大国身份的政治架构。在 1580 年入侵葡萄牙前夕，西班牙正处于理论上的鼎盛时期，却仍未改革国家的军事机构，没有国民军队，也没有装备精良的军械库，海岸防御设施不完善，火炮和弹药也供应不足。[63] 16 世纪 80 年代中期，一位西班牙士兵就曾哀叹说："西班牙境内没有像米兰、布雷西亚、奥格斯堡、乌尔姆和法兰克福那样专门制造武器的城镇。正因为西班牙缺少武器制造业，一些国家才占了不少便宜。"[64]

在腓力国王统治期间，军备供应问题一直备受关注。西班牙向供应商支付金银，后者则向伊比利亚半岛提供原料。随着时间的推移，从波罗的海地区进口日用所需——人们用进口木材和沥青造船，用进口的铜来铸币，以进口谷物为食——成为卡斯蒂利亚人贸易活动的固定内容。汉堡、格但斯克和吕贝克也加入了这个伊比利亚贸易体系。与此同时，国王对意大利的防御工事的建造水平印象深刻，于是开始从意大利引进最好的军事工程师。这些专家也包括博洛尼亚工程师弗朗切斯科·迪·马尔基（Francesco di Marchi），他于 1559 年来到西班牙，在这里待了 15 年。同时来到西班牙的还有吉安·巴蒂斯塔·安东内利（Gian Battista Antonelli）。在某段时间里，伊比利亚半岛上所有的军事工程师都来自国外。1581 年，一位官员向国王报告称所有可用的帝国工程师"全都是外国人，我在西班牙人中完全找不到一个可以胜任这份工作的人"。武器生产的问题由于西班牙缺乏专业人才而一直无法得到解决。1572 年，国王向意大利发去急迫的求助信件，希望意大利能派遣两名专家到马德里来，因为"这些地区的炮弹严重短缺"，也"没人知道该如何制造炮弹"。为了制造青铜加农炮（这种炮不会像铁制的加农炮那样生锈），西班牙不得不从波罗的海进口所有必要的铜料。随着时间的推移，古巴和伊比利亚半岛上也都发现了铜矿，但卡斯蒂利亚人并不知道如何正确熔合铜和铁，于是国王在1594年不得不任命一个德意志人来解决这个问题。[65]

从理论上讲，军事困境和物资缺乏的惨况必然会影响王国的各个层面。但是人们很容易接受当时的作家的乐观论调，即西班牙在世界各大洲插上了旗帜。然而现实则是，没有可靠的军事建制与海军力量，任何政府都无法征服海外领土，也无法在新发现的地区插上自己的旗帜。在16世纪初，保卫美洲大陆上从未被"征服"的领土这一问题逐渐浮出水面。在16世纪20年代，法国海盗袭击了圣多明各和哈瓦那。这只是一个漫长而艰苦的斗争过程的开始，西班牙不仅要维持对美洲大陆领土的控制，还要竭力掌控从伊比利亚半岛出发、穿越大西洋的航线。

海洋既是西班牙帝国的强盛之处，也是它的弱点所在。通过发展可靠的海上航线，西班牙人及其合作伙伴几乎可以深入全球各地，在所有大陆上都建立起定居点并在彼此间开展贸易活动。但是他们面临的主要问题就是该如何保护这些分散的领地。西班牙国王在地中海地区拥有许多船只，但他在海上作战时却主要依靠热那亚和那不勒斯的意大利贵族（像是热那亚著名的多里亚家族）来提供战船。此外，在安达卢西亚海岸附近的海域，还有一支主要由私人控制的小型舰队。在16世纪50年代，西班牙国王雇用的地中海战船中有三分之二都是由私人（大多数为意大利人）供应的。[66]大西洋的情况则大不相同，在16世纪前三分之二的时间里，西班牙在大西洋上连一艘船都没有。前往美洲的那些舰队，都由租赁而来的私人船只组成。理论上来讲，查理五世之后一代的西班牙本应是世界上最大的帝国，但是西班牙政府既没有陆军也没有海军，全无履行其帝国职责的能力。

在腓力的领导下，帝国在大西洋上建立起了海军系统。[67]为了保障国家安全，同时更好地控制金融活动，西班牙政府于1564年颁布了新措施，开始管控横穿大西洋的航线。那时起，想要跨洋前往美洲的船只，只有每年从塞维利亚河口出发的两条固定航线可走，一条是每年4月时前往新西班牙，另一条则是在8月前往巴拿马地峡。在美洲度过冬季之后，这些舰队将会带着各自的货物返回位于哈瓦那的集散点，随后在飓风季节到来之前一起穿过巴哈马海峡返航，并于秋天抵达西班牙。

前耶稣会会士、皮埃蒙特人乔瓦尼·博特罗在1596年撰写了一份关于世界各国的调查报告，他在报告中格外夸赞了西班牙利用海上力量来团结其海外领土的做法。"这个天主教王国拥有两支舰队，"博特罗评论道，"一支在地中海，另一支在大西洋，共同维持着欧洲和新世界的所有西班牙帝国成员之间的团结。"[68]他尤其赞扬加泰罗尼亚人、巴斯克人、葡萄牙人与热那亚人对帝国航海技术的贡献。博特罗的分析有对也有错。他的错判之处恰恰与西班牙派往英格兰的无敌舰队惨败的原因一样，忽视了卡斯蒂利亚王国无法捍卫其在欧洲北部或是加勒比地区的航线这一事实——这一点对于马德里的朝臣们来说却是再清楚不过了。而他说的对的地方，则在于他所提到的卡斯蒂利亚王国以外的人民对于帝国海权不可忽视的贡献。

这里有3个显著的例子：葡萄牙人、巴斯克人和比利时人。巴斯克的战船与船长们（我们稍后会再次提到）主导了通往新世界的跨海之旅。[69] 人们常常忘记的是，16世纪40年代巴斯克航海团体通过宣称拥有纽芬兰海域鳕鱼的捕鱼权，成功地开发了帝国的一个重要角落。他们是第一批进入该地区的西欧人，[70] 并在16世纪70年代和80年代的渔业发展中持续发挥着重要作用。1578年，近100艘巴斯克渔船活跃在纽芬兰地区，其中捕鲸船多达50艘。据估计，到16世纪末，每年穿越北大西洋捕鱼、捕鲸的船只与人员，比往来于西班牙与其新世界殖民地之间的船只和人员数量还要多。[71] 相较之下，卡斯蒂利亚人并不喜欢海洋，当地的社会也看不起海军。他们认为加入陆军是寻求荣誉与尊严的途径之一，但是加入海军就不一样了。或许，这就是海军力量尽管对西班牙来说至关重要，却从未像在其他欧洲国家那样得以发展壮大的根本原因。[72]

若是没有一支国际化的领航员团队，西班牙人就完全无法在世界各地的海域中辨明方向，因为卡斯蒂利亚人虽然了解地中海，缺少在其他海域航行的经验。他们对于世界各处海域的了解，往往仰赖于更早时期就开始探索活动的葡萄牙人先驱。卡斯蒂利亚的第一本航海手册、佩德罗·德·梅迪纳（Pedro de Medina）的《航海技艺》（*Art of Navigation*，1545）就借鉴了葡萄牙人的航海经验，而马丁·科尔特斯（Martin Cortés）的《航海技艺概要》（*Short summary of the art of navigating*，1551）也是如此。然而，16世纪50年代的一位西班牙官员对卡斯蒂利亚的航海员的评价是"无知"，而16世纪80年代的吉安·安德烈亚·多里亚更是直言不讳地批评他们已经到了"无可救药"的地步。[73] 不论这些领航员的水平如何，西班牙的大部分船只都跟从着他们的指引。[74] 这些人当中，自然也有非常杰出的航海员，像是在1525年随着胡安·加西亚·约弗雷·德·洛艾萨（Juan García Jofre de Loaysa）的舰队前往东印度群岛的安德烈斯·德·乌达内塔（Andrés de Urdaneta），这支队伍在马鲁古群岛失去了大部分的船只和船员［其中殒命者还包括塞瓦斯蒂安·德尔·卡诺（Sebastián del Cano）]。乌达内塔和其他幸存者一起在马鲁古待了 8 年，其间他收集了关于各个岛屿的宝贵知识。后来他回到了西班牙，随后又在墨西哥定居，直到1565 年，他被说服为莱加斯皮前往菲律宾的探险队领航。在随后的几十年里，由于找不到合适的西班牙人，往返于伊比利亚半岛与马尼拉之间的航行只得使用法国、葡萄牙、意大利乃至英格兰的领航员。1588 年，当伟大的"无敌舰队"向英格兰进发时，没有一个西班牙或葡萄牙的领航员具备在英吉利海峡航行的经验，舰队最终不得不寻求法国领航员的协助。[75]

　　船上的人员配备总是令人头疼，因为人们在卡斯蒂利亚人中总是很难找到经验丰富的船员（参见第九章）。这个问题困扰着所有需要进行远洋航行的国家。1555 年，一支准备横渡大西洋的舰队的舰长抱怨说："除了葡萄牙人、尼德兰人和那些来自亚得里亚海沿岸的人，你再也找不到其他的领航员。"[76] 值得注意的是，这位舰长在那次航行中使用的两名领航员都是葡萄牙人。1558 年，新颁布的一项王家法令允许前往美洲的船只招募外国船员，因为"除此之外就无人可用了"。[77] 同样地，没有了桨手的西班牙大帆船也会毫无用处。但在帝国海军的历史上，人们很少关注那些为了维持海军力量而艰辛付出的人。[78] 传统上，地中海帆船上的桨手都是奴隶和罪犯。在 16 世纪，奴隶通常都是些穆斯林，是通过对穆斯林沿海地区或是其船只的突袭行动而获得的。因此，具有讽刺意味的是，被俘虏的穆斯林实际上协助维持了基督教强国的海军力量。在现代早期，罗马教皇、西西里岛和热那亚控制的舰队中，约有四分之一的桨手都是穆斯林奴隶，他们在托斯卡纳港口船只的桨手中占据了半数，在马耳他骑士团舰队的桨手中则占据了四分之三。[79] 然而随着时间的推移，这类奴隶和罪犯的供应也慢慢减少。因此，政府开始抓吉卜赛人来为舰船服务，如果连这招也没用了，他们也会强迫战俘中的基督教徒。

在自己的海域中建立起帝国的军事权威，这对腓力二世来说是个全新的课题。在他父亲的统治下，许多王国都基本顺利地联合了起来，加强中央集权似乎没有必要。在官僚体系以及良好的邮政系统的助力之下，皇帝完全能够有效地实现在佛兰德决策卡斯蒂利亚事务、在卡斯蒂利亚决策德意志事务、在德意志决策美洲事务。1559 年，新继任的国王返回卡斯蒂利亚后，他对中央权力开始有了不同的看法。杰尔巴岛的灾难促使他将重建在地中海的海军力量视为当务之急。在巴塞罗那方面的协助下，那不勒斯和墨西拿的造船商开始建造船只。1560 年至 1574 年间，西班牙控制下的意大利各国建造了约 300 艘新船，为当时的海上远征提供了新的力量。[80] 他还与意大利盟友达成了一些协议，例如佛罗伦萨的科西莫·德·美第奇（Cosimo de' Medici）在 1564 年获得托斯卡纳"大公"（Grand Duke）的贵族头衔后不久，就将他的 10 艘大帆船承租给了西班牙国王，租期为 5 年。而重建海军力量的最大考验，就是它不可避免会与强大的土耳其海军发生正面冲突。

在面对土耳其威胁的焦虑时期，西班牙人和意大利人建立了密切的合作关系，这当然是从"天主教国王"斐迪南时期继承下来的政策，但在腓力二世统治时期之后的两个世纪里，这项政策仍然是西班牙帝国权力的基石。为了便于决策，意大利各国的事务被移交给一个新的委员会，该委员会于1555年在西班牙初创，4年后正式宣告成立。在6名委员中，有3人必须是西西里、那不勒斯和米兰的本地人。相较于查理五世统治时期，这时的意大利越发成为西班牙帝国的权力核心。[81]意大利金融家（主要来自米兰和热那亚）指导并组织了王室使用的信贷业务，意大利的将领和士兵在包括伊比利亚半岛在内的整个欧洲的军队中服役，意大利的船只更是西班牙海军的基础力量。西班牙在欧洲的主要军事基地是米兰公国，它的地理位置能阻止法国向意大利扩张。这个公国也是一个军事中心，那不勒斯和伊比利亚半岛的部队可以在这里轻松会合，然后一同前往欧洲北部。从这里北上有两条陆上路线：一条是穿过阿尔卑斯山脉西部的隘口，沿萨伏依而上抵达莱茵河，这条路线被称为"西班牙之路"；另一条是向东穿过瑞士的瓦尔泰利纳山谷，从那里进入中欧的哈布斯堡家族领地。米兰公国的军工业十分发达，是西班牙军事物资的主要来源；它的堡垒还是"国王的保险箱"，[82]是西班牙存放黄金储备的地方。

那不勒斯王国通过征兵、造船和税收，为西班牙的大国崛起之路做出了巨大贡献。许多意大利人有充分的理由认为，这是利用意大利本土资源来实现西班牙帝国野心的阴谋之一。然而，那些视野更广阔的人，对此则秉持着不同的观点。腓力二世坚称自己无意剥削其他王国。"除非遇到最紧急的情况，"他在1589年评论说，"将一个王国的负担转移到另一个王国身上的做法是不合传统的。但既然上帝把这么多王国托付给我，既然是为了保护其中一个王国，那么其他所有王国都应该伸出援手，这样才是公正的。"[83]这个观点得到了意大利将领马尔坎托尼奥·科隆纳（Marcantonio Colonna）

的赞同，他认为国王所有的领地都是一体的，其成员之间必须尽可能地相互帮助。[84] 在这个过程中，16 世纪中期来自伊斯兰海军力量的持续威胁迫使西班牙不断向那不勒斯、米兰和西西里提出种种难以承受的要求，结果便是这些国家的人民不断感到西班牙帝国不过是一个陌生的外来压迫者。

意大利各王国当然都是自由的主权国家，拥有自己的政府、法律、货币和制度。西班牙从未征服过它们，也没有能力征服它们。那么西班牙是如何维持帝国统治的呢？这是意大利人经常会问的问题，但他们不喜欢这个问题的答案。威尼斯共和国和罗马教廷是半岛上最大的两个非西班牙领地，这两大势力持续坚称的官方口径都是：意大利人未能团结一致，从而导致了外来入侵和蛮族人的统治。马基雅维利是这一观点最著名的代言人，但他并不是唯一抱有这种看法的人。

在行政方面，西班牙通过总督行使的权力更多是在上层社会中生效。当地的贵族仍然拥有法律与秩序等各方面的实际权力。[85] 因此，只要所有地方都能遵守帝国体系内部成员应尽的义务，西班牙便乐于认可意大利贵族为维持秩序和体系稳定的最佳群体。[86] 而这些精英往往会为了获得总督赋予的特权而相互竞争，这便使得西班牙的影响力通过代理人的网络传递到国家的各个角落。从查理五世的时代起，意大利那些出身显贵的军事领导人，特别是贡萨加家族、科隆纳家族和美第奇家族的成员，许多都为西班牙王室服务，并协助帝国在意大利各国壮大其影响力。与此同时，这些军事领导人也加强了西班牙王室与地方统治精英的联结。事实上，意大利委员会的效率仰赖于其与遍布整个意大利的有影响力的网络相联系。[87] 因此，当地贵族和遥远王权之间的利益共同体，使"帝国"体系的发展成为可能，当地统治集团从西班牙的存在中获益颇多，同时他们也会让西班牙在当地权力的维持变得更轻松。西班牙王室手中有两大利器——可以为地方贵族提供官职，巩固贵族的权力；也可以赋予他们荣誉、头衔、特权和津贴，并可以用这种方式建立一个热忱的代理人网络。[88]甚至那些不受西班牙控制的国家也可以参与合作。1599年，曼图亚的贡萨加公爵提醒马德里政府，他的领土为邻国米兰的稳定做出了贡献，他还使马德里政府能够不受阻碍地在意大利招募士兵前去德意志服役。[89]

意大利诸国作为帝国的盟友，通常不会有西班牙驻军，西班牙军队（如我们所见）[90]人数太少，不能发挥任何决定性的作用。唯一显著的例外是米兰公国，其战略地位使其成为驻扎和召集部队的理想地点。在腓力二世的统治下，在米兰驻扎的西班牙士兵通常包括伦巴第方阵的3 000人，另外还有大约1 000人驻守要塞。[91]然而，西班牙可以在必要时提供进一步的军事支持，并在当地统治者的要求下，在关键地点维持小规模的驻军。例如，从16世纪20年代起，皇帝就同意保护小城邦皮翁比诺（Piombino），因为皮翁比诺的港口被认为在那不勒斯和热那亚之间的海上航线中具有重要的战略地位。1529年，一支由5艘穆斯林船只组成的舰队在没有遇到抵抗的情况下驶入港口，占领了港口，并扣押了一艘帝国船只。在腓力二世时期，皮翁比诺的小规模驻军全都是西班牙人，总共有200人。而在腓力二世统治期间，西班牙军队可能只完成过一次直接的领土吞并，这发生在1570年，当时米兰军队进入并占领了沿海地区的菲纳莱（Finale），以防止其战略港口落入法国人手中。而这里的统治家族最终在1598年正式将这座城市割让给西班牙。

帝国与意大利人的关系也存在明显消极的一面。西班牙的影响主要体现在金融领域，特别是影响到了士兵、船舶和对外贸易。在西西里岛，当地税收必须被用来支付 3 000 名西班牙方阵士兵的维持费用，以保护国家不受入侵；还需要拨款维持保卫海岸的舰船，并定期将当地人编入西班牙的地中海舰队。然而，西班牙人并不是这种帝国图景的唯一参与者。实际上，西西里岛的整个金融和商业机构都掌握在其他意大利人手中，主要是热那亚人和威尼斯人手中。"外来者，"一个当时的人说，"每天都从这个王国掠走当地居民最重要、最珍贵的东西。"[92] 西班牙人无法也未曾与这种情况做斗争。这个岛屿没有被帝国统治者压得喘不过气来，也从来没有沦落到帝国殖民地的地位。

即使是批评家也不得不承认，16 世纪西班牙的存在保证了意大利的和平与秩序。卡斯蒂利亚的历史学家安东尼奥·德·埃雷拉（Antonio de Herrera）自豪地宣称，腓力二世在意大利"维持的和平与自由，时间比其他任何人维持的都长"。[93] 然而，地中海南部并不是一个自然资源丰富的地区，西班牙在这里的势力并没有帮助其解决固有的经济和社会问题。[94] 西欧对来自该地区的小麦供应很满意。但以那不勒斯为例，它的大部分原材料和工业品都依赖国外进口，当农业歉收（如 1585 年和 16 世纪 90 年代）导致现金短缺时，形势就会严峻起来。尽管如此，西班牙王室还是要求各王国缴纳越来越多的战争费用。从大约 1560 年起，那不勒斯的经济负担明显增加了。那不勒斯需要向西班牙王室支付的战争费用（主要来自地方税收）在 1560 年到 1604 年间翻了一番。在 1561 年，西班牙王室在那不勒斯最大的两笔军事开支，首先是西班牙步兵方阵（27 个连队）与王国的 26 艘战舰的开销，[95] 其次是维持 20 个意大利步兵和骑兵连队的开销。据估计，1560 年前后，维持一艘战舰一年的费用和建造一艘战舰的费用是一样的。在同一时期，大约有400人受雇于城中的造船工厂。很明显，为了维持西班牙的权力，这个王国做出了巨大的贡献。

但战争的开销并不一定会使意大利陷入贫困。那不勒斯作家安东尼奥·塞拉（Antonio Serra）在1613年观察到，"天主教陛下的收入都花在了国内；他在王国内什么都不收，还经常要支付数百万金币"。[96]西班牙定期从美洲运来白银以支付其开支。在米兰，西班牙的存在不仅带来了从西班牙进口的大量金银，还刺激了公国的经济活动，促进了军火工业的发展。[97]在腓力二世统治下，西班牙的意大利盟友得以享有国内和平与安宁，这种和平与安宁带来的好处不容小觑。[98]然而，在那不勒斯，帝国体制对当地的财政稳定产生了负面影响。大量金钱被定期送到王国以外的地方，以支付帝国的军事费用。[99]17世纪20年代末，一份关于那不勒斯财政状况的报告指出了一个后果十分严峻的问题："我们在这里的一切都将面临毁灭，因为这里每天都要负担起驻扎在德意志、佛兰德、米兰和热那亚的特殊军事开支。"[100]

在伟大的帝国时代，西班牙面临的最严峻挑战是查理五世的祖国尼德兰的叛乱。在1555年之前，查理五世把这些领土合并在他交给腓力二世的领土中，当时的西班牙并没有为此付出任何代价。这17个省承认腓力二世是它们的统治者，但并不承认自己是西班牙帝国的一部分，也坚称自己对西班牙的宪法或税收不负有任何义务。事实上，它们在承认腓力为君主后，首先就要求他将驻扎在它们这里的西班牙军队撤走。这一要求并不影响两国人民之间持续的密切、真诚的联系。腓力对尼德兰的文化和人民有着深厚的感情，但在他待在尼德兰的漫长时间（1555—1559年）里，他很快意识到各省的独立精神和贵族的野心会带来不少问题。

由腓力同父异母的妹妹、帕尔马的玛格丽特所领导的布鲁塞尔政府中，政治争端导致贵族们反对以枢机主教格朗韦勒为首的行政机构。1564年，国王不情愿地同意了解雇格朗韦勒，但当时更多的反对意见集中在改革尼德兰教会的提议，即设立更多主教并强化针对异端的法律上。埃格蒙特伯爵在1565年对马德里进行了专访，此次的造访使他感到腓力已经同意减轻对异端的迫害。但是国王从未有过这样的想法，他还致信玛格丽特，强调有必要对异端分子判处死刑。他的信抵达布鲁塞尔时，所有贵族正聚集在一起庆祝玛格丽特之子——亚历山德罗——的婚礼，信件立刻激起了人们的愤慨。当奥兰治亲王离开国务会议时，他悄悄对一位朋友说："我们很快就会看到一场悲剧的开始！"[101] 在1566年初，许多贵族辞去公职以示抗议，一群尼德兰的下层贵族也要求宗教自由，反对尼德兰的宗教法庭（这里的宗教法庭是1522年教皇应查理五世的要求而设立的）。1566年8月，信仰加尔文教派的民众在尼德兰的主要城市发起暴动，他们亵渎教堂并捣毁圣像。

面对这场混乱，军事解决是不可避免的，尤其是当国王得知信奉加尔文宗的贵族正在与德意志的路德宗信徒们结成军事同盟时。腓力命令阿尔瓦公爵率领一支远征部队来控制局势。阿尔瓦公爵于1567年4月离开西班牙，加入在意大利的部队。他的1万名士兵从米兰出发，穿过阿尔卑斯山口进入莱茵河流域，然后穿过被称为"西班牙之路"的走廊，于8月22日抵达布鲁塞尔。布朗托姆报告说，"当他们经过洛林时，我看到了他们"，阿尔瓦公爵在那里迎接了几位他在戈梅拉岛驻守时结识的军官。大多数士兵都是来自那不勒斯、西西里岛、撒丁岛和伦巴第的卡斯蒂利亚人，"与他们同行的，还有400名骑着马的高级妓女——她们就像公主一样美丽勇敢——以及800名步行的妓女"。[102] 正如他们在1532年远征维也纳时以及之后半个世纪所做的那样，[103] 西班牙方阵的士兵们依旧带着他们的情人同行。

如今看来，人们也许更容易理解国王为何如此行事，但在当时，在和平时期派遣军队进入一个友好国家，是一个前所未有的决定。尼德兰人一直以身为国王的自由臣民为荣，不像那不勒斯人那样（感到自己）是被武力控制的。这在后来的几年里经常被提及。腓力的妹夫、皇帝马克西米利安二世提醒腓力："任何认为自己可以像统治意大利一样控制佛兰德的人都是在自欺欺人。"[104] 尼德兰人并不了解一支军队过来要干什么。这个国家已经属于国王了，为什么还要派军队去呢？"一支军队能做什么？"埃格蒙特轻蔑地问玛格丽特，"能杀死20万尼德兰人吗？"西班牙的意图很快变得清晰起来。阿尔瓦公爵恢复了当地的秩序，逮捕了持不同政见者，并遏制了异端的发展。这是史上第一次西班牙王室会来关注另一个国家的宗教异端问题。但腓力二世直面了这个问题。"如果可能的话，"他说，"我将尝试在不使用武力的情况下解决这些国家的宗教事务，因为我知道诉诸武力将会彻底摧毁这些国家。但是，如果不使用武力就不能如我所愿地解决问题，那么我会决心诉诸武力。"

阿尔瓦公爵高效地执行了腓力的计划。他明确表示："在佛兰德的问题上，问题不在于采取措施反对他们的宗教，而是要解决叛军的问题。"9月9日，他开始了大镇压，逮捕了埃格蒙特、霍梅斯（Homes）和其他一些佛兰德名人。国王写信给阿尔瓦公爵说：

"以您的能力和干劲，正适宜处理这些事务。我感到叛军问题的解决已经指日可待了。"阿尔瓦公爵在信件中强调："国王无意造成流血，如果他能找到解决这件事的其他方法，他会采纳的。"就在同一天，他对国王说："这些国家的和平不是通过砍头来实现的。"这些声明是重要的证据，表明腓力二世和阿尔瓦公爵都没有打算在尼德兰进行大规模的镇压活动。但事态迅速失控，演变为无休止的镇压、叛乱和战争，在尼德兰和西欧的历史上留下了印记。

这桩重大且悲惨的尼德兰历史事件超出了我们的讨论范围，但有一点至关重要，就是我们要认识到，这个历史事件决定了西班牙往后 100 年的命运。阿尔瓦公爵在 1567 年的镇压行动本来是有限的，但是局势在西班牙当局面前变得越发严峻，需要进一步予以干预。在布鲁塞尔成立的特别法庭，官方名称是"除暴委员会"（Council of Troubles），但是它很快便获得了"血腥委员会"（Council of Blood）的绰号。该法庭于 1567 年实施了一项计划：不论宗教信仰为加尔文宗还是天主教，只要被认定是"叛乱者"，一律迅速予以逮捕、收押和处决。那些曾为腓力出谋划策的人，例如枢机主教格朗韦勒和一位在尼德兰生活和教书的修士比利亚维森西奥（Villavicencio），都认为西班牙在这个阶段还是可以在完成军事目标后全身而退的。比利亚维森西奥坚持认为阿尔瓦公爵的任务已经完成，他向国王坚称，用军队是解决不了问题的。也不能对尼德兰使用武力，因为那样会使尼德兰人团结起来对抗西班牙，为捍卫属于自己的东西而战。不能让西班牙人统治尼德兰，"因为他们既不懂当地语言，也不懂当地的法律和习俗"。唯一的解决办法就是让国王马上到那里去。[105] 在这种复杂的形势下，腓力忽视了这一政策建议，直接把文件寄给了阿尔瓦公爵，这是一个悲剧。阿尔瓦公爵作为当时的将军，做出了尼德兰人，甚至是西班牙人都无法苟同和深深懊悔的决定。

逃出阿尔瓦公爵魔掌的主要贵族中有奥兰治的威廉。当阿尔瓦公爵离开西班牙的消息传来时，奥兰治正好在德意志避难。1568年，奥兰治资助了几支小部队从法国和德意志发起反攻，但都被击败了。被俘房的囚犯详细说明了奥兰治与几个国家的新教徒有联系。这次进攻并没有改变阿尔瓦公爵手中那些贵族囚犯的命运。1568年6月5日，在布鲁塞尔的公共广场，埃格蒙特伯爵和霍梅斯伯爵，这些始终表示对腓力二世忠诚不移的虔诚天主教徒，因叛国罪被斩首。这次处决震动了整个欧洲，也让各国开始疏远西班牙。这还使得持有不同观点和信仰的尼德兰人为一场不可避免的斗争做好了准备：一场从阿尔瓦公爵的恐怖统治和西班牙的高压政策下解放自己的斗争。

长期以来对这一主题的熟稔让我们陷入了一种幻觉，即所谓的"荷兰人"起义（这从来不仅限于荷兰地区的人，而是包括所有尼德兰人在内）是一场针对西班牙的起义。从宪法的角度来看，这是不可能发生的，因为尼德兰是一个主权国家，并不隶属于西班牙。更确切地说，他们的反抗针对的是其统治者——西班牙的国王、大臣及其政府体系。然而，这给西班牙人带来了非常重大的后果，冲突迫使他们大幅增加战争开支，从而不得不从新生的帝国中寻求资源协助。

整个1568年对国王来说就像一场噩梦。自那年1月以来，他因为下令监禁了他的儿子兼继承人唐·卡洛斯，而持续严重地抑郁。布鲁塞尔令人震惊的危机以及埃格蒙特和霍梅斯被处决都是在这种情况下发生的。就在处决发生一个多月后的7月中旬，唐·卡洛斯生病并意外去世。这一损失深深地折磨着国王，更重要的是，他失去了王位继承人。国王的个人灾难还没有结束。9 月，他年轻的妻子伊丽莎白·瓦卢瓦——这桩婚事也是他在 1559 年与法国签署的《卡托-康布雷西条约》中的一部分——在分娩时去世，终年 22 岁。他为此悲痛万分："在我失去儿子之后，还得承受如此巨大的悲痛。但我尽我最大的能力接受神的意志，它会按照自己的意愿来安排一切。"与此同时，国际局势也在迅速恶化。埃格蒙特之死在整个欧洲引起了抗议，而且人们谣传腓力谋杀了自己的儿子（这个谣言甚至在马德里也流传开来）。有两件事使英格兰和西班牙的关系在实际上走向破裂。首先是 1568 年 9 月，约翰·霍金斯（John Hawkins）的船只与西班牙船只在墨西哥的圣胡安德乌卢亚港口发生冲突（请参阅第六章）；其次，是伊丽莎白女王挑衅般地查封了西班牙运送白银到佛兰德（用以向阿尔瓦公爵支付军饷）的船只，这些船在英吉利海峡躲避暴风雨时，遭到了英格兰人的扣押。最糟糕的问题恰恰发生在西班牙王国内部：1568 年圣诞节前夕，格拉纳达的摩里斯科人开始发动叛乱。

自 15 世纪 90 年代以来，格拉纳达就是一个被征服的地区，但也依然是一个敏感的边境，来自地中海的穆斯林船只与当地居民保持着联系，几乎可以随意上岸。与新世界的人民一样，这个前埃米尔国的公民不接受强加在他们身上的基督教帝国。自 1492 年以来，西班牙统治者对被征服者采取了一种模棱两可的镇压和容忍政策。1500 年和 1526 年分别在卡斯蒂利亚和阿拉贡颁布的法令，强制所有穆斯林改宗基督教，使他们成为摩里斯科人。1526 年，宗教裁判所在格拉纳达建立，开始起诉不遵守新宗教的摩里斯科人。相比之下，在半岛的许多地方，尤其是摩里斯科人属于贵族的臣民的地方，那里的西班牙人对伊斯兰教的宽容度反而更高。16世纪60年代，摩里斯科人大约有30万（约占西班牙人口的4%），他们主要生活在半岛南部。其中的大多数将西班牙视为自己的家园，但对自己低下的地位感到不满。大多数人仍然是虔诚的穆斯林，并向他们在非洲和奥斯曼帝国的同宗教徒寻求帮助。这种局势不断滋生暴力，在巴伦西亚和格拉纳达，心怀不满的摩里斯科人成了活跃的匪徒。1568年叛乱获得的支持主要来自阿尔普哈拉（Alpujarra）地区的村庄，而非格拉纳达市。刚开始时，叛军只有4 000人，到1569年夏天，叛军总数达到3万。然而西班牙的精锐部队都被抽调到了佛兰德，因此国家内部的安全受到严重威胁。

从1月15日起，两支独立的军事力量在蒙德哈尔侯爵和洛斯贝莱斯（Los Vélez）侯爵的指挥下，开始实施残酷的镇压。但越来越多的摩里斯科人为叛军提供支持，北非的穆斯林还提供了武器和志愿者。基督教指挥官之间的争吵也影响了作战效率，1569年4月，国王决定让他同父异母的弟弟、奥地利的唐胡安全权指挥这场战役。彼时，这已不仅仅是叛乱的问题了。几乎全格拉纳达的人都投入了战斗。这场残酷的战争没有丝毫仁慈可言。真正的危险是，冲突还有可能会引来大量巴伦西亚和阿拉贡的摩里斯科人。就在海峡对岸的北非，土耳其的阿尔及尔总督乌鲁吉·阿里（Uluj Ali）选择时机（1570年1月）夺取了突尼斯城。[106]

从1570年1月开始，唐胡安成功地推进了他的军事战略。双方都进行了屠杀。尤其引人注目的是1570年2月由加莱拉镇发起的抵抗。这座城镇陷落后，包括妇女和儿童在内的2 500名居民全部被屠杀；城镇被夷为平地，并被撒上了盐。这场血腥的战争缓慢而残酷地走向了尾声。5月20日，叛军领袖来到唐胡安的营地，签署了一项和平协议。各地的抵抗仍在继续，尤其是在阿尔普哈拉地区。但到了1570年夏天，叛乱实际上已经结束了。来自国外的穆斯林援军——1570年春天，有4 000名土耳其人及柏柏尔人与叛军一起战斗——也不足以维持战斗了。扭转局势的是从意大利进口的大量武器，这对西班牙军队来说是一项宝贵的助力，因为西班牙自身的军队人数很少。大量的枪支和火药被从米兰的工厂送到战场。[107]到了11月，官方宣称，"一切都结束了"。

这是该世纪发生在欧洲土地上的最残酷的战争。路易斯·德·雷克森斯（Luis de Requesens）在战后报告中自称在扫荡期间杀死了数千人，"我变得冷血无情……在我剑下丧命的人不计其数"。尽管如此，死亡还不是战争中最令人恐惧的。夏末，枢机主教埃斯皮诺萨领导下的王室委员会决定将格拉纳达的部分穆斯林人口驱逐到西班牙其他地区。该行动自1570年11月1日开始。在随后的几个月中，总共约有8万名摩里斯科人（包括男人、女人和儿童）被驱逐离家，永不得归，他们起初分散到卡斯蒂利亚的各个地区，随后的去向便不再为人所知。许多人死在艰苦的流亡路途中。唐胡安看到这些流亡者，便无法压抑他的同情之心。他给国王的首相鲁伊·戈麦斯写信说："这是世界上最可悲的景象，下着滂沱大雨，风雪交加，而母亲不得不将孩子抛弃在路边，妻子不得不抛弃她们的丈夫……一个人能看到的最悲惨的景象，就是目睹自己的国家走向灭绝。"[108]

格拉纳达的叛乱被及时平定了，这让西班牙可以开始应对来自地中海伊斯兰联合部队的更大威胁。自1566年初以来，西方的情报机构一直在传递土耳其在地中海的海军活动及其在匈牙利边境的军事行动等惊人消息。人们担心，年迈的奥斯曼帝国统治者苏莱曼大帝想要对基督教统治的欧洲进行最后一次大规模进攻。西班牙的精力集中在尼德兰和后来的格拉纳达问题上，无法应付来自另一条战线的威胁。安德烈亚·多里亚持续保持警惕。与此同时，土耳其海军在地中海东部发动了大规模袭击，威尼斯共和国已然无力应对这片已然失控的海域。1570 年夏天，土耳其人占领了塞浦路斯的大部分地区。在教皇的支持下，威尼斯呼吁意大利各国结成联盟，对抗这种明显不可阻挡的威胁。然而，如果没有控制意大利半数领土的西班牙参与，这样的联盟是不可能实现的。

　　1571 年 5 月 20 日，西班牙、罗马教皇和威尼斯签署了神圣同盟协议，规定协约国将在 6 个月的时间内集结 200 艘大帆船和 5 万多人的常备军。除了一笔数额不详的捐款，西班牙（及其领地）将支付五分之三的费用，威尼斯支付五分之二。1571 年夏天，海军最终在墨西拿集合，共有 203 艘战舰，是有史以来在西欧海域中集结的规模最大的舰队。[109] 而在这支令人印象深刻的军队中，西班牙人的直接贡献仅限于阿尔瓦罗·德·巴赞领导的 14 艘战舰。其他 63 艘在西班牙指挥下的战舰都来自意大利，其中 30 艘来自那不勒斯，10 艘来自西西里岛，11 艘是由吉安·安德烈亚·多里亚指挥的热那亚船，还有其他小的分遣队，包括萨伏依派出的 3 艘和马耳他派出的 3 艘。教皇派出了 12 艘战舰，由马尔坎托尼奥·科隆纳率领，威尼斯派出了 106 艘。神圣同盟的舰队从任何意义上来说都是一支意大利舰队，甚至可以说是威尼斯舰队，西班牙严重依赖其意大利盟友的支持。仅那不勒斯和西西里岛就提供了超过一半的船只和超过三分之一的费用。与之相反的是，西班牙提供的兵力最多。在陪同舰队的 2.8 万名士兵中，西班牙贡献了将近三分之一，大约有 8 500 人，被编入 4 个方阵，分别由指挥官洛佩·德·菲格罗亚（Lope de Figueroa）、佩德罗·德·帕迪利亚（Pedro de Padilla）、迭戈·恩里克斯（Diego Enríquez）和米格尔·德·蒙卡达（Miguel de Moncada）指挥。另外还有大约 5 000 名德意志士兵，其余大部分是意大利人（包括教皇派遣并支付军饷的 3 000 人）。除了士兵，基督教舰队还有 1.3 万名水手和 4.35 万名桨手。这支庞大的舰队花了很长时间才集结起来。8 月底，商定的指挥官、来自奥地利的年仅 24 岁的唐胡安（正处于职业生涯的黄金时期）抵达了墨西拿并就职。

舰队于 9 月 16 日离开墨西拿前往科孚岛。[110] 10 月 7 日日出时，舰队在希腊海岸外勒班陀湾的入口处撞上了敌人的舰队。目之所及，双方的战舰密密麻麻地覆盖着海面，宽底的基督教大帆船在水面上占据了很大空间，有些船不得不在后面等候。基督教战阵的中心位置是唐胡安指挥的 62 艘战舰，他的两翼各有 53 艘战船。[111] 奥斯曼帝国的舰队，估计有 208 艘战舰和 2.5 万名士兵，尽管没有基督教一方的先进大炮和火绳枪，却几乎与基督教一方势均力敌。这也许是有史以来在海上进行的最引人注目的陆战，步兵在火力的支持下从一艘战舰打到另一艘战舰。这一天结束时的大屠杀在欧洲历史上也鲜有与之相似的。[112] 双方立即意识到这是神圣同盟舰队的胜利，但伤亡人数并没有令基督徒们感到高兴。基督徒方面损失了 15 艘战舰，近 8 000 人死亡，8 000 人受伤。土耳其人损失了 15 艘军舰，另有 190 人被俘，3 万人死亡，8 000 人被俘虏、囚禁；此外，还有 1.2 万名被俘的基督徒桨手获得了自由。

威尼斯人和其他意大利人从未怀疑过胜利属于意大利的信念。他们的历史学家甚至批评西班牙在勒班陀海战中的失败之处，即仰赖意大利的胜利才得以重新征服希腊。[113] 尽管勒班陀海战被当作西班牙最值得纪念的军事壮举而被大肆庆祝，但这场海战比帝国在同时代的其他军事胜利都更清楚地展现出，不论在战争中还是在和平时期，西班牙的力量都仰赖于盟友。历史学家们会仔细研究谁为这次伟大的海军远征付出了何种努力，却一直不愿打破"西班牙是最大贡献者"的普遍假设。而严峻的现实是，西班牙无法支付它理应负责的费用，还要靠意大利人出手相助。意大利各国在为远征活动提供武器、设备和食物方面做出了根本性的贡献。它们还动用了自己的资源，提供船只和人员。教皇做出了最重要的贡献，他允许腓力二世筹集专门的教会收入，以支付军事费用。据估算，卡斯蒂利亚国库本应支付的总费用为 500 万达克特。在这笔支出中，政府只交出了价值 6 万达克特的白银。其余部分皆由热那亚的银行家支付，他们发行信贷（以"汇票"的形式）来支付这笔钱，并希望日后通过收取足够的利息来收回本金。[114]

所有盟国都对勒班陀海战做出了军事和财政上的贡献，胜利也属于所有盟国。在罗马，一位枢机主教声称："我们高兴得发狂，尤其是教皇，我们毫不夸张地认为他会高兴得死去，因为这位老圣人这两夜都没有睡觉。"[115] 兴高采烈的教皇庇护五世提出，如果腓力二世能夺回君士坦丁堡，他就加冕腓力为东罗马帝国的皇帝。[116] 西班牙君主制突出的政治作用，使西方的希望集中在西班牙身上。当时的狂热清楚地反映在发给西班牙宫廷、奥地利的唐胡安和其他主要参与国的贺信中。不久之后，西班牙王后又生下斐迪南王子，这似乎是上天有意将两件事结合在一起。腓力二世明确地对教皇使节说，他希望他的儿子能成为基督教王国的新捍卫者。[117] 这位王子的出生符合了卡斯蒂利亚的一个富有预言性质的古老传说，即会有一个名为斐迪南的解放者。[118] 不久之后，提香的一幅宏伟画作将这两件事合二为一。但在勒班陀海战之后，人们对救世主主义的热情也导致了不切实际的宗教梦想。在葡萄牙，耶稣会会士鼓励年轻的国王塞巴斯蒂安将反对伊斯兰教的战争推进至非洲腹地。他曾收到过一个令人困惑的胜利消息，称一位交趾支那的耶稣会会士相信唐胡安解放了圣地。基督教的胜利，似乎会导致伊斯兰教势力在地中海的挫败，并使圣地得到解放。

这股势头还在延续。借助意大利各国和西班牙提供的 15 艘战舰，唐胡安成功地在 1573 年再次征服了突尼斯。他的军队由 2.7 万人组成，其中三分之二是意大利人和德意志人，三分之一是西班牙人，他们于 10 月 7 日从墨西拿出发，显然是想借助前一年的胜利势头。突尼斯没有抵抗，但还是遭到了洗劫。[119] 这场胜利是短暂的。1574 年 9 月，一支由 230 多艘船和 4 万人组成的庞大土耳其舰队重新占领了这座城市。由西班牙驻军守卫的、俯瞰该城的拉戈莱塔要塞两星期前就投降了。这场失利在西班牙和意大利都招致了严厉的批评。西班牙驻罗马大使胡安·德·苏尼加（Juan de Zúñiga）说："我不得不感叹，今年的一切付出都化为泡影。"教皇也指责西班牙的无能，他让 11 月途径罗马的唐胡安向国王表达自己的关切。苏尼加更是直言不讳地将失败归咎于"他们用西班牙议会那套来处理事务"。

尽管一直致力于地中海地区的事务，16 世纪 70 年代的西班牙还是被无情地卷入了尼德兰的旋涡。唐胡安希望保持西班牙在内海的强大势力，但腓力二世却有不同的想法。国王仍然不能亲自前往布鲁塞尔。"在这一生中，我最希望的事情就是看到我在那里的臣民们，"他评论道，"但由于与土耳其人的战争，现在的我无法离开。"[120] 阿尔瓦公爵得以继续在尼德兰自由行事。他提议征收新的什一税（tenth penny），引起了普遍的抗议，并激起了那些希望从外国占领下解放祖国的天主教徒和新教徒的反对。在 1572 年 4 月，被称为"海上乞丐"的佛兰德自由水手被从英格兰（他们在这里躲避阿尔瓦的迫害）驱离，返回后，他们占领了布里尔港（Brill），这里成了尼德兰爱国者抵抗西班牙的基地。以加尔文派乞丐军为首的势力很快赢得了尼德兰北部省份，并选举奥兰治的威廉为他们的领袖，开启了尼德兰革命的第二阶段，也是最具决定性的阶段。在法国，身为胡格诺派领袖、王家会议重要人物的海军上将加斯帕尔·德·科利尼（Gaspard de Coligny）具备显赫的影响力，他呼吁法国介入革命，支持尼德兰的反叛者。而 1572 年 8 月，太后凯瑟琳·德·美第奇（Catherine de' Medici）针对法国国内政局策划了圣巴托罗缪大屠杀，一举消除了科利尼以及来自法国新教徒的威胁，成千上万的法国新教徒惨遭袭击、杀害。

除了"血腥委员会"的恐怖政策，在与西班牙的斗争中，尼德兰人印象最深刻的是西班牙士兵的暴行及其对尼德兰爱国者的处决。1572 年 10 月，阿尔瓦公爵允许他的军队在支持奥兰治的梅赫伦市（Mechelen）进行洗劫和屠杀。接下来的几个星期，聚特芬（Zutphen）和纳尔登（Naarden）等城镇也遭遇了同样的命运。在哈勒姆，西班牙人残忍而有条不紊地处决了全部守军，总计超过 2 000 人。[121] 其他西班牙官员对此也表示强烈抗议，他们认为暴力镇压毫无意义。一位高级官员向国王的秘书报告称"阿尔瓦家族的名声已经令人憎恶"。另一个西班牙人提醒腓力要意识到，尽管"在短短 5 年多的时间里已经处决了 3 000 多人"，但是镇压显然已经失败了。[122] 腓力二世早已意识到阿尔瓦公爵在尼德兰严苛政策的失败，然而他也无法采取任何行动，因为他感到没有可接受的替代方案。相比之下，圣巴托罗缪大屠杀似乎第一次给人们带来了隧道尽头的曙光。胡格诺派贵族一直是奥兰治最亲密的盟友，消除了他们的干预威胁，似乎也为一种不那么顽固的解决方式开辟了道路。

因此，1573 年标志着西班牙王室政策方向的根本改变，这不仅影响了欧洲，也影响了整个帝国。1573 年的《人口与发现条例》（Ordinance on Discovery and Population，本书第六章将详细讨论）清楚地提到，未来在新世界里，征服不再是帝国的目标。在尼德兰，正如我们从新任总督雷克森斯令人印象深刻的指令中所看到的那样，腓力的确愿意尝试让步。他的大多数顾问，无论是强硬派还是非强硬派，都支持这一举措。他的驻法国大使弗朗西斯·德·阿拉瓦（Francés de Álava）写信建议不要进一步使用武力。"根据我的一点愚见，"他写信给国王说，"必须采取别的办法。"作为意大利那不勒斯总督，枢机主教格朗韦勒也敦促国王采取更灵活的政策。1574 年 7 月，他说国王的顾问们对尼德兰的事务一无所知："他们过去不理解，未来的许多年中也不会真正理解。"

无论如何，帝国在人力和财力上付出的代价都是它难以承受的。不断增加的费用使腓力的财务顾问感到绝望。1574 年 8 月，财政委员会主席胡安·德·奥万多（Juan de Ovando）估计，目前卡斯蒂利亚国库的年收入约为 600 万达克特，而债务却高达 8 000 万达克特。佛兰德目前的债务约为 400 万，相当于西班牙年均所有收入的三分之二。除此之外，还得加上目前已产生的战争成本，每月开销就要超过 60 万达克特，这是国库最大的负担。而佛兰德每月的开支是伊比利亚半岛防卫开支的 10 倍，是王室和政府开支的 20 倍。

当阿尔瓦公爵抱怨没有得到足够的人手或军费时，国王却向他泼冷水，称他已经得到了太多。1573 年 2 月，阿尔瓦公爵写信给国王的秘书，请求从地中海调用一些资源支援北方。"当我听到他们在这里谈论成本时，我都要拿头撞墙了！在扰乱基督教世界的不是土耳其人，而是异端，他们已经进入我们的大门……看在上帝的分上，请帮我向陛下申请我列出的物资，因为这关系到他的国家的存亡。"整整一年的时间里，公爵一直在怒斥、恳求或指责马德里的政府。"除非那些委员会里的人都死了或被解雇了，否则陛下将一事无成。"腓力不愿因恐吓而屈服。"我的钱永远不足以满足您的需要，"国王写道，"但我可以轻易为您找到一个足够能干的忠诚的继任者，他可以通过节制和仁慈来终结您无法通过武力或严刑来结束的战争。"1573 年，他任命他的老朋友路易斯·德·雷克森斯为尼德兰总督，他是卡斯蒂利亚的总指挥官，正担任米兰总督。[123]

从就职第一天起，新任总督的态度就明显不同于前任。阿尔瓦公爵告诉雷克森斯，他曾建议国王"将所有我们无法占领的尼德兰地区都夷为平地"。卡斯蒂利亚的总指挥官被这种典型的军人思路吓坏了。"从第一天起，"他后来说，"我就已经面临种种窘境。"除了对付叛军，他还必须解决国王的当务之急，即增强西班牙在北部海域的海军力量。1574 年，佩德罗·梅嫩德斯·德·阿维莱斯（Pedro Menéndez de Avilés）计划在桑坦德港建立一支庞大的海军，但计划未能付诸实施。同年 9 月，梅嫩德斯的死亡以及船员中暴发的斑疹伤寒，迫使海军筹备计划被取消。

1575 年，西班牙曾数度尝试进行海上支援。当年 9 月和 11 月，桑坦德分别派出了舰队。第一支队伍被风暴袭击，在英格兰海岸被吹散；第二支队伍因兵变和恶劣天气而失控，最终没能出海。12月底，国王决定推迟海军的行动。官员们无力地承认，尼德兰人在海上的力量远比他们强大。[124] 在地中海以外的欧洲地区，西班牙的海军力量几乎为零。为了维持贸易往来，腓力甚至允许尼德兰叛军的船只在西班牙进进出出。来自塞维利亚的报告称，"佛兰德人、英格兰人和尼德兰人控制着所有的贸易"。1574年，有人建议国王夺取瑞典海岸的一个波罗的海港口的使用权，从这里可以打击叛军并切断他们的小麦供应。这是这类解决方案中最早被提出的一个，但最终并没有被接受。结果是，西班牙在北部海域的势力败给了新教徒。时间证明了这一点将成为西班牙最致命的弱点，它使尼德兰获得了自由，也给西班牙带来了无休止的麻烦。

尽管1574年国王承认"通过战争政策无法在佛兰德取得进展"，[125] 但他在尼德兰推行温和政策的尝试也没有取得成功。1576年3月，身体抱恙的雷克森斯去世后，奥地利的唐胡安接替了他的总督职位。而此前1575年的经济破产加剧了尼德兰的混乱，没有得到军饷的军队开始哗变，大量士兵逃跑。在一篇抨击军纪的长篇演说中，雷克森斯宣称"让我们失去佛兰德的不是奥兰治亲王，而是出生在巴利亚多利德和托莱多的自家人，这些士兵的哗变让我们损失了金钱、信心与荣誉！"。[126] 到1576年底，名义上有6万人的军队实际上已不足8000人。[127] 西班牙控制下的核心军队发生了哗变，1576年11月，他们洗劫了伟大的商业城市安特卫普，致使约6000人身亡，并造成了难以估量的财产损失。

这场血腥的"西班牙之怒"促成了尼德兰17个省的共同决议，代表们聚集在根特的联省议会，试图决定自己的命运。他们通过谈判达成了一项全面和平协议（1576 年 11 月的《根特协定》），要求腓力接受尼德兰当前的宗教立场，并将撤出所有西班牙军队作为和解的先决条件。唐胡安被迫接受。同年 12 月，他抱怨道："似乎没有办法能避免我们正在经历的问题，为此我不得不每天从早上7 点一直辛苦工作到次日凌晨 1 点。这些人像是都发了疯，他们唯一能想到的就是'西班牙人必须离开，西班牙人必须离开'。"[128]1577 年 2 月，他发布了所谓的"永久敕令"，撤走了所有西班牙军队。然而在加尔文主义者违背了宗教休战协议后，唐胡安召回了帕尔马公爵亚历山德罗·法尔内塞领导的军队，并于 1578 年在让布卢（Gembloux）击败了奥兰治的威廉麾下的尼德兰起义军。在让布卢发生的不仅是起义军的溃败，还是一场大屠杀：尼德兰联省议会的小部队没有做好防御准备，尽管它撤退得很快，但它的 7 000 名步兵中还是 6 000 人阵亡或被俘。唐胡安在 10 月病逝，他的职位随即由法尔内塞接任。

阿尔瓦公爵政策的显著失败给他的声誉蒙上了阴影。身为第三代阿尔瓦公爵的费尔南多·阿尔瓦雷斯·德·托莱多，虽然不是为西班牙帝国效力的所有将军中战绩最显赫的，但也属于最杰出的那一拨。[129] 作为年轻的查理五世的亲密合作伙伴，他获得了皇帝的信任，在 1526 年获得了金羊毛骑士勋位，并在所有战区为皇帝效过力，他参与的主要战事都在德意志地区，在那里他参加了米尔贝格的胜战，以及在梅斯的最后反攻。他在意大利指挥腓力二世的军队，在 1567 年被任命为尼德兰总督前一直担任那不勒斯总督。那些战役使他以高效和无情的指挥官而闻名，但也毁了他的健康和事业，而后来国王也不再信任阿尔瓦公爵的军事解决方案。不幸的是，阿尔瓦公爵代表了同时代人（以及后来数代人）所无法接受的西班牙帝国主义的那一面：残酷且无情。他是一位高大、严厉、令人尊敬的贵族，从发根到靴尖都流露出卡斯蒂利亚的作风，他是有教养的天主教徒，往往鄙视那些与他不同的帝国公民。布朗托姆在阿尔瓦公爵壮年之时就与其相识，他形容阿尔瓦公爵在最后的日子里仍然精力充沛，"完全就像是一棵挺拔、坚实的老树，仍然会伸出绿色的小树枝，彰显着它曾经挺立于伟大森林时的骄傲"。[130]

身为将领及其政治利益集团的领袖，阿尔瓦公爵发挥了根本性的作用。同时，他也是腓力二世继承的那个伟大帝国的缔造者之一。作为国务委员会成员、将领和总督，阿尔瓦公爵走遍了哈布斯堡王朝统治的每一个角落：他在维也纳、布鲁塞尔、伦敦、罗马、那不勒斯和马德里都同样自在；他熟练掌握法语和意大利语，再加上基本的德语知识，足以使他同各国领袖平等地交谈。他穿梭于各种职务之间，成为左右君主政体运作的关键决策人物，其影响力波及帝国的政治、军事与财政事务。1555 年，阿尔瓦公爵从布鲁塞尔给一位地中海舰队的指挥官写信说："在米兰和皮埃蒙特的战役中，我们需要充足的火药、炮弹和硝石。当您乘战舰到达那不勒斯时，您务必给我提供 500 公担火药。"就在同一个月，仍在布鲁塞尔的阿尔瓦公爵还向维也纳的查理五世保证，意大利的征兵工作进行得很顺利："说到西班牙的军队，我确信现在的德意志士兵已经足够了，而且他们会表现得非常出色。当我抵达意大利时，我会采取必要的行动，设法从适宜的国家召集所需的军队。"[131]

1556 年初，所有的问题都与钱有关。"自从我上一次收到陛下的信，已有 3 个月了，"他从波托菲诺（Portofino）写信道，"我请求您告诉我宫廷里发生了什么事。钱的问题如此棘手，如果陛下不立即派人从西班牙索要一些补给，我真不知道今年夏天该怎么办。"" 当我在利沃诺（Livorno）的时候，"他在给腓力亲王的信中写道，"我和尼科洛·迪·格里马尔多（Niccolo di Grimaldo）签了两份价值 11 万埃斯库多（escudo，葡萄牙货币）的合同。我用其中的 7 万埃斯库多支付了托斯卡纳和奥尔维耶托（Orvieto）军队到 1555 年底的薪酬，并把剩下的 4 万埃斯库多送到米兰，以支付德意志人的军饷。"[132] 除了征兵、军饷和物资供应等问题，还有其他很多事务需要阿尔瓦公爵的关注，他确保了君主统治下的各个疆域都能为帝国事业共同做出贡献。而这项工作过去从未被充分落实过，此时才受到认真对待。历史学家很容易假定，阿尔瓦公爵不必耗费太多力气，就能让著名的西班牙军事机器顺利运转。然而实际上，西班牙可用的军队很少，军事机器几乎难以运转。1556 年，阿尔瓦公爵给时任西班牙摄政的胡安娜（腓力的妹妹）写信道："我到了意大利，发现尚未发放的军饷就多达 120 万埃斯库多。本应从西班牙调派的物资从来没有抵达过，我不得不带着一支不断发生哗变且不听指挥的队伍打了整整一年的仗。"向意大利运送的军队也没有带来任何好消息。2 月，从撒丁岛向那不勒斯运输西班牙方阵士兵的船只在海上沉没，造成 1 000 人死亡，这是一场重大灾难。1557 年新年时，阿尔瓦公爵对于新派来的军队丝毫不能感到满意。"桨帆船是和德意志人、西班牙人一起抵达的，但他们的状况显然让我无法抱有太高期望。2 300 名德意志人中超过半数都患了病；700 名西班牙人，有三分之二都奄奄一息。我现在既没有人手，也没有钱。"[133]

西班牙的扩张，是通过在各个可能的领域进行私人承包来实现的。这是一个贫穷国家寻求更多机会的唯一途径。此外，公共金融事业在伊比利亚半岛还鲜为人知。某些城市（特别是巴塞罗那），出现了规模有限的公共银行。[134] 相比之下，国王却没有足够的资金来施行计划。历史经验表明，私人承包是一种不可靠的手段，而且往往要付出高昂的代价。腓力二世决心要让帝国脱离征服者和冒险家的简单角色。由此，帝国第一次成为一项严肃的事业，而王权（针对公共领域，而不再是私人领域）势必要借此扩大其主动权。

但是，西班牙在这个新的国际社会中扮演着什么样的角色？腓力二世优先考虑的两个目标一是强化王权，二是确保充足的资金。[135] 自执政之初起，他在处理新世界事务时就一直追求这两个目标。西班牙帝国主义的力量就是他的王权力量。通过确认自身的权威，腓力拒斥了西班牙在美洲的势力是源于教皇赠土的传统观点。当腓力接受独立的安第斯国家比尔卡班巴投降时，根据1565年强加给蒂图·库西·尤潘基（Titu Cusi Yupanqui）的协议，他明确表示比尔卡班巴是臣服于他的权威。这并不是在简单重复皮萨罗强加给印加人的、基于《诏示》的屈服。从1567年起，对教皇赠土的正式否认在政府委员会的特别会议上屡屡发生。1568年，国王召集了一个重要的委员会来讨论美洲管理问题，委员会成员中有西印度委员会的主席胡安·德·奥万多，以及秘鲁的候任总督弗朗切斯科·德·托莱多。这个委员会的工作是修缮最近（1567年）成稿的卡斯蒂利亚与莱昂的法典汇编，这些被称为"新法典"（Nueva Recopilación）。1568年设立的这个委员会还有许多重要成果，其中最重要的或许就是1573年的《人口与发现条例》，我们将在后文中（第六章）详细考察。

弗朗切斯科·德·托莱多担任秘鲁总督期间，在很多方面都体现着腓力二世管理海外帝国的方式。在 1569 年被任命为总督之前，托莱多曾是一位杰出的外交家和士兵，听从国王的指令行事。他总会优先考虑大多数人的境况，关注人们的宗教信仰及其劳动义务。他还要确保恢复白银生产秩序，保证国王的税收。他的统治成功延续了 12 年，与此同时，南美洲的采矿业得到了整顿，行政管理有所变化，西班牙的宗教法庭也在新世界建立起来。从 16 世纪 70 年代开始运作的宗教裁判所，对被殖民世界几乎没有产生影响。但它标志着宗教领域的一大重要变化，因为它是一系列改革（包括欧洲特伦托公会议颁布的改革令）的组成部分，对那些一直在美洲活动的方济各会修士而言，建立独立自主的美洲教会的梦想就此宣告破灭。

托莱多最令人难忘的成就，是抓获并处决了最后一位印加皇帝图帕克·阿马鲁（Tupac Amaru），他是皮萨罗时代的印加皇帝曼科最小的儿子。这是一桩西班牙帝国主义哲学与实践高度融合的事件，我们有必要予以关注。曼科在比尔卡班巴山城建立的新印加国家与西班牙势力在秘鲁共存了几十年。有时，印第安人会下山袭击西班牙人及其盟友。但印第安人内部也存在严重分歧。当西班牙人在库斯科扶持起一个傀儡印加皇帝（曼科的兄弟）时，许多印第安人抛弃了比尔卡班巴，追随起新的统治者。随后的 1545 年，一群阿尔马格罗的追随者在要塞中受到曼科的友善对待，但他们却杀死了款待他们的主人曼科。直到 1560 年，皇位被传给了曼科的亲生儿子蒂图·库西·尤潘基，这种政治混乱才得以终结。塔万廷苏尤的人们发现自己正处在新旧秩序的分野，他们会怎么做？1565 年，有传言说蒂图·库西打算发动一场全面叛乱，恢复印加帝国的统治。西班牙人决定尝试谈判，在西班牙士兵和与印加人敌对的卡纳利（Cañari）印第安人陪同下，一位使者前去与蒂图·库西谈判。后者接受了洗礼，并承诺取消威胁的起义。看起来，西班牙和印加之间似乎会达成临时协议。基督教传教士被允许在蒂图·库西控制的领土上传教。

解放的希望一旦点燃，就无法熄灭。就在这几个月里，一场与印加人完全无关、名为"塔基·翁克伊"（Taki Onqoy）的印第安抵抗运动开始在瓦曼加附近地区发展壮大（参见第六章）。1571年，蒂图·库西生病了，他的手下请来了当地的西班牙传教士为他治疗。治疗没有奏效，这位印加皇帝就此身亡。印第安人坚信是传教士毒死了皇帝，于是将其折磨至死。这起谋杀案为新上任的托莱多总督提供了一个介入的理由。蒂图·库西的兄弟图帕克·阿马鲁继承了皇位，但他的权力注定不会长久，因为一种致命的流行病正在森林地区蔓延，并波及比尔卡班巴地区：战士们纷纷患病身亡，桥梁和道路无人守卫。托莱多派出了一小支西班牙军队。他们成功地俘虏了图帕克·阿马鲁，给他锁上镣铐并把他带到了库斯科。在那里，最后一位合法的印加皇帝在接受洗礼后，于1572年被斩首。瓜曼·波马记录道："所有高贵的女士以及帝国里的印第安人都纷纷落泪，整个城市都在哀悼，人们敲响了所有的钟，所有名流男女和印第安人中的重要人士都参加了葬礼。"[136]

就像前一代人对阿塔瓦尔帕的处决一样，这次处决也引发了各方的激烈批评。一代人之后，历史学家加尔西拉索·德·拉·维加称，当托莱多回到西班牙时，腓力二世批评了他的行为，说自己"派托莱多去秘鲁是要他为印第安人的君主效劳，而不是杀死他们"。瓜曼·波马的说法是，国王甚至拒绝接见托莱多。[137]但是并没有证据支持这两种说法。

事实上，这次处决恰恰符合西班牙人所采纳的帝国主义观点。[138] 在殖民领土上，除了西班牙国王之外，再没有其他的权威，教皇、亲王、印加人的君主，都再也不能限制西班牙的权力范围。在征服初期，西班牙的政策在很大程度上依赖于教皇的授权，现在人们认为没有这样做的必要了。这并不意味着西班牙在这里掌握了彻底或是绝对的权力，西班牙也不曾这样自命过。但从那时起，这里只有西班牙国王说了算。在秘鲁，托莱多煞费苦心地发行出版物，表明印加皇帝才一直是篡夺安第斯山地区权力的人。这使西班牙更像是唯一合法的权威。"陛下是这个王国的真正统治者，"总督在 1573 年向他的主人禀告说，"这里没有印加暴君的合法继承人，所有归属于印加皇帝的财富、土地和牲畜，如今都归陛下所有。"而国王的义务则是"保护当地的印第安人，制定保护他们的法律"。[139] 从此，这里只有一个帝国，统治者只有一位，即卡斯蒂利亚国王。

第五章

东方的明珠

我们现在正位于诸多伟大王国的大门口。陛下是否愿意帮助我们，在这些国家之间建立并维持贸易往来？

——马尼拉总督吉多·德·拉维扎利斯
写给腓力二世的信[1]

人们习惯将瓦斯科·努涅斯·德·巴尔沃亚及其同伴越过巴拿马地峡的 1513 年，视为西班牙人第一次接触太平洋世界的时间。巴拿马镇是西班牙人在太平洋南部海域的首个定居点，由佩德拉里亚斯·达维拉于 1519 年建立，达维拉在 1514 年（当时他已经年过70）被任命为达连的总督，但他很快就展露出那种被当地人视为典型西班牙人作风的残暴。他处死了巴尔沃亚，随后继续着残暴而专制的作风，直到被撤职为止。但是不久后，达维拉又被任命为一个毗邻尼加拉瓜的领地的总督，并最终在那里去世，他始终残暴而顽强，即使是在 1531 年，90 岁高龄的他也依然禀性难移。

受制于在大陆上建立定居点的艰难和残酷，太平洋沿海地区的西班牙人起初很少利用海洋运输，那时的海上航线主要是集中在南部海岸的运输路线。因此，西班牙在太平洋世界的历史不是由西班牙人自己，而是由葡萄牙人开创的。在科尔特斯前往尤卡坦半岛的同一年，5艘船在葡萄牙船长麦哲伦的指挥下于1519年9月离开了圣卢卡。麦哲伦的探险队主要由西班牙人组成，当然也有来自其他国家的水手。其中包括维琴察人安东尼奥·皮加费塔（Antonio Pigafetta），他后来撰写的关于麦哲伦航行的详细记录也成为经典。当皮加费塔后来开始写作时，他讲述了自己是如何参与冒险的："1519年我还在西班牙，那时的我从一些书本和对话中得知，在海上旅行可以遇到很多令人惊奇的事物，所以我下定决心，要用我的双眼去见证那些我听说过的传闻。"正是由于他的热情，欧洲航海史上最著名的一次探险才得以被后人传颂。这是一次漫长而危险的航行。出发4个月后，即1520年1月，当他们到达巴塔哥尼亚最南边的拉普拉塔河时，这支小型舰队遭遇了严重的兵变。直到那一年结束，仅有4艘船幸存下来，海员们经历了38天的磨难，成功驶过以麦哲伦命名的一个危险多风的海峡。相比之下，他们抵达的这片海洋却显得如此宁静，因此被命名为"太平洋"。但他们很快就发现这片海域实在太过浩瀚，"它的浩瀚甚至超过了人类大脑的想象"，同时他们也因物资耗尽而忍受着干渴与饥饿。在14周之后的1521年的3月，他们终于在关岛首次登陆，而当地人出于好奇心的偷窃行为也使水手们称这里为"盗贼岛"（Ladrones）。宿务岛（Cebu）上还有一位酋长接受了洗礼，但麦哲伦在菲律宾的麦克坦岛（Mactan）上与当地人发生冲突时被杀死了。

两艘船上的幸存者随后到达马鲁古，他们在蒂多雷岛（Tidore）上遇到了一些葡萄牙商人，并设法获得了一些香料。返航途中，他们尝试分成两队背向而行。其中的"特立尼达号"计划向东行驶穿越太平洋，但被狂风击退，少数幸存者设法回到了港口。另一艘

"维多利亚号"，在塞瓦斯蒂安·德尔·卡诺的指挥下，于1521年12月向西行驶，离开蒂多雷，从帝汶直接驶向非洲海岸，绕过了好望角，并在1522年9月1日，即离开圣卢卡港口的3年后再度返回。德尔·卡诺离开蒂多雷时带了47名欧洲人以及13名马来西亚人，最终只有18个欧洲人（其中包括2个德意志人）和4个马来西亚人成功抵达了西班牙。连同另外13个"特立尼达号"上的归来者，这些人便是这当初跟随麦哲伦出海的265人中仅有的幸存者。"维多利亚号"是历史上第一艘完成环球航行的船，也是人类在航海方面的巨大进步。它还为西班牙人建立起与香料群岛的直接联系，开启了西班牙与葡萄牙的竞争乃至西班牙与亚洲各帝国的竞争。德尔·卡诺带回来的香料的收益已经远远超过了这次探险的全部费用。一个热那亚人向西班牙展现了新世界的存在，而现在，一个葡萄牙人和一个巴斯克人（在一个意大利人记录下来的航程中）又向西班牙展现出旧世界的价值。

9月，航行的消息由德尔·卡诺亲自传达给身处巴利亚多利德的皇帝。"维多利亚号"的归来首次让西班牙人有可能直接获得东方的财富，而国王不想让这个大好机会白白溜走。但是距离问题不容小觑。1494年的《托德西利亚斯条约》明确要在大西洋上划定一条分界线，但是这对太平洋地区的土地划分又有何影响呢？1524年，查理五世试图与葡萄牙达成共享马鲁古群岛归属权的协议，但最终徒劳无功。1525年，查理就从拉科鲁尼亚（La Coruña）派出了另一支探险队，这支队伍由卡斯蒂利亚人和德意志的银行家共同资助，由胡安·加西亚·约弗雷·德·洛艾萨指挥的7艘船组成，这支队伍接到命令，要联系上那些麦哲伦航行中被困在马鲁古的西班牙人。这次航行是一场灾难：洛艾萨以及与他同行的副指挥德尔·卡诺都死在海上，尽管其余船只在 1527 年抵达马鲁古之前已经到达过菲律宾及其他岛屿，但幸存者还是被迫在蒂多雷避难。1527 年 10 月，埃尔南·科尔特斯从墨西哥派出了第三支探险队，由他的亲戚阿尔瓦罗·德·萨韦德拉（Alvaro de Saavedra）指挥，探险队于次年到达南海，探索了多个岛屿，但最终像之前的队伍一样解体了，萨韦德拉也在途中去世。在葡萄牙人的帮助下，最后两次航行的幸存者（其中一位是后来著名的安德烈斯·德·乌达内塔）最终于 1536 年返回西班牙。

持续的失败打击了西班牙人的积极性。最终，皇帝于 1529 年根据《萨拉戈萨条约》（Treaty of Saragossa）将香料群岛的归属权割让给了葡萄牙（以换取 35 万达克特的丰厚收益），并在太平洋上马鲁古以东 297.5 里格的位置划定了一条经线。[2] 西班牙的船只不可以在这条经线以西的海域行驶。西班牙人向太平洋扩张的兴趣几乎也随之消失了。但"香料群岛"这个名称的模糊性仍然吸引着个别探险家。这个地名通常被用来描述马鲁古群岛中的安波那（Amboina，安汶的旧称）、班达（Bandas）、特尔纳特（Ternate）和蒂多雷等岛屿，但从更广泛的意义上讲，它也可以被用来泛指西起西里伯斯岛（Celebes）*东至新几内亚的所有岛屿。此外，这条分界线究竟是在哪里呢？当时还没有可靠的方法来测量，因此人们对葡萄牙人宣称拥有的那些地区仍然存有合理的怀疑。偶尔也会有西班牙的船只冒险闯入有争议的地区。1536 年，埃尔南多·德·格里哈尔瓦（Hernando de Grijalva）领导的一支前往香料群岛的冒险队就溃不成军，指挥官也死于兵变。一艘船在马鲁古遇难，另

---

* 印度尼西亚苏拉威西岛的旧称。——编者注

一艘船返回墨西哥。6 年后，新西班牙又发起了一场行动，当时佩德罗·德·阿尔瓦拉多赞助了一支探险队，探险队于 1542 年 11 月 1 日从纳维达港（Navidad）开始航行。这些船只在鲁伊·洛佩斯·德·比利亚洛沃斯（Ruy López de Villalobos）的领导下抵达了香料群岛，为纪念西班牙王子（后来的腓力二世），新岛屿被命名为菲律宾（Philippines）。这些船只也造访过新几内亚，探险队员宣称这里也归西班牙所有。1546 年，比利亚洛沃斯在安波那岛上发高烧去世，一位流浪到这里的纳瓦拉传教士方济各·沙勿略为他做了临终祈祷。

葡萄牙人成功地将活动范围扩展到了整个东南亚地区，这在很大程度上要归功于他们在果阿（Goa）和印度洋地区建立了重要的贸易站。作为绕过好望角前往印度这条航线的先驱——这要归功于瓦斯科·达·伽马（Vasco da Gama）1498 年的航行，葡萄牙商人得以向东挺进至香料群岛。1509 年，他们派出一支包括麦哲伦在内的部队袭击了马六甲。两年后，在阿尔布开克（Albuquerque）总督的领导下，葡萄牙人占领了马六甲镇，并在此后的 130 年中一直占据着这里。1512 年，这些葡萄牙人来到了菲律宾，并持续往南深入，在马鲁古群岛的特尔纳特建立起主要基地。他们在东海和南海上的活动可以追溯到 1553 年澳门建立之时，当时的澳门为葡萄牙人在整个海域的商业活动提供了绝佳的通道，葡萄牙人很快也成功地在果阿、澳门和日本之间展开三方贸易。从 1570 年起，每年从澳门驶往长崎的"巨舶"也成为果阿贸易路线中不可或缺的一部分。当然，葡萄牙人的成就并不是仅凭自身就能取得的。他们在很大程度上得益于与欧洲金融家（主要是热那亚人）的合作，[3] 以及他们与印度、马六甲、中国和日本等亚洲国家达成的协议。

与葡萄牙人的竞争在很大程度上刺激了西班牙的冒险精神，这对西班牙帝国的发展起了积极作用。葡萄牙在货物贸易和航运方面的规模很小，却对西方世界产生了深远的影响——这是西方世界首次深入亚洲市场。在持续一个多世纪中，葡萄牙人一直是在东亚地区最活跃的西方强国，他们比西班牙人活跃得多，因为后者受到教皇赠土条款的约束，不可进入葡萄牙人的活动范围。即使在1580年葡萄牙与西班牙成为君合国之后，这项条约仍然要被继续遵守。葡萄牙人最先取得了与亚洲的联系：1543年，他们的商人首次抵达九州港，并将枪支火器等科学成果带到日本，那里的地方军阀（大名）逐渐发展出适应本土需求的枪支制造技术，并开始在国内的斗争中使用火器。1549年，一艘中国商船抵达鹿儿岛，并将方济各·沙勿略带上岸，这一壮举同样具有深远的影响。

在比利亚洛沃斯航行之后的20多年中，西班牙政府参与规划并资助了进一步的探险活动。腓力二世明确表示"这次探险的主要目的，是建立起从西部小岛返回的航线，因为众所周知，通往这些小岛的路线相当短"。[4] 1564年11月21日，由巴斯克退伍老兵米格尔·洛佩斯·德·莱加斯皮指挥、弗雷·安德烈斯·德·乌达内塔领航的5艘船从新西班牙出发。莱加斯皮的探险活动拥有全新的风格和理念，它反映了腓力二世直接干预政治决策、修改当前扩张活动的规则的决心。国王的指令都秉持和平至上的态度，想要避免新世界征服者曾经有过的过分之举。经过5个月的航行后，莱加斯皮的探险队在1565年4月登陆米沙鄢（Visayas）群岛中的宿务岛，途中还造访过许多岛屿（包括马绍尔群岛和马里亚纳群岛），莱加斯皮也尽职地宣称这些岛屿都归西班牙所有。

西班牙人最初抵达之时，宿务岛人口尚不满 2 000，这里是米沙鄢群岛的主要港口，也是理想的定居之地。西班牙人在此建立了基地，并由此开始了与周边邻近岛屿的贸易往来以及对它们的侦察活动。他们不得不在 6 年的时间里忍受困苦、贫乏、不习惯的食物、热带地区的疾病以及种种不适。尽管他们得到的指令是尽力避免杀戮，但就现实来讲这是不可能的。事实上，压制当地人的抵抗是很容易的，因为这些岛上的社会是以小型亲族单位"巴朗盖"（barangays）为基础的，每个巴朗盖通常由 30 个至 100 个家庭组成，而这些家庭常常处于彼此独立乃至敌对的状态。当地人缺乏政治组织的现状使西班牙人得以轻松进驻。毕竟就像在美洲一样，西班牙人总是可以依靠当地盟友的支持。

从米沙鄢群岛向外展开的第一场重要行动发生在 1570 年，当时，90 名西班牙人连同辅助的 300 名米沙鄢人试图占领马尼拉地区的一个定居点，这是一个位于吕宋岛帕西格河（Pasig）河口、发展繁荣的"巴朗盖"，婆罗洲穆斯林苏丹的儿子统治着这里，这里甚至还配备了青铜大炮以加强防御。西班牙人无法驱逐当地人，只好勉强维持着不稳定的共存状态。一年后，当地领导人（datus）签署了一项接受西班牙统治的协议。在 1571 年 6 月，即莱加斯皮逝世的前一年，马尼拉正式成为一个西班牙城市。[5] 马尼拉的规模与宿务岛的主要城镇相差无几，都有鲜明的穆斯林风格，但马尼拉在西班牙人看来更具有吸引力。这里随后也发展为西班牙在整个菲律宾地区的主要殖民地。

西班牙人在南海采取了与在新世界相似的殖民政策。作为官方探险队的领导者，莱加斯皮享有"先遣官"的头衔和权利，对于后来的作家而言，莱加斯皮就相当于"总督"。他主要的同伴们也都获得了委托监护制下的监护主地位。根据1576年的官方清单，该地区的岛屿被划分给了143个监护主。然而，此时距离征服美洲大陆已经过去了半个世纪，帝国事业的风格和理念都发生了剧烈的变化。只有在菲律宾的西班牙社区这个小范围内，才会有人认真对待国王于1573年颁布的条例。1574年，当腓力二世收到请求，要求在这些岛屿上发展更多监护主领地时，他果断予以拒绝。1576年，西班牙当局在马尼拉颁布了第一部正式法律，禁止再授予任何领地。这些领地和人口的持有者不再享有曾经的地位。"岛上的这些监护主，"马尼拉主教在1583年报告称，"都是非常贫穷的人。"[6]

生存的需要总是优先于征服的需求，因为征服在菲律宾既不是首要任务，也是不可能实现的。西班牙人最早面临的威胁之一是中国海盗林阿凤，他实际上控制了主要岛屿周围的海域。1575年3月，莱加斯皮的儿子胡安·德·萨尔塞多（Juan de Salcedo）率领一支拥有250名探险者的西班牙远征队，在1 500名菲律宾人和1名中国翻译的陪同下，从马尼拉航行到阿格诺河（Agno）河口的林加延湾，并摧毁了停泊在那里的中国船只。但还有一些基本的生存问题亟待解决，例如食物的供应。没有奴隶的劳动，殖民地居民很难维持自己的生活。1581年，马尼拉主教报告了一些西班牙人从当地人那里窃取食物以果腹的案例。他报告称，这些西班牙人"会闯进当地人的家中，抢走当地人做好的饭菜。如果我斥责他们，他们就会说'那你要我们怎么办？躺下等死吗？'"。[7]

由于与欧洲相距甚远，马尼拉从一开始就直接从新大陆获取物资，并被视为新西班牙总督辖区的属地。1583年，这里建立起了负责管理当地事务的检审法院，并在 1595 年拥有了自治的最高法院。实际上，由于这里与宗主国之间隔着广袤的太平洋，漫长的空间距离和航程时间使得菲律宾很快就发展成一个独立的殖民地。然而西班牙人一直都没能在这里发展出自己的经济网络，一直到 19 世纪，这里的西班牙人都是靠墨西哥政府定期提供的财政援助（通常是以白银的形式）生存的。这种补贴被称为"王家补贴"（real situado），是直接用西班牙大帆船从阿卡普尔科运来的现金。事实上，这种补贴看起来是财政援助，实则只是退还了岛上的西班牙人穿越太平洋、前往阿卡普尔科进行贸易时所支付的关税。[8]

这些西班牙人社区的地理位置、发展水平和规模从根本上限制了西班牙权力的扩张。正如一位官员向马德里政府指出的那样，菲律宾拥有至少 40 个大岛，这还不包括许多较小的岛屿。根据现代统计所得出的数据，这里的岛屿总数超过 7 000，其中许多岛上都有活火山。这里的气候不算太坏，但也绝不是舒适宜人的。一位西班牙人就形容这里"（一年）4 个月里都是灰尘，4 个月里都是泥土，另外 4 个月里什么都有"。[9]这里的"什么都有"也包括了季风、台风和地震。

禁止征服的法令以及人力的持续短缺，消除了西班牙人占领或是控制马尼拉以外领土的可能性。为了便于贸易，西班牙人在岛上的其他地方建立起一些小型的前哨站。西班牙人大多居住在面积最大的吕宋岛上，那里的主要居民是他加禄人（Tagalog）。西班牙人几乎没有尝试去南部的棉兰老岛定居。有人造访过中部的米沙鄢群岛，但这些人大多是传教士。没有人尝试过（也不可能有人尝试过）去控制整个群岛。棉兰老岛的居民通常是穆斯林，因此被西班牙人称为摩洛人（Moros），3 个世纪以来，他们一直没有被西班牙人征服。偶尔也会有些远征队被派来攻击摩洛人，特别是在 17 世纪 30 年代，摩洛人与来自印度尼西亚的荷兰人结盟之时。衡量胜利的标准是战胜率和战死人数，但这些军事胜利都是徒劳的，因为西班牙人从来没有在他们控制的马尼拉周边地区之外占领过土地。即使在吕宋岛上，他们也从来没有统治过东北部的山区省份，那里的居民是被西班牙人称为"伊戈罗特人"（Ygolotes）的原住民。与此同时，在其他岛屿上，除了那些勇敢而与世隔绝的传教士社区之外，其他西班牙人的处境毫无前景可言。当地山区的原住民（也许是群岛的原始居民）被统称为"矮黑人"（negritos）或"黑人"（blacks），就像"摩洛人"这种称谓一样，都是伊比利亚半岛词语在亚洲地区的无意义延伸。

在西班牙人的想象中，甚至在他们的地图中，菲律宾无疑是他们"帝国"的一部分。那些住在岛屿上的人可能会有更深的理解。马尼拉的一位大法官、行政官兼军人安东尼奥·德·莫尔加（Antonio de Morga）在 16 世纪 90 年代报告称，马尼拉"是一个规模不大的小镇，参与建城的大多数人收入都很低"，而且"这里的岛屿上很少有人知道如何使用枪支"。[10] 出于各种易于理解的原因，那些来自伊比利亚半岛的西班牙人并不会被吸引到这里来。这里的白人移民主要来自新西班牙，其中许多都是混血儿，而不是纯种的西班牙人。根据 1574 年一位来自墨西哥城的西班牙女士的说法，每年都有人员被派往菲律宾："他们每年都会额外派遣二三百人过去，但没法再派更多的人了，因为那片土地上本来就没有多少人。"[11]

幸运的是，对于菲律宾人来说，西班牙入侵带来的影响很小。[12] 这里也没有发生什么人口灾难，因为当地人长期以来一直与周边的其他亚洲文明保持接触，对新的疾病也能保持免疫。这里也没有出现类似于种植新作物（像是加勒比地区的蔗糖）或矿山开采（如墨西哥的白银）等劳动力密集型产业，因此也免去了可能的经济冲击。当地居民得以继续维系他们一直以来的经济形式。吕宋岛的主要农产品仍然只有稻米，这对西班牙人来说十分不幸，他们不得不接受食用大米而不是小麦，因为小麦无法在潮湿的热带气候下生长。西班牙人还设法从墨西哥引进玉米，但当地人对玉米没有什么兴趣。[13] 西班牙人还把牲畜带到了岛上，因为他们向来无肉不欢。在西班牙人到来之前，这些岛上几乎没有牛，菲律宾人主要靠鱼肉果腹，偶尔也会吃鸡肉和猪肉。然而，这些岛屿的地理环境并不适合发展墨西哥常见的那种牧场，这里的养牛产业也从未能扩张。骡子和绵羊在这样的气候下也无法被顺利养殖。最终，西班牙人开始进口他们熟悉的那些动物的亚洲变种，中国产的马匹在这里越来越常见。但即使是马匹，也未能给这里的交通运输带来预期的助力，因为地形、气候，以及阻碍道路通行的强降雨等诸多因素，都大大降低了马匹的实用性。

西班牙在菲律宾地区活动的成功经验，导致评论者们高估了马尼拉的潜力，一位 17 世纪的意大利旅行者称其"恰好位于东方富裕王国与西方富裕王国之间的中心地带，足以成为世界上最好的贸易地点之一"。[14] 后来的中国人、荷兰人、美国人以及日本人都持续不断地试图获得这个港口，无疑表明了它的价值。但是西班牙人从没有充分利用自己的优势。莱加斯皮在 1569 年的报告中称："菲律宾不应该被看得那么重要，因为目前我们能从那里得到的唯一利润只有肉桂。"[15] 其他备受珍视的香料（像是丁香），主要出产于更远的马鲁古群岛，但那里被划归为葡萄牙的属地。菲律宾群岛的经济形态非常原始，几乎没有可开发的财富。此外，来到这里的西班牙人数量也很少，且大多是冒险家，而不是定居者或商人。

菲律宾地区的贸易毫无前景可言，因此，西班牙人不得不继续试图将附近地区也变成他们的领地。人数不多的西班牙人显然无法有效地"征服"这些岛屿，但他们明智地通过武力和联盟，成功地控制了该地区的公共生活。到了16世纪70年代，西班牙人已经视自己为菲律宾群岛的主人，他们乐观的代言人甚至郑重地建议，腓力二世该考虑征服太平洋其他地区了。这显然是欧洲人无法理解亚洲复杂性的典型案例。虽然西班牙人在吕宋岛的生活相对安全，但他们没能控制棉兰老岛（西班牙人直到1635年才冒险进入该岛）以及菲律宾群岛的其他地区。而活跃在这些地方的穆斯林商人和军舰不断地对西班牙人展开攻击。马尼拉是一个非常脆弱且相对孤立的前哨，当地人口占据了绝对多数，它的存续不仅仅是因为自身的顽强，更是因为亚洲的两大强国——中国和日本——对其存在的宽容。马尼拉并不像西班牙人假装的那样，是殖民地领土的首都，它只是一个小小的贸易前哨，就像葡萄牙控制下的果阿和澳门。必要时，西班牙士兵可以武装进入周边领土，但他们从未有效地控制过菲律宾。

1569年，莱加斯皮给新西班牙写信称，由于当地缺乏可交易的物品，他希望"能与中国进行贸易，因为中国有丝绸、瓷器、香料和其他物品"。菲律宾所有的奢侈品都是进口的。幸运的是，西班牙人在1572年与中国商人建立起了联系，次年前往阿卡普尔科的西班牙大帆船上就装载了从中国获取的第一批昂贵货物：712卷中国丝绸和22 300件瓷器。这在新西班牙的消费者中引起了轰动。墨西哥城的一位女士观察到："这些进口的奢侈品比西班牙的任何商品都好，也比世界其他任何国家的同类商品精美，像是绸缎、花缎、塔夫绸、织锦、金银丝线织成的布料、各式各样的羊毛披肩。这些瓷器比印度生产的更加精致且晶莹剔透，镀金的工艺仿佛有千种之多，即便是最有经验的工匠也无法看出它们的制作工艺。除此之外还有大量的珠宝、金链、蜡、纸张、肉桂，以及大量的大米。"[16] 这些货物维系了马尼拉的商业活动，并确立起这个殖民地未来 200 年的基本经济模式。[17]

1574 年，为了击退前来侵扰的中国海盗，马尼拉当局与明朝官员合作，从而巩固了与亚洲大陆的关系。此后，马尼拉这个小定居点，俨然成为强大的西班牙帝国的前哨，实际上也是明朝的转运口岸，只要商业利益还在，明朝政府就会谨慎避免干预马尼拉的事务。一位西班牙官员在报告中说："中国人向我们提供了很多物品，比如糖、小麦、面粉、坚果、葡萄干、梨、橘子、丝绸、瓷器和铁，以及其他在他们抵达之前我们所缺少的东西。"[18] 随着西班牙人纷纷从墨西哥辗转来到马尼拉寻找机会，这里的商业活动逐渐频繁，人口也随之增长。从中国大陆来的戎克船（今天的戎克船是指一种小型船只，但那时的戎克船却是排水量在 100 吨到 600 吨之间、有桅杆的大型船只），[19] 确保了小型殖民地的商业繁荣。1572年，3 艘戎克船最早开启了明朝与马尼拉的贸易活动，当时仅有几百名中国水手参与，到了 1605 年，登记在案的中国航行者已经多达 6 533 人，据估计这些人大多来自中国南方地区。[20]

西班牙大帆船的贸易也极大地促进了邻近的中国大陆（主要是福建）的中国居民移居海外。[21] 明朝奉行儒家道德准则，不赞成人民与外部（亚洲及其以外的其他国家）发展贸易往来。而闽南商人不顾明朝官方的反对，积极参与海外贸易；自 16 世纪 70 年代起，一些闽南人开始在马尼拉定居，他们还在 1600 年后开始在日本长崎的港口定居。当西班牙人第一次到达马尼拉时，大约有 150 名中国人在那里定居。到了 1586 年，马尼拉的闽南商人——西班牙人称之为"常来人"（Sangleys）——已经达到 1 万人，大大超过了西班牙人及其混血儿的数量（他们仅有 800 人）。他们在中国大陆以外建立起了有史以来的第一个大型华人定居地。[22]

西班牙政府对涌入的移民感到震惊，并于 1582 年在马尼拉城中建立了一个特殊的街区，称之为"八连"（Parian，来自当地中文的"市场"一词），中国人的主要活动都被限定在这一区域内。然而，来自明朝内陆的移民还是不可避免地垄断了零售业，并主导了手工业和农业。"事实上，"安东尼奥·德·莫尔加在 16 世纪 90 年代承认说，"如果没有这些'常来人'，马尼拉就无法维持正常的城市生活，因为正是这些人经营着所有的行业。"[23] 然而，西班牙历史学家在对其亚洲领地的记载中却很少提及这一事实。同时期的一位耶稣会会士则记录道："许多服务都是由中国移民提供的，从医生、理发师到搬运工和看门人，他们都能提供灵巧、快捷且便宜的服务。他们当中有裁缝、制鞋匠、金属铸匠、银匠、雕刻匠、锁匠、漆工、泥瓦匠、织布工以及其他各种服务工人。"[24] 马尼拉在各个阶段的发展都可以说是中国的商人、工匠、农民和普通劳动者的功劳，他们用劳动、投资和进口贸易为这座亚洲最繁荣的欧洲城市的发展做出了贡献。[25] 事实上，马尼拉是当时菲律宾群岛上唯一的城市。在西班牙传教士的努力下，许多其他的小定居点也发展起来，到殖民时期结束时，它们的总数达到了约 1 000 个，但它们都不是重要的中心城市。

西班牙人尽管在菲律宾人口中占比很小，却由于种族之间的共同利益而得以一直存在。岛上的全部居民都会坚定团结起来，抵御外来的攻击。1597 年，当棉兰老岛和霍洛岛的穆斯林海盗袭击吕宋岛时，当地居民成功地将他们赶走了。1603 年 10 月，西班牙人对吕宋岛上的"常来人"发起了袭击，200 个西班牙人、300 个日本人以及 1 500 个他加禄人在一种共同的反华情绪下联起手来。[26]不过马尼拉社区之间的紧张关系偶尔也会升级为流血的暴力事件。西班牙人对中国人的大肆屠杀主要发生在 1603 年、1639 年和 1662年，总是排斥华人的菲律宾人也积极参与了相关行动。如此残酷地对待那些本性爱好和平的中国人，总会适得其反。1603 年，大约2.3 万华人丧生于大屠杀后，莫尔加报告称"城市陷入了困境，由于没有了'常来人'的经营活动，城里没有食物，也没有鞋子和衣物"。幸存的大多数'常来人'则转移到了大陆地区，只留下一个仅有 500 人的社区。然而，到了 1621 年，这个华人社区的人口再度增长到 2 万。[27]

　　相比之下，西班牙的人口却没有增长。直到 1637 年，马尼拉城内还只有 150 户西班牙人家庭，在经历了大约 80 年的殖民统治之后，这个数字少得令人难以置信。由于这里很少有欧洲女性，移民者被迫与亚洲人结婚，由此迅速形成了一个混血儿群体。就像在新世界一样，西班牙人雇用穷人从事他们自己不适合或没有准备好的工作，这对当地经济造成了负面影响。1583 年，马尼拉主教萨拉萨尔抱怨说："他们迫使当地居民承担了过重的劳动，以至于这些当地人没有休息的时间也无法播种土地，农业收成也因此骤减。"尤其是当地人还被迫不断地探索、征服岛屿的周边地带，结果便是"大量的当地人失去了性命"。[28]起草于 1598 年的一份关于吕宋岛神职人员的报告愤愤不平地总结说："他们对待本地人的方式，比对待狗和奴隶都还要糟糕。"

对劳动力的需求导致了菲律宾人口结构出现了一个重要的新因素。为了弥补劳动力的普遍不足，也为了招募家庭帮佣，16 世纪时的西班牙人会进口来自非洲的奴隶，这些奴隶是被阿拉伯人和中国人卖到东亚的。据 16 世纪末的一名观察者的说法，"这个国家到处都是黑人奴隶"。[29] 就像在新世界一样，黑人不会一直保持着奴隶身份，他们很快就成为当地劳动力的重要组成部分。1638 年，在马尼拉担任士兵、劳工和水手的自由黑人大约有 500 人。[30] 最终，这座城市发展为繁华的商业中心，而西班牙仅占其人口的一小部分。"马尼拉及其周边地区可以见到各种各样的人，"一位修士在 1662 年报告说，"这里的民族的多样性是世界之最，因为这些人来自世界各地：西班牙、法国、英格兰、意大利、佛兰德、德意志、丹麦、瑞典、波兰、沙俄……这里有来自印度东部及西部地区的人，还有土耳其人、希腊人、波斯人、鞑靼人、中国人、日本人、非洲人以及其他亚洲人。"[31]

和早期大西洋上的船只一样，太平洋上的帆船航行完全取决于风向。船员们不仅要应对北太平洋和南太平洋截然不同的风向，还要与亚洲岛屿上多变的季风以及定期降临的台风做斗争。早期的船只，像是科尔特斯在 1527 年派往马鲁古的船，可以轻松地向西航行到目标地点，却完全找不到可以返航的路线。船上的幸存者别无选择，只能经由好望角返回欧洲。比利亚洛沃斯及其船只也未能返回。第一艘向东穿越太平洋的返航船是 1565 年莱加斯皮远征中被遗弃的船。而最早详细记录返航路线的是同一舰队的另一艘船，船长是莱加斯皮的孙子费利佩·德·萨尔塞多（Felipe de

Salcedo），但它由经验更丰富的乌达内塔驾驶。这艘船在返回墨西哥的航程中还载着少量的肉桂，凭借着北纬40度的有利风向，在航行了4个月之后，它于1565年9月抵达墨西哥的阿卡普尔科。这项成就具有历史意义：在接下来的两个世纪中，西班牙大帆船每年都会往返于马尼拉与阿卡普尔科之间，坚守着这条被反复尝试过的航线，只有在天气极度恶劣或是爆发战争时，才会遭遇一些小事故。此后，所有从亚洲返航的西班牙船只依然会将这条航线作为其基本路线。[32]

此处海上航线的确立并没有像在大西洋上的情况那样有助于帝国扩张。的确，在1566年的西印度委员会的会议上，有人对太平洋地区划定的分界线是否允许西班牙人在菲律宾及香料群岛活动这个问题还存有许多顾虑，但实际上这些顾虑都被忽略了。水手们不断散播着关于传说中岛屿上的神奇财富的故事，尤其是被称为里卡德奥罗（Rica de Oro，意为"黄金岛"）和里卡德普拉塔（Rica de Plata，意为"白银岛"）的岛屿，它们激起了16世纪冒险家的探险欲望。[33]但是不论是亚洲船只还是欧洲船只，几乎都不怎么涉足太平洋海域，而那些从事远距离贸易的船只也总是优先考虑航行安全，而不会尝试危险的探索行动。西班牙人偶尔会造访太平洋上一些岛屿，像是巴布亚岛（1528年）和塔希提岛（1567年），这些岛屿或许可以为西班牙人的长途航行提供可靠的庇护所，但他们从未找到过合适的停靠点。

缺乏可停靠的中转港口，始终是西班牙人在太平洋上航行的一个主要障碍，这个障碍也一再被事实证明是致命的。西班牙当局一直敦促船长们要对那些传说中的岛屿保持警惕。1611年，一位名叫塞瓦斯蒂安·比斯凯诺（Sebastián Vizcaino）的商人（我们稍后还会讲到这个人）从阿卡普尔科穿越太平洋到达日本，随后继续向东寻找传说中的宝藏岛屿，但一无所获。在耗时数月的航行探索之后，他返回新西班牙，坚定地宣称"根本没有那样的岛屿"。但实际上，西班牙人缺乏探索太平洋的手段经验，因此他们错过了位于中纬度地区（北纬20度）的夏威夷群岛。在两个多世纪中，数百艘西班牙大帆船穿行于太平洋海域，却一次也没有接触到夏威夷岛上先进的本土文明。[34]

建立新航线是一项费力不讨好的工作。1567年，阿尔瓦罗·德·门达尼亚（Alvaro de Mendaña）带领两艘船——他的副手是佩德罗·萨缅托·德·甘博亚（Pedro Sarmiento de Gamboa）——从秘鲁远航至马鲁古，[35]并停靠在他后来命名为"所罗门群岛"的地方（群岛上被命名的小岛还有瓜达尔卡纳尔岛和圣克里斯托瓦尔岛）。西班牙人与这里的原住民发生了短暂的流血冲突，随后通过加利福尼亚返回卡亚俄（Callao）。门达尼亚于1595年带着4艘船，载着大约380位想要移民的殖民者再次来到这一海域。他们登陆的第一个岛屿被门达尼亚以当时的秘鲁总督之妻拉斯·马克萨斯·德·门多萨（Las Marquesas de Mendoza）的名字命名。等到两周后新移民离开该岛时，已有200名岛民被杀。舰队继续前往所罗门群岛，但在两个月之后，由于当地食物短缺，气候令人难以适应，以及包括门达尼亚本人在内的一系列人员死亡，殖民者们不得不返航。他们最终于1596年初途经新几内亚，饥肠辘辘地抵达马尼拉。

在整个太平洋地区都没有其他中心定居点的情况下，马尼拉的大帆船是联系西班牙和菲律宾地区的唯一生命线。西班牙马尼拉的整个经济都依赖于这些船只，船员们冒着风浪，每年一度地从阿卡普尔科航行到马尼拉，再返回阿卡普尔科。在16世纪的最后几十年中，常常会有三四艘船一起航行的情况。1593 年，西班牙政府响应多年来美洲和伊比利亚半岛商人的抗议，限定每年只有两艘船可以往来航行，并限制了它们可以携带的货物数量。随后的 1720 年，一项新法令确认了仅允许两艘船的规定，但实际上只有一艘船可以正常往返。

这条航线在世界历史上是独一无二的。第一艘在这条航线航行的大帆船于 1565 年横渡太平洋，最后一艘则是在 1815 年：在长达两个半世纪的时间里，这条航线上的船只几乎没有中断过，在这片浩瀚的海洋上进行着危险而孤独的航行。在西南季风的帮助下，船只于 6 月或 7 月从马尼拉湾的甲米地出发。航船一般要在太平洋漂流 5 个多月。船员们抵达阿卡普尔科后，会在那里举行商品交易会。最终他们在阿卡普尔科装满了白银和乘客，然后于次年 3 月趁着东北信风穿越太平洋返回。

这趟从马尼拉出发的行程堪称"世界上连续航行时间最长的旅程"，[36] 平均会持续 6 个月之久，有些船的航行时长甚至还会超过 9 个月。这样的航行总是伴随着高死亡率，这还是在没有考虑风暴天气等极端危险情况下的时候。一位墨西哥的目击者就讲述过一艘名为"莫拉号"的船只"于 1588 年 7 月 1 日离开中国，并于 2 月 3 日抵达阿卡普尔科，船上有 43 人在航海中丧生"。[37] 还有很多可怕的案例，例如 1600 年，"圣玛格丽塔号"遭到暴风雨袭击，航行了 8 个月才抵达马里亚纳群岛，船上的 260 人中只有 50 人幸存了下来。而下船的幸存者又遭到当地人的屠戮，只有一个人得以逃生，向人们讲述了他们的遭遇。1603 年，"圣安东尼奥号"在太平洋的某处海域被彻底吞没了，当时它运载着到那时为止堪称最丰富的货物，以及因中国人的起义活动而逃离马尼拉的西班牙精英人士。[38] 1657 年，一艘船抵达阿卡普尔科，它在海上航行超过 12 个月，船上无人生还。满载着传说中宝藏与诱人财物的船有 4 次被敌人（且都是英国人）俘获，这 4 次分别发生在 1587 年、1709 年、1743 年和 1762 年。[39] 而更多的船（总数不下 30 艘）都是不幸在暴风雨的袭击下沉船，或干脆在海上消失得无影无踪。而相比之下，从阿卡普尔科返航用时较短，平均只有 4 个月。

意大利药剂师弗朗切斯科·杰梅利（Francesco Gemelli）于 1697 年开始航行，并详细记录了这种漫长旅途当中的日常生活情形：

> 除了狂浪拍打所引发的恐怖冲击外，还有饥饿、口渴、疾病、寒冷、长时间的值守及其他各种痛苦遭遇。船上到处都是点心里繁殖出来的小害虫，且它们繁殖速度非常之快，没多久就布满了船舱、床铺和菜盘，还会黏在人们的身上。大量苍蝇落入了盛着肉汤的盘中，其中还有各种各样的蠕虫在游动。人们的每一口食物里都有大量蛆虫。每逢吃鱼的日子，通常的饮食就是用盐水煮一煮恶臭难闻的烂鱼；午餐大多是芸豆，同样也有许多蛆虫在盛着芸豆的肉汤上面游动。[40]

大帆船主导的贸易活动在欧洲和亚洲关系的演变发展中发挥了关键作用。[41] 但这种贸易活动并不是独立发展出来的，实际上，这种贸易活动是与之紧密相连的更大型商业体系的中枢，这个体系已经延伸到整个太平洋、美洲，甚至是地中海地区。彼时的马尼拉是东亚地区首要的贸易中心。来自墨西哥的银币则是西班牙人所能提供的基本商品。中国人将他们的商品带到马尼拉，以获取白银并将其带回中国。美洲出产的白银以此种方式刺激了亚洲经济的发展，在 1597 年的全盛时期，从阿卡普尔科运送到马尼拉的白银总量价值 1 200 万比索，这个数字甚至超过了西班牙在大西洋两岸的年度贸易总额。[42] 随着白银的开采，与美洲的贸易为中国带来了新的食物和农作物，尤其是玉米，这种作物在随后几代人的时间里，帮助中国成功躲过了饥荒的威胁。在 20 世纪，中国成为仅次于美国的世界第二大玉米生产国。[43]

菲律宾也是日本贸易体系的传统组成部分，根据一份 1575 年来自马尼拉的报告，"每年都有装载着贸易货品的日本船只来到这里"，而这些船只也会带来"越来越多产自日本银矿的白银"。[44] 据估计，在 1615 年至 1625 年间，日本共出口了 13 万到 16 万公斤白银，占（除去日本以外）世界总产量的 40%。[45] 然而，西班牙人与日本的贸易并没有持续太久。西班牙人有来自墨西哥的白银，尽管他们也渴望更多白银，但原则上他们并不需要额外从日本进口了。此外，马尼拉商人也承认葡萄牙人在澳门的优先利益，因此避免与他们竞争。无论如何，正如我们将看到的那样，宗教问题很快就切断了西班牙与日本之间的联系。

因此，随着时间的推移，马尼拉这个在莱加斯皮设立之初还显得前途暗淡的小前哨，已经逐渐成为东亚与欧洲贸易的生命线。1694 年，一位西班牙的耶稣会会士评论说："为了换取我们的白银，那些中国人从本国带来丰富多样的丝绸，为我们的岛屿提供了牲畜，甚至还带来了墨水和纸张。马尼拉还有许多来自印度和马六甲的黑人和白人奴隶，他们无论男女都非常勤劳。日本则出口了大量的小麦、面粉、白银、武器及其他物品到这里。"[46] 澳门的葡萄牙人在贸易中发挥了关键作用。中国丝绸不可避免地对欧洲生产商构成威胁，荷兰东印度公司董事范·德·哈根（Van der Hagen）于1619年称，由于大多数丝绸都被直接从美洲运往欧洲，这对荷兰的丝绸业形成了致命打击。因此，身处印度尼西亚的荷兰人发起了一场抵制中国戎克船的运动，仅在1622年，他们就在东海和南海的海岸地带摧毁了80艘戎克船。[47]

但是，成功的对外贸易所产生的正面结果，与菲律宾受到的内部影响形成了鲜明的对比。莫尔加在1596年报告说，移民们忽视了防卫和农业建设："对外贸易活动的规模如此之大且有利可图，以至于西班牙人都不再从事其他行业。"殖民者们愿意为大帆船投资，却不愿意在农业土地上投入资金。1600年前后，活跃在整个马尼拉地区的西班牙农民仅仅有五六个。[48]与新世界中西班牙人、葡萄牙人大力发展土地产业的情况形成鲜明对比的是，西班牙人在亚洲忽视了农业的发展。一位18世纪的法国游客记载称："马尼拉人没有土地，因此也没有稳定的收入。"主要原因可能是这里缺少便于驱使的奴隶，但另一方面，西班牙人本也可以聘用本地的劳工。不论人们做出何种解释，不可否认的结果是，西班牙人口严重依赖进口食品来维持生存。前来马尼拉开展贸易的戎克船中，只有一小部分会带来可以转手出口到其他地方的货物，而大多数都只是运来食物。1617年，荷兰人在该地区俘获的10艘中国戎克船中，有7艘都是为西班牙人提供食物的"水果戎克船"，只有3艘载有丝绸。[49]

马尼拉的发展状况，展示了西方殖民主义能给其他族群带来的最好以及最坏的东西。那时的马尼拉作为国际贸易中心，正处于鼎盛时期，来自世界各地的商人在这里转手着令人难以置信的巨大财富。最为重要的商品是类型、质量各不相同的丝绸，以及各种各样的丝绸服装与长袜，这些产品都来自中国。其次是棉花，其中一些来自莫卧儿王朝统治下的印度，也有些来自中国，同等重要的还有黄金、珠宝、象牙、玉器、瓷器以及麝香与樟脑之类的香料。还有来自马鲁古、爪哇和锡兰的各种珍贵香料，其中只有肉桂是产自菲律宾群岛的。这里雨水丰富，但只集中在短暂的一段时间里——一年之中最多只有3个月——此时可以举行集市并给大帆船装满货物。在那之后，马尼拉又会陷入9个月的慵懒状态。

西班牙人不劳作，因为他们不需要劳作。因此他们从来没有参与开发岛屿上的任何资源。西班牙人最初是被黄金激发了热情，因为莱加斯皮报告称当地人都佩戴着黄金饰品。1572年，萨尔塞多率领一支探险队前往吕宋岛北部，成功带回了50磅被开采出来的黄金。[50]但在第二次探险中，充满敌意的当地人杀死了萨尔塞多，西班牙人也逐渐认为他们无法在这里发展采矿业，因为这里难以通行，也缺乏必要的劳动力。在随后的几年里，人们努力开采黄金，并将少量黄金出口到新西班牙。但是，在这里建立矿山并获取必要的劳动力都很困难，相较之下，通过大帆船开展贸易的利润要大得多。西班牙人完全放弃开发自己所拥有的财产，这种情况简直令人震惊。少数享有特权的人安然生活在乐土上，却从未对乐土予以利用。当英国人在1762年占领这座城市时（参见第十章），马尼拉城的巨大声誉与其实际贫穷状况之间的强烈反差使英国人深感失望。18世纪的法国航海家拉彼鲁兹（La Pérouse）曾经说过："菲律宾就如同那些大贵族的庄园，它们尽管能为许多家庭带来财富，却仍未得到开发。"[51]

18世纪末，控制着马尼拉的富裕市民就对局势做出了清晰的判断：

这些西班牙征服者离开西班牙并不是为了去菲律宾耕地，更不可能在冒险进行了如此漫长而前途未知的旅行之后，只是为了在新世界织布或是移植水果。驱使这些卓越人士告别家庭、离开故土并直面这么多危险的，正是他们对黄金和香料的兴趣。人们天生就倾向于用最快捷的方式寻求财富，这导致他们迁徙的唯一目的，就是要换取满载着珍贵货物的马尼拉大帆船。除了愿意冒险的西班牙人以外，没有其他人来过菲律宾，这里也不适合发展工业。这里的社区建立以来，除了阿卡普尔科的船队以外，过去没有，现在也不会有其他任何保卫岛屿的手段。[52]

西班牙人出现在东亚之时，正值该地区发展的关键时期，当时明朝统治下的中国发展势头放缓，日本等原本向中国朝贡的国家也开始主张自己拥有自主权。对于中国统治者而言，中国是宇宙的中心，即"中原王朝"，是一个优越且自给自足的文明，同时也对其他文明颇为轻视。由于对外贸易在中原王朝看来是不必要的，所有从海外进口的货物都被归为"贡品"，所有出口物品均被视为"礼物"。实际上，中原王朝的对外贸易直到 1567 年都是被禁止的，当时只有两个主要贸易区被允许进行贸易活动，即与西边（东南亚）的贸易以及与东部（日本和马尼拉）的贸易。[53]当清朝皇帝在 17 世纪中叶开始统治中国时，南方的军事力量——其中就包括令人敬畏的海军将领郑成功（外国人称其为 Coxinga，即"国姓爷"）——仍然忠于明朝并继续实行明朝的贸易政策。当明朝的抵抗最终在 1683 年结束时，清朝统治者采取了更加开放的贸易政策，并于 1684 年取消了所有禁令。

在日本，传统的政府体制是在天皇名义下，由幕府将军行使最高权力，但这种体制通常无法应对层出不穷的内部分歧。许多卓越的大名及其贵族封臣（武士）都享有极大的自主权，可以自由从事贸易，并鼓励葡萄牙商人和传教士前来日本。1570年以后，日本列岛的政权由两位著名的领导人——丰臣秀吉（1536—1598）以及德川家康（在前者去世后）——接管。在1603年设立于江户的新幕府统治下，统治者们实现了日本列岛的逐步统一，并巩固了军事力量。丰臣秀吉的梦想是推翻中华帝国，并在东亚地区确立日本的霸主地位。为此，他派遣一支庞大的军队进入朝鲜（1591—1592），与此同时，他还向中国台湾和包括菲律宾（日本称之为"吕宋"）在内的太平洋地区发出威胁，这些地区曾经构成一个重要的贸易区。

1593年，丰臣秀吉的信件抵达了马尼拉，他的信让这个小小的西班牙社区深感不安，因为这里一直依赖日本提供的必需品，也无力抵御日本的入侵。1594年，作为对丰臣秀吉信件的回应，马尼拉总督路易斯·佩雷斯·达斯马里尼亚斯（Luis Pérez Dasmariñas）向日本宫廷派去了一个特别使团，使团带着作为礼物的欧洲服装，表达了和解的意图。陪同使团的一位方济各会修士目睹了日本民族令人难以置信的力量。他对于日本天皇能够号召成千上万的士兵（"数量简直惊人"）为其效力感到极为惊讶。他还看到5万多名士兵被雇来建设新城市的情形，并报告说参加朝鲜战争的人数"多到近乎无限"。[54] 最后他总结说，马尼拉必须对此保持警惕。

丰臣秀吉支持扩大贸易，并鼓励白银采矿业发展，而采矿业的发展为贸易活动提供了资金。但是他希望能够由日本主导整个贸易活动。当他于1587年到访九州时，他发现长崎当地的领主在7年前就已经将港口割让给了葡萄牙的耶稣会会士。[55] 接着，丰臣秀吉做出了一个对欧洲人而言意义重大的决定：将葡萄牙的耶稣会会士从日本驱逐出境，与此同时仍然与葡萄牙商人维持良好的合作贸易关系。但在实践中，他搁置了该法令的执行，并允许耶稣会会士审慎地继续他们的行动。秀吉的决策结果是难以预测的。其间，双方最严重的冲突源于 1596 年驶往墨西哥的马尼拉大帆船"圣费利佩号"（San Felipe）的事故，该船在日本四国岛的土佐（Tosa）海岸失事。

先是当地居民，其次是秀吉的幕府代理人，他们都不顾西班牙人的抗议，扣押了这艘失事大帆船上价值高昂的货物。"船上损失惨重，"莫尔加从马尼拉写给腓力二世的信中提到，"它身家有 150 万比索之多。"但这还不是最糟的事情。这艘船上的海员向幕府将军吹嘘了西班牙帝国的力量，并强调了船上的方济各会修士在帝国事业中扮演的角色。这件事引发了日本对基督徒的第一次残酷迫害，幕府将军认为基督教不仅会威胁到日本的传统宗教，还会威胁到统治者自身的政治权威，于是他下令处决了船上的 26 名基督徒，其中包括 17 名日本平信徒，3 名日本世俗修士，以及 6 名外来的方济各会修士。在 1597 年 2 月，在长崎的一个寒冷的冬日早晨，这些教徒在遭受过公众的嘲弄侮辱后，被钉死在十字架上。幕府将军在回应菲律宾总督弗朗切斯科·特略·德·古斯曼（Francisco Tello de Guzmán）的抗议时说："如果日本人去你们的王国宣讲神道教，扰乱了公共环境的安宁，您会感到高兴吗？当然不会，因此您无权在此事上置喙。"[56] "我希望，"他宣称，"我以后不必再宣扬这项法律了。"[57]

情况在 1600 年发生了变化，丰臣秀吉之子（也是他的继承者）

及其支持者在战斗中被德川家康（1542—1616）彻底击败，持续了两个半世纪的德川幕府统治随后确立。尽管基督教徒在日本的地位仍然岌岌可危，但家康还是允许日本与西班牙开展贸易活动。到了1609年，长崎和马尼拉之间的贸易份额已经超过了葡萄牙人在日本的贸易总额，在那之前，葡萄牙人一直是日本商品在海外的主要供应商。在1600年至1635年间，超过350艘日本船获得了正式的贸易许可，得以进入亚洲港口。实际上，许多日本商人都是基督徒，他们利用贸易活动来与外界保持联系。由于他们并不热衷从菲律宾获取来自墨西哥的白银，他们往往更愿意换回中国产的丝绸、西班牙的葡萄酒和玻璃杯，以及其他物品。

与日本的贸易对于在菲律宾的西班牙人的生活至关重要。因为菲律宾群岛上没有金属冶炼或是军工工业，从16世纪90年代起，西班牙人就开始依靠日本来获得铁、铜、钉子、子弹、火药以及用来编绳的麻类。人们非常担心1597年的宗教迫害将意味着他们无法再进口这些产品，但是日本人热衷于贸易活动，并且从1602年起，双方的贸易交换恢复了平静有序的状态。事实上，日本方面将这种贸易的持续发展视为马尼拉方面表达的善意，因此从1602年起，西班牙人每年都会审慎地派遣一艘官方船只。这些船上的船长（其中一些是葡萄牙人）都是熟谙亚洲航线的资深水手。1606年7月发布给船长们的指示，清楚地表明了航行的目的："您掌管的船只装载着这个城镇的商品，但航行的唯一目的是与日本保持良好的关系。"1607年的指示同样清晰："这艘船的唯一目的，就是往返于此处与日本之间，维系两者的和平。"[58] 然而，毫无疑问，这艘船也是物资供应的生命线。1607年马尼拉的财政管理者报告说，日本船只"带来了白银、硝石、麻绳、面粉、钉子、铁和铜，所有这些都是我们的必需品"。[59] 菲律宾的一位神父骄傲地称赞道："与日本的贸易繁荣时，马尼拉就是东方的明珠。"[60]

马尼拉与日本的友好关系在 17 世纪第二个 10 年宣告终结，当时德川家康深信基督徒会对日本构成威胁。西班牙人为了提高他们在日本人面前的地位，也开始做最后一搏。1611 年，新西班牙总督派遣塞瓦斯蒂安·比斯凯诺去执行这个特殊任务，任务也包括探索里卡德奥罗和里卡德普拉塔，但主要目的还是与日本政权建立联系。[61] 他的船上还载着 23 名日本基督徒——他们在参观过欧洲后又回到了日本。他们于 1611 年 3 月与马尼拉大帆船同时离开了阿卡普尔科。在 7 月抵达日本后，比斯凯诺向官员们传达了恰当的信息，并获准前往首都江户。7 月底，德川家康接受了比斯凯诺及其他日本人的觐见，但他也明确表示出自己对西班牙人没有任何兴趣。[62] 尽管在日本度过了两年的时间，周游了日本各地，会见了不少基督徒，还测量了海港水深以备将来之需，比斯凯诺最终并没有取得什么重大成果。他的任务以失败告终，他于 1614 年 1 月乘船返回新西班牙。就西班牙在日本的利益而言，这一年发生了重大事件。当年的 2 月，幕府将军颁布了一项"驱逐伴天连*"（耶稣会会士往往也包括在"伴天连"的范围内）的法令。在 17 世纪第二个 10 年之前，日本政府对基督徒的限制，主要还是在于避免日本当地武士与外国神职人员接触，以免这些武士与外国神职人员建立友好关系乃至接受外来的宗教信仰。[63] 然而，此时的幕府针对所有基督徒采取了更坚定的态度。与丰臣秀吉在 1587 年颁布的《伴天连

---

* 伴天连，拼作"Bateren"，即葡萄牙语中神父一词"Padre"的日语音译转写。——编者注

追放令》不同，新的驱逐令于1614年10月正式生效了。同年11月，大量欧洲与日本的神职人员离开日本列岛，前往澳门和马尼拉。

这条西班牙大帆船航线上的大无畏精神，使西班牙得以在太平洋地区立足，然而在各个时期，人数有限的西班牙人往往还是要依赖与其他民族之间不可或缺的合作关系，这些民族中最重要的是中国人，他们是南太平洋以及马尼拉地区的真正主人。在西班牙人到来之前，中国人就已经开始与这些岛屿进行贸易。西班牙人也需要依靠中国人来建造船只，这些船是在吕宋岛上甲米地的船厂里建造的，原料来自当地工人砍伐的树木。在西班牙专家的监督下，中国和马来西亚的工人也建造了岛上大部分的远洋帆船。[64] 然而，在17世纪初期，一位菲律宾官员建议，从日本人那里购买船只以满足菲律宾当地需求或许会更好。"在菲律宾建造战舰和船只的成本之高令人无法忍受，在那里获取哪怕一点木材也要付出血腥的代价，因为当地人不得不徒手拖拽木材，从而承受了巨大的身体上的伤害。"此外，他还指出"铁也必须从日本进口"。[65]

最重要的是，菲律宾的贸易性质主要是由中国人决定的。新西班牙的商人们有充分的理由将马尼拉大帆船称为"中国船"。中国船队运输的货物中也有一些是葡萄牙货物，因为从1608年开始，马尼拉商人被允许每年派一艘船去澳门购买物资。官方的限制当然从未被严格遵守过，澳门与马尼拉之间一直维持着长久且利润丰厚的贸易活动。葡萄牙人的船只会在每年6月抵达菲律宾，带来印度的香料、黑奴、棉花及其他物品，还有来自波斯的奢侈品；最终它们会在次年1月带着墨西哥的白银返航。[66] 这种贸易一直都是非正式的，因此，每年从澳门进口的货物尽管价值100万比索，却从未缴纳过任何税金。

西班牙人喜欢将马尼拉视为西班牙世界帝国的前哨，实际上，它能存在仅仅是因为中国人和日本人的宽容。在 16 世纪 80 年代，这座城市只有几百个西班牙人。相比之下，同时代这里的中国人超过了 1 万人，到 17 世纪 30 年代则几乎有 3 万人之多。[67]根据莫尔加估计，在 1600 年前后，马尼拉的日本人约有 1 500 人。当地人的数量显然要多过中国人与日本人。将中国人限制在"八连"也无法避免偶发的流血冲突。居民结构与人数的问题不断削弱西班牙人在马尼拉的地位。1586 年 5 月，西班牙官员向马德里政府递交了一份正式而全面的报告，请求政府派遣更多的半岛居民来此定居，并向他们承诺免税。[68]实际上，这些岛屿很少能吸引来自西班牙本土的移民。在 18 世纪末，大约十分之九的西班牙裔居民都来自新西班牙，其中很大一部分是被西班牙本土流放的流浪者和罪犯。西班牙人总督在 1768 年计算得出，殖民地自建立以来，已经发生了 14 起华人起义，其中最严重的或许是发生在 1603 年的那一场起义，当时岛上的华人杀死了近一半的西班牙人。华人主导了马尼拉的内外贸易，马尼拉的主教甚至在 1598 年宣称"新西班牙每年有 100 万比索的资金流入马尼拉，所有这些钱几乎都是经过中国的异教徒之手流入的"。[69]

尽管菲律宾的西班牙人数量很少、影响有限，但他们像更早时期的葡萄牙人一样，有一个小小的优势可供利用，那就是他们的火器枪支，尤其是船上的火炮。火器在东方当然早已为人所知（阿拉伯人和中国人都曾使用过火器），但它从未在亚洲的战争中占据重要地位。当葡萄牙于 1511 年占领马六甲时，他们惊讶地发现守城者拥有的大量炮弹仅仅被用于庆祝仪式。当亚洲的领主们意识到先进武器的优势后，他们便开始聘请葡萄牙人为自己制造大炮。日本人很快就向葡萄牙人学习，开始使用枪支和大炮。亚洲历史上最重要的时刻之一，就是印度莫卧儿王朝的创始人巴布尔在1526年的帕尼帕特（Panipat）战役中，利用枪支和重型大炮推翻了德里苏丹国。

但是，就欧洲对亚洲的军事影响而言，火器的使用是微不足道的。在最初接触的300年中，欧洲人从未主宰过东亚的原住民，而火器在接触中所起的作用（就像在新大陆的情况一样）小到只是增添了一些逸事。西班牙人固然可以对手无寸铁的平民使用火绳枪和大炮，但这除了展现他们的滥杀无辜之外，再无其他收效。在菲律宾，当地人逃进丛林，这为入侵者提供了一些喘息的空间并使他们得以定居。但是，西班牙人从来都没有足够的枪支来实现真正的"征服"，西方的武器也从未发挥过重要作用。[70] 在菲律宾群岛上，像皮萨罗在秘鲁那样发起骑兵冲锋也是不切实际的，何况从新西班牙引进的马匹也很少（直到1575年才有第一匹马被运到菲律宾）。

欧洲人到了亚洲必须面对的一个事实是，当地人总会发起反击，而且他们的反击总会成功。[71] 使用火器这件事并没有显著影响到当地人与欧洲人之间陆战的性质。因为即便在运用了枪支的情况下，这些新的武器也只是在既定的战争策略中起到提升传统武器功效的辅助作用，[72] 而那些令人印象深刻的新武器（像是大炮）通常被视为纯粹的权力象征，而非夺取权力的工具手段。欧洲人相较于亚洲人拥有的唯一优势，或许就是他们会在船上装载并使用大炮。[73] 这无疑使他们掌握了海上的霸权，并迅速迫使中国戎克船这样的无武装船不得不进行被动防御。

然而，菲律宾的西班牙人始终处于弱势地位。当他们需要枪支时，他们不得不从日本进口。相较于亚洲人，他们所拥有的可能的技术优势都纯粹是理论上的。他们确实成功地改进了地中海快速帆船，使之适应了亚洲的水域，但这一技术很快就被华人模仿学习了。而地中海快速帆船能够航行的水域始终有限。为了实现快速机动作战，攻击西班牙定居点的菲律宾人更喜欢使用卡拉科船（caracoa），这种船通常会配备80~100名桨手，非常适合在岛屿周边的海域活动。

任何真正意义上的"征服"都不可能仅仅凭借先进的武装来实现，只有当欧洲人能够招募到充足的当地人时，"征服"才有可能。例如，来自印度南部的辅助部队帮助葡萄牙征服了马六甲，而无论有没有充足的火器，葡萄牙人都无法独自完成征服。[74] 而其他地方的欧洲人，也是由于当地权威的容忍，才得以幸存下来。无论如何，这些欧洲人的数量也少到几乎可以忽略不计。据估计，在1600年至1740年间的任何一年中，整个亚洲地区的欧洲人数量都不会超过5万，[75] 这个数字在以百万计的亚洲人面前黯然失色，这些亚洲人长期居住在这片大陆上，延续着他们的日常生活，完全无视出现在海岸上的那些陌生人。根据一位在亚洲沿海地带工作的意大利耶稣会会士的说法，1576年的亚洲大陆，或许有约300名西班牙人，其中大部分是在葡萄牙势力范围内活动的商人。马尼拉的殖民地就很好地展现了欧洲势力在这一地区的薄弱。乔瓦尼·博特罗估算出的群岛上的西班牙人数量是最多的，他在16世纪90年代报告说"如今的西班牙人多达1 600人，其中不到900人是士兵"。[76] 这个数字显然是过于乐观的。1584年的一项人口普查报告指出，马尼拉只有329名"西班牙人"可以服兵役，这个数字在整个菲律宾地区也不超过713人，而且这里所说的"西班牙人"包括了混血儿在内。4年后，马尼拉的主教表示该市只有80个西班牙人家庭。[77]对于统治地球上人口最多的大陆这一宏伟目标而言，这个基础显然过于薄弱了。

然而，在美洲成功定居了两代之后，西班牙人在进入太平洋地区探险时已经很难摆脱"征服"的心态。在菲律宾群岛上一个小小角落的殖民活动，完全无法满足他们对东亚地区的野心。探险者们每隔一段时间便会继续向其他方向探索，前文就已经提到过门达尼亚对所罗门群岛的远征之旅。在那不久之后的 1605 年，葡萄牙船长佩德罗·费尔南德斯·德·基罗斯（Pedro Fernandes de Quirós）登上新赫布里底群岛（New Hebrides），他以"神圣的澳大利亚"（Australia，本意为"南方大陆"）之名宣称这里的主权归西班牙所有。然而，这些南方的岛屿显然没有什么可开发的财富，有的只是一些原始部落居民。基罗斯回到西班牙后，花了数年时间试图说服王室为他提供资金，去探索太平洋以南尚未被发现的大陆，但他的努力最终都徒劳无功。西班牙人的抱负更多集中在东亚大陆更具吸引力的文化圈，因为后者提供了贸易机会、传播福音的可能性以及实现帝国扩张的希望。而几乎完全被葡萄牙航海家掌握的西属澳大利亚，从未真正成为西班牙帝国的一部分。

最理想的扩张区域自然是香料群岛，这里在理论上是由葡萄牙人控制的，西班牙人在 16 世纪的大部分时间里都支持葡萄牙人在这里的活动。当荷兰人于 1605 年抵达这里，并驱逐了特尔纳特和蒂多雷的葡萄牙人后，情况发生了变化。葡萄牙人撤退到了马尼拉，次年，马尼拉的总督佩德罗·布拉沃·德·阿库尼亚（Pedro Bravo de Acuña）发起一场远征，驱逐了荷兰人。阿库尼亚动用了马尼拉的军队以及作为辅助部队的 1 000 名菲律宾人，他成功驱赶走了入侵者并在特尔纳特建立起马鲁古群岛上的第一个西班牙要塞。1612 年，要塞驻军的管理权被正式移交给马尼拉。西班牙人在岛上建立了一个小镇，居民包括马鲁古人、中国人、菲律宾人、葡萄牙人和西班牙人，西班牙人还在蒂多雷、吉洛洛和皮罗洛等地保留了军事据点。西班牙人的活动被远在西班牙萨拉戈萨的阿拉贡历史学家阿亨索拉（Argensola）视作帝国对马鲁古群岛的胜利征服。[78] 但现实情况是，这些基地与欧洲人在亚洲的其他定居点一样，都是因为当地统治者的容忍才得以存续，因为它们并没有构成严重威胁——西班牙在特尔纳特的驻军不超过 200 人，在蒂多雷的驻军不超过 150 人。[79] 与此同时，特尔纳特的苏丹麾下有一支 4 000 人的军队，士兵们都装备着步枪和刀剑，他大可以无视欧洲人之间的争端，毕竟他的国家从这些欧洲人的贸易活动中受益匪浅。

荷兰人仍然在特尔纳特及其他岛屿上保留着自己的据点，他们那时是在亚洲势力最强大的欧洲力量，已经在爪哇、苏门答腊、婆罗洲、马来西亚和印度设有基地。他们装备精良的大型船只能够轻易击败葡萄牙和西班牙的任何与他们对抗的船只。西班牙人顽强地坚守在马鲁古群岛，抵抗荷兰人的袭击，还在 1640 年面临西葡联盟解体的危机。与此同时，他们设法在丁香贸易中占据了相当大的份额：据估计，西班牙人在 1640 年出口的丁香几乎与荷兰人出口的一样多。[80] 但实际上，这项冒险是一个代价十分高昂的错误。1640 年，西班牙人在马鲁古活动的财政支出，几乎等于他们在新西班牙每年获得的财富总额。[81]

首先是传教士，他们的热忱总是会先于现实一步，他们认为自己在太平洋地区的活动预示着更伟大的事业。早期在日本传教的成功经历、来自穆斯林统治者的不断威胁以及南海的海盗问题，使得西班牙人敢于采取更积极的举措。充分把握中日之间一贯的敌对关系并利用日本来对抗中国，似乎是一个可行的好主意。传教士们敦促腓力二世征服整个亚洲，偶尔也有一两位修士自信一定能取得成功，并且会独自前往东南亚大陆。而国王听到征服亚洲的提议时，总是不以为意。他在 1577 年 4 月给情绪高涨的菲律宾总督写信说："至于在你看来应该即刻着手的征服中国一事，我的意见是你该放弃这种想法，并与中国建立良好的关系，也不要给与中国人为敌的海盗们提供帮助，不要给中国任何理由来找我们的麻烦。"[82]

但是菲律宾的殖民者并没有采纳腓力的谨慎建议，因为他们认为只有彻底占领了亚洲大陆，才能拯救自身在亚洲岌岌可危的地位。马尼拉第三任总督弗朗切斯科·德·桑德（Francisco de Sande）甚至认为，只需 6 000 名士兵就足以征服整个中国了。1580 年西班牙王国成功合并葡萄牙的经历，释放了国王及其臣民对于帝国主义和弥赛亚主义的狂热想象力，也有不少葡萄牙神职人员秉持着同样的热情。1584 年，马六甲的葡萄牙人主教敦促腓力二世征服当地周边信仰伊斯兰教的亚齐苏丹国，并在这之后占领整个东南亚地区。乐观的主教向国王保证道："所有这些行动，只需要 4 000 人便可完成。"[83] 1584 年 6 月，葡萄牙耶稣会会士弗兰塞斯科·卡布拉尔（Francisco Cabral）从澳门写信给国王，向他保证，只要 3 000 名日本基督徒就可以征服中国，因为（据他的说法）日本人是一个好战的民族。同月，菲律宾当局也表达了同样的观点。马尼拉主教向国王建议使用日本武士，马尼拉的总督向腓力保证："在中国的事业将会向所有贵族提供有史以来最大、最有利可图、最崇高同时也是最容易获取的回报。"[84]

在同一时期，腓力二世的宇宙学家、来自那不勒斯的乔瓦尼·巴蒂斯塔·盖西奥（Giovanni Battista Gesio）在合并葡萄牙的热情的驱使下，对帝国政策的一系列问题发表了自己的看法，他向国王建议，吕宋岛在战略上的重要性不亚于佛兰德或意大利。盖西奥还告诉西班牙政府，菲律宾就在被划分给西班牙的太平洋范围内，这一点已经让政府感到很高兴。彼时，他把目光投向了西班牙将来可能征服的所有土地。他向腓力保证，吕宋岛应该成为"日本事业"，乃至更重要的"中国事业"的根据地。[85] 我们应该记得，正是在这个时期，"英格兰事业"也被提上了国王的议程。

最具雄心的一份提案，也许是 1586 年 7 月 26 日的一份请愿书，它由马尼拉所有官员签署，并由坚决主张入侵中国的耶稣会会士阿隆索·桑切斯（Alonso Sánchez）带到马德里的西印度委员会。此举可能是受到了那年年初 11 名来自长崎的日本基督徒访问马尼拉之行的启发。请愿书承认了中国的巨大力量，它将中国描述为一个"除了信仰的救赎，在其他所有方面都优于我们"的高度发展的社会。[86] 尽管如此，请愿书还是提议，可以派遣一支 1.2 万兵力（特意从新大陆，乃至从西班牙本土召集）的西班牙人部队，再加上 6 000 人的日本盟军（显然是从那个国家的大量基督徒中招募而来）和同等人数的菲律宾人。这支军队的规模超过了西班牙在整个帝国历史的任何军事行动中所动用的军队，这至少证明了提议者意识到了入侵中国是一项多么艰巨的任务。这个计划在其他方面也是愚蠢的。桑切斯乘船前往新西班牙，最终在 1588 年 1 月到达马德里，这是最不适合进行军事冒险的时机，因为对抗英格兰的"无敌舰队"即将出航，国王既没有心思也没有钱去做其他事情。马德里的耶稣会士对桑切斯的计划感到震惊，他们的新上司何塞·德·阿斯科塔，一位在西印度群岛服过役的老兵，去找桑切斯谈话。阿科斯塔断然否定了任何以武力征服中国或日本的计划，他的主要根据是亚洲各国文化发展水平较高，也有文明的政府管理，他将这些国家与西班牙人在新世界与之作战的"原始"社会进行了对比。[87]桑切斯的提议没有得到回应，但这些想法并没有就此终结。1588年3月，一位身在澳门的西班牙奥斯定会修士向国王建议，在西班牙的领导下，只要派出4 000名日本基督教武士就可以轻而易举地征服整个中国。

西班牙人在亚洲总是抱有强烈的冒险精神。少数西班牙军人在柬埔寨对泰国的战争中受雇为柬埔寨国王而战，但柬埔寨被打败了，他们与柬埔寨国王一起沦为俘虏。[88]雇佣兵们后来逃到了马尼拉，并在1595年向总督提议与柬埔寨结成军事联盟来对抗泰国。他们认为，1 000名西班牙人（或是柬埔寨也参与的话，300名西班牙人也足矣）就能够征服整个泰国，而这一征服之举将打开通往亚洲财富和"征服整个大陆"的大门。年轻的总督路易斯·达斯马里尼亚斯以极大的热情接受了这个计划。1596年1月，一支由3艘小船和130名船员组成的远征队从马尼拉出发前往柬埔寨。经过7个多月毫无结果的漫游，他们中的大多数人沮丧地回到马尼拉，这样的探险结果越发强化了一些西班牙领导人对军事冒险主义的反对意见。然而，一些西班牙人继续前进，深入柬埔寨首都金边，并在1598年至1599年间参加了王室的权力斗争，但他们最终被崛起的穆斯林团体血腥地清除了。与此同时，势不可当的达斯马里尼亚斯在1598年主动组织了一支由100多人组成的远征队，但他们被南海的风暴吹散了。3艘船中，只有达斯马里尼亚斯所在的那艘抵达了柬埔寨，这些人在侥幸生还的一年半后回到了马尼拉。[89]

达斯马里尼亚斯的继任者弗朗切斯科·特略·德·古斯曼对马尼拉的西班牙人征服东南亚的潜力也非常乐观。"只要这些岛屿上再多出 600 个西班牙人，再有足够的资金，我们就可以一举征服暹罗王国。"这是他在 1599 年时的观点。[90] 他渴望扩张，以弥补西班牙殖民地脆弱且缺乏有效防卫等显著缺陷，因为中国、日本和菲律宾的联盟随时可能消灭这些脆弱的殖民地。1598 年，他与泰国达成了一份书面的友好条约，这是泰国和西班牙之间第一次建立正式联系，尽管双方的关系没有进一步的发展。在马尼拉，扩大征服范围以保护已有领地的想法十分盛行。1596 年，达斯马里尼亚斯的儿子路易斯·佩雷斯·达斯马里亚斯给腓力二世写了一份报告，建议腓力占领中国台湾，以保护菲律宾免受日本人和中国人的潜在威胁。

然而，几十年来的无谓提议和失败远征，很可能使马尼拉的许多西班牙人都相信，对亚洲的占领是不可能实现的。莫尔加于 1595 年至 1602 年间在马尼拉担任法官，他也是反对征服计划的人士之一。17 世纪初，在东方建立帝国的想法——马德里从未认真考虑过这种想法——已经消退，取而代之的是与荷兰和英格兰的竞争。同一时期，传教士们也放弃了让亚洲大陆迅速改宗的希望。只剩下马尼拉大帆船继续维持着西班牙帝国和东亚之间的生命线。

西班牙人的活动主要集中在加勒比地区，北太平洋对他们来说似乎不太容易进入，但不久，这里就成为西班牙人关注的目标。在这一地区寻找财富，也并不妨碍西班牙人长期关注的另一个目标：进入连接大西洋和太平洋的西北海上通道。我们知道，英国人和法国人积极参与寻找这样一条通道，但西班牙人也不落人后。西班牙人倾向于将这条通道称作"亚尼安海峡"（Strait of Anián），这个名字源于意大利人的游记。1523 年，查理五世给科尔特斯的指示中，就强调了要找到一条航道，科尔特斯也尽职地在 1532 年和 1533 年发起尝试，但都失败了，参与行动的航海者都被当地人杀死了。关于西北方向的传奇居民和地方，印第安人有非常多的传奇和口头故事。其中最能引发人们创造性想象的，就是 1510 年在马德里出版的骑士小说《埃斯普兰迪的塞尔吉人》（*Las Sergas de Esplandián*），书中有如下描述：

> 我希望你们能了解这件人类有记载以来最奇怪的事情。在印度西部有一个岛，叫加利福尼亚，这里几乎是人间天堂，许多黑人妇女住在这里，她们中间没有男人，她们过着亚马孙人一般的生活。[91]

"加利福尼亚"这个名字是专门用来指"下加利福尼亚"[*]的，在 16 世纪 30 年代被首次发现时，这里被认为是一个岛屿。但后来西班牙人用它来指代北太平洋海岸的所有土地，当探险者在 18 世纪到达阿拉斯加时，他们还给这里起名为"新加利福尼亚"。[92]

1539 年，也就是在最终动身前往西班牙的前一年，科尔特斯派出一支探险队沿着太平洋海岸向北进发，这支队伍由弗朗切斯科·德·乌略亚（Francisco de Ulloa）指挥，但没有取得重大成果。1541 年的另一次航行也同样平淡无奇。与此同时，其他队伍也在向北穿越加利福尼亚湾：1540 年 8 月，埃尔南多·德·阿拉尔孔发

---

[*] 下加利福尼亚（Baja California），英文常用名为 Lower California，中文又译为"加利福尼亚半岛"，位于墨西哥西北部，处在太平洋和加利福尼亚湾之间，北面与美国交界。——编者注

现了科罗拉多河的河口，并向内陆进发。早期最著名的航海者是若昂·罗德里格斯·卡比略（João Rodrigues Cabrilho），一个在西班牙服役的葡萄牙人，1542年被总督门多萨派去探险。1542年9月，他指挥两艘船驶入圣地亚哥湾，并将这里命名为圣米格尔（San Miguel）。今天被称为"卡比略角"（Cabrillo Point）的地方，是这座现代城市郊区能看到最美丽海景的地方之一。卡比略继续向北航行，于10月登岸，并宣称拥有这片土地。这两艘船在北方过冬，卡比略于1543年1月在今天的圣巴巴拉去世。他的船队继续前进，但在遭遇恶劣天气后被迫返航，抵达纳维达港，并在4月时从那里起航。

这些重要却随机的探索既没有到达西北航道，没有获得传说中的加利福尼亚的财富，也没有获得任何稳固的领土。太平洋仍然是一片开放的海域，英格兰人是第一批在这里航行的非伊比利亚人。[93] 英格兰船长弗朗西斯·德雷克从16世纪70年代起就活跃在巴拿马地峡。1573年，在一群逃亡黑奴的帮助下，他把自己的资源与一位法国新教徒船长的合在一起，伺机拦截从秘鲁运往诺布雷德迪奥斯（Nombre de Dios）港的白银。在这次探险中，德雷克就像半个世纪前的巴尔沃亚一样看到了浩瀚的太平洋，并"祈求全能的上帝让他能安然生还，有朝一日搭乘英格兰船只在那片海域航行一次"。[94]

几年后，他的梦想在一次著名的航行中实现了，这次航行清楚地表明，西班牙人对太平洋的任何地方都不具备真正的控制权——无论是北部海域还是南部海域。正如秘鲁总督在20年后观察到的那样，"西印度群岛的有效防御更多取决于敌人对它的无知，以及陆地和天气构成的障碍，而不是我们的抵抗力量"。[95] 1577年底，德雷克从普利茅斯出发时率领的船共有 5 艘，其中包括他自己的"鹈鹕号"。他们得到了英格兰王室和投资者的全力支持。当德雷克到达麦哲伦海峡时，他的舰队已经减少到只剩 3 艘船，他将自己的船重新命名为"金鹿号"。在 1578 年 9 月的第一个星期，他们进入太平洋，沿着海岸缓慢前进。

1579 年初，他得知从波托西运来的白银正通过海路被运往巴拿马。3 月，在赤道以北，德雷克在没有遭遇任何抵抗的情况下，登上了运送白银的西班牙船只，没收了这批价值 45 万比索的货物。从智利向北，他在每一个主要港口都进行突袭和掠夺，却完全没有受到惩罚，这令人震惊。当他到达尼加拉瓜海岸时，他的船装载了太多战利品，如果不做进一步的维修就出发横渡海洋，那将是鲁莽的。为了寻找一个安全的港湾，他经过了旧金山湾，向北行驶了 28 英里，来到了后来被称为"德雷克湾"的海湾。在那里，船长花了 36 天时间整修船只，并以女王的名义宣布了对这些地区的所有权，并称其为"新阿尔比恩"（Nova Albion）。随后他穿越太平洋，经过香料群岛，绕过好望角，并在 1580 年 9 月抵达普利茅斯，成为第一位在海上航行了 2 年 10 个月后完成环球之旅的英格兰船长。[96]

1579 年，德雷克在秘鲁第一次袭击了运送珍贵财物的西班牙船只，这似乎正是马德里政府在 1581 年决定建立一支防御舰队的诱因。通常情况下，决议需要经过数年才会转化为行动，但幸运的是，对西班牙来说，太平洋海域离欧洲也很远，很少有其他船只能够效仿德雷克的行为。到 1588 年，一支由 5 艘小帆船组成的防御部队开始投入使用。[97]紧随德雷克之后，托马斯·卡文迪什（Thomas Cavendish）和理查德·霍金斯（Richard Hawkins）分别在 1587 年与 1593 年来到了"南海"。卡文迪什是一位年轻的英格兰绅士，作为第一位掠夺马尼拉大帆船的外国水手而出名。1587年，他带着3艘船进入太平洋，袭击了秘鲁的派塔港（Paita），并夺取了一艘开往巴拿马的船，他从这艘船的驾驶员那里收集了足够的信息，并计算出袭击马尼拉大帆船的可能性。10月，他在下加利福尼亚半岛的南端，与11月驶过海岸的马尼拉帆船"希望女神号"擦肩而过。然而，他成功地阻截了"圣安娜号"。"圣安娜号"在2天的战斗中成功击退了4次登船袭击，最终还是在11月17日向卡文迪什的船只投降。除了中国丝绸和其他奢侈品，袭击者还获得了价值约60万比索的黄金、丝绸、珍珠和珠宝。"圣安娜号"被凿坏、烧毁，不幸的随船神父被吊死在桅杆上。随后，英格兰人开始复制德雷克的著名环球航行，横跨了太平洋。1588年9月，卡文迪什自己乘坐的"欲望号"是他队伍中唯一安全抵达普利茅斯的船，当时恰逢西班牙无敌舰队被击败。据说伊丽莎白女王在看到船上的财富后评论道："西班牙国王经常叫，但他不咬人。我们不在乎西班牙人，他们满载金银的船只终究还是落到了我们手里。"4年后，卡文迪什在试图再度劫掠西班牙船只时，在合恩角附近的海上丧生。

"圣安娜号"的幸存者中有葡萄牙领航员塞巴斯蒂昂·罗德里格斯·塞梅尼奥（Sebastião Rodrigues Cermenho），以及巴斯克商人塞瓦斯蒂安·比斯凯诺，后者是一个在马尼拉与墨西哥的贸易上有着丰富经验的商人，我们在介绍日本的情形时也提到过他，他在探索太平洋海岸线的事业中发挥着重要作用。1595年，罗德里格斯·塞梅尼奥乘坐帆船"圣奥古斯丁号"从马尼拉返回，11月在加利福尼亚和俄勒冈边界以南65英里处登陆。他继续向南，经过德雷克湾，最终发现了一个他称之为"旧金山湾"的入海口。[98]

一场突如其来的风暴摧毁了大帆船，船员们不得不乘船返回墨西哥，却没有带上他们珍贵的货物。

次年，比斯凯诺从新西班牙出发，想要在太平洋沿岸找到合适的港口，但在下加利福尼亚沿岸寻找定居点的尝试失败，之后不得不掉头返回。然而第一次探险的失败并没有阻止他继续尝试，西班牙政府也相信在北部海岸可以找到一个适合马尼拉大帆船停靠的港口。1599 年，比斯凯诺获准进行另一次探险，1602 年 5 月，他带着 3 艘船（以及官方资助）从阿卡普尔科起航。尽管在这趟海上航行中他们遭受了严重的苦难、风暴与寒冷（他们在 1603 年 1 月抵达最北部的海域），死于疾病的船员多达四分之一，但这是一次划时代的航行，他们到达了加利福尼亚沿岸的所有主要据点，由比斯凯诺命名的地名一直沿用至今。他还绘制了蒙特利湾（Monterey Bay）的地图，并以当时总督的名字命名。比斯凯诺认为蒙特利湾极具吸引力，后来还试图在此定居。此外，为了与当地人保持良好的关系，他们付出了巨大的努力，最终双方都表现得十分友好随和。

在航行中，一位加尔默罗会修士安东尼奥·德·拉·阿森西翁（Antonio de la Ascensión）就西班牙帝国扩张到加利福尼亚的可能性提出了自己的看法。[99] 他说第一个定居点应该设在下加利福尼亚，因为这里只需要一个具备守望台和 200 名士兵的营地就可以轻松掌控，"因为在野蛮的印第安人土地上，即便他们宣称自己是友好的，我们也不可轻易信任他们"。这个定居点不仅是传播宗教的中心，也是引进所有必需的动物以及种植小麦的中心。应该从新西班牙引进印第安人来教授当地人音乐。应该选择当地年轻的印第安人学习西班牙语，这将有利于在王室控制下展开传教工作。与此同时，这里不应被允许推行任何形式的委托监护制。

比斯凯诺继续在西班牙的太平洋计划中发挥重要作用，但他的主要兴趣不在下加利福尼亚。他被派去寻找神话中的岛屿，并与日本取得了联系。因此，帝国向西北的扩张被推迟了一个多世纪。墨西哥当地的检审法院于 1629 年就被告知，这里没有特别富裕的海岸（因为当地人也没有什么黄金饰品），在这里寻找港口也并不是什么优先事项，毕竟马尼拉大帆船仅需数日就可以从这里直达新西班牙，其他外国人更不可能到这个地区来，因为这里离亚洲或是合恩角都很远。[100] 然而人们没有想到，起初看来不可能的事情最终却发生了：其他国家会从内陆（或是穿越北美大陆）进入太平洋。到 17 世纪 30 年代，官员们不再相信亚尼安海峡的存在，因此拒绝支持进一步的探险活动。然而人们在这里又有了其他的利益关注，有人开始采集珍珠，但门多西诺角（Cape Mendocino）以外的北太平洋海岸仍然是一片未知的土地。

1552 年 12 月，耶稣会传教士方济各·沙勿略因发热去世，他几乎是独自一人死在中国南部沿海地区的上川岛上。沙勿略是来自纳瓦拉的贵族，他的整个职业生涯都是在葡萄牙的"保教权"（padroado）体制下从事传教工作，他在传教期间的写作与宣讲都是用葡萄牙语进行的。因此，他的成就并不属于西班牙宗教事业的成就。然而，就像这个时期的其他教团一样，耶稣会会士从不以国籍限制成员的加入，从一开始，沙勿略就与在葡萄牙保教权下工作的卡斯蒂利亚人密切合作。早在西班牙舰队在太平洋建立基地之前，西班牙的耶稣会会士就已经开始致力于在同一海域的沿岸地区建立基督教帝国了，这还要感谢葡萄牙人之前的工作。1549 年，沙勿略和两个西班牙人在日本建立了耶稣会传教会。43 年后，在长崎举行的当地耶稣会成员全体会议中，5 名西班牙人担任了该教团的所有主要职位。出席会议的其他 8 名神父，分别是 4 名葡萄牙人和 4 名意大利人。[101] 这些神职人员的成就是迅速而显著的：日本教会规模在 1584 年扩大到拥有约 15 万名教徒。[102]

而在南海地区，传教的路并不容易。西班牙人发现伊斯兰教来得比他们早。西班牙人是在一种敌视"摩尔人"和摩里斯科人的文化中长大的，他们也知道在非洲发生的针对穆斯林的战争。亚洲所有的传教士，包括沙勿略本人在内，都提防着来自伊斯兰教势力的威胁。这股势力已经渗透到地中海，彼时又似乎要横扫印度洋。伊斯兰教在东南亚仍然是一个相当新的宗教，由阿拉伯和中国的穆斯林沿着贸易路线传播到特定的地区。寻找香料的穆斯林商人把他们的信仰带到了菲律宾南部和马鲁古。根据莱加斯皮在该地区岛屿的经验，他认为伊斯兰教根基并不深，不足以构成挑战。虽然许多当地人已经成为穆斯林，特别是在霍洛岛、棉兰老岛和特尔纳特，但他们的宗教实践几乎也仅限于割礼和禁食猪肉。吕宋岛几乎没有穆斯林渗透的证据。于是莱加斯皮得出结论，这里的大门对西班牙的宗教是敞开的，这似乎是合乎逻辑的。菲律宾的原住民似乎很容易接受白人定居者提供的新文化。神像、焚香和念珠，以及丰富多彩的仪式和迷人的寺庙，这些与印度教和佛教的公共信仰活动并没有太大的不同。信仰基督教的上帝，或许可以给信徒带来权力、财富和成功，当地人不会愚蠢到拒绝分享这些可能带来的好处。[103]

在莱加斯皮之后不久，西班牙的许多教团也来到了菲律宾：首先是 1565 年抵达的奥斯定修会，接着是 1578 年的方济各会和 1581年的耶稣会，最后是 1587 年的多明我会。它们中的许多人对在美洲传教的结果感到失望，现在急切地接受挑战，想要让全亚洲的人改宗。正如我们看到的，这是一个有着帝国主义野心的梦想，西班牙人想要的不仅仅是征服灵魂，还有征服领土。在新西班牙，伟大的方济各会学者贝尔纳迪诺·德·萨阿贡已经对当地的传教成果深感失望，他坚信未来的路在亚洲。"在我看来，我们的主上帝正在开辟道路，让天主教信仰进入中国。当教会进入这些国家后，我相信它会持续存在很多年，因为这些岛屿（新西班牙以及秘鲁）只不过是信仰传播途中的一个驿站。"[104] 那一代的其他几位著名传教士也有着从美洲移居亚洲的神秘冲动，其中包括拉斯·卡萨斯和墨西哥第一任大主教胡安·德·苏马拉加（Juan de Zumárraga）。

欧洲人无疑对亚洲十分着迷。奥斯定会修士马丁·德·拉达（Martín de Rada）于 1575 年从马尼拉前往福建，并发表了一篇关于他此行的记述。幸运的是，胡安·冈萨雷斯·德·门多萨（Juan González de Mendoza）在 1585 年于罗马出版的《中国伟大王国的历史》（History of the great realm of China）中引用了这篇记述。这本书以欧洲主要语言出版了 30 个版本，向读者展示了未知东方的力量和神秘。毫无疑问，西班牙作家认为，中国作为一个高度文明的国家应该受到尊重。然而，日本最终赢得了西班牙知识分子的尊重，也使他们感到恐惧。耶稣会在日本传教的显著成果，甚至使西班牙本土出版的耶稣会快报变得流行起来。1584 年，腓力二世接见了一群年轻的日本基督教贵族，他们在拜访教皇的途中被国王说服，去参观他的计划——埃斯科里亚尔修道院。拥有丰富文化的亚洲地区似乎对天主教传教士的抱负持开放态度。1569 年，葡萄牙籍的多明我会修士加斯帕尔·达·克鲁斯（Gaspar da Cruz）撰写了欧洲第一本讲述中国的书，他认为西班牙人和葡萄牙人对整个地球的发现，意味着所有民族的改宗，也就是世界末日即将来临："世界显示出巨大的末日迹象，《圣经》所言即将实现。"[105]

不幸的是，在亚洲传播福音的努力由于宗教团体之间的竞争而不断受挫。这是一个既冗长又不光彩的故事，无法给相关各方带来任何荣誉。耶稣会在日本取得的令人难以置信的成功，是通过教廷让渡给葡萄牙王室的保教权取得的。葡萄牙神职人员的活动从果阿延伸到马六甲和澳门，最后深入长崎。这条活动路线也是耶稣会商船每年一度的必经之路。尽管其他宗教团体不时努力打破葡萄牙或耶稣会的垄断，但腓力二世始终尊重将亚洲划分为葡萄牙和西班牙势力范围的制度。他一去世，托钵修会就在1599年恳求腓力三世裁定，未来前往日本的传教活动应从马尼拉出发，而不是从果阿和澳门出发。教皇克莱门特八世在1600年颁布法令，规定应保持果阿的优先地位。这一决定在传教士（主要是方济各会修士）中引起了轩然大波，直到后来的教皇在1608年废除了这一法令，争议才得以平息。

在菲律宾，基督教神职人员首先得面对语言方面的巨大障碍，每一个岛的原住民使用的语言都不一样，[106]令人眼花缭乱。吕宋岛的6种主要语言中，马尼拉地区最重要的是他加禄语。除了少数特别的例外，来自西班牙的神父通常无法解决语言问题，尽管大多数人设法与他们教区的居民进行某种形式的基本沟通。少数的西班牙语人口彼此之间缺乏社会联系，分散在菲律宾各地，结果是在西班牙统治了3个多世纪后的1900年，只有不到10%的人会说卡斯蒂利亚语，[107]其中的大部分还是在18世纪末的教育改革规定卡斯蒂利亚语为必修课之后，才学会这种语言。

向当地人传教的任务变得更艰难，因为很少有神父愿意从欧洲来到岛上。从西班牙到马尼拉的旅程可能长达两年之久，伴随着生病和死亡的风险。不出所料，许多被派往菲律宾的神父拒绝去比新西班牙更远的地方。尽管有种种障碍，岛上的教会经常声称它们每年为数十万菲律宾人施洗。很快，到了 17 世纪早期，人们声称菲律宾人全都成了天主教徒。

事实上，教会在这里遇到的问题和在美洲遇到的差不多，也难以找到解决办法。到 17 世纪 20 年代，一位领头的修士已经对传教士所取得的有限成就表示绝望。实际上，天主教的发展从未达到神职人员所期望的水平，但另一方面，17 世纪中期被认为是基督徒的原住民人口已经超过 50 万。西班牙殖民统治结束时，岛上出现了两种基督教。[108] 一种是西班牙神职人员和少数西班牙血统殖民者的宗教，另一种是当地人的"民间天主教"，在种族和语言构成上与前者截然不同。西班牙神职人员对这种分裂感到惋惜和遗憾，但从长远来看，菲律宾人有许多理由满足于这种纯粹的文化性结果。他们从伊比利亚天主教那里获得了传统宗教中没有的丰富元素，同时也融入比以往更广泛的社会和经济联结中。弗雷·多明戈·德·纳瓦雷特（Fray Domingo de Navarrete）在 17 世纪曾报告说："卡斯蒂利亚人曾经的热情如今已经传递给了马尼拉当地的男男女女，他们享受庆祝节日，他们在游行中跳舞、弹奏吉他。"[109]天主教在一定程度上在吕宋岛和其他岛屿的原住民中生根发芽了。然而，它在这个群岛上的其他亚洲人那里却遭遇了完败。中国人假装改宗是因为这有助于他们的贸易，但当 1762 年英国占领马尼拉时，他们一致放弃了西班牙人的宗教。

教会可能是岛上西班牙社会中唯一繁荣的部分。它控制着最大的农业地产（尽管它所拥有的土地相对于耕种土地的比例一直相当小），并且从人数上来说，也是西班牙人在群岛上规模最大的组织。1722 年，据说岛上有 1 500 多名西班牙宗教人士，这个数字超过了当地西班牙世俗人口的总和。[110] 教会的影响一直占主导地位。只要他们愿意，神职人员可以就煽动暴乱，反对他们不喜欢的西班牙官员。1719 年，他们就曾经鼓动一群暴徒冲进布斯塔曼特（Bustamante）总督的宫殿，杀害了他。

这片广袤海洋的一边是新西班牙、加利福尼亚和秘鲁，另一边是马鲁古和菲律宾，西班牙在 16 世纪曾宣称这片海洋为"西班牙海"，[111] 西班牙航海家无疑开辟了许多水域。但是，太平洋的面积之大，使任何声称它是某一国"内海"（mare clausum）的企图都无法实现。与中国文明和日本文明不同，西班牙人和葡萄牙人最初的优势在于他们是活跃的长途航海者，很少面临来自亚洲人或其他欧洲人的竞争。海上航线要面对的自然风险，尤其是可怕的风暴，也阻止了那些试图打破西班牙垄断的人。但这种优势局面只持续了半个世纪。英国人的勇敢和荷兰人的决心，很快暴露出西班牙在其无法控制的无垠领土上的主权弱点，这里也成为日后库克和布干维尔等航海先驱的竞技场。1790 年前后的马拉斯皮纳探险队来得太晚了，没能恢复西班牙在航海史中的地位，留下来的只有不可否认而天真的乐观态度。

第六章

帝国的边疆

每个人都说，没有一个男人不愿意把自己的妻子和孩子带到这个国家，让他们远离西班牙的匮乏和贫困，因为在这里，哪怕是糟糕的一天，也好过在卡斯蒂利亚任何美好的一天。

——阿隆索·希罗霍

于新格拉纳达，1583 年 [1]

帝国时代，视野的扩大为西班牙人提供了几乎无穷无尽的上升机会。他们看到的是一片不断扩展的帝国疆域，这里蕴含着自由的希望。[2] 要达到目标，人们要面对巨大的障碍，例如距离和气候，但很多人能够克服这些困难并生存下来。他们很快意识到，事情并不总是一帆风顺。在新大陆的西班牙人能够推翻墨西卡人和印加人的政权，但随后，他们也遇到了限制这些本土帝国发展的障碍——未被征服的边疆。以南美大陆为例，印加人一直未能将他们的控制范围扩展到智利比奥比奥河以南的地区，而西班牙人也没能战胜统治这一地区并激烈抵抗所有外来者的阿劳坎人。被皮萨罗任命为智利总督的征服者佩德罗·德·巴尔迪维亚成功地向南渗透，并于 1541 年在他以祖国地名命名的"新埃斯特雷马杜拉"（Nueva Extremadura）地区建立了圣地亚哥镇。但阿劳坎人阻挡了他们继续征服的步伐，1554 年的一次探险中，阿劳坎人俘虏了巴尔迪维亚，他们显然是把熔化的黄金倒进了他的喉咙，杀死了他。

西班牙人的边疆也是由女性共同参与开拓的。[3] 起初是这片新大陆上的女性。来到这里的欧洲人和非洲人绝大多数是男性，他们立即开始寻求当地妇女作为伴侣。早期的征服者很高兴在部落中邂逅那些合意的女性，比如哥伦比亚的女人就被认为"容貌姣好，肤色不太黑，比新世界的其他女人更优雅"。从一开始，欧洲人就对美洲女性的自我保护能力印象深刻，这种印象也催生了广泛流传的关于亚马孙女战士的传说，科尔特斯的信件中也提到过相关说法。即使身在遥远的太平洋上，皮加费塔也声称自己听到过这样的描述："爪哇岛南部的奥科洛罗岛（Ocoloro）上只有女人居住，她们会杀死所有胆敢上岛的男人。"[4] 16 世纪 30 年代，来自哥伦比亚波哥大的一份报告称，"我们听说有一个女性组成的族群，她们不与男人生活在一起，因此我们称之为亚马孙人"。[5] 历史学家奥维多也提到了几个自称听闻过相关情形的西班牙人，尽管与之相对的是，至少有一位征服者，即努尼奥·德·古斯曼，在 1547 年跟奥维多谈话时称这个传说为"可怕的谎言"，因为他造访过这些地方，并且没有找到任何可以证实传说的根据。

编年史作者无一例外地讲述了这些原住民女战士的英勇故事，比如卡塔赫纳附近的一个女孩，她在被制服之前杀死了一个登陆队的 8 名成员；又或是乌拉瓦地区的妇女，她们"和男人一起战斗"。如果没有新大陆上的妇女的支持，入侵者们的生活将是难以忍受的。科尔特斯在很大程度上要将他远征的成果归功于玛丽娜，当他前去墨西哥的时候，玛丽娜和其他19个来自特万特佩克（Tehuantepec）的女人被一起送给了他。虽然他在古巴已经有了一位妻子凯特琳娜，也从未娶过玛丽娜，但玛丽娜作为翻译，给了他极大的帮助，并且给他生了几个儿子。玛丽娜后来嫁给了霍奇米尔科的委托监护主。贝尔纳尔·迪亚斯简洁地写道："如果没有玛丽娜女士，我们就不可能理解墨西哥的语言。"许多其他的征服者，无论地位高低，也都在当地（尤其是在当地贵族阶层中）找了情妇或是妻子。[6]例如，特拉斯卡拉和科尔特斯之间的同盟就是通过西班牙人与第一批正式受洗的当地女性通婚而建立起来的。蒙特祖马家族的女士们也嫁给了西班牙士兵。其中最重要的联姻之一是征服者加尔西拉索·德·拉·维加*在库斯科与阿塔瓦尔帕的侄女伊莎贝尔的婚姻，因为它提供了连接欧洲和新世界的桥梁（就像玛丽娜与科尔特斯的关系一样）。他们的儿子在成年后定居在西班牙，他就是印卡·加尔西拉索·德·拉·维加，一位讲述印加人历史的杰出历史学家。

从伊比利亚半岛出发的女性是真正的勇者，因为她们必须克服遥远的距离：首先从家乡前往塞维利亚，然后从塞维利亚开始穿越可怕的大洋，最后在美洲大陆上长途跋涉。1574年，来到墨西哥的一位女士给她在西班牙的父亲写了一封信，回忆了航行的恐怖，并建议他不要前来。"你来信说你想到这儿来，"她评论道，"可是海上航行太可怕了，我不敢叫你过来，每次跨海都有人病倒。我们乘坐的船上死了很多人，只有四分之一的人幸存下来。巴尔德洛

---

* 加尔西拉索·德·拉·维加（Garcilaso de la Vega），西班牙殖民者、军官，妻子为印加公主，并非第一章中出现的西班牙诗人。——编者注

马尔（她的丈夫）现在在陆地上很好，但他在渡洋时遭受了很大的痛苦，他和孩子们差点就死了，他们至今都没有完全康复。"[7]因此，我们也很容易理解，为什么距离更远的马尼拉会让很多人望而却步。

一些原始材料能更直接地展现女性在西印度事业中的贡献，在参与了佩德罗·门多萨（参见第四章）1536年前往拉普拉塔河的不幸冒险旅程的20年后，伊莎贝尔·德·格瓦拉（Isabel de Guevara）女士的事迹得以被报道。这段经历值得大篇幅引用：

> 到达布宜诺斯艾利斯港口时，我们的探险队有1 500人，但食物短缺，饥荒严重，以至于3个月内有1 000人死亡。男人变得如此虚弱，以至于所有的任务都落在了可怜的女人身上：洗衣服、照护男士、为他们准备所剩无几的食物、保持清洁、站岗守卫、巡逻、在印第安人攻击时拿起火枪来战斗，甚至是发射大炮。后来，他们决定登陆巴拉那。在这次航行中，妇女们负责扬帆、掌舵、探测海水深度、排出船只进水、在士兵们无力划船时掌桨并告诫士兵们不要灰心。事实是，没有人强迫女性做这些事情。就这样，他们来到了亚松森城。妇女们不得不重新开始她们的工作，用自己的双手清理土地，在没有人帮助的情况下清理、锄地、播种和收割庄稼，直到士兵们从病中恢复过来。[8]

尽管殖民者不排斥与当地妇女结婚，但他们也高度重视将西班牙妇女带过来的可能性。在1497年参与哥伦布第三次航行的船员中，有几位是女性。其中一位在1509年到达伊斯帕尼奥拉岛的女士后来嫁给了科尔特斯。1539 年，库斯科的新主教显然想在这里着手创造一个文明的西班牙社会，他写信给政府，要求派遣"有教养的年轻女士到这片土地上"，而她们应当是"有良好的血统"且"热爱和平的"。就在这个时候，1539 年 5 月，查理五世决定禁止单身女性去西印度群岛，已婚女性只能在丈夫的陪伴下（或是丈夫已经身处那里的情况下）前往。[9]

政府和神职人员都担心，西班牙男女不受控制的迁徙会对公众道德、家庭生活和社会稳定造成威胁。1541 年，单身女性被明确禁止前往美洲；1549 年，已婚男性被禁止移民，除非他们与妻子一起，或者只是进行短期的贸易访问。这些规则可能经常被有效地执行，因为有足够的证据表明西班牙人为绕过这些规则做出了很多努力。在美洲，男性与妻子长期分离常常达到惊人的程度。1535 年，墨西哥主教报告说，在他管辖的地区，"没有妻子陪伴"的西班牙人不少于 482 人。[10]尽管有这些禁令，仍有数百名单身女性来到美洲。她们为殖民地做出了根本性的贡献，给了那些不安分的冒险者定居下来的动力，并形成了稳定的家庭和城镇。没有她们，建立一个有生产力、有组织的殖民帝国简直是不可能的。殖民地的生活一点也不轻松：许多妇女很快成为寡妇，不得不再婚。一些女士不得不改变她们的生活方式，开始自己管理财产和人员。其他一些女士则成为新大陆宗教生活的先驱。

整整一代的定居者都是独自离家挣钱，然后再想办法将妻子接来。一位危地马拉的年轻定居者写道："没有我的妻子，我就是世界上最不幸福的人。"普埃布拉的另一位定居者给妻子写信说："没有你，我活不下去。"[11]那些已经开始新生活的男人发现，他们迫切需要欧洲女人来满足他们的生活。利马的一位父亲在给塞维利亚的女儿们写信时说："在这里，像你们这样的女士非常抢手。"[12] 1583年，圣多明各的一名男子在给妻子的信中写道："你可以想象，没有妻子，这里的男人会过什么样的生活。"当然，很多妻子都去了新大陆。1587年，一位来自卡塔赫纳（新格拉纳达）港口的西班牙人评论道："这里有 1 000 个空虚的女人前来寻找她们的丈夫。"[13]

我们并没有关于女性移民的可靠数据。官方记录显示，在1519 年之前，从塞维利亚到美洲的移民中，女性占比不超过 5%；到 16 世纪 50 年代，这一比例上升到六分之一；16 世纪 60 年代，这一比例急剧上升到三分之一。尽管人数不多，但她们参与了帝国创建的每一个阶段。她们和男人一样，都是征服者。[14] 妇女们也曾随潘菲洛·德·纳瓦埃斯的军队来到墨西哥，当科尔特斯占领特诺奇蒂特兰时，她们也在场。她们还陪同探险队进入北美，力图在那里建立定居点。许多女士还成了知名的战士。一个早期的例子是玛丽亚·埃斯特拉达（Maria Estrada），她和其他西班牙人在"悲伤之夜"的战斗中逃出了阿兹特克的首都，后来又在奥通巴（Otumba）参与战斗。智利的征服者巴尔迪维亚也有一位女战友，她便是来自埃斯特雷马杜拉的伊内斯·苏亚雷斯（Inés Suárez），她在 1541 年保卫圣地亚哥抵抗印第安人的战斗中脱颖而出。

男性的死亡率高于女性，因此女性有时在人数上几乎与男性相当：1610 年，利马的欧洲人口大约由 5 500 名男性和 4 400 名女性组成。妇女对殖民地经济的贡献不可小觑。男人们可能会写信回家说，在西印度赚钱很容易，但至少在某些地区，只有通过申请才能赚钱。1572 年，墨西哥城的一位女士给她在塞维利亚的姐姐写信说："在这片土地上，钱只能靠辛勤劳动挣来，就像在原来的地方

1492 年 1 月 2 日，格拉纳达向西班牙"天主教双王"投降，伊斯兰势力在伊比利亚半岛的统治结束（Vicente Barneto y Vazquez，创作于 1902 年之前）

1492 年 3 月 31 日，西班牙"天主教双王"在格拉纳达颁布驱逐犹太人的法令（Emilio Sala, 1889）

哥伦布登上西印度群岛的圣萨尔瓦多（John Vanderlyn, 1846）

第一次新大陆之行返回后，哥伦布觐见西班牙"天主教双王"（Ricardo Balaca, 1874）

1503 年 4 月 28 日，"大将军"贡萨洛·德·科尔多瓦率西班牙军队取得切里尼奥拉战役的胜利后，查看法军指挥官的尸体（Federico de Madrazo y Kuntz, 1835）

1504 年，弥留之际正在立遗嘱的伊莎贝拉女王（Eduardo Rosales, 1864）

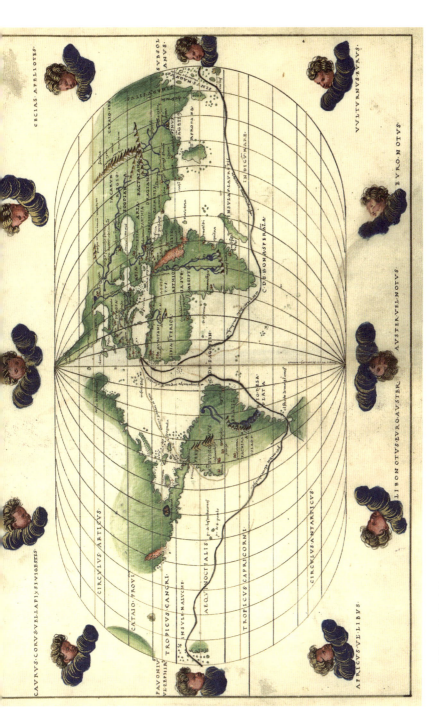

1544 年一位热那亚制图师绘制的世界地图，图中标注的线路是麦哲伦环球航行的线路（Battista Agnese, 1544）

1525 年 2 月，帕维亚之战，查理五世的帝国军队战胜法国军队（German School，创作于 16 世纪）

上左图　埃尔南·科尔特斯
（José Salomé Pina, c. 1879）

上右图　佩德罗·德·阿尔瓦拉多
（Tomás Povedano, 1906）

下图　弗朗切斯科·皮萨罗
（Amable-Paul Coutan, 1835）

上图　1513 年 9 月，巴尔沃亚一行人在第一次看到太平洋后不久，举行了宣布占有领地的仪式（F. E. Wrightl, 1897）

下图　1520 年，特斯科科统治者伊克斯利克希特尔受洗，改宗基督教（José Vivar y Valderrama，创作于 18 世纪）

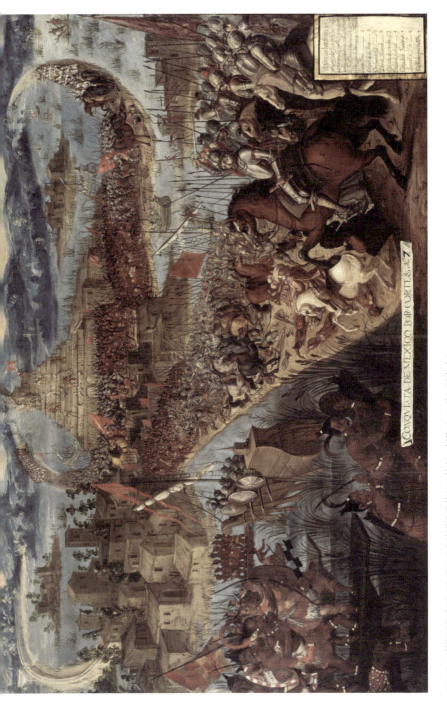

1521 年，科尔特斯率领西班牙人攻占特诺奇蒂特兰（佚名，创作于 17 世纪下半叶）

在攻占特诺奇蒂特兰的过程中，科尔特斯率人猛攻墨西卡人的神庙（Emanuel Leutze, 1848）

从巴拿马跟随皮萨罗去南美探险的"加略岛十三勇士"（Juan Lepiani, 1902）

1532 年 11 月 16 日，皮萨罗率领西班牙人擒住了印加皇帝阿塔瓦尔帕（John Everett，1846）

1533 年，阿塔瓦尔帕的葬礼（Luis Montero, 1867）

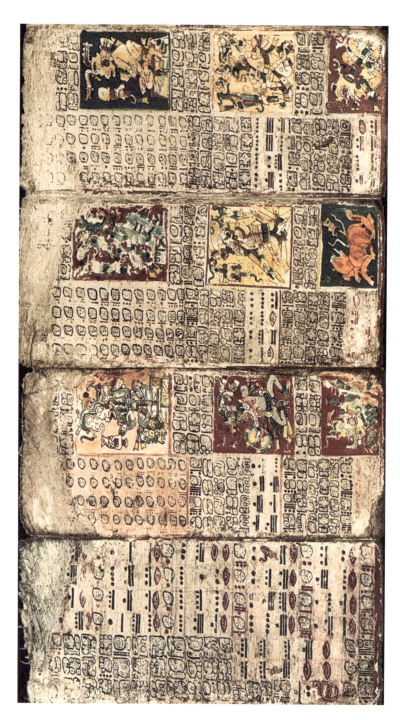

《奇拉姆·巴拉姆之书》局部

1541 年 2 月，巴尔迪维亚在智利建立圣地亚哥镇（Pedro Lira, 1889）

1541 年 5 月，埃尔南多·德·索托发现密西西比河（William Henry Powell, 1853）

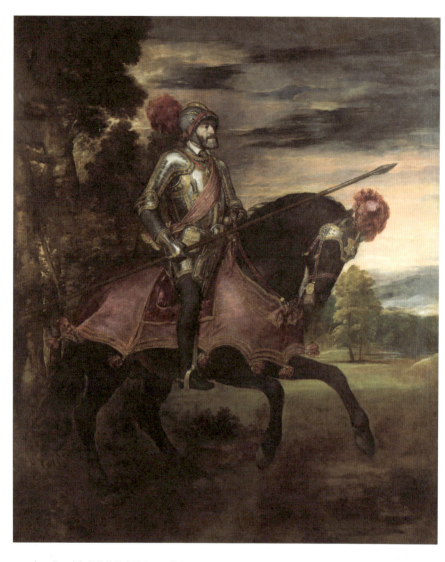

1547 年 4 月，米尔贝格战役中的查理五世（Titian, 1548）

1556 年 3 月，查理五世将卡斯蒂利亚王位传于腓力二世（Louis Gallait, 1842）

表现查理五世退位的寓言画。1555 年 10 月，查理五世在布鲁塞尔宣布退位。图中，坐在正中央的是查理五世，他右手边站着的是斐迪南一世，左手边站着的是腓力二世，腓力二世前方举着旗帜下跪的女性代表帝国的各部分领地。图中右下角正在进献贡品的是拟人化的亚洲、欧洲、非洲和美洲（Frans Francken the Younger，创作于约 1630—1640 年）

腓力二世（r. 1556—1598）
（Titian, 1551）

腓力三世（r. 1598—1621）
（Pedro Antonio Vidal, 1617）

腓力四世（r. 1621—1665）
（Diego Velázquez, c. 1631）

查理二世（r. 1665—1700）
（Juan Carreño de Miranda, c. 1678）

1559 年 4 月,《卡托 – 康布雷西条约》签订现场(佚名,大概创作于 16 世纪)

1565 年马耳他之围(Charles-Philippe Larivière,创作于 1843 年左右)。西班牙帝国后来出兵解除了奥斯曼帝国对该岛的围困

1571 年 10 月，勒班陀海战。西班牙、罗马教皇和威尼斯组织的联合舰队大胜奥斯曼帝国海军（H. Letter，创作于 16 世纪晚期）

尼德兰圣像破坏运动（Dirk van Delen, 1630）

奥兰治亲王"沉默的威廉"
（Adriaen Thomasz. Key, 1579）

第三代阿尔瓦公爵费尔南多·阿尔瓦雷
斯·德·托莱多（Antonis Mor, 1549）

1576 年 11 月 4 日，"西班牙之怒"中的安特卫普（Ferdinand de Braekeleer the Elder, 1836）

1588 年 8 月 8 日，西班牙无敌舰队与英格兰舰队交火，战争以西班牙的失败告终（Philip James de Loutherbourg, 1796）

尼德兰独立战争期间，一艘西班牙战舰遭遇一艘荷兰战舰（Cornelis Verbeeck, c. 1618）

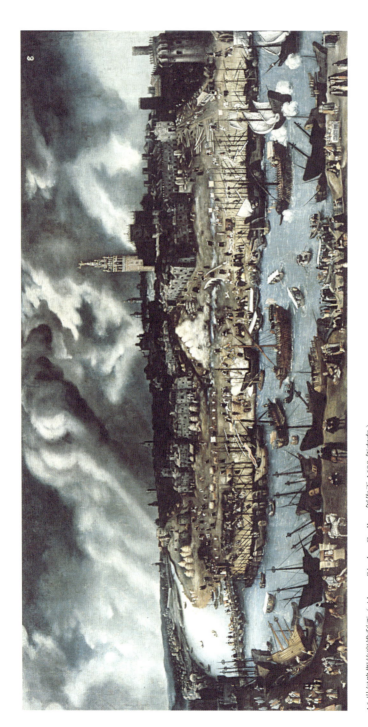

16 世纪晚期的塞维利亚（Alonso Sánchez Coello，创作于 1600 年左右）

荷兰独立战争期间，1602年10月，荷兰和英格兰联合舰队在多佛海峡海战中击败一支西班牙舰队（Hendrick Cornelisz Vroom, 1617）

1625年6月5日，布雷达城向斯皮诺拉投降。委拉斯开兹的这幅精美画作把战果描绘成了西班牙王室的三大丰功伟绩之一（Diego Velázquez, c. 1635）

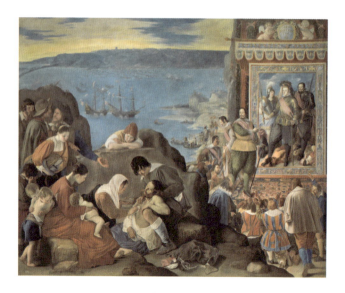

1625 年 4 月，一支葡萄牙-西班牙联合舰队收复了荷兰人占领的巴伊亚。为庆祝胜利，奥利瓦雷斯伯爵委托艺术家胡安·包蒂斯塔·迈诺创作了一幅巨大的油画，还要求把自己画在这幅画的显著位置（Juan Bautista Maíno, 1635）

1625 年 10 月，一支英格兰-荷兰联合舰队袭击了西班牙港口加的斯，但遭遇了失败（Francisco de Zurbarán, 1634）

1634 年 9 月 6 日，讷德林根战役，两位斐迪南率领的西班牙-神圣罗马帝国联军战胜新教联军（Jan van den Hoecke, 1635）

1639 年 10 月 21 日唐斯海战前的荷兰舰队（Reinier Nooms, c. 1639）

1643 年 5 月 19 日，罗克鲁瓦战役，昂吉安公爵（后来的孔代亲王）率领法军击败西班牙军队。图为昂吉安公爵制止手下继续杀戮前来投降的西班牙士兵（François Joseph Heim, 1834）

1648 年 1 月 30 日，《明斯特和约》签订现场。该和约是《威斯特伐利亚和约》的一部分，它承认了荷兰的独立，标志着三十年战争的结束（Gerard ter Borch, 1648）

1659 年 11 月 7 日，法国国王路易十四和西班牙国王腓力四世签订《比利牛斯和约》。和约结束了 1648—1659 年两国的一系列冲突。失败的西班牙一方将比利牛斯山脉以北的所有加泰罗尼亚领土，以及一些其他领土割让给了法国，这标志着西班牙作为欧洲强国的终结。图为签约现场（Jacques Laumosnier，创作于 17 世纪）

1674 年，孔代亲王率领法军在塞内夫战胜西班牙、荷兰和神圣罗马帝国的联军后，前去凡尔赛觐见法王路易十四（Jean-Léon Gérôme, 1878）

上图　腓力五世（r.1700—1746）
（Louis-Michel van Loo, c. 1739）

下左图　斐迪南六世（r.1746—1759）
（Louis Michel Van Loo, c. 1746—1759）

下右图　查理三世（r.1759—1788）
（Anton Raphael Mengs, c. 1761）

1702 年 9 月，维哥海战，英荷联合舰队全歼法西联合舰队（佚名，创作于 1705 年左右）

1707 年 4 月 25 日，阿尔曼萨战役，法西联军战胜英葡联军，取得了西班牙王位继承战争中最辉煌的一场胜利（Ricardo Balaca, 1862）

1743年5月，英国海军准将乔治·安森在菲律宾附近俘获了一艘名为"科瓦东加号"的马尼拉大帆船（Samuel Scott, c. 1743）

1762年8月，哈瓦那围攻战中被英国俘获的西班牙舰队（Dominic Serres, 1768）

一幅反映殖民地时期拉丁美洲不同家庭种族结构的油画，图中正上方是瓜达卢佩圣母（Luis de Mena, 1750）

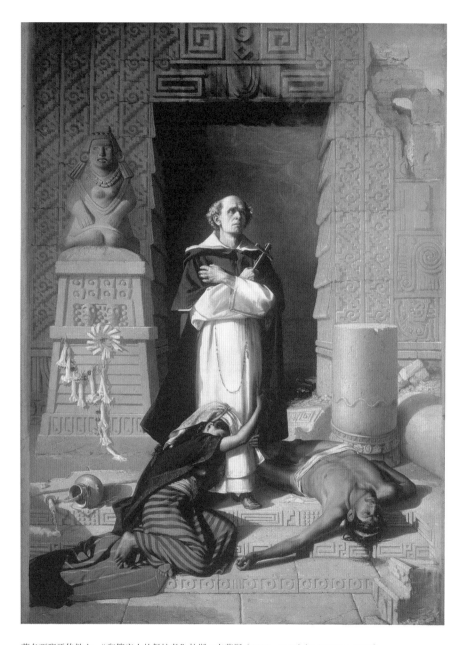

著名西班牙传教士、"印第安人的保护者"拉斯·卡萨斯（1484—1566）（Felix Parra, 1875）

一样，这片土地上的事情并没有变得更轻松。"[15]一些富有的西班牙女性也会因成为征服者的妻子而感到自豪。新格拉纳达的一位女士在1565年写道："我嫁给了这些地区的征服者，他拥有3个城镇，我成了一位有领地的贵族妇人。感谢上帝保佑，我能分享我丈夫的财富，并拥有这样一位各方面条件都很优秀的丈夫，没有哪个女人能得到比我更好的婚姻了。"[16]

第一代西班牙殖民者在加勒比地区和太平洋沿岸建立了自己的城镇。城镇为他们提供了有利的生存和贸易环境，并使他们避免了与内陆民族的冲突。大约20年后，他们冒险进入未知的北美大陆寻找财富。进入北边的土地——从佛罗里达的热带森林到新西班牙以外的贫瘠山脉和平原——是一个巨大的挑战。第一个冒险进入该地区的西班牙人是胡安·庞塞·德·莱昂，他于1513年到达佛罗里达，1521年在试图进入这片由他以欧式名字命名的领土时受伤身亡。真正的扩张直到16世纪20年代才开始，主要有两次扩张浪潮：从加勒比群岛到大西洋，以及从墨西哥到新西班牙北部。

早期最令人震惊的军事远征是由潘菲洛·德·纳瓦埃斯领导的，他受古巴总督贝拉斯克斯的派遣去逮捕科尔特斯，在此过程中失去了一只眼睛。他现在接替了庞塞·德·莱昂在佛罗里达留下的空缺。1528年，他离开古巴，带着400名士兵和80匹马在坦帕湾附近的佛罗里达土地上登陆。这批人马获得了"探索、征服和定居"的许可证，因此队伍中也有女性。队伍的副指挥官是阿尔瓦尔·努涅斯·卡韦萨·德·巴卡，这些西班牙人渗透到佛罗里达北部，却没有取得多少成果，他们边走边掠夺，然后在混乱中撤退到墨西哥湾，纳瓦埃斯和其他许多人都在那里身亡。幸存者约有100

人，其中包括卡韦萨·德·巴卡。他们逃离海湾，穿过得克萨斯进入内陆。队伍最后只剩下 4 个幸存者：他们从一个部落迁移到另一个部落，当印第安人的奴隶，靠自己的智慧生存。在沿海部落生活了大约 10 年之后，卡韦萨·德·巴卡和他的 3 个同伴向西来到了格兰德河。

在纳瓦埃斯远征的同一年，即 1528 年，科尔特斯离开了新西班牙返回故乡，西印度委员会成立了一个由检审法院成员组成的政府，由贝尔特兰·努尼奥·德·古斯曼（Beltrán Nuño de Guzmán）主持。古斯曼是一名律师，他在特诺奇蒂特兰陷落后来到新大陆，并成功地（从西班牙）获得了帕努科（Pánuco）地区的总督职位。在那里，他因残酷镇压印第安人的叛乱而出名，围捕了数千人并把他们当作奴隶卖给加勒比地区的西班牙人。后来他担任了检审法院的主席，对当地人民持续进行奴役和施行暴力，引发了许多殖民者的强烈反对，也激起了神职人员的激烈谴责，其中就包括莫托里尼亚和新上任的特拉斯卡拉主教（加尔塞斯）和墨西哥主教（苏马拉加）。

古斯曼不满足于他从新西班牙的统治中赚取的利润，于是率领一支部队前往这片领土的北部边界（后来被称为新加利西亚），寻找传说中亚马孙和"西博拉七城"的财富。他得到了一支强大的军队和 1.5 万名印第安随从的支持。在穿越米却肯（Michoacan）向北的途中，他持续在普雷佩查人以及塔拉斯坎人的土地上做出残忍行径，他在那里抓住、折磨并杀害了塔拉斯坎人的国王，这是整个征服历史上最野蛮的行为之一。

1536 年 3 月的一天，古斯曼的队伍在锡那罗亚河附近探索新领地时，遇到了一个蓄着胡子、皮肤晒黑的白人和一个魁梧的黑人，与这二人同行的还有11个印第安人。来者正是卡韦萨·德·巴卡和一个逃跑的同伴。几天后，又来了两个西班牙人。他们讲述了自己漫长而又引人入胜的经历。卡韦萨·德·巴卡讲述了自己"独自生活在印第安人中间，像他们一样赤身裸体"的故事，这成了旅行传说中的经典故事。古斯曼给新来的人穿衣服，但卡韦萨·德·巴卡回应说，"有一段时间，我一件衣服都不能穿，我们也只能睡在地上"。随着这两组西班牙人取得联系，西班牙帝国突然获得了一个全新的视角：从大洋一直向北延伸，有一片可以被渗透、占领的北部大陆。这就是当时典型的"边疆"，挑战着西班牙探险家的勇气。

在早期从墨西哥北上的士兵中，最著名的是弗朗切斯科·巴斯克斯·德·科罗纳多（Francisco Vázquez de Coronado），他接替古斯曼成为新加利西亚省督。1540年2月，在总督的正式支持下，他带领了一支由260名定居者和60名士兵组成的大团队，去寻找传说中的西博拉七城，这是一个神话般的定居点，是不断激励早期探险家的传奇故事之一。他们受到了前一年两位修士所做的探险活动的鼓舞，这两位修士报告说，他们"从远处"看到了一个比墨西哥城还大的美丽城市。在追求财富的过程中，西班牙人有一个优势，就是他们能够从科尔特斯近20年前的著名探险中获得经验教训。因此，科罗纳多的探险队配备了数百匹马和充足的武器，还有狗、向导和1 000名原住民盟友。

这支令人印象深刻的军队代表了已知的马与北美人的第一次接触（然而，北美人不得不等上一代人才获得了马）。这次探险毫无结果，因为科罗纳多很快发现，居住在土坯村庄的原住民小部落那里没有他所期望的金银。在相继攻占了祖尼人和霍皮人的定居点后，科罗纳多派了一些探险队成员向西进发，在那里他们到达了大峡谷的边缘，并看到了科罗拉多河。他带着主力部队穿过格兰德河进入普埃布洛（Pueblo）印第安人的领地，但当他不断地索要食物和衣服时，他的侵略性意图引起了敌对反应。他们主要接触的是蒂瓦人（Tiwa），这些人在西班牙人无休止地寻找供给的过程中备感压力。在一个村庄里，印第安人拒绝合作，有 30 名居民被杀，村庄被烧毁。在两年的时间里，科罗纳多的人袭击并摧毁了该地区 15 个蒂瓦村庄中的 13 个。[17] 最终，这支队伍在经历了许多挫折之后，于 1542 年回到了墨西哥城，12 年后，科罗纳多在那里去世。他开创性的旅程抵达了大平原（Great Plains）的腹地，他们的全部发现（用编年史作者的话来说）只有"水牛和天空"，[18] 黄金城的传说不过是空穴来风，这趟旅程也使得新西班牙的殖民者失去了再返回这片荒脊之地的意愿。

科罗纳多的探险与征服者埃尔南多·德·索托向东的旅程同时开始，索托这位征服者曾与皮萨罗一起勒索印加皇帝，但他仍然在从事冒险。1537 年，他被任命为古巴总督，并被委任为佛罗里达的先遣官。接下来的两年时间里，庞塞·德·莱昂和纳瓦埃斯在这片土地上不断尝试，但没有取得任何实质性的进展。索托于 1539 年在佛罗里达西海岸的坦帕湾登陆，带着 600 多名士兵、充足的物资和马匹。到 1540 年，他们已经渗透到佐治亚地区，最远到达了卡罗来纳，但没有什么能证明这一努力是值得的。1541 年 5 月，他们来到了浩瀚的密西西比河，并将其命名为"圣埃斯皮里图"（Espíritu Santo）。他们穿过密西西比河，深入美洲大陆的腹地，进入阿肯色和得克萨斯，在必要时发动攻击和掠夺，满心期盼着传闻中大量的财富。1542 年 5 月，索托在旅途中死于热病，他的尸体被运回他发现的那条大河。他的手下现在只剩下 300 人，还受到印第安人的攻击。他们在 1542 年冬天开始建造船只，并在 1543 年夏天沿着密西西比河向海湾进发，成了已知最早在此航行的欧洲人。

西班牙人在新西班牙北部边境的不稳定存在因为印第安人的反抗而进一步弱化了。最激烈的反抗是 1541 年至 1542 年在新加利西亚地区的米斯顿战争。这片边境上的卡斯坎（Caxcan）部落受到一场类似基督教千禧年运动的运动的启发，该运动期待"特拉托尔神"（Tlatol）的回归，他将驱逐西班牙人，摧毁基督教，为原住民恢复过去的美好时代。参与运动的人大肆烧毁教堂，杀害神职人员。门多萨总督所能动用的有限军队无法应对如此大规模的起义，而被派去对付印第安人的佩德罗·德·阿尔瓦拉多的部队也被击溃，不得不撤退，阿尔瓦拉多本人也因伤势过重而死。最后，总督不得不亲自上阵，他在纳瓦人盟友的帮助下镇压了起义。他的核心部队是由 180 名西班牙骑兵和炮兵组成的，此外还有 1 万多名印第安士兵和他们的首领。[19] 起义被镇压了，但西班牙人认识到，他们在新大陆的行动是有实际限制的。

有人说，1543 年"结束了北美征服者的时代"。[20] 古巴和墨西哥的统治者渴望扩大其控制范围，但他们派出的人眼中只有珍贵的金矿，对耕种肥沃的土地或将他们的宗教和文化传播给当地人等其他事务都毫无兴趣。暴力入侵的政策在一定程度上对帝国事业起了作用，但这主要凭借的是一些印第安部落的合作支持，从长远来看是行不通的。西班牙帝国要想成功，就需要寻找其他的方法。

16 世纪 40 年代之前，西班牙人在北美的活动收效甚微，但在同一时期，他们发现了离家更近的令人眼花缭乱的财富。1546 年，人们在新西班牙北部的萨卡特卡斯发现了白银，附近其他地点也陆续发现了银矿，这些地方有瓜纳华托、阿瓜斯卡连特斯（Aguas Calientes）、圣路易斯波托西（San Luis Potosí）。新加利西亚突然涌现的财富，导致采矿定居点激增，以及寻求暴富的移民大量涌入。这一次，探险家们来到这里定居，而不仅仅是来掠夺。随着该地区人口的增加，西班牙殖民地的边境也向北推进，一个新省——新比斯开（New Biscay）在 16 世纪 60 年代成立。新比斯开得名于开发矿山的巴斯克企业家。它的首府杜兰戈（Durango）建于 1563 年。新的财富只能通过积极的定居政策来保护，这反过来又意味着要建造房屋和防御工事，要寻找食物，并维持基督教神职人员的存续。西班牙人的活动开始呈现出更丰富、更具体的形态。很久以后的 1631 年，人们在更北的帕拉尔（Parral）也发现了白银，这时的边境线已经远远超出了新比斯开。

然而也有不可避免的障碍，首先就是原住民部落，他们从来没有被纳瓦人统治过，彼时也拒绝成为西班牙人的劳力。不论具体来自哪个部落，西班牙将敌对的印第安人一律称为奇奇梅克人（Chichimecs）。经过与印第安人的多年对抗，西班牙当局终于找回了半个世纪前在加勒比地区行之有效的解决办法：引进劳动力。来自墨西哥和平地区（像是特拉斯卡拉）的印第安人，被带到这片新领土上定居下来。16 世纪末，在萨卡特卡斯，自由的印第安人几乎占了采矿业全部从业者（7 500 人）的三分之二。这是征服新大陆的另一个重要阶段。

16 世纪 60 年代定居政策的成功，恰逢国王对帝国政策的积极干预之时。腓力二世对海外帝国的控制政策，起始于赞助莱加斯皮的太平洋远征。国王也没有忽视大西洋。1565 年，他与梅嫩德斯·德·阿维莱斯签订了一份具有历史意义的合同。这是王室在新世界发起的最重要的一次冒险，为西班牙在大西洋和北美的统治奠定了基础。

阿斯图里亚士兵兼船长佩德罗·梅嫩德斯·德·阿维莱斯出生于 1519 年，拥有在加勒比地区活动的第一手经验，在 1557 年的圣康坦战役中为国王效力，后因为与贸易署的纠纷，1563 年在塞维利亚的监狱中度过了一段时间。1555 年、1560 年和 1562 年，他三次担任了前往美洲的舰队的指挥官。1565 年 3 月 20 日，他与政府签订了一份合同。[21] 根据合同，他被任命为佛罗里达的先遣官，拥有两届任期的行政和军事大权。他被封为侯爵，获得了 25 平方里格的土地，并获得一定的贸易垄断权。作为回报，他将发起一场远征，自行承担其风险和费用，并提供 500 名武装人员。有了这些条件，他打算在佛罗里达定居，建立两个城镇，并推广天主教信仰。合同签订后不久，国王接到消息说，一支法国胡格诺派探险队已经在佛罗里达定居。腓力二世安排了 300 名王家士兵来增援梅嫩德斯，并护送这位新任先遣官尽快上路。这是西班牙国王第一次向新大陆派遣军队，表明了局势的严峻。

法国加尔文教派的领导人曾一度鼓励信徒们到大西洋探索新大陆。法国从未承认西班牙基于教皇赠土而对美洲宣称拥有的主权，法国政府也经常鼓励所有到美洲进行贸易、定居的活动。1564 年，在让·里博（Jean Ribault）的带领下，一支加尔文远征队在佛罗里达大西洋沿岸的圣约翰河口建立了一个定居点，并将其命名为"卡洛琳堡"（Fort Caroline）。腓力二世政府认为，在其主要敌人法国的支持下、由异端教徒实施的占领是一种战争行为。1565 年 9 月上旬，梅嫩德斯和他的手下在更远的南方登陆，在那里他们建立了一个名为圣奥古斯丁的小镇。然后，他们立即动身前往卡洛琳堡。[22]

让·里博与其麾下的大部分成年男子集合起来阻挡外来者，而西班牙人突袭了堡垒里的殖民地居民，杀死了他们发现的所有男性（梅嫩德斯在战后报告称"我们割开了132人的喉咙"）并俘虏了50名妇女和儿童。梅嫩德斯随后抓住了里博一行人，后者意识到抵抗是无望的。当法国人提出投降时，梅嫩德斯拒绝手下留情，只有少数法国人幸免于难。其余大约340人手被绑在背后，被分成几组，随后被有条不紊而冷血地割开喉咙。在这次行动中幸存的囚犯总共大约有150人到200人，一些人被赎回，一些人被释放，还有一些被送到舰队。这是西班牙人和来自另一个欧洲国家的殖民者在新大陆发生的第一次重要冲突，也是最血腥的一次。此举遭到法国的严厉谴责，在马德里，一位天主教徒法国大使向腓力二世提出了愤怒的抗议。然而，这种残暴行径实现了其目的：至少在整整一代人的时间里，没有其他欧洲人试图在西班牙宣称拥有主权的地区定居。但这并不能阻止法国人和英国人在北美和大西洋沿岸开展迅速而深入的扩张。

梅嫩德斯建立圣奥古斯丁城镇和要塞的决定是16世纪最重要的决定之一。这一地区的第一批西班牙人——从庞塞·德·莱昂（他给这里起名叫"佛罗里达"）到卡韦萨·德·巴卡和埃尔南多·德·索托等探险家——一直在寻找快速致富的机会，他们认为没有理由留在没有财富的地方。到16世纪中叶，安全考虑占了上风，这不仅是为了防止外国入侵，更重要的是为了保护从古巴穿越大西洋的珍贵船队。早期建立基地的尝试失败了。相比之下，雄心勃勃想要在该地区建立稳固西班牙势力的梅嫩德斯，成功地在海岸建立了其他几个基地，尤其是在圣埃伦娜（Santa Elena）。他还希望与在新西班牙的西班牙银矿之间建立直接的陆路联系。他的梦想是开辟一条从大西洋到墨西哥的、连接两个大陆的航线，使帝国扩张计划成为现实。[23] 在卡洛琳堡行动之后，他去了古巴，第二年又回来，继续在大西洋海岸往北进行勘探。腓力二世全力支持他，并于 1566 年派遣另一支王家士兵分遣队到佛罗里达，驻守梅嫩德斯建立的哨所。国王还偿还了梅嫩德斯在佛罗里达花费的高昂费用，并授予他古巴先遣官的头衔。王室鼓励殖民者直接从伊比利亚半岛来此定居，1570 年，国王开始直接支付驻军的工资。那时西班牙在新大陆的势力已成为公认的事实。

然而这个成功的方案仍然要面对巨大的困难。像所有的拓荒者一样，梅嫩德斯对美洲领土之无垠一无所知。此外，西班牙人的数量少得可怜，为了生存，他们必须在当地印第安人中寻求盟友。在这两种文化之间找到一种权宜之计的尝试，在这里和在其他地方一样都没有成功。先遣官试图释放善意，并一再重申他对拯救印第安人灵魂的关切。然而在现实中，冲突事件不断发生，例如与法国强盗结盟的印第安人在 1568 年摧毁了一座堡垒，1571 年在大西洋海岸以北的一群耶稣会会士被谋杀，这使梅嫩德斯相信，只有彻底屠戮当地人（"一场血与火的战争"）才能保证西班牙定居点的安全。1573 年，他再次回到马德里，请求国王批准奴役印第安人，但腓力拒绝了。这位先遣官为国王做的最后一件大事，是 1574 年在佛兰德指挥即将服役的无敌舰队。那年 9 月，他在桑坦德死于传染病。佛罗里达的情况迅速恶化。梅嫩德斯的家族成员接管了那里的权力，但管理得并不算好。印第安人无情地发起进攻，很快，佛罗里达只剩下两个西班牙殖民地——圣奥古斯丁和圣埃伦娜。圣埃伦娜在 1576 年被暂时废弃，10 年后被永久废弃。

16世纪中期，西班牙人对北美的考察产生了一些关于这片大陆的有用信息（尽管有时也会产生困惑），并促进了制图学的发展，特别是对大河流的定位。从欧洲人的角度来看，他们已经取得了一些成就。然而，在帝国扩张方面，除了让分散的印第安部落了解到白人的残暴之外，收效甚微。新西班牙北部边疆的人民顽强地保卫着自己的土地。疲惫的西班牙人在1587年报告说："从离开墨西哥直到抵达萨卡特卡斯，我没有一秒把手从马匹和武器上松开过，我们从头到脚全副武装，因为乡下都是邪恶的奇奇梅克人……整个路线上没有一个村庄，每8里格才有水可喝，水量很少，水质也不好；即使地上很多积雪，我们也不得不席地而睡，每晚还要派人站岗。"[24] 在这样恶劣的环境当中，西班牙人不得不寻求当地部落的协助。在那个时期，墨西卡人、塔拉斯坎人和奥托米斯人都想要扩展领土，因此他们愿意在新西班牙北部与西班牙人结盟，来对抗他们的敌人。他们为新来者提供了大量的作战人员，并承担侦察和翻译等重要职责。[25] 正是印第安人征服了其他印第安人，从而促进了白人的事业。如果西班牙的边境得以存续，那几乎都要归功于原住民对西班牙人的支持。

新墨西哥的例子说明了帝国在向北美大举扩张时所面临的困难。1595年，胡安·德·奥尼亚特（Juan de Oñate），新西班牙一个最富有的公民的儿子，呈给总督一项提议，试图探索新西班牙的北部边境，即16世纪80年代起被称为新墨西哥的格兰德河一带，这里距西班牙人的合法定居点还有1 000英里。除了提供200人，他还承诺会提供1 000头牛、同样数目的羊，以及大量牲畜和其他供给。[26] 国王将提供神父和炮兵，并授予他总督和先遣官的头衔。在1598年1月远征队最终离开之前，西班牙人惯有的拖延和争论使任何行动都无法进行。虽然人数比预期的要少，但这仍然是一桩相当大的事件，共有83辆马车和7 000头牲畜一同上路。4月底，在格兰德河以南、后来属于埃尔帕索堡（El Paso）的一个地方，先遣官举办了一个正式仪式，宣布了对新墨西哥拥有主权。他的小团体只有130人，其中包括8名方济各会修士，他们有着天真的抱负，想要获得"比新西班牙更伟大的新世界"，想要到达太平洋和大西洋。在夏天和秋天，奥尼亚特带领他的团队包围了普埃布洛印第安人的领地，接受酋长及其村庄的"服从"。我们将会看到，这种"服从"的性质，有趣地揭示了西班牙对帝国权威的误解。

在阿科马村（Acoma），新问题出现了。这个小村落位于一个砂岩台地的顶部，比周围的沙漠高出近400英尺。军队从周围的悬崖底部几乎无法进入此处，因此这里成了是一个天然的要塞。1598年12月，奥尼亚特探险队的32人小团体到达了这个地区，于是阿科马人带领他们到达了台地顶部，并为他们提供了水和食物。当士兵们的要求越来越多时，一些村民拒绝提供补给，还袭击了西班牙军队，杀死了十几个人。收到消息后，奥尼亚特咨询了他的顾问，他们一致认为"如果这些印第安人不受惩罚，他们很快就会消灭我们"。[27]次年1月，一支由70名士兵组成的队伍被派往阿科马。在一次出色的行动中，西班牙人攀上悬崖，在台地上一个无人居住的地方立了两门小型火炮。第二天，士兵们发动了进攻，造成了毁灭性的后果。他们杀害了大约500名男子、300名妇女和儿童，并奴役了大约500名幸存者，其中的成年男子都被砍掉一只脚。[28]在这次行动中没有西班牙人死亡。幸存的孩子被从父母身边带走，交给传教士照管，以"拯救他们的灵魂"。暴行几乎没有换来任何好处，也没有占领任何领土。

奥尼亚特始终坚持不懈，尽管行动失败了，他还是不断投资，从他在圣加布里埃尔（San Gabriel）的基地发起进一步的探险。1604年10月，他带领30多名西班牙人向西穿过霍皮人的领地；1605年，他们成功地沿着科罗拉多河顺流而下，找到了进入加利福尼亚湾的入口。也是在这几年，比斯凯诺在海上绘制了加利福尼亚海岸线的地图。在奥尼亚特返回墨西哥城后，总督拒绝批准他进一步的远征，并称那些地方是"一文不值的土地"，除了"裸体的人、假珊瑚和四颗鹅卵石"以外再无他物。[29]尽管有强大的压力要求放弃新墨西哥，但1608年，国王决定支持这里的发展，因为据称，方济各会成功使该地区民众改宗。1609年，该省的首府从圣加布里埃尔迁至圣菲。事实上，西班牙人关于新墨西哥的整个想法是错误的，他们对于扩展边界的态度过于乐观。几乎完全是凭借着传教的使团，西班牙人才得以一直维持在这里的势力。奥尼亚特在1621年回到西班牙，他所有的计划都失败了。西班牙在北部边境的人口仍然极少。1630年，圣菲的西班牙人不超过250人，其余的人口都是印第安人和混血儿。1660年，位于格兰德河以南的埃尔帕索小殖民地也开始扩张。在这个几乎空无一人的边境地区，少数定居者依靠普埃布洛印第安人的劳动才得以生存下来。

普埃布洛人是一个非常和平的群体，一向有好客的传统。西班牙殖民地的建立和扩张由于当地人对外来者的友好接待才成为可能的。西班牙人对这种欢迎的反应很奇怪，自从科尔特斯遇到蒙特祖马以来就没有改变过。西班牙人把好客的行为理解为一种敬意。奥尼亚特在1599年记录了他在格兰德河地区的旅程。在一个有500户人家的村庄里，"印第安人用玉米、水和火鸡款待他，并向国王陛下表示服从"。祖尼村的村民"用玉米、玉米饼、豆子和兔子来招待我们。他们都是和蔼可亲的人，也都服从国王。"再往前走，许多部落"都拿着玉米饼出来迎接我们，把细面粉撒在我们和马匹身上，以示和平与友谊，所有这些地方，也就是4个普埃布洛人部落，都服从国王陛下，对我们也很友善"。[30] 在西班牙人的心目中，西班牙帝国在北美的边界就是靠当地人是否友善这一点来界定的。"征服"的可能性从未出现过，因为这里没有足够的西班牙人与武器，而且在任何情况下，西班牙人都不可能守住仅靠武力占领的地区。事实证明，划定边界的不是西班牙人的能力，而是印第安人的善意。

奥尼亚特充分利用了他在所有地方受到的友好接待，并以此作为印第安人依从的基础。印第安人表示"忠诚"的话语是通过奥尼亚特的两个墨西哥口译员传达的。一名口译员将普埃布洛领导人的话翻译成纳瓦特尔语，另一名将其从纳瓦特尔语翻译成西班牙语。[31] 在这种极不可靠的沟通方式之下，普埃布洛人村庄几乎是在一无所知的情况下接受了强大的西班牙帝国的统治。

到了17世纪的头10年，西班牙人将他们的势力扩展到北美大陆的努力似乎收效甚微。来自母国的移民更喜欢去南美洲大陆上发达程度更高的中心城市。虽然领土扩张没有实现，但在新墨西哥和佛罗里达仍然存在的脆弱定居点还是设法生存了下来。在梅嫩德斯之后的130年里，直到1698年海湾沿岸的彭萨科拉（Pensacola）建立，圣奥古斯丁一直是整个佛罗里达地区唯一重要的西班牙定居点。它的孤立进一步证明了西班牙在北部拓疆事业的失败。在1600年，这个要塞只有500多名居民，但到了1700年，这个数字增加到了1 400左右，达到了西班牙殖民时期人口的巅峰。城堡周围有农业区，但几乎没有其他地方可以吸引定居者，西班牙人不愿意在那里安家。白人男性与当地的蒂姆库安（Timucuan）妇女通婚，食物供应则来自邻近的印第安社区。社区之间的自由接触使这个要塞成为北美第一个种族"大熔炉"。[32]

佛罗里达的经历可能影响了腓力二世对海外帝国所采取的最重要的措施之一，即他的《人口与发现条例》。1573 年 7 月 13 日颁布的该法令，在某种程度上反映了拉斯·卡萨斯的愿望，尽管卡萨斯在 7 年前就去世了，但他的作品构成了这一法令文本的基础。[33] 经过至少 5 年的漫长讨论，这项法令最终明确禁止了对美洲的进一步征服，并强调传教和保护印第安人是首要目标。其目的是阻止进一步的徒劳无功的远征，并巩固对已定居地区的控制。此时的西班牙开始承认扩展"边疆"是其在美洲领土内的一个目标。唯一被授权向前拓展边疆的群体是传教士，如果有必要，他们会得到小型军事护卫团队的帮助。与此同时，在西班牙控制下的原住民——那些被称为"和平印第安人"，而不是敌对的"战敌印第安人"——也获得了某些法律的权利和保护。国王在新大陆推行的是他在旧世界已经实行的东西。在 1571 年勒班陀海战以及随后与土耳其签订停战协议之后，腓力在地中海西部地区选择了防御而不是侵略政策。[34] 地中海的边境防卫一方面是依靠一个小型防御要塞网络，另一方面是依靠与北非当地穆斯林统治者签订的和平协议。在新大陆，西班牙也打算采取同样的政策。

自不必说，该法令对美洲原住民的实际情况几乎没有影响。但它对新兴帝国其他方面的影响却是根本性的。罗马教皇拒绝正式批准一项无视其领土要求的法律。为了报复，腓力二世以自己拥有任命权为由，直接夺取了美洲教会的最高权力。1568 年，他正式批准耶稣会会士在新世界的工作时，就已经使用了这一权力。美洲的"边疆"已经成为现实。该法律也让所有采矿产业都直接归属国王。他同时开始在卡斯蒂利亚和美洲发出调查表，要求了解他所统治地区的地理、文化和经济信息。卡斯蒂利亚在 1574 年发出了第一份调查问卷，并在 1575 年将问卷发送到所有城镇。1576 年（参见第四章），一份包含 49 个问题的详细清单被发送给美洲所有官员。没有足够的法律和信息，是不可能建立起帝国统治的，因此腓力希望能随时得到最新消息。

与之前和之后的大多数法律一样，1573 年法令的错误在于过分乐观，没有牢记现实世界中发生的事情。"边疆"是一个在地理上和政治上都不明确的区域，外来的西班牙文化试图与本土文化达成妥协，本土文化在应对入侵者时表现出了非凡的适应力。[35] 实际上，西班牙人在北美和南美的一些边境地区发挥了重大影响，但没能在任何地方稳固自己的势力。圣奥古斯丁和圣菲的案例说明了帝国的边缘地带是如此遥远、孤独和脆弱。西班牙殖民地通常只与周边分散的印第安邻居有一些联系，与其他西班牙人也只有零星的接触。在圣菲定居点周围，整个地区在将近 100 年的时间里都没有西班牙人进入。

问题的部分原因在于王室政府的代理人可以利用的资源十分有限。例如，智利地区的边疆就无法仅仅依靠定居者来捍卫，他们对阿劳坎战争带来的沉重代价已经深感不满。因此，总督所代表的王国政府必须承担起这一重任。腓力二世的法令明确表示，参与防御是定居者的直接义务，但他不得不对智利予以例外处理，据估计，到 1594 年为止，王室在此处战争上的花销已经超过 400 万比索。[36] 到 17 世纪早期，智利成为一个特例，国王实际上自费维持了一支常备军（大约 2 000 人），以抵御当地人的入侵。[37] 在新西班牙，税收不得不花在海岸和加勒比地区的防御上，留给探险和勘探的资金很少。正如 17 世纪早期的总督多次观察到的那样，除了圣胡安德乌卢亚和阿卡普尔科港口现有的防御设施外，再没有其他武器或士兵来保护新西班牙免受来自海上的外国人攻击。在这种脆弱的局势下，正如代理总督胡安·德·帕拉福斯（Juan de Palafox）在 1642 年向王室报告时所说的那样，最好不采取任何向北扩张的行动："至于那些不那么爱好和平的印第安人，我们现在最好别去管他们，不要挑衅他们，并与他们保持谨慎的联系。"[38]

实际上，只有当地的印第安人才能维持住边疆。"和平印第安人"成为对抗所谓"战敌印第安人"的主要防线。西班牙没有足够的人力推进殖民和军事事业，但这并不影响西班牙对这里的控制。1590 年 10 月，新西班牙总督贝拉斯科向国王解释说，在没有西班牙士兵的情况下，他可以求助于"和平印第安人"，利用他们的服务来对付敌对的部落。[39] 而"和平印第安人"则需要西班牙殖民者偶尔的帮助来获取食物，尤其是玉米和牛肉。这种富有成效的关系似乎对双方都有利，最重要的是，这保证了西班牙势力的存续。

西班牙人刚开始在加勒比地区定居时，其他欧洲船只就出现在这一地区。早在 1503 年，就有法国商人在巴西海岸经商的记录。在官方眼中，这些船只是非法海盗，可以随意处置。其他欧洲人不承认西班牙对新大陆的领土要求，认为自己有平等的贸易权利。最重要的是，他们经常得到本国政府的支持，他们的政府认为他们的行为算不上海盗，而是合法的商业竞争，这是欧洲国家为控制海外贸易和领土而展开竞争的表现。欧洲商人之间不可避免地对彼此的贸易权利存在分歧，因此他们也开始把竞争对手视为海盗。在世界其他地区，包括地中海和太平洋，贸易和海上交战的结合已经成为常态。在加勒比地区，它对新生的西班牙帝国的安全构成了特别严重的威胁。

西班牙当局用"海盗"一词来描述所有非法航运，但实际上海盗有许多种类。有些是私掠者（他们持有政府颁发的许可证），有些是闯入者（违禁品贸易者），到 17 世纪，有些习惯性地出没于美洲水域的海盗则被称为"freebooters"和"buccaneers"（这两个词分别起源于荷兰语和法语）。只从事抢劫的海盗犯罪和只关心盈利的非法商人之间往往有着天壤之别，但西班牙当局并没有将两者区分开来。前几十年的外国活动往往与欧洲的战争形势相吻合：法国人在 1500 年至 1559 年的半个世纪特别活跃，英格兰人在 16 世纪最后几十年特别活跃，荷兰人在 1570 年至 1648 年特别活跃。

1560 年后，随着欧洲宗教战争的爆发，这个问题变得更加严重。非西班牙人的主要动机显然是贸易或定居，他们开始为自己的行为寻找意识形态上的理由。臭名昭著的英格兰商人约翰·霍金斯总是在自己的活动中小心翼翼地提及宗教动机。西班牙政府采取了同样的策略，在其宣称拥有主权的地区，给当地的所有外国商人都贴上了异端的标签。虽然海盗并不是什么新现象，但在 1560 年后这个充满冲突的环境中，人们出于国家和宗教利益的考虑，都夸大了海盗的影响力。其他欧洲大国充分意识到了西班牙无力巡守其帝国海域，于是毫不犹豫地将战局扩大到西属殖民地水域。在大西洋，乃至加勒比海，海军活动最频繁的月份分别是 3 月至 7 月，以及 8 月至 11 月，这段时间往往没有暴风雨，贸易船只可以得到安全保障，但也让掠夺者有机可乘。出于安全考虑，但最重要的是为了控制非法贸易，西班牙政府正式将贸易限制在大西洋两岸的特定港口，通常是西班牙的塞维利亚和加勒比地区的一系列港口。

1536 年，一艘法国船只在巴拿马北岸的加勒比海域发动了有记录以来的第一次海盗袭击。[40] 1544 年，法国人占领了卡塔赫纳。到 16 世纪 50 年代，加勒比地区最臭名昭著的法国船长是弗朗索瓦·勒克莱尔（François Le Clerc），也被称为"假腿人"（Peg-leg），他在 1554 年占领了古巴圣地亚哥的一个月后，就将这里完全变为废墟。另一位胡格诺派教徒索雷斯（Sores）在 1555 年占领了哈瓦那，随后摧毁了整座城市，并屠杀了所有俘虏。1552 年，伊斯帕尼奥拉岛的一位居民报告说："在我们遇到的许多棘手的困难中，最突出的一个是法国人。他们是我们的邻居，却一直掠夺我们的财物。6 个月前，他们占领了这个地区，洗劫并烧毁了村庄，我们在荒野中游荡了一个月，忍受着饥饿和疾病。"[41] 圣多明各的一位官员在 1555 年报告说："在这座岛的整个海岸上，没有一个村庄没被法国人洗劫过。"[42] 从那时起，在大西洋和加勒比地区有越来越多未经授权的船只，这些船上的人不是为了做"海盗"，而是为了获取贸易利润。最明显的例子是约翰·霍金斯，他在 1562 年和 1564 年从英格兰出发的最早的两次航行，其实是为了拓展他父亲的奴隶贸易活动。

保卫海洋和贸易船只不是西班牙政府的义务。大西洋上的大部分贸易都是私人的，商人们往往更倾向于自己采取保卫手段。另一方面，政府从贸易征税和进口贵金属上获得了利润，因此，政府也逐渐开始推行一些防御措施，例如规定船只必须一起航行。政府还会把从美洲获得的部分收入用于国防开支，这部分开支在 16 世纪稳步增加。[43] 对船只和沿海城镇的袭击也日益频繁。要组织一个海军中队进行海上巡逻是不可能的，于是随后的防御措施便集中在沿海城镇的防御工事建设上。此外，从 1562 年起，塞维利亚当局强制规定，商船必须在有"护航"时才能出行。与此同时，国王出资在毕尔巴鄂（Bilbao）建造了 10 多艘船，组建了一支新的"无敌舰队"，在大西洋和加勒比海岸巡逻，并为船队护航。这支舰队于 1568 年下水，在接下来的十几年里发挥了重要作用，[44] 但显然它也无法保证陆地和海上的安全。

此时，欧洲在宗教和外交方面的变化正在严重影响大西洋海域的安全。西欧各国政府开始大举推动意识形态事业。法国王室委员会成员、胡格诺派领袖加斯帕尔·德·科利尼就支持过让·里博在佛罗里达的远征。英格兰女王伊丽莎白和她的议员也是 1564 年约翰·霍金斯第二次贩奴航行的赞助者。西班牙人认为霍金斯是海盗，尽管他从事的活动与其说是海盗，不如说是非法贸易。他的第四次也是最后一次贩奴航行，同样得到了女王的支持。1568 年他在圣胡安德乌卢亚港口遭到新总督的舰队袭击，在损失了四分之三的人手和 6 艘船中的 3 艘后，他勉强逃回英格兰。这一事件引发了英格兰人对西班牙人持续不断的报复行为。在 1570 年至 1577 年期间，英格兰在加勒比地区大约进行了 13 次非法且蓄意的海盗行为。[45] 其中一些英格兰人简直可以用鲁莽来形容。1576 年，约翰·奥克斯纳姆（John Oxenham）率领 50 人，越过巴拿马地峡，在南太平洋海域俘虏了一艘西班牙船，他们是最早对西班牙船动武的外国人，但这些人随后就被西班牙人擒获并被处决。

对西班牙而言，最重要、最大胆的敌人是弗朗西斯·德雷克，他对西班牙船只的袭击始于 1570 年（请参阅第五章）。他在 1585

年对圣多明各和加勒比地区的袭击已不再是海盗行为，而是一场全面性的战争，并得到英格兰女王资助的舰队的支持。1585 年 9 月，德雷克在加利西亚进行了为期两周的短暂访问后，就和他的舰队出发横渡大西洋了。这是美洲海域上有史以来出现的最强大的海军：22 艘船、2 300 名海员，以及 12 个连的士兵。圣多明各被洗劫并被要求支付赎金，卡塔赫纳被占领了 6 个星期。由于没有收到关于西班牙运送白银的舰队的消息，英格兰指挥官们对于下一步该怎么做产生了分歧。最终德雷克决定不再尝试进入巴拿马，他驶进佛罗里达海峡，不去攻击哈瓦那，而是攻击并摧毁了圣奥古斯丁的堡垒。英格兰人从这次非凡的探险中几乎没有得到任何物质上的好处，另一方面，这暴露了西班牙的新大陆殖民地的脆弱性。为了维护自己的声誉，西班牙当局坚持与德雷克公开对峙，把他当作海盗，但是在政府秘密会议中，大臣们在讨论采取何种措施来对待德雷克时，实际上是把他当作国家元首来看待的，议论着该如何暗杀他。

德雷克在西班牙大西洋港口的掠夺迫使无助而负债累累的西班牙政府采取了一些早该采取的措施，他们担心失去对美洲的所有控制权。[46] 1586 年，腓力二世派遣罗马的军事工程师吉安·巴蒂斯塔·安东内利（Gian Battista Antonelli）前往加勒比地区，而早在 1559 年，腓力就邀请他来到了西班牙。随后安东内利留在了那里，成为王国最出色的工程师之一。西班牙几乎没有自己的军事工程师，而是完全依靠意大利的专家（这种情况一直持续到 18世纪）。[47] 安东内利在西印度群岛待了几年，并为波多黎各、圣多明各、佛罗里达、圣胡安德乌卢亚和哈瓦那制订了一系列雄心勃勃的防御堡垒建造计划。然而实际上，许多计划要到几十年后才取得成果。加强陆地防御也能为海上防御提供良好的保护，但这并没有影响外国私掠船在海上变得越来越多的事实。在1585年到1603年的战争期间，仅英格兰人就在加勒比海进行了大约200次私掠船航行。[48]这些船只有时会像一群蜜蜂一样，盘旋在战利品上方，直到确定如何行动。古巴总督报告说，1592年在离哈瓦那岸边不远的地方，"除了14艘船在这个港口的入口处徘徊，在圣安东尼奥角有3艘船和2艘小帆船。它们日日夜夜都在那里。到目前为止，我们已经看到的大型船总共有19艘，还有4艘轻便的二桅小船。我怀疑这是一群小偷的聚会"。[49]

私掠船遍布整个加勒比地区，几乎随心所欲地抢劫和洗劫，但它们小心翼翼地避免造成太大损伤，以免有损自己的商业利益。欧洲的冲突也助长了法国和荷兰航船的介入。后者主要是为了开发委内瑞拉阿拉亚半岛西端拉玛格丽塔岛（La Margarita）和库马纳（Cumaná）之间的天然盐田。地方当局既没有船也没有人来阻止他们。库马纳的统治者报告说，从1600年到1605年，每年大约有100艘荷兰船只公然来到盐田，装载免费的货物。[50]1605年11月，西班牙人对他们进行了惩罚性远征，并摧毁了20艘荷兰盐船。尽管荷兰人在10多年里减少了食盐走私，但他们继续在新大陆的部分地区定居，到1616年，他们在埃塞奎博河（River Essequibo）流域站稳了脚跟，并把那里建设成了外国殖民地圭亚那的核心地区。

外国船只的非法活动不仅限于加勒比地区，还遍布大西洋和太平洋的整个海岸线，这些海岸线无穷无尽，难免有防卫薄弱的地方。在1575年到1742年之间，至少有25个不同的外国入侵者队伍袭击了太平洋海岸。[51]太平洋尽管相对遥远，但对于突袭者而言，仍然具备较高的袭击价值，因为波托西的白银通常是通过陆路运到阿里卡港，再经海路到卡亚俄港，随后被武装队伍护送至巴拿马地峡的。1579年德雷克对秘鲁的突袭是第一次，随后，1587年托马斯·卡文迪什和1593年理查德·霍金斯都来到了南太平洋。霍金斯可不像卡文迪什那么幸运。1594年初，他只带着一艘船进入南太平洋，成功地突袭了瓦尔帕莱索（Valparaiso）和巴尔迪维亚港口的船只。在同年6月针对南太平洋防卫中队的一次行动中，他被抓获，他的船"丹蒂号"也被俘虏，随后被并入西班牙舰队。这是西班牙人在整个16世纪取得的唯一成功。英格兰人不仅仅是一个外部威胁。他们在太平洋沿岸的行动也鼓励了一些当地人相信英格兰人是将他们从西班牙统治下解放出来的希望，一些人甚至认为英格兰人是印加皇帝的合法继承人，因为他们认为"inglés"（英语）一词源于"inga"（印加）。[52] 一个世纪后，发生在波托西的一场起义，就主张如果英格兰人到这里来的话，就把土地交托给他们。

从16世纪末开始，荷兰人，尤其是奥利维尔·范·诺尔特（Olivier van Noort）的远征队（1600年）和约里斯·范·斯皮尔伯根（Joris van Spilbergen）的远征队（1614—1615）取代了英格兰人的入侵。范·诺尔特率领4艘船进入太平洋的航行，也是由3个鹿特丹商人资助的。[53] 总的来说，荷兰人希望建立贸易基地（而不仅仅是掠夺黄金），并在敌视西班牙的印第安人帮助下，找到一个可以定居的地方。范·诺尔特在这两方面都没有取得任何成就，反而遭受了恶劣天气的折磨，还损失了很多人，但作为第一个荷兰环球航海家，他赢得了巨大声誉。1614年，斯皮尔伯根带着6艘装备精良的船离开了荷兰，并遇到了新西班牙第一次认真组织的防御行动。1615年7月，秘鲁总督设法用2艘大帆船和5艘商船击退入侵者，但他们很快被荷兰人在卡涅特（Cañete）附近击溃，500 人被杀或是溺水身亡。[54] 和范·诺尔特一样，斯皮尔伯根没有取得什么实质性成果，但他在军事上的成功，给了荷兰人进一步发展贸易和获得财富的希望。在与西班牙为期 12 年的停火协议期满后，荷兰人在 1623 年派遣一支由 11 艘军舰组成的强大舰队，舰队由雅克·赫尔米特（Jacques l'Hermite）海军上将指挥，共有 1 640 名人员和 294 支火枪。舰队穿过合恩角海峡，意图拦截秘鲁的白银运输船或是马尼拉大帆船。[55] 这是有史以来进入南太平洋的最大海军舰队，它在几个港口造成了相当大的破坏，却没有取得任何有价值的成就，舰队随后穿过太平洋，从好望角返回，最终在 1626 年，舰队还存在的船只抵达荷兰。

1636 年，随着"向风舰队"（Barlovento armada）的成立，西班牙恢复对加勒比海的守护，理论上，这支舰队的资金来自新西班牙的贸易税，并以韦拉克鲁斯为根据地。这支舰队的事业并不稳定，更多被用于护送每年一度穿越大西洋的舰队，而不是像最初那样在美洲保卫帝国海域。在 17 世纪中期，这支舰队甚至不再是一个统一的中队，但在 1665 年，由于英国和法国在加勒比海岸的袭击活动，"向风舰队"得以重组。在秘鲁，保卫那无止境的海岸线是不可能的任务。外来入侵从未发展成对领土的严重威胁，但也无法被及时发现并控制。1600 年，这里的总督报告说："在保护卡亚俄的同时又对海岸进行巡逻搜查，这二者是不可能同时兼顾的，即便真的能实现，4 艘船又能有多大的防御力量呢？"次年，一名官员抱怨说利马"只是因为声名在外才得到保护"。[56] 实际上，西班牙人无法有效抵抗海上袭击，但他们通常可以召集平民，其中大部分是武装的黑人和混血儿，[57] 这些平民可以协助他们成功抵御外国入侵者的登陆。

不管怎样，外国私掠船的威胁给西班牙带来了两大好处。首先，它暴露了贸易组织的无序，促使西班牙当局采取防御措施，并发展起管理舰队的体系。第二，外国商人通过其持续的非法活动——即便我们把公开的军事行动排除在外——也给该区域的商业带来了一些秩序。例如，我们知道的迪耶普（Dieppe）的弗勒里（Fleury）船长，他在 1618 年至 1620 年间（不顾荷兰人和英格兰人的反对）在大西洋和加勒比地区进行贸易，为沿海社区运送物资，使这些社区的居民免于饿死。[58]

这种情况不仅发生在西班牙殖民地。17 世纪的百慕大同样依赖其他国家的补给船。事实上，任何一个欧洲殖民地都不可能只允许本国船只开展贸易。就以常理来说，为了在离家这么远的地方定期取得物资，还要避免本国的税收，就应该尽可能鼓励非正式的走私活动与官方贸易同时发展壮大。[59]在加勒比地区的西班牙官员抱怨外国人的商业活动，称他们正在毁掉殖民地。但这只是事实的一部分，外国商人和走私者协助加勒比地区建立起正常的贸易体系，而官方的一些限制实际上反而使殖民地在经济上受损。[60]就像在庞大帝国的其他角落一样，西班牙没有足够的力量来规范其所谓领土上的贸易。如果没有非法贸易，由西班牙人驻守的许多前哨的后勤供应和维护就会崩溃。外国商人以自己的方式使西班牙帝国得以存续。

1573 年法令的基本前提，是帝国的主要使命在于传播宗教。在草拟文件的几个月里，国王已经充分意识到，西班牙在捍卫和促进真正信仰的事业上肩负着特殊责任。他支持特伦托公会议不久前提出的天主教改革和复兴方案。他也意识到伊斯兰教在地中海地区的传播，以及欧洲北部新教改革的成功对西班牙的安全构成了威胁。他也没有忘记在海外帝国传教的问题。在腓力的统治下，西班牙在新世界的福音传播中扮演着领导者的角色，因为它有义务通过所谓的"皇家保教权"（Patronato Real）来推进传教事业。而这种宗教特权，在教会历史上几乎是独一无二的，[61] 它赋予了国王任命所有高级神职人员，以及取得新大陆所有教会收入的权力，激发了王室直接参与宗教事务的兴趣。1493 年至 1800 年间，国王资助至少 1.5 万名神职人员前往美洲，其中四分之一前往新西班牙。[62]

并不是所有的神职人员都是西班牙人。在 1524 年到达新西班牙的 12 位佛兰德神职人员，不过是一大批出于开拓热情、好奇心和自我牺牲而前往殖民地的外国神职人员的先驱。他们对卡斯蒂利亚及其文化并未抱有特别的忠诚。托里维奥·德·莫托里尼亚在 1555 年写给查理五世的一封著名的信中，要求皇帝派遣更多的人，特别是"佛兰德和意大利的许多虔心为上帝服务的修士"来与他们一起工作。门迭塔在讲述早期方济各会的著作中，就曾对那些在墨西哥传教的法国、佛兰德和意大利修士表达了敬意。[63] 无论在美洲还是在亚洲，宗教团体都是一种发挥王国各地及外国天主教徒才能的工具。他们中的许多人留下了回忆录，这些回忆录仍然是评估传教士观点和动机的宝贵资料。一个突出的例子是方济各会修士阿隆索·德·贝纳维德斯（Alonso de Benavides），他是一个 1578 年出生在亚速尔群岛的葡萄牙人。他于 1598 年前往新西班牙，参与了修士们在新墨西哥的传教工作。他在 1630 年回到马德里，并在那里发表文章，讲述了新世界传教事业的胜利进展。在同时期的几十年里，英格兰人托马斯·盖奇（Thomas Gage）在危地马拉以多明我会修士和教区神父的身份生活了 15 年，在离开岗位回到英格兰（1637 年）后，他完成了第一本由外国人撰写的、关于美洲殖民地宗教和社会状况的综合而完整的著作。

从 17 世纪晚期开始，当来自伊比利亚半岛的卡斯蒂利亚神职人员逐渐减少时，外国传教士的数量明显增加。这一时期的耶稣会会士中有相当一部分来自意大利和中欧，[64] 正如我们下面引用的基诺和诺伊曼的例子所显示的那样。就 1730 年从加的斯出发、1731年 2 月抵达哈瓦那的 26 名耶稣会会士来看，他们中有 2 名瑞士人、1 名奥地利人、1 名德意志人和 1 名摩拉维亚人。[65] 在随后的航行中，这些国家的传教士发挥了重要作用，同样重要的还有 1 个撒丁人和1 个匈牙利人。

付出的努力和金钱并不总是有回报的。在这些托钵僧团体的传教士到来 40 年后，他们的工作很难被证明是成功的。修士们声称为成千上万虔信的印第安人施过洗礼，他们汇编的报告中不乏令人印象深刻的统计数字。但我们对新改宗者的真实状况不得而知。原住民表现出了惊人的毅力，他们接受了许多基督教的外在礼仪，却从未在任何方面放弃过自己的文化习俗。传教活动的相对失败很快导致神职人员改变了他们的工作重点。早在 1533 年，墨西哥的多明我会修士多明戈·德·贝坦索斯（Domingo de Betanzos）就认为印第安人不是理性的生物，因此无法接受基督教。神职人员开始采取一种公开的专横而具有侵略性的政策，这种政策在实际效果上与种族歧视几乎没有区别。在墨西哥，他们对混血儿的不信任日益增强：梅斯蒂索人（mestizos，印第安人与欧洲人的混血儿）和穆拉托人都不被视为与其他基督徒平等的群体。方济各会也认为美洲原住民缺乏自然理性，在教会中只能获得从属地位。他们被当作天真的"孩子",需要引导。门选塔则表示:"他们生来就是学生,而不是老师;是教区民众,而不是神父。"[66]

在特诺奇蒂特兰沦陷后的几十年里,当地人口出现了灾难性的减少。神职人员认为,管理分散的印第安人部落的唯一有效方法是将他们聚集在一起,形成有组织的基督教乡镇。因此,大约从 1538 年开始,所谓的"教区"(doctrinas)或是印第安村庄应运而生。印第安人经常被赶出自己的家园,被迫搬到城镇,在修士的保护下生活。这个实验持续了 30 多年,但几乎引起了各方的反对。印第安人通常不喜欢这些新城镇,西班牙定居者反对将印第安人驱离劳动力市场,而其他神职人员则批评这些修士对印第安人的专横控制。

宗教工作的改革是 1573 年腓力二世法令的核心内容,该法令有效地改变了传教士工作的性质。从 16 世纪 80 年代开始,人们逐渐将这些"教区"从教会的精心控制下解放出来,转变为"堂区"(parish),由对主教负责的常驻神职人员进行管理。实际上,就像在所有其他方面一样,这些变革在近半个世纪里并没有得到充分落实。[67]方济各会谴责新政策,他们认为这终结了福音传播硕果累累的时期。从那时起,根据 1573 年的原则,修士们开始致力于新西班牙北部边境的传教工作。这一时期也许是这些教团在历史上最英勇的时期。

方济各会成员有效地将边境传教事业转变为帝国统治的工具。在西班牙人离开北美之前,他们都"垄断了从加利福尼亚到佛罗里达的西班牙属地的所有传教工作"。[68]他们声称到 1629 年时,已经在新墨西哥的普埃布洛印第安人中建立了 50 座教堂。在后来发表的报告中,这些修士声称已经使数万名当地人改宗。同样是在

1573 年，第一批方济各会成员到达了佛罗里达的大西洋海岸，在那里他们继承了此前耶稣会的努力成果。在一个世纪的时间里，他们成功地从圣奥古斯丁向北建立了许多传教中心，直到今天的南卡罗来纳。他们还成功地将宗教使命带到了从萨沃尼河（Suwanee）向西直到阿巴拉契（Apalachee）印第安人领土的广阔地带上。同样的"成功"在帝国的每个角落都得到了记录，马德里修会出版的书籍清晰描绘了信仰传播不可抵挡的势头。

"传教"（mission）究竟是什么呢？即使被神职人员广泛使用，这个词仍然包含着不同的意义。它是"反宗教改革"（Counter Reformation）的典型产物，"反宗教改革"是 16 世纪末活跃于天主教会的思想运动。[69] 在欧洲，"传教"是一群传教士的临时访问活动，目的在于振兴教区的精神生活。相比之下，在新世界的传教成了一种固定的形式，实际上指的就是建立边疆堂区，它主要针对美洲原住民而设立，这些原住民会被安排到类似于过去"教区"的城镇中。它是设立在边疆的最典型的机构，要与当地人建立联系，并将西班牙人的宗教和文化强加于当地人身上。

但这不是西班牙人能够独自完成的任务。为了理解原住民的语言和习俗，他们不得不寻求盟友的帮助。没有人比他们的老朋友特拉斯卡拉人更可靠了，正是他们帮助西班牙人征服了墨西哥。在 16 世纪 90 年代，西班牙人将一些特拉斯卡拉人引入东北边境，让其定居在萨尔蒂约。特拉斯卡拉人在那里协助教育当地原住民，也作为范例展示了原住民与西班牙人合作的可能性。[70] 通过这种方式，特拉斯卡拉人不仅继续为征服美洲做出贡献，而且也为基督教在美洲的传播提供了助力。

此外，修士们通常不会愚蠢到独自进入印第安人领土。那些抱有理想主义信念的教士在没有军队支持的情况下从事传教工作，却在痛苦中死去，他们的悲惨经历提醒了后来的传教士，任何情况下都要在士兵的陪伴下去传教。这明确履行了 1573 年的法令，即禁止进一步征服，但要在边境地区保持军事存在。传教社区都是在缜密的规划下建造的，[71] 这些社区通常都是向心式的建筑群，中心坐落着教堂建筑，各种机构和印第安人的住宅则分布在其周围，形成一个大圆圈。这种建筑群通常伴随着边境独有的西班牙人城镇发展起来，这种城镇最大的可以是一个繁荣的矿业城镇，而最小的也可能只是一个由 50 名士兵驻守的堡垒。

士兵和武力的使用成为传教的标准配置。士兵不仅仅负责防御，还负责维持秩序、追捕逃跑者并惩罚罪犯。宗教暴力在墨西哥早期的传教活动中屡见不鲜，暴力不仅出现在宗教事务中，也被用来控制当地人的世俗生活。[72] 门迭塔在撰写有关方济各会成员的文章时，曾为这种强迫行为辩护。作为教育当地人的方式之一，这种强迫行为伴随着系统性的暴力。神职人员从来没有怀疑过它的必要性。鞭笞成为惩罚当地基督徒、迫使他们放弃抵抗的常规方法。何塞·德·阿科斯塔在 1576 年作证说，他在秘鲁看到过教士"用脚或拳头殴打印第安忏悔者，如果忏悔者没能及时按要求行事，或者承认了什么严重的错误，教士们就会鞭打他们，或是让他们鞭打彼此，通常会打到血流如注为止。这话听起来很可怕，但我所说的都是真实且可以被证实的事实。"[73]

基督教福音的传播都遵循欧洲的传统规范，强调教育和学习记忆。当然，在任何地方，语言都是严重的障碍。总的来说，耶稣会会士会学习一些简单的当地语言。相比之下，16 世纪中期的方济各会修士只使用卡斯蒂利亚语，从不使用其他语言。在整个 17 世纪的新墨西哥，只有一名方济各会修士能够用印第安人的语言与他们交谈。[74] 在危地马拉，神职人员不断试图取消当地语言的使用，强制人们只使用卡斯蒂利亚语。[75]

也许神职人员手中最成功的武器就是技术。因为受到了教士们提供的东西——新奇的文化、实用的农业知识和防御敌人的方法——的吸引，原住民群体才与他们合作，协助建立传教中心。当他们了解到这些新来者看起来并不构成威胁时，许多部落都积极示好，并盛情款待传教士们。从那时起，传教士的工作完全取决于当地劳动力的供应，这是传教事业最主要的支持力量。而受到传教影响的原住民中逐渐发生了三个最主要的根本性变化。

首先，如我们所指出的，原住民被鼓励在一个以教堂为社会中心、以防卫为组织目标的社区中聚居。在新西班牙和秘鲁的中心地带，这些最初由方济各会管理的教会社区继续被称为"教区"，尽管这个名字在16世纪末被丢弃了。当方济各会成员进入北美的边疆地区时，他们把"教区"这种形式也带去了。第二，印第安人被鼓励改变他们的传统社会习俗和两性风俗，以适应天主教的道德要求。神职人员骄傲于那些改宗者会被教导得像"基督徒"一样着装、生活。1573年的法令明确规定他们要"文明地生活，穿衣服，穿鞋；会吃面包、饮酒、用油，以及使用许多其他生活必需品，如各类食物、丝绸、亚麻、马、牛、各类工具和武器，以及西班牙拥有的所有其他物品；还要接受贸易和技能方面的指导培训"。[76] 最后，印第安人还被鼓励改变他们的粮食生产和加工方式。当地人通常会保持自给自足的经济形态，生产足够的食物来满足自己的需要。而现在，修士们的目标是获取更多的生产剩余产品，并将之运到附近的西班牙市场，为传教活动赚取收入。新制度要求印第安人付出额外的努力，他们不喜欢这种制度，这改变了他们日常工作和休闲的状态，很快就引发了不满。以这种方式雇用印第安人也引起了边疆地区另一个最持久的问题：西班牙定居者和神职人员之间对劳动力的争夺，[77] 这个问题也不断在定居者之间引起争端和武装冲突。

显然，传教团的定居点只能影响到西班牙人所宣称拥有领土上的一小部分居民。但能让这些人改变信仰，也已经是一项成就了。方济各会修士于 1573 年首次来到佛罗里达，他们的奉献是值得肯定的。到 17 世纪 70 年代，他们在北部建立了一系列基督教定居点（主要在阿巴拉契）。当古巴的主教对该地区进行为期 10 个月的牧灵访问时，他发现这里的印第安基督徒总数约为 1.3 万。[78] 鉴于大多数部落的明显敌意，印第安人信徒数量之少也就不奇怪了。基于长期的经验，传教士们采取了许多精明的策略。[79] 他们总是会带着礼物，尤其是铁制工具，这种最基本的策略很少会失败。他们还会带来小饰品、铃铛、衣服、图画、乐器和食物。这些物品不仅是用来娱乐的，它们还建立起热情好客的纽带，创造出保持友谊的义务。教士们总是专注于赢得孩子们的注意力，教育这些孩子，并通过孩子再赢得成人的信赖。一些部落还会寻求与修士结盟，以获得对抗其他部落，甚至是对抗其他西班牙人（尤其是士兵）的军事优势。边境外的游牧民族对基督教化的村庄构成了持续的威胁。一份来自 1607 年普埃布洛村庄的报告称："西班牙人、基督徒和新墨西哥的和平原住民经常受到阿帕契印第安人（Apache Indians）的攻击，他们袭击、烧毁村庄、偷走马匹，并造成其他破坏。"[80] 在某些情况下，当地领袖会认为传教士是有魔力的人，他们能提供自己所没有的解决办法，特别是在医疗问题上。修士们也总是会带来一些欧洲动物——狗、山羊、马、绵羊，这些动物极大改变了印第安人的生活方式。

变化已经发生了，并且这也在一定程度上改变了新大陆的地理和生态。而学者们最近才开始探索其中的故事。

欧洲人引进的动物在新环境中茁壮成长，并占领了新大陆的平原。从狗、马到鸡、绵羊、猪、山羊和牛，每一种欧洲家养或是放牧牲畜都被带到新西班牙，这些都是西班牙人重新建立他们熟悉的环境所必需的。一些穿越大西洋的船几乎成为名副其实的挪亚方舟。"我们带来了猪、鸡、狗和猫，"参与了1493年哥伦布航行的一名船员说，"它们在那里生长得非常好。"其中一些动物彻底改变了美洲的社会和经济。猪是西班牙人最喜欢的动物，于1493年首次被引入伊斯帕尼奥拉岛，到16世纪30年代，猪已遍布伊斯帕尼奥拉、古巴、墨西哥和秘鲁。从西班牙跨海运送猪很容易，这很快能让西班牙人获得回报。1514年，古巴总督贝拉斯克斯报告说，他带来的猪已经增加到几千头。[81] 1539年，德·索托带着13头猪去了佛罗里达，3年后他去世时，他所拥有的猪已经增加到700头。

牛的繁殖能力特别强：1518年从伊斯帕尼奥拉岛发回的报告显示，野外的三四十头牛可以在三四年内增加到300头。这些牛在墨西哥毫不费力就实现了成倍增加。法国探险家尚普兰（Champlain）说，他在16世纪末访问那里时，看到"绵延无尽、广阔平坦的平原到处都布满了牛"。[82] 1619年，布宜诺斯艾利斯市的长官报告说，每年有8万头牛被宰杀以获取牛皮。一个世纪后，另一位目击者估算，南部的草原上大约有4 800万头牛。[83] 相比之下，马无疑是最难被带到大西洋彼岸的动物，大部分的马都死于航行途中。第一批马在1493年和哥伦布一起来到了美洲。它们繁殖得很慢，但因为新大陆幅员辽阔，马很快就成为西班牙人活动的必需品。皮萨罗在1532年把第一批马带到秘鲁，这些马在征服安第斯人的过程中发挥了至关重要的作用。拉普拉塔河的草原是马群最喜欢的环境，当西班牙殖民者从1580年开始永久占领布宜诺斯艾利斯时，他们发现这里都是成群的野马，一代人之后，据称图库曼（Tucuman）的马"如此之多，几乎遍布了整片大地"。[84] 唯一有繁育困难的动物是绵羊，1493年，绵羊也随哥伦布来到美洲。绵羊胆小，又不能忍受热带气候，并不适合在加勒比地区生活；但在新西班牙和安第斯山脉等气候更适宜的地区，它们找到了自己的家。

这些动物永久地改变了殖民地人民的生活。在白人到来之前，纳瓦人主要吃素食。有了动物，很多人就变成了肉食者。同样，马的出现彻底改变了印第安人的生活质量。这种变化有时是缓慢的。16世纪50年代，在库斯科，当地人一遇到马就会害怕地逃跑。然而，到了16世纪80年代，在基多地区，富裕的印第安人外出耕种时已经会骑马，并使用牛来犁地。在库斯科附近，"他们中的许多人已经掌握了骑马和骑马射击的技巧"。[85] 1600年后，北美平原上的印第安人第一次获得了马，他们的马匹来源是当时漫游在墨西哥北部边境的成群野马。阿帕契人和纳瓦霍人（Navajo）是当时美洲大陆上主要的骑马部落，但二者分别在17世纪30年代和80年代之前都还没有骑马的习惯。彼时，马已经成为他们经济和文化不可分割的一部分，纳瓦霍人甚至有一首歌曲来赞颂马匹：

它脚踏着彩虹

那一束阳光是它口中的缰绳

它围着地上的人绕圈

今天它在我身边

与我一起迎接胜利。[86]

欧洲动物的惊人繁殖是由两个简单的因素造成的，[87]其一是新大陆有丰富的植被，其二是新大陆完全没有被驯化的本土食草动物来与它们竞争。卡斯蒂利亚人将一种生活方式引入了新大陆，这种生活方式在几个世纪以来一直是他们经济的一部分，这就是畜牧。放牧牲畜可以占据广阔的空间，并不断移动到新的区域，边走边吃。这是一种会对地表植被产生直接影响的经济类型，也急需新的土地管理方式来确保放牧牲畜得到食物。因此，这就产生了社会和政治影响。当地部落强势拒绝让这些动物踏上他们的土地，因为它们会啃食他们的庄稼，占领他们的土地。西班牙人不得不与他们协商解决此类问题。

不仅是动物，所有旧大陆的生物都随欧洲人一起来到这里。正如我们看到的，他们带来了可食用植物、树木和鲜花；杂草也和植物混在一起被带了过来；害虫和其他有害动物（比如船鼠）也不例外。它们与外来人员如影随形，成为入侵队伍的一部分。在这个过程中，外来的动物和人一起永久地改变了被殖民世界的环境，这个过程被称为"生态帝国主义"。[88]最重要的是，正如我们看到的那样，这些外来的动物和人带来了疾病，新大陆和太平洋岛屿上相当一部分原住民因此而死。

简单地说，外来者的到来改变了原住民所处的整个生态系统。从长远来看，人口的减少是西班牙宗教疆界扩张的最显著特征，因为西班牙人带来了许多传染病。1678年以前，在如今美国西南部的传教计划无意中导致当地人口减少了90%以上。[89]到18世纪早期，它导致普埃布洛印第安人的人口减少了至少一半，并导致大多数普埃布洛人定居点的人口发生了永久性的减少。[90] 这样的灾难对于美洲当地文化造成了深远的影响，当地人往往无法理解加诸他们身上的可怕事件。

随着人口数量的减少，可用的劳动力也随之减少了，土地利用的模式也发生了巨大的变化。在游牧民族居住的地区之外，农业一直供应着社区的生存所需。这种情况此时发生了天翻地覆的变化，因为委托监护制下的监护主夺取了土地的控制权，他们欺骗印第安酋长把农场和村庄卖给他们；或是在许多情况下，他们干脆宣称拥有土地，直接把这片土地上的印第安人赶出去。公共土地被改造成私人庄园，上面竖起了篱笆，河流也被改道。最重要的是，常规的印第安作物，如玉米和木薯被禁止种植，取而代之的是小麦、橄榄、甘蔗、葡萄和其他对白人来说是必要或是有利可图的作物。在美洲的西班牙官员全力配合没收原住民的财产，马德里政府保护印第安人的命令被完全无视。这一过程在西班牙人到来后不久就开始了，并采取了多种形式，所有这些内容都被现代历史学家详尽地研究过。

对墨西哥中部梅斯基塔尔（Mezquital）河谷的研究，表明了新大陆环境受到的影响。到 16 世纪末，这里的原住民人数相较于欧洲人到达之前几乎下降了 90%。到了这一时期，印第安人不再拥有这片土地；而西班牙人开始定居下来，种植他们需要的食物：小麦、大麦、葡萄、梨、桃、苹果、橘子、枣、无花果和核桃。[91] 随后，各种欧洲动物也来到这里。16 世纪末，河谷近三分之二的土地被用作牧区。[92] 平原变成了贫瘠的沙漠，沙漠开始侵蚀周边，森林也被大量砍伐。乡村大庄园里饲养的羊群变成了新大陆的主要景观，曾经肥沃多产的农业区在殖民时期变成了沙漠。

许多天主教传教士在新大陆传教的过程中牺牲了，他们的英勇在基督教会的历史上是少有的。然而，神职人员不仅仅是信仰的传播者。他们的经验告诉他们，为了成功地让信仰扎根，他们还必须重塑属于帝国的领土上的文明，并且要把殖民时期的整个传教事业视为欧洲文化与非欧洲文化之间的长期对抗。早期在墨西哥的传教士们，只会担心自己是否能够令人信服地传达宗教的基本教义，而这种情况很快就被一种新的信念取代，即社会教育的话语媒介与福音信息一样重要。教育一如既往地带来了纪律，而对西班牙人来说，纪律意味着宗教裁判所。

宗教裁判所起初并没有随着西班牙人来到新大陆，因为它针对的只是异端邪说，而这个问题在原始印第安人中是不存在的。然而，就像西班牙人之前提议引入黑奴以拯救印第安人的性命一样，此时巴托洛梅·德·拉斯·卡萨斯提议引入宗教法庭来拯救印第安人的灵魂。"请求您，"他在 1516 年写信给枢机主教西斯内罗斯说，"派遣宗教裁判所的人来美洲诸岛吧。"[93] 枢机主教认为没有必要把宗教法庭移植到大西洋沿岸那些人口稀少的岛屿上，但他担心犹太改宗者和摩里斯科人移居到新大陆后可能产生的问题，于是选择了一个折中的解决方案，设立一个考察委员会在当地的主教（早前在加勒比地区，已经任命了 3 位主教）中挑选异端审判官。1519 年，当时的波多黎各主教被任命为美洲的第一个审判官。

异端审判官很快就有了用武之地，16 世纪 20 年代，新大陆出现了已知最早的"路德派"案件。来自委内瑞拉（此时韦尔泽家族刚刚得到了一份在这里的垄断合约）的一名王室官员敦促查理五世"禁止所有德意志人参与征服，因为在这些地区，已经有人被证明与异端分子马丁·路德持有相同的观点"。[94] 还有一名佛兰德人被逮捕，相关案情被送交波多黎各的异端审判官。值得一提的是，当时路德派还没有被当作异端，而且在西班牙完全不为人所知。然而，拉斯·卡萨斯热切地检视着他所了解和喜爱的美洲，对异端邪说的威胁保持着高度警惕。他在1535年写道："去到那里（新大陆）的德意志人都是异端分子，都是野兽路德的后代。"[95] 实际上，美洲早期的宗教裁判所除了刁难外国人和激怒西班牙殖民者之外，并没有起到什么重要作用。

在安纳华克和塔万廷苏尤的高度发达的文明被推翻后不久，宗教法庭开始在此发挥其传统的严肃作用。方济各会修士胡安·德·苏马拉加在1530年成为墨西哥的第一任主教，并在5年后被任命为异端审判官，以"异端之敌"而闻名。[96] 他最著名的行动是审判并处决了特斯科科的印第安贵族卡洛斯·德·奇希米卡特奥特（Carlos de Chichimecateotl）。这是最残酷也是最不公正的宗教裁判之一，遭到了西班牙宗教裁判所的严厉谴责，西班牙宗教裁判所还在1540年告知苏马拉加，应当"通过爱而不是通过严厉的手段"来使印第安人获得信仰，而处决卡洛斯更是大错特错。"采取如此严厉的手段不仅仅是为了吓唬印第安人。"这个案例产生的一个积极结果便是，根据西班牙对摩里斯科人实行的类似政策，宗教裁判所也禁止针对印第安人采取进一步的迫害。然而在随后的几年里，新大陆的异端审判官主要致力于铲除犹太人改宗者，逮捕（并处决）那些落入其手中的外国水手。

尽管卡洛斯的案子有了这样的结果，印第安人的问题始终是议程上的头等事项。美洲的其他神职人员决定绕过官方的宗教裁判所及其程序，自行采取行动来打击当地的迷信崇拜。1545年，拉斯·卡萨斯在他的恰帕斯（Chiapas）主教辖区宣布成立自己的"宗教裁判所"。如果这个机构真的运转起来，它将彻底改变所有辖区居民——包括西班牙人和印第安人——的生活，无疑会带来极其可怖的后果。另一位声称自己拥有宗教法庭特权的主教——尤卡坦半岛的主教弗雷·迭戈·德·兰达，也引发了可怕的结果。半个世纪以来，虽然美洲的神职人员可以借助这些非正式的"宗教裁判所"，但要求建立由西班牙控制的正式宗教裁判所的呼声日益强烈。最终，正在筹备《发现与人口条例》的大会议（Junta Magna），决定在美洲建立两个独立的宗教裁判所，作为整个君主制体制改革的一部分。相关法令在1569年正式颁布，不久之后，尤卡坦半岛、墨西哥城和利马也有了宗教裁判所。

1569年，库斯科大教堂的座堂区府*克里斯托瓦尔·德·阿尔沃诺斯（Cristóbal de Albornoz）——自1565年起他一直待在秘鲁总督辖区——受托前往瓦曼加镇一带的教区进行访问，协助其访问工作的还有瓜曼·波马·德·阿亚拉。在宗教信仰方面，阿尔沃诺斯与印第安人打交道多年，他公开指责一种被称为"塔基·翁克伊"（克丘亚语音译）的、旨在恢复印第安传统信仰的运动。早在1565年当地的神职人员就意识到了它的存在。根据阿尔沃诺斯和其他神职人员提供的信息，多年来，秘鲁中部整个山区——特别是以瓦曼加镇为中心、从首都利马南部延伸到阿雷基帕（Arequipa）

---

* 座堂区府（Canon），教职头衔，原指罗马天主教会的某些教牧人员，初以团体方式居住，为主教辖区座堂教会中拥有正式职位的教牧团体成员，现特指主持主教座堂区的世俗教牧人员。——编者注

省北部的地区——是所有反对西班牙宗教和社会体制的激进运动的发源地。

这场运动与比尔卡班巴区的印加抵抗运动几乎同时发生，但这是一个时间上的巧合，因为就连"塔基·翁克伊"运动的领袖也不认可印加人宗教信仰的基本理念。根据当地修士的说法：

> 许多追随他们的人被告知不要信上帝[97]和他的诫命，也不要崇拜上帝的图像或十字架，不要进入教堂，也不要对修士们忏悔，除非是对着的的喀喀、蒂亚瓦纳科（Tiahuanaco）或是其他的"瓦卡"*进行忏悔。这些"瓦卡"推翻了基督教的上帝，上帝的时代已经结束。[98]

此外，基督徒的神是沉默的。这个陈述立刻让我们想起了因为不会说话而被阿塔瓦尔帕扔到地上的祈祷书。"塔基·翁克伊"运动的宣传者为了证明他们的主张是正确的，会在印第安人的房子里竖起基督教的十字架并对它讲话，十字架从来不会回应。另一方面，他们带来的"瓦卡"却会"回应"他们的话。"看呀，"他们说，"看看它是如何回应我们的话的，这才是我们的神，我们必须敬拜它。"

所谓的"瓦卡"代表着各种各样的宗教信仰对象，有家庭的神灵，也有公共的神灵，有大的也有小的，它们共同构成了古代

---

* 瓦卡（Huaca），秘鲁印第安人对所有神秘的和神圣的东西的通称。受崇拜的偶像、神庙、墓地、木乃伊、动物、植物、山川、河流、石堆、岩洞等均可有此称。各氏族都有自己的"瓦卡"。这反映出古代印第安人持有的万物有灵、祖先崇拜、图腾崇拜等宗教信仰。——编者注

（也是现代）秘鲁的日常宗教生活的一部分。但这个词很难被准确定义。安第斯人所说的"瓦卡"既指物体，也指蕴藏在物体中的灵魂；这个词语最常被用来指代石头，而这些石头的形状和方位往往蕴含着重要的意义。但"瓦卡"也可以指代岩石、山峰与河流。的的喀喀湖岸边及岸边的蒂亚瓦纳科古庙是此类瓦卡崇拜的中心。在的的喀喀岛上，一块印加时代的新月状岩石就是一个"瓦卡"，早期的印第安人会用金箔覆盖它。[99]

在某种程度上，"塔基·翁克伊"正是安第斯山脉印加时代宗教的一部分。它的基本表现形式是歌谣（taki），[100] 这是西班牙殖民时代之前的安第斯地区社会活动和节庆聚会的普遍要素。它还采取了独特的形式，让人联想到"末日天启"的狂喜，例如，19世纪苏丹的马赫迪（El Mahdi）的追随者就有过类似的形式。根据目击者的说法，"他们以一种特定的方式唱歌，他们称之为'塔基·翁克伊'""一些人跳着舞说他们身体里有古代神灵""他们在地上摇晃和翻滚"。[101] "塔基·翁克伊"运动的参与者们相信：

> 王国中所有被基督徒推翻并摧毁的瓦卡们都已重生，且无所不在，还要与西班牙人的"神"斗争并制服他，而事实上也早已制服了他。当皮萨罗来到这片土地时，西班牙人的"神"征服了瓦卡们，西班牙人征服了印第安人。但是现在世界再度颠倒过来，这次西班牙人和他们的神被推翻了，所有西班牙人都会死去。[102]

耶稣会会士对瓦卡崇拜发起了不懈的反击。1607年，瓦洛奇里（Huarochiri）的圣达米安（San Damián）的教区神父弗朗切斯科·德·阿维拉（Francisco de Avila）是一位讲克丘亚语的虔诚神父，他声称自己在印第安人中发现了异教行为。1610 年，他被任命为当地的"第一个瓦卡崇拜的审判者"，并实施"清除"计划。在耶稣会会士的协助下，他开始系统地调查该地区的瓦卡崇拜。他的"调查"实质上已经是"异教调查"了，尽管他并没有遵循西班牙宗教裁判所的传统程序，例如，西班牙的宗教裁判所会执行肉体刑罚（鞭笞或监禁），但并没有死刑。阿维拉声称自己在任务中摧毁了800 多个"固定的"崇拜对象（比如圣地、巨岩等），以及 2 万多个较小的崇拜对象。[103] 他效仿宗教裁判所，发起了一场反印第安传统信仰的运动，并于 1609 年 12 月，在公众、总督和其他权贵的见证下，在利马举行了一场声势浩大的宗教审判（auto da fe）。

随后的"清除者"也在这场运动中发挥了作用，运动在 1610年至 1660 年的半个世纪中达到了高峰。[104] 一些西班牙作家试图理解并解释安第斯人崇敬的那些对象中蕴含的意义，但他们还是会支持暴力行为。这不仅仅是语言上的暴力——印第安传统崇拜对象都被斥为假神，原住民的宗教领袖也被视作巫师术士，同时这也是一种物理上的暴力——崇拜物被焚烧，有异教徒之嫌的人被公开鞭打。在整个殖民时期的美洲，基督教神职人员系统地使用"清除"仪式，以消灭他们所不理解的本土文化元素，例如"神像、祭品、面具和其他印第安人在他们的多神教中使用的东西"，新墨西哥的一名修士如此解释道。[105]

神职人员在殖民劳动中的领导作用，使他们在西班牙帝国的形成中具有不可替代的重要性。在大牧场、繁忙的贸易港口和采矿中心之外，几乎没有西班牙人的定居点。为了满足印第安人的精神需求，传教士们必须注意维护西班牙文化的精髓，特别是使用卡斯蒂利亚语和卡斯蒂利亚人名，遵守伊比利亚半岛的道德规范和穿衣风格，等等。与此同时，他们还试图引入西班牙的社会习俗，比如吃面包和肉。为此，人们必须想办法提供特定的食物，例如，为北美大平原上放弃游牧生活的原住民提供新的食物来源。不可避免的结果是，一些传教士不得不将他们的传教工作变成了实业经营，而生产工具也成为其中最要优先考虑的事项。天主教信仰在西班牙帝国也成为一个商业问题。

在西班牙帝国的所有传教事业中，最著名的可能是耶稣会在南美内陆针对瓜拉尼人（Guaraní）展开的活动。[106] 1540 年前后，亚松森镇建立时，白人定居者便从秘鲁迁移到拉普拉塔河灌溉的地区。从 1585 年起，耶稣会会士在这片区域活跃起来，并在亚松森建立了一个学院。同年，在瓜拉尼人中布道的先驱、方济各会修士路易斯·德·博拉尼奥斯（Luis de Bolaños），用瓜拉尼人的语言编撰了第一本单词书和祈祷书。另一位方济各会修士弗朗切斯科·索拉诺（Francisco Solano）面向查科（Chaco）印第安人也做了同样的工作。1587 年，耶稣会会士也来到这里，包括 2 名来自秘鲁的西班牙耶稣会会士，以及 4 名来自巴伊亚的耶稣会会士，后者当中有 1 名葡萄牙人、1 名爱尔兰人和 1 名意大利人。这些早期的探索活动注定要失败。直到 23 年后的 1610 年，他们才在瓜伊拉（Guairá）省建立起第一个永久的传教基地。其先驱是 2 位意大利人——马西塔（Maceta）神父和卡特迪诺（Cataldino）神父，他们建立了第一个耶稣会传教村，这是一个类似于"教区"的印第安人社区，所有外来者都被排除在外。[107]

不顾当地西班牙定居者的反对，耶稣会会士在 1611 年和 1618

年分别获得了法令许可，得以建立更多的传教村。他们的事业取得了巨大的成功。到 18 世纪，生活在传教村中的瓜拉尼人数量在 8 万到 12 万之间。同一时期，拉普拉塔省（布宜诺斯艾利斯，西班牙人的第一个殖民地在一代人之前崩溃后于 1580 年在此重建）有 250 名耶稣会会士，其中四分之一在传教村工作。从巴拉圭河和乌拉圭河以外一直延伸到南大西洋的广大地区内，分布着 30 个瓜拉尼传教团。这个区域后来被称为"巴拉圭"，但实际上它覆盖了西属南美洲的很大一片区域。

这项事业激发了同时代人的想象力，并在消逝很久之后依然激发着人们的热情。自从在美洲其他地方正式推行"教区"以来，耶稣会会士将每个社区都组织成一个精心建造的建筑群，它们具有同样的基于防御目的的圆形结构，其社会生活也都以建筑群正中的教堂为中心。这些社区完全自给自足，全副武装，可以抵抗敌对的原住民，特别是查科印第安人和巴西边境的葡萄牙准军事组织"旗兵"（bandeirantes）的定期袭击。社区的居民不被允许与其他欧洲人接触。这种明显的"乌托邦"性质当然并非首创，像是拉斯·卡萨斯和米却肯的主教瓦斯科·德·基罗加（Vasco de Quiroga）也尝试过类似的方案。耶稣会传教村的不同之处在于其事业见到成效了，并且基本上算是成功地维持了近 200 年。

国际社会很容易忽略这项"西班牙"事业的显著贡献。由于耶稣会会士来自欧洲的各个角落，乌托邦思想也可能通过各种渠道渗透进来。就像早期的方济各会托钵僧一样，尼德兰人的队伍也无处不在。比利时的耶稣会会士分别于 1616 年、1628 年和 1640 年先后前来加入传教村。最后一组人员中也包括了弗朗索瓦·德·托特（François du Toit），他是巴拉圭耶稣会的第一位历史学家。17

世纪末，来自中欧的耶稣会会士也陆续前来这里，这与新西班牙北部边境的情形有显著的相似之处。1691 年，当蒂罗尔的神父安东尼乌斯·塞普（Antonius Sepp）来到布宜诺斯艾利斯加入传教村时，瓜拉尼镇已有母牛 698 300 头，公牛 44 200 头，小牛 11 400 头，绵羊 24 万只，公马 28 200 匹，母马 45 600 匹，小母马 3 000 匹，年轻母马 770 匹，幼母马 700 匹，骡子 15 200 头，驴 8 000 头，种马 150 匹，猪 343 头。[108]

虽然耶稣会的事业在于教育当地居民，但它旨在通过一种社会话语的媒介来隔离瓜拉尼，将其基督教化。瓜拉尼镇虽然只拥有该地区的一小部分原住民，但它形成的经济生产网络引起了欧洲作家的注意，他们将其视为一种理想的共产主义形式。正如我们将看到的那样，耶稣会会士通过传教村或是西班牙大庄园这样的小单元，有效地开发西班牙帝国的可用资源，为帝国提供支持的同时也保留了自己的特色和自主权，形成了一种完善的经济组织。当然这种自治方式也招致了各种批评，尤其是来自亚松森的当地定居者的批评。

然而，我们主要关心的还是耶稣会会士在巴拉圭发挥的边防作用。当时南美大陆的心脏地带并没有西班牙人的活动踪迹，就在奴隶数量开始减少的时候，那些猎捕奴隶、寻求黄金的葡萄牙准军事组织"旗兵"［他们也被称为"保利斯塔"（paulistas），因为队伍中的许多人都来自圣保罗］正在内陆探险，他们进入了理论上属于西班牙的领土，但在当时这些领土归属于西班牙-葡萄牙联合王国。他们面临的唯一障碍是耶稣会的传教村。"旗兵"通常由少数葡萄牙人、支持他们的黑人奴隶，以及成千上万印第安人盟友组成。他们会袭击耶稣会传教团，抢走或杀害其中的印第安人。1629

年，他们的第一次大型远征成功地将传教团赶出了瓜伊拉。耶稣会会士带领他们的印第安人进行了一次远行，他们乘着独木舟沿着巴拉那河逆流而上，穿过森林。1636 年，又发生了更多针对耶稣会传教村的杀戮与攻击事件，因为葡萄牙人认为原住民中的定居群体比游牧群体更容易抓捕。耶稣会会士最终开始反击，这使他们在真正意义上成了西班牙美洲属地的边境捍卫者。

尽管遭到了许多定居者的反对，修士们还是开始武装和训练印第安人。他们获得了进口武器的官方许可，可敬的神父成了军事教官和将军，教导瓜拉尼人如何进行防御和攻击。印第安人也成了技艺娴熟的骑士，一支高效的骑兵新队伍得以出现并成为武装力量的核心部队。到 17 世纪中期，耶稣会会士掌管着整个跨大西洋帝国唯一可用的军队。到 1647 年，当军队有 7 000 名武装士兵时，瓜拉尼人成为帝国唯一的防御力量，保护殖民地居民免受印第安人的攻击，同时也保护波托西的矿山免受葡萄牙人的威胁。总的来说，从 1637 年到 1745 年（当耶稣会传教村最终被废除时），瓜拉尼人部队代表西班牙国王至少出征了 50 次。[109] 1697 年，一支 2 000 人的瓜拉尼人部队将法国人从布宜诺斯艾利斯赶了出去；1704 年，一支由 4 000 人组成的军队带着马匹、牲畜和大量武器，乘驳船从巴拉那河顺流而下，保卫城市免受英国人的侵略；1724 年，他们将葡萄牙人驱逐出蒙得维的亚（Montevideo）。如果没有瓜拉尼士兵惊人的战斗力，西班牙在南美洲的势力可能早就被消灭了。

像其他伟大的宗教团体一样，耶稣会也对帝国的经济做出了根本性的贡献。他们到处尝试，企图利用现有的资源谋生，似乎也取得了惊人的成功。普埃布拉的主教胡安·德·帕拉福斯曾与新西班牙的修会发生过一场著名的争论，他对后者完全投身于物质追求感到震惊。他在 1647 年满怀厌恶地向教皇报告称，耶稣会会士利用黑奴的劳力经营着自己的庄园，放牧着数十万头牛，经营着 6 个大型的甘蔗种植园，每个价值 100 万比索，修会还拥有占地 4 里格到 6 里格见方的大型庄园，以及大型工厂和商店，并参与了与菲律宾地区的贸易活动。[110] 从 16 世纪 90 年代开始，耶稣会在新西班牙北部边境的传教工作也同样被视为有利可图的经济活动。[111] 到 17 世纪中期，在锡那罗亚河和索诺拉河（Sonora）上游的山谷，耶稣会会士已经建立了 35 个传教点，据他们计算，修会在此吸收了数千名当地信徒。他们在自己的土地上种植小麦和其他谷物，并在平原上饲养了成千上万头牛，这些牛为印第安人提供了过去只能通过狩猎才能获得的食物。印第安人既改信了基督教，又脱离了以前的游牧生活。耶稣会会士以这种方式改变了他们传播福音的地区的整个经济面貌。17 世纪末，欧塞维奥·基诺（Eusebio Kino）神父是当时最大的牧场主之一，他将数百头牛从一个传教点迁移到另一个传教点，并在河谷地区推广小麦种植。

天主教信仰给新世界生态系统带来的巨大改变，也可以从耶稣会会士在秘鲁总督区海岸所拥有的大量地产中看出。[112] 到 1700 年左右，30 年前才来到这里的耶稣会会士已经成为安第斯山谷最富有的地主之一。起初，耶稣会的庄园生产蔗糖，后来开始种植葡萄，这些产业的收益被用来资助秘鲁的 11 所耶稣会学院。酿酒业很快成为沿海地区最赚钱的行业，尽管理论上人们并不会把葡萄酒卖给印第安人，"因为他们离开农场时已然喝得酩酊大醉"。[113] 可以想象，整个庄园和山谷都致力于种植禁止原住民消费的农产品，这有多么讽刺。每当劳动力短缺时，就像 16 世纪末发生的那样，耶稣会就会利用从布宜诺斯艾利斯和巴西引进的黑人奴隶从事劳作。到 18 世纪中期，耶稣会被认为是南美最大的奴隶主。他们还被认为是最成功的地产所有者之一，因为他们不用缴税，甚至连著名的销售税（alcabala）都不用缴纳，其借口是这些土地的生产活动是出于生存所需，而不是为了贸易。

通过这番对新大陆西班牙边疆情况的快速浏览，我们可以得出一些非传统的结论。很明显，在整个殖民时期，西班牙人没有足够的手段、人力和财力在少数大城市及与之相关联的内陆地区之外建立起安全的定居地。无边无际的森林、望不到头的草原和平原、人迹罕至的广阔海岸，都完全处于他们的管辖之外。西班牙人也没有办法真正制止那些想要在官方许可的体系之外进行交易的人。我们经常看到这样一幅画面：这块大陆基本上是属于西班牙的，只有外围地区容易受到海盗的掠夺和印第安人的袭击。但当我们仔细检视时，我们会发现西班牙的与非西班牙的之间的界限、帝国属地与它的边界地带之间的界限变得十分模糊，甚至常常会完全消失。

西班牙的无能为力是最普遍的情况。除此之外，美洲广袤大地上的多元要素，实际上经常是由那些被视为美洲破坏者的人联结在一起的。掠夺者和未驯服的当地人都是整个帝国的组成部分，帝国的非正式参与者与正式参与者同样重要。一直对西班牙人怀有敌意的原住民群体，也是处于西班牙体系之下的合作伙伴，他们保证了帝国的存续（以他们自己的方式）而非帝国的毁灭，因为这也符合他们的利益。瓜拉尼人勇士沿着巴拉那河航行，唱着歌，武装起来保卫布宜诺斯艾利斯，而把黑人和各种物质产品带到中美洲的荷兰人和英国人和这些瓜拉尼人勇士一样，也为西班牙帝国贡献了力量。简而言之，被占领的西班牙美洲与未被征服的边疆地区之间并没有明显的分界线。无论是在内部还是外部，新世界帝国事业的所有组成部分都拥有各自的复杂边界，在这里，朋友和敌人都为了生存而合作。

第七章

世界强权的贸易

西班牙君主国涵盖了无数国家并环绕着整个世界，它的君主就是弥赛亚救世主，它也将展示其寰宇继承者的地位。

——托马索·康帕内拉，《谈话录》(1607) [1]

"在这一年（1530年），"危地马拉当地的一位卡基奎尔人（Cakchiquel）编年史学家记录道，"人们被强加了沉重的贡赋。400名男子和400名妇女被送去淘金。所有的人都在提炼黄金。噢，我的儿子们，这一切都是我们亲眼所见！" [2] 西班牙帝国获得的最大战利品是新大陆的黄金和白银，欧洲和亚洲的每一个国家都对此虎视眈眈。起初人们只寻找黄金，无论是装饰品（如印加王朝的宝藏）还是从山间溪流淘来的黄金。在最初的几十年里，无论是在加勒比地区还是在中美洲，西班牙人组织了成千上万的奴隶劳工来淘金。然而，从16世纪中叶开始，1545年在波托西（玻利维亚），1548年在萨卡特卡斯（墨西哥），人们相继发现了美洲大陆南部储量丰富的银矿，这逐渐使白银在帝国经济中占据了上风。黄金在价值上大约是白银的十倍，并且被持续开采了几个世纪。但白银还是占据了主导地位。

在利用混汞法提炼白银的技术还没有发展起来的时候，白银的产量一直很低。混汞法的主要原理是通过银与水银的结合，将银从矿石杂质中分离出来。这个提炼方法是在 1555 年由塞维利亚人巴托洛梅·德·梅迪纳（Bartolomé de Medina）在德意志技术的基础上发展出来的，[3]首先在墨西哥被广泛使用，随后在 16 世纪 70 年代又传播至秘鲁。在秘鲁，西班牙人于 1568 年后占据了万卡韦利卡（Huancavelica），这里有丰富的汞矿。相比之下，在整个殖民时期，墨西哥不得不依靠从西班牙雷阿尔城省（Ciudad Real）的阿尔马登王家矿山进口汞，这样进口汞不但麻烦，价格也不便宜。当供应出现困难时，国王就从中欧的伊德利亚（Idria）矿山购买。混汞法显著提高了白银产量。1585 年，波托西的产量达到了 1572 年的 7 倍，在 1580—1650 年，白银年产量的价值从未低于 760 万比索。[4]1577 年，一位心满意足的定居者报告说："波托西比以往任何时候都要繁荣。"[5]另一位则写道："银子太多了，我们什么都不缺。"波托西位于秘鲁中部海拔 13 000 英尺、寒冷而贫瘠的山脉中，这里的人口已经从 1547 年的 1.4 万增长到 1650 年的近 16 万，成为整个帝国最大的城镇，并生产了整个秘鲁总督辖区五分之四的白银。1630 年，一名修士将此矿视为西班牙帝国政策的希望："波托西的存在就是为了服务于西班牙的宏伟抱负的——它被用来惩罚土耳其人，使摩尔人谦卑，让佛兰德人颤抖，令英国人畏惧。"[6]

创造这种财富的人是原住民，这一点是不言而喻的。他们是以怎样的劳作来实现大规模白银生产的呢？西班牙人强征大量形同奴隶的劳动力，这种我们所熟悉的历史印象只有部分是真实的。事实上，在波托西，当地人的劳动方式经历了不同的阶段。到 16 世纪

70 年代早期，工作条件和劳动市场在很大程度上已经由印第安人自己决定了。[7] 他们根据自己的规则和条件来安排白银生产，然后按照定额转交西班牙人。从 1573 年弗朗切斯科·德·托莱多总督时期开始，西班牙人通过"米达制"[*]，以极微薄的薪酬征调印第安人去矿井工作。结果是惊人的：白银的产量增加了 4 倍。在最初的几十年里，每年大约有 1.3 万名印第安人被征调劳作，尽管这一数字随着流行病和其他疾病的到来而有所下降。

从这一时期开始，美洲人源源不断地从他们的矿产资源中攫取财富。从 1550 年到 1800 年，墨西哥和南美洲产出了全球 80% 以上的白银和 70% 以上的黄金。在 1540 年到 1700 年间，新大陆产出了大约 5 万吨白银，这一数量是欧洲当时白银库存量的 2 倍，并对欧洲经济产生了深远的影响。[8] 其中又有超过 70% 的白银，产自著名的波托西矿山。关于跨大西洋运输的贵金属数量，我们无法获得可靠的统计数据。不过，塞维利亚登记的官方进口数据表明，在 1500 年到 1650 年间，超过 180 吨黄金和 1.6 万吨白银被从新大陆运往西班牙。

迅速增长的财富反过来刺激了整个帝国的经济。"我认识的许多人，3 年前身无分文，还欠着三四千比索的债，但现在随着新的混汞法被发明出来，那些人有的已经身家 4.5 万比索了。"[9] 1590 年，一位心满意足的定居者在秘鲁的瓦曼加写信称："上帝给了我很多很多的白银，我现在在这片土地上过着富有而尊贵的生活，谁也不能让我再回到西班牙去过那穷日子了！"[10] 社会各阶层的西班牙人

---

[*] 米达制（Mita），西班牙统治秘鲁时期实行的奴役印第安人的一种徭役制度，为分派劳役制在秘鲁的表现形式。——编者注

都看到，他们在美洲的生活被大量涌入的财富改变了：工匠开始创办企业，贸易商在购买船只，商人开设了商店，屠夫、裁缝和鞋匠们也在这片缺少同行竞争的土地上发现了新的机会。有人在利马感叹道："这片土地上，遍地都是白银！"[11]

西班牙国王是最重要的受益者，他可以根据法律获得五分之一的财富。为了证明自己对王权的忠诚，从科尔特斯和皮萨罗时代起，征服者们总是在分配战利品之前谨慎地留出属于王室的五分之一。随着时间的推移，政府也开始对所有与金银贸易有关的东西征税。正如我们从皇帝统治时期的情况所看到的那样，新世界不仅变成了西班牙政府的金库，也变成了所有移民者、商人和银行家的金库，这些人对征服事业的投资开始有了回报。

这些贵金属，而非征服，才是君主制发展的关键。尽管军事力量对西班牙的生存至关重要，但它们在西班牙帝国权力的建立过程中几乎没有发挥作用。事实上，帝国是由强大的地方精英和富于进取心的跨国（不是专注在某一个国家内部经营的）商人合作形成的。它是第一个全球化的经济体。一位16世纪的作家指出，罗马人通过征服而变得伟大，西班牙则是通过一代代的王朝遗产继承而合并了大量领土。在腓力二世逝世的前一年，格雷戈里奥·洛佩斯·马德拉（Gregorio López Madera）评论道："过去的所有帝国都是通过暴力和武装力量诞生的，只有西班牙的起源及发展在很大程度上是通过继承实现的，其他部分也都是通过合法声明下的征服所取得的公正权利。"[12] 在不否认西班牙帝国统治地位的同时，他认为帝国是合作的产物，而不是征服的产物。

这是一个很容易被忽视的观点。不同于葡萄牙帝国领土分散但是总规模小且主要由葡萄人自身垄断的情形，西班牙君主政体从一开始就是一个庞大的实体，非西班牙人总是在其中扮演着关键的角色。像任何伟大的事业一样，它的运营成本很高。在和平时期，君主领地之间的通信、贸易和物资运输等基本运作需要一定效率，而中央政府却无法保证效率，因为没有人员来执行这些任务。因此，几乎所有重要的业务都是承包出去的。由于国内没有税收官员，甚至连国王自己的税收也是被承包出去的。与任何重大事业一样，安排交易和转移资金的能力是成功的保证。为了实现这一目标，国王只得求助于国外的银行家。

当时的卡斯蒂利亚已经有了规模虽小但十分活跃的商业经济，主要基于羊毛贸易和布尔戈斯的商人社区。[13] 作为该地区的主要出口商品，羊毛是一小部分北部卡斯蒂利亚商人在伊比利亚半岛乃至西欧港口发展贸易乃至成为金融家的基础。[14] 这些利益集团拒斥外部的金融家进入，从而形成了一个反对派阵营，在 1520 年参加了公社起义。卡斯蒂利亚的制造商和贸易商总是迅速地谴责"外国"掠食者，并怀念着曾经那个经济本地化、封闭化和自给自足的时代。然而，正是帝国的体系催生了一个利益网络，并让非西班牙人在其中扮演了重要角色。

在平定了公社起义后，查理回到卡斯蒂利亚，着手对新领土的组织管理工作。他几乎在所有方面都借鉴了葡萄牙人首创的办法，葡萄牙人的船只是第一批渗透到非洲海岸、大西洋和亚洲地区的。葡萄牙人倾向于与私人承包商达成协议，这些承包商对一个专门的政府机构负责，即里斯本的贸易署（Casa）。从 1506 年起，这个机构开始对某些商品（主要是金条和香料）的贸易实行垄断。后来，查理也建立起一个类似的控制机构，即塞维利亚的贸易署，并正式确定了国家垄断的细节。1524 年，新设立的西印度委员会使政府的监管进一步加强，从那时起，该委员会便开始控制帝国政策和贸易的各个方面。

里斯本的贸易署的主要任务之一是以塞维利亚为中心建立新的贸易垄断。它的第一任管理者（factor）是一个热那亚人。[15] 与此同时，以中世纪在西班牙北部海岸进行贸易的行会为基础，塞维利亚的商人们建立了一个新的组织，即1525年的商业行会（Consulado）。里斯本的贸易署和商业行会都排斥外来者，尽管这并不是它们的主要目的。而政府希望利用这些组织的资源来推动自身的海外帝国事业的运转。人们从15世纪以来活跃在卡斯蒂利亚的各种企业中发现了资金来源。其中值得一提的就有埃斯皮诺萨家族的重要企业，这个家族起源于布尔戈斯，在安特卫普、塞维利亚和南特都有代理人，并且赞助了1525年由加西亚·德·洛艾萨指挥、从拉科鲁尼亚驶往马鲁古的船只。[16] 但很快人们就发现，卡斯蒂利亚的贸易商们明显没有办法独自把握住可能的机会。他们缺乏资金、船只以及专业知识。查理立即到其他地方寻求帮助。如我们所见，他主要是在热内亚的贸易社区中找到了帮助。

在两代人的时间里，美洲的贸易活动彻底改变了西班牙的经济。1569年，托马斯·德·梅尔卡多称"在过去的60年里"，塞维利亚成功地获得了"巨大的财富"，并成了"全世界所有商人的贸易中心"。但是塞维利亚从未真正垄断过帝国贸易。梅尔卡多指出，帝国的贸易是如此国际化，以至于贸易货物的保险也必须是国际性的。"为了保障运输货物的安全，他们需要在里斯本、布尔戈斯、里昂和佛兰德投保，因为运输的货物太多了，别说1个塞维利亚，就连20个塞维利亚都处理不完。"[17] 那时，任何大商人都能有效地在"世界各地"进行交易，"所有人都依赖于彼此"。[18] 塞维利亚成了这个商业世界的中心，这正是全球市场的必然结果。一个复杂的国际网络应运而生，它凝聚了所有国家的贸易精英，并吸引了各个社会阶层的广泛投资。[19]

这种商业活动的注意力只集中在新世界和欧洲之间的航道上。1561 年，一项王家法令对横渡大西洋的航运方式制定了新的规则。商船只能跟随官方的贸易船队航行，这支官方船队仅在每年 1 月和 8 月从塞维利亚出发。在加勒比海域，舰队将分成两个中队，一个开往"内陆"（卡塔赫纳和巴拿马），另一个开往新西班牙。这一体系以及随之而来的塞维利亚的贸易垄断，旨在确保帝国在海上事业的安全，并规范货物运输和纳税。1564 年，这一规则被修改，允许船队分别驶向新西班牙（4 月）和"内陆"（8 月）。在回程中，来自这两个地区的舰队将在哈瓦那会合，并于 3 月一起出发返回塞维利亚。这个制度并没有被彻底严格遵守，却也一直持续到 17 世纪末，直到加的斯取代塞维利亚，成为新的出发港。从 18 世纪后期开始，垄断政策逐渐被修改，并最终被取缔。

大西洋航线是帝国的主要生命线，但也必然与其他较小的航线相连。其中最重要的是通往布宜诺斯艾利斯的航线，从 16 世纪末开始，西班牙每年允许 2 艘船从布宜诺斯艾利斯出发前往伊比利亚半岛进行贸易。同样，马尼拉大帆船每年都凝聚着那些在亚洲从事贸易活动的人的希望和焦虑。在那些拥有并有能力驾驶船只、可以提供领航员并可以管理货物的人当中，巴斯克人占据了明显的主导地位。在 16 世纪，他们几乎完全控制了参与塞维利亚海上贸易的船只。[20] 在 16 世纪上半叶，投资大西洋贸易的商人自然而然多为西班牙人（大多来自布尔戈斯和巴斯克地区）。他们在那段时间向商人提供的贷款数量超过了热那亚人。[21]

居住在塞维利亚的西班牙人认为他们的贸易是世界上最重要的。这并不完全正确。在航运方面，欧洲还有比塞维利亚更重要的贸易活动。例如，1600 年前后，西班牙在大西洋贸易中的吨位只占荷兰人在波罗的海贸易吨位的一小部分。甚至连大西洋贸易也不是只有西班牙船只活跃其中。在 1600 年之后的几年里，大西洋上其他欧洲航海国家的船舶吨位也超过了西班牙。同样的情况也适用于跨大西洋贸易的商品：被带去新大陆，或是从新大陆带回的物品总是无关紧要的。大西洋贸易中最重要的部分一直是白银，它的价值完全盖过了其他任何商品。然而我们将会看到，到了 17 世纪，连白银也不再属于西班牙人了。

为了应对帝国内部不同行业贸易所带来的问题，马德里政府试图实施一种控制机制，有时以垄断的形式进行管控，有时只是单纯禁止。洲际贸易引发的问题，我们可以从马尼拉大帆船的例子中看出来。正如西班牙的批评者所指出的那样，马尼拉大帆船为中国丝绸提供了方便的出口渠道，这些丝绸进入了伊比利亚半岛，使那里的丝绸生产商失业。秘鲁也有类似的问题，从马尼拉进口的农产品与当地农产品形成了竞争。此外，大量白银被直接从秘鲁运往墨西哥，用于购买亚洲商品。

从 16 世纪末开始，西班牙禁止中国丝绸进入西班牙，1582 年又禁止利马和菲律宾之间进行直接贸易，西班牙还在 1587 年通过法令（这些法令总是被忽视，因此不断被政府重申）限制墨西哥和秘鲁之间的贸易。[22] 然而非法贸易没有就此打住，就像巴拿马的商人在 1601 年抱怨的那样："利马和墨西哥之间的贸易，吸走了本应流入巴拿马的所有白银，并摧毁了这里。"但最大的破坏还是由中国运来的商品造成的，它们是如此价廉，取代了卡斯蒂利亚的商品。[23] 但有一个例外，即从 1604 年起，西班牙允许每年一艘船从秘鲁的卡亚俄港出发，去阿卡普尔科取货。这些禁令持续了整个 17 世纪，对马尼拉、中国澳门和中国内地沿海地区的经济造成了负面影响。在 18 世纪早期，王家委员会仍在处理西班牙和马尼拉商人在贸易规则上的争端。这只是帝国不同市场之间的贸易管制这个大问题的冰山一角。例如在 1631 年，由于对不公平竞争的怨声不断，西班牙政府甚至直接禁止了新西班牙与秘鲁之间的所有贸易。

无论有无管制，马尼拉贸易在当时都"可能是与东方的国际贸易中最赚钱的部分"。[24] 据估计，马尼拉大帆船装载的中国丝绸每船价值在 200 万到 300 万比索之间。这艘从阿卡普尔科出发的白银商船平均每年能带来 200 万比索的回报。而墨西哥白银流入的结果是，在 17 世纪上半叶，西班牙钱币实际上成为在东南亚通行的国际货币。[25] 中国人在马鲁古交易时也会使用西班牙钱币。西班牙被卷入了亚洲经济，成了中国商品的销售市场，而在中国，白银的价值是在新西班牙的 2 倍，这使中国商品的购买价格相应变得更便宜。[26] 因此，银质的比索大量流入马尼拉，再从那里流入中国，其数量远远超过官方登记的金额。在 17 世纪早期，新西班牙当局向马德里汇报称，每年大约有 500 万比索的银币被阿卡普尔科的大帆船装载着，横渡太平洋来到亚洲。其中很大一部分被直接从马尼拉运到了中国，也难怪马尼拉的一位官员评论说："中国皇帝几乎可以用从秘鲁运来的银条建造一座宫殿。"[27]

美洲的白银以同样的方式跨越了大西洋，却未必都流向了西班牙。1599 年，拉普拉塔地区的总督报告说，经过该地区的白银并没有到达西班牙："有些可能被运到了里斯本，但数量并不多，大部分白银几乎都到了佛兰德和英格兰；几乎所有驶往巴西海岸的船只都是佛兰德人和德意志人的，他们满载着蔗糖从里斯本出发，然后在巴西以更低的价格换取白银。"[28] 根据他的计算，在过去 4 年中，该地区因此而流失了 150 万比索。

西班牙政府从开始在半岛以外使用陆军和海军的那一刻起，就面临着资金的问题。16 世纪早期，没有公共银行，除了纯金或纯银之外，没有被各地普遍接受的货币。为了向国外的金融家、供应商和本国军队付款，政府不得不（像贸易商一样）使用被称为"汇票"的信用票据。这些小纸片变成了维持帝国车轮运转的润滑油。一位 16 世纪的安特卫普金融家评论道："没有它们就不能进行贸易，就像没有水就不能航行一样。"这些票据可以随着邮递信件迅速转移，顾客可以立即获得信贷；实际支付则在金条运抵后完成。随着各国在战争和外交政策上投入的资金越来越多，帝国的信贷需求促进了国际金融家和商人们的生意，他们组成财团，与西班牙帝国签订巨额贷款合同。

西班牙陷入了信贷热潮。西班牙的贸易展览会，其中最著名的梅迪纳·德尔坎波交易会，[29] 已经不再将现金作为首选支付手段；大多数交易都以国际信贷的方式进行。托马斯·德·梅尔卡多说："各国的人都去参加这些集市，你几乎看不到钱币，全都是纸票。"当然，信贷必须有可兑换的贸易商品和黄金作为支撑。梅尔卡多认为，恰恰是贸易使西班牙流失了自己的财富，这些财富不再留在西班牙，而是流向了外国。"来自塞维利亚的钱让佛兰德、威尼斯和罗马富有到可以用埃斯库多来堆建屋顶，但西班牙自己却两手空空。我们在印第安人土地上得到的以百万计的财富，都流到了外国人的手里，再流入他们的城市。"他抱怨说，现在的趋势是"让我们默默地屈服于外国人，把我们所有主要的事业都交到他们手中"。[30]

当梅尔卡多写下"外国人"这个词时，他首先指的是热那亚人，他们是最受卡斯蒂利亚人敌视的金融家。16世纪40年代，马德里的宫廷就抱怨热那亚人控制着一切并收取高额利息。例如在1569年，大量黄金从印度被运往热那亚，主要用于支付格拉纳达战争的费用，而这场战争也高度依赖热那亚人从意大利进口的武器。[31]热那亚人主导并资助了西班牙帝国在鼎盛时期的发展。尽管西班牙曾经多次试图削弱热那亚人的作用，但从1557年（腓力二世登基）到1627年，西班牙的命运一直掌握在他们手中。[32]当时的一位英格兰商人注意到，西班牙人并没能完全掌控自己的商业贸易，因为"他们中间有许多热那亚商人，这些热那亚人的贸易技巧远远超过了当地的西班牙人和葡萄牙人，并凭借着自身的财富和频繁的贸易活动，侵占了原本充足的、本属于当地人的利益"。[33]

这方面的权威人士指出，外国金融家主导西班牙的商业事务长达两个世纪。[34]他们自13世纪以来一直活跃在伊比利亚半岛，是葡萄牙海外计划的主要支持者。他们之中的许多人留下来定居，并成为主要贸易城市的居民。然而，就像梅尔卡多那样，一味描述贪婪的外国金融家无止境地攫取西班牙财富这一情形的评论家们，并未能真正理解，西班牙需要这些外国金融家的帮助来建立起足以支付国际贸易和战争开销的网络。尽管有一段时间，西欧的贸易中心——布鲁日、安特卫普、鲁昂、里昂、佛罗伦萨——存在着一小群卡斯蒂利亚金融家，但他们没有能力也没有地位来处理王室要求的合约。相比之下，奥格斯堡和热那亚等许多外国的金融机构采用了高效的系统来完成合约。为了偿还贷款，西班牙国王从1551年开始，并在1566年正式批准一项此前法律禁止的交易：出口贵金属。

1575 年，或许是腓力二世在位期间最困难的时刻，在他看来，他必须打破外国金融家的束缚。国王取消了与热那亚人的合约，转而求助于葡萄牙、卡斯蒂利亚和佛罗伦萨的金融家。特别是在 1579 年到 1583 年之间，佛罗伦萨人和他们身为商人的大公弗朗切斯科·德·美第奇都受到了西班牙人的热烈欢迎。[35] 他们开始进行高效的合作，但最终还是未能达到预期，国王再次求助于热那亚人。然而，重要的一步还是迈出了。葡萄牙的金融家们那时与西班牙王室保持着良好的关系，当腓力二世在 1580 年成为葡萄牙国王时，双方都具备了许多开展合作的有利条件。

热那亚金融家们的胜利，以及他们在西班牙帝国形成过程中的核心作用，都源于一个简单但根本的现实因素：卡斯蒂利亚的资本力量日渐衰弱。当查理五世在卡斯蒂利亚掌权时，外国金融家（正如我们所看到的）可以为新世界和帝国的相关事业提供重要支持。他们向意大利、德意志、法国和尼德兰的君主们提供了巨额资金，但在收回借款时，由于卡斯蒂利亚禁止货币出口，外国金融家们只能在卡斯蒂利亚境内接受付款。他们能用这些钱做什么呢？他们大多在卡斯蒂利亚购置了房产，并投资那里的工商业，这一过程主要是通过卡斯蒂利亚资本家运作的。[36] 其结果就是卡斯蒂利亚的经济进入了一个繁荣时期。

但建立国际网络来促进西班牙成为世界强国的努力，实际上意味着伊比利亚半岛经济的几乎所有方面都与外部市场紧密结合，并常常依赖外部市场。一个很明显的例子是羊毛贸易。在 16 世纪早期，羊毛贸易是卡斯蒂利亚的骄傲，也是当地经济的主要支柱。大约从 1560 年开始，意大利人和其他外国人开始主导卡斯蒂利亚的羊毛出口。[37] 从 1560 年到 1612 年，外国人从西班牙北部海岸运走的羊毛比例从 14% 上升到 69%。[38] 尽管卡斯蒂利亚人仍然控制着贸易的核心部分,但是他们的角色已被其他欧洲贸易商和金融家硬生生地取代了。

大约在 1566 年以后,当个人从西班牙出口钱币得到法律允许后,外国金融家不再需要将其资本投入卡斯蒂利亚的经济体系之中。正如威尼斯大使在 1573 年报告的那样,商人们全部退出了伊比利亚半岛的贸易,转向国际货币市场。他们的卡斯蒂利亚联系人,如西蒙·鲁伊斯(Simón Ruiz),只能独自面对冷清的市场。许多人直接宣告破产,其他人则依靠购买土地来为家庭财产保值。在半岛的主要港口,外国商人开始占据主导地位。[39] 这个伟大帝国正处于其形成过程中最脆弱的阶段,它的所有中枢部门——贸易、金融、经济——都牢牢被外来商人掌控,这些商人并不打算放过攫取帝国利润的机会。卡斯蒂利亚的商人和金融家无一例外地沦为次要角色。比如,西蒙·鲁伊斯在 1581 年之后便失去了所有的政府合约。"外国人正在对我们为所欲为。"他感叹道。[40]

在 16 世纪的最后几十年里,帝国的财富剧增。卡斯蒂利亚曾是一个小型的本地市场,基本能实现自给自足,并出口少量原材料。而彼时,这里已成为一个巨大的全球农产品市场,其中只有一小部分是在西班牙本土消费,但所有这些都促进了全球商业活动的运转。塞维利亚港的进口登记册上所记录的、那些装满了靠岸商船的烟草、生皮、染料、糖和宝石,也只是西班牙海外领土全部产出的一小部分。这是有史以来第一次,一个国际化的帝国整合了世界市场,来自圣劳伦斯、拉普拉塔河、长崎、澳门、马尼拉、阿卡普尔科、卡亚俄、韦拉克鲁斯、哈瓦那、安特卫普、热那亚和塞维利亚的商船,构成了巨型的商业链,世界各地的商人通过这条商业链交换着产品，创造着财富，并推动着人类文明的全球化。非洲奴隶被运往墨西哥，墨西哥白银被运往中国，中国丝绸被运往马德里。

帝国庞大贸易的主导者从来都不是西班牙，尽管西班牙一直试图朝这个方向努力。[41] 随着贵金属和殖民地产品进入半岛，它们也成了普遍性欺诈活动的目标。因为真正控制经济的人都是外来者，所以黄金和利润也都流向了外来者，而不是留在西班牙。此外，在整个伟大的贸易时代，伊比利亚半岛既不是出口方，也不是进口方，它只是一个转口港。金银交易尤其如此。在16世纪60年代和70年代，因尼德兰战争所需，大量金条和银条需要被出口至欧洲北部，所以，运抵西班牙的白银最终到达了欧洲北部；而到了1578年以后，主要的金银接收者变成了意大利。腓力二世努力阻止这一过程，并于1583年再次禁止钱币出口。然而，这种控制很快就失败了。1594年，根据王家财政部的官员计算，每年都有大量白银从美洲运抵塞维利亚，其中经过走私和欺诈后，剩下的不超过1 000万达克特。其中的600万立即被付给海外商人，偿还王家的债务，最后剩下的仅有400万。由于偿还款主要是流向意大利金融家，因此每年流向意大利的金银价值往往在600万达克特上下。[42] 例如，1584年佛罗伦萨的金融家们报告说，吉安·安德烈·多里亚指挥的船队当年从西班牙抵达热那亚时，为佛罗伦萨的金融家们带去了价值400万的白银。

商业的国际性也体现在大西洋世界的一位重要商人——科西嘉商人吉安·安东尼奥·科尔索·维森特洛（Gian Antonio Corso Vicentelo）——的职业生涯之中。[43] 在他之前，他的叔叔兼岳父老安东尼奥·科尔索已经开始通过在美洲的贸易活动积累起了家族财富。吉安·安东尼奥在1530年左右（那时他13岁）离开了他的故乡科西嘉岛，游历了地中海，参加了查理五世指挥的那场不幸的阿尔及尔战役，随后应叔叔的邀请去了利马。他在秘鲁内战期间赚到了钱，通过同胞和家人的关系积累了财富，并成立了一家公司，在秘鲁、中美洲和塞维利亚做生意。1575年，他成功地在塞维利亚取得了贵族地位。他于1585年回到塞维利亚，于1587年去世。他的家族成员也成了卡斯蒂利亚的贵族（他的女儿带着丰厚的嫁妆嫁给了格尔夫斯伯爵），他的个人财富多得惊人，包括大帆船、三所房子、土地、大量投资和白银。虽然科尔索完全融入了塞维利亚社会，但他毕生都还是个科西嘉人，跟随他、与他一同工作的周围人也都是他的故国同胞。[44]

到16世纪末，西班牙已经成为全球网络不可分割的一部分，这个网络包括欧洲洲际贸易的两大渠道：其一是与美洲的贸易往来，官方数据显示，这一贸易每年的金额至少有1000万达克特；其二是与东亚的贸易，其贸易额估计是与美洲贸易额的一半。[45]如果我们把所有行业都考虑在内，贸易额的真实数字是无法被直接计算出来的。这个庞大的商业体系的外部形式是由西班牙帝国统治的。然而，从内部看，这个结构所有的重要环节都由非西班牙人控制。我们已经看到，热那亚人在16世纪发挥了重要作用，没有他们在各个阶段的鼎力相助，伟大的西班牙帝国可能永远无法形成。[46]他们是联系那不勒斯王国的重要纽带，在那里，他们主宰了航运业、出口贸易、食品供应和金融机制。[47]

国际体系不可避免地与更广泛的贸易利益联系在一起。例如，西班牙人与尼德兰南部的商业中心安特卫普之间的重要联系，是通过安特卫普与英格兰，以及德意志与意大利之间的联系，得到进一步扩展的。[48]比利时人也为伊比利亚半岛的贸易做出了重要贡献。[49]西班牙与新世界的联系则由科尔索这样的生意人掌握。到17世纪，意大利人、比利时人、德意志人和葡萄牙的新基督徒*成为将阿姆斯特丹、安特卫普、伦敦、汉堡与拉罗谢尔、南特、鲁昂、利沃诺、威尼斯、热那亚、那不勒斯，以及非洲、巴西、果阿和整个西班牙美洲的商业链统合起来的关键代理人。[50]一个小小的证据突显了外国商人与西班牙之间的真实关系。如果西班牙真的是财富中心，那些大银行早就把总部搬到那里去了。事实却是相反，它们仍然待在安特卫普、奥格斯堡或热那亚，只是在里斯本、塞维利亚和卡塔赫纳等城市设置委托代理人。塞维利亚的商人们有充分的理由抗议（1626年）："我们的人民没有生计和收入，外国人倒是很富有；西班牙不再是母亲，而变成了继母，让外人富裕，却忽视了自己的孩子。"[51]

在帝国的运作中，权力和商业之间的关系并不总是一帆风顺的。那些操纵政治权力的人并不总是经商的人。热那亚人很清楚这种区别。"现在，"一个热那亚人在17世纪早期写道，"我们的共和国及其自由是建立在自身财富和西班牙的保护之上的，我们必须在这位君主的臂膀中寻找力量。"[52]现实情况是，西班牙和热那亚人严重依赖对方，双方都急于摆脱这种局面。腓力二世和后来的腓力四世都曾经尝试不再依赖热那亚人。在热那亚共和国内，一些具有较大影响力的寡头也反对西班牙的主导，并在17世纪中努力想要脱离西班牙的保护伞，但他们从未成功做到这一点。

---

* 　新基督徒（New Christians），1497年，葡萄牙政府发布命令，要求所有4岁至14岁的犹太儿童接受天主教洗礼，以免被驱逐出境。此时改宗的犹太人被称为"新基督徒"。

1578 年是决定性的一年，这一年证实了腓力二世需要更多的外部帮助来维持帝国的统一。[53] 新年伊始，诸事顺遂，军队在荷兰取得了胜利，腓力二世的儿子兼继承人也在春天出生。然而那一年农业歉收，人们也对税收的增长提出了抗议。马德里一位名叫米格尔·德·皮德罗拉（Miguel de Piedrola）的街头预言家做出了可怕的预测，国王让他的官员"询问他，并试图找出他从哪里获得了这些预言"。更严重的问题出现了。4 月 1 日，腓力醒来时得知，他的一个秘书胡安·德·埃斯科韦多（Juan de Escobedo），前一天晚上在马德里王宫附近的一条街上被谋杀了。"这一切都很奇怪，"他在床上给他的秘书马特奥·巴斯克斯（Mateo Vázquez）写信说，"有人在我眼皮底下杀了这么重要的人，真是胆大包天。"这件事很快就牵涉到腓力最重要的秘书之一安东尼奥·佩雷斯（Antonio Pérez），随后国王解除了他的职务。

埃斯科韦多曾是奥地利的唐胡安的私人秘书，后来还担任过尼德兰总督。10 月，唐胡安突然去世，年仅 31 岁。[54] 国王迫切需要找到接替唐胡安的战场指挥官人选，还要找一个大臣来接手佩雷斯的职务。在王室的历史上，军队和政治领域从未出现过如此紧迫的空缺。在那几个月里，另一件事使危机变得更加严重。1578 年8 月中旬，当时在埃斯科里亚尔的腓力接到消息说，葡萄牙顽强的年轻国王塞巴斯蒂安在带领一支部队对抗摩洛哥苏丹阿卜杜勒·马利克（Abd al-Malik）时不幸丧命。8 月 4 日，在著名的卡斯尔卡比尔（Al-Qasr al-Kabir）战役中，葡萄牙的贵族之花与他们的国王一同殒命，共有 1 万人被俘。摩洛哥萨迪王朝对基督徒的胜利暂时结束了西班牙帝国历史上重要的一章，因为它促使非洲被排除在西班牙进一步扩张的区域之外。然而，没有继承人的塞巴斯蒂安的逝世，揭开了葡萄牙王位争夺战的序幕。

腓力二世立即将目光投向在西班牙境外为王室服务的人，他将信心完全寄托在弗朗什-孔泰人和意大利人身上。为了找到能接替佩雷斯的人选，国王需要一个在意大利（佩雷斯的工作重心所在）和佛兰德都具备相关经验的人选。最终他在枢机主教中找到了格朗韦勒，我们已经在 16 世纪 60 年代的部分中介绍过他。格朗韦勒先在布鲁塞尔担任首席大臣，随后在罗马担任大臣，后来又成为那不勒斯的总督。1579 年，他被召至西班牙，时年 62 岁。他是第一位主管君主事务的非西班牙人官员。他对哈布斯堡王朝的每个领域都非常熟悉，因为他的整个职业生涯都在为这个王朝服务，精通 6 种语言的特殊技能也使他成为马德里政坛中少见的人才。他是一位引人注目的贵族，由于他那长长的、大家长式的白色胡须，他在宫廷中也被称为"大胡子男人"（el barbudo）。格朗韦勒是一位伟大的人文主义者、藏书爱好者、艺术赞助人，以及文艺复兴的宠儿。他在新环境中脱颖而出，但也正是这个环境很快便令他感到失望。

腓力任命他的外甥、帕尔马亲王亚历山德罗·法尔内塞（生于 1545 年）为尼德兰新任总督，亲王自 1577 年起就在唐胡安麾下任职。他是帕尔马公爵奥塔维奥（Ottavio）和查理五世的私生女玛格丽特的儿子，从小在西班牙宫廷长大，参加过勒班陀海战，在战斗中指挥了 3 艘热那亚大帆船。尽管在外表和文化上都是意大利人，但正如其母一样，法尔内塞也是帝国的忠实拥护者，更是一位出色的军事指挥官，甚至可以称得上是西班牙历史上最伟大的指挥官。他指挥的战斗扭转了尼德兰的局势。除了在战场上取得的成功外，他还表现出了卓越的谈判能力以及在宗教事务中的协调能力。由于他的努力，尼德兰南部各省于 1579 年 5 月与国王签署了忠诚条约

［史称阿拉斯联盟（Union of Arras）］。接下来的一个月，他取得了他的第一个伟大的军事"胜利"：占领了马斯特里赫特城。

对马斯特里赫特的包围，使许多围攻者和更多的守城者丧生，值得我们注意的是，这场战争也代表着帝国边界地带上的残酷斗争。6月29日，当攻破防御工事时，法尔内塞已经病得很重，无法主持大局；他的副官甚至写信给国王，要求尽快任命接任的指挥官。取得胜利的西班牙和德意志军队涌入该城，开始不分青红皂白地屠杀所有居民，包括妇女和儿童。据估计，约有1万人，即该市三分之一的人口被屠杀。[55] 6个月后，法尔内塞在给腓力二世的信中写道："我们所在的地区满目疮痍，一片荒凉，不仅此刻没有食物，整个村庄在未来很多年之中都将会是一块荒地。放眼望去，人和牲畜尸横遍野，房屋被摧毁，只剩遍地荒凉，以至于这里在未来很长一段时间内都无法重现生机。"[56]

马斯特里赫特的悲剧在性质上与过去12年发生在尼德兰的许多类似的恐怖事件没有什么不同，西班牙军队也不是唯一该对此事负责的群体。然而，这一事件表明，西班牙政权是通过"胜利"实现的，就像阿尔瓦的胜利一样，是以牺牲平民为代价的。另一方面，这也促使阿拉斯联盟的各省坚持要求西班牙军队从尼德兰撤走。在1580年复活节时，按照和平协定的条款，外国军队终于被遣送回国。德意志人回到了德意志，西班牙方阵开始了他们的旅程，穿过洛林和莱茵兰，在6月到达米兰。法尔内塞此时面临的任务是招募一支比利时军队，有经验的士兵非常少，许多甚至都是新兵。此时，他还可以依靠一些意大利轻骑兵和阿尔瓦麾下的轻骑兵。就这样，他继续奋斗，并在接下来的两年里取得了惊人的成功。他也不断哀叹，如果他有更多的外国军队，他的战绩将会更圆满。1580年底，他告诉国王："许多人已经对西班牙人的离开感到遗憾，并意识到没有他们，战争就不可能继续下去。""我需要的，"过了一会儿他写道，"正是西班牙人。"[57]

1582年春，尼德兰南方各省最终同意接受数量有限的外国军队——5 000名西班牙人和4 000名意大利人。有了这些经验丰富的士兵，法尔内塞得以在该地区取得进一步的成功。他获得了充足的军队，其兵力在1582年夏天增加到6万人。伊普尔、布鲁日和根特在1584年投降，布鲁塞尔在1585年3月投降。最终，在1585年8月，安特卫普投降。[58] 投降的条件是不允许西班牙和意大利军队进入城墙内。消息传来时，国王正在阿拉贡睡觉。他大喜过望，半夜闯进女儿伊莎贝尔的房间，想把她叫醒。格朗韦勒枢机主教在宫廷见证了国王的巨大喜悦："无论是对圣康坦战役、勒班陀海战、征服葡萄牙，还是对过去的任何胜利，陛下都没有表现出如此的开心。"

在收复安特卫普的几年前，腓力已经将葡萄牙纳为他的领地。人们很容易忘记，这位国王的父亲是佛兰德人，母亲是葡萄牙人（伊莎贝拉皇后），他不是卡斯蒂利亚人。他在宫廷里的葡萄牙人圈子里长大，他的保姆是葡萄牙人，葡萄牙语也许是他除了卡斯蒂利亚语外接触最多的语言了。从他开始统治卡斯蒂利亚时起，他的亲信就是葡萄牙贵族——埃博利亲王（Prince of Eboli）鲁伊·戈麦斯，后者也是腓力的妹妹胡安娜公主（葡萄牙国王塞巴斯蒂安的母亲）的亲密合作伙伴。当年轻的塞巴斯蒂安于1578年8月在北非沙漠的卡斯尔卡比尔战役中牺牲后，腓力成为王位候选人中呼声最高的一位。

但是，由于法国和英格兰都反对伊比利亚王室的联合，腓力遇到的国际阻力很大。因此，腓力不能仅仅依靠他在葡萄牙获得的支持，他必须考虑武装干预的可能性，以确保他的当选。无论从哪个角度看，葡萄牙都是一笔巨大的财富，他不想冒险失去它。[59] 腓力采取了三项和平策略：首先，他雇用了来自欧洲各地的知名法学家撰文来说服葡萄牙和其他欧洲列强。其次，他派驻葡萄牙的代表中最著名的特使、葡萄牙人克里斯托瓦尔·德·莫拉（Cristobal de Moura），在各地替他争取民众和城市的支持。最后，他有选择地使用了贿赂。莫拉精心策划了一场精彩的竞选运动，以赢得人们对腓力的支持。他与贵族和神职人员交谈，收集葡萄牙的军事防御信息，并慷慨地分发钱财。尽管做了这些准备，国王和他的顾问们都确信，动用武力是不可避免的。

葡萄牙战役是在腓力二世深陷财政困难时爆发的，意大利盟友的资金援助使作战成为可能。此时的国王正试图摆脱热那亚金融家的影响。1580 年初，他指示将战争的账单寄给托斯卡纳大公弗朗切斯科·德·美第奇。[60] 其中包括全部由意大利制造商提供的 1 万支火绳枪、2 000 支步枪，以及两种枪型子弹的发票，还包括招募 5 000 名德意志士兵、通过米兰航线从佛兰德召回 4 000 名西班牙士兵的花费，以及多里亚舰队中 5 艘大帆船（负责将人员和弹药运送到半岛）的费用。公爵很慷慨地予以配合，甚至还付了一些现金给那些还没收到上一场战争报酬的、心怀不满的西班牙士兵，这都是腓力二世欠下的债务。在里斯本，腓力继续与意大利及德意志的金融家合作，同时他还和那群在亚洲商业活动中发了大财的葡萄牙商人展开紧密合作。

"我很希望，"莫拉从里斯本写信给国王，"剑虽然已经准备好了，却不必出鞘。"[61] 腓力还在部署着可能的陆军和海军干预。

1579 年春夏，西班牙的大帆船开始集结，在海军上将多里亚的指挥下，还有更多船只从意大利被运来。在圣克鲁斯（Santa Cruz）侯爵的指挥下，这支共有 60 多艘战舰的联合舰队在安达卢西亚海岸集结。来自意大利的船只带来了意大利和德意志士兵的分遣队，以及一支西班牙大方阵（参与过低地国家战争的老兵）。在安达卢西亚和与葡萄牙相邻的地区，西班牙军队也进行了士兵招募。10月，骑兵部队被交由佛兰德老将桑乔·达维拉（Sancho Dávila）指挥。梅迪纳-锡多尼亚公爵在那些领地与葡萄牙接壤的贵族的支持下，也协助了征募军队入侵葡萄牙的工作。这次动员在理论上是秘密进行的，但腓力一定要让葡萄牙人知道他们的行动。他在 4 月对莫拉说："即使不诉诸真正的武力，保持武力威胁，也有利于我们推进谈判。"[62]

1580 年 1 月，在驻于阿尔梅林（Almeirim）的葡萄牙国家议会中，腓力已经获得（或是收买了）大多数神职人员和贵族的支持。[63] 但情况早已变得更加复杂。葡萄牙王位的争夺者、克拉图的安东尼奥（Antonio of Crato）得到了很多葡萄牙人的积极支持，他们希望得到国外力量，尤其是法国的帮助。拖延的时间越长，外国干预的风险就越大。掌控马德里行政事务的枢机主教格朗韦勒，建议腓力尽快派遣军队。为此，73 岁的阿尔瓦公爵被任命为指挥官，此前他因与国王意见不合而被迫退休。腓力的顾问们一致认为，阿尔瓦公爵冷酷无情的军事声誉对战役的成功至关重要。

1580 年 6 月，4.7 万人的军队在埃斯特雷马杜拉的巴达霍斯接受国王和阿尔瓦公爵的检阅。这种持续了一整天的阅兵活动，让旁观者大为震撼。有人称："就在我写这篇文章的时候，一切都还历历在目。"[64] 军队一半由西班牙士兵和佛兰德退伍军人组成，另一半则是德意志和意大利士兵。[65] 6 月 27 日，大批军队越过了边境，几乎没有遇到任何有效的反抗。征服行动中还是不可避免地发生了各种抢劫、暴力及其他残忍行径。塞图巴尔（Setúbal）从陆地和海岸都被包围了，最终于 7 月 18 日投降。两天后，圣克鲁斯侯爵率领的舰队开始登陆，支援地面部队。在里斯本，街头巷尾的抗议活动十分激烈，但该市还是在 8 月的最后一周投降了。9 月 12 日，腓力在葡萄牙首都被宣布为国王。他认识到阿尔瓦公爵在葡萄牙战役的成功中发挥了至关重要的作用。但是这位老将没能撑到见证最后的胜利。他病得很重，1582 年在里斯本去世。国王在阿尔瓦公爵生病期间探望了他，听取了他最后的忠告。

将葡萄牙纳入版图，是西班牙王朝最辉煌的时刻之一。这是第一次（除了 1512 年毫不费力地占领纳瓦拉），也可以说是最后一次，西班牙军队成功进驻并接管外国的领土。[66] 葡萄牙议会对腓力的支持减轻了关于"侵略"的指控，尽管没有人能够否认（阿尔瓦公爵试图避免）发生的杀戮和暴行。自罗马时代以来，半岛第一次被统一在一个统治者的手中。在中世纪，"西班牙"（Spains）一词有时被用来指这个半岛上的所有王国，这些国家以前则是罗马的"伊斯帕尼亚"（Hispania）。腓力是第一个（在里斯本）颁布"西班牙属地"（these realms of Spain）法令的统治者，这个术语也将葡萄牙包括在内。半岛的统一标志着帝国的统一。当国王在 1581 年进入里斯本时，街道中为他建造的一座拱门上写着："智者的预言将成为现实，你将成为世界上唯一的国王和牧羊人。"

这一胜利在卡斯蒂利亚人中间引发了一片欢腾。[67] 马德里的一位诗人表示，[68] 现在众人的希望便是见到整个世界成为"只有一个神父和一个君主"的单一君主国（un pastor solo y una monarquía）。

帝国的骄傲是完全有理由的。和平来到了地中海：1581年1月，帝国与土耳其人达成了为期3年的停战协议；在欧洲北部，帝国也已经与尼德兰最富有、人口最多的省份和解；西班牙人在菲律宾站稳了脚跟；托莱多总督结束了印加人在秘鲁发起的抵抗，探险队从新西班牙向北美洲南部挺进；在南大西洋活动的冒险家胡安·德·加拉伊（Juan de Garay）在拉普拉塔河上重建了布宜诺斯艾利斯。从任何意义上说，西班牙的权力都已经走向了巅峰。[69] 随着葡萄牙的并入，腓力的权威现在扩展到印度、印度尼西亚和中国。国王的老战友、诗人阿隆索·德·埃尔西利亚曾在圣康坦战役中与国王并肩作战，后来去了秘鲁，在这几个月里，他正在卡斯蒂利亚写他那首关于阿劳坎战争的著名叙事诗。在回顾西班牙人所取得的一切成就时，他仍然乐观地想象着帝国可以进一步征服前所未见的遥远土地。

这个帝国疆域之广令人难以想象，它是历史上已知的最大帝国。腓力自己在1573年法令中限制帝国扩张的决定，此时看来已经无关紧要了，因为他显然已经是世界上最强大的统治者。他似乎也是最富有的：他控制着新世界的白银生产；他在葡萄牙和加勒比地区的盐田生产了西方消费的大部分海盐；他通过巴西控制了欧洲消费的大部分糖。卡斯蒂利亚作家佩德罗·萨拉萨尔·德·门多萨（Pedro Salazar de Mendoza）拒绝使用"君主国"（monarchy）来指代西班牙王国的联合体，他认为现在的正确用词是"帝国"："西班牙君主国囊括了全球三分之一的土地，美洲的领土本身就有欧洲的3倍大，整个西班牙帝国足足有20个罗马帝国那么大。"[70]

然而这些热情必须放在当时的背景下理解看待。卡斯蒂利亚人认为宇宙是他们的。这并不意味着他们希望得到整个宇宙。有人认为，腓力二世的目标是"掌控全球"，他有一个"大战略"来实现这一目标。[71] 这些年来，他还被描绘成激进的信奉天主教的游侠骑士。[72] 当然，当时他的许多敌人都视他为强大的对手。但国王自己的信件表明，他的首要任务永远是和平。国王的宫廷里没有帝国主义的狂热。

约 1584 年前后，一位威尼斯观察员对西班牙的力量印象深刻。[73] 他以惊人的精确度计算出，那时的帝国在西班牙本土约有 2 万名步兵，在佛兰德有 6 万名步兵，在那不勒斯以及意大利其他地区有 2.4 万名步兵，另在葡萄牙还有 1.5 万名步兵。在紧急情况下，帝国可以调动的步兵数多达 20 万。至于骑兵，西班牙本土有大约 1.5 万，在西西里岛有 2 000 人，在葡萄牙有 9 000 人，在佛兰德有 2 000 人。在地中海上，西班牙本土名义下的舰船有 34 艘，那不勒斯和西西里岛有 26 艘，其他意大利国家共有 18 艘。帝国在大西洋的战舰被主要被用于保护由 8 艘大型舰船和 6 艘大帆船组成的美洲舰队。毫无疑问，把葡萄牙并入版图后，西班牙帝国的辉煌走向了顶峰。

国王可以从他里斯本宫殿的窗户里看到从海上驶来的大帆船，并感到心满意足。前往美洲的西班牙舰队现在可以以里斯本为出发点。像是在 1582 年 4 月，国王"陪同舰队离开港口"，舰队由此开始了前往新世界的第一段旅程。"他在他的王家大船上吃了早饭，在港口度过了一整天。"他对成立一家公司来组织亚洲胡椒贸易的计划特别感兴趣。而亚洲的计划也已成为现实。他于 1581 年在果阿被宣布为国王。在他统治的最后阶段，他很自豪地在自己的众多头衔中加入了"锡兰国王"。[74] 基于在新领地传播基督教的热情，1582 年，他任命了一位来自马拉巴尔的印度人担任随军神父。实际上，在葡萄牙寻找新的收入来源占据了他的大部分时间。他不需要向葡萄牙人征税，因为海外贸易带来了良好的回报。葡萄牙政府收入的一半来自亚洲利润丰厚的贸易，三分之一来自对欧洲和美洲的贸易。[75] 由于巴西的发展，大西洋贸易也随之蒸蒸日上。

1580 年 8 月，里斯本并入王国仅一周后，国王写信给阿尔瓦公爵，建议派遣专业部队——而不是征调意大利等地的王国驻军——去执行教皇一再强调的任务：征服英格兰。[76] 轻松取得葡萄牙让他相信，同样的历史也可以在伊丽莎白统治的英格兰重演。要战胜荷兰人并成功打击英格兰，首要条件便是要有足够的海军力量。但是，海洋此时已经脱离了西班牙的控制，这一点从 1585 年德雷克对大西洋两岸的成功突袭（第六章）便可以看出。西班牙最庞大、最昂贵也最令人印象深刻的海上事业很快变成了帝国最大的灾难，这就是 1588 年被派往英格兰的西班牙"无敌舰队"。

"这支舰队，"国王的秘书说，"既要保证西印度群岛的安全，又要重新征服荷兰。"[77] 准备工作大约花了 4 年时间，其中令人印象最深刻的，就是西班牙君主似乎可以动用几乎无穷的资源与人力来镇压傲慢的英格兰人。这不仅仅是卡斯蒂利亚人努力的成果，那不勒斯的造船厂也做出了贡献，而葡萄牙的船只和战舰占了整个无敌舰队的十分之一。[78] 从私人业主那里租来的船只占了舰队的大部分。卡斯蒂利亚无法提供足够的武器，食物、大炮和炮弹等基本物资必须进口，像是米兰的铜、德意志的火药，以及那不勒斯的点心。[79] 绝大多数的人力来自伊比利亚半岛，其中 90% 是西班牙人，10% 是葡萄牙人。[80] 但也有来自塞尔维亚、德意志、比利时、法国、尼德兰北部，甚至是英格兰的士兵和水手。这也许是格拉纳达战争以来的第一次大行动，在这次行动中，许多国家的人员密切合作。联合海军也象征着王国之间的合作。

但是，战争的最终结果并不尽如人意。舰队中有三分之二的士兵是新兵，他们从未靠近过海洋或从未参加过海战。[81] 尽管西班牙舰队的吨位可能超过英格兰舰队，但它在适航性、装备和人员方面都不如英方。这些船来自欧洲各地，有些（来自亚得里亚海）不适合在英吉利海峡航行。相比之下，英格兰拥有一支更高效、更快速的舰队。最终，由130艘舰船组成的舰队在梅迪纳-锡多尼亚公爵的指挥下，于1588年7月22日离开拉科鲁尼亚，载着7 000名海员和1.7万名士兵，奉命前往尼德兰去与另一股重要的军力——1.7万人的佛兰德军队——会合。

但是两股力量从未真正联合起来。在埃芬厄姆的霍华德勋爵（Lord Howard de Effingham）、弗朗西斯·德雷克、约翰·霍金斯和马丁·弗罗比歇（Martin Frobisher）的领导下，英格兰军舰组成了小中队，开始骚扰这些西班牙大船，迫使它们进入英吉利海峡。8月6日，梅迪纳-锡多尼亚公爵将他的大部分船只完好无损地带入加来（Calais）附近水域，在那里他第一次收到了帕尔马公爵的回信。公爵在信中说，佛兰德军队至少还要6天才能登船。眼下还有更棘手的问题需要面对：帕尔马公爵没有足够且合适的船只将士兵们运送到大帆船上。由于水太浅，大船也无法靠近海岸；同时，由于海浪以及在海岸边巡逻的荷兰舰队，帕尔马公爵不敢贸然行事。8月7日晚上，英格兰人派出了6艘小型火攻船，里面装满了炸药和火药。已经抛锚停泊的西班牙大帆船不得不割断缆绳、匆匆逃离。第二天黎明时分，剩下的大帆船看到了大批增援的英格兰舰队，因此准备战斗。在近乎9个小时的漫长而激烈的交战中，西班牙的船只一直处于劣势：尽管损失的船只很少，但伤亡惨重。在这一天结束的时候，舰队不得不逃离佛兰德，进入航行条件恶劣的北海水域。这场以运载入侵英格兰的兵力为主要目的的远征，就此宣告失败。

舰队的大部分，大约 112 艘船，仍然完好无损。但狂风天气使它们不可能再回到佛兰德或是战场上了。到 8 月中旬，舰队已进入大西洋。在奥克尼（Orkney）附近，苏格兰渔民报告说，他们看到了"巨大的船只，大约有 100 艘，顺风向西航行"。梅迪纳-锡多尼亚命令他的船长们向西南航行，经过爱尔兰海岸，然后从那里驶回西班牙。然而祸不单行，风暴导致大多数船只在大西洋或是爱尔兰海岸沉没，当地人洗劫了沉船，对幸存者毫不留情。

直到 9 月的第三个星期，锡多尼亚才带着他的 8 艘大帆船蹒跚开进了桑坦德。舰队中又有 27 艘船进入北方其他港口。在 5 月出海的 130 艘船中，可能只有 60 艘最终回到了家。船上约有 1.5 万人身亡。埃斯科里亚尔修道院的一位修士评论道："这是西班牙发生过的最引人注目、最不幸的灾难之一，足以使人毕生为之哭泣……几个月来，整个西班牙，举国上下都充满了眼泪和哀号。"舰队中的一名军官向国王的秘书报告说："现在你会发现，每个人都在说'我告诉过你'。我们发现敌人的舰船有很大的优势，战斗力比我们的更强，设计也更精良，还配备了更好的大炮、炮手和水手。"[82]

无敌舰队的失败对西班牙来说并不是致命的打击，西班牙仍掌握着足以发起第二次 1588 年远征的资源。然而，英格兰人在时间上获得了很大的优势，1589 年，一些伦敦投资者支持德雷克率领的远征队前往葡萄牙，帮助王位的觊觎者——克拉图的安东尼奥。这是一支庞大的舰队，约有 150 艘船，载着 1 万多名士兵，但他们除了抢劫没有别的目的。"这支军队是由商人征召的。"当时的一位评论家如是说。[83] 德雷克在心理上就是个海盗，而不是将军。这次远征具有极大破坏性，但没能削弱西班牙的实力。1596年，另一支规模更大的远征队被派往加的斯，这支远征队同样具有破坏性，也深深羞辱了卡斯蒂利亚人。但它也没有取得任何成果。对伊比利亚半岛发动海上攻击是基于一个错误的观念，那就是以为西班牙的全部力量都在那里。

在那些年的冲突中，获利最多的是那些船长，他们无视半岛的力量，劫掠西班牙的海外财富。在英格兰，商人和海员把他们的投资放在股份公司里，[84] 将贸易和掠夺结合起来。这种被英格兰人发扬光大的崭新的商业活动被称为"私掠贸易"（privateering），它在欧洲和美洲海域掀起了一股小型冒险的浪潮，这些冒险活动在战争的掩护下披上了合法的外衣。私掠船通常是单独行动的船只，但效率最高的船只会被选入官方的公司。他们通过商业活动增加了英格兰的财富，最重要的是刺激了16世纪末期造船业的巨大发展。就这样，英格兰的"大企业"设法从西班牙帝国的活动中获取了利益。

伊丽莎白女王时代，英格兰最出名的私掠贸易家是商人约翰·沃茨（John Watts），他在1588年至1597年间向加勒比海派遣了6个中队，为德雷克1595年的远征提供了4艘船，并在其他场合还为他提供了几艘。[85] 正如我们所见（见第六章），在16世纪末，外国海盗控制了加勒比海及其贸易路线。1595年，圣多明各的财务主管报告说："海盗数量众多，出没频繁，就像这里是他们自己国家的港口一样。他们潜藏在所有的航线上，以至于我们总能看到海盗船的身影。如果这种情况继续下去，要么这个岛的人口会减少，要么我们将不得不与海盗而非西班牙人做生意。"[86] 1591

年，一位在伦敦的西班牙人报告说，糖尽管是由西班牙人和葡萄牙人在美洲生产的，但被大量非法贩运到伦敦，所以"伦敦的糖比里斯本或西印度群岛的都要便宜"。[87]

16 世纪末期欧洲战场的失利、卡斯蒂利亚民众对重税的抱怨、人口锐减以及农业衰退等问题，都在西班牙海外帝国臣民中引起了不好的反响。国王的秘书在一份机密文件中告诉腓力二世："人民怨声载道，许多人都说事态越来越糟。"[88] 1590 年，一位远在利马的西班牙居民评论道："听闻卡斯蒂利亚的现况，我深感诧异。那里的人说一切都完了。而在这里，我们丝毫不曾缺吃少穿。"另一位西班牙移民从利马写信给赫雷斯-德拉弗龙特拉（Jérez de la Frontera）的亲戚，声称自己对"你在西班牙遭受的苦难"深感震惊，"我们在这儿什么都不缺，所以简直不敢相信这一切"。[89]

早在 1598 年去世前，腓力二世就已意识到自己在有生之年很可能无法在西欧再取得胜利了，甚至连赢来和平都会成为妄想。半个世纪以来，西班牙政府组织了一次辉煌的尝试，试图利用帝国内所有民族的资源。但这种努力还能继续下去吗？

作为对腓力二世强硬不妥协态度的反应，他的儿子兼继任者腓力三世的一些大臣明确地采取了一种新的政策，20 世纪的外交官们称之为"和平共处"（peaceful coexistence），换言之，就是在意识形态不相互妥协的情况下共处。与法国达成和平时没有必要这样做，因为法国在理论上同样是天主教国家；但是，与英格兰和荷兰诸省等正式信仰新教的地区达成和平时，则无法避免地要考虑宗教分歧问题。更重要的事实是，在这两个国家，西班牙一直坚称其内部庞大的天主教人口享有信仰自由。没有这一必要条件，和平就不可能实现。但如果尊重天主教徒的信仰是必要的，那么尊重非天主教徒的信仰不也一样是正当的吗？伟大的西班牙君主政体曾毫不留情地将犹太人和穆斯林驱逐出其领土，曾迫害各地的新教徒，如今它终于要缓慢而不情愿地走上信仰多元化的道路。

这个想法似乎令人吃惊。西班牙作为天主教的捍卫者，以及臭名昭著的宗教裁判所的发源地，如何能推行宗教宽容呢？然而，这个决定是毋庸置疑的。多年来，腓力二世与德意志、英格兰和荷兰的新教徒生活在一起，他知道宗教共存意味着什么，尽管这并非他本人所愿，但他从未彻底排除过这种政治选择。[90] 若是西班牙能取得对英作战的胜利，他便可以接受宗教共存的要求 。1591 年，如果荷兰人能够臣服于西班牙的统治，他愿意在尼德兰地区实现"一定时间内"的宗教宽容。在教皇非正式地表示支持法国国王的《南特敕令》（1598）之后，"正确的"信仰和"错误的"信仰共存这一棘手问题变得容易处理多了。该敕令确认了不同基督教信仰在法国的共存。西班牙派去与英格兰谈判的首席代表、卡斯蒂利亚摄政（Constable of Castile）向君主腓力三世建议，"陛下没有义务让法国和英格兰都信仰天主教"，并支持对天主教徒和新教徒普遍推行"信仰自由"（liberty of conscience）的政策。[91]

1598 年，也就是腓力二世去世的那一年，法国和西班牙缔结了和平协定，这是一个重大事件，尽管在许多西班牙人看来，这是耻辱的退败。然而，这也是结束北方战争的最后机会。这位已故的国王在生前绝望地试图通过政治方式来实现和平，后来又进一步给予尼德兰南部有限的自治权，让他的女儿伊莎贝尔和她的丈夫——腓力二世的外甥、奥地利大公阿尔贝特（Albert of Austria）——统治这里。尽管西班牙仍然最终控制着佛兰德的军队和当地的大部分政治决策，但阿尔贝特也能够自主实施一些重要举措，而这些举措并不总是与马德里的观点一致。也许他所实施的最重要的举措，就是在 1604 年底任命意大利人斯皮诺拉侯爵为佛兰德军队的指挥官。

有史以来指挥西班牙军队在佛兰德作战最成功的将军亚历山德罗·法尔内塞也是一个意大利人。但也有人批评新的继任者缺乏军事经验。这位斯皮诺拉侯爵安布罗焦（Ambrogio）出生于 1569 年，来自热那亚的上层贵族家庭，[92] 其本职非军人，而是商人，是为西班牙帝国的建立和维持做出贡献的典型角色之一。他的家族在热那亚和塞维利亚的银行业中堪称举足轻重，一些家族成员自 15 世纪末以来就定居在西班牙。他们为美洲的企业提供融资，并为西班牙在欧洲的商业发展和军事力量部署做出了贡献。安布罗焦的弟弟费代里戈曾在佛兰德为法尔内塞效力，并于 1601 年开始与那里的西班牙当局签订合同，向他们供应人员和船只。比利时人与斯皮诺拉家族在海上以及陆上的合作，开启了西班牙帝国之路中最显赫、最经典的阶段。马德里政府几乎没有资源——金钱、人员、船只和武器——来继续对抗荷兰及其盟友。此时轮到比利时人来拯救西班牙了。尽管马德里试图施加限制，尼德兰南部的新统治者还是能够以相当大的自主权行事。威尼斯驻马德里的大使报告说："西班牙人后悔莫及，他们已经为此付出了代价，却依然得不到当地政府的控制权。"[93]

佛兰德海盗主要在敦刻尔克港口活动，通过掠夺荷兰及其盟友英格兰的船只，为西班牙人提供了宝贵的援助。费代里戈依靠家族成员的信贷筹集了大量资金，在地中海组建了一支大帆船舰队，并把它带到佛兰德，加入敦刻尔克舰队，他在那里的狭窄海域中重创了荷兰人的舰队。[94] 与此同时，他还提供资金，以便实现从低地国家入侵英格兰的计划。安布罗焦同样在米兰自费组建了一支军队，并带领军队沿着莱茵河顺流而下，于1602年加入了比利时的军队。费代里戈死于1603年的一次军事行动，但他的工作由他的兄长继承了。后者在1604年9月取得了巨大的成功，带领军队成功地占领了奥斯坦德（Ostend），之前的指挥官们花了3年都没能做到这一点。英格兰人刚刚（1604年8月）与西班牙和解，疲惫不堪的守军无法得到外界的帮助。然而，胜利者没有理由感到骄傲，因为围城使他们的6万多名士兵失去了生命，这一损失与战败方几乎不相上下。对腓力三世而言，这并不是一个令人欣慰的结果，仅在两年前，腓力三世好不容易才同意了主战大臣们的提议，听取了他们的承诺，即"要用血和火来打击那些叛乱分子，把他们从海上赶回去，赶回他们的家中，烧死他们，溺死他们，让他们家毁人亡，让他们的田地荒芜"。[95]

奥斯坦德战役出乎意料的成功，使阿尔贝特有了勇气任命安布罗焦为佛兰德军队的总司令，而安布罗焦迄今为止主要致力于金融与财政事业。西班牙贵族中没有适合这个职位的人选，但这不是任命安布罗焦的主要原因。马德里的国务委员会承认，财政因素是最重要的，因为斯皮诺拉"拥有可支配的信贷和资本，可以迅速行动，提供所需的一切，例如士兵的工资和物资"。[96]从那时起，安布罗焦的雄厚财力就成了西班牙在佛兰德的主要力量。任命一位外国银行家为首席指挥官，清楚地展现了商业事务在帝国的运作中得到了优先考虑。在接下来的四分之一个世纪里，斯皮诺拉在欧洲北部行使最高军事指挥权，并成为当时西班牙最伟大的将军。他的工作推动了荷兰冲突的双方走向和平。1607年，当大公夫人听到停战协议已经敲定时，她宽慰地说："能够将其他人都认为绝不可能之事变为现实，这算得上一份丰功伟绩了。"[97]

在 1598 年与法国、1604 年与英格兰分别议和之后，与荷兰达成某种形式的和平协议似乎也是理所当然的了。最终，1609 年 4 月 9 日，在安特卫普市政厅，西班牙、比利时与尼德兰联省共和国的代表在英格兰和法国调停者的见证下同意休战。停战将持续 12 年，在此期间，各国将维持军事现状，并在某些条件下允许商业活动。

在布鲁塞尔，马德里方面曾经试图阻止和平协议，但大公麾下的自治政府态度坚决地做出了有效决策，很少有人怀疑"和平共处"的必要性。这是一种奇怪的休战，在这种休战状态下，有限的军事行动继续进行，但总是小心翼翼地避免引发战争。佛兰德的军队依靠毗邻德意志领土的基地，确保自己可以进入荷兰人的领土，同时也能保证"西班牙之路"沿线的行军及供给。许多基地都在新教徒的领土上，因为德意志土地上宗教信仰的情况比较复杂。斯皮诺拉的军队在 1605 年后开始在该地区作战，并成功地占领了几个居民完全是新教徒的城市，因此，他也不得不采取宗教宽容政策。例如在 1613 年，斯皮诺拉占领了坚定的加尔文派城市威塞尔（Wesel），他给予当地完全的宗教自由，以换取当地人接受西班牙人和德意志人组成的帝国驻军。在这场战役中，佛兰德军队成功地在 60 多个城镇留下了驻军，所有这些城镇都被允许自由信奉加尔文宗和路德宗。四分之一个世纪后，新教徒的信仰仍然在这些地区蓬勃发展。[98]

西班牙的官方政策一直是只有正统宗教才享有权利。但在实践中，帝国经常接受现实。例如，帝国不可能坚持只雇用士兵全是天主教徒的军队。像他的父亲一样，腓力二世接受了雇用新教徒士兵。新教徒在佛兰德的军队中作战，并帮助确保了 1557 年圣康坦的胜利。在 17 世纪早期，西班牙国务委员会建议斯皮诺拉不要雇用德意志人和苏格兰人中的新教徒士兵。斯皮诺拉在原则上同意这一想法，但他认为必须继续从所有国家招募士兵，无论其宗教信仰如何，因为（正如他在 1622 年报告的那样）"西班牙和意大利可征募的士兵数量总是很少"。[99]

自路德宗教改革以来，错综复杂的德意志事务一直是欧洲政治的焦点：波兰人、瑞典人、土耳其人、意大利人和法国人都积极参与了中欧的各项重大事务。查理五世在那里经历了胜利和失败，并在此过程中失去了健康。1556 年，他将日耳曼地区的继承权分给了他的弟弟斐迪南，西班牙部分的继承权则留给了他的儿子腓力，这项权力划分似乎在哈布斯堡家族中制造了持续的分裂，至少普遍观点是如此看待的。但腓力二世始终意识到与维也纳的家人保持积极联系的重要性。他们保持着紧密的婚姻关系，腓力还常常在西班牙招待他的亲戚，其中有阿尔贝特大公，也就是日后的尼德兰总督；还有鲁道夫大公，也就是未来的神圣罗马皇帝。

国王也与奥地利的哈布斯堡王朝保持着密切的外交联系，他依靠奥地利的哈布斯堡王朝为其在意大利和尼德兰的军队招募士兵。西班牙帝国并未将国土扩张到德意志，但那里有着西班牙统治者不能忽视的根本利益。维也纳与马德里之间的根本纽带也取决于哈布斯堡家族的成员能否继续继承神圣罗马帝国的皇位，而皇帝是通过选举产生的，并非一直是哈布斯堡家族的囊中之物。正是出于这种担忧，1617 年 3 月，西班牙大使奥尼亚特与皇位继承人、施蒂里亚的斐迪南大公（Archduke Ferdinand of Styria）在维也纳签署了条约，两国关系得以加强。条约的主要内容为：一方面，斐迪南将从他的堂兄、无嗣的皇帝马蒂亚斯（Matthias）那里继承多处领土；另一方面，斐迪南承诺，一旦他成为神圣罗马帝国皇帝，就会将帝国领土中的阿尔萨斯割让给西班牙，以便西班牙将其军队及战备物资运送到莱茵河畔。

西班牙重新对中欧产生兴趣是与荷兰人休战的必然结果。所有的证据都表明，荷兰和其他欧洲列强正在从 1609 年的和平中获利，它们正在侵蚀西班牙在全球的势力。在加勒比海的大部分地区，特别是"内陆"的海岸地带，西班牙人的数量是如此稀少，以至于非西班牙人通常可以不费吹灰之力就在这里定居。1609 年和 1619 年，英格兰人在圭亚那和亚马孙建立了殖民地。1626 年，英格兰政府批准了一家公司在这些地区开拓殖民地，白金汉公爵是赞助人之一。1609 年至 1632 年间，加勒比地区的英格兰人在百慕大群岛、安提瓜的背风群岛、圣基茨、尼维斯岛以及巴巴多斯岛建立了殖民地。同一时期的荷兰人也在圭亚那、库拉索（Curaçao）和其他岛屿上建立了长久的定居点，而法国人从 1625 年开始在卡宴、1635 年开始在马提尼克岛和瓜德罗普岛扎根。这些殖民地（以及在后来成为殖民地的地区）被征服的原因很简单：西班牙人在该地区缺乏控制力。

英格兰虽然没有正式卷入西班牙人和荷兰人之间的冲突，但在削弱西班牙在加勒比和太平洋地区的地位上发挥了关键作用。不过，西班牙面临的最大威胁还是荷兰人。他们从 16 世纪 90 年代开始在太平洋地区崛起，1602 年，荷兰东印度公司的成立对西班牙构成了主要威胁。荷兰人对西班牙-葡萄牙帝国的入侵影响巨大，足以在试图给荷兰带来和平的会谈中成为一个关键议题。荷兰人对菲律宾的第一次重大侵袭发生在 1600 年，当时，一艘荷兰人的船袭击了防御不力的马尼拉城镇，击沉了安东尼奥·德·莫尔加仓促建造的军舰。半个世纪的动荡由此开始了。1614 年 8 月，由荷兰东印度公司赞助的一支由 4 艘船和 700 名船员组成的远征队，穿过麦哲伦海峡进入太平洋海域。1615 年 7 月，它攻击并摧毁了总督安排在利马海岸的海军部队，西班牙损失了 2 艘护卫舰和 500 人。这一事件促使西班牙加强了在卡亚俄港的防御，并开始建造新的船只。但在一个多世纪的时间里，西班牙几乎没有采取任何充分措施来保卫太平洋海岸。

对西班牙利益最直接的威胁似乎来自欧洲。1618 年 5 月，波希米亚王国，欧洲少数几个实行选王制的王国之一，开始了一场起义。运动以废黜天主教统治者——哈布斯堡家族的斐迪南大公——告终。奥尼亚特大使收到起义的消息时正在维也纳，他非常关注这件事，到 1619 年 1 月，他认为只有西班牙才能挽救局势。"陛下似乎有必要考虑一下哪个选择对您更有利，是失去这些地区，还是派遣一支 1.5 万到 2 万人的军队来解决这个问题。"他如此写道。[100] 如果不是巴尔塔萨·德·苏尼加（Baltasar de Zúñiga）在当时的西班牙议会中发挥着主导作用，这种典型的沙文主义反应可能会站不住脚。苏尼加曾在军队中服役，还曾担任过大使，腓力三世很重视他的意见。基于他的论点，对维也纳的援助被视为在欧洲对荷兰做整体防御的战略的一部分（因为荷兰支持布拉格的起义军）。西班牙很快就为盟友施蒂里亚的斐迪南提供资金援助，就在斐迪南被赶下波希米亚王位的同一周，他在美因河畔的法兰克福被德意志诸侯一致推选为神圣罗马帝国的皇帝。

与此同时，在 1619 年，西班牙人充分证明了他们在欧洲有众多的盟友，还证明了他们从欧洲各地招募士兵的惊人能力。他们已经派了比利时将军比夸伯爵（Count of Bucquoy）夏尔·隆格瓦勒（Charles Longueval）去指挥斐迪南集结的军队。1619 年春，一支由约 7 000 名比利时人和爱尔兰人组成的小分队也从尼德兰南部出发。夏天，1 万名意大利人在那不勒斯应征入伍，由卡洛·斯皮内利（Carlo Spinelli）和吉列尔莫·维尔杜戈（Guillermo Verdugo）率领，经布伦纳山口（Brenner Pass）进入哈布斯堡王朝的领地。[101] 此次行动比 1532 年的更具实质意义，也更加持久。据估计，新任皇帝可调用的步兵中，有一半都由西班牙供养。[102] 尽管军中的西班牙人很少，但士兵都是从西班牙统治的欧洲领土上征召来的，有卡斯蒂利亚人、那不勒斯人、比利时人、德意志人、佛罗伦萨人。巴伦西亚将军巴尔塔萨·德·马拉达斯（Baltasar de Marradas）是这支国际化部队的指挥官，他后来成为帝国军队的最高指挥官之一，并在其购于波希米亚南部的大庄园里定居下来。四面八方都有大规模的军事行动，但到目前为止还没有战争的迹象，尽管英格兰驻海牙大使声称"波希米亚事件可能会把整个基督教世界都卷入战火"。[103]

引爆战争的导火索终于被点燃了。1619 年 8 月，信奉加尔文宗的普法尔茨（Palatinate）选帝侯腓特烈决定接受起义军的推选，登上波希米亚王位。这一决定有可能颠覆德意志的整个政治、宗教和军事秩序。在西班牙国务委员会上，悲观的大臣们预言，如果新教徒控制了神圣罗马帝国，那将是一场"永恒的战争"。因此，天主教势力果断地采取了行动。1620 年 7 月，以巴伐利亚为首的天主教联盟派遣 1.5 万人的军队进入了与捷克结盟的奥地利地区，并由此进入波希米亚，在那里他们加入了比夸伯爵率领的帝国军队。1620 年 11 月 8 日，他们在布拉格郊外的白山战役中大胜捷克和德意志的新教军队。只有少数西班牙军队参加了这场战斗，胜利主要是由那不勒斯步兵和佛罗伦萨骑兵取得的。[104] 波希米亚起义就此失败。腓特烈在统治了短短一个冬天后便开始了流亡（对此欧洲人给他起了一个揶揄的绰号"冬王"）。混乱的中欧似乎再次恢复了和平。

然而，事实上战争才刚刚开始。在西班牙，人们争论的焦点不是波希米亚——每个人都认为有必要干预波希米亚的事件——而是荷兰。到 1620 年中期，荷兰人已经向波希米亚地区派遣了大约 5 000 人的援兵，他们参加了白山战役。在任何地方，只要荷兰人威胁到自身利益，西班牙都打算与之一决高下，但在 1621 年，在 12 年休战期即将结束之际，西班牙准备重新对荷兰人开战吗？苏尼加在 1619 年 4 月的国务委员会上明确地表示，过去战争的两个主要目标——征服荷兰各省并通过武力恢复天主教信仰——此时已经完全不可能实现了。他的态度极为强硬：

> 我们不能用武力使那些省份屈服。任何仔细而冷静地考虑这个问题的人，都会对荷兰各省在陆地和海上的强大力量印象深刻。而且，那个国家正处于鼎盛时期，而我们的国家却陷入了混乱。向自己承诺我们能征服荷兰，是在追求不可能的目标，是在欺骗自己。

但是，他和腓力三世的其他大臣都无法确定休战协议续约谈判的底线会在哪里。最后，商议集中在 3 个主要条件上：第一点，在尼德兰联省共和国，仍占人口大多数的天主教徒享有宗教信仰自由。另外两点直接影响着帝国商业活动的存亡。1621 年 2 月，国王给阿尔贝特大公的一封信中强调了这一点，他解释说，只有荷兰人停止在亚洲群岛的贸易活动，并开放安特卫普的入海通道——斯海尔德河的河口，停战期才能延长。否则，在没有这些条件的情况下恢复休战"将导致这些王国（即西班牙诸王国）的完全毁灭"。毫无疑问，人们普遍倾向于发动战争。正如在马德里的国务委员会成员所说："在休战期间，荷兰人收获了更多财富，在德意志对哈布斯堡王朝发动了战争，并在航运上给美洲和亚洲造成了沉重打击。种种情况都证明，以武力手段来挽救宗教、恢复荣誉、伸张正义，是当务之急。"他们显然将西班牙视为某种意义上"保护"世界秩序免遭颠覆的世界警察。腓力三世在停战协议到期的前几天去世，其子腓力四世继任，并由他的特别顾问加斯帕尔·德·古斯曼（Gaspar de Guzmán），即日后的奥利瓦雷斯伯爵–公爵（Count-Duke of Olivares）来辅佐。腓力四世是一位敏感而认真的统治者，他长达44年的统治注定会对西班牙帝国的发展产生决定性影响。但他的统治生涯始终被战争的阴云笼罩着。马德里的舆情仍由苏尼加操控，因此主战派占据了上风。

在布鲁塞尔，比利时人有自己的优先事项，其中最重要的是捍卫自己的领土完整，反对荷兰及其盟友。当天主教联盟的军队进入奥地利和波希米亚时，斯皮诺拉率领的佛兰德军队于9月5日渡过莱茵河，进入波希米亚的腓特烈的公国，即莱茵–普法尔茨（Rhine Palatinate）。腓特烈远在波希米亚。除了驻守在弗兰肯塔尔（Frankenthal）和曼海姆（Mannheim）要塞的2 000名英格兰志愿军外，他的家乡几乎毫无防御能力，其首府海德堡则由德意志和荷兰军队防守。当时新教徒的战时宣传中常常会讲到西班牙军队如何像幽灵一般在不设防的西欧各公国四处游荡。然而实际上，西班牙军队在入侵普法尔茨领地的部队中并不起眼。斯皮诺拉在1621

年所率的军队中有 2 万名步兵和 4 000 名骑兵，包括 40% 的德意志人、28% 的意大利人、12% 的比利时人和 10% 的西班牙人，另外还有一定数量的葡萄牙人。[105] 斯皮诺拉麾下的主要指挥官是比利时的亨利·范·登·贝赫（Henry van den Bergh）伯爵与伯莱蒙特（Berlaymont）伯爵。1621 年 7 月，由于阿尔贝特大公在这个月的早些时候去世，斯皮诺拉本人不得不返回布鲁塞尔（带着部分军队），但他留下了贡萨洛·费尔南德斯·德·科尔多瓦指挥的约 1.1 万人的军队。他们占领了普法尔茨领地的大部分地区，到 1622 年，帝国军队占领海德堡和曼海姆，弗兰肯塔尔不久后也投降了。

此时，西班牙王室已准备好捍卫自己在欧洲的承诺。拥有普法尔茨虽然不是绝对必要的，但能够保障阿尔卑斯山脉和尼德兰地区之间的交通线路。1620 年 7 月，米兰军队进入瓦尔泰利纳山谷，并掌握了由此进入德意志领土的战略路线。与此同时，在尼德兰南部，一项重大的新举措正在进行。1620 年，布鲁塞尔政府与一家佛兰德承包商达成协议，在奥斯坦德建造并装备了 12 艘战舰。斯皮诺拉不久从普法尔茨归来，加强了军队的力量，为可能的战争做好了准备。

尽管双方的谈判还在继续，西班牙和荷兰之间的休战协定在 1621 年 4 月 9 日正式到期，双方的大多数意见都倾向于战争。斯皮诺拉利用在布鲁塞尔的职位近距离观察了德意志和联省共和国的局势。1621 年春季，斯皮诺拉通过特使卡洛斯·科洛马（Carlos Coloma）向马德里汇报，他坚定地认为战争是唯一明智的选择。"如果延长休战期，我们将永远受制于所有和平的坏处和战争的危险。"[106] 这里所谓的"和平"是毁灭性的，为了维持它，仅仅在佛兰德的军队每年就要花费 200 万达克特。但如果选择战争，就必须明智地去推进它。所有其他战事必须停止。西班牙必须退出对德意志或普法尔茨的任何战事，且必须减少目前在太平洋地区每年约200 万达克特的防御支出。最后，必须在荷兰人最强大的地方——海上——与之作战，这可以通过支持佛兰德海盗，以及维持两支强大的舰队（一支在大西洋，一支在地中海）来实现。科洛马向马德里的大臣们概述了荷兰人在亚洲取得的成就："他们现在在东方建立了 23 个贸易站和同样多的堡垒；他们垄断了所有的丁香贸易；他们的无数船只俘获或击沉了马鲁古的卡斯蒂利亚船只，以及印度和菲律宾的葡萄牙船只；他们帮助所有群岛和海岸的统治者，他们是我们的敌人；最后，他们在 12 年的时间里就获得了卡斯蒂利亚人和葡萄牙人在 120 年里才得到的权力、声誉和财产。"[107]

1621 年 7 月，国王通知伊莎贝尔（时任西属尼德兰总督）此时已经进入战争状态，但在很长一段时间里，马德里、布鲁塞尔和海牙的大臣们仍在避免交火，甚至在士兵行军的时候，他们仍未放弃通过外交接触来换取和平。

荷兰人自然也是当仁不让。当拿骚的莫里斯着手重组陆军时，荷兰西印度公司 WIC 也于 1621 年成立，出人意料的是，这家海外企业在 1624 年 5 月竟不费吹灰之力地占领了巴西主要城镇巴伊亚。这支庞大的荷兰舰队由 26 艘军舰组成，拥有 3 300 名士兵，皮特·海恩（Piet Heyn）将军担任副指挥官。冲突的范围显然已经不限于大洲之间，而是遍及世界的所有大洋。从任何意义上来讲，这都是一场全球规模的战争，荷兰人与西班牙人各执一方，战争的结果关乎西班牙帝国的存续。1625 年西英冲突的爆发（后文详述），使局势变得更加复杂。在 17 世纪 20 年代后，在与两个世界海洋强国——英格兰与尼德兰联省共和国——的战争中，西班牙要承担帝国责任，就必须面对严峻的现实。

西班牙的世界强权地位正面临着严峻的考验，而它完美地证明了自己。西班牙需要面对来自两大主要战区的威胁：一方面是尼德兰地区，西班牙在试图遏制由于"三十年战争"而蔓延到德意志地区和中欧地带的战火；另一方面是东亚，保护香料贸易成了重中之重。西班牙凭一己之力无法提供足够的战争资源，如军士、武器装备、船只，等等。此时，唯一能依靠的就是由美洲白银所联系起来的金融网络。这也是帝国的敌人们最忌惮的地方，它们全力以赴试图摧毁或至少破坏这个网络。此外，西班牙在欧洲还可依靠比利时和意大利的帮助，两者在 17 世纪均为帝国的存续做出了重要贡献。在欧洲之外，我们还会看到，自 16 世纪 80 年代起，西班牙将史无前例地多出一个新盟友：葡萄牙。

为了嘉奖斯皮诺拉并鼓励他继续指挥军队，腓力四世在 1621 年封赏了他洛斯巴尔巴塞斯侯爵（Los Balbases）这样一个西班牙贵族头衔，并赐他金羊毛骑士勋位，委以重任。这位最高统帅继续面临人力与财力的根本问题，特别是西班牙方面的参战人数已逐渐减少。1622 年 6 月，当政府提醒他要减少对德意志和不列颠群岛新教士兵的依赖时，斯皮诺拉向马德里抱怨说："可以依靠的西班牙本土士兵数量可谓微乎其微。"他请求从米兰派遣意大利军队。此时，布鲁塞尔方面已逐渐倾向于不请示西班牙政府而直接做决定，例如围攻布雷达市的重要行动即是如此。1624 年，斯皮诺拉和几位布鲁塞尔的高级指挥官，在未与马德里协商甚至在马德里方面毫不知情的情况下做出了开战决定。这不失为一个明智的举动。拿骚的莫里斯的同父异母兄弟——拿骚的贾斯汀（Justin of

Nassau）——当时负责驻守布雷达。画家彼得·保罗·鲁本斯（Peter Paul Rubens）在安特卫普的家中写道："斯皮诺拉侯爵要占领此地的决心越来越坚定，相信我，这个小镇已经没救了，它已被包围了。"[108] 在历时 9 个月的围困之后，布雷达最终于 1625 年 6 月 5 日投降。巧合的是，莫里斯恰在布雷达投降前不久就辞世了，弥留时，他在病榻上依然惦记着布雷达的情况。尽管斯皮诺拉在尼德兰停留了 3 年多，但这是他在那里的最后一场战役。

成功攻下布雷达，在很大程度上要归功于比利时人和意大利人，只有一部分战果得益于西班牙的资助。但是由于委拉斯开兹的精美画作把战果描绘成了王室的三大丰功伟绩之一，卡斯蒂利亚人总是坚持声称 1625 年大捷是属于他们自己的。[109] 正如可以依靠比利时人和意大利人在布雷达取得胜利一样，西班牙也可以依靠葡萄牙人的援军，葡萄牙人对荷兰人入侵其海外领土一事仍然耿耿于怀。即使在围攻布雷达的过程中，葡萄牙人也在采取措施弥补失去巴伊亚的损失。他们从位于丹吉尔和休达的北非驻军中调取部分兵力，组建了一支由 22 艘船组成的舰队，交给马德里政府差遣。

1625 年初，一支惊人的葡萄牙-西班牙联合舰队组成了，舰队有 56 艘船、12 500 名士兵（四分之三是西班牙人，其余是葡萄牙人）和 1 200 门大炮，在法德里克·德·托莱多的指挥下，从半岛出发。这样规模的海军对西班牙而言可谓史无前例，在当时的欧洲也是最庞大的。舰队穿越大西洋，于 3 月 30 日复活节前夕出现在巴伊亚，那里的荷兰指挥官及 2 300 名驻守军士仅支撑了 4 个星期就投降了。一支荷兰援军于 5 月底到达，但在看到城镇上空飘扬的西班牙国旗，以及 50 艘停泊在海湾的船后就驶离了。西班牙有理由庆祝这一胜利，奥利瓦雷斯伯爵委托艺术家胡安·包蒂斯塔·迈诺（Juan Bautista Maino）创作了一幅巨大的油画，还叮嘱要把自己画在这幅画的显著位置，后来这幅画被挂在布恩·雷蒂罗宫（Buen Retiro）。葡萄牙人和西班牙人之间的联手卓有成效，换来了收复巴伊亚的成功，这也是帝国伙伴关系的绝佳典范。特别引人注目的是葡萄牙高等贵族参与此次行动的人数之多和其热情之高涨。自从1578年不幸的塞巴斯蒂安国王远征以来，可能还没有这么多的贵族甘愿冒着生命危险出征，而这一次的行动取得了成功。[110]

但是这一年的喜悦因英格兰充满敌意的宣言戛然而止，开战的狂热充斥着英格兰各方舆论，一位主要政治人物呼吁"与全世界建立和平，唯与西班牙开战"。究其仇恨的根源，还要说到威尔士亲王（未来的查理一世）。威尔士亲王1623年秘密出访马德里，欲与西班牙公主联姻，但未果，因此英格兰举国羞愤。议会还提议从佛兰德军队手中夺回普法尔茨。1625年8月，英格兰与荷兰的联合舰队准备对西班牙港口进行袭击。10月初，一支由20艘荷兰战船、10艘英格兰战舰、70艘运输船组成的英荷舰队从普利茅斯出发，直指加的斯。加的斯是美洲贸易的枢纽，毫无疑问，入侵者对1596年成功袭击该港口的过往记忆犹新。然而，这一次却是今非昔比，围攻白银运输舰队的计划彻底失败。4个星期后，此次行动的指挥官爱德华·塞西尔爵士（Sir Edward Cecil）终止了远征，下令起航回程。加的斯之战的结果对西班牙人而言是巨大的喜悦，而对英格兰人来讲则是莫大的悲哀，一位英格兰议员说："我们荣誉尽失，我们船只沉没，我们损兵折将。"在布鲁塞尔，斯皮诺拉对鲁本斯这样评论道，那次远征"完全是莽撞冲动的结果，英格兰人显然以为他们仅凭1.2万名步兵和几个骑兵就能占领整个西班牙"。[111]

1625 年是一个充满奇迹的年份，卡斯蒂利亚人、葡萄牙人、比利时人和意大利人共同展现了他们抵御战争的能力，他们取得了三重的成功，但是这样的成功无法在下一代重现。奥利瓦雷斯在这奇迹之年（annus mirabilis）里学到了重要的一课。他提出了一项建议，即王室应该考虑凭借地方的资源和军力来实施军事防卫，而不必事事向马德里请求援助。该计划还包括建立一个武装联盟，每个成员国都自行承担费用，来组建并维持一支部队。例如，卡斯蒂利亚和美洲总共可以招募 4.8 万人，加泰罗尼亚可招募 1.6 万人，米兰可招募 8 000 人。如果所有国家都能够精诚合作，则西班牙帝国全境可招募的总兵力将多达 14 万人。从 1626 年起，公爵开始采取措施，要将这一想法付诸实践。国王怀着同样的乐观情绪，向卡斯蒂利亚议会发表了激情澎湃的演讲：

> 我们的声望再次提高。整个欧洲都在反对我们，但我们没有被击垮，也没有失去盟友，相反，敌人却向我们祈求和平。想我登基之时，这支舰队仅有区区 7 艘船只，但到 1625 年，已一跃拥有 108 艘海上战舰，而且还不包括佛兰德的舰船。如果缺乏这样的海军力量，我们不仅会失去已拥有的王国，以马德里为根基的宗教信仰也会消亡，这是我们应该考虑的主要问题。在 1626 年这一年，我们在佛兰德拥有了两支王家军队，在普法尔茨拥有一支，而法国、英格兰、瑞典、威尼斯、萨伏依、丹麦、荷兰、勃兰登堡、萨克森，它们集所有力量都无法将布雷达从我们的胜利之师手中夺走。[112]

他的演讲充满了半真半假的话语，充满了胜利的沙文主义回声，这是马德里对帝国的典型想象。实际上，正如 1626 年后续发生的事件所表明的那样，没有了盟友（它们都对奥利瓦雷斯的政策持怀疑态度）的合作，任何形式的胜利都是不可能的。人们很快就认识到了"武装联盟"的真正意图，那就是将防御责任转移到西班牙联合王国的各个成员国身上。加泰罗尼亚不愿承认这一政策；布鲁塞尔当局虽然公开表态支持，但私下对它颇有微词。鲁本斯愤恨地评论说，"武装联盟"的提议使"我们的国家沦为了战场"，在战争到来时替人受过，而西班牙自己则可以全身而退。[113]

当然，比利时为捍卫帝国所做出的贡献，也不能仅仅归功于安布罗焦·斯皮诺拉，其弟费代里戈·斯皮诺拉开创了从海上迎敌的明智策略，大公夫人也倾其全力支持战争。自 1621 年阿尔贝特大公死后，尼德兰南部在理论上又回到了西班牙的控制之下。实际上，在伊莎贝尔于 1633 年去世前，她一直是掌握实权的那个人，她始终努力与腓力四世的首相奥利瓦雷斯伯爵保持良好沟通，当时奥利瓦雷斯的帝国复兴计划已经使局势变得更加紧张。她和她的顾问们不得不与那些顽固的西班牙官员斗争，其中包括大使贝德马尔（Bedmar）侯爵阿隆索·德·拉·奎瓦（Alonso de la Cueva）。尼德兰对西班牙在欧洲北部的海军和陆军行动而言都至关重要，西班牙不愿失去在这里的决策权。

尼德兰南部人民及政府在帮助西班牙维持其在欧洲势力方面所做的巨大贡献很容易被忽视。那里的驻军为西班牙服务，但军费中只有很少一部分是由西班牙方面支付的，来自西班牙的军士也始终在驻军中占少数。西班牙持续而广泛地利用比利时的海军、工业及文化资源，却很少愿意多付出一点儿资金。1627 年，鲁本斯表达了布鲁塞尔政府对资金短缺的不满。他写道："我们已经筋疲力尽，原因却不是战争本身，而是长期难以从西班牙获得必要的物资支持。"不久之后，他评论说："这个现象很奇怪，西班牙虽然无法满足内部的需求，也缺少防御资源，却总是有办法在其他地方发动攻击。"[114]

由于其优秀的语言能力，尼德兰人成为帝国外交系统的宝贵人才，他们在欧洲大陆的很多地区为西班牙服务，而卡斯蒂利亚人由于对语言的无知而无法在这些地区活动。在这些外交官中，值得一提的有加布里埃尔·德·罗伊（Gabriel de Roy），他是阿图瓦（Artois）的贵族，在欧洲广泛游历过，他语言能力精湛、知识丰富且信息灵通。他于1602年至1608年间生活在马德里，随后回到尼德兰与斯皮诺拉一同工作。在此期间，其他重要的比利时裔外交官还有西班牙驻伦敦大使雅克·布吕诺（Jacques Bruneau）、驻波兰大使索勒尔伯爵让·德·克罗伊（Jean de Croy），以及艺术家彼得·保罗·鲁本斯，等等。除了提供建议和合作外，伊莎贝尔政府执政期间的尼德兰南部地区也成为开展海陆双线军事行动的桥头堡。

比利时人对西班牙军事行动的巨大贡献集中体现在敦刻尔克港。1621年与荷兰的休战协议到期后，西班牙当局支持了一系列以法国和英格兰等宿敌为打击目标的海上行动。正如我们所见，在1600年前后，费代里戈·斯皮诺拉也实施了类似的举措。1620年，布鲁塞尔的卡洛斯·科洛马建议使用正在奥斯坦德和敦刻尔克建造的船只，"以海盗之法"来对付敌人。到1621年，西班牙人和比利时人已准备好在敌军家门口（北海水域）攻击荷兰人。第一次交战并不完全成功，但随后的几个月中，这些海盗船的经验也不断积累。此外，许多独立商人也趁机参与了此前被官方禁止的海盗活动，并从中渔利。同时，西班牙政府将海盗战争扩展到了欧洲所有海域。敦刻尔克的成功案例令人印象深刻，尤其是在 1625 年这个"奇迹之年"。同年，当大公夫人兼总督伊莎贝尔听说英格兰王室有意与西班牙联姻时，她前往敦刻尔克与斯皮诺拉会合，并查看船只的状况。鲁本斯在 1625 年 10 月报告称"西班牙公主和侯爵仍在敦刻尔克"，"努力建造和武装舰船"。"在我离开时，我在马尔代克港（Mardijk）看到了 21 艘装备精良的船只。"一个月后，他又报告说："我们的舰船破坏了（荷兰人）今年的鲱鱼捕捞计划，并让他们的数艘船只葬身海底；但公主明令，人还是要照救不误，而且要受到善待。"[115] 敦刻尔克船队的主要目标是打击荷兰捕鱼船，因为这是联省共和国的经济命脉之一。实际上，西班牙在那一年对荷兰渔民做出的残暴行径已经超出了文明行为的限度，伊莎贝尔担心荷兰人会报复。

　　鉴于 1625 年海军在世界海上的成功，国王受到启发，在 1626 年卡斯蒂利亚议会的演讲中宣称"海上战争大大提高了西班牙的声誉"。这是事实，但很大一部分功劳要归于比利时人。1625 年至 1626 年间，敦刻尔克人在英吉利海峡的活动使英格兰损失了大约 300 艘船，占整个舰队的五分之一。[116] 荷兰人承受着连续不断的压力：1627 年，敦刻尔克船队俘获了 45 艘荷兰船，另有 68 艘被击沉；同年，与它们一起行动的海盗船袭击了 49 艘船，击沉了 17 艘。[117] 第二年，荷兰方面的损失甚至更多。奥利瓦雷斯评论说："谁还能怀疑，如果我们继续目前的做法，切断敌人的联系，那么它们将势孤力单，而西班牙的力量会与日俱增？"[118] 他开始投入大量时间和精力，认真研究一项计划：与皇帝结盟，把西班牙海军派驻波罗的海沿岸，以切断荷兰人获取小麦和海军补给的渠道。

尽管海上取得了成功，但军需装备的运输还是遇到了严重的麻烦。在 1627 年 1 月，当马德里政府暂停偿还债务时，斯皮诺拉看到了迫在眉睫的威胁。他身在布鲁塞尔，抱怨说，这里的军队有 6.8 万人，但只有 47 500 人在战斗，军队正处于危险之中，并强调"面临着失去这里一切的巨大风险"。[119] 1627 年底，他获准前往马德里，向政府直陈实情。但是，斯皮诺拉忧心的不仅限于军队的状况。1627 年的中止支付给意大利金融家们带来了严重的后果，而他本人作为热那亚银行家，自然也首当其冲。他希望通过谈判请王室偿还此前的大量贷款。同时，他敦促进行军事收缩：改变在尼德兰的军事目标，寻求谈判解决的方案，并退出意大利的战事。

西班牙帝国在亚洲的领地并未得到防卫和巩固，也未从 12 年的停战协议中得到益处。欧洲国家一般都认为，欧洲大陆是战是和对其海外领土并不构成影响。荷兰人当然没有理由将欧洲和平也扩大到海外领土上。因此，在休战期间，无论与西班牙的关系如何，荷兰人都继续在亚洲攫取利益。事实证明，这一情况的主要受害者是葡萄牙，它不得不成了西班牙帝国在亚洲权益的捍卫者。

在 1621 年停战协议到期后，荷兰东印度公司从巴达维亚的基地出发，并在荷兰的东方权力缔造者扬·彼得斯·库恩（Jan Pietersz Coen）的领导下，制订了周密的计划，要取代伊比利亚人在该地区的贸易地位。1621 年的马尼拉正处于太平洋贸易的鼎盛时期，但军事力量却很薄弱。西班牙殖民者已不再考虑征服或改造亚洲。吕宋岛上的西班牙人口不足以满足雄心勃勃的帝国事业所需，商贸活动也仅限于一年一度的"马尼拉大帆船"贸易。实际上，马尼拉已不再是帝国的前哨基地。相反，许多西班牙人致力于他们自己的小事业，这个城市变成了一个开放的集市，欧洲人和亚洲人自由地混居和从业。1621年，马尼拉的奥斯定会大主教向王室抱怨说，本来应该在那里保护城市的现役军人都散布在马六甲、中国澳门、泰国、柬埔寨和日本，各自做起了走私生意。[120]

荷兰人对马尼拉采取了有限的行动，例如1621年试图封锁马尼拉海湾，但他们的真正意图是要夺取葡萄牙占据的领地，那将带来更丰富的战利品。1623年，荷兰在东亚的舰队扩大至拥有90艘船，在巴达维亚、安波那和特尔纳特的要塞，守军人数达到了2 000人。[121] 这些部队向果阿、马六甲尤其是中国澳门的葡萄牙基地发难。1622年，荷兰人针对中国澳门发起了野心勃勃的远征，但由于中国内地人的帮助，这次入侵行动失败。之后，荷兰人侵占中国台湾（见第九章），在那里他们很快开辟了利润丰厚的制糖业，并最终驱逐了一些也曾设法在中国台湾定居的西班牙人。鉴于荷兰可利用的资源很少，而且行动涉及的距离又远，尽管侵略始终是零零星星的，但结果对葡萄牙人来说无疑是令人沮丧的。他们的贸易减少了，果阿总督甚至考虑与荷兰人单独签订和平协议。

马德里也深受撼动，1623年在葡萄牙议会上，有人建议腓力四世"与荷兰达成协议，因为战争的前景每天都在变得更加不利"。[122] 一位葡萄牙大臣向政府力陈，"与东方叛军开战将比现在与荷兰开战更有成效"。[123] 而他一直在敦促的，也是葡萄牙人不断要求的，那便是将佛兰德战役所需的大量白银的一部分投入亚洲，亚洲的需求并未增加，但是回报可能会更丰厚。葡萄牙人同样深深关注巴西和加勒比地区，敌人在那里的袭击严重影响了商业稳定并造成船只损失：荷兰西印度公司声称在1627年捕获了55艘葡萄牙和西班牙船只。

因此，帝国在 1625 年至 1626 年间所取得的成功与西班牙在薄弱环节上面临的困难是一体两面。荷兰人在海上的统治地位是毋庸置疑的。1628 年，他们迎来了史无前例的高光时刻，对西班牙的白银生命线造成了空前的打击：他们攻下了整支载满宝藏的船队。那年秋天，海军将领皮特·海恩接受荷兰西印度公司的委托，率麾下 32 艘船驶向加勒比海，船上搭载了 700 门大炮、3 500 名人员。9 月 8 日，在前往哈瓦那会合点的途中，他们遭遇了由胡安·德·贝纳维德斯（Juan de Benavides）指挥的、共计 15 艘船的新西班牙宝藏船队。西班牙的白银运输船试图到哈瓦那东部的马坦萨斯（Matanzas）湾避难。但海恩驶入海湾并占领了全部 15 艘船，将其中的一半烧毁，剩下的并入自己的舰队。被劫掠的白银（共计 177 537 磅）、丝绸和其他商品，总价值约为 480 万比索。那一年，西印度公司的股东们红运当头，获得了超过百分之七十五的股息。海恩也因此致富，但好景不长，他第二年便在与佛兰德的西班牙海军交战时去世。

海恩的行径激起了马德里的愤恨和政府的暴怒。然而，当权的人在感情和观点上分歧很大，局外人对这场灾难只有幸灾乐祸。彼得·保罗·鲁本斯报告说："这里几乎每个人都为此兴奋异常，他们认为这种天灾人祸正是对那些统治者的羞辱。仇恨的力量是如此之大，以至于他们因复仇的快感而忽略了自己的弊病。"[124] 腓力四世在 1629 年对大公夫人下达的命令，正是政府惊慌失措、无助无援的反映，他要求大公夫人将整个敦刻尔克-奥斯坦德舰队，即"佛兰德无敌舰队"，连同 3 支比利时部队一起派到西班牙，来保卫伊比利亚半岛，同时增加意大利的守军。但因为无钱支付远征军的费用，这个计划最终没有一项得到落实。

在马坦萨斯湾取得的辉煌战绩鼓励了荷兰西印度公司为其海外活动寻求更长久的基地，这一目标显然与西班牙帝国的利益相冲突。同时，荷兰西印度公司也在为股东寻求更大的利润。公司资助的一支舰队将这一计划付诸实践，并取得了成果。这支舰队拥有 67 艘船，载有 7 000 名士兵，于 1630 年 2 月袭击了巴西的东北海岸，占领了伯南布哥镇（Pernambuco）。此次旗开得胜，是荷兰人在大西洋上迅速崛起的开端。在接下来的 7 年中，荷兰人占领了巴西北部的 4 个省，占领了库拉索岛和加勒比海的其他一些据点，并最终在 1637 年从葡萄牙人手中夺取了非洲沿岸的奴隶堡垒圣若热·达·米纳（São Jorge da Mina）。

我们如果像美洲编年史家瓜曼·波马一样，仅凭征服的结果来评判西班牙行动的话，的确很容易得出结论，那就是贪婪是外来者唯一的动力。实际上，西班牙的海军和陆军均能力有限，这意味着它不能仅以系统性的抢劫来维持帝国的存续。征服的手段尚不成熟。从一开始，总是有来自不同国家的人尽心尽力，以确保自己在土地、采矿、生产、商业甚至非洲奴隶贸易上的小笔投资都能正常运作，继续攫取利润。利益积少成多，将欧洲和亚洲的投资者集合在一起。只是，一旦必须通过武力来保护这种投资时，问题就出现了，因为如果没有权力的支持，生意就难以为继。

也正是从那时起，面对帝国力量的不足，西班牙人开始对自己所从事的这项事业产生了怀疑。

第八章

身份认同与教化使命

即使原来在祖国针锋相对的人，到了异国也会和解，学会彼此欣赏。

——克里斯托瓦尔·苏亚雷斯·德·菲格罗亚

（约 1640 年）

罗马帝国的公民被教导要仰望罗马，西班牙领土上的公民则被鼓励要接受西班牙的文化和价值观。在某种程度上，所有帝国都处在一种文化适应的过程，需要建立起足以渗透整个关系网络的纽带，来形成共同身份的基础。在斐迪南和伊莎贝拉时代的帝国初期，共同纽带是通过参与由卡斯蒂利亚人领导和开创的事业而建立起来的，在这个半岛上，由国王统治的人口中有五分之四是卡斯蒂利亚人。军队、将军、外交官和神职人员大部分是卡斯蒂利亚人。尽管他们与这个国家的其他人一样对"西班牙"（Spain）有种归属感，但他们认为自己在西班牙内部的地位才是最高的，并在国家的行动与发展中留下了自己的印记。

随着时间的流逝，这种归属感发生了微妙的变化。这个被称为"西班牙"的国家的政治角色开始变得越来越重要。与此同时，帝国的发展赋予了"西班牙"一种新的意义、角色和道德感，使半岛上的人民意识到，他们现在拥有一个共同的事业，这给了他们一个前所未有的新身份。也许战争是促成这一变化的最重要因素。从格拉纳达战争开始，士兵和军官都明白了一种战争伦理，即军队的价值高于个人的勇猛，军队要服务于君王和国家。所有来自西班牙的士兵，无论是否是卡斯蒂利亚人，都接受号召，把自己看作国家的一分子。他们必须为西班牙呐喊，因为整齐划一的口号有助于鼓舞士气。在 1500 年前后爆发的意大利战争中，所有服役于西班牙方阵的士兵都大声喊着："圣地亚哥，西班牙！"（Santiago，España！）卡斯蒂利亚的编年史家记录了战斗中的士兵扑向敌人时是如何喊着"西班牙，西班牙！"和"西班牙，圣地亚哥！"的口号。尽管他们可能并不知道这些词的具体含义，但这些战吼却可以提升他们勇猛的气势。

在接下来的半个世纪中，这一口号逐渐响彻欧洲大陆。1543年，在克利夫斯公国（Duchy of Cleves）服役的意大利部队也开始大喊"西班牙，圣地亚哥！"1547 年，在德意志米尔贝格服役的那不勒斯方阵士兵，也领命高呼"西班牙，圣地亚哥！"，甚至有些并不在西班牙军队中服役的士兵也会使用这一口号。在米尔贝格，皇家军队中训练有素的匈牙利骑兵曾经不得不在德意志和西班牙的官方口号中二选一，出于对德意志的反感，他们最终选择在冲锋时呐喊"西班牙！"[1] 众所周知，在一个西班牙方阵中，有可能超过一半的人都是非卡斯蒂利亚人，[2] 因此这种口号显然有助于凝聚军心。半岛的所有士兵都会受到鼓舞，认为自身的努力与整个西班牙的事业紧密相连。

值得注意的是，除了格拉纳达战争以外，在伊比利亚半岛内部并不能使用这句口号。一个西班牙人在与其他西班牙人作战时不能喊"西班牙"这个口号。对于西班牙人来说，彰显身份、宣誓忠于西班牙始终是对抗外敌的方式，这与帝国的振兴事业一脉相承。正如巴斯克人、埃斯特雷马杜拉人和阿拉贡人在格拉纳达共同驱赶了敌人一样，他们在半岛之外的共同经历也成了联结他们的纽带。人文主义者胡安·希内斯·德·塞普尔维达（Juan Ginés de Sepúlveda）曾供职于皇室，他于16世纪60年代退休后开始撰写自传，是最早一批描绘帝国面貌的学者之一。他详细地描述了建立在战争和英雄主义之上的"西班牙人"精神。在他的笔下，1530年佛罗伦萨遭到围困时，查理五世的指挥官奥兰治亲王意外身亡，为数不多的卡斯蒂利亚人呐喊着"西班牙！"，鼓舞了德意志军人的士气，最终赶走了敌人。[3] 在半岛内部形成统一的成熟的政治制度之前，"西班牙"就已经外化成征战在外的士兵们所寄托的理想了。

有编年史家在1559年提出，"西班牙"这个战斗口号激起了士兵们支持"西班牙民族"（Spanish nation）的情绪。[4]"民族"（nation）一词已经不算新鲜了，在此前的几十年中，它经常被用来指代西班牙人及生活在半岛之外的某些被界定出来的群体（例如，长居国外的商人相对于当地居民来说，就会被归类为某一个"民族"）。这个词语也被用于军队中的连队划分，用来界定士兵们的出生地及母语。驻扎在佛兰德的卡斯蒂利亚方阵的士兵们已背井离乡多年，他们迫切希望了解他们牺牲青春、奉献生命而为之奋斗的共同事业究竟是什么。因此，"西班牙民族"这一词语，似乎就被赋予了更广泛、更崇高的集体荣誉感。1576年，在尼德兰服役的士兵给阿洛斯特镇（Alost）的叛乱分子写信说："我们和你们一样，来自同一个国家，我们都是西班牙人。"[5]常年在外的生活，使人们对"西班牙"一词抱有了强烈的共情心理，它开始成为故乡的代名词，在人们的脑海中萦绕不去。最明显的例子就是移居到"新世界"的伊比利亚人，他们在给亲人写信时习惯性地将半岛称为"西班牙"，即便对自己的新生活感到满意，他们也从未停止想念"西班牙"及与之相关的一切。

帝国内部的大多数移民都来自讲卡斯蒂利亚语的卡斯蒂利亚王国。对于他们来说，卡斯蒂利亚就是西班牙。由于卡斯蒂利亚人在海外事业的开拓中功勋卓著，因此官方历史学家在记录航海、发现、征服和战争的历史时，都习惯性地把荣誉归于卡斯蒂利亚。从某种意义上说，这并非新奇之举，因为此时的其他欧洲国家也正试图通过探索过去，来发现自己的身份认同。我们读到那些扣人心弦的历史事件记述时，会很容易忽略的一个事实是，它们本质上是卡斯蒂利亚人的宣传作品，他们一方面为同胞的成就而自豪，另一方面又急于讨好自己的赞助人——很多时候恰恰就是政府。内夫里哈的情况就是如此。

一位历史学家在1559年撰文讲述半个世纪前的那不勒斯战争，他使用传统的笔法，为人物拟写了合乎其身份的演说词。例如，在那不勒斯，一名指挥官在试图安抚4000名因未发军饷而反叛的卡斯蒂利亚士兵时说："整个西班牙王国都在注视着你们，我们都是她的儿子。"[6]士兵们从分散的城镇和偏僻村庄远道而来，奔赴去国几百英里的战场，就是为了共同缔造一个伟大的新认同："西班牙王国"。50年后，受聘于王室的历史学家安东尼奥·德·埃雷拉（Antonio de Herrera）甚至把整个帝国（包括其在欧洲和美洲的领土）的成功都归功于卡斯蒂利亚人的辉煌业绩。在他的书中，麦哲伦变成了卡斯蒂利亚人，而帕维亚战役也变成了西班牙人与法国人的战斗，法国国王的被俘是"西班牙军队"的辉煌战果。[7]

与埃雷拉同时代的西班牙历史学家普鲁登西奥·德·桑多瓦尔（Prudencio de Sandoval）修士对查理五世的生平有所记述，他曾说："我笔下的是卡斯蒂利亚王国的故事"，这句话的后半部分随后变成了"西班牙的历史"。[8]编年史家没有刻意隐去非卡斯蒂利亚人在发现新大陆和定居过程中的事迹，但这些非卡斯蒂利亚人总是被直接当作"西班牙人"，从而模糊了他们的国籍和血统。例如，编年史家将塞瓦斯蒂安·卡博托1525年探险的赞助者描述为塞维利亚的商人，从而模糊了他们本是热那亚人的事实。[9]卡斯蒂利亚历史学家的作品或许已经成了人们创造理想帝国形象的最有力工具。随后的历史学家又对早期历史家们的著述大加引述，由此，西班牙权力的概念便应运而生了。非卡斯蒂利亚人的贡献并没有被遗忘，只是被模糊了。

卡斯蒂利亚人有着非凡而独特的尚武精神。在地中海地区服过役的马科斯·德·伊萨瓦（Marcos de Isaba）在16世纪80年代曾自豪地写道："我目睹了西班牙民族在90年里靠英勇无畏所取得的成就，以及西班牙人在新旧两个世界里所赢得的尊重、敬畏和声望。德意志人和瑞士人也承认，他们在力量和纪律方面远不及西班牙人。"他说，这种观点可以在著名的帕维亚战役中得到印证，那时，"仅仅800名步兵、火枪手和长矛兵，反而战胜了以骑兵为主的大批法军。此事是公认的事实"。[10]卡斯蒂利亚人参与的每一次重大事件都会经过改写（与不可避免的歪曲）。在1634年的讷德林根战役（参见第九章）中，西班牙人的部队占帝国军队的五分之一，据一名参战的卡斯蒂利亚贵族说，德意志人的部队在胜利后大喊"西班牙万岁！""西班牙勇士万岁！"，这表示德意志人的部队认同半岛部队的突出作用。伊萨瓦当然会自豪地得出这样的结论："西班牙王国无所不能，坐拥庞大的帝国，它光辉的臂膀从日出之地一直伸展至日落之处。"[11] 不过，在讷德林根战役中功劳最大的德意志军队，显然会有不同的看法。

强调"西班牙"这一既定现实，无疑有助于半岛人民意识到自身在缔造帝国中的作用。从格拉纳达战争开始，诸多军事行动都被赋予了同样的目标。诚然，"西班牙"对内对外都成了更明显的现实存在，但实际上半岛的日常生活几乎没有发生变化：人们对家乡的热爱、对当地文化和语言的忠诚，一直到 19 世纪都还在人们的生活中占据最主要的位置。至少从 16 世纪初开始，就有作家在指代家乡时会使用"祖国"（patria）一词，人们对此会产生本能的忠诚。[12] 相反，"西班牙"（Spain）仍然是一个寻常百姓并不知道的抽象实体。18 世纪初期，阿斯图里亚斯的学者费霍（Feijoo）修士全面肯定了"西班牙是西班牙人所爱的真实对象"。但是他对"西班牙"的定义不过是行政机构层面的，"是在一个公民政府的领导下，在同样的法律约束下，将我们团结在一起的国家机构"。[13]

西班牙帝国的身份认同带来的最大成果便是卡斯蒂利亚语的传播。几代学者已经渐趋认同帝国时代也是卡斯蒂利亚语言和文化蓬勃发展的时代，人们眼见着塔拉韦拉和内夫里哈的期待成了实现。卡斯蒂利亚语到了 21 世纪已经是全人类五分之一人口的第一语言，一直以来都被西班牙人引以为豪。很显然，这正是得益于西班牙帝国的存在。

卡斯蒂利亚语是身份认同的重要基点，因为在某种程度上，它也成了帝国的语言。作为西班牙人之间的交流工具，它无处不在。它也是旅行作家、神职人员、外交官和王室的跨国军官之间开展交流的媒介。拉丁文从来没有对帝国语言构成过威胁，因为掌握拉丁文的人寥寥无几。尽管教堂和乡村学校仍教授拉丁语，但是对于普通人甚至神职人员来说，拉丁文已经无异于一种死去的语言。因此，欧洲的精英人士强烈反对将拉丁文用于交流。[14] 相反，西班牙的崛起提高了卡斯蒂利亚语的地位。葡萄牙科英布拉大学（University of Coimbra）的一位纳瓦拉人教授于 1544 年出版了一本卡斯蒂利亚语作品，并宣称："如今大多数基督教国家都能懂卡斯蒂利亚语了，而拉丁文则几乎无人使用，甚至无人学习。"[15]

此外，帝国的存续为卡斯蒂利亚语提供了得天独厚的优势，这是其他欧洲国家都无法企及的。大陆上另外两个发达国家（意大利和尼德兰）的出版界都向卡斯蒂利亚作家提供了丰富的资源。[16] 相比之下，英格兰人只能在自己的国家用英语出版书籍，而卡斯蒂利亚人可以选择在半岛的任何一个地区出版，可以在西班牙帝国领地中的任何一个国家出版，也可以在法国和葡萄牙出版。到 16 世纪40 年代，西班牙人在半岛外出版的书比在半岛内出版的还多。这些书主要出版于安特卫普、威尼斯、里昂、图卢兹、巴黎、鲁汶、科隆、里斯本和科英布拉。[17] 腓力二世在 16 世纪 60 年代想要印刷优质书籍时，更倾向于选择在安特卫普和威尼斯。西班牙境外的印刷水准很高，同时那里也没有严苛的管控制度。[18] 卡斯蒂利亚文学印刷作品的广泛传播，使伟大的卡斯蒂利亚作家迅速扬名于欧洲其他地区，同时，一种容易被模仿的体裁——流浪汉小说（picaro novel）——也应运而生。不用说，卡斯蒂利亚的文学作品也穿越大西洋，抵达了一个还不知写作艺术为何物的大陆，并对早期的美洲思想产生了影响。

这些作品的文学成就是毋庸置疑的，后人有理由为之自豪。但是，在一个阅读习惯还未普遍养成、文盲泛滥、所有重要的文化交流都是通过口口相传而非文字传抄的世界中，印刷文学的影响力显然有限。伊比利亚半岛的情况就很典型。西班牙的作品可能会进入巴塞罗那书店的货架，但在大街上几乎每个人都说着加泰罗尼亚语。1636 年，哈布斯堡王朝已建立百年有余，一位加泰罗尼亚公国的修士仍宣称："在加泰罗尼亚，平民不懂卡斯蒂利亚语。"[19] 这种情况在西班牙沿海的其他地区也屡见不鲜。直到 1686 年，吉普斯夸的运输法规不得不规定，所有船只必须搭载至少一位讲巴斯克语的修士，因为在海员中，"大多数人不懂西班牙语"。[20] 当然，在当时的大多数欧洲国家，没有统一的语言是相当正常的现象，但这一情况在西班牙尤其明显。安达卢西亚、巴伦西亚、加泰罗尼亚、巴斯克、纳瓦拉和加利西亚等地的很多当地人根本不懂卡斯蒂利亚语。[21] 这一度使想要与当地信徒们直接交流的传教士们头痛不已。在前穆斯林占领区，阿拉伯语仍然是日常交流用语，传教士们不得不努力学习阿拉伯语才能进行布道。在加泰罗尼亚，所有非加泰罗尼亚神职人员都得努力学习当地的语言，例如，耶稣会会士曾抱着谨慎的态度只任命加泰罗尼亚人在该地区从事宗教工作。在整个哈布斯堡王朝时代，虽然卡斯蒂利亚语是通用语言，但是半岛中的其他各种语言也都得到了承认和接受。

这个问题在整个帝国疆土上都很普遍。在美洲殖民地中，以卡斯蒂利亚语为第一语言的人可能都不会超过总人口的十分之一。殖民地的绝大多数居民都会继续保持自己的社群、习俗、文化及语言，而且大多数人都不会与西班牙人经常接触。即使是黑人奴隶也倾向于保留自己家乡的非洲语言，而不是讲奴隶主的异国语言。在西班牙的亚洲殖民地上，情况也如出一辙（见第十章）。

因此，内夫里哈的预言从未成真。一方面，西班牙人无论到哪里都说卡斯蒂利亚语，甚至墨西哥北部的巴斯克人也把卡斯蒂利亚语作为通用语，尽管许多人仍然在使用他们自己的母语。在新墨西哥边境，原住民的通用语言中也混杂着西班牙语和其他欧洲语言的词汇。但另一方面，卡斯蒂利亚语在殖民时代从未真正取得过通用语的地位，它只是在行政事务上被强制规定为唯一官方语言。在西班牙帝国统治期间，在菲律宾，说汉语的人远多于卡斯蒂利亚语使用者；在南美，克丘亚语（及相关语言）的使用人数也多于卡斯蒂利亚语使用者；在欧洲，西班牙君主统治范围内，在文化上占主流地位的语言还有意大利语和法语，它们的影响力与卡斯蒂利亚语不相上下。

所有的文明帝国都需要国际化的视野，西班牙帝国也不例外。与其他西方国家一样，西班牙人同样关注文艺复兴，有些学者（如内夫里哈）甚至前往意大利汲取文化营养，找寻灵感。外国作家、艺术家和印刷商也来到半岛，其中最早也最著名的是意大利历史学家彼得·马特·德安吉拉（Peter Martyr d'Anghiera），自从 1510 年接受官方任命开始撰写西印度群岛编年史后，他便以西班牙为家。双向交流有助于半岛走出孤立，国际扩张不仅仅让这片土地上的文化"走出去"，更带来了半岛上所没有的多彩的外国文化。见多识广的查理五世登上皇位后，许多西班牙人也开始支持欧洲人文主义以及荷兰学者伊拉斯谟（Erasmus）的学说。

但在这个过程中，两个背道而驰却又影响深远的进程同时开始了。

　　一方面，西班牙对外来事物仍然持抵触态度。活跃的文化通常会更愿意接受新的元素，而西班牙却远非如此。在哈布斯堡王朝统治的几个世纪里，西班牙的权力如日中天，文化上对欧洲各国的吸引力也处于巅峰。越是在剑拔弩张的时候，它们向西班牙学习的愿望也会越发强烈而迫切。相比之下，作为大国的西班牙对其他国家的文化鲜有兴趣，它对意大利的文化和技术至少还怀有热忱，但对欧洲其他地区的文化却意兴索然。尽管总有例外，但整体来看，西班牙的贵族阶级、精英人士及神职人员的文化修养水平都比较低。16 世纪 70 年代，一位驻马德里的帝国大使曾评论说，他与当地的贵族们谈论某些话题时，感觉就像与盲人谈论色彩一般：这些贵族很少离开西班牙，完全没有判断事物的眼光。[22]

　　本地语言文学的发展最能说明情况。其他欧洲人大多知道卡斯蒂利亚语的作品，例如德意志在 1520 年出版了《塞莱斯蒂娜》（*Celestina*），在 1540 年出版了《高卢的阿马迪斯》（*Amadis of Gaul*），在 1600 年至 1618 年间用德语发行了 19 本流行的卡斯蒂利亚语作品。但卡斯蒂利亚人却没有翻译过任何德语和英语作品。[23]英格兰人对西班牙文化的兴趣在伊丽莎白一世统治时期达到顶峰，当时的西英两国一直处于明争暗斗之中。英格兰地理学家兼作家理查德·哈克卢特于 1589 年出版了西方（包括西班牙）旅行文学汇编《英格兰的重要航海、旅行及发现》。民众对西班牙的热忱仍在持续。17 世纪中叶后，英格兰人对西班牙及其文学产生了兴趣，开始进行翻译和模仿写作；[24]而西班牙人却几乎没有翻译任何英语作品。荷兰人也对探险、航行、美洲、东方等题材的文学作品感兴趣，[25]例如著名的《塞莱斯蒂娜》。在本书讨论的时段中，尼德兰北部的私人及公共图书馆中已藏有卡斯蒂利亚作家的千余种作品，以及卡斯蒂利亚语作品的 130 种翻译版本；所藏关于西班牙的外语作品版本则有近 6 000 种之多。[26] 相比之下，卡斯蒂利亚几乎对其他地区的作品兴趣索然，只对荷兰宗教神秘主义者的作品还稍有偏好，却也同样几乎没有翻译过这些作品。在瑞士，巴塞尔的印刷商于 1527 年至 1564 年间共出版了 114 部西班牙语作品，在 1565 年至 1610 年间又出版了 70 部。[27]

意大利也许最能体现西班牙在知识发展历程中的封闭特点。成千上万的西班牙人来到意大利生活、工作，持续学习意大利的艺术、音乐和科学。但文学上的交流却是单向的——仅仅是从西班牙流传到意大利。《塞莱斯蒂娜》和《高卢的阿马迪斯》的意大利语版分别于 1506 年和 1519 年出版。在 16 世纪初期，有 93 部卡斯蒂利亚语作品被翻译成意大利语，到 17 世纪则多达 724 部。[28] 向意大利公众介绍伊比利亚文化的先驱之一，是生活在意大利的卡斯蒂利亚人阿方索·乌略亚，他曾担任费兰特·贡萨加（16 世纪中叶的米兰总督）的秘书，同时也是一位编年史家。另一位则是 1557 年辞世的意大利著名的旅行文学收藏家焦万·巴蒂斯塔·赖麦锡（Giovan Battista Ramusio），他出版的卡斯蒂利亚语作品的译本成为英格兰人理查德·哈克卢特的译本的范本。赖麦锡出版的作品中还有彼得·马特·德安吉拉撰写的关于发现新大陆的《新世界》（Decades）。

由于外界对西班牙表现出浓厚的兴趣，卡斯蒂利亚人自然而然地认为西班牙大有可以向外宣扬之处。世上的其他国家都需要向西班牙学习，而西班牙则无须向其他任何人请教。1658 年，马德里的一位编年史家曾骄傲地宣称："整个世界都为西班牙服务，而西班牙不为任何人服务。"[29] 1666 年，一位在马德里旅游的法国人总结说，西班牙人眼中的世界仅限于他们掌控的那部分，"在西班牙人看来，西班牙的领土是凌驾于普通世界之上的，其他所有国家就是要为其服务"。[30] 因此，卡斯蒂利亚自身的文化环境（正如很多西班牙人知道的那样）几乎不受变化的影响，尽管西班牙在世界格局中的地位已经提升到前所未有的程度。

另一方面，与之几乎矛盾的是，部分精英人士却又对外界文化持欢迎态度。在边界开放的帝国时代，西班牙完全有条件成为世界文化的中心。在西班牙统治的外来王朝——来自德意志的哈布斯堡王朝与来自法国的波旁王朝——扩展了民众的审美趣味，随着时间的推移，外来因素逐渐为大众所接受。在某些文化领域（包括音乐、艺术）的演进中，"西班牙是接收者，它吸纳外来元素，将其改良并本土化后，使它们适应宗教、社会、经济、认知等各种不同的层面"。[31] 在帝国时期，西班牙人最大限度地利用了势力范围内其他国家的创造力。腓力二世可谓这方面的翘楚，[32] 他对艺术品收藏的热情，使卡斯蒂利亚王室拥有了欧洲和新世界最上乘的艺术藏品。同样热衷于此的后继君主是腓力四世，他既是委拉斯开兹和彼得·保罗·鲁本斯的好友兼赞助人，也是外国艺术品的积极购买者。[33]

许多西班牙作家（如前所述）都倾向于在国外出版自己的作品，半岛的大部分西班牙语和拉丁语文学作品也都依赖进口，因此大量书籍源源不断地涌入半岛。1557 年至 1564 年间，在卡斯蒂利亚，商人安德烈斯·鲁伊斯（Andrés Ruiz）从里昂进口了 900 多包书籍，从巴黎则进口了 100 多包。到 17 世纪初，法国的出版物事实上已经可以自由流入西班牙了，其中大部分要取道比利牛斯山脉。巴塞罗那众多书店的货架上几乎都是进口书，包括在国外出版的西班牙作家的作品。尽管官方干预和宗教法庭的介入始终没有停止过，人们对异端文学作品的警惕也一直未能根除，但这些因素并未对图书进口构成重大的阻碍。1559 年，官方在圣塞瓦斯蒂安（San Sebastián）的一艘法国船上查获了 3 000 册运往阿尔卡拉的书籍，之后西班牙的书商们不得不按照指令进行数次装卸。不过，这批书籍既没有被没收也没有被查封，只是被一再拖延交货，直到官方判定这些并不算非法进口。1564 年，宗教法庭命令其在毕尔巴鄂和圣塞瓦斯蒂安的官员，将 245 包从里昂进口的书籍转交给梅迪纳·德尔坎波的书商，可是直到 3 年后，这些书仍滞留在港口。禁运依旧，但同时书籍进口也在继续。加泰罗尼亚的宗教裁判官在1572 年的一份报告中写道："每天都有书籍进入西班牙及其他地区。"进口量之大，几乎没有受到审查制度的阻碍。[34]

乍一看来，西班牙的边境对世界文化是开放的，但事实上却并非如此。进口的书籍往往是拉丁文（学者的语言）作品，主题也仅限于神学、医学、古典历史，这些题材也只能吸引少数精英人士，他们基本也不会对其他欧洲国家的文化产生兴趣。16 世纪进口的外语作品几乎没有意大利语的，17、18 世纪则鲜有法语的。无论何时，进入西班牙的意大利语和法语作品都只占极小的比例。巴塞罗那书商霍安·瓜迪奥拉（Joan Guardiola）就展现了一个很好的例子，他在 1560 年从法国里昂的出版商手中直接进口了 90% 的库存，而其中法语书籍只有不到 1%，几乎所有书都是拉丁文的。[35] 因此，西班牙只是以一种有限的方式，接受那些通过拉丁文传播的文化。一位著名的文化专家得出结论说，西班牙"退到了她的国界后面，固守着她所珍视的文化模式"。[36] 对于控制着地球上最广袤领土的大君主国来说，这一点确实匪夷所思。

可以说，帝国中能够表现出卓尔不群的创造力的，还是像塞万提斯一样离开过半岛、进入帝国的广阔领土来吸收多方影响和灵感的作家们，而只专注于西班牙内部的作品则鲜有生机。西班牙作为世界大国的几个世纪里，各种诗歌、回忆录、故事、论文和小说作品都证明，尽管半岛的视野有限，但许多卡斯蒂利亚人仍然能够受益于日渐丰富的对外交流。

但有一个不容忽视的例外。卡斯蒂利亚人尽管享有广阔的政治视野，但在文化层面上却狭隘地、完全排他地定义"西班牙人"。与之前的罗马帝国及之后的大英帝国不同，西班牙人试图以半岛的伟大历史文化为出发点，将其他所有文化排除在外。从1492年（西班牙在这一年收复了格拉纳达，驱逐了犹太人）开始，伊斯兰教和犹太教实际上被排除在西班牙的世界观之外。这一举动并非偶然，西班牙对两种文化的敌意由来已久，1492年的事件也绝不是终点。当时被驱逐的犹太人，只有极少数可以在改宗后返回半岛，而穆斯林也在1500年开始受到严苛的限制。然而，这种政策模式一经确立，就从半岛扩大到帝国的其他地区。反犹主义带来了严重的负面影响，尤其是在语言领域，希伯来语和阿拉伯语已不再构成西班牙传统的一部分。帝国的这种压迫政策的代表便是宗教法庭，它从伊比利亚半岛扩展到美洲、马尼拉和果阿，始终将犹太人或穆斯林视为敌对者。

根据阿梅里科·卡斯特罗的观察，西班牙是唯一能够在口头上坚持一种思想，而在实践上完全相反的国家。尽管官方政策上几近疯狂地排斥犹太文化及信仰，但事实证明，西班牙帝国完全无法严格实施该政策。卡斯特罗认为，这种情况源于"西班牙式的永久性"，[37] 即制定许多法律却不加以遵守，这在当今的西班牙仍然很普遍。例如，虽然 1492 年后犹太人被禁止在西班牙居住，但一段时间之后，他们仍得以自由地生活在帝国的大部分地区。直接由西班牙王室统治的奥兰要塞就很好地体现了这种矛盾。在犹太人被驱逐出西班牙的 100 年之后，奥兰仍有一个 70 人的犹太社区。在腓力二世统治结束时，朝臣们似乎说服了君主将犹太人从奥兰和米兰公国中驱逐出去。但事实上，一切似乎都照旧，犹太人继续在奥兰生活到 17 世纪末。同样，法律条文规定禁止穆斯林加入西班牙军队，但很明显，没有穆斯林的支持，奥兰甚至都不会存在，这里的国防军中恰恰招募了许多穆斯林士兵。[38]

在所谓驱逐犹太人的数年、数十年乃至数世纪之后，犹太居民继续在西班牙帝国的演变中发挥重要作用。塞法迪（Sefarad，指伊比利亚半岛上的西班牙）过去是，将来也是他们心中的家园。对塞法迪的向往使新一代犹太人回到了祖先的土地，有的从葡萄牙返回，有的则从法国返回。正如我们所见，改宗的犹太金融家活跃于商业贸易领域，为王室带来人脉，并支持海军和海外远征。1628年，腓力四世给予葡萄牙金融家自由贸易和定居的权利，希望借此从外国人手中夺回西印度群岛的一部分贸易主导权。因此，新基督徒们将影响力扩展到了西班牙和美洲的主要贸易渠道，在荷兰占领部分葡属巴西的几十年里，他们取得了格外显著的成功。在加勒比地区，他们也设法在荷兰人和英格兰人占领的地区，建立起最初由贫苦移民组成的小社区。17 世纪末，塞法迪犹太人（西班牙裔犹太人）开始在库拉索岛、苏里南、马提尼克岛和牙买加等地区定居。当在西班牙遇到宗教法庭的迫害时，许多改宗的犹太人就移居到了著名的避难所之一——阿姆斯特丹。17世纪，在阿姆斯特丹结婚的约1000名犹太人中，至少有五分之一出生在西班牙，五分之二出生在葡萄牙。[39]这些来自伊比利亚岛的犹太人在阿姆斯特丹继续给帝国事业投资，数额尽管不算庞大，但仍不可小觑。

犹太人还有另一个他们早已习以为常的角色。自从1492年驱逐犹太人、反犹太主义达到高潮以来，西班牙的宗教狂热者一直担心并怀疑西班牙境外的犹太人企图颠覆卡斯蒂利亚的整个帝国事业。结果，在新世界和帝国领土的其他区域，逼迫犹太人改宗的事情时有发生。最重要的是，犹太人被认为是17世纪初导致巴西沦为荷兰殖民地的罪魁祸首，葡萄牙人和西班牙人一致认为犹太人在背后使用诡计。卡斯蒂利亚的一位大公坚称，伯南布哥在1630年沦为荷兰的殖民地就是"因为犹太人"。[40]这10年间，为了反对奥利瓦雷斯对葡萄牙那些改宗犹太金融家的支持，马德里的反犹情绪一度泛滥。一些神职人员和知识分子，尤其是诗人弗朗切斯科·德·克维多（Francisco de Quevedo），积极散布了犹太人"背后捅刀"的言论。这些人声称，如果帝国崩溃，犹太人应该受到谴责，尤其是那些长期支持帝国宿敌荷兰的犹太人。1637年，一位修士告诉国王："正是在犹太人的帮助下，荷兰叛军取得了成功。"[41]实际上，反犹太主义的思潮直到今天仍非常活跃，而掌权者对反犹狂热却一直嗤之以鼻。

简单的数字证据，就足以说明西班牙人是帝国人口中的少数派。在小型殖民地中，移民可以利用人数优势来强制推行自己的生活方式；但在罗马和不列颠这样的大帝国中，这种做法是不可能的。西班牙的有限人口制约了其向外传播自身文化的能力，16世纪末，本就为数不多的西班牙人口又在减少。在新世界中，尽管经历了人口灾难，原住民仍占了多数，西班牙人所占比例始终很小，并且这里很快便有其他移民大量涌入。一位 17 世纪初期住在利马的葡萄牙新基督徒报告说，该市最富有的商人是科西嘉人（如著名的吉安·安东尼奥·科尔索的家族），在这里居住的有法国人、意大利人、德意志人、佛兰德人、希腊人、热那亚人、英格兰人、中国人和印度人。[42] 外国社区约有 400 个家庭，其中 57 个是科西嘉人家庭。在同一时期，新西班牙的总督毫不夸张地报告说，他担心在其管辖范围内居住的众多佛兰德人、葡萄牙人、荷兰人、法国人和其他非西班牙人会对当地安全构成威胁。[43]

一位研究拉丁美洲的著名历史学家曾问："那些非西班牙人究竟发挥了怎样的作用？葡萄牙人、德意志人、佛兰德人、意大利人、希腊人和英格兰人，他们是以冒险家、商人、矿工的身份，还是仅仅以移民的身份来到西属美洲的？"[44] 尽管人数有限，但他们因掌握专业知识而受到重视。1538 年，获准从塞维利亚来到新西班牙的 4 名法国人，就是因受邀传授烹饪技术而获准出行的。[45] 而在帝国的采矿业中，也到处可见德意志人。从 16 世纪 90 年代开始，新西班牙当局开始向外国人征收赋税，缴税的外国人会被允许在此定居。17 世纪 50 年代，一位前往拉普拉塔河的法国商人报告说，在布宜诺斯艾利斯有"一些法国人、荷兰人和热那亚人，但他们都被当作西班牙人"。[46] 与亚洲的沟通也影响到了新世界的人口构成。据称，在 17 世纪初，每 10 年就约有 6 000 名东方人从马尼拉进入新西班牙。[47]

由于葡萄牙人当时也控制着一个殖民帝国，人们常常忘记了他们为西班牙帝国的建立和辉煌做出的重大贡献。作为开拓者，葡萄牙人吸引了一批批模仿者甚至竞争者。葡萄牙人在运输、制图、航海以及与非亚两大洲的文化交流方面成果卓著，为后来人提供了宝贵经验。葡萄牙人在加那利群岛的殖民化进程中也发挥了特殊的作用，而他们建立的贸易网络也使西班牙人得以获取亚洲的香料。在西班牙帝国的历史上，葡萄牙人亦是非洲奴隶的主要供应方，在进入 18 世纪后，定居南美洲的西班牙人主要依赖巴西供应商提供的奴隶资源。在 1580 年至 1640 年间，尽管在实践中，葡萄牙人的帝国仍然会作为一个自治实体运行，但作为西班牙王室的臣民，他们仍然会参与西班牙的帝国事业。例如，17 世纪 30 年代，秘鲁的总督府中就有葡萄牙人任职。[48] 总而言之，葡萄牙人在西班牙领土的治理管辖中始终功不可没。

与西班牙人一样，其他欧洲移民也不只是简单地移居，他们同时也带来了自己家乡的文化。这个课题很少有人研究，其相关性却是毋庸置疑的。就像他们将自身文化带到伊比利亚半岛那样，尼德兰人也将其引入了新世界。安特卫普艺术家西蒙·佩雷恩斯（Simon Pereyns）于 1566 年到达墨西哥，他被认为是总督辖区中最优秀的艺术家。同一时期，新西班牙的神职人员和社会精英也从尼德兰进口挂毯和画作，至 17 世纪，许多佛兰德风景画进入了墨西哥的教堂和家庭。[49] 在同时期的秘鲁，意大利画家贝尔纳多·比蒂（Bernardo Bitti）和安杰利诺·梅多罗（Angelino Medoro）也为当地艺术做出了重大贡献，尼德兰画家鲁本斯的作品在墨西哥和库斯科的声誉不亚于其在马德里的声誉。

西班牙人的社会地位一度最高，但后期有所改变。移居到殖民地的人享有新的机会，其社会地位却与在半岛时相差无几。许多人变得富有和成功，但也有人在到达殖民地后仍旧挣扎在贫困之中。相较于在祖国，在殖民地，轻松获得的财富使人更容易跻身上层社会。但殖民地社会也逐渐接受了社会阶级的核心法则，很快就形成了有严格准入规则的贵族阶层。被西班牙收复并接管的格拉纳达首先形成了壁垒森严的阶级，这里也成了权力滋生的社会关系及人群态度的试验场。有教养的基督徒和穆斯林精英发起的强调种族之间维持良好关系的抗议活动遭到了挫败。在镇压了1500年的穆斯林叛乱之后，西斯内罗斯主教建议政府将这些穆斯林叛乱者贬为奴隶。西班牙的其他领导人大多意见相对温和，但总体来说，半岛内的穆斯林在接下来的100年里继续承受着蔑视和苛责。在与其他群体的日常接触中，他们的着装、言语、习俗尤其是饮食习惯都经常受到冒犯，甚至时有冲突发生。摩里斯科人会在宰杀动物时举行仪式，不碰猪肉（这可是在西班牙最常吃的肉）或酒，只用橄榄油烹饪；而基督徒则用黄油或猪油烹饪。摩里斯科人也经常倾向于在不同的社区分开聚居，但这更有可能招致敌对。1567年，一位身在格拉纳达的摩里斯科人领袖抗议说："官员和神职人员每天都用各种方式虐待我们。"这些冲突引发了叛乱，并不可避免地导致了1609年驱逐穆斯林的行动。至此，大多数卡斯蒂利亚人已经确信了自己的统治地位。

自16世纪初，卡斯蒂利亚人就自我定义为"征服者"。许多人在已知的世界各地追逐军功荣耀，从一个战区到另一个战区，从格拉纳达到意大利，再从意大利到佛兰德。老兵们第一次站在特诺奇蒂特兰城的宏伟庙宇上，俯视湖边的巨大堤道，望着成千上万的人涌向集市。贝尔纳尔·迪亚斯回忆说，"我们中的一些人到过世界许多地方：伊斯坦布尔、罗马乃至整个意大利"，却从未见过此番景象。参加过阿劳坎战争的卡斯蒂利亚贵族阿隆索·德·索托马约尔（Alonso de Sotomayor）说，他"与佛兰德的许多英勇士兵一起奔赴智利，为国王打赢这场战争"。[50]美洲边疆英雄的回忆录印证了卡斯蒂利亚人在新世界中的成就，但其他许多国家以西班牙之名做出的贡献其实数倍于此。

卡斯蒂利亚人忽视了这一点，一直声称功劳都是自己的。他们的狂妄自大为世人所知。受腓力二世派遣来到尼德兰工作的人文主义者阿里亚斯·蒙塔诺（Arias Montano）了解这一点后感到无比震惊。"我们西班牙民族的傲慢在此表现得无以复加，"他写道，"许多西班牙人还美其名曰'荣耀'。"可见，连一名卡斯蒂利亚人都忧心于西班牙帝国日益见长的傲慢。1570年，一位官员在米兰放言，"意大利人虽非印第安人，但我们大可以用对待印第安人的方式对待他们"，用这种态度对待这些使西班牙得以在意大利建立权力的亲王、精英和军士们，也委实令人不解。米兰总督雷克森斯的观点同样匪夷所思。他写道："意大利不能被托付给意大利人。"[51]现在我们知道，最初的谦卑（假如的确有过的话）很快转化成了文化自大，这种自大在整个帝国已经司空见惯了。

世界帝国中的西班牙人为故土感到骄傲而且很依恋故土。与其他移民一样，他们对故土保持着基本的忠诚。他们也毫不掩饰这种忠诚，美洲的很多地方都被冠以移民者家乡的名字：科尔多瓦、瓜达拉哈拉、拉雷多……有一个至今仍适用的规则，同一籍贯的移民们倾向于奔赴同一目的地，并在新的环境中重建自己的故乡。典型的是从卡斯蒂利亚的布里韦加镇（Brihuega）迁到新西班牙第二大城市普埃布拉的移民。1560年至1620年间，有1 000多人从布里韦加移居到普埃布拉，同时带去了家乡的纺织技术。在努力开始新生活的同时，他们保留着自己作为布里韦加人的身份认同。[52]

与欧洲其他地区一样，伊比利亚半岛作为强大的地域纽带，其影响延伸到了日常生活的众多方面：家庭、政治、宗教。从这片土地走出的不仅仅是"西班牙人"，他们也是哈恩（Jaén）人、卡塞雷斯（Cáceres）人、阿维莱斯（Avilés）人，同时他们也热衷于保留这种身份。家乡是他们身份认同的基本依据。一位移居墨西哥的西班牙人于1706年给身在马德里的妻子写信说："这片领土上的人都是西班牙人，来自同一地方的人彼此之间的尊重信赖，甚至超过了亲属之间的关系。"[53] 西班牙各地移民中的佼佼者是巴斯克人，他们在开发新西班牙北部的新比斯开过程中扮演了重要角色。巴斯克人与其他西班牙人有着不同的日常交流语言，在美洲的社区中，巴斯克人长期保持着相对独立。1612年在普埃布拉市，113名巴斯克商人和公民向政府提供了独立的财政支持。[54] 即使在遥远的美洲，这种疏离感也常常会导致西班牙人之间的冲突。巴斯克人与其他移民（尤其是安达卢西亚人）之间冲突不断，有时他们甚至会将安达卢西亚人视为穆斯林。[55]

现实的经济因素使移民们与祖国渐行渐远。那些现在已经成功建立新生活的人，已经无法再回到过往的贫穷生活中去。这一点在早期移民留存下来的信件里被反复提及，因此可以说是确凿无疑的。美洲提供了更多的选择、更多的财富、更多跻身上层社会的可能性，为什么还要回到无法给予居民任何东西的旧世界呢？在秘鲁，有传言说那些回到半岛上的人正在经历战争并被征收重税。1577年，波托西的一位移民抱怨道：

> 我们得到一个坏消息，塞维利亚的国王要没收所有的银

子。因此，许多正要回到西班牙的人改变了主意。人们还说了很多诸如战争之类的不幸事情，这些都浇灭了人们返回西班牙的希望。那些不打算回西班牙的人购买了商品和不动产，许多人成了家。我不知道该怎么办。说实话，我不想死在这个国家，我想回到我出生的地方。[56]

在美洲，利马的一位移民说："人们更感兴趣的是你有没有，而不是你怎么得到的，如果有，他们就会闭口不问。"简而言之，"人们在西班牙如果真能像在这里一样努力的话，根本就没有来这里的必要了；有些工作在西班牙甚至连乞丐也不会做，在这里却备受尊敬"。[57] 新世界至少在征服后的一段时期内提供了一种新的伦理规则，对个人的评判是基于其成就而不是家族继承，是基于勤奋劳作而不是懒惰庸闲。1740 年，一位到了墨西哥的移民写信给身在西班牙的女儿说，"我的目标一直是通过艰辛的工作来创造财富，使你能够过上与我相反的人生"，所以后者应该快些来与他团聚。[58] 西班牙的荣誉观与美洲相差千里，一位来自利马的商人满心愤慨地写信给他在西班牙的兄弟，以讽刺的语气嘲笑兄弟那自认为"因为拥有荣誉，所以完全有资格来美洲"的说法："我不知道你为什么要来美洲，对于一个已经拥有如此'荣誉'的男人，还有什么东西需要去获取呢？"[59]

殖民者们逐渐开始认同他们的新家园，而不是他们的出生地、故土、村庄、乡亲，以及熟悉的村落所在的那个"祖国"。当卡塔赫纳的一位公民在 1590 年写信敦促妻子过来找他时，他告诉妻子要忘记离开家乡的痛苦："不要一直想你的'祖国'，因为真正的'祖国'是会给你栖身之所、令你得到安定的国家。"[60] 墨西哥的一位商人在 1592 年向他在加那利群岛的父母解释说:"我一直以来都很想回到我的'祖国',但是假如我真的这样做,那就大错特错了。"[61] 相反,倒应该是家人们过来投奔他。殖民者观察到他们在新世界的生活方式与在故土时有天壤之别。1704 年,一位丈夫在利马写信给半岛上的妻子说:"我不是说我不想回西班牙,我真的很想回去。可是在西班牙我一无所有,还有那么多的债务和税,而我在这里却是一身轻松。"[62]

新西班牙和秘鲁的第一代移民自认是征服者,在新大陆上拥有与生俱来的至高无上的权力。因此,他们拒绝服从后来相继从欧洲来此的西班牙官员。在美洲出生的克里奥尔人(土生白人,criollos)和那些来自半岛的西班牙本土移民之间的分歧已经越来越明显。克里奥尔人认为,他们通过努力创造了新的美洲,他们也拥有在城市任职的独特权利。这一主张导致殖民地精英与以检审法院和总督为代表的半岛管理机构之间冲突不断。在 16 世纪 60 年代,智利南部的移民就对阿劳坎战争的代价深感不满。一位当事人报告说:"对他们来说,这份委屈可不小,他们征服了这个国家之后,却依旧不能翻身做主人,他们的货物每天都被拿去支付战争开销,而那些刚从欧洲来的人,什么都没干过就占据了行政职位。"[63] 不过,在皮萨罗之后,直到 1624 年墨西哥的克里奥尔人精英起义前,美洲都未发生大规模动乱。[64]

要求政治自治只是克里奥尔人试图自我定位的广泛尝试的一个方面。尽管他们继续保留着对自己根源的虔诚记忆,但这些殖民者最终融入了他们的新环境。帝国的行政管理很快落入了殖民者精英的手中。从 16 世纪 60 年代开始,每当资金问题变得严重时,腓力二世便会向官员及其家人出售公职,卖官鬻爵的情况变得司空见慣。在美洲殖民地，这种情况使得控制政府的实权逐渐落入了当地精英而非来自半岛的西班牙人的手中。

在控制了政府后，他们接受了自己在殖民地的身份，并开始与祖国保持距离。到 1600 年左右，墨西哥的巴斯克人基本上不再讲巴斯克语了。[65] 早期的克里奥尔人别无选择，只能认同自己唯一拥有的过去，即新世界的本土文明。征服者通常与纳瓦族和印加贵族通婚，这让他们觉得自己也是美洲新贵族的一部分，[66] 并坚决捍卫印第安人的传统。从 16 世纪末开始，他们开始勾勒出一幅幅关于美洲过往的神秘图景，在这里面，征服者和印第安人都在美洲历史中共同留下了浓墨重彩的印记。在墨西哥，像费尔南多·阿尔瓦·伊克斯利克希特尔这样母系可以追溯到特斯科科统治者的贵族，以及在西班牙本土的印卡·加尔西拉索·德·拉·维加，这些贵族描绘的历史倾向于认为，被征服前的印第安文明是不断发展的西班牙帝国中杰出而正式的一部分。[67] 第一代移民就生活在他们自己劳作的土地上，周围是他们所欣赏的原住民，因此他们认同自己的美洲身份并不难，例如一位在秘鲁成功取得委托监护制下监护主身份的殖民者，就对他治下的印第安人表达了一种家长式的担忧：

> 我对待他们就像对待我的孩子一样，他们帮助我谋生，我免除了他们的赋税并在我力所能及的范围内帮助他们；他们为我服务了 30 多年，我欠他们一辈子的情。我一年中的大部分时间都待在这里，这是我无法摆脱的习惯，我养了成群的绵羊、山羊和猪，我以前也养过牛，但现在我把它们卖掉了，因为它们伤害了印第安人。[68]

然而，在征服后的一个世纪中，美洲人口的种族构成发生了迅速的变化，其成分越来越复杂。印第安人及其领袖——curacas 与 caciques——越来越受到鄙视，在社会上处于从属地位。混血的、贫穷的梅斯蒂索人以及更多黑人后裔的出现，都使原住民在殖民社会中被边缘化。克里奥尔裔学者也无法再简单地强调克里奥尔人所谓的"贵族出身"了。

17 世纪墨西哥学者卡洛斯·德·西根萨·贡戈拉（Carlos de Sigüenza y Góngora，逝世于 1700 年）在著作中提供了一种新视角，捍卫他在 1681 年提出的"克里奥尔民族"的说法。由于移民们不愿通过追溯自己的欧洲祖先来确定身份认同，因此，西根萨设计了一种基于美洲古文明的身份认同，并将美洲文明的源头追溯到埃及和希腊文明。然而，即使是这一精心设计的历史身份也并未引起巨大的反响，直到 18 世纪后期，其他作家才重拾这一理论。殖民时代的种族术语使用混乱，并不总是能清楚地说明身份。所有殖民地白人都被认为是"西班牙人"（españoles），"美洲人"（American）一词经常被用来指非欧洲人，"墨西哥人"（mexicano）和"秘鲁人"（perulero）这两个词既可指原住民又可指白人。词语往往具有强烈的情感色彩，而符号则更甚，瓜达卢佩（Guadalupe，西班牙一个重要圣地）的标志在新西班牙的演变就很说明问题。据说在 16 世纪中叶，圣母马利亚曾在墨西哥的特佩亚克山（Tepeyac，当地人过去敬拜女神托南钦的地方）上于一个印第安人面前现身，并称自己为瓜达卢佩的圣母。[69] 对特佩亚克圣母的敬拜到 17 世纪已经根深蒂固，并成为墨西哥基督教自主性的有力体现。一座宏伟的教堂在此拔地而起，1648 年，克里奥尔人修士米格尔·桑切斯（Miguel Sánchez）撰写了权威著作，歌颂克里奥尔人的第一位圣母的荣耀，她也是殖民时代美洲第一位真正圣母。

来自半岛的移民一来到大西洋或太平洋的彼岸或是到达欧洲的其他地区，就能够克服原有的地域差异，意识到他们本来自一个共同的家园——一个他们仍然魂牵梦绕的家园。巴利亚多利德作家克里斯托瓦尔·苏亚雷斯·德·菲格罗亚（Cristóbal Suárez de Figueroa，卒于 1644 年）在意大利度过了半生时光，他认识到"即使原来在祖国针锋相对的人，到了异国也会和解，学会彼此欣赏"。他有力地表达了那些离开西班牙的人对祖国的渴望，对"离开之后再也找不到的天空、河流、田野、朋友、家人等幸福之所在"[70] 的向往。一位身处卡哈马卡的移民 1698 年说的话无疑道出了成千上万人的心声："我身在美洲，而心在纳瓦拉。"[71] 对于几代西班牙人而言，他们的心思常年徘徊在移居的土地和离开的故土之间。然而，相对于在世界帝国的海外领土中所获得的承认与满足，对家园的绵绵思念往往显得苍白无力。

有一位殖民者在美洲有着传奇的经历，他就是从 1688 年起担任新墨西哥省督的迭戈·德·巴尔加斯（Diego de Vargas）。他于 1643 年出生在马德里的一个贵族家庭，1673 年首次前往新西班牙。他起初担任过几个不起眼的职位，后来在加尔韦（Galve）伯爵担任总督期间，成功晋升为省督。1692 年他被派往格兰德河地区负责一份苦差事：恢复对普埃布洛印第安人的控制。为此，他在经济上损失惨重，甚至健康也受到了极大的损害，最终于 1704 年因痢疾病死在新墨西哥的一个偏僻之地。1686 年，他在一封家书中写道："西班牙对我来说如同继母，因为她总是把我驱赶到陌生的土地上，让我自谋生路。在这里，我做到了在西班牙做不到的事情。自从我离开家乡以来，我从未求过他人。"[72] 他为自己白手起家、自力更生而备感自豪，他的晋升和成就不是得益于身份，而是靠奋斗赢来的。他继续写道，在美洲，财富"不是从树上摘下来或从河里捞出来的，而是努力工作得来的，不努力就没有钱，没有地位，跟在西班牙无二"。他在 1690 年秋天又写道："西印度群岛适合创业者，不适合不擅长经营的贵族。这片土地上充满风险。"[73]然而，他在格兰德河行动期间所遭受的巨额经济损失撼动了他对美洲的信心。1703 年 4 月，在他去世的前一年，他感叹道："我离开西班牙、离开我挚爱的故国——那个可爱的马德里小镇、那个称霸全球的王国——已经 30 年了啊。"他对家人说，如果当初留在西班牙，就可以享受他们的陪伴，而不会像现在这样遭受"无底洞"般的痛苦。[74]

讽刺的是，由西班牙帝国派生出来的主要族群，却并不渴望拥有自己的身份的认同。由于西班牙移民很少会有家眷同行，他们不可避免会与当地印第安女人结合，他们的后代便是梅斯蒂索人（见第六章）。在菲律宾，欧洲女性的稀缺促进了种族融合；在新墨西哥情况亦然。在那里，没有家眷随行的西班牙人不得不娶非西班牙血统的女人为妻。结果，梅斯蒂索人发挥了超乎寻常的积极作用，并强化了西班牙文化和原住民文化之间的联系。从 20 世纪殖民地社会的经验中可知，混血后代们总会处在一个尴尬的位置，因为他们始终被夹在两个世界之间。在 16 世纪的美洲，梅斯蒂索人通常被归为西班牙人，[75]尽管他们在殖民地社会中的优势地位正在被逐渐削弱。16 世纪中叶，他们参加了西班牙人领导的所有重要探险活动，并在新世界的城镇建设中发挥了独特的作用。毫无疑问，"没有梅斯蒂索人，西班牙的殖民化进程就无从谈起"。[76]

阿拉贡国王斐迪南二世在 1514 年颁布的法律中，准许印第安人与西班牙人通婚。他认为，任何理由"都不应阻碍印第安人和西班牙人之间的婚姻，所有人都应有完全的与自己喜欢的人结婚的自由"。[77]出身于西班牙贵族的航海家、征服者埃尔南·科尔特斯与印第安女子玛丽娜的后代被接纳为殖民地贵族，从那以后，各族精英之间的通婚便不再被视为耻辱。一位墨西哥商人在1571年的家书中说："在家里，如果我娶了一个印第安女人，你们可能会觉得很丢脸；但是在这儿，这样做完全不丢人，因为印第安人已经备受尊敬。"[78]那些来自精英阶层的人当然可以像这位商人所说的那样幸运，但总体而言，梅斯蒂索人的迅速增加带来了许多问题，继而引发了严重的歧视。1549年以后，墨西哥的混血后代无法继承委托监护人的职位，也不能成为神职人员。从1576年起，他们又被禁止出任公职。[79]1588年，也许是迫于何塞·德·阿科斯塔的压力，腓力二世下令，梅斯蒂索人可以成为神职人员。但这项政策在具体的执行过程中却收效甚微。尽管障碍重重，但梅斯蒂索人仍在殖民地社会中发挥着举足轻重的作用。

在西班牙人之后，最广为人知的移民便是非洲人。众所周知，截至1650年，新世界中非洲人的人数已超过了西班牙人。尽管我们没有殖民地时期人口统计的可靠数据，但非洲人无疑扮演着重要角色。在1795年的利马，自由黑人和奴隶占了全市总人口的45%。虽然非洲人当初只是因为劳作和苦役而被带至此处，但他们改变了美洲大片地区的社会和经济状况，并将自己原有的风俗和文化深深植入了所到之处。[80]因此，在精英阶层打造他们的少数族裔认同时，另一种从未被充分西班牙化的少数族裔认同也逐渐发展起来，并由此深刻改变了美洲大陆的文化。通过各种社会生产活动，非洲人为维持西班牙殖民主义的存续做出了重要贡献。[81] 与此同时，他们不仅设法保留了自身的文化元素，也随着时间的推移，在新世界创造出了独一无二的身份特质。

非洲移民原本来自非洲大陆的不同地区，在作为奴隶被分配到新世界的各个地区时，经常被不加区分地混在一起。由于与家乡往往就此失去了联系，他们不得不为自己寻找新的方向。17世纪的耶稣会传教士阿隆索·德·桑多瓦尔是为数不多的异常关注非洲人文化的西班牙人之一，他设法查明了卡塔赫纳的奴隶具体都来自哪些非洲国家。对于神职人员来说，要想理解这些初来者的语言和表达方式，其难度可想而知。非洲人时常要因工作环境的改变而不得不去克服巨大的文化障碍。1540年，一位初到伊斯帕尼奥拉岛参观的意大利旅行者表示，他们被根据民族分成了不同的团体，每个团体都有指定的带领者。[82] 之后几十年的历史证明，遍布整个西班牙美洲殖民地的非洲人，在某种程度上成功地保留了其原来所属民族的生活方式及语言。在很难找到通用语的地方，他们创造出了一种与他们的主要语言相似的通用语或混杂语，连桑多瓦尔这样的神职人员也尝试着学习这种语言。[83] 有时，这些黑人族群以他们经常参加的宗教协会为掩护进行活动，并在音乐和舞蹈方面做出了突出的贡献。17世纪来到加勒比庄园的造访者们就曾听到奴隶们用母语演唱西非海岸的歌曲。

但是，非洲人不可避免地要对自身的原有文化做出一定改变，以适应新世界的需要。只要看看那些参加叛乱并逃往山上的非洲人，我们就可以知道他们中的许多人其实完全排斥西班牙人那压制性的文明。那些逃跑的黑奴在加勒比海沿岸定居，组成一系列的社区。早在1513年，人们在巴拿马地区就发现了逃亡奴隶的踪迹，当时一艘载着奴隶的船失事，一些幸存者游上岸并存活了下来。[84]
在美洲如此广阔的大陆上，藏身于山林中，并组建一个自治社区并非难事。在 16 世纪 20 年代的伊斯帕尼奥拉岛，一群群逃跑的奴隶就藏身在这里的山中。1545 年，岛上据估计有 7 000 多名逃亡奴隶。他们抓住一切可能的机会与进入西班牙领地的外国人合作。而另一方面，加勒比地区的逃亡奴隶也始终面临着被好战的原住民部落抓捕并奴役的危险。[85] 因此，我们也就不难理解为什么非洲人一定要对西班牙人和美洲印第安人都敬而远之了。

西班牙人自然担心庞大的黑人族群会发起叛乱。1537 年，墨西哥总督报告说，黑人（当时约有 2 万人）准备联合墨西哥和特拉特洛尔科的印第安人一同发起叛乱。[86] 1538 年的古巴、1546 年的伊斯帕尼奥拉岛、1552 年的委内瑞拉，以及 1555 年的巴拿马附近地区，确实都发生过黑人起义。根据记录，不同族群的黑人似乎会为追求共同的目标而团结起来，在新的环境中共同生活。来自不同地方的他们最终受到了一个共同背景的启发，那便是"非洲"——他们永远不会回到那里，但那里始终是他们的家园。在这些黑人奴隶逃亡运动中，最著名的一起发生在 1609 年韦拉克鲁斯附近的山区，运动的领导人为一个名叫扬加（Yanga）的第一代刚果人，他在家乡似乎有王室血统，他宣告了一片拥有 500 多名非洲人的定居地为自由领土，要求总督给予官方认可。起义者宣称："我们撤到那片土地上，就是为了免受西班牙人的残酷苛责，任何想要剥夺我们自由的做法都是不公的。"[87] 西班牙人无法摧毁这个定居地，最终在 1618 年承认这个名叫"黑人的圣洛伦索"（San Lorenzo of the Blacks）的村庄拥有自治权。[88] 美洲各地开始出现了类似的逃亡奴隶定居点，尤其是在 17 世纪的委内瑞拉。[89]

相比之下，其他生活环境更宽松的黑人移民则变得更加西班牙化，他们融入了西班牙人的世界。由于非洲的本土宗教信仰允许人们同时接受宇宙二元论和来世的概念，他们很顺利地接受了基督教的思想。[90] 实际上，很多人甚至在到达美洲之前，在仍然身处非洲或西班牙领土时就已经改宗了。在新世界中不断演变的黑人基督教成为非洲移民的一个重要身份特征，这种身份将他们出生地的文化、信仰、语言与新定居地的社会背景和内心愿景结合了起来。当然，某些原始习俗的特殊性也不可避免地与宗教当局产生了一定的冲突，通过美洲宗教法庭裁决的一些案例，我们可以详尽地了解非裔美洲人的信仰和习俗。美洲的宗教裁判将黑人移民的吟诵、符咒、仪式和舞蹈看作"恶魔的诡计"，但在场的黑人当事人和目击者则明确地表示，他们只是把非洲宗教的独特习俗与新世界的新基督教习俗融合起来而已。在 17 世纪的墨西哥，一位奴隶描述了占卜者如何"通过胸腔"说话：

> 这位黑人，多明哥（Domingo），他曾多次同一些物件和玩偶对话，两个玩偶一个是男人模样，另一个是女人模样，大家都能听到这些物件与多明哥说话。我们听见它们操着西班牙语和刚果语，还跳了两国的舞蹈，用这两种语言清清楚楚地唱歌，每个人都能清楚地听到并理解，最后，这两个玩偶都伸手讨食。[91]

黑人经常被主人禁止与官方教会及神职人员进行任何实质性的接触，同时又分散在整个新世界的各个小型社区（其居民来自世界各地）里，因此，不论是作为奴隶还是自由人，黑人移民都尽力保留其原本的文化，试图通过这种方式来保护自己免受野蛮新环境的伤害。在整个帝国时期，西班牙治下的数百万黑人臣民都在共享着这种文化。由此，我们就更应着重考察黑人身份认同的真实情况及其对殖民地社会文化的重要贡献。这些贡献看似微乎其微，但究其原因，却是由于黑人长期受到严酷的迫害和歧视，在生活中被边缘化，并受到种种排斥；他们虽然被鼓励改信基督教，却被禁止担任神职。随着时间的推移，他们的作用才逐渐得到认可。1635 年在哥斯达黎加，一位黑人妇女首次发起了对黑人形象的圣母马利亚的敬拜，后来这一形象的马利亚被奉为整个国家的守护神。[92] 然而，直到 1962 年，随着 18 世纪的秘鲁穆拉托人马丁·德·波雷斯（Martin de Porres）被追封为圣徒，官方教会才开始弥补其对拉美地区黑人的漠视。

尽管黑人受尽苦难，但在欧洲，他们仍然可以努力获得并享有一定程度的自由。获得自由的三种合法方式为：一、奴隶主授予一份正式签署的"解放函"；二、自己出钱赎身；三、第三方为其赎身。[93] 实际上，几乎没有多少黑人尝试通过这些官方程序获取自由。有时神职人员也会对黑人们出手相助，例如加泰罗尼亚的耶稣会会士彼得·克拉维尔（Peter Claver），他一生都在卡塔赫纳帮助黑人奴隶，只是他的努力并不包括解放这些黑人。神职人员偶尔会发起反对奴隶制的抗议活动，例如墨西哥大主教阿隆索·德·蒙图法尔（Alonso de Montúfar）在 1560 年组织的声讨，不过这些抗议从未形成实质的社会压力，没有造成太大的影响。

黑人移民们终究不得不自己走出一条漫长而痛苦的自由之路。他们通过努力劳作致富，就像托马斯·盖奇于 17 世纪 30 年代在危地马拉遇到的那位黑人农民一样，"据说他家境殷实，热情招待途经的旅行者们。他的牛羊成群，他经营的农场店铺为危地马拉及其附近的人们供应全国最优质的奶酪"。[94] 到 17 世纪，事实上获得自由的（尽管在严格的法律意义上不一定是自由的）新西班牙黑人数量大约占全部黑人的三分之一。[95] 在城市里，他们有的做家庭佣人，有的做着不太重要的文职工作，也有的是独立商人；在乡下，他们是大牧场上必不可少的劳动力，是负责放牧牛群的"牛仔"（vaqueros）。由于他们总是成群结队出行，所以当地居民都对他们退避三舍。萨卡特卡斯的居民这样形容他们："他们的存在是一种邪恶，但他们的消失是一种更大的邪恶。"[96]

在西属美洲，大城市之外的防卫主要是由有色人种来承担的。查格里斯（Chagres）是保护巴拿马免受一切从加勒比海方向而来的袭击的屏障，在 18 世纪 40 年代，约有 100 人守卫此处，其中"多数是黑人、穆拉托人和其他肤色的人"。在巴拿马，"镇上的民兵主要由穆拉托人和其他有色人种组成"。就连驻扎在卡亚俄港的太平洋防卫中队的两三艘船上，船员也以黑人为主。18 世纪初期，官员豪尔赫·胡安（Jorge Juan）和安东尼奥·乌略亚报告称："在船上这种情况很常见……一名克里奥尔人中士、一名印第安人舵手、一名梅斯蒂索人警卫，以及一名穆拉托人木匠或是一名黑人造船工匠。"[97]

从那时起，在一个由克里奥尔白人精英阶层和众多有色或混血人口共同组成的大陆上，西班牙裔移民早已不再扮演重要的军事角色。从西班牙本土派出士兵已经变得毫无意义，[98] 因为他们一抵达美洲就会从部队逃走，消失在广袤的土地上。胡安和乌略亚提出的唯一解决方案是，政府每年召集数百名无业的梅斯蒂索人，将他们运到西班牙训练成士兵，然后再将其送回美洲保家卫国。这一想法合情合理，能够一劳永逸地解决像西班牙这样本土人口较少的宗主国在建立庞大帝国时无兵可用的难题。对于美洲黑人而言，尽管要忍受社会地位的低下，那些协助发展并保卫美洲的黑人还是慢慢地在殖民地世界中确立起自己的地位。

美洲原住民在西班牙的帝国规划中地位十分模糊。虽然殖民政权摧毁了他们原有的家园和文化，但政府仍在努力保护他们。正如我们看到的那样，他们被认为是一个独立的印第安社会的一部分，但根据1573年的法令，他们也应该被西班牙化。当西班牙美洲殖民地的统治阶层仍就"美洲原住民更应向谁效忠"的问题争论不休时，庞大的原住民人群对其原有生活环境和经济遭到的破坏而感到困惑，仍努力保留着残存的传统文化。

在美洲和菲律宾还有一大群原住民游离在帝国版图之外，生活在西班牙人从未进入过或无法定居的地区。他们虽然不受殖民地的直接管理，却被动地遭到了传染病等疾病的侵害。所有其他的原住民，无论是在边境上的还是在帝国范围内的，都不可避免地直接或间接地受到了西班牙的影响。贸易方面的影响最为突出。印第安人学会了制作首饰、使用工具、烹制食物、猎杀动物，他们的日常生活方式发生了巨大的变化。日常服饰物品（例如帽子）和语言上的影响相比显得没那么大。这些变化是否在某种意义上破坏了他们的原有文化，这一点还不是很明确，但的确有助于他们在西班牙人统治的世界中继续生存。虽然印第安人排斥西班牙人的社会，但他们还是予以参考和模仿。在秘鲁北部的某些地区，库拉卡人为了强调自己高其他印第安人一等，完全按照西班牙风格着装，戴西班牙式样的帽子，穿西班牙风格的长裤和鞋子。[99]尽管历史学家有充分的理由对人口减少和土著文化的破坏给予极大的关注，但直到最近，他们才强调适应和生存也是西班牙人征服后的原住民生活的一个基本方面。

例如，流行病并不总会造成巨大破坏。内陆地区的原住民似乎很少因与外界的接触而出现灾难性的人口锐减。1620年的秘鲁，受流行病影响最严重的沿海地区仅生活着12%的印第安人，余下生活在内陆的印第安人更有可能幸存下来。到了18世纪，人口状况稳定下来，本土文化重拾信心，开始宣称自己不属于殖民社会。在某些地区，这是一个积极的现象。在墨西哥中部（瓦哈卡和梅兹提特兰），印第安人仍保有大片土地。到18世纪末，维持部落生活的印第安人（普埃布洛人）的数量远远超过了依附于西班牙大庄园制的印第安人。[100]

在其生存发展中，原住民保留了身份的基本认同。即便在远离西班牙统治的城市里，他们也能够建立一个没有明显冲突的平行社会，所以也就没有必要排斥或反抗西班牙的主流社会。确实，许多原住民很轻松地接受了西班牙的宗教和习俗。例如，纳瓦人起初并没有明确的自我称谓。在16世纪初期，至少墨西哥中部的纳瓦人在提到自己时，通常还在使用"nican titlaca"这个词，意为"我们这里的人"。[101]但之后，他们很快就开始采用西班牙的命名体系，并在16世纪中叶完全接纳了新体系。纳瓦人生活在西班牙殖民统治的核心地带，他们采纳了西班牙文化中可以与自身文化相调和的部分，但同时也保留了自己的本土文化元素，使二者并行不悖。[102]因此，后殖民时期的纳瓦人虽然生活在帝国体制内，却继续保持着自己的身份认同。

在整个新世界中，也有其他群体在帝国的边陲地区维持着原本的身份认同。许多幸存的原住民并没有融入帝国，不接受其语言和文化。这种情况在边境地区非常普遍。在新西班牙西部边境的普埃布洛人中，霍皮部落就是一个突出的例子。[103] 镇上的传教计划始于 1629 年，像他们邻近的部落一样，他们数十年来都只是在被动地接受西班牙文化。他们支持了 1680 年的普埃布洛起义，随后又接受了西班牙人恢复对这里的统治。最终，从 1700 年左右起，大多数霍皮人拒绝接受基督教布道，而是恢复了自己的文化，这种状态一直延续到西班牙统治的终结。

文化独立的另一个例子来自新格拉纳达里奥阿查省（Riohacha）的瓜希罗人（Guajiro）。[104] 在其领土被征服后的 200 年里，这里的人民仍然没有被征服。他们从未接受基督教。1750 年，一位耶稣会会士报告说："在美洲所有的野蛮民族中，最该被消灭的就是瓜希罗印第安人。"他们在维持独立的同时，也经常与西班牙移民和外国走私者做交易，以获得生存空间。他们用牲畜、兽皮和动物油脂与外来买家交换武器、手工业品和酒。通过这种方式，他们以非正式的形态成了帝国殖民经济的一部分。这种关系引得其他原住民纷纷效仿。"没有印第安人，白人可怎么办啊？"据说瓜希罗人曾如此故意反复地讥讽当地的西班牙移民。菲律宾吕宋岛北部的各民族同样掌握着自治权。他们分属不同的民族，但为简单起见，西班牙人将其统称为"伊戈罗特人"（Igorots）。在 3 个世纪中，他们成功地避免了被西班牙帝国同化。第一批传教士于 1601 年冒险进入该地区后惨遭杀害。17 世纪 30 年代后，便再没有传教士敢尝试进入那里传教。[105]

原住民里除了有这些保持自治、不受殖民地文化影响的，也有在西班牙帝国不断扩张的压力下被迫臣服、改变其原有社会结构和传统观念的。当然，在很大程度上，所有非西班牙人都必须认清自己在帝国中的角色。但是，其结果对于某些人而言则更加严重，最近的学者用"民族创立"（ethnogenesis）一词来概括这样的结果。该术语可以被理解为某些民族因其在帝国时期遭受的巨大变化而出现的创造性适应，以及随之而来的新身份认同。[106] 这种适应包括在各个方面重新定义文化。以得克萨斯南部平原的朱马诺人为例，"朱马诺"（Jumano）和"普埃布洛"（Pueblo）均源于西班牙语单词，用于称呼"平原印第安人"（Plains Indians），他们从 1670 年开始因传教活动而被吸引到西班牙边境。[107] 作为西班牙人的合作者，朱马诺人遭到阿帕契人的不断袭击。殖民者、战争、干旱无一不在摧残着他们。到了 18 世纪初，朱马诺人已经绝迹，阿帕契人统治了平原。表面上看是这样。不过还有一种可能，那就是迫于压力，朱马诺人迁往他处继续生活，并改变了身份，成为基奥瓦民族（Kiowa nation）的起源。[108]

　　西班牙统治下的各领地族群的丰富性和复杂性清楚地表明，一个强大的殖民政权控制和奴役被殖民群体，这种之前为人们所熟悉的历史景象已不再令人信服，实际上也并不存在。一位当代历史学家公正地断言："殖民国家通过铁腕征服，从而建立了种族隔离制度，将贫穷的印第安人隔离在稳定、集中的村落中，这一图景已不复存在。"[109] 同样，原住民文化在优越的西班牙世界的冲击下瞬间崩溃的画面也显得不再可信。在新世界和太平洋一带等帝国中心地区，那里发生的人口灾难绝不是原住民普遍自杀的结果。在新世界的广袤土地上，即使是在西班牙政权的高压之下，印第安人也生存了下来，并保留了自己的社会结构。

　　平行社会的对比也许在安第斯地区最为明显。在那里，16 世纪中叶的波托西简直称得上是人间炼狱，几十年里，数千名印第安人因给帝国生产白银而劳作至死。但是在波托西以外，安第斯社区建立了自己的经济和市场结构：留在当地的人作为手工艺人做些小本生意；去到外面的人则开荒拓土，发展农作物经济；同时他们也自己控制着大部分的陆上交通运输。[110] 安第斯人既会独自劳作，也会以家庭为单位劳动，有时也会独立于传统的种族群体（如"阿伊鲁"[*]）从事工作，他们通过贡献劳动力和农产品而在市场中发挥重要作用。[111] 简而言之，他们是新大陆经济的重要组成部分，没有他们，西班牙的帝国将停滞不前。很多时候，印第安人作为受害者的经典形象过于深入人心，以至于让我们忽略了他们在美洲文明中的其他角色，事实上，他们是受害者，但更是创造者。他们影响并支撑着西班牙人领导的帝国。

抗议和起义运动不仅发生在安第斯地区和新墨西哥平原，在整个帝国范围内都不可避免。由于篇幅有限，在此不一一细述。我们一般都认为这些运动的目的是推翻一个占统治地位的、稳固的帝国；但事实是，冲突在西班牙帝国脆弱的边境上是家常便饭，阿劳坎人或普埃布洛人的反抗便是如此。在阿巴拉契、新墨西哥、智利等凡是有白人露面的地方，印第安人都时常袭击入侵者。沉默地苟活是一种表达身份的方式，而反抗是另一种。从长期来看，印第安人认为自己并不属于帝国，因为他们坚信，自己尽管暂时和西班牙人貌似相向而行，但终会与西班牙人分道扬镳。双方此时可能生存在同一个社会中，信仰同一种宗教，但从本质上来讲，双方的观念却是截然不同的。

---

[*] 阿伊鲁（ayllus），一种以松散亲属关系为基础的部落公社。——编者注

玛雅文明是最早受到宗教压制的印第安高级文明之一。1562年，弗雷·迭戈·德·兰达神父发起了反对印第安传统宗教信仰的运动之后，玛雅人同意接受基督教修士的传教，但他们的领袖在汇编作品《奇拉姆·巴拉姆之书》中保留了玛雅文化的历史和习俗方面的细节。在这部作品中，玛雅人虽然没有明确地拒绝西班牙人带来的新宗教，但是基督教的神被安插进了玛雅人的叙事体系中。[112] 书中说，当耶稣再次降临时，玛雅的神灵们都将位居耶稣之下，实施自己的统治。这些因素表明，印第安人领袖不接受信仰的融合，不愿将玛雅人宗教和西班牙宗教的元素完全融合在一起。相反，这两条道路是并行的，仅在个别时候有短暂的交会。

　　但是，这两条路何时会分开呢？本土的信仰和文化尽管得以幸存，却没有任何一种可以像16世纪末发生在秘鲁的"塔基·翁克伊"运动那样具备深远持久的影响。运动的传道者声称："我们的主'上帝'创造了西班牙人和卡斯蒂利亚，而'瓦卡'创造了印第安人和这片土地，因此'瓦卡'的存在足以证明'主'并非万能。"弗朗切斯科·皮萨罗在卡哈马卡暂时战胜了所谓的"瓦卡"，但如今，这些神灵已经夺回了自己的土地和人民，并将与基督教的神"再度交战"。[113] 对这一未来决战的渴望时刻提醒着原住民的自我身份认同。

　　"塔基·翁克伊"运动旨在维护安第斯地区人们的原始身份认同，并将其提升到一个新的高度。传道者们宣称："现在的神灵不再像印加时代的神灵那样进入石头、树木和溪流中，而是会进入印第安居民的身体里，与他们对话，若是他们颤抖痉挛，恰恰是因为神灵正降临在他们的身体里。"[114] 这种说法仅在秘鲁内陆地区盛行了大约10年的时间。秘鲁还爆发了其他与身份认同有关的事件，其中最著名的是比尔卡班巴的抵抗。瓜曼·波马在其著作《新编年史》（New Chronicle）中对这个问题做出了最尖锐的评论。

1908年有学者在哥本哈根的一个图书馆里发现了瓜曼·波马的《新编年史》手稿，学术界至此才知道瓜曼·波马的存在。这时距该作品出版已经过去75年了，整本书共有1 000余页，布满了别具匠心的线条插图，以及用克丘亚语写成的长篇大论。波马是印加人的后裔，虽然他是纯正的印第安人，但他的思想却跨越了两个世界。他为自己的基督教信仰感到骄傲，完全不反对西班牙国王的统治；但与此同时，他却毫不留情地批评了西班牙征服过程中的种种不公行为，并坚决维护安第斯人的文化。与"塔基·翁克伊"运动的支持者一样，波马认为西班牙的征服就像一场剧烈的宇宙级地震，是"惊天之举"，它破坏了万物的自然秩序。波马写道："在征服和破坏之后，世界被颠倒了，所有的不可能都变成了现实。"[115]在当今世界，万恶大获全胜，但是"惊天之举"的本质是，它预示着另一个时代的周期性变化，并寄希望于美好的未来。基于这一目的，他为西班牙的腓力三世编写《新编年史》，想要帮助后者建立起秘鲁所需的"良好政府"。

西班牙在欧洲扩张势力的一大结果，就是欧洲其他地方在与西班牙的对抗关系中建立了地域性的身份认同。对西班牙人的共同反感把那些几乎没有其他共性的人群团结了起来。西班牙帝国在客观上促成了一批为抵抗帝国主义而联合起来的"民族国家"。在意大利、英格兰、尼德兰、法国和德意志，作家和政治家们大声疾呼，号召大家放下内部分歧、齐心协力建立统一战线，以抵抗共同的威胁。[116]尼德兰革命、法国对西班牙的战争、西班牙无敌舰队给英格兰带来的威胁、德意志的"三十年战争"……所有这些都有助于凝聚起反抗外敌入侵的情绪，并创造出一种"国家"意识。一本荷兰人的小册子这样写道，西班牙人想要"像对待西印度群岛那样对待我们的祖国，但他们会发现这可没那么简单"。在德意志，最早呼吁反抗西班牙的作家之一是约翰·菲沙尔特（Johann Fischart），他于1590年发表了《反西班牙》（*Antihispanus*）。传说故事和政治宣传加深了对西班牙的仇视，这种情绪在后世演变成了民族神话的基本要素。当然，宗教分歧很快使问题变得复杂，并导致了反西班牙联盟的破裂。尤其是在尼德兰，反对西班牙帝国的统一战线因尖锐的宗教分歧而分裂，最终形成了两个独立的国家，而不是一个统一的民族国家。

由于尼德兰与西班牙帝国有着长期而密切的关系，所以它的情况就显得尤其有趣。冲突伊始，许多西班牙人都对"叛乱者"抱有同情，也愿意听听他们的心声。腓力二世的一众重要顾问，如人文主义者贝尼托·阿里亚斯·蒙塔诺，就因为同情尼德兰而受到国王的批评。在整个战争年代，不论是在尼德兰的南方还是北方，其民众一直感到他们彼此之间的共同点远远多于他们与西班牙人的。无论如何，他们之间的界限是人为划定的，且经常因战争局势而发生变动。直到1585年，亚历山德罗·法尔内塞成功占领安特卫普，界限才最终稳定下来，[117]尽管这一点在当时看来并不明显。1589年，一位布拉班特的贵族（用荷兰语）写信给地理学家亚伯拉罕·奥特利乌斯时，仍然将自己的家乡称作"尼德兰"（Netherland），[118]当地人通常使用这个词的单数形式来表示尼德兰的全部省份，而外国人在表达同样的含义时却更倾向于使用这个词的复数形式。到1621年，著名的知识分子雨果·格劳秀斯（Hugo Grotius）从阿姆斯特丹的监狱中逃脱，他被一位同事邀请到鲁汶大学，这位同事写道："快来吧，这里是你的祖国，我们也是尼德兰人。"[119] 这种彼此共享同一文化遗产的感受延续了下来，而且促成了（我们将会看到的）荷兰人与西班牙人之间随后的和解。

西班牙的势力在当时世界的每个角落都激起了敌对和仇恨。在帝国成立初期，西班牙人对这些外界对他们的反感无所适从，既迷惑不解，也深受伤害，他们难免困惑，自己并未对他人构成任何威胁，为什么还会遭到如此敌视呢？到 16 世纪 90 年代，他们开始接受这一现实。1597 年，西班牙的米兰总督承认："意大利人普遍希望驱逐西班牙人。"1629 年，在尼德兰南部的阿拉斯，一位教区神父在讲坛上谴责西班牙人背叛了这个国家。[120] 西班牙人痛苦地意识到人们对西班牙帝国的仇恨，并开始试图理解自己受憎恨的原因。西班牙作家马特奥·阿莱曼（Mateo Alemán）在其 1599 年的作品《古斯曼·德·阿尔法拉奇》（*Guzmán de Alfarache*）中承认："西班牙人这个名号现在几乎无足轻重了。"

外来势力的统治总是令人厌恶的，卡斯蒂利亚人的统治在其欧洲领土的每一个角落都受到强烈的憎恨。我们甚至没有必要举出怨恨的原因，因为原因太多，而且再明显不过了。甚至在没有宗教冲突的地中海地区，这种敌视也不亚于欧洲北部的情形。卡斯蒂利亚官员也为这种敌意感到悲哀。1570 年，一位驻米兰的西班牙官员感慨道："真不知道西班牙王国乃至整个帝国内部是出了什么问题，全世界的西班牙臣民都不爱戴它。这一点在意大利尤为突出。"[121] 在整个帝国统治时期，意大利人从未停止挑西班牙人的毛病，不停指责他们的性格、文化，尤其是他们的军队。[122] 虽然意大利人和卡斯蒂利亚人自阿拉贡的斐迪南二世时代起就在意大利半岛的军事行动中并肩作战，但他们相处得并不顺利，最终兵刃相向，伤亡惨重。[123] 曾在意大利居住过的人文主义者塞普尔维达说，西班牙人在"意大利战争期间常常轻视意大利人，无论后者是朋友还是敌人，因为征服者总是会鄙视被征服者。再加上意大利人在西班牙人手下受过很多苦，所以他们对西班牙人怀有敌意。正是出于这些原因，意大利人总是想攻击那些在意大利本土的西班牙士兵"[124] 彼得·保罗·鲁本斯也从他的亲身经历中得出结论，在17世纪，"意大利人不喜欢西班牙"。[125]

身处意大利的罗马教皇也曾诋毁过西班牙。在某种程度上，这是一种爱恨交加的关系，因为意大利人完全参与了西班牙帝国的统治并从中获益，但是他们把自己的情感转述成文字时，却常常忘记了自己得到的好处，只看到种种缺点。威尼斯、罗马和来自意大利其他独立城邦的外交官时而持有的中立态度也经常被严重扭曲。这些都对许多现代历史学家构成了误导。对于西班牙统治下意大利历史的这种完全负面的记载，在很大程度上源自其他意大利城邦中反对西班牙的外交官所描绘的西班牙人的野蛮形象。16世纪末的威尼斯使节们便是如此。多纳蒂（Donati）大使称那不勒斯为"该死的王国"，保罗·蒂耶波洛（Paolo Tiepolo）声称在西班牙人的治理下，米兰"犯罪、压迫和抢劫"横行，托马索·孔塔里尼（Tommaso Contarini）则表示西班牙的政策是"挑拨意大利诸侯间的关系"。在这些外交官口中，西班牙毁掉了它统治的所有领土。1606年托斯卡纳驻那不勒斯的使节无法理解，意大利南部为何比他的家乡托斯卡纳还要贫穷，他把罪过都推给了西班牙："到处都是绝望、毁灭和不满。"[126]

纵观整个历史，意大利一直在努力摆脱被普遍称为"蛮族"

（barbarians）的外来侵略者的统治。16世纪初，作家们用这个词称呼法国人；在随后的几个世纪中，这顶帽子则被扣到了西班牙人头上。意大利诸侯和诗人们团结在一起，紧紧地抱着同一个梦想，即拥有一个属于他们自己的国家，（他们声称）就像罗马时代那样。一位贵族在16世纪末写信给法国王后说："我甚至要向土耳其人寻求帮助，把我的祖国从折磨压迫它的暴君手中拯救出来。""意大利，我们的祖国"是1558年另一个贵族表达过的愿望。[127]将西班牙人赶出意大利的愿望也催生了民族统一的理念。最早将此视为现实议题的作家之一，是来自科佩尔（Capodistria）的吉罗拉莫·穆齐奥（Girolamo Muzio），他于1574年呼吁意大利摆脱"外国和野蛮民族"的统治。在他看来，热那亚首先拒绝了西班牙人，这会成为良好的开端。随着热那亚重获自由，米兰也会效仿行事，然后就是整个意大利。之后，领主们应团结起来，在意大利中部选定首都，建立联邦议会，组建自己的陆军和海军。[128]很多意大利的精英人士都多少抱有这种深切的愿望，但由于彼此之间的分歧极大，这个愿景注定会遭遇挫败，直到300年后才得以实现。

当然，并非所有意大利人都追求这些不切实际的梦想。仍有许多人会认识到西班牙的统治并非都是负面的。16世纪，米兰的一位观察家说："这座城市对西班牙人并不反感。"西班牙人驱逐了法国人，给（意大利）半岛带来了和平。保罗·帕鲁塔（Paolo Paruta）写道："腓力二世的审慎和温和给意大利带来了长久、稳定且安宁的和平，意大利人民非常满意。"[129]但正是这种和平，被17世纪的特拉亚诺·博卡利尼（Trajano Boccalini）等反西班牙的作家视为阻碍意大利半岛解放的绊脚石。

1561 年，一名 32 岁的多明我会修士在塞维利亚登船，与他同行的还有另外 50 位修士，他们此行的任务是向西印度群岛传播耶稣的福音和教义。来自哈恩的弗朗切斯科·德·拉·克鲁斯（Francisco de la Cruz）就读于巴利亚多利德的圣格雷戈里奥学院（College of San Gregorio），并在那里结识了他深为钦佩的同事——著名的巴托洛梅·德·拉斯·卡萨斯和巴托洛梅·德·卡兰萨（Bartolomé de Carranza）。当卡兰萨被宗教法庭逮捕时，克鲁斯感到理想破灭，于是前往美洲，在利马的多明我会修道院定居下来。1568 年，他被派往安第斯山脉的一个教区教书，但一年后又回到利马生活和教学。当时恰逢西班牙政府统治该省的早期阶段，克鲁斯本人曾请求西班牙王国政府在此扮演更积极的角色。他还于1566 年恳求西班牙国王在秘鲁建立宗教法庭。西班牙的一个委员会很快就着手调查这个提议的可行性。1568 年，第一批耶稣会会士到达利马；1569 年，王室颁布法令，在墨西哥和利马成立了宗教法庭。审判官于 1569 年底抵达，新总督弗朗切斯科·德·托莱多也在同年抵达。直到 1571 年夏，宗教法庭才正式开始运作。讽刺的是，它接到的第一个案件竟是对克鲁斯的告发。[130]

在启动了常规的调查程序后，法庭于 1572 年 1 月 25 日逮捕并审问了克鲁斯，他在审问中畅所欲言，因为他自认为问心无愧。他的陈述被记录成长达 700 页的官方文件，证人的证词又占了 700页。克鲁斯的话语没有被随意删减，表明他作为神学家在利马享有威望。最终，检察官草拟了一份包含 130 项指控的清单，其中最重要的内容包括：他与年轻的克里奥尔人预言家玛丽亚·皮萨罗（Maria Pizarro）的关系，他与"恶魔"（克鲁斯称其为"天使"）有所接触，他谋划召集移民发动起义，以及他关于"加布里埃尔"

（Gabriel，也作 Gabrielico）的骇人预言。加布里埃尔是克鲁斯被捕后不久出生的，这个孩子的母亲是一位利马的贵妇人——莱昂诺尔·德·巴伦苏埃拉（Leonor de Valenzuela），她在丈夫外出服役期间与克鲁斯发生了关系。而皮萨罗，一个神经质而情绪激动的22岁女孩，在当地的耶稣会会士和方济各会修士群体中都拥有一定数量的追随者，她于1572年12月被捕，但在狱中患了重病，一年后去世。

被牵涉其中的一些知名人物，使这一事件变得重要起来。克鲁斯此生再也没有走出宗教法庭的牢房。经过7年的调查和审讯，宗教法庭将其定为异端分子。1578年4月13日，在利马大广场的宣告仪式上，在总督及所有地方政要的见证下，克鲁斯被施以火刑。在克鲁斯被捕的那一年到达利马的何塞·德·阿科斯塔当时也在火刑现场，根据他的说法，被告死的时候眼睛盯着天空，毫无悔意。托莱多总督确信克鲁斯策划了一项企图使秘鲁独立的阴谋，并将此事报告给了腓力二世，腓力二世也对此毫不怀疑。此事在官方记录中一度了消失近400年，任何官方历史中都找不到相关的记载。[131]

终其一生，克鲁斯的灵魂都备受煎熬。他的所见、所想、所言，都反映出他所认同的新世界所遭受的苦难折磨。在作为传教士和思想家的那几年里，他对好友拉斯·卡萨斯的思想产生了浓厚的兴趣，正如他后来成为秘鲁印第安人事业的热情捍卫者一样。在牢房中，他独自阅读安第斯世界神秘且复杂的传说，这些文字和其他各种因素结合在一起，导致他产生了各种奇思妙想。他声称看见了幻象，看到天使预言加布里埃尔身份不凡，会成为秘鲁王国未来的救世主。总之，他最初的预言很可能（如果他的想法有逻辑可循的话）源于克里奥尔人对建立秘鲁自治政权的渴望。

就像其他一些托钵修会思想家的观点一样，克鲁斯坚持认为，[132]教会不久将在腐败的旧世界中崩溃，并在新世界中建立起来。这个千年愿景流传于美洲的神职人员之中，但是克鲁斯给它带来了新的内容。他断言，在这个崭新的教会中，神职人员可以结婚，而且西班牙人和印第安人之间的通婚将成为新安第斯社会的基础。这两种想法其实是相当普遍的，因为许多天主教神职人员都一直反对强制独身，而且移民者与印加精英阶层的妇女结婚也早已是众所周知的事了。但是克鲁斯在朝着一个新的方向发展。他又回到了当时的一些编年史作者持有的观点：美洲文明的原住民源于那些已经消失的以色列部落。在此基础上，他得出了新结论：印第安人将成为新的以色列人，成为上帝的新子民。"上帝会惩罚西班牙的原因之一，就是西班牙没有给予印第安人应有的帮助和拯救。"

在这样一幅全新的教会及新"选民"的图景中，西班牙及其帝国几乎没有担任任何角色。西班牙将会灭亡，半岛上的西班牙人和他们的价值观将会被摧毁。他引用了拉斯·卡萨斯的观点，认为美洲的大多数西班牙人都会受到诅咒："我记得在我来美洲前，拉斯·卡萨斯在西班牙的托莱多对我说的一些话。他说，除了那些教导印第安人的修士外，美洲所有的西班牙人都将下地狱。"克鲁斯认为，由于波托西的银矿必将枯竭，人们对财富的欲望也终将消失。然后，秘鲁人民会回到古典作家所说的"黄金时代"，"他们将种田、放牧或是从事手工业，西班牙帝国带来的种种麻烦，以及印第安人在矿山受到的非人待遇都将终结"。西班牙的消失也将为克里奥尔人带来自由："秘鲁脱离西班牙统治的那一天终将到来。"[133]

7年来，克鲁斯那些冗长含糊、语无伦次的话都被秘书记录了下来，其中肯定有很多是由秘书们误传的，那些夸张的言辞使审判官怀疑克鲁斯的胡言乱语都是在装疯卖傻。但这些都不足以概括克鲁斯的所有"胡言乱语"。不过，我们可以把在克鲁斯身上发生的事看作一个棱镜，透过它可以看到，新世界的身份认同在很多方面都被过滤掉了，也被（明显地）扭曲了。那些生活在太平洋沿岸新兴社会的人群的批评、愿望和怀疑，都在克鲁斯那里找到了共鸣，于是他们把克鲁斯当作先知，当作安第斯山脉沙漠中的以利亚（《圣经》中的重要先知）。

　　帝国帮助塑造了西班牙人的身份认同，但同时也引发了对西班牙人严厉而持久的批判。其中争议最大的莫过于发现和征服新世界。西班牙有一个经久不衰的观念，认为美洲的发现是随后一切弊病与苦难之源。这种观点认为，由于在新大陆赚钱太轻松，人们便失去了工作的动力。西班牙经济学家冈萨雷斯·德·塞洛里戈（González de Cellorigo）于 1600 年写道："我们过于看重与西印度群岛的贸易，以至于西班牙居民反倒忽略了本土的这些领域，结果西班牙从帝国巨大的财富中只获得了赤贫。"[134] 西班牙经济学家卡农·桑乔·德·蒙卡达（Canon Sancho de Moncada）于 1619 年更加言简意赅地坚称："西班牙的贫困是因为发现了西印度群岛。"[135]在接下来的 200 年里，总有评论家把这种观点当作真理不断重复。这种观点总是伴随着一个讽刺的结果：外国人正在从西班牙人那里偷走美洲的财富。对外国人在西班牙商业中所扮演角色的批评，最终往往会成为卡斯蒂利亚民族主义的一种激烈表达。作家们声称，我们在西印度群岛获得的就是我们的，为什么别人要将其从我们身边夺走？

　　西班牙在美洲开展殖民活动的第一个世纪里，对美洲移民活动的批评基本上都来自托钵修会。拉斯·卡萨斯的不懈努力其实也有来自宗主国上层——查理五世和腓力二世等人——的支持，因此，抨击之声不曾断绝过。[136] 但并不是所有的批评文章都能出版。坚持这个主题的教会作家被他们的上级禁止发表观点。最具代表性的例子就是赫罗尼莫·德·门迭塔，他的同事胡安·德·托克马达（Juan de Torquemada）曾查阅和使用过他所著的《美洲教会史》（*History of the Church in America*），但这本书却拖到 1870 年才得以出版。门迭塔的批评颇具典型性，他认为，新世界之所以归属于西班牙，是因为教皇的赠予，而不是因为西班牙征服了它。还有，美洲的发现不是"仅仅为了将金银从这里运到西班牙。上帝将西印度群岛交给西班牙，是为了让其在教化成千上万印第安人的灵魂中获益"。[137]

这个论点有一个重要的推论：由于西班牙的角色主要是宗教性的，它无权剥夺当地统治者的权力，除非在特殊情况下，像是由于原住民抵制福音而进行的征服就是无可非议的。因此，修士们自认为是被压迫的印第安人和原住民首领自然权利的捍卫者。但这种观点显然无法为西班牙王室所接受，秘鲁总督弗朗切斯科·德·托莱多曾竭力想要证明（见第四章）国王的直接权威和教皇的馈赠无关，但是问题并未得到解决。16 世纪末，许多神职人员仍支持教皇赠土论，言外之意就是在质疑王室的权威。在遥远的菲律宾，多明我会修士在 16 世纪 90 年代称，由于当地人和平地接受了福音，所以他们的统治者自然保留了原有的所有权利，西班牙国王也不能宣称自己征服了他们。[138] 1596 年 10 月，西班牙的西印度委员会就此问题展开了正式辩论，最后，腓力二世于 1597 年颁布了他在位期间最出人意料的法令之一。他给菲律宾总督下令称，在该地区未受西班牙合法统治时期，凡是通过不公正手段收缴的战利品，均应归还给当地人。同时他还命令官员们踏遍这些岛屿，从接受西班牙统治的当地人那里获得正式声明。在接下来的两年里——此时距莱加斯皮等人抵达已过去了整整一代人的时间——菲律宾群岛出现了一个奇怪的现象，即各个部落首领举行会议，在公证人面前正式接受西班牙国王的统治权威。

这种关于王室权威的争议一方面是源于西班牙人特别强调合法性，另一方面也是因为人们不愿意接受帝国主义。这种想法在西班牙很普遍，抱有这种想法的包括神职人员、经济学家、商人、政治理论家和普通的传统主义者，他们仅看重当地社区的价值，拒绝接受普世权威以及随之而来的责任。每到危机时期——像是卡斯蒂利亚的公社起义、尼德兰战争或是 1580 年入侵葡萄牙——这种心理就会反复出现。这种观念并非只是反对帝国主义，它还包含了仇外心理、反犹太主义、反资本主义，以及对"小卡斯蒂利亚"的深切担忧。"小卡斯蒂利亚"指的是被帝国接管之前他们的故国。他们认为，拥有卡斯蒂利亚就足够了，为什么还要控制更多地方？1565 年，时任西班牙驻罗马大使的路易斯·德·雷克森斯批评了这一观点，并将其描述为"卡斯蒂利亚的老人们总是认为我们不占领更多领土时才会过得更好"。[139]

最令人头疼的问题恐怕是对尼德兰的战争，它在卡斯蒂利亚人中激起一场自下而上、旷日持久的辩论，中心主题是卡斯蒂利亚是否应该牺牲国家收入和年轻人的生命来赢得一场千里之外的、毫无意义的战争。1588 年，议员弗朗切斯科·德·阿拉尔孔（Francisco de Alarcón）针对长达 30 年的帝国主义战争发表了激昂的演说：

我的问题是：为什么我们要在这里缴纳面粉税，以阻止那里的异端？如果西班牙的情况恶化了，法国、佛兰德和英格兰的情况会更好吗？面对尼尼微人的罪责，应采取的解决方案不是在巴勒斯坦加税以期挥军征服，而是派人前往那里去改变他们的信仰。天主教信仰以及对信仰的捍卫之责属于所有基督教国家，在其他王国和统治者只是袖手旁观的时候，卡斯蒂利亚不必承担一切。

腓力二世去世后不久，在马德里散发的一本宣传册中的内容更加愤慨。宣传册的作者（因其仇恨言论而被捕）慷慨陈词："如果20万西班牙人（更不用说其他国家的伤亡）在佛兰德的沼泽中像羊一样被宰杀，那么那位已故的国王就'比尼禄还坏'。"[140]

正如我们所见，成功合并葡萄牙极大地鼓舞了卡斯蒂利亚的帝国主义梦想。不过这时也出现了少数不和谐的声音，其中阿维拉的特雷莎修女就说："如果要通过战争来解决这个问题，我担心会造成很大的伤害。"一位身居要职的耶稣会会士哀叹，基督徒竟然要自相残杀："这个王国（卡斯蒂利亚）每况愈下，已经不想看到国王权力的进一步扩张了。"这些意见并非出于反帝国主义的立场，但是，它们反映出人们一直担心战争的影响及其可能产生的负面后果。从腓力二世开始将权柄交托给他儿子的权力过渡时期，所有的疑问和批评已经浮出水面。对此，安东尼奥·佩雷斯的朋友阿拉莫斯·德·巴里恩托斯（Alamos de Barrientos）在16世纪90年代就已感到，这个仅仅经过了两代君主统治的帝国已经瓦解了。他将帝国的领土分为两类，一类是"继承"的领土，包括佛兰德和西印度群岛；另一类是"征服"的领土，包括葡萄牙和那不勒斯。它们都没有给西班牙人带来任何好处，"苛捐杂税与无休止的对外征战使西班牙陷入了贫困苦难的旋涡"。帝国的所有负担都落在了卡斯蒂利亚身上。"在别的君主政体中，四肢是用来支撑头部的，而在我们的君主政体中，是头部在工作，以便四肢得到供养和维持。"[141]

对于外国人及其在王国内部的超凡影响力，卡斯蒂利亚人更是心怀猜忌和怨恨。神职人员的排外心理最为严重。腓力二世的前导师、拉斯·卡萨斯的对手塞普尔维达称："我最近注意到与外国人的接触改变了贵族们的生活方式。"[142] 无论名气大小、水平高低，作家们都热衷于探究、讨论这一主题。如果只由卡斯蒂利亚人自己统治，整个国度将完美异常；而此时，它所遭受的不幸都是外国人（包括犹太人和摩尔人）造成的。随着帝国的发展，"外国人"一词的意义也随之扩大。15 世纪时，马德里议会就曾针对"纳瓦拉人、阿拉贡人和其他外国人"提出过异议。[143] 从政治角度讲，当时半岛上不同王国的臣民实际上都是彼此眼中的"外国人"。一个多世纪以后，以语言、宗教和权力为基础的划分更清楚地界定了外国人的身份，卡斯蒂利亚人也将自己与其他地方的人明确区分开来。

在"外国人影响力"这个主题上，著述最多的评论家当属 17 世纪的诗人弗朗切斯科·德·克维多，他不厌其烦地一再提出强烈的民族主义观点，并把在本国所看到的所有劣行都归咎于其他欧洲人："我们的所有恶习都拜与他们的接触所赐。"克维多称，如果西班牙出现鸡奸，便是意大利带来的；如果有暴食，便是来自德意志；如果有宗教法庭，也要归咎于马丁·路德和约翰·加尔文。[144] 对法国的持续战争引发了一场针对法国的恶毒论战，一直持续到 18 世纪初才结束。西班牙王位继承战争爆发后不久，1714 年在马德里出版的一本小册子标题是《答"我们的麻烦何时会结束"》，宣传册里说："我们悲叹的主要原因，是所有外国人生来就敌视西班牙。"[145]

　　尽管帝国内部的种族共存导致了很多文化上的对立，但许多西班牙人也能够更客观地看待这个问题。在这方面最杰出的早期作家是耶稣会会士何塞·德·阿科斯塔。[146] 他不可避免地带有时代和宗教的偏见，但他试图讨论一个人应该如何对待帝国内的各个种族。他在新大陆旅行期间，与世界各地的人都有过接触。他接受了欧洲思想家通常给非欧洲人冠以"蛮族"的做法，但也试图（像当时的其他几个西班牙人一样）对这个词做出客观的定义。[147] 他认为，野蛮与否归根结底还是在于交流水平上的差异。人们在"蛮族"中可以观察到交流的三个层次，即文明的三个层次。最高层次是同时拥有公民社会、文字和文学的民族，例如中国人（阿科斯塔曾在墨西哥看到过来自中国的书籍），也许还有日本人和其他一些亚洲人；第二个层次是那些有公民社会但没有正式文字的民族，包括阿兹特克人和印加人；第三个层次则是既没有公民社会也没有书面交流方式的民族，美洲的大多数原住民部落都属于这一类。西班牙思想家试图通过这种理性的方式，向管理者和传教士解释应该如何将其他民族吸纳到西班牙的国际联合体中。

　　西班牙神职人员在宗教上所做的努力常常被视为帝国事业的无上荣耀，这在一定程度上是公正合理的。这个殖民政权虽然在其他方面可能失败了，但在宗教上的征服却大获成功，天主教徒的身份认同是西班牙最大的殖民遗产。巴托洛梅·德·拉斯·卡萨斯宣称帝国的主要目的不是压迫，而是传教。这无疑是一项非常广泛的工作，被参与其中的人彻底地记录了下来。在帝国边疆的所有地方，在格拉纳达，在马尼拉，在新墨西哥，在安第斯山脉，旧的生活方式受到了很大的影响。大多数神职人员都是职业上的乐观主义者，总是关心增加当地信仰基督教的人数，并且总是用最乐观的措辞报告他们的活动。他们的记录往往是我们唯一可获得的证据，但必须谨慎对待。

并非所有的传教士都积极乐观。方济各会的贝尔纳迪诺·德·萨阿贡在16世纪曾言："就天主教信仰而言，美洲是贫瘠的土地，难以培育。在我看来，天主教信仰不会在这里长久。"[148]相较于萨阿贡的推断，现实中留存下来的天主教信仰要更强大。但在改信天主教的地方，人们只是选择了自己想要的部分，而拒绝了其他部分。这显然远非传教士所希望的结果。我们如今很难直接且全面地评估西班牙帝国在漫长的历史中，是否获得了宗教方面的显著成功。当西班牙人在中美洲建立殖民地后近一个世纪时，英格兰裔多明我会修士托马斯·盖奇在危地马拉的教区中谈到印第安人时说："至于宗教，他们表面上和西班牙人一般无二，但内心却不愿相信那些超越感官的、自然的和肉眼可见的东西。他们中的许多人直到今天仍然倾向于崇拜祖先和石头，并对此迷信颇深。"[149]

最终，对安第斯印第安人所谓"瓦卡崇拜"的打压运动在17世纪60年代结束。这一运动或许取得了一定成果，但终究还是流于表面。虽然神职人员经常在评价时夸大其词，但1677年秘鲁的一个神父的结论却切中要害："印第安人如今的瓦卡崇拜比我们开始宣教时要更加根深蒂固。"在秘鲁，"根除"计划不得不在1725年重新开始，并一直持续到18世纪末。和"瓦卡"的斗争总是异常艰难，并注定受挫。18世纪，一位困惑的秘鲁人问耶稣会修士："神父啊，您是否厌倦了夺走我们的崇拜的瓦卡？有本事您就拿走那座山吧，因为那也是我崇拜的神！"[150] 万物有灵论和传统仪式是原住民身份认同的核心，在整个殖民时代，这种信仰即使经历诸多改变，也最终以各种形式延续了下来。接受了基督教的原住民同时也继续遵循着原本的文化习俗，那些拒绝被改变的原住民则一直处于敌对武装状态。1700 年，达连半岛的库那人（Cuna）与一群同样反对西班牙人的苏格兰移民结盟。他们的一位首领被西班牙人俘虏，即使双手被砍掉也没有透露金矿的位置。他说："上帝让恶魔像倾盆大雨一样降临人间。正是因为这些恶魔，你们来到我的家园，占据了我的土地并把我赶走。"[151] 库那人在 18 世纪几乎一直没有停止攻击西班牙的传教团。

在西班牙统治了一个半世纪后，两位同在西班牙布道的外国神父阐述了新宗教所产生的影响，二者的言论有趣却又相互矛盾。来自奥地利蒂罗尔的耶稣会修士欧塞维奥·基诺是早期新西班牙西北部传教工作的楷模。[152] 他出生于意大利东北特伦托附近的欧西比乌斯·克恩（Eusebius Kühn），在英戈尔施塔特（Ingolstadt）接受教育，加入了巴伐利亚耶稣会，1683 年他前往墨西哥，并成为第一个通过陆路到达太平洋的欧洲人。他在索诺拉（Sonora）——后来在亚利桑那——工作了 25 年，向皮马人（Pima）布道，为后来的传教士进入下加利福尼亚铺平了道路。他不知疲倦地奔波在科罗拉多山谷，作为地理学家和探险家做出了许多开创性的工作，这些使他成为西班牙帝国的伟大先驱之一。1696 年，经过 10 年的努力，他的态度仍然乐观，并且仍然可以写出，他"受到了许多居民的热烈欢迎"这样的词句。他对成功的乐观态度，可能在很大程度上是由于不执着于根除瓦卡崇拜。

另一面，是与他同时代的耶稣会会士约瑟夫·诺伊曼（Josef

Neumann），一位德裔比利时人，于 1681 年到 1732 年这 50 年间在同样位于墨西哥西北部的塔拉乌马拉（Tarahumara）地区布道，他的观点更加悲观。他在职业生涯的最后时刻写道：

> 对于这些人来说，辛苦并没有得到回报。福音的种子没有发芽。我们在新发展的信徒中看不到热忱。有些人只假装相信，对诸如祷告、神职服务和基督教教义之类的宗教事物毫无兴趣。他们对罪恶没有厌恶，对自己永恒的幸福也不感到焦虑。他们反而对一切美好事物都表现出一种懒散的漠视，拥有无尽的肉欲和酗酒的恶习，对私下流行的异教保持着顽固的沉默。因此，我们不能把他们带入基督的怀抱。[153]

差不多在同一时期，1730 年，一位嘉布遣会（Capuchin）传教士报告了对新格拉纳达的瓜希罗部落的布道情况："在这些印第安人中（布道）不可能结出果实，我们一直以来做了这么多让他们改宗的工作，可是一点希望都没有。"[154] 他还着重强调了当地人拒绝接受天主教信仰的情形。此后不久，在 18 世纪 40 年代，官员胡安和乌略亚表达了一种完全不同的观点，他们把这些统统归咎于神职人员，并指责秘鲁的教区神父"完全忽视了并且也没有"让他们负责的印第安人改宗。他们写道："虽然印第安人成了基督徒，但他们的宗教训练非常糟糕，以至于从被征服到今天，我们看不出他们身上有什么变化。"

彼此矛盾甚至相互冲突的宗教信仰、政治忠诚和文化志向，这一切构成了帝国形成前夕伊比利亚半岛身份版图的一部分。西班牙人像是来自中世纪的群体，没有统一的信仰或政治派别。他们尽管做出了努力，但也很少能成功地将某种单一的观念强加在自己统治或定居的土地上。认为贸易至上的殖民者强烈反对狂热的神职人员，神职人员也对残酷暴虐的殖民者提出激烈批评，当然原住民对殖民者的反抗会更加坚决。1492 年后，被西班牙驱逐的犹太人则继续在帝国范围内的其他地方自由生活。

组成西班牙帝国的各政治体之间的对比过于鲜明，这或许会让那些原本相信西班牙臣民是在暴政和迷信重压下艰难劳作的人感到惊讶。实际上，西班牙帝国的辽阔使其不可能统一所有地方、所有人的观念。唯一共同的联系是使用单一的行政语言——卡斯蒂利亚语。这种帝国成员的通用语，让帝国成员认识到遥远的母国西班牙在共同传统形成中所起的特殊作用。最终，西班牙成了人们在为帝国世界的混乱而感到绝望时闪烁的一缕微光。1614 年，年迈的瓜曼·波马从他的村庄出发前往利马，背着厚厚一沓他所写的《新编年史》的手稿，带着他年幼的儿子、1 匹马和 2 只狗，他很清楚自己对国家变革的渴望可以在西班牙找到答案。同样，几百年里分散各处的犹太人一直都把那个迫害他们的罪魁祸首认作祖国——他们祖先的塞法迪，也就是西班牙普世君主国。

第九章

帝国的巩固（1630—1700）

如果西班牙帝国在和谈方面比在战争上多花费些时间，它本可以统治全世界。然而，它过往取得的辉煌使它变得漫不经心，而之前使它立于不败之地的财富也已经流入其他国家。

——迭戈·萨韦德拉·法哈多，《政治事业》（1640）[1]

17 世纪以来，意大利一直是西班牙帝国力量的支柱。西班牙在欧洲其他地区发起的战役中，来自意大利各地的军械、船只和人力在持续提供着重要支持。与此同时，野心勃勃的卡斯蒂利亚统治者们［其中最臭名昭著的是那不勒斯总督奥苏纳（Osuna）公爵］不择手段地想要维持他们在意大利的主动权，在这里，西班牙帝国势力要面临的最大挑战来自威尼斯共和国。过去的几十年里，人们关注的焦点一直是驻扎在米兰的伦巴第军队。这些年来，军队的任务始终是保持阿尔卑斯山运输路线的畅通，并对 3 个最近的邻国——萨伏依公国、瑞士联邦和威尼斯共和国——持续保持警惕。这些国家都把自身的独立置于首要地位，为了维持独立，甚至不惜寻求法国的帮助。当时的一位威尼斯大使评论道："米兰才是西班牙帝国真正的锻炉，帝国所有在意大利行动的规划都是在这里进行的。"[2] 在以尼格罗（Negrolo）、库萨尼、斯皮诺拉和多里亚为首的大银行家们的财力支持下，[3] 米兰公国为西班牙人提供了信贷、人力和军工设备。公国统治者中最好战的是富恩特斯伯爵佩德罗·恩里克斯·德·阿塞韦多（Pedro Henríquez de Azevedo），他在任期（1600—1610）内面临着巨大的困难，却仍然巩固并提高了西班牙的地位。在西班牙帝国的漫长历史中，他可能是最成功的军事指挥官之一。通过占领菲纳莱（1602年）、皮翁比诺和摩纳哥公国，他巩固了从米兰公国进入地中海的通道，并占领了邻近的诺瓦拉、摩德纳、米兰多拉和卢尼贾纳要塞。在艾达河（Adda）河口一座布满岩石的山上，他还建造了一座宏伟的堡垒，并以自己的名字"富恩特斯"为其命名。建造这座堡垒，是为了控制连接米兰、蒂罗尔与奥地利哈布斯堡王朝的著名山路通道——瓦尔泰利纳山谷。

然而萨伏依公爵卡洛·埃马努埃莱一世（Carlo Emanuele I）向来奉行独立政策，这使西班牙的地位受到威胁。1585年，在与腓力二世美丽的女儿米凯拉（Michaela）公主结婚后，卡洛·埃马努埃莱一世成了国王的女婿。1612年，他对邻近的蒙费拉托（Montferrat）公国的领地主权提出异议，并于次年占领该地。这一举动使他卷入了与西属米兰的战争中，但是他已经意识到自己需要依赖法国（在人力方面）和威尼斯（在财力方面）的积极支持。这场战争持续了4年，卡洛·埃马努埃莱一世被后来的弗兰卡维拉（Francavila）侯爵佩德罗·德·托莱多所率领的米兰军队击败。这次小规模冲突的重要性出乎任何一位参与者的预料。它促使奥苏纳公爵支持1618年反威尼斯共和国的事变，激发了全意大利人民反西班牙的爱国热情，也使萨伏依成为将亚平宁半岛从西班牙统治枷锁中解放出来的最大希望。

几年后，在曼图亚危机期间，鲁本斯以一种不可思议的预见性观察到："我有一种感觉，那就是萨伏依公爵将会成为点燃整个意大利的导火索。"[4] 诗人亚历山德罗·塔索尼（Alessandro Tassoni）于 1614 年在两本名为《团结全意大利人反对外国入侵》（*Filippiche contro gli Spagnuoli*）的宣传小册上说："世界上没有如此卑贱的国家，会默许外国人无休止地侵略自己。"诗人富尔维奥·特斯托（Fulvio Testo）赞扬萨伏依是自由意大利的唯一希望。那不勒斯的街头还曾出现过这样的海报，上边写着收信地址是"意大利"，并声称"意大利很快就会变成一个统一的国家"。[5] 鲁本斯有充分理由说"意大利人对西班牙统治的憎恨超乎人们想象"。[6]

米兰军队在之后的曼图亚爵位继承战争（1627—1631）中处于劣势，那是一场规模不大的战争，与西班牙帝国过去所卷入的大部分战争无异。1627 年 12 月，曼图亚及蒙费拉托公爵逝世，他没有直系后代，其领地包括位于蒙费拉托境内战略地位十分重要的卡萨莱（Casale）要塞。战争一触即发，西班牙宣称支持曼图亚公国，然而内韦尔（Nevers）公爵夏尔·德·贡扎格（Charles de Gonzague）却得到了法国的支持。奥利瓦雷斯承认："内韦尔公爵是曼图亚公国一切遗产的合法继承人，毫无疑问，正义站在他这一边。"[7] 然而，奥利瓦雷斯随后又支持米兰军队通过迅速的军事征服来解决争端。问题在于，西班牙人很快就不得不应对法国军队的入侵，这迫使他们解除了对卡萨莱的包围。他们同时要应付的还有与法国结盟的卡洛·埃马努埃莱。无法独力支撑的西班牙人转而寻求德意志的帮助。1629 年夏，瓦伦斯坦（Wallenstein）的联军在意大利将军加拉斯（Gallas）和皮科洛米尼（Piccolomini）的指挥下，穿越瓦尔泰利纳山谷进入意大利，围攻曼图亚。与此同时，斯皮诺拉被调离布鲁塞尔，去接任米兰总督并指挥对卡萨莱的围攻。这场看似小规模的局部冲突已经演变成了一场国际战争，法国、西班牙和神圣罗马帝国的主要军队都被牵制在意大利北部。事实证明，西班牙无法主导这种局面。

1630 年，西班牙帝国时代最后一位伟大的将领斯皮诺拉在卡萨莱因病去世，这是欧洲军事机器崩溃的不祥预兆。他财力雄厚，善于用兵，堪称一代将才。斯皮诺拉把从意大利经莱茵地区到低地国家的整个军事网络连成一体。据鲁本斯所言，在布鲁塞尔期间，"他手中所握的权力，比其他所有人的权力加在一起都大"。[8]他无疑是 17 世纪最杰出的西班牙将领，完全配得上他所获得的一切荣誉。但是，他迅速夺取卡萨莱计划的受挫却招致了马德里方面的不悦。他们认为，假如换一个卡斯蒂利亚人去做这件事，结果可能会更好。值得注意的是，奥利瓦雷斯公爵对待这位伟大将军的方式并不厚道。奥利瓦雷斯抱怨说："自从斯皮诺拉介入意大利的战事后，他除了败坏自己的名声，什么也没得到，因此，我们现在既要对付意大利也要战胜佛兰德。我们现在在这两地都面临失败的危险，因为我们太过重视他的建议了。"[9]当得知圣克鲁斯侯爵取代了自己的位置后，斯皮诺拉无法掩饰自己的厌恶。他向年轻的教皇外交大臣朱利奥·马扎里尼（Giulio Mazarini）——这位大臣试图在围攻卡萨莱期间斡旋，敦促交战双方议和——抗议说"这简直令我蒙羞"。斯皮诺拉从此一病不起，并于 1630 年 9 月逝世。马扎里尼（在他为法国效力之后很快便声名鹊起）当时陪同在侧，据传闻，斯皮诺拉在弥留之际仍然不停地喃喃自语："荣耀和名誉，荣耀和名誉。"[10]鲁本斯悲伤地说："他活得太累了。我失去了世界上最好的朋友之一，他也是最好的赞助人之一。"[11] 鲁本斯对这位刚毅、威严将军的刻画可追溯到斯皮诺拉在布鲁塞尔宫廷掌权时如日中天的日子。

得益于斯皮诺拉的调离，荷兰人成功占领了斯海尔托亨博斯（Hertogenbosch，1629 年），从此开始了一场进程缓慢却成功的战役，并巩固了军事成果。正如我们所见，在巴西，他们成功守住了重要地带，夺取了伯南布哥（1630 年）。奥利瓦雷斯别无选择，只能寻求与意大利谈判，利用教皇的斡旋来得到法国的支持。这促成了《切拉斯科条约》（Treaty of Cherasco，1631）的签订，该条约规定曼图亚公国的继承权归属于法国。这是法国新任首相、枢机主教黎塞留就职以来的第一项重大成就，他在此前的 1630 年刚刚击败宫廷内的所有对手，得掌大权。

瑞典军队在德意志取得的成功，威胁着同时也正在摧毁保障西班牙北部安全的整个联盟链。然而，在最意想不到的时候，转机到来了。1632 年 11 月，瑞典国王古斯塔夫·阿道夫（Gustav Adolf）在吕岑（Lützen）战役中率领骑兵冲锋时阵亡。瑞典获胜了，但是失去国王却是一个无法挽回的打击，整个战事也由此改变。接替古斯塔夫的将军们无法在德意志诸侯中获得同样的支持，这些诸侯纷纷开始疏远驻扎在德意志的外国势力。不久之后，布鲁塞尔宫廷中的人员也发生了变动，当时的气氛对西班牙人非常不利。那时，奥尼亚特大使曾评论说："一个人若是还能记得过去的叛乱是如何开始的，他就会看到，我们正在经历同样的事情。"1632 年，佛兰德军队前指挥官亨德里克·范·登·贝赫（Hendrik van den Bergh）伯爵支持荷兰人反对西班牙的阴谋败露了。他随即被逮捕，一同被捕的还有财政大臣瓦尔福斯（Warfusée）伯爵。[12] 其他贵族也正与黎塞留枢机主教密谋。来自法国的威胁显而易见，这给切拉斯科的和平局面蒙上了阴霾。欧洲北部的困境仍在持续，这也迫使西班牙人允许伦巴第军队参加德意志的战役，正如奥利瓦雷斯所说："一切的答案都来自德意志人。"[13]

因此，在1633年至1634年间，西班牙对德意志"三十年战争"进行了可能是最引人注目的干预。在1633年12月伊莎贝尔大公夫人去世后，腓力四世任命他的弟弟斐迪南亲王接替她的职位。斐迪南原本投身教廷并受封为枢机主教，彼时他身为米兰总督。而前一任总督费里亚（Feria）公爵戈麦斯·苏亚雷斯·德·菲格罗亚（Gómez Suarez de Figueroa）于1633年8月被派往德意志，率领军队与巴伐利亚公爵的军队结盟，保护莱茵兰免受法国威胁。费里亚的12 500名士兵（12%为西班牙人，32%为德意志人，56%为意大利人）[14]从瓦尔泰利纳山谷进入神圣罗马帝国，并在拉文斯堡（Ravens-burg）与卢森堡将军约翰·冯·阿尔德林根（Johann von Aldringen）率领的巴伐利亚军队会合。10月，联合军队将布赖萨赫（Breisach）要塞从法军的围攻中解救出来。费里亚这样写道："能为陛下服务，我欣喜异常，尤其是能够解除对布赖萨赫要塞的围攻，因为这里非常重要，现在它使我们能够保障意大利与佛兰德之间道路的畅通。"[15]这条路必须保持通畅，以保证斐迪南能够顺利抵达布鲁塞尔就职。然而，费里亚的军队人数减少了，且冬歇期已至，而公爵本人因冬季严寒而病倒，并于1634年1月死于慕尼黑。如果这位枢机主教亲王想要去布鲁塞尔，他就得自己征募一支军队陪他去。

斐迪南亲王花了5个月的时间组建军队，他遇到了太多未曾料及的困难。等军队招募完成时，他的任务也发生了变化。他虽然还要去布鲁塞尔就任，但其首要任务却变成了一项特别的军事行动：增援奥地利的哈布斯堡王朝，助其对抗仍然强大的瑞典人。1634年6月，他率领一支1.8万人的军队离开了米兰，军队主要由意大利官兵组成，但有一支占总人数五分之一的分遣队则是由西班牙步兵团组成的。[16] 他取道瓦尔泰利纳山谷，并事先与帝国军队的指挥官、他的堂兄匈牙利国王斐迪南达成协议，二人将在多瑙河会合。9月2日，当他们在离多瑙沃斯市（Donauworth）几英里的地方见面时，两人下马拥抱了对方。匈牙利的斐迪南——后来的皇帝斐迪南三世——当时正26岁，比枢机主教大一岁；他的妻子是枢机主教的妹妹。他们的会面是哈布斯堡家族两个分支之间积极军事联盟的独特时刻，这样的时刻以前从未有过，以后也不会再出现。由军官和贵族组成的联合随行人员共约800人，他们随后还举行了盛大的宴会，庆祝会议的召开。

自8月末以来，国王围困了讷德林根。一支由萨克斯-魏玛（Saxe-Weimar）公爵贝尔纳德（Bernard）和瑞典元帅古斯塔夫·霍恩（Gustav Horn）指挥的新教联合军队试图破除围困。由两位斐迪南率领的联合帝国军共有3.3万人，在城市前树木茂密的乡间占据着制高点。在他们身后，树林的另一边，是拥有2万兵力的新教徒联合军。霍恩决心打破帝国军的防线，但他并没有意识到自己在人数上的劣势，于是下令在1634年9月6日第一缕阳光从山上射过来时就发起进攻。在随后的冲突中，经过5个小时的战斗和撕杀，瑞典人遭受了毁灭性的失败。[17] 近四分之三的新教联合军在战斗和追击中身亡或被俘。奥利瓦雷斯非常高兴，随即称赞这是"我们这个时代最伟大的胜利"。[18] 参加这场战争的一位西班牙军官则要严肃得多："你不会相信，战场上到处都是武器、旗帜、尸体和伤痕累累的死马。"[19]

可以说，讷德林根战役是三十年战争中最重要的战事，对德意志产生了决定性的影响，它彻底摧毁了瑞典的力量，并帮助神圣罗马帝国皇帝促成了一个有利于维持和平的国家联盟。这是通过皇帝与萨克森于 1635 年签订的《布拉格和约》（Peace of Prague）达成的。然而，结束战争的协议仍然遥不可及。这场战役的胜利对西班牙来说也并非全然是好事，因为这也促使敌人开始寻求新的盟友。当时，一位德意志新教统治者沉吟道："在这种极端情况下，我们必须指望法国的帮助。"[20] 5 天后，黎塞留在巴黎得知了这场战役的消息，他走到办公桌前，记录下了自己的思绪。"可以肯定的是，"他指出，"如果新教徒垮台了，哈布斯堡家族的势力将直指法国。"[21] 他确信，瑞典的失败将会使法国不可避免地直接对阵帝国军队，而不是像之前那样，仅仅是花钱雇人打仗。

1635 年 2 月，枢机主教与荷兰人签署了一项条约，规定了经济补贴条款以及尼德兰南部的划分事宜。3 月，新教徒将军罗昂（Rohan）领导下的法国军队入侵了瓦尔泰利纳，切断了米兰公国和帝国之间至关重要的生命线。最后，法国以中世纪的仪式向西班牙宣战：5 月 19 日，一名传令官被派往布鲁塞尔，在那里的主要广场上，他代表他的主人路易十三正式宣布对西班牙开战。不幸的是，当时正在下雨，很少有人来听这位孤独的传令官在广场上宣读的内容。

法国的宣战有时被认为是枢机主教黎塞留的蓄意挑衅。事实上，法西两国的利益冲突已持续多年，在曼图亚战争之后变得尤为激烈。早在那时，外交官们就担心这两个西方大国之间不可避免地会爆发冲突。鲁本斯凭借自身的艺术才华和外交官角色，出入于欧洲各大宫廷。他曾在文中以真诚和伤感的笔触对当时的情势加以评述：

> 人们对法国与西班牙的决裂感到恐惧，因为这将是一场难以平息的争端。当然，最好的结果是这些当今世界的年轻统治者愿意和他国维持友好关系，而非因为一时任性而将所有基督教国家卷入动荡。[22]

事实上，奥利瓦雷斯本人已经采取了措施，以图对邻国不宣而战。1635 年初，他明确地通知国务委员会，"不日将对法国宣战"。他说："除非法国人受到猛烈的攻击，否则，没有什么能阻止他们主宰世界的步伐。"[23] 诚然，奥利瓦雷斯也曾经历过经济萧条，他对西班牙帝国的前景时而乐观，时而悲观。但是，他对彼时形势的判断无疑是正确的。1635 年 6 月中旬，他说："一切都将结束，卡斯蒂利亚王国或可成为世界的领袖。"[24]

许多西班牙人都对这两个欧洲强国间战争一触即发的状态感到惶惶不安。马德里的一位大臣写道："解决问题的对策变得更加虚无，甚至遥不可及。"[25] 诗人兼外交家萨韦德拉·法哈多确信，战争的目标是无法实现的："我无法相信整个世界都应该属于西班牙。"他在《政治事业》（1640 年）中写道："在遥远的、不合时宜的国家发动战争，代价是高昂的，在这些国家，我们的敌人占尽优势，而我们的优势却微乎其微，因此，真不知道我们是赢得战争好些，还是失败了更好些。"[26] 1635 年 2 月，奥利瓦雷斯将目光投向西班牙在全球面临的威胁，他认为"首要且最危险的是伦巴第、低地国家和德意志所受到的威胁。君主国在这三个地方的任何一个失败，都将对君主国造成致命的打击，若是一场彻底的溃败，那么君主国的其他部分也将随之崩溃，首先是德意志，紧随其后的会是意大利和低地国家，之后就是美洲"。

然而，帝国并非孤军奋战。它得以幸存的秘诀之一，就是求助于那些看似是它的敌人实际上却从它的存在中获益良多的人。西班牙帝国从它的敌人队伍中吸引到了它最伟大的捍卫者之一：一位鲜为人知的来自卡拉布里亚的多明我会修士。他来自西班牙帝国那不勒斯的南部地区，名叫托马索·康帕内拉。1568 年出生的康帕内拉在很年轻的时候，即 1582 年就加入了多明我会。他是一个思维活跃的人，对哲学、赫尔墨斯主义[27]和神秘主义都有浓厚的兴趣。他与修会的成员冲突不断，于是离开了卡拉布里亚，从一个修道院搬到另一个修道院。但他不断受到那不勒斯、罗马、帕多瓦和威尼斯的同行的骚扰，多次被指控为异端。1597 年，他回到卡拉布里亚时，已经成了一个所谓的异端分子。1599 年，他在布道中预言了激烈的"动乱"，似乎正在煽动叛乱。在一场小规模起义爆发后，他被当地的宗教法庭逮捕，[28]被指控密谋推翻西班牙统治，并被与 150 名其他囚犯一起转送到那不勒斯的军事要塞。在那里，他遭受了残酷的折磨（部分是为了弄清楚他是否真的已经疯了），并于 1603 年被判处终身监禁。在接下来的 25 年里，他辗转于那不勒斯的各个监狱之间。1607 年，他在狱中给西班牙国王写信称："8年来，我一直被囚禁在地牢里，见不到光明，也看不到天空；我总是戴着锁链，忍受着难以下咽的食物和糟糕的睡眠。无论寒暑，墙上都会渗水。"[29]

早在 16 世纪 90 年代，康帕内拉就已经在准备撰写一本名为

《西班牙君主政体》(*Monarchia di Spagna*)的书稿了。1600 年，他在那不勒斯的牢房里开始写这本书。这是帝国的著名受害者为帝国辩护的惊人之作，清楚地反映了西班牙的力量在人们心中激发的迷恋和恐惧。但是，康帕内拉并不是在捍卫他所熟知的帝国。相反，他以不可捉摸的神秘想象力构想出一个更伟大、更强盛的西班牙，这个西班牙会采取更明智的政策，并将统治世界，为各国带来共同的和平与繁荣。腐败低效的帝国将被一个崭新、纯净的全球性君主政体取代。与此相关的问题则是，为什么他作为一个意大利人，却认为西班牙才代表着光明的未来？答案在于他神秘的想象和信念，所有古往今来的史实及预言都表明这是上帝决定提升西班牙的地位。他警告说："抵制西班牙是不可能的。"在他看来，西班牙能上升到如此的世界地位无异于奇迹，暗示了这出自上帝之手。他指出，西班牙帝国"比其他任何国家都更依靠上帝神圣的旨意，而不是依赖于审慎的行为或人力"。[30]

当然，这些愿望是千禧年性质的梦想，而不是颠覆性的或帝国主义的。但它们也植根于西班牙人如何管理帝国的现实情形。康帕内拉呼吁建立一个让所有国家公民都能有用武之地的君主政体（帝国）：[31] 让热那亚人来造船，德意志人来负责技术，意大利人来掌管外交……他所描述的这些情形其实早已在西班牙帝国的建立中实现了。康帕内拉的作品被偷偷带出牢房，并通过手稿副本被广泛传播。西班牙作家胡安·德·萨拉萨尔（Juan de Salazar）在 1619 年前的某个时期读过这本书，不过是在意大利读的。这本书在西班牙似乎并没有引起人们的关注。这部作品的西班牙文版本在当时一直未出版过——1620 年出了德语版（增加了部分段落），1640 年出了拉丁语版，1654 年出了英语版。

到了 17 世纪 20 年代，关押康帕内拉的监狱条件有所改善，他最终于 1626 年 5 月获释。但他几乎立刻就再次被捕，这次逮捕他的是罗马宗教法庭，在那里，他被监禁了 8 年。最后，在 1634 年 10 月，教皇下令将他秘密安置在一艘开往法国的船上。在此之前，康帕内拉就已经声名远扬，并受到路易十三和枢机主教黎塞留的接见，他们就意大利事务向他征求意见。那是在 1635 年，也就是西班牙和法国爆发战争之前不久。康帕内拉充分意识到法国被卷入欧洲冲突带来的影响，从而完全改变了自己的观点。1635 年，他发表了三部作品——其中包括他最著名的作品《太阳之城》(*The City of the Sun*) 的拉丁文版——他在这些书中提出，法国将取代西班牙，成为未来的世界强国。[32] 当然，这一普世权力的含义并非领土意义上的而是精神层面上的。作为一个哲学家，康帕内拉在那个时代很少被人重视（笛卡儿曾拒绝和他见面）。但是，他关于西班牙帝国的强大将会加速其灭亡的推理，仍然使人们惊异于他的精准预言。

由腓力二世建立起来的庞大而复杂的战争机器有一个严重缺陷，评论家们很快就认识到了这一点：西班牙无法提供有足够经验的军官来指挥军队。中世纪的贵族们是当地小型武装力量的领袖，他们参与防御或战争。在斐迪南和伊莎贝拉的统治下，他们为国王的军队做出了显著的贡献，特别是他们召集的附庸国和同盟国士兵。但他们一直强调，自己的角色是自愿的，而不是强制的。1500 年以后，他们更强调自身的职责是保卫自己的领地，而不是离开各自的土地去打仗。例如，加泰罗尼亚就培养了一些杰出的帝国士兵，其中最著名的是腓力二世的朋友路易斯·德·雷克森斯，他率领着佛兰德军队。但是，加泰罗尼亚贵族参与的最著名的军事行动总是与保卫自身边境相关，[33] 而不是为卡斯蒂利亚的军队作战。例如，在 1503 年的罗塞略战役以及 1640 年萨尔斯要塞的重建中，他们都表现突出。除了那些以战争为职业的家族之外，相当一部分西班牙贵族逐渐失去了战争的实际经验。在海军服役的人中，经验丰富者更是凤毛麟角。相当多的人继续为王室提供了出色的服务，但政府——和许多其他欧洲国家的政府一样——不得不从传统的贵族阶层之外招募官员。

不过这并非难事。帝国的所有行省都由贵族统治着，他们希望在战争中获得荣誉，特别是当战争发生在他们自己的领地上时。意大利和佛兰德的贵族们有充分的理由认为，他们有权指挥驻扎在那里的军队。由于帝国政府在这两个地区之外几乎没有活跃的武装力量，所以统领军队的往往是非卡斯蒂利亚贵族。意大利人和比利时人在为西班牙军队服役时表现突出，在为其他国家服务时也取得了更大成就。三十年战争期间，比利时的将军们在德意志土地的每个角落的表现都可圈可点。这在客观上恰恰为马德里政府敲响了警钟：如果在西班牙军队中服役的士兵和军官大多数都不是西班牙人，那么军队最基本的凝聚力之一——忠诚——就无法得到保证。17 世纪佛兰德军队的构成就是一个明显的案例。例如在 1608 年时，西班牙步兵只占总兵力的 17%，而德意志步兵占到了 45%，比利时步兵占 15%，意大利步兵占 12%。[34] 到 1649 年，这支军队中有 23 个德意志人方阵、11 个比利时人方阵和 4 个意大利人方阵，而西班牙人方阵只有 6 个。

这一问题早在"大将军"掌管意大利时便已显现。当时，在西班牙服役的德意志军团因为没有得到报酬而发生哗变，但是卡斯蒂利亚人在他们的卡斯蒂利亚籍军官领导下仍然保持了忠诚。在佛兰德，圣康坦之役胜利后，非卡斯蒂利亚军团立即因同样的理由哗变，但是卡斯蒂利亚军士却没有。拥有一个可靠而专业的军官阶层（正如两个世纪后英国人意识到的那样）对于在多国部队中维持军纪至关重要。腓力二世认识到了这一关键问题，并试图任命卡斯蒂利亚人在他的所有军队中担任要职。然而，素质过硬的可用人选却屈指可数。16世纪70年代，佛兰德军队的持续叛乱正体现出形势的严峻。

的确，欧洲北部战争的苦痛经历激起了卡斯蒂利亚贵族和平民对服兵役的反感情绪。巴尔加斯·马丘卡曾是意大利和新大陆的一名职业指挥官，1599年，他评论说，他的军旅生涯如今"被人瞧不起，每个人都嘲笑手拿武器之人"。[35]一个世纪以后，情况也根本没有改变，我们可以从一位西班牙主教给国王的报告中判断出这一点，他说："在贵族里，几乎没有人愿意在战争中为陛下效劳。"[36]这种反应对卡斯蒂利亚的征兵来说是一个严重的问题，因为卡斯蒂利亚必须为其在欧洲服役的军队提供大约五分之一的士兵。卡斯蒂利亚的村庄、城镇、贵族和神职人员不断地提出反对意见，认为他们的人不适合打仗，抽走这些人力会使整个社区陷入贫困。1636年，马德里认为"召集并运送1000名士兵到米兰是不可能的，因为这座城市没有足够的钱来付给士兵并养活他们"。[37]如果整个王国中最大的城市都不能提供兵力，那么我们很容易想象，较小的城镇就更不可能了。卡斯蒂利亚的城镇一直阻挠那些被派遣到当地的征兵官员。布尔戈斯大主教在解释为什么他的教区不能提供300名士兵时说："这是整个西班牙最贫穷、最悲惨的土地，被饥饿吞噬的穷人数不胜数。"即使可以招募到这么多人，但西班牙的大部分地区都存在一项传统，即这些地方的人可以不必在"西班牙以外"的地方服兵役,这一点在加泰罗尼亚地区被严格遵守,在卡斯蒂利亚也十分常见。

正如前文指出的,在贵族阶层中,不愿服兵役的情况也很普遍,因此现役西班牙军官的素质也大打折扣。1600 年,国务委员会批评上层贵族"几乎没有军事经验",还评论说"现在,我们军队中缺乏合格的指挥人才,这将使情况变得更糟"。[38] 值得注意的是,到了 1633 年,米兰军队中没有一个军团的指挥官是卡斯蒂利亚人。在那几个月里,除了米兰总督费里亚公爵外,所有的军事指挥官都是外国人,其中以意大利人和比利时人居多。[39]

海军方面,人员短缺的问题同样严重。18 世纪之前,所有欧洲国家在招募水手时都困难重重,西班牙也不例外。1641 年,当王室官员试图在阿斯图里亚斯和比斯开沿海地区强制征兵时,村里的人干脆离开,且拒绝露面。[40] 事实上,在整整一个世纪中,战舰出海时船上的船员人数往往只有额定的半数。通常的解决办法是雇用外国海员。1597 年,派往英格兰的舰队中的水手主要是比利时人,还有一些则由英格兰和法国俘虏来补充。这是不可避免会发生的情况,人们也往往乐于俘虏敌方海员为己方所用。1625 年,法德里克·德·托莱多在巴伊亚的胜利虽然归功于他手下的葡萄牙和西班牙军士,但事实上,恰恰是那些在巴西被俘的荷兰水手使船队得以顺利返航。[41] 与英格兰和法国的舰队一样,西班牙舰队完全是个多国部队。失业的外国人很乐意在西班牙军队中服役。这就解释了为什么波斯尼亚人和斯洛文尼亚人经常出现在西班牙舰队中,并最终在拉古萨的马西布拉迪(Masibradi)家族领导下,成为大西洋舰队的重要组成部分。[42]

但这些都不能抹杀西班牙人在 17 世纪 30 年代和 40 年代为保

卫帝国所做的杰出努力。在这 10 年中，半岛上的各王国（包括巴伦西亚和巴斯克）都派出了相当数量的人为帝国效力。派往德意志和意大利的阿拉贡人比以往任何时候都要多。卡斯蒂利亚的日记作者何塞·佩利塞尔（José Pellicer）评论道："在一个多世纪的时间里，从未有人见过这么多的西班牙人一同参战。"[43] 他估计当时大约有 13.3 万（这个数字是无依据的）西班牙人在这个全球帝国的各个战区服役。

1635 年后，西班牙所卷入的全球性斗争变得更加激烈。正如我们所见，那一年，德意志领导人试图让自己的国家实现和平。这带来的间接后果是法国对西班牙宣战。同年，亚洲发生了反伊比利亚人的事件。在日本，幕府将军德川家光（1623—1651 年在位）颁布了一项法令，禁止日本与南部和东部进行贸易，使整个国家退回到"闭关锁国"的孤立时代。自 1614 年驱逐传教士的《伴天连追放令》实施以来，日本的天主教团体及相关贸易利益团体一直受到来自幕府的压力。对基督徒的迫害始于 1614 年，即德川家康逝世前两年（见第四章），并在 1622 年达到顶峰。那一年，55 名基督徒在长崎被处决。3 年后，余下的西班牙人也被驱逐了。

然而，基督徒的力量在 1637 年九州"岛原之乱"中持续显露出来，起义分子举着歌颂圣母马利亚的横幅游行。1638 年 4 月，他们之中的 3.7 万人被包围，并惨遭屠杀。这次镇压对西班牙人是有利的，因为大规模起义迫使日本当局打消了入侵吕宋岛的任何企图。[44] 1639 年，留在日本的葡萄牙人也被驱逐了。第二年，也就是 1640 年，事态的严重性在澳门葡萄牙人派出的商人使团身上体现出来。所有成员一到达就被逮捕并斩首了。到了 1644 年，当"闭关锁国"生效之时，不管是日本人还是外国人，所有耶稣会会士已无一人留在日本。本地基督徒遭到残酷的迫害，大约 3 000 人被处死。到 1660 年时，日本几乎没有基督徒了。

荷兰人进入东亚海域以后，西班牙人在东亚的地位急剧下降。一个多世纪以来，葡萄牙在探险、贸易和传教活动中发挥了卓越的作用，却完全无法保卫他们在亚洲那些零星的殖民地。1630 年，荷兰人占领了锡兰；1641 年，他们又占领了马六甲和中国台湾。葡萄牙人在马德里成立了顾问委员会，敦促国王向亚洲提供更多的资源，但是西班牙人对此却无能为力。

西班牙人在亚洲的脆弱性可以从台湾的例子中看出。由于台湾岛在贸易线路上的重要性，日本、葡萄牙等外部势力纷纷在那里建立了基地。为破坏葡萄牙与日本的贸易，荷兰人于 1624 年侵占了台湾岛南部海岸的大员港。两年后，马尼拉的西班牙人在台湾岛最北端的基隆港登陆。[45] 在港口的一个小岛上，他们建造了圣萨尔瓦多要塞，这个基地对于保护马尼拉和日本之间的贸易线路至关重要。在西班牙人看来，此处也可以作为西班牙人传教士前往日本的出发港。由于这座孤立的堡垒无法提供充分的防御力量，1628 年，西班牙派遣一支部队在邻近的淡水镇占领了一处靠近台湾岛尖端的海岸，并在当地建立起一个传教机构，多明我会修士哈辛托·埃斯基瓦尔（Jacinto Esquival）在那里用当地语言编撰了第一部词汇表。后来，他们在这里为当地居民和日本殖民者的子女们建立了一所学校。然而，台湾的殖民者定居点在经济上无法实现自立，马尼拉方面很快就减少了对这里的支持。1640 年，驻扎在基隆的西班牙人不超过 50 人，再加上这里的 30 个台湾本地人、200 名奴隶以及130 名来自中国官府的士兵，驻守的军队总数为 400 人左右。[46] 而荷兰人从 1626 年起就活动于台湾岛北部，并在 1642 年 8 月轻而易举地占领了基隆，结束了西班牙人的占领。

法国正式加入欧洲战局似乎给西班牙带来了严峻的问题。但由于多年来法国人一直在为西班牙的敌人提供资金和支持，人们期待已久的正式宣战并没有使战局发生实际变化，形势仍然对哈布斯堡家族有利。此外，在法国宣战几天后，德意志新教诸侯同斐迪南二世在 5 月 30 日签订了《布拉格和约》，停止对瑞典的支持，并从军事冲突中脱身。由此，西班牙可以安心倚仗皇帝的军事支持。对西班牙而言，与宿敌法国开战是件严肃的大事，但这绝不会令它感到惶恐。法国的军事潜力并未被完全发掘出来，它缺乏有组织的军队，也没有发动持久战所需的资源。此外，西班牙与自己的宿敌英国结成了海军同盟，这一做法的意义非同寻常。1634 年 8 月，西班牙驻伦敦大使内科拉德（Necolalde）与查理一世签署条约，条约承诺在西班牙人与荷兰人的军事冲突中英国都要保持中立。奥利瓦雷斯非常高兴能得到这个他称之为"世界贸易大师"的国家的支持。英国的支持一直持续到英国内战爆发，事实证明，这个条约的效果的确非同凡响。西班牙船只可以在英国港口躲避荷兰海盗，西班牙的白银可以通过英国陆路运输，甚至西班牙军队也可以取道这些陆上路线。一条真正的"英国之路"已经建成，弥补了西班牙人失去了贯穿萨伏依的"西班牙之路"的损失。

讷德林根战役胜利后，西班牙帝国的当务之急是恢复军队在尼德兰南部地区的主动权，同时收复一些近期被荷兰人占领的战略要塞，如马斯特里赫特、威塞尔和斯海尔托亨博斯。法国的宣战几乎立即彻底改变了这些省份的地位。一个月后，1635 年 6 月，法国和荷兰军队同时入侵尼德兰南部。当侵略的战火渐消，作为对入侵行动的回应，次年 6 月，一支 1.8 万人的佛兰德军队（包括一支帝国的分遣队）在枢机主教亲王的指挥下入侵法国。这次进攻的目的不是开辟一条新的军事战线，因为当时西班牙的战略仍集中于应对莱茵河地区的荷兰人。[47] 然而，令人惊讶的是，这场进攻竟然获胜了。军队向南推进到瓦兹（Oise）山谷，在 8 月时已经推进到了距离巴黎仅有几英里之遥的科尔比（Corbie）要塞，并在一个星期的围攻后，占领了这一要塞。法国首都一片恐慌，王室成员纷纷逃离。一个多月后，一支越过巴斯克边境的西班牙军队占领了边境城镇圣让德卢兹（St Jean-de-Luz）。

但这次大捷只是昙花一现。11 月，法国人就收复了科尔比，几个月后又收复了圣让德卢兹。但佛兰德军队的胜利消解了比利时在保卫西班牙帝国方面的重要作用。据马德里方面的计算，1628 年，西班牙承担了佛兰德战争费用的三分之二，而尼德兰南部承担了三分之一。对于一个 60 年来一直处于冲突中心、工业日渐衰颓、田地不断荒芜的国家来说，这三分之一的战争费用也已经是一笔很高的开支了。但这似乎并没有阻挡住尼德兰人。枢机主教亲王继承了西属尼德兰后，延续了伊莎贝尔大公夫人的独立路线。他采纳了 1636 年以范·霍尔贝克（van Hoelbeeck）为首的一群比利时金融家的建议，让这些金融家承担了西班牙的部分战争经费，从而避免了对热那亚人的持久依赖。建议的内容还包括与荷兰金融家接触、合作。要求与"叛军"秘密合作，无疑是一个大胆的想法，但这种做法也可能使荷兰人从法国阵营中分裂出来，同时也不可避免地意味着要对荷兰人合作者中的那些"异端"视而不见。枢机主教亲王赞成该提议，并在 1638 年 1 月写信给腓力四世，称"容忍恶行是一种相对较轻的恶"，这可能是一个积极的信号。他在其他几封信中重申了这一想法，并在尼德兰南部部分地区单方面停止了对新教徒的迫害。[48] 这些提议从未被付诸实施，但它们为西班牙对荷兰采取更务实的态度开辟了道路，这很快就变成了现实。

枢机主教亲王的成功势头很快就为荷兰人和法国人的共同决心所遏制，他们决心彻底打击敦刻尔克海盗的破坏性活动。1637年5月，荷兰执政弗雷德里克·亨利（Frederick Henry）组建了一支大规模军队，打算进攻港口，但由于逆风，士兵们无法上船，最后他不得不放弃。于是他改变目标，同年7月，他命令军队向布雷达（Breda）进发。这座要塞被认为是权力的象征，尤其是在12年前被斯皮诺拉和佛兰德军队占领之后，它的防御得到了极大的加强。有4 000人驻扎于此，要塞堪称坚不可摧。弗雷德里克·亨利准备打一场艰难的围城战，他在河上筑了堤坝，让河水淹没周围的乡村。枢机主教亲王率领着他的军队前来支援，却无法接近城市，于是不得不采取其他迂回的方式。经过11周的抵抗，在遭受了大规模炮击、只有半数守军幸存的情况下，这座要塞于1637年10月投降。

接下来的几个月里，法荷联军进展不顺，而佛兰德军队则无愧于其战斗之师的声名。但之后，法军于1638年迈出了决定性的一步，通过巴斯克入侵伊比利亚半岛，而巴斯克一直是一个容易攻击的目标。当孔代亲王的军队围困了富恩特拉维亚要塞时，马德里政府心急如焚，立刻着手从半岛上招募士兵。奥利瓦雷斯还命令洛佩·德·奥塞斯（Lope de Hoces）上将指挥拉科鲁尼亚的海军部队，准备向佛兰德提供海上支援。不幸的是，1638年8月22日，波尔多大主教、苏尔迪斯（Sourdis）枢机主教亨利率领由41艘船组成的法国舰队，在圣塞瓦斯蒂安附近的格塔里亚（Guetaria）湾围困了奥塞斯的船队。所有西班牙战舰中，只有一艘设法逃脱了，剩余11艘被毁，其中也包括奥塞斯自己的指挥舰（这位上将不得不游上岸）。这支原有4 000人的舰队中，只有四分之一左右的士兵得以幸存。[49]

这场海战失利后不久，哈布斯堡王朝在陆战中又遭遇了一次重大挫折。到那时为止，西班牙军队一直依赖莱茵河上布赖萨赫要塞的保护，才得以安全行动。1638年8月，法国的盟友萨克森-魏玛的贝尔纳德公爵指挥一支法德联军围攻要塞，12月中旬，弹尽粮绝的要塞不得不投降。枢机主教黎塞留一直认为，占领布赖萨赫是打赢这场战役的先决条件。因为攻下它不仅能控制西班牙军队从米兰北上的传统"西班牙之路"，也能控制通过神圣罗马帝国进入莱茵河的行军路线。法国人控制了布赖萨赫后，由西班牙通往尼德兰的陆路通道就完全被封锁了，此时只剩下通过英吉利海峡的海路了。

次年，这条海路也被封锁了。

1639年9月，西班牙一如1588年时，借助实力超群的海军，成功组建了一支约有100艘船的庞大舰队，其中包括约70艘军舰，30艘来自英国和德意志的运输船。[50]军舰中有21艘比利时船，剩下的则来自里斯本、那不勒斯、加的斯、加利西亚和巴斯克等地区。[51]这支舰队载有2.4万名水手和士兵，在海军上将安东尼奥·德·奥肯多（Antonio de Oquendo）的指挥下，奉命前往敦刻尔克实施救援。在此之前，令奥肯多声名鹊起的事件是他1631年作为葡萄牙-西班牙舰队的指挥官，从里斯本出发，夺回了被荷兰人占领的伯南布哥。在那次远征中，他统领了2 000名葡萄牙、意大利和西班牙士兵。在巴西海岸的一场战斗中，奥肯多和荷兰人的舰队都损失惨重，奥肯多麾下仅有三分之一的士兵登陆生还。这场战事显然不是什么能给人带来希望的先例。

1639 年 9 月 15 日傍晚，奥肯多刚一进入海峡，就被荷兰海军将领特龙普（Tromp）麾下的 13 艘小船发现。奥肯多不愿冒任何风险，于是沿着多佛（Dover）和迪尔（Deal）间的悬崖驶往唐斯湾（Downs）躲避。在那里，他遭到一支英国小舰队的严密监视，而英国此时保持中立态度。在奥肯多等待期间，荷兰人对即将到来的冲突跃跃欲试，主动派出船只和人员增援特龙普。不到 3 周，特龙普麾下已有一支规模达 105 艘船的舰队，他于 10 月 21 日进入英国水域，在中立区开战，这让奥肯多始料未及。特龙普的舰队发动了毁灭性的攻击，西班牙海军上将准备如 1588 年的"无敌舰队"一般与敌人殊死搏斗。然而，特龙普却避开了这种情形，他努力让自己的战舰躲避在西班牙大炮的射程之外，然后，瞄准时机，猛力出击。西班牙约有 30 艘大战舰被摧毁，四分之一的随同舰队被击沉。[52] 包括奥肯多在内的 52 名幸存者拼尽全力到达了敦刻尔克。唐斯战役具有巨大的历史意义：对于荷兰人而言，这是一场值得庆贺的重大胜利，历史学家则称，这标志着在欧洲，西班牙不可一世的海军力量已走向终结；对奥利瓦雷斯来说，这场灾难"击穿了他的心"（他的原话），也摧毁了西班牙的荣誉。一位被荷兰人擒获的西班牙军官在给家人写信时表示，荷兰人是"更好的水手，他们可以对我们的船为所欲为，就像 1588 年时的我们一样"。这只是这几个月来海军遭遇的第一次挫败。1640 年的最初几周还有另一次。一支葡萄牙-西班牙联合大型舰队在指挥官达·托雷（Da Torre）的带领下，于 1638 年出发，意图将荷兰人驱逐出巴西。然而，在伯南布哥附近，这支舰队却被一支不足其一半规模的荷兰舰队突袭，就此落败。

据估计，西班牙海军在 1638 年至 1639 年间可能损失了近 100 艘军舰，是它在 19 世纪初特拉法尔加海战中损失军舰数量的 10 倍。[53] 然而，这些看似黯淡的数字掩盖了一个几乎令人震惊的事实，这个事实极大地揭示了西班牙权力的本质，那就是在 17 世纪，西班牙帝国仍然可以利用其统治下的诸领地从世界各地获取资源。它虽然接连受挫，却仍可以不屈不挠地迅速重返战场，拒绝面对自己在军事上已然日薄西山的事实。1639 年 11 月 15 日，唐斯海战的灾难性消息传到了马德里。政府立即下令，迅速召集其一切领土上的所有船只、大炮和水手。[54] 那不勒斯、西西里、热那亚和托斯卡纳都要提供补给，意大利当时所有的大帆船都奉命将其所获运来。枢机主教亲王收到了来自荷兰人（他们可是敌方啊！）和汉萨的求购战舰的订单。这是西班牙决定与荷兰人议和的第一个迹象。那不勒斯王国需要 6 000 名步兵、18 艘战舰和大量火药。1640 年初，奥肯多从佛兰德回到西班牙，他的舰队中已有 4 艘在敦刻尔克造船厂建造的新战舰。西班牙利用全球资源的能力令他国自叹不如，世界上没有任何其他国家拥有如此实力。

与此同时，没有任何一个国家像西班牙那样，在那么大程度上需要依赖其他国家的援助，它尚未认识到自身政权已岌岌可危。在高级官员的圈子里，失败是无法令人接受的。唐斯战役结束后不久，塞维利亚却发行了一本小册子，以此来庆祝这场"伟大的胜利"。50 年后，奥肯多的孙子被授予侯爵爵位，以纪念他的祖父所赢得的"伟大的海战胜利"。显然，唐斯战役远非胜仗，但也算不上西班牙海军力量的终结，西班牙海军继续依赖着帝国盟友的资源生存（只要钱还没有花完）。

法国成功入侵了伊比利亚半岛，并借此成功干预了葡萄牙和加泰罗尼亚的事务。1639年，奥利瓦雷斯选择以加泰罗尼亚作为主要前线，集中精力应对法国对边境要塞萨尔斯的围攻。他认为西班牙绝不能失去主动权，于是派遣了一支9 000人的军队进驻加泰罗尼亚，为新的战斗做准备。但加泰罗尼亚人拒绝参与武装同盟，导致奥利瓦雷斯不得不依靠卡斯蒂利亚军队。奥利瓦雷斯说："以加泰罗尼亚人目前的态度而言，他们对西班牙王室是毫无助益的，他们既不愿意为王室效劳，也不愿意贡献出任何物资。"[55] 当地的农民还与士兵发生了冲突，2月，加泰罗尼亚总督指控省议会（Diputació）"蓄意煽动人民并试图摧毁军队"。一系列社会动乱席卷了整个地区。6月7日，在圣体节（Corpus Christi）的宴会上，一群伪装成收割者的加泰罗尼亚起义分子进入巴塞罗那，引发了一场骚乱。他们将总督赶出了府邸，并在他试图乘船逃脱时在海滩上杀死了他。在乌赫尔（Urgell）教区的教士波·克拉里斯（Pau Claris）的领导下，省议会中的一个部门开始与法国人谈判（他们不愿与马德里方面对谈）。奥利瓦雷斯悲叹道："在不具备任何合理原因与公义的情况下，加泰罗尼亚人发动了一场与荷兰人一般无二的叛乱。"1641年1月，起义军剥夺了腓力四世的巴塞罗那伯爵头衔并将其转赠给法王路易十三，从而承认了法国的统治。

针对加泰罗尼亚的此番事件，历史学家希尔·冈萨雷斯·达维拉（Gil González Dávila）在深思后写信给阿拉贡的一位朋友称："有洞察力的人认为，加泰罗尼亚将成为下一个佛兰德，将西班牙仅存的一点生命力和养分消耗殆尽。我们的下肢（低地国家）麻烦不断，总是没法彻底摆脱；现在我们的核心部位也出了问题。这一切什么时候才到头呢？"[56] 对加泰罗尼亚来说，接下来的 10 年是痛苦的。1642 年，法国占领了罗塞略，永久地将其收入囊中。战争的痛苦及惨重代价使加泰罗尼亚人很快醒悟了过来。1652 年 10 月，当奥地利的胡安·何塞（Juan José）收复了巴塞罗那时，当局准备接受他开出的条件。加泰罗尼亚起义导致了奥利瓦雷斯的垮台，也瓦解了西班牙的军事霸权。1659 年的《比利牛斯和约》签订后，西班牙永久地失去了比利牛斯山脉以北的加泰罗尼亚领土。而随着葡萄牙起义的成功，在半岛内部达成统一的愿景也彻底破灭了。

葡萄牙的起义与加泰罗尼亚起义并无共通之处。理论上，葡萄牙与伟大的西班牙帝国的长期联合应该会给自己带来可观的利益。然而，尽管葡萄牙在探索新世界和贸易活动中扮演着先驱的角色，然而，在经历了一个半世纪的海外贸易经营之后，这个国家直到 1640 年时仍然贫穷且经济发展不足。对此，许多葡萄牙人的答案很简单，他们认为所有的问题都应归咎于卡斯蒂利亚人。他们曾和卡斯蒂利亚人一样生活在幻想之中，误以为帝国会为他们带来财富和成功。当这一幻想并未成为现实时，他们便把矛头指向了西班牙，开始宣扬后者在哈布斯堡时代（1580—1640）的恶行。即使是在 1625 年成功收复巴伊亚之后，葡萄牙舰队司令曼努埃尔·德·梅内塞斯（Manuel de Meneses）还在抱怨"卡斯蒂利亚人对葡萄牙人的怨恨早已体现在所有事务上，只不过他们从未公开表态而已"。[57] 实际上，葡萄牙帝国不过是一个转瞬即逝的伟大梦想。与亚洲的商贸活动多以奢侈品贸易为主，这些产品既不能刺激本国的工业发展，也对本国的农业无益，甚至商人团体在亚洲的获利也不再被用于投资本国经济。[58]

但在一个重要的问题上，葡萄牙人的抱怨是完全合理的，那就是西班牙已无法与荷兰人抗衡并向葡萄牙人提供保护。1621年，西班牙与荷兰再次开战，这导致荷兰更加肆无忌惮地打击葡萄牙在亚洲和巴西的势力。1605年，荷兰人试图取代西班牙和葡萄牙，占领马鲁古群岛。他们以伯南布哥为基地，扩大在巴西的势力范围，并于1637年从葡萄牙人手中夺取了非洲奴隶港圣若热·达·米纳。17世纪30年代，巴达维亚总督安东尼·范·迪门（Antonie van Diemen）调用了80多艘战船，有效地封锁了葡萄牙在马六甲和果阿地区的航线。[59] 1636年，他满意地说："我们的封锁正在逐渐削弱马六甲的贸易活动，而巴达维亚贸易却在日益兴盛。"1640年，在当地盟友的帮助下，他对马六甲发起全面包围，1641年1月，马六甲被迫向荷兰投降。

两国王室的联合似乎对葡萄牙没有什么好处，而与法国的战争将紧张局势推向了一个临界点。1637年，奥利瓦雷斯试图增税的政策在埃沃拉（Evra）等城市引发了骚乱。加泰罗尼亚起义爆发时，葡萄牙贵族被要求像卡斯蒂利亚人一样，奔赴加泰罗尼亚前线服役。作为回应，葡萄牙人于1640年12月在里斯本发动了起义，并宣布布拉干萨（Bragança）公爵为国王，国王的称号是若昂四世。法国陆军和海军的积极支持无疑是巨大的助力；而"民族国家的力量"似乎可以解释葡萄牙人何以在巴西战胜荷兰人，以及在伊比利亚半岛战胜西班牙人。最终，西班牙于1688年承认葡萄牙独立。1640年底，奥利瓦雷斯已经意识到，"今年无疑是我国历史上最糟糕的一年"。而更大的冲击还在后面，且不仅仅来自葡萄牙。1641年，有人企图分裂安达卢西亚；1648年，阿拉贡也出现了类似的图谋。这些都是当地统治阶级对卡斯蒂利亚政策不满的表现，与 1647 年的那不勒斯起义类似，那次起义试图摧毁西班牙在地中海地区的帝国统治。

帝国的一个基本盘，是它与葡萄牙人的关系。葡萄牙人开辟了所有的海上航线，开创了随后由西班牙人发展起来的所有殖民经济。因此，西班牙在这些领域取得的进步几乎都离不开葡萄牙人的贡献。葡萄牙人在大西洋诸岛和巴西种植糖料作物，发展蔗糖生产，而西班牙在加勒比地区发展蔗糖生产。同样，使用非洲奴隶（后来也被西班牙人效仿），给葡萄牙带来了一个持久性的优势。事实上，即使在奴隶贸易正式被他人掌控后，葡萄牙人仍在抢走西属美洲的金银来换取奴隶。在东亚，葡萄牙人建立了欧洲香料贸易。因此，在 1580 年葡萄牙王室和西班牙王室合并之后，西班牙发现自己陷入了困境，即必须尊重葡萄牙在主要商业领域的主导地位。1580 年，腓力二世在托马尔（Tomar）向议会承诺，他将小心谨慎地维护葡萄牙的独立。他强调自己的帝国只是一个政权联合体，其中各国仍拥有自由和自治权力，彼此之间各自为政。毫无疑问，国王将竭尽全力维护葡萄牙的自治。然而，在实践中，西班牙和葡萄牙的利益联结变得更加紧密，这在很大程度上要归功于那些为西班牙王室服务的葡萄牙金融家。

通过控制奴隶贸易，葡萄牙人渗透到了西属美洲的经济体系中。据说在 1588 年的布宜诺斯艾利斯，"几乎每天（尽管这种说法可能有所夸张）都有来自葡萄牙的满载着黑奴和商品的船只"，几年后的一项法令规定，"不必阻止那些通过拉普拉塔河进入的巴西货物及外国人"。[60] 事实上在此前的那些年里，尽管理论上存在禁令，但葡萄牙人仍然在南美洲的大西洋沿岸随心所欲地进行贸易。

然而，与西班牙人一样，联合王国中的葡萄牙人不得不与外国金融家展开竞争。意大利金融家已经在与亚洲的贸易合作中占据了重要地位。1586年，腓力二世启动了一项从印度进口香料的新计划，并与以德意志的富格尔家族和韦尔泽家族为首的财团订立了合同，意大利金融家罗瓦莱斯卡（Rovalesca）也在其中扮演了重要角色。[61] 尽管如此，葡萄牙的金融家们还是设法保住了自己（因英国人与荷兰人的介入）日渐衰落的香料贸易。许多人在葡萄牙治下的果阿定居，成了印度居民，其中最引人注目的是那些祖先为犹太人的新基督徒。[62] 雄厚的经济实力有助于消解人们对新基督徒宗教信仰正统性的怀疑。事实上，到16世纪末，他们已成为葡萄牙王室的财政支柱——无论是在王国境内、巴西还是在果阿。与荷兰的休战促进了欧洲的和平贸易，尽管在欧洲之外情况就并非如此了。在阿姆斯特丹，新基督徒与其犹太裔合伙人的联系扩大了他们对西班牙某些贸易领域的控制。[63]

　　在17世纪20年代寄给腓力四世的报告中，新基督徒们声称自己是西班牙-葡萄牙联合王国的主要支持者，他们"向东印度群岛派遣了无数满载货物的船只，这些船只的关税维持了海军的军费开支，并使王国变得富足；支援巴西，制造了供全欧洲生产食糖的机器设备；还维持着与安哥拉、佛得角和其他殖民地的贸易，令陛下一直以来都从中获益；运送奴隶到西印度群岛进行劳作，并贯通了从西班牙到世界各地的旅行与贸易路线"。[64] 实际上，他们的贡献之大已不需要举例说明。从1626年到1640年，在这样相当长的一段时间里，在奥利瓦雷斯公爵的支持下，他们在马德里获得了作为西班牙王室银行家的特权地位。葡萄牙人进入秘鲁和新西班牙的经济体系中，并在亚洲改善了他们与在马尼拉的西班牙商人的联系。[65] 尽管葡萄牙人人数不多，所参与的业务也只涉及西班牙海外事业的某些部门，但新基督徒们的活动恰恰证实了西班牙对其他国家的严重依赖。在波旁王朝之前的四分之三个世纪里，犹太裔葡萄牙金融家继续在资本方面发挥着关键作用，他们的资本有助于维持国家税收体系的运行，并为陆军和海军提供物资支持。

1631 年至 1640 年的 10 年更是至关重要，葡萄牙银行家为西班牙王室提供了保障，[66] 他们与热那亚和德意志的银行家共同为帝国在欧洲北部作战的陆军及在大西洋上的海军提供了资金。从 1626 年他们与国王首次达成合约，到 1640 年葡萄牙宣布独立的 15 年间，葡萄牙金融家们与国王签订的合约总价值超过 4 000 万达克特。[67] 这笔款项的大部分都流入了欧洲其他的金融中心，被用来满足政府开支，其中超过 40% 的资金都被用于安特卫普市。金融家们不仅关心国王的公务，还参与了半岛贸易以及对美洲贸易的各个环节。据说在 1640 年，仅塞维利亚就有 2 000 名葡萄牙人居住，尽管更富有的金融家倾向于住在马德里，毕竟在那里他们更便于与王室直接接触。此外，还有许多葡萄牙商人居住在南美洲的西班牙领土上，他们通过直接或间接的影响，在太平洋贸易、大西洋贸易及日益增长的拉普拉塔河殖民地贸易中发挥了重要的作用。[68] 在秘鲁，他们的财富和影响力几乎无人能及，唯一能对他们施加影响的仅限于宗教法庭。以宗教为由的蓄意指控使他们中的一些人在 1639 年葬身于利马骇人听闻的火刑中。10 年后，这一幕在西班牙再次上演，宗教法庭在其中发挥了同样的作用，尽管知情者很清楚真正的动机并非宗教，而是经济。

1640 年，葡萄牙脱离西班牙独立，奥利瓦雷斯下台，这两件大事的后果之一就是居住在西班牙的葡萄牙金融家就此失势。他们中有许多人离开了西班牙，一些人也借此逃离了宗教法庭的迫害。他们把资产从半岛转移到欧洲北部（主要是阿姆斯特丹），致使西班牙王室失去了可以依靠的服务和资源。他们在新西班牙由于生意兴隆而遭人嫉恨，一些人被宗教法庭逮捕。更糟糕的是，葡萄牙的新政权逮捕并处决了与哈布斯堡政权关系密切的金融家。西班牙向美洲供应非洲奴隶的合约在1640年之前都掌握在葡萄牙人手中。此后，相关贸易被暂停了20多年，直到1662年才被重新开启。

当然，西班牙王室并无意迫害葡萄牙人，因为毕竟许多葡萄牙人长期居住在西班牙，并继续为西班牙服务。1641年，一位政府官员承认，"倘若没有葡萄牙人，在佛兰德就没有其他银行家可以委托（现金）了"。[69] 尽管有葡萄牙商人的支持，西班牙政府仍然难以偿还债务，并在1647年再次宣布暂停偿还债务。法令中提到的33位金融家中，有3个热那亚人，1个佛罗伦萨人，1个比利时人，1个英国人，还有27个葡萄牙人。葡萄牙人在维系西班牙联合王国的国际关系网中发挥着极其重要的作用。然而，他们此时却不得不另寻出路。他们被新独立的葡萄牙孤立，也因葡萄牙在巴西和东亚的商业利益的不断崩溃而遭受损失。在哈布斯堡王朝末代国王卡洛斯二世的统治下，他们虽然在公共财政中仍扮演着重要角色，但地位却大打折扣。例如，1682年，葡萄牙人得以恢复与美洲之间的奴隶贸易，但这些贸易活动只能以加的斯为起点。

西班牙的敌人——首先是荷兰人，其次是法国人——始终怀着在地中海地区削弱西班牙王国力量的意图。将此付诸实践并不难，因为经过了近两个世纪的西班牙统治后，没有什么口号能像摆脱不受欢迎的控制者那样让意大利人团结起来了。在那不勒斯和西西里岛，法国人挑起并积极支持了两次反对西班牙势力的大规模动乱。1647 年 7 月，那不勒斯的鱼贩托马索·阿涅洛（Tommaso Aniello），也就是大家熟知的马萨涅洛（Masaniello），发动了一场反对新征税的骚乱，很快就得到了广泛支持。与以往的骚乱不同，马萨涅洛利用了城市和农村各阶层对西班牙统治者的怨恨情绪。由于没有足够的力量来平复乱局，总督逃离了这座城市。10 月，在法国的帮助与支持下，起义领导者宣布成立一个独立于西班牙的共和国。但是，以吉斯（Guise）公爵为代表的法国人却未能兑现他们的承诺。1648 年 4 月，西班牙人又重新控制了局势。那不勒斯起义暴露了西班牙统治的弱点，也预示着西班牙在意大利的统治已近黄昏。与此同时，1647 年，巴勒莫爆发了一场大规模的起义，这证实了西西里的统治阶级也已失去民心。1649 年，维苏威火山爆发，这被认为是来自天国的吉兆。西西里修士卡米洛·图蒂尼（Camillo Tutini）宣布："这次维苏威火山的喷发，正是将西班牙人逐出王国、彻底消灭的信号。"[70]

意大利南部的问题一直很严重，而西班牙的统治并没有使问题得到显著的改善。然而，米兰也爆发了与之类似的运动，原因是三十年战争将该地拖入战事引起了人民的日益不满。伦巴第的上层贵族们成功地将自身的事业与西班牙的统治捆绑在了一起，但他们也在不停地抱怨对法战争的巨大开支。17 世纪 40 年代寄往马德里的一封信中有这样明确的话语：人民眼中最大的敌人，其实是那些名义上保护着他们的驻军，以至于每逢驻军奔赴前线作战，民众都会感到一种解脱。[71] 可见，除了要面对本土的不满情绪，西班牙人还需时刻提防来自意大利半岛主要国家的敌意。大约在 1650 年，西班牙驻米兰总督表示，他必须面对诡计多端的威尼斯共和国，还要应对教皇为确保"西班牙的统治不会扩张到意大利和欧洲的其他地方"所采取的行动、萨伏依公爵的敌意，以及克雷莫纳（Cremona）、托斯卡纳及曼图亚瞬息万变的局势——在所有意大利诸侯中，只有帕尔马公爵尚可信赖。[72]

1641 年 11 月，枢机主教亲王因天花去世，年仅 39 岁。在短暂的人生中，他为维持西班牙在欧洲北部的势力所做出的贡献，超过了自斯皮诺拉以来的任何一位指挥官。佛兰德军队的指挥权被移交给了新上任的尼德兰总督弗朗切斯科·德·梅洛（Francisco de Melo），他是托尔德-拉古纳（Torde-laguna）侯爵，最初以葡萄牙士兵的身份为西班牙效力，建功立业，先后担任西西里总督、驻德意志大使，也曾与枢机主教亲王在布鲁塞尔政府中共事。1642 年春天，他率军在其领地南部成功地抗击了法国军队，并在奥纳库尔（Honnecourt）一役中重创法军，他向国王描述这场战役时称"这是我们这个时代最具标志意义的胜利"。

次年，即 1643 年春天，梅洛率领麾下约 2.5 万名士兵，越过边境，包围了法国小镇罗克鲁瓦（Rocroi）。罗克鲁瓦位于阿登山脉，在通往香槟地区（Champagne）的路上。他的主要指挥官是伊森堡（d'Isembourg）伯爵、富恩特斯伯爵和阿尔武凯克公爵。而法国军队是由 21 岁的昂吉安（d'Enghien）公爵（他在最后一刻接替了当时病重的路易十三）指挥的，5 月 18 日，他带领 2.3 万人抵达了尼德兰前线，立即发起进攻。此番交战并未对战况产生多大影响，当晚战事便被叫停。昂吉安公爵在得知敌方援军将会在次日上午 10 点到达的消息后，决定在第二天，即 19 日的黎明前开始战斗。

法国报刊《弗朗索瓦信使报》（Le Mercure francois）报道说：

"两军皆是劲旅，战况惨烈，双方顽强战斗的态度令人尊敬，结果当属万幸。"[73] 在随后的战斗中，佛兰德军队全军覆没，梅洛的步兵同样溃散。最后的抵抗来自西班牙大方阵，其中的意大利、西班牙和比利时军团几近全灭，德意志军团赶到时，已对战事无甚作用。《弗朗索瓦信使报》报道称："西班牙方面有 6 000 人战死，5 737 人被俘。法国军队夺取的战利品中包括全军的装备、20 门大炮、172 面旗帜、14 面王室军旗和 2 面三角旗，但法军也损失了 2 000 人。"昂吉安公爵本人受了轻伤，而对方阵营的富恩特斯伯爵阵亡。欧洲历史上最强大的军事机器首次遭受如此重创。这次惨败粉碎了西班牙刀枪不入的神话，也令布鲁塞尔政府陷入了阴霾。"事实是，"沮丧的梅洛向腓力四世报告说，"我们对这场战事重视不足。但战争真真实实地发生了，它能创造帝国，也能将之摧毁。"[74] 几个月后，西班牙首相感慨道："一想起此事，我不禁悲从中来。"[75] 从长远来看，非西班牙裔历史学家倾向于认为这是西班牙帝国权力的终结。这可能是对一起事件的过度戏剧化解读，这起事件肯定影响了接下来几个月在北方的战役，但像唐斯之战一样，它对帝国的资源状况没有产生重大影响。

当然，在罗克鲁瓦取胜的法国军队获得了主动权。次年，枢机主教马萨林——黎塞留的继任者——任命了一位更有能力的指挥官来领导莱茵河上的军队，他就是当时法国最杰出的蒂雷纳（Turenne）元帅；而对西班牙来说更具有讽刺意味的是，蒂雷纳的外祖父正是荷兰的自由英雄——奥兰治的威廉。到了 1644 年 9 月，由于昂吉安和蒂雷纳率领的两支军队的合作，莱茵河左岸——从布赖萨赫到科布伦茨（Coblenz）——这条西班牙从意大利调动军队的必经之路已经完全处于法国人的掌握之中。第二年，两位将军再次联手，于 1645 年 8 月 3 日在讷德林根附近的阿勒海姆（Allerheim）击败了帝国军队。这次战役也被称为"第二次讷德林根战役"，它可以被看作对第一次战役的报复，但此场胜利由于法军伤亡惨重而显得得不偿失。同一年，法国的盟友荷兰也参与了这场战役。特龙普海军上将的舰队有效地控制了英吉利海峡，切断了从地中海向佛兰德派兵的唯一备选路线。1646 年 9 月，在最重要的敦刻尔克港，这个在过去 10 多年里一直是西班牙发起攻击荷兰海军的行动的关键基地，佛兰德军队向昂吉安率领的法国军队和特龙普率领的荷兰海军投降。

欧洲北部及德意志的战事实际上已经结束。其实，早在 17 世纪 30 年代，就有人提出过和平倡议。1641 年，法国特使阿沃（d'Avaux）提议在威斯特法利亚的明斯特（Münster）和奥斯纳布吕克（Osnabrück）这两个相邻的城市举行会谈。法国人在前者进行谈判，瑞典人则在后者。谈判本该于 1643 年 7 月正式开始，但法国代表直到 1644 年才抵达，这使会谈被拖到 1645 年才开始步入正轨。西班牙和尼德兰联省共和国（荷兰共和国）之间的谈判于 1645 年在明斯特举行，西班牙代表团在佩尼亚兰达（Peñaranda）伯爵加斯帕尔·德·布拉卡蒙特（Gaspar de Bracamonte）的率领下抵达明斯特。事实上，代表团的真正智囊是来自弗朗什-孔泰的人文主义者安托万·布伦（Antoine Brun），他负责了与其他代表之间的大部分谈判工作以及和约的签署。荷兰人找不到比佩尼亚兰达伯爵更好的谈判对手了，因为在伯爵看来，对荷兰人让步不仅会赢得友谊，还会让荷兰变成可以与西班牙共抗法国的强大盟友。1647 年 1 月 8 日，所有西班牙和荷兰代表，在只有乌特勒支省代表缺席的情况下，签署了和约。和约的正式签署仪式于 1648 年 1 月 30 日在明斯特市政厅举行。

该和约承认联省共和国（荷兰）是一个主权国家，并承认了荷兰人在尼德兰的征服成果。荷兰人不仅没有保障各省天主教徒的宗教自由，还确认了拥有从葡萄牙手中夺取的亚洲和美洲领土的主权。安特卫普贸易活动所倚赖的斯海尔德河的归属问题也没有被纳入议程。荷兰人与塞维利亚及美洲的贸易行为也被默许了。在每一个有争议的问题上，西班牙都向荷兰人妥协了。1646 年，安托万·布伦在海牙被任命为西班牙驻联省共和国的首位大使。在《威斯特伐利亚和约》签订后一年，仍未得到消息的马尼拉西班牙人袭击了荷兰人在特尔纳特的驻地。这是两个世界大国之间的最后一场战争。

明斯特和奥斯纳布吕克的和平安派涉及中欧冲突的各方势力，虽然进程缓慢，但确实有助于和平的实现。《威斯特伐利亚和约》对欧洲之后近一个世纪的政治产生了重要的影响，但西班牙和法国之间的战争仍在持续，只是双方都保持了低调。1648 年到 1653 年，巴黎和波尔多地区的投石党运动引起了政府军的注意，法国军队因国内的严峻形势骤然撤出前线。尽管有巨额的战争债务，西班牙仍能继续战争，这要归功于它的两大源源不断的资源——来自银行家（主要是意大利人和葡萄牙人）的贷款，以及佛兰德军队和米兰军队的人力。然而，这不可避免地对马德里的政府产生了影响，它必须应对急剧飙升的战争成本。1655 年，沮丧的腓力四世告诉卡斯蒂利亚议会，在 1649 年至 1654 年的 6 年里，他在战争上花费了近6 700 万埃斯库多，[76] 尽管这都是因为敌人拒绝妥协，导致战争不得不继续。

实际上，财政状况只是事情发展的一个方面，军事方面仍有许多理由令他们欣慰。1652 年 10 月，由奥地利的胡安·何塞率领的西班牙军队收复了巴塞罗那。同年，米兰的军队终于夺取了卡萨莱要塞。在尼德兰，佛兰德军队在一段时间内由著名的孔代亲王（罗克鲁瓦战役的胜者，之后他继承了家族头衔，迫于枢机主教马萨林的压力而暂时流亡）指挥，他率军收复了格拉沃利讷（Gravelines）、马代科（Mardijk）和敦刻尔克。然而，这一大好局面被新兴的海上强国——英国——干扰了。1652 年，英国先是在一场短暂的战争中击败了荷兰，随后又与西班牙反目。

　　1654 年底，在"西方计划"——控制加勒比地区并"与西班牙争夺所有海域的控制权"——的指导下，英国护国公克伦威尔派遣一支小型舰队前往西印度群岛，目的是夺取伊斯帕尼奥拉岛。这次远征以英军的失败告终，英军仅占领了牙买加。但这一行动导致了英国与西班牙的正式决裂，西班牙尽管并不希望产生进一步的冲突，但犹豫再三，最终还是不太情愿地于 1656 年 2 月对英宣战。驻扎在欧洲的英国海军中队由海军上将罗伯特·布莱克（Robert Blake）指挥，正在逼近地中海，威胁着加的斯。就在前一年的 9 月，布莱克的一小队船只还成功截获了从美洲返航的两艘"白银舰"，将船上 200 万比索的财富收入囊中。1657 年 4 月，他的主力部队突袭了在特内里费的圣克鲁斯港避难的"白银舰队"，顺势摧毁了所有船只。西班牙人仅仅保住了部分财物。其后的两年里，西班牙没有再派出"白银舰队"，这对帝国财政来讲无疑是一大损失。此外，1657 年 3 月，英国与法国签署了同盟条约。尼德兰南部由此爆发了一系列陆战，1658 年 6 月 14 日，佛兰德军队在沙丘之战中的重大失利，奠定了战争的最终结果。获胜方是蒂雷纳将军，其麾下包括了克伦威尔新军中的 6 000 名圆颅党成员。此役为西班牙军事力量在欧洲的绝唱。法国人先后征服了格拉沃利讷、奥德纳尔德（Oudenarde）和伊普尔（Ypres）。这一系列的灾难性打击终结了西班牙在尼德兰南部的霸权，迫使腓力四世求和。

　　1659 年 3 月，双方达成停火协议，和谈正式开始。11 月 7 日，双方在西法国边界的比达索阿河（Bidasoa）的一个岛屿上签署了《比利牛斯和约》。比利牛斯山脉以北的所有加泰罗尼亚领土都被永久划入法国版图。最重要的领土变更发生在比利时边境，法国获取了一大片要塞地带，从海岸的格拉沃利讷延伸到摩泽尔河（Moselle）畔的蒂永维尔（Thionville）；与此同时，法国归还了其在比利时占领的一些地区。和约中有一项重要条款：将腓力四世的女儿玛丽亚·特雷莎公主嫁给法国国王路易十四。比利牛斯山脉的和平标志着西班牙作为欧洲强国的终结。

　　还有其他尚未解决的问题，比如收复葡萄牙的战争。但此时，欧洲各国力量均势的变化使这一目标变得难上加难。葡萄牙起义军得到了法国在陆上，以及英国在海上的积极帮助，他们还得到了来自荷兰人的补给。西班牙政府承认"没有强大的海军力量，征服葡萄牙是不可能的"。[77] 然而，在唐斯海战之后，海上霸权已被英国人掌握。此外，葡萄牙和英国于 1661 年结盟，英国同意派遣 2 000 名步兵和 1 000 名骑兵作为援助，直到葡萄牙获得自由。葡萄牙人在维拉维索萨（Villaviçosa）战役（1665 年 6 月 17 日）中击败了西班牙陆军，西班牙于 1668 年正式承认葡萄牙独立。

　　在 17 世纪余下的几十年中，法国国力日增，继续蚕食着西班牙帝国的领地。这段漫长的历史充斥着战争、兼并与和约，见证了曾经不可一世的西班牙帝国从此变得支离破碎。然而，无论如何，帝国还是顽强地存续了下来。究其原因，在于西班牙能够再次得到那些曾经破坏其帝国统治的国家的支持。

令法国入侵势力最感意外的是西班牙与荷兰的结盟。[78] 这两大敌对势力之间的和解已经持续了相当长的时间。荷兰人绝不是西班牙人的朋友，但在另一方面，他们总是会意识到，不论从血缘、语言还是从经济角度来说，自己与尼德兰南部地区都是紧密相连的。1588 年，即无敌舰队被击败的那一年，据说来自阿姆斯特丹的商人曾向布鲁塞尔出售海军补给品；16 世纪末，荷兰人的船只被西班牙海军收购；荷兰人的武器也在战争期间被卖给了佛兰德军队。[79] 1648 年，荷兰与西班牙签订《明斯特和约》后不久，双方意识到，除了达成和平之外，他们之间还存在着一些共同利益。

在双方长达 80 年的争斗中，尽管双方分歧显而易见，但许多西班牙人也开始了解并尊重荷兰人。[80] 布鲁塞尔的大臣和官员们都鼓励双方恢复友好关系。一部分荷兰领导人想要寻求贸易优势，而西班牙人则指望得到荷兰人的帮助来对抗葡萄牙人，因为葡萄牙人正在反抗西班牙国王，并打算把荷兰人从巴西驱逐出去。西班牙非常重视荷兰海军的专业知识：1648 年签署和约后，西班牙海军立即开始在阿姆斯特丹建造 12 艘护卫舰。[81] 17 世纪 50 年代，双方的联系变得更加紧密，当时两国正在与克伦威尔领导的英国军队交战。1653 年，佩尼亚兰达总结了他所认为的两个新教国家的相对优势："如果有人问我哪个国家更强大更稳固，我的回答是议会领导下的英国；但如果有人问我哪一方作为朋友更好，能带来好处并坚定信心，我总是会回答说荷兰。"1656 年，时任西属尼德兰总督的奥地利的唐·胡安·何塞与海牙方面开始谈判，两个昔日的敌人结成了利益联盟。一名荷兰代表从 1656 年起开始常驻马德里。[82] 1659 年，就在法国和西班牙签订《比利牛斯和约》后不久，荷兰议会就派遣了一个特别外交代表团与马德里谈判。1660 年圣诞节的前一周，荷兰大使在布恩·雷蒂罗宫向信奉天主教的腓力四世陛下致敬，大使用法语致意，而国王则用卡斯蒂利亚语回应。这个举动消除了两国之间近百年的冲突和不信任。

然而，会谈内容更多是关于贸易而非盟约。实际上，荷兰需要西班牙帝国的支持，以维持自身的经济，并保护自身利益不受英法两国的侵犯。西班牙人也做出了回应。1651 年，安托万·布伦告知荷兰三级会议："世界上没有任何地方比我国更欢迎你们的商人到来并开展贸易。"[83] 从 17 世纪 50 年代起，荷兰人加强了与伊比利亚半岛之间的贸易联系，并从地中海的贸易活动中获利。[84] 他们从欧洲北部为西班牙带来了谷物、鱼类、木材和海军补给品；作为回报，他们从伊比利亚半岛上获得了白银，还有一些羊毛、橄榄油、葡萄酒，偶尔还有盐。他们在 1655—1660 年的西英战争，以及随后几年的西法战争中获得了优势地位，得以介入英法两国国民被禁止从事的一些商品的贸易。荷兰船只将大部分西班牙羊毛出口到欧洲北部或意大利。在随后的几十年里，荷兰人向美洲提供了奴隶贸易所需的资金，[85] 而西班牙帝国则受益于这个当时号称世界上首屈一指的海上强国的军事保护。荷兰军舰护送西班牙商船在近海水域航行，保护它们免受敌人的攻击。1657 年，荷兰将 16 艘战舰停泊在西班牙最大的地中海港口阿利坎特（Alicante）湾，同样的情形很快就在西班牙南部的主要港口变得常见起来。西班牙的商人们很乐意与从前的敌人进行贸易。17 世纪 60 年代，一位访问西班牙的英国官员说："海岸上所有的英国商人都在抱怨西班牙人对荷兰人的偏爱。"[86]

1670 年，西班牙明确了要与荷兰达成谅解的意愿，因为荷兰现在是西属尼德兰领土完整的重要保证。马德里方面，佩尼亚兰达坚定地支持联盟，英国大使注意到"在这里，他们都极其渴望帮助荷兰人，即使法国人比他们更强大，他们也会毫不犹豫地选择这么做"。[87]对荷兰人来说，不幸的是他们很快就需要得到西班牙的帮助。1672年，两支庞大的法国军队（路易十四和蒂雷纳指挥的大约8万人，以及孔代指挥的3万人）分别从沙勒罗瓦（Charleroi）和色当（Sedan）出发，向默兹河（Meuse）沿岸的各省进发。法国军队入侵时小心翼翼，就是为了避免触及比利时领土，因为这样会拉近荷兰和西班牙之间的关系。而在1671年至1679年，竭力与荷兰靠拢，正是西班牙驻海牙大使、杰出的外交家和思想家曼努埃尔·德·利拉（Manuel de Lira）不断推进的外交政策。荷兰人的绝望处境和西班牙人面临的威胁迫使双方最终达成一项正式协议，即1673年8月30日签订的《海牙条约》。[88]同月，西班牙遵照条约，指示驻比利时的总督蒙特雷伯爵向法国宣战。

虽然西班牙政府认识到，如果要维持自身作为欧洲强国的地位，就必须维持自己在尼德兰南部的势力，但事实上，西班牙的人力和财力状况均不足以支撑这一点。1664年，驻扎在尼德兰南部的西班牙精锐部队仅有6 000人，新上任的西班牙指挥官震惊地发现这些士兵（在他看来）"衣不蔽体，尘土满面，状如乞丐"。[89]出于对抗共同敌人的需要，合作成了必然。荷兰设法从西班牙手中获取了对自身生存而言必不可少的特许权。少量的荷兰军队被准许驻守在尼德兰南部与法国之间的边境要塞地带。因此，17世纪70年代以后，在这个庞大的天主教王国中，保卫这片冲突最激烈的领土的重任，就落到了异端分子和前叛军的手中。与此同时，西班牙在地中海的主要海军力量，正如我们即将见到的那样，其最高指挥权被委托给了一位荷兰海军上将。这也许是整个帝国传奇中最令人震惊的行为，那些过去曾为敌手所用的资源此时被用以巩固帝国的统治。眼下，西班牙的陆军和海军都由荷兰的新教将领统率。在西属尼德兰地区，西班牙将所有军队都置于奥兰治亲王的指挥之下，亲王宣称"我最关心的是如何防止西属尼德兰落入法国手中"。1673年11月，亲王率领荷兰和西班牙军队攻占了莱茵河上的波恩（Bonn）要塞，迫使法国人从比利时的领土上撤退。1674年8月，在塞内夫（Seneff）战役中，他率领着军队与法国人决一死战。

然而，地中海地区发生了对西班牙而言堪称灾难性的事件。1674年，墨西拿爆发了反抗西班牙统治的起义。[90]西班牙派遣了一支由30艘船组成的舰队去镇压那些得到法国支持的叛乱分子。法国则派遣一支由20艘船组成的舰队迎战。1675年2月11日，西班牙军队在利帕里（Lipari）附近的一次交火中战败。荷兰人立即派遣了一支由18艘军舰组成的海军舰队，并调遣他们最杰出的指挥官——海军上将马汀·德·勒伊特（Martijn de Ruyter）——前去增援。这批舰船的装备水平在当时并非顶尖，德·勒伊特对这一任务也颇有微词。1676年1月，法国海军上将迪凯纳（Duquesne）率领20艘船从土伦出发，他们在斯特罗姆-博利（Strom-boli）附近遭遇荷兰军舰，因此被迫撤退。1676年4月22日，迪凯纳在西西里岛阿古斯塔附近与西荷联军交战。在随后的战斗中，德·勒伊特受了致命伤，4天后辞世。战败的西荷联军撤退到巴勒莫避难，但6月2日，法军再度袭来，给他们带来重创。12艘军舰被摧毁，荷兰指挥官德·哈恩（De Haan）中将和西班牙指挥官迭戈·德·伊瓦拉（Diego de Ibarra）均阵亡。荷兰人狠狠地批评了西班牙海军力量的薄弱，他们指责西班牙海军"船只少，人员配备差"。[91]这场意义重大的失败使得西地中海成了法国的内海。

与荷兰结盟无疑给西班牙带来了好处，却无法阻止彼时堪称欧洲最强大军队的法军。在签署了《奈梅亨和约》（1678年9月）后，根据和约，西班牙收复了尼德兰南部的一些要塞，却向法国割让了弗朗什-孔泰、阿图瓦、康布雷以及其他几个主要城市。失去弗朗什-孔泰，即帝国继承的中世纪勃艮第地区的遗产，无疑是一个沉重的打击。接下来的20年里可谓祸不单行。1683—1684年的短暂战争以法国入侵加泰罗尼亚并根据《雷根斯堡和约》（Peace of Ratisbon，1684）割占卢森堡公国告终。随后的主要冲突，即1689—1697年的"九年战争"，以《赖斯韦克和约》（Treaty of Rijswijk）将海地（伊斯帕尼奥拉岛的另一半）割让给法国告终。在欧洲境内，对西班牙而言万幸的是，和平条约允许荷兰军队占领并保卫比利时的重要军事堡垒——比如，那慕尔（Namur）——以抵御法国入侵。天主教大帝国在欧洲主要军事力量的攻击下日渐衰落，甚至需要寻求新教军队的庇护。

在腓力三世统治末期，一名海军军官敦促国王"采取英国人和荷兰人的做法，因为他们虽不如西班牙人勇敢，却也战胜了陛下的舰队"。[92]1588年无敌舰队的失败，促使政府去解决那些并非因西班牙的过失而产生的问题。起初，西班牙是一个崛起于地中海的海上强国，但后来，它不得不适应开阔的海域，建造出既可用来进行贸易又可发挥军事防御作用的船只。这样的任务不可谓不艰巨。[93]一方面，海军顾问们意识到，荷兰人和英国人设计的船只在这些海域的适航性更好，应该加以模仿；但另一方面，他们又宁愿相信没有什么船只能胜过强大又装备精良的西班牙传统大帆船。因此，在大约一个世纪的时间里，西班牙人继续实行双重政策，一面模仿（或从他们的敌人那里购买船只），另一面大力发展自己的造船业。但实际上，他们不得不从敌方那里购买越来越多的船只。

唐斯海战失利后，我们有理由认为，西班牙帝国实际上已经失去了它赖以生存的海上控制权。但这并不意味着西班牙丧失了防卫能力或影响力。早在发现美洲之前，巴斯克人和坎塔布里亚人就已经为西班牙海军建立了声誉，并且在随后的几个世纪里也继续活跃在国际舞台上。比利时海盗在北部海域也发挥着至关重要的作用，但给世界帝国的整体带来的裨益非常有限。西班牙的海军力量尽管在地方层面余威尚存，但在全球范围内，已几乎没有影响。法国扩大了本国海军的规模，但彼时，西方真正的海上霸主是英国和荷兰。

官方数据表明，1630 年的马德里政府大约持有 40 艘军舰，其中 10 艘为国有财产，其余的为雇用。[94] 这对于保卫世界性帝国而言无疑是杯水车薪。此外，西班牙王室目前所需的大部分船只都是由外国船厂建造的，这些船厂遍及汉堡、吕贝克、不来梅和格但斯克。[95] 在地中海地区，王家战舰的三个主要制造厂分别位于那不勒斯、墨西拿和巴塞罗那。反西班牙叛乱爆发后的 25 年来，三地都出现了持续性停产的情况。1661 年，国王被告知，为了弥补巴塞罗那停止造船的损失，"所有新船都会在热那亚建造"。[96] 远洋船舶的建造也逐渐衰落。1638 年法国入侵时，巴斯克造船厂遭到严重破坏。然而，最大的困难还在于政府资金的短缺。1648 年，西班牙在比斯开计划为西印度航线建造 12 艘战舰，但最终一艘也没有造出来。奥利瓦雷斯充分认识到了海上力量的重要性，因此采取了从其他国家雇用船只的政策。虽然腓力四世认为此举不妥，但事实证明这是彼时获得战舰的最佳方案。17 世纪 30 年代，西班牙定期从比利时造船厂购买船只。17 世纪 60 年代，西班牙驻海牙大使的主要任务之一是敦促荷兰造船厂为西班牙建造军舰。在那段时间里，为西班牙大西洋航线护航的 4 艘军舰，都是由帝国从前的敌人荷兰建造的。[97]

在一定程度上，欧洲南部国家一直依赖于北方，尤其是依赖波罗的海周边国家提供的沥青、帆布和桅杆等材料。从 17 世纪开始，西班牙发现有必要引进航运及相关产业的专家。1617 年，70 个工程师携家带口迁入西班牙，他们来自列日（Liège），是武器行业大亨让·库尔提乌斯（Jean Curtius）的雇员，应邀在西班牙北部桑坦德省建造西班牙首座大型钢铁厂。这个工厂一直兴盛，直到唐斯海战后帝国对武器的需求减少，才开始衰落。为了在科技上不落后于英国与荷兰，政府认为，有必要在接下来的几年里参与工业间谍活动，购买国外的船只，并与外国公司签订战争物资合同。[98] 这是维持世界强国地位的唯一途径。英国和比利时的领航员被雇来建造新船。在尼德兰南部居民中招募水手的情形也变得常见起来。在 17 世纪的头几十年里，西班牙没有一位领航员有能力带领船只绕过合恩角进入太平洋，人们不得不从佛兰德雇用专业的领航员。[99]

正是由于无力支付强大的国家海军所需的资金，西班牙政府从 17 世纪 20 年代起开始支持私人航海事业，并给北海、波罗的海和大西洋地区的私掠船颁发许可证，这些私掠船的主要目标为荷兰船只。[100] 巴斯克地区欣然接受了这一挑战，特别是在圣塞瓦斯蒂安的港口，1622 年至 1697 年，已有 400 多艘海盗船得到授权，出海航行。[101] 那些年里，西班牙北部海岸的港口停泊着 740 艘持有许可证、配备了武器并可用于小规模作战的船只，它们的最大航行半径为300海里*。这些活动同样不乏海外援助：外国人，主要是法国人和爱尔兰人，管理着圣塞瓦斯蒂安八分之一的船只。资金一般来自当地的商人，他们希望通过私掠船俘获的船只来收回成本。这种努力绝非徒劳。据估计，在17世纪后四分之三的时间里，私掠船至少捕获了2 700艘船，相当于每年捕获42艘。[102]与此同时，私掠船上的海盗们也会从事其他工作，例如在伊比利亚半岛与荷兰之间运送邮件，或向西班牙渔船提供援助。

在法国面前，西班牙海军显得软弱无力，17世纪末，在1691年路易十四对西班牙发动的最后一次战争中，德·勒伊特的死亡就清楚地证明了这一点。[103]当年7月，法国驻土伦舰队出现在巴塞罗那，对这座毫无防备的城市进行了为期两天的轰炸。舰队大约发射了800枚炮弹，300多所房屋被夷为平地。对西班牙人来说，这是对平民百姓野蛮而毫无理由的攻击，举国上下一片骇然。随后，这支舰队又驶向阿利坎特，在那里发射了3 500多枚炮弹，当地只有十分之一的建筑幸免于难。这是一种新的战争形式，堪比20世纪的空袭。袭击激起了阿利坎特市民的愤怒抗议，他们称法国这次行动是"野蛮而不人道的"。那时正值西班牙哈布斯堡王朝的末日，帝国甚至很难找到可以提供军事物资的可靠盟友。在加泰罗尼亚，保卫公国、抵御法国的军队主要由德意志人、比利时人和那不勒斯人组成。西班牙军队无论在海上还是在陆地上，都没有足够的防御能力。相比之下，法国人尤为强大之处在于其海军炮兵，1697年夏，在对巴塞罗那那场令人难忘的围攻战中，法军充分展示了自己的军事实力，最终巴塞罗那被迫投降。一名巴塞罗那官员向政府报告称：

---

* 　1海里≈1.85千米。——编者注

"这场围攻见证了我们这个时代里最多的血与火，城市的绝大部分都被炮弹夷为平地。"

在欧洲这些年的血雨腥风中，行驶在太平洋海域的马尼拉大帆船继续发挥着卓绝作用。那些由墨西哥前往菲律宾任职的西班牙官员偶尔会在途中的岛屿停留，以西班牙国王的名义正式"发现"或"宣称拥有"这些岛屿。以这种方式进入欧洲历史的一组岛屿也被称为"盗贼群岛"（Ladrones），这是麦哲伦在 1521 年环游中到访此处时所起的名称，以讽刺当地居民登上他的船只后的偷窃行为。"盗贼群岛"位于菲律宾以东约 1 500 英里处，由 15 座火山岛组成。马尼拉大帆船和其他船只在太平洋航行时会定期停靠在这里。在莱加斯皮之后的一个世纪中，大约有 100 艘船在这些岛屿上停靠过。然而，西班牙人并没有试图在岛上定居，直到 1662 年，热心的耶稣会会士迭戈·德·圣比托雷斯（Diego de San Vitores）到访该地区，他向西班牙摄政玛丽安娜（Mariana）提出申请，请求在此成立一个传教所。1668 年 6 月，他与教友们从阿卡普尔科出发，抵达了群岛中最大的岛屿关岛。顺利抵达后，他把群岛改名为马里亚纳群岛，以纪念他的赞助人——摄政玛丽安娜。圣比托雷斯是一位尽职尽责的传教士，他发展出了几个基督徒，并用查莫罗人（Chamorro）的语言编写了语法书和教义问答。1672 年，他被一群敌对的当地人杀死，这一事件引发了岛上少数西班牙人与查莫罗人之间长达 10 年的冲突。到 1685 年，所有有组织的抵抗都结束了，"西班牙人"（主要是来自吕宋岛的菲律宾人）强行占领该地，占领一直延续到 1898 年。这是西班牙帝国在波利尼西亚太平洋地区的第一次重要出场。

关岛这个案例恰恰印证了帝国对外国岛屿的影响力，同一个半世纪前的加那利群岛一样，西班牙人的到来给这里的历史带来了根本性的变化。文化的碰撞是残酷无情的。外国人携带的病菌严重影响了原住民的健康。据估计，关岛人口1668年时约为2.8万，到1690年已减少到不足8 000。[104]殖民者和原住民之间的小规模冲突与原住民的人口锐减没有太大关系。西班牙人并没有在这里实行灭绝性政策，在那些年里，西班牙方面损失了不到120人，其中包括12名耶稣会会士。然而，由于当地人不断逃离，人口出生率下降，关岛的人口开始减少。西班牙人开始（正如他们在一个多世纪以前在加勒比地区所做的那样）强迫其他岛屿上的原住民迁移到此处，结果那些岛屿也变成了无人岛。到1700年，查莫罗人口几乎完全集中在关岛、罗塔岛（Rota）和塞班岛（Saipan）这三个岛屿上。这一时期，关岛的主要产品（除了本地作物之外）是烟草和糖，但在西班牙人到来之前，岛上居民对这两种农作物都还一无所知。[105]

1686年，弗朗切斯科·德·莱斯卡诺（Francisco de Lezcano）为纪念西班牙国王卡洛斯二世，将另一组岛屿命名为卡罗来纳群岛（Carolinas）；10年后，这些岛屿被纳入马里亚纳群岛总督的管辖之下。事实上，西班牙并非真心要占领这些太平洋岛屿。马里亚纳群岛主要是菲律宾和阿卡普尔科之间贸易补给站，少量居住在那里的西班牙人可能是当地人口迅速减少的原因之一。到了18世纪中期，只有关岛和罗塔岛有人居住。卡罗来纳群岛则更像是一个形同虚设的殖民地。直到1885年，西班牙人才采取措施正式占领该群岛。从马尼拉的情况可以看出，西班牙在太平洋地区的势力正在慢慢消失，尽管它的贸易很发达（现在主要由亚洲人控制），马尼拉却"逐渐变得默默无闻"。[106]葡萄牙从西班牙分离出来后，立即与英国结盟，从而使西班牙在亚洲贸易中的地位迅速下滑。菲律宾群岛，除吕宋岛外，都失去了充足的军事防御，海盗在此肆意横行。棉兰老岛和米沙鄢群岛周围的海域几乎完全由居住在该地区的摩尔人控制。[107]

这段时期出现了两位航海家，他们的活动足以证明，西班牙正在不断丧失对海域的控制。这两人一位来自中国，另一位则来自英国。这些年来，南海的主宰者是中国的海军将领郑成功，他是一位年富力强的军事领袖，到1655年，他的舰队已经拥有2 000艘船、10万名军士，此外还配备了西式大炮和武器。[108] 1661年，郑成功将荷兰人赶出台湾岛，随后便把注意力转向了马尼拉。西班牙人慌忙从棉兰老岛和马鲁古（他们再也没有回到马鲁古）调派小型军舰，准备进行最后的抵抗。1662年6月，年仅38岁的郑成功将军猝逝，西班牙人侥幸避免了一战。

令西班牙人头疼的另一个麻烦是英国海盗威廉·丹皮尔（William Dampier）。丹皮尔晚年以其科学探索活动闻名，是一位知识分子兼冒险家。自1680年起，他就活跃于加勒比地区的海盗团体中。1686年下半年，他与海盗们一起在棉兰老岛居住了一段时间，在那里探索岛屿，并梦想找到一个"未知的南部大陆"（Terra Australis）。经历了8年居无定所的漂泊生活后，他回到英国，成功出版了他的航海故事，因此声名大振。1703年，他得到了2艘战舰，奉命前去截获马尼拉大帆船。1704年底，他在阿卡普尔科附近遇到了一艘，但最终未能成功将其俘虏。[109]

荷兰人和英国人都渗透到了马尼拉的贸易活动中。1644年，英国人从他们在印度苏拉特（Surat）的基地出发，首次开始了直接的贸易航行。之后，他们转而采取了通过第三方开展贸易的谨慎政策。17 世纪 70 年代，这种贸易是利用万丹（Bantam，位于印度尼西亚爪哇岛）的苏丹作为英国的代理人来进行的。1682 年后，英国人被荷兰人赶出万丹，他们的贸易活动转移到了印度的马德拉斯，但仍是以当地的印度教徒或穆斯林商人作为代理人。英国东印度公司的几个主要成员也私自在马尼拉开展了所谓的"国际贸易"，这是一种私人而非官方的贸易形式，获得的利润往往被收入私囊。[110]1700 年，东印度公司董事以其个人名义派遣 4 艘船与马尼拉开展贸易。就这样，西班牙在太平洋偏远地区的前哨反而是依靠其他欧洲人的贸易活动维系着，最后，这些欧洲人也对占领菲律宾产生了兴趣。若以关税收入来衡量，这里的贸易额在 1680 年之后实际上有所增长，[111] 与之形成鲜明对比的是，西班牙对其太平洋帝国经济的控制正在瓦解。

在北美，传教士是西班牙势力扩张的主要旗手，他们把宗教、牛、马和种植农作物的方法带到了愿意接受这些新事物的部落。到 17 世纪中叶，新莱昂和新比斯开已经成为边疆地区的代表。印第安人的敌意阻止了西班牙向格兰德河以外的地区扩张。1670 年，方济各会修士胡安·拉里奥斯（Juan Larios）的传教工作实现了帝国跨越格兰德河的重要一步。西班牙人逐渐赢得了那些不愿投降的部落的支持，终于在 1674 年建立了科阿韦拉省（Coahuila），它也被称为新埃斯特雷马杜拉，从理论上讲，该省的疆域一直覆盖到格兰德河畔。第二年，即 1675 年，方济各会的修士们进行了一次重要考察，他们越过格兰德河，进入了印第安人的领地。他们向墨西哥方面报告称，这些部落非常渴望接受基督的教导。我们可以从记载中清楚看到这些部落改宗的动机。1675 年，修士费尔南多·德尔·博斯克（Fernando del Bosque）报告称："这些印第安人说自己希望成为基督徒，他们所有人都是如此；同时他们希望教会提供的援助可以分开发放，而不是一起发放。"[112] 部落之间的长期对抗促使他们向西班牙人寻求帮助，以对抗其他部落。

在新西班牙北部，印第安人和少数西班牙定居者之间的接触并不多。相比之下，传教士努力在该地区建立持久的西班牙势力。格兰德河河谷的几个部落被统称为普埃布洛人，这个词来自西班牙语，意为传教士们指导建立的定居点。事实上，普埃布洛人包括了霍皮人（来自亚利桑那东部）、祖尼人（来自新墨西哥）、提瓦人（Tewas）、托瓦人（Towas）以及其他一些民族。在 1610 年圣菲镇建立之后的 20 年里，普埃布洛印第安人的所有村庄里都修建了教堂。到 1630 年，这里有 50 位方济各会修士，分散在 25 个传教使团中，而传教士们声称已经有 6 万印第安人改宗。

定居者和神职人员之间的深刻冲突，为这些表面的成功蒙上了一层阴影，这些冲突实际上也破坏了边疆的稳定。[113] 传教士反对定居者和官员向当地人征收贡品，并谴责他们继续实行委托监护制。而另一方面，官员们则声称传教团体才是问题所在。他们表示，神职人员实际上是在奴役印第安人，垄断劳动力，残忍地对待他们，并对他们进行性侵犯。显然，这些指控是有具体证据支持的，这也反映了帝国各地的情况。霍皮人告发的一桩事件引起了广泛的关注：1655 年，方济各会修士为了惩罚一个施行瓦卡崇拜的印第安人，在公共广场和教堂里当众对他进行鞭打，在他身上泼了松脂并点燃，这种行为自然导致了这名印第安人的死亡。对印第安人来说，神职人员对瓦卡崇拜者的暴力处理，成了他们无法忍受的重负。正如我们在秘鲁看到的那样，传教士将瓦卡崇拜定义为一种广泛的文化习俗，而原住民则认为这些习俗在他们的生活方式中至关重要，与基督教也是兼容的。在新世界的大多数社会中，当地人在庆祝和仪式中都会使用面具，其面具也拥有多种含义。在普埃布洛人中，戴面具的舞蹈是一种传统，但修士们怀疑这是瓦卡崇拜的仪式。1661 年，方济各会禁止了所有的礼仪面具，收集了他们能找到的所有面具，并将它们烧掉。1675 年，他们以瓦卡崇拜的罪名逮捕了 47 位普埃布洛人领袖，并公开鞭打他们。这场蓄意的羞辱促使当地领导人发动了 1680 年的大起义。

这场主要针对基督教的起义使分散的村庄空前团结，也使它们获得了 10 多年的自由。起义的主要发起人是一个名叫波普（Popé）的药师，他说服了几个村庄的首领联合起来对抗西班牙人。起义前夕，普埃布洛社区约有 1.7 万名印第安人，而保护传教使团的西班牙士兵不超过 170 人。起义始于 1680 年 8 月 10 日，主要针对传教使团中的神职人员：起义军们无论走到哪里，都要把神职人员找出来。[114] 34 名传教士中有 21 名被杀，教堂被烧毁，关于普埃布洛基督教的所有记录都被毁了。据当地官员估计，定居者的死亡总数为380 人，但实际数字可能要小得多。圣菲的小型军舰无法应付不断扩大的起义，所有西班牙人，连同那些仍然忠于他们的印第安人，都被疏散到了埃尔帕索。边疆地区的发展倒退了十几年。

然而，许多印第安人更希望将起义目标仅限于铲除基督教。他们反对那些更为激进的起义者，这些激进极端者试图毁坏马匹、植物、树木和所有其他西班牙文明的证据。1683 年，一些部落邀请西班牙人回来，主要是希望后者能帮助他们对抗阿帕契人。1684年，胡安·多明格斯·德·门多萨率领的探险队以进入特哈斯（Tejas）印第安人的领地为借口，发起了一场远征，迎接他们的是成千上万的印第安人，他们指望着依靠西班牙人来对付自己的敌人。[115] 西班牙人发现自己同时处于两种截然不同的境地，他们一方面遭到彻底的排斥，另一方面又受到热烈的欢迎，这展现了动荡的边疆地带居民的矛盾心理。

从 1692 年 9 月起，总督迭戈·德·巴尔加斯带领一支西班牙分遣队，开始收拾普埃布洛起义的残局。他召集的士兵不超过 40 人，得到了 50 名印第安盟友的支持。[116] 幸运的是，一些部落已经决定停止使用暴力。圣菲和其他许多城镇轻易就落入了他手中。墨西哥作家卡洛斯·西根萨·贡戈拉直言不讳地评论道："整个王国都归还给了国王，没有浪费一盎司火药，也没有一把剑出鞘。"1693 年底，巴尔加斯决定引进更多的定居者和牲畜来巩固西班牙的势力，许多部落又恢复了与西班牙的敌对状态，冲突又开始了。1696 年又爆发了一场小规模起义，但很快就被镇压了。之后，各村庄决定接受西班牙人，因为这样做符合它们的利益（见第十章）。

普埃布洛起义只是西班牙当局统治下原住民族群长期动荡的一个缩影。另一个例子是策尔塔尔（Tzeltal）印第安人在美洲中部的恰帕斯发起的反抗运动。[117] 虽然北美的印第安人没有在短期内将自己从西班牙人手中解放出来，但是从长远来看，他们必将成功，因为有新的干预因素出现了：17 世纪，法国人和英国人在大西洋海岸边建立了定居点。17 世纪后期，佛罗里达北部的西班牙人持续减少，方济各会修士成了帝国势力在此的主要支柱。17 世纪 80 年代，他们从阿巴拉契的传教中心出发，试图越过查特胡奇河（Chattahoochee）和萨凡纳河（Savannah），向卡罗来纳扩张。这一地区蕴含着双重的危险，不仅因为这里有对西班牙人怀有敌意的印第安人，还有英国殖民者带来的挑战。从 1670 年起，当英国人在查尔斯顿建立永久定居点时，他们就制定了政策：与当地的印第安人结盟，对抗西班牙人。与此同时，他们对圣奥古斯丁发动了猛烈的攻击。在美国历史上所谓的"安妮女王战争"（在欧洲被称为"西班牙王位继承战争"）时期，阿巴拉契的大部分印第安人纷纷逃向墨西哥湾和佛罗里达的北大西洋海岸，彻底抛弃了西班牙人的事业。

印第安人反对西班牙人在宗教和劳役方面的压迫。他们选择英国人不仅是为了自由，也是为了获取物资和弹药。[118] 战争结束时，西班牙仍然控制着圣奥古斯丁斯和彭萨科拉，但失去了当地居民的支持。没有居民的支持，西班牙就无法维持对该地的长期控制。1710年，伦敦印刷的一本英文小册子介绍了这一情形：

> 在整个佛罗里达，西班牙人统治的地区，现在都找不到一个拥有超过 10 所房子的村庄；没有房屋，没有牲畜，只有圣奥古斯丁城堡的枪炮，而这座城堡如今也不断受到印第安人的攻击。[119]

与此同时，法国人开始对墨西哥湾沿岸地区真正产生了兴趣。当时，法国探险史上最伟大的人物勒内·卡弗利耶·西厄尔·德·拉萨尔（René Cavelier Sieur de La Salle）在 1682 年进行了从加拿大到墨西哥湾的密西西比河开拓之旅。第二年，他回到法国，并得到了路易十四的支持，通过海湾北部海岸的基地远征墨西哥。他所有的计划，以及最后的灾难性结果，都源于他的一个错误想法，即密西西比河是在新西班牙附近汇入墨西哥湾的。1684 年，他带着 4 艘船和一小队船员从法国出发，但他无法在墨西哥湾找到这条大河的入海口。最终他决定在海湾的最西边建立一个基地。他开始在圣安东尼奥河以北的马塔哥达湾内陆建造所谓的"圣路易斯堡"。消息最终传到了新西班牙，西班牙人得知一个法国人已经入侵了自己的领地，并将其宣称为法国领土。自 1686 年起，西班牙人几次从海陆两线派出探险队，试图找到他的踪迹。

探险队在对海岸地形尚无充分了解的情况下就出发了，他们也没获得关于拉萨尔下落的可靠信息。他们甚至都没能找到这些入侵者的踪迹。直到 3 年后，也就是 1689 年春天，科阿韦拉的总督才最终找到了圣路易斯堡，或者说，找到了它的残骸。它已经被充满敌意的印第安人摧毁了，守卫们也都被杀害了。西班牙人从附近印第安人部落中的两位幸存法国人口中得知，拉萨尔的船只已被摧毁，拉萨尔本人也在命令下属们沿密西西比河长途跋涉到加拿大时被手下杀死。事情发生在两年前的 1687 年 3 月。

拉萨尔的不幸遭遇对北美的西班牙人产生了决定性的影响，这鞭策着他们展开新的探索，一方面是为了消灭法国人的势力，另一方面是为了巩固自己领地的边境。西班牙人在墨西哥湾地区进行了大量的探险活动。[120] 这些成就中，有一项是 1686 年至 1687 年"里瓦斯–伊里亚特号"（Rivas-Iriarte）完成了首次环墨西哥湾航行。甚至连海盗所掌握的知识也派上了用场："里瓦斯–伊里亚特号"的领航员就是海盗出身。职业的敏感度使他们对从墨西哥湾入海的每一条小支流和每一个小港湾都了如指掌。拉萨尔事件还有另一个重要后续：它使西班牙占领得克萨斯东部和彭萨科拉湾的时间提前了。[121]

17 世纪 80 年代后期，几支探险队进入得克萨斯领土和密西西比地区。其中 4 支通过海路到达的来自韦拉克鲁斯和佛罗里达，5 支通过陆路到达的来自新西班牙。1686 年到 1690 年的陆路探险都是由阿隆索·德·莱昂完成的，他于 1687 年被任命为科阿韦拉总督和蒙克洛瓦要塞的首领。1689 年，莱昂率领的队伍发现了圣路易斯堡的遗迹。1690 年的远征队共有 90 人（大部分是来自萨卡特卡斯的裁缝、鞋匠、泥瓦匠和矿工）[122]、200 头牛和 400 匹马，他们在特哈斯印第安人之中设立了两个传教团，使这里成为西班牙在得克萨斯的第一块殖民地。1691 年，新行省正式成立，并有了一位总督。西班牙人很快发现，要统治一个距新西班牙本土如此遥远的地方绝非易事，为这里提供补给简直难如登天，于是，西班牙人于 1693 年撤走了所有士兵和传教士。但西班牙在该地区的尝试并未完全结束。从 1698 年起，西班牙军队就决定占领彭萨科拉并加强这里的军事防御工事，在北部海湾保持存在感。事实证明，来自其他欧洲强国的威胁，对这个已经度过扩张时期的帝国构成了显著的刺激。

到了 1700 年，法国人不仅准备进攻西属北美，还在加勒比地区驻扎了军队。自 1697 年的《赖斯韦克和约》以来，法国从西班牙手中夺取了伊斯帕尼奥拉岛西半部的圣多明各。17 世纪下半叶，西班牙显然已无力保卫自己的帝国，欧洲列强为争夺加勒比群岛的控制权而相互争斗，将这些岛屿作为经济扩张的基础。该地区的关键地带现已被牢牢地掌握在非西班牙人手中。英国人占领了圣基茨岛（1624 年）、巴巴多斯岛（1625 年）、尼维斯岛（1628 年）、蒙特塞拉特岛（Montserrat）和安提瓜岛（1632 年），以及牙买加。法国人在 1635 年占领了马提尼克岛和瓜达卢佩岛（Guadaloupe），1697 年占领了圣多明各岛。1630 年至 1640 年间，荷兰人占领了圣尤斯塔斯岛（St Eustace）和库拉索岛。丹麦人于 1672 年占领了圣托马斯岛（St Thomas）。加勒比地区的人口、经济和文化在一代人的时间内发生了变化。其他欧洲殖民地都引入了高效的新型商业模式。一个英国政府委员会报告说，在 1625 年，巴巴多斯岛上每年运出的货物吨数与西班牙人从墨西哥和秘鲁这两个著名帝国运出的货物吨数一样多。[123]

以岛屿为基地，未经许可的商人在整个地区的活动十分猖獗。他们中的一些人显然是"海盗"，掠夺的对象不仅限于西班牙船只，还包括其他任何国家的船。他们被称为"西印度海盗"（法语为 boucaniers，意为"猎牛者"），这源于他们在野外的生活方式：在露天的火堆上烧烤野牛肉。英国人占领牙买加后，英国的领土、牙买加的罗亚尔港、法国的托尔图加岛（Tortuga）和圣多明各岛（伊斯帕尼奥拉岛）都成了他们非正式的避难所。最令人畏惧的海盗是威尔士人亨利·摩根（Henry Morgan），1668 年，他带着 400人占领了波托韦洛（Portobelo），并在 1671 年带着 470 人占领了巴拿马。[124] 在之后的袭击中，海盗们从 3 艘船上岸，摧毁了查格雷斯河（Chagres）河口的圣洛伦索（San Lorenzo）要塞，使西班牙损失惨重。之后，摩根和他的手下沿着查格雷斯河逆流而上，经陆路跋涉，突袭了缺乏防卫的巴拿马。这座城市于一小时后投降了，随后在意外的火灾中被烧毁。之后的两年里，这座城市消失在人们的视线之中。1673 年，一个全新的巴拿马城在另一个更加安全的地方被建造起来，并于 1677 年开始正式的城市建设。[125]

英国海盗也进入了太平洋海域。和摩根一样，他们不太依赖人力，而是尽量在海军力量上占领先机，他们以短距离武器和小型船只作为主要装备，保持了更强的机动性，得以避开西班牙以海上大炮和巡逻艇见长的防御力量。秘鲁总督对发生在巴拿马的事情感到震惊，他在 1671 年告知他的政府"我们失去了西印度，因为这里的港口没有任何防御措施"。[126] 1680 年 2 月，英国人巴塞洛缪·夏普（Bartholomew Sharp）率领着 250 名海盗，从陆路再次洗劫了波托韦洛城。他们一鼓作气，于 1680 年春天再次逼近了（新的）巴拿马城。他们从加勒比海穿过达连地峡，乘着印第安人提供的独木舟顺流而下。这次行动取得了圆满成功，此后的 16 个月里，即直到最终返回英国的 1682 年春天，他们在太平洋海岸进行了史无前例的海盗活动。[127] 在最后一项大规模行动中，一艘由卡亚俄港开往巴拿马的商船被截获，船上的乘客中有一位西班牙女郎，年龄仅有 18 岁，容貌姣好，一个英国人震惊地称她为"我在南太平洋所见过的最漂亮的女人"。1684 年，法国和英国的一群海盗再次袭击了太平洋沿岸的西班牙定居点，截获了从秘鲁穿越巴拿马地峡的近半数西班牙商船，这一度使 1685 年波托韦洛市集的庆祝活动陷入瘫痪。那 4 年间，海盗活动猖獗，造成了广泛的破坏。[128] 太平洋沿岸居民生活的各个方面都受到了极大的影响。

然而，海盗的日子已屈指可数了。他们走上穷途末路并非源于西班牙的干涉，相反，恰恰是因为西班牙人对他们已无能为力。彼时，英国、法国和荷兰控制着加勒比海的关键地带，它们意识到，自己必须采取措施来打击海盗活动，必须保护西班牙帝国的贸易链。1686 年，牙买加副总督指出，西班牙在波托韦洛的贸易被打断，以及秘鲁白银运输的中断将会影响到整个加勒比地区和欧洲："这危害不仅会影响到西班牙人，也会波及所有与这片海域贸易相关的其他欧洲国家。"[129] 就在那一年，海盗危机迫使西班牙人减少了与牙买加的贸易。然而，当有人提议与英国合作以减少海盗威胁时，西印度委员会表示了强烈的反对，理由是任何类似的妥协都会破坏西班牙控制下的贸易体系。这是一种典型的官僚主义态度，在接下来的半个世纪里，这种态度在西班牙依然盛行。

与此同时，在改善当地的防御工事方面，西班牙方面也有些许迟疑。1685年，秘鲁总督向政府递送了一封当地通讯员的信件，信件称"整片土地上不仅没有人造过军舰，甚至没有人见过军舰"。[130] 由于没人支付工资，正规的民兵也组织不起来。人们同样找不到合格的水手。在太平洋港口特鲁希略，他们总算寻到了意大利工程师朱塞佩·福尔门托（Giuseppe Formento），在其监督下，1687年至1690年间，一道防御工事终于拔地而起。在利马，一位比利时工程师早前的筑墙计划直到1684年才得以实施。这些举措导致了秘鲁国防费用急剧上升，因此运往西班牙的白银数量也相应下降。

西班牙帝国体系的一项关键活动是向加勒比地区输入非洲奴隶。到了17世纪，该地区大部分的奴隶供给都由其他欧洲强国控制，这些列强需要补充他们所控制的岛屿上的劳动力。自16世纪以来，英国人就成了固定的贩奴商，而荷兰人直到1621年西印度公司成立后才开始有规律地从事奴隶贩卖。大约从那时起，大部分从非洲运送来的奴隶都被输往非西班牙领土，在那里，新兴的种植园里没有原住民劳工，全由黑人在上面劳作。激发荷兰人参与贸易的重要因素是他们在1630年征服了巴西北部后，需要为甘蔗种植园寻找合适的劳动力。[131] 1634年，荷兰西印度公司在占领库拉索岛后迈出了关键的一步，该岛由此成为一个运送黑奴的中转站。

甚至连奴隶贸易中的西班牙部分也不再由西班牙人掌控——如果他们曾经掌控过的话。在12年的停滞之后，1662年，热那亚金融家多梅尼科·格里洛（Domenico Grillo）和安布罗焦·洛梅利诺

（Ambrogio Lomellino）接管了新的奴隶贸易。按照合同规定，他们不能直接从非洲进口奴隶，因为以前管理这门生意的葡萄牙人现在是西班牙王室的敌人。从英国人或荷兰人那里购买奴隶成了不可避免的事情，因为他们拥有强大的海军力量，已经完全控制了奴隶贸易。西非的主要奴隶出口地都掌握在非西班牙人手中：法国人掌握着塞内加尔河的河口，英国人掌握了冈比亚河的河口，荷兰人则分布在海岸地带。1674 年，热那亚人把奴隶贸易合同转让给了塞维利亚的葡萄牙金融家安东尼奥·加西亚（Antonio García），他实际上是荷兰金融家巴尔塔扎·科曼斯（Balthasar Coymans）的代理人。当加西亚破产时，这份合同又被塞维利亚领事馆直接接管，但很快，1679 年，合同被转给了热那亚金融家乔瓦尼·巴罗索（Giovanni Barroso）和尼科洛·波西奥（Niccolo Porcio）。这些年来，荷兰人从库拉索岛出发进行贸易，继续向西班牙人提供他们直接从非洲运来的奴隶。西班牙自己连一个奴隶都找不到，这一点令人尤为震惊。"没有一个西班牙人愿意接管奴隶贸易。"西印度委员会不禁抱怨道。[132]

事实上，自从 16 世纪早期奴隶贸易开启之时，西班牙人就从来没有经济实力来管理奴隶贸易。由于他们的无能，西班牙人在 1685 年第一次正式地与信奉新教的商人科曼斯签订了合约。此举符合帝国与荷兰结成政治、军事同盟的总体趋势，但它势必会让西班牙国内敏感的宗教势力深感震惊。由于西班牙人无法为亚洲贸易提供任何航运支持，科曼斯获准使用荷兰建造的船只，同时在两艘荷兰军舰的护送下进行贸易。唯一明确的义务是，他必须从西班牙带领 10 名方济各会修士，去对奴隶们进行宣教。这足以使宗教裁判所感到满意，宗教裁判所声称这份合同不会危及信仰。科曼斯于

1686 年 11 月去世，在他的继任者手中，这份合同的效力一直延续到 1689 年。

西班牙在加勒比地区的经济活动严重依赖黑人劳工，而黑奴贸易都是由信奉新教的英国人和荷兰人维持、掌控的。西欧列强在这一点意见一致，那就是西班牙帝国必须存续下去，因为这也有助于保证其他国家的经济利益。1662 年，格里洛的贩卖奴隶许可证一经批准，他的经纪人、英国人理查德·怀特（Richard White）就前往伦敦与英国商人就合同事宜进行协商，以便向牙买加和巴巴多斯的西班牙人提供 5 000 名奴隶。[133] 当时英国王位的继承人是信仰天主教的约克公爵，怀特向其申请为这些英国领地上的西班牙商人提供居住许可。当然，英国人在奴隶供应方面的直接竞争对手是荷兰人。1664 年，牙买加的英国人抱怨说，当时西班牙人的大部分奴隶都是从库拉索岛上购买的，"现在，在那个被诅咒的荒芜小岛上，（荷兰人）拥有 1 500 名到 2 000 名奴隶"。这份报告没有夸大。据统计，在 1658 年到 1729 年间，荷兰人总共向波托韦洛、卡塔赫纳和韦拉克鲁斯的港口运送了大约 9.7 万名奴隶，大部分是经由库拉索岛运输的。[134] 但是英国人也不甘落后。18 世纪早期，仅仅从牙买加岛出口到西班牙殖民地的非洲黑人奴隶就有 1.8 万人之多，而据估计，从 1700 年到 1714 年，英国每年提供的奴隶在 1 500 人到 3 000 人之间。[135]

西班牙帝国就像是一个多方参与的国际企业，是"全球化"经济的首个实例。全球化有两个主要特征：首先，西班牙的国防和贸易支出支撑了全球经济体系中近一半的市场。无论是在人力资源方面还是在物质资源方面，伊比利亚半岛本身都十分有限。因此，帝国用它从美洲取得的白银来购买商品并雇用外国专家为本国服务；其次，当某些国家的敌意威胁到西班牙帝国的稳定时，其他外国利益集团首先会联合起来保护西班牙。他们不能失去自己在这份全球"企业"中的股份，这毕竟是自身收益的源泉，而且，从某种程度来说，他们已经掌控了局面。

这种情况的结果是，那些表面上是西班牙敌人的人，恰恰也是努力要保全帝国存续的人。

这种有趣的情形在 16 世纪晚期就已经出现了。伊丽莎白一世时代，政府中对"反西班牙战略"持不同意见的人为数颇多。在毕尔巴鄂和塞维利亚保持着活跃贸易的英国商人会抗议德雷克的掠夺行径。1580 年，门多萨大使在伦敦心满意足地说："商人们对此发出了最强烈的抗议。他们说，但凡有两三个宫廷重臣派船去掠夺战利品，他们兴隆的生意就会受到威胁，国家就会灭亡。"[136] 尽管随后的几年爆发了战争，但英国的对外贸易仍然倚仗于西班牙。1604 年，英国商人到波罗的海和沙俄进货时，购买的商品中有很多还是"在西班牙能够畅销，在西印度群岛需求量也很大"的产品。那些与土耳其进行贸易的商人还要依靠西班牙的金银来为自己的贸易活动提供资金。[137]

没有直接与伊比利亚半岛进行贸易的英国商人则依靠西印度群岛来获利。当时，一个很普遍的错误想法是以为在加勒比海势力强劲的欧洲列强想要削弱西班牙的力量。但事实上，它们却是西班牙最坚定的支持者。尽管 1662 年签订的向秘鲁提供奴隶的协议在形式上是非法的，但巴巴多斯岛的英国当局依旧试图证明这一协议的合理性。他们指出，商人不可能拒绝一项"能为岛屿提供大量资金"的提议。[138] 来自美洲的白银继续推动着帝国的车轮前进，广阔的美洲市场向世界各地的商人敞开着大门。1670 年 7 月，英国人通过签订《马德里条约》(Treaty of Madrid)，牢牢抓住了在加勒比地区大发横财的良机。虽然存在着许多政治上的障碍，贸易却仍在蓬勃发展。1680 年，作为西班牙政府的代理人，一个英国人受委托在牙买加购买黑奴。一位身份与前海盗亨利·摩根不相上下的总督写道："据可靠消息，我们不久将与西班牙实现自由贸易。这将很快使牙买加岛变得非常重要，因为我们目前所有的现金都是通过与他们的私人贸易而获取的。"[139] 牙买加当地对奴隶贸易的反对意见主要来自种植园主，他们不希望奴隶被西班牙人抢走。最终，在 1690 年 2 月，英国政府正式允许巴巴多斯和牙买加与西班牙进行黑奴贸易。到 17 世纪末，英国人已占据了有利地位，他们已经广泛渗透到西班牙的商业体系中，因此，保护西班牙的商业体系不受损害正符合他们的利益。正如马尔伯勒公爵(Duke of Marlborough)在 1706 年写给荷兰领导人海因修斯(Heinsius)的信中所说："作为英国的优秀子民，我必须认同国家的观点，条约和利益使我们有义务维护整个西班牙的君主制。"[140]

同样的情况也适用于前荷兰起义军。为战争提供资金是一项国际交易，对交战国总是不利的，但是西班牙别无选择。向低地国家输送金银，实际上是在帮助荷兰的起义者们，使他们通过贸易体系获益。1607 年，一份呈送给腓力三世的报告中说："在过去 22 年中，通过与西班牙的贸易，荷兰起义者已经得到了大量金银，以此换取了奶酪、小麦、黄油、鱼、肉、啤酒以及波罗的海的其他产品，从而获得更大的财富，这比他们在渔业和贸易上可获得的利润还要多得多。"[141] 荷兰人与西班牙人之间这种令人惊讶却又不可避免的贸易在整个战争时期都在持续，并在 1609 年至 1621 年的 12 年休战期加速发展。

　　黄金流入荷兰主要有三条途径。首先，与塞维利亚和加的斯的直接贸易是通过驻西班牙的代理人或是伪装与起义军有联系的第三方进行的。在 17 世纪后期，从美洲运来的大量金银被运到阿姆斯特丹的银行家之手。英国大使在 1662 年报告说，那一年经海路运抵的财宝中，至少有三分之一落入荷兰人之手，而且这一比例在每一支船队抵达时都大致保持不变。[142] 其次，西班牙支付给外国银行家和商人（例如，1577 年至 1627 年间的热那亚人，1627 年至 1647 年间的葡萄牙人）的金银很快就会流入荷兰市场，因为这些银行家也与荷兰市场保持着频繁的贸易往来。[143] 例如，1666 年，利沃诺的一位英国商人称，运往热那亚和利沃诺的大部分美洲白银实际上都是这些城市里的荷兰代理人的财产。[144] 1621 年以后，西班牙对荷兰实行的贸易禁运政策并没有使流入起义军阵营的金银明显减少。最后，西班牙当局直接进口贵金属，以此支付成本。据计算，1566 年到 1654 年，低地国家的军政部门至少从卡斯蒂利亚得到了2.18 亿达克特，[145] 其中的大部分最终流入了荷兰。这三种途径都利用了国际贸易体系，因此，在某种意义上，西班牙需要荷兰市场的存在才能进行金融交易，确切而言，这种情况可以被称为"经济互赖"。[146] 西班牙也承认，即便是在伊比利亚半岛内，两种基本必需品的供应也要依赖自己的敌人荷兰：一是造船所需的原料，二是西班牙人喜欢的小麦。[147]

　　许多人都观察到了这个全球君主政体依赖自己敌人的支持，例如瓦里那斯（Varinas）侯爵——一位杰出的西班牙殖民地管理者——在 1687 年注意到"法国、英国和荷兰都认为，把西印度群岛留给西班牙是最合适的选择，这样它们就可以更便捷地剥削廉价劳动力，因为西班牙不会干预这些"，[148] 它们是当时殖民体系的主要捍卫者。欧洲列强都知道，一旦西班牙人倒下，立刻就会有其他欧洲人取而代之。对于它们而言，最省心的安排是让西班牙继续保持控制权。

无论是敌人还是朋友，欧洲列强都通过对西班牙帝国的支持，取得了丰厚的回报。西班牙最后一任哈布斯堡王朝统治者、"中魔者"卡洛斯二世在位（1665—1700）的 35 年，似乎是这个曾经伟大的世界帝国的最低潮时期。[149] 外国观察家目之所及，只有帝国日薄西山的景象。一位威尼斯大使在 1678 年宣称"西班牙人曾经的英勇已经消失殆尽"。另一则报道亦称"海上没有海军，陆地上没有陆军，堡垒被拆除，守卫极度脆弱，防御工事暴露无遗，没有任何保护措施。这样的君主政权是如何存续下来的，实在是令人费解"。1689 年，法国大使也同样抨击道："消息灵通人士一致认为，哈布斯堡王室正在把整个国家引向彻底的毁灭。"然而，整个王国还一直挺着，依靠金钱所能买到的一切苟活。在与葡萄牙起义军旷日持久的边境战争中，西班牙军队中大约三分之二的步兵都是外国人。

在西方，法国通过军事侵略削弱了西班牙的力量，而它同时也最大限度地支撑着西班牙经济。1675 年，英国驻马德里的大臣戈多尔芬（Godolphin）勋爵报告说："相较于其他所有国家，法国是西班牙贸易的最大受益者。"每年都有成千上万的法国工人前往伊比利亚半岛从事农业收割等工作。据一位法国访客说，在安达卢西亚，这些法国工人的工作"是往居民家里送水，在街上卖煤、油和醋，在旅社服务，犁地，收割和照料葡萄藤"。大多数法国人不久就会在西班牙赚得盆满钵盈，随后便回到祖国。一位愤愤不平的阿拉贡政客评论道:"他们在这里看似过着谦卑的生活,但回到自己的国家时,却穿起了锦衣华服。"除了在劳动力大军中所扮演的角色外,法国人还控制着西班牙的大部分外贸。法国产品占据了安达卢西亚进口额的三分之一、巴伦西亚进口额的近40%,以及阿拉贡王国几乎全部的进口额。英国和法国商人则控制着西班牙的主要地中海港口——阿利坎特——的对外贸易。

与此同时,新大陆的财富滚滚而来。在西班牙的鼎盛时期,金银的输入量简直令同时代的人惊叹,这时,输入量还在成倍增加,在历史学家于20世纪80年代得出新的研究结果之前,很少有人意识到这一点。[150]美洲的矿山在恢复开采之后,为这个表面上苟延残喘的帝国带来了空前的财富。位于玻利维亚波托西的银矿,以及位于新西班牙北部的帕拉尔和萨卡特卡斯的银矿,其产量都有所上升。通常认为,16世纪90年代,大多数白银都被运送到塞维利亚,塞维利亚的金银进口量达到了每年平均7万比索的峰值。1670年至1700年间,这个数值已经上升到约8万比索。由于往返美洲的船队航行频率极低,有时每隔5年才来回一次,所以每趟航程的实际载银量比这个平均值要高得多。据法国驻加的斯领事的计算,从巴拿马地峡来的大船每次返航能带回价值约24万比索的货物。他有充分的理由认为"这个港口可谓欧洲首屈一指、最为繁荣的贸易港"。

当然,参与贸易的不仅限于西班牙人。为了保全颜面(以及避税),西班牙的商业代理人煞费苦心地伪造文件,以表现出他们遵守官方垄断规则的假象。在塞维利亚,官员们起草并精心保存在档案馆的大部分货物清单,还在持续误导着辛勤的历史研究人员。这些清单极尽所能地掩盖了事实真相。而另一方面,驻西班牙的外国领事们则仔细地关注着正在发生的事情。1691 年，一位法国领事指出，每年销往美洲的货物有 95% 并不是西班牙的。出于同样的原因，大部分流入欧洲的白银实际上是属于非西班牙人的。这些钱财不仅来自与半岛的直接贸易，还有西班牙政府支付给外国商人的战争费用。

当大型船只从大西洋驶来时，它们先在加的斯湾外徘徊，仿佛在为当局的强制性检查做准备。届时，它们会偷偷把携带的大部分白银卸到外国船上。法国领事记录了 1670 年 3 月从新西班牙来的船队所载的 50% 白银是如何被装到前往热那亚、法国、伦敦、汉堡和阿姆斯特丹的外国船上的。1682 年，另一位法国领事报告了载着价值 21 万比索白银的巴拿马船只是如何将其中三分之二的货物卸到驶往法国、英国、荷兰和热那亚的船上的。

17 世纪 50 年代，一位卡斯蒂利亚作家抗议道："如果最终只是为了法国人和热那亚人的利益，那么，以这么大的代价和风险把价值数百万的商品，包括金银在内，用船运回来又有什么用呢？"[151] 这样的愤怒其实是不合时宜的。从王国建立开始，西班牙之所以能够开发其有限的资源，恰恰是因为它被拉进了一个可以提供必要服务——信贷、人员、通信、航运、军备——的全球性网络，这些服务保证了帝国的正常运转。白银必须在国外使用才能发挥它的作用。直到哈布斯堡王朝末期，西班牙人一直固执地拒绝承认这样一个事实，即要提高生产力，就必须共享他们的财富资源。只有在 18 世纪波旁王朝的新政权下，人们才有可能打破以往看待帝国的方式，转而使用一种新视角。

第十章

在新的治理下

　　在为上帝更大的荣光追求这些目标的同时，我们亦不
忘西班牙民族的福祉，因为这些地方可以带走的财富是巨
大的。

——豪尔赫·胡安与安东尼奥·乌略亚，
《关于美洲的机密报告》

　　西班牙哈布斯堡王朝的最后一位统治者、绝嗣且饱受慢性病困扰的卡洛斯二世，在 1700 年 11 月驾崩之前传位于法王路易十四之孙。储君安茹公爵腓力，即日后的腓力五世，于次年 4 月抵达马德里。无论是在西班牙还是在法国，来自波旁王朝的继承者都受到了热烈的欢迎，被视为帝国由衰败转向中兴的希望。比列纳（Villena）侯爵——后来的王家语言学院奠基人——在给路易十四世的信中写道："放诸全球，王国的现状，实属悲哀。"

　　腓力五世继承大统之时年方十七，年龄略长于此前最杰出的西班牙君主查理五世继位时的年龄。像查理五世一样，年轻的腓力不会说西班牙语，亦未曾来过伊比利亚半岛，因此他也带了许多外国官员与顾问随驾。法国人早已了解到卡斯蒂利亚人对查理五世身边

的佛兰德廷臣的抵触，鉴于此，他们严令禁止外国随员干涉西班牙政务。但1700年的国际形势与1500年大相径庭。在此之前的几十年里，欧洲主要大国已经达成协议，确保庞大的西班牙帝国不会全然落入法国或奥地利等任意一个王朝的股掌之中，而路易十四之孙对西班牙遗产的继承也成了欧洲主要大国间冲突的导火索。法国王室成员继承西班牙王位迅速引发了欧洲各宫廷激烈的外交反应，英国与奥地利率先组成反路易十四同盟。而法王路易通过与西班牙的协定加强了法国北部边境的防御，法方同意由西班牙来承担尼德兰南部的防务，法国士兵则接管了那里的主要堡垒。他还派军队进入米兰，占领西班牙控制的意大利要塞，但也因此不得不与萨伏依的欧根亲王指挥的帝国军队对抗。1701年9月，英国、荷兰和（神圣罗马帝国）皇帝在海牙结成了军事同盟，公开的军事对抗已迫在眉睫。1702年5月15日，各大国同时向法国和西班牙宣战，并自1703年5月起与葡萄牙结盟，意在以哈布斯堡王朝的候选人、皇帝的小儿子卡尔大公取代腓力五世。

对此时的西班牙而言，战争来临的时机欠佳。波旁王朝初期的西班牙帝国已在风雨飘摇中度过了200个年头，它虽然表现出了非凡的生存能力，但也变得严重依赖于其他国家的保护。17世纪后期，荷兰人和英国人曾勉力支持它；而此刻，取代他们的法国人却深感沮丧——此时继承的西班牙国库亏空，军事力量单薄。此外，外国势力对帝国的控制也是难以推翻的。即便是在半岛战争期间，法国人使阿姆洛（Amelot）仍敦促本国政府允许敌国与西班牙进行贸易。他曾写道："西班牙国王必须给前来取羊毛的英国人和荷兰人颁发护照，否则就无法维持羊毛产业的运转。"[1]

法国人面临的态势与腓力二世在1559年归国继位之时别无二

致。1701 年的西班牙与 1559 年时一样，几乎没有海军，在海上完全没有防御能力。地中海上没有一艘王家海军军舰，只有区区几艘桨帆船；在大西洋和美洲，帝国理论上有 20 艘军舰，而其中 4 艘被用于美洲航运的护航。半岛上的各个要塞都军力不足，防御薄弱。在整个西班牙，王室仅拥有 1 万多名步兵和 5 000 名骑兵，且他们普遍缺乏充足的武器装备，因此战斗力也就大打折扣。西班牙军队的规模之小与法军形成了鲜明对比，法国在同一时间拥有的总兵力估计超过 50 万。[2]

路易十四驻马德里的大使也建议他接管政府机构。法国人既无法理解也难以容忍西班牙政府的治理方式。早在 1689 年，一位外交官就报告称："在建立良好的国家秩序之前，需要一场彻底的革命。这种革命只有通过改变政府的治理形式才能实现。"[3] 法王路易在 1702 年写给大使的信中表示赞同："人们希望在这个庞大的君主国的所有领地都能进行全面改革。但这个想法太过宏大，他（大使）必须尽可能地先解决最紧迫的弊端，主要是让西班牙国王以某种方式为（法国）国王准备经历的战争做出贡献。"[4] 于是，一队法国行政专家和军官突然抵达马德里，在部分卡斯蒂利亚官员的支持（以及更多官员的反对）下，开始改变哈布斯堡王朝统治时期运行的制度，无论这些制度是好还是坏。新的管理团队控制了局面。

新的主人快速而有效地行使职权，管理起自己所继承的一切。这个全球的大帝国发生了翻天覆地的变化。在西属尼德兰，掌握了大权的总督推翻了整个政府、军队和税收系统的结构。1690 年 7 月，法国在弗勒吕斯（Fleurus）战役中击败了由荷兰将军瓦尔德克伯爵格奥尔格·弗里德里希（Georg Friedrich）指挥的西荷联军，此后，尼德兰南部各省实际上就不再属于西班牙了。西班牙为捍卫西属尼德兰而进行的最后一场战斗就此失败，令人扼腕。西属尼德兰转而受巴伐利亚人的统辖。在西班牙本土，宫廷、行政机构乃至军队，都开展了根本性的改革；贵族被排除在政府实权部门之外；收益颇丰的奴隶贸易被裁定给了一个法国财团——几内亚公司。可以想见，控制国家机器的人并不会欢迎这些变化。从卡斯蒂利亚到那不勒斯，各地都充斥着反对新政权的阴谋诡计，随之而来的便是逮捕与拘留。

腓力五世的顾问们惊恐地发现，西班牙没有资源发动任何形式的战争。路易十四将法国官员让·奥里（Jean Orry）派遣至马德里核查西班牙的财务状况。奥里证实了西班牙在 1704 年其实只有350 万埃斯库多可用于战争，而当年的预估支出已经高达 1 200 万埃斯库多。[5] 他还发现，卡斯蒂利亚政府通常只能获得税收金额的一半（另一半则归债权人所有）。国库里几乎没有源自美洲的白银收入，因为贵金属都流向了政府的债权人；西班牙士兵不仅军备过时，甚至都没有制服；此外"西班牙国王几乎没有从王国内部收到过任何弹药补给"。腓力五世的王家主管给法国军政大臣写信说："西班牙完全是你的责任所在，这里没有军队，没有钱，没有海军，简而言之，就是缺少捍卫君主政体所需的一切。"因此，马德里政府被说服改变整个军事体系，转而采用法国的体系，特别是在西班牙短缺的军需都只能从法国获得的情况下。西班牙淘汰了所有过时的武器（火绳枪与长枪），并用法国带刺刀的燧发枪代替。1704 年 9 月，旧的西班牙大方阵建制被废除，代之以"军团"；1703 年，所有士兵受命改穿法式标准军服。战争的主动权实际上已经全部落入法国手中。

西班牙王位继承战争于 1702 年爆发，前后持续了约 12 年，最终发展成了一场实质上的世界大战，其军事和经济影响从沙俄延伸到秘鲁。作战双方都发誓说自己的意图全然无私，都是因为对方企图颠覆西班牙帝国。英属北美殖民地与毗邻的西班牙殖民地之间的冲突愈演愈烈，这场战争被称为"安妮女王战争"（请参阅第九章）。当法国人开始在军事上受挫时，建立一个新波旁王朝的设想也显得难以为继。而在米兰对阵欧根亲王麾下的帝国军队时，法军亦陷入了僵局。

路易十四在其孙主政西班牙之初，便命令海军上将沙托雷纳尔（Châteaurenaud）指挥法国军舰，护送西班牙每年一度自古巴穿越大西洋的珍宝船。这些船只安全地驶入了维哥港（Vigo），却并未为即将到来的欧洲战争做好准备。1702年9月底，它们到港后不久，旋即在港湾内遭到英荷联合舰队的袭击。法西两国战舰被全歼，除6艘舰船被作为战利品缴获以外，其余被尽数击沉。最后，在葡萄牙人于1704年试图通过陆路入侵时，战火随之蔓延至整个半岛。8月，海军上将鲁克（Rooke）与乔治·宾（George Byng）率领英国海军舰队攻占了直布罗陀要塞。伊比利亚半岛在历史上第一次遭到数以万计的外国军队入侵，其中一半士兵是新教徒，他们的目标就是推翻西班牙的统治王朝。而西班牙的宪政体制决定了它既没有可用于国防的陆军部队，也没有海军，这导致其全然无力自卫。

自此时起，西班牙人在捍卫帝国事业中就完全居于次要地位。在哈布斯堡王朝统治的过去两个世纪中，可以从全世界各领地征调人员、弹药和船只的西班牙曾展现过惊人的实力。相较那时，自18世纪初开始，所有半岛以外的物资供应渠道都被切断了，西班牙很快发现自己本土的资源完全不足以维持战争。主要的障碍来自英国人，他们在海上的优势是造成维哥大败的原因。英国攻占了直布罗陀，随后又占领了包括巴塞罗那在内的地中海沿岸主要城市。在整个冲突中，法国海军都没有认真地与英国海军交过战，由此导致西班牙实际上与作为其传统生命线的意大利诸邦国彼此隔绝。一直以来，历史研究者都认为西班牙毫不设防的状况无疑是其正在"衰落"的表现。这种简单的评论几乎毫无意义。西班牙在1700年的情况并不比1600年或1500年时更糟，甚至其经济和人口状况比以往任何时候都更好。不同之处在于，西班牙帝国曾经的成功依赖于与西方大国（不论是盟友还是敌人）的合作，而王位继承战争从根本上改变了这一切。

腓力五世在位期间，仅完全依靠法国这一个大国来巩固王位、发起战争。1704年2月，在贝里克（Berwick）公爵的指挥下，第一支被派去增援西班牙国王的法国军队挺进半岛。他们帮助腓力五世发动了半个世纪以来西班牙第一场真正意义上的军事行动，以应对从葡萄牙入侵的2.1万人的联军。西班牙供应短缺的弱点很快显现出来。腓力国王曾于1704年指出："因为缺少粮食、拖欠军饷，我眼睁睁看着我方部队的逃兵屡禁不绝。"价值数以万计的补给、弹药、枪炮、帐篷和军服全部来自法国。卡斯蒂利亚的整个战争机器都被法国人把持了。彼时，半岛战争的指挥官大部分都是法国人。贝伊侯爵、德尔巴列（del Valle）伯爵、采克拉斯·蒂利（T'Serclaes Tilly）亲王、卡斯特罗德里戈（Castelrodrigo）侯爵、波波利（Popoli）公爵等腓力五世的主要将领都是外国人，而他们的上级，如旺多姆（Vendôme）公爵、贝里克公爵及奥尔良公爵也都是法国人。只有接受法国的领导，两国的陆军和海军战略才有可能协调，尤其是在来自海上的支援非常重要的战区。西班牙军队也受益于外籍军官团体，他们使西班牙军队的人员招募、组织和装备方法都更趋合理。法国制造商提供了足以填补西班牙装备和资源缺口的战争物资。[6]同样也是法国人率先为腓力五世赢得了帝国历史上最辉煌的军事胜利之一：阿尔曼萨（Almansa）战役。

1705年到1706年这段时间对半岛上的法西两国军队来说尤其不幸。1705年底，英国海军夺取了巴塞罗那和巴伦西亚这两个城市。随后的1706年夏天，葡萄牙军队攻占了马德里。对于葡萄牙士兵来说，这是一个胜利的时刻，他们差点儿就相信自己已经推翻了强大的西班牙君主国。1706年2月，惧怕形势恶化的路易十四任命贝里克为法国元帅，再次将他派往西班牙，让他组织对葡萄牙人的反击。一年后，他又派出了更多的法国军队，由他的侄子奥尔良公爵率领。

詹姆士·菲茨詹姆斯（James Fitzjames）是第一任贝里克公爵，是英格兰最后一位天主教国王詹姆士二世与马尔伯勒公爵姐姐的私生子。时年34岁的他自1693年以来一直担任法国陆军中将。1707年春，在收复巴伦西亚的战争中，他统率伊比利亚半岛上的全体法军，对阵由高尔韦（Galway）伯爵和达斯·米纳斯侯爵率领的英葡联军。4月25日早晨，黎明时分，贝里克在高地上组织军队，俯瞰着阿尔曼萨镇的平原。[7]直到中午，高尔韦的部队抵达平原，在与波旁王朝阵地相距约1英里的地点列阵。由贝里克、波波利公爵及达斯菲尔德（d'Asfeld）侯爵指挥的法西联军约有2.5万人。其中一半士兵是法国人，还有一个爱尔兰人军团，其余均为西班牙人。高尔韦和米纳斯的部队规模较小，约有15 500人，其中一半是葡萄牙人，三分之一是英国人，其余是荷兰人、胡格诺派教徒和德意志人，这支队伍中没有西班牙人。战斗从下午开始，持续了两个小时，最终以高尔韦的完败而收尾。英葡联军损失了至少 4 000 名士兵（主要是英国人、荷兰人和胡格诺派教徒），还有 3 000 人被俘。若不是葡萄牙人在战斗初期临阵逃亡，人员损失可能会更大。贝里克麾下伤亡人数也不少，约有 5 000 人。[8] 胜利后的第二天，奥尔良公爵的人马才姗姗来迟，因此无法分得一份荣耀。由于贝里克一直觉得自己是英国人，所以他尽可能避免与英国人交战，两天后他还邀请了被俘的敌军人员参与庆祝宴会。

阿尔曼萨战役作为王位继承战争在半岛上的决定性大捷，其重要性毋庸置疑。巴伦西亚自此被腓力五世永久地收入囊中，英葡盟军主力被歼灭，帝国军队的士气得以恢复，卡尔大公不得不完全倚靠他的加泰罗尼亚盟友。经过阿尔曼萨一役，贝里克使波旁王室在王位继承战争中胜券在握。多年后，普鲁士的腓特烈大帝将这场战役认定为百年来令人印象最深刻的战斗。除此之外，此次胜利带来的更重要的内部收益是阿拉贡与巴伦西亚地区的自治权被撤销。随着 1714 年巴塞罗那被攻陷，伊比利亚半岛东部的其他地区也被尽数收复。

在 1707 年，并不是半岛外的所有战事都如阿尔曼萨大捷一般令人振奋。同一周，长期渴望摆脱西班牙的意大利敏锐地抓住了战争的机会。1706 年，旅居维也纳 3 年未归的欧根亲王一回到家乡，军事力量的天平便开始向奥地利人倾斜。9 月 7 日，他带领一支军队加入了萨伏依公爵的大军，并在都灵郊外果断击败了数支法国精锐部队。此番胜利标志着西班牙在意大利统治的终结。法国撤出了大部分部队，并于 1707 年 3 月根据《米兰公约》同意放弃整个意大利北部。从这时起，自 17 世纪以来一直居于意大利民族主义运动中心的萨伏依，开始成为亚平宁半岛北部的主导力量。半岛对奥地利军队敞开了大门，在元帅道恩的指挥下，奥地利军队胜利地向南挺进，并于1707年7月占领了那不勒斯。这场战役无须耗费太多成本：之前西班牙的盟友，如热那亚、帕尔马、托斯卡纳和卢卡，都被迫贡献巨额资金来维持军队。奥地利人在他们的新领地定居下来，享受地中海阳光带来的收益和利润。像之前的西班牙人一样，他们对政府几乎没有做什么改变，反而巩固了现有精英阶层的权力，并邀请意大利知识分子和音乐家来北方传授文化知识。[9]

欧洲的战局决定了西班牙帝国的未来形态，可西班牙自身却无法参与决策。与盟国的停火谈判全然由法国推动，腓力五世曾忙于派遣特使与对方协商，但谈判桌上却没有一个他的全权代表。西班牙王位的另一位觊觎者卡尔大公继承了（神圣罗马帝国）帝位，史称查理六世。而他也曾设法让他的特使代表他参与会谈，但他的要求并未被其他大国接受，最后他也未能签署和平条约。1712年8月，英国、荷兰、葡萄牙、法国和西班牙正式停火。1713年4月11日，《乌特勒支和约》（实际上是在当日及随后的几周内签署的多项条约，但通常被人们统称为《乌特勒支和约》）正式缔结。这无疑是整个帝国历史上最重要的和约，自16世纪初以来，帝国的版图首次发生了根本上的改变。

根据法国与英国之间达成的和平条约，腓力五世获得了西班牙和西印度群岛，与此同时，他必须放弃法国王位的继承权。西班牙和英国之间的条约直到7月13日才签订，当时的腓力终于派来了一位全权代表。根据该协议，西班牙将直布罗陀要塞和梅诺卡岛（Minorca，1708年被英国占领）割让给英国，将西西里王国割让给萨伏依公国，授予英国在美洲贩卖奴隶的优先贸易权以及每年派遣一艘船与西属殖民地进行合法贸易的权利。法国与荷兰之间的和平条约规定了尼德兰南部的归属，最终，已经控制该地 10 多年的巴伐利亚将其移交给了神圣罗马帝国皇帝。路易十四很早就意识到需要做出让步，但难题在于该如何说服他的孙子。早在 1706 年 10 月，他就警告阿姆洛说："西班牙国王必须做好大范围失去君主领地的准备。"更直接的是，当 1711 年腓力国王拒绝接受失去直布罗陀和梅诺卡岛时，路易直接告诉他的孙子："有些时候，一个人必须懂得如何失去。"西班牙在 1713 年 6 月与荷兰和解，在同年 7 月与英国及萨伏依和解，在 1715 年 2 月与葡萄牙和解。

1713 年的领土割让是如此痛苦。直布罗陀于 1704 年 8 月被一支英荷远征军占领，它的割让一直是西班牙政府难以下咽的苦果，因为这伤及了民族尊严。自从中世纪阿拉伯人入侵以来，西班牙人从未将自己的堡垒割让给外国人。另一方面，英国人花了很多时间和精力来占领这一要地，后来又在战争期间抵抗过种种围困。尽管没有任何战略或商业价值，直布罗陀自身已成为胜利的象征，英国政府不愿意失去这里。而梅诺卡岛的割让则全然不同。1708 年 9 月，斯坦诺普（Stanhope）将军与海军中将利克（Leake）率兵入侵该岛，并在短短一周后将其征服。斯坦诺普立即意识到了此地的重要性，并写信给英国政府说："英国永远不应该舍弃这个岛，无论是在战时还是平日，这座岛都是控制地中海的金钥匙。"[10] 这两个地方是为数不多的西班牙本土失地，收复之路非常漫长。虽然梅诺卡岛在英国统治下悄然兴盛，一个世纪后也被归还给了西班牙，但直布罗陀依旧归属英国。

《乌特勒支和约》之后，西班牙欧洲帝国崩溃的步伐不断加快，而且崩溃注定是彻底的。西西里从"天主教国王"斐迪南时代开始就是阿拉贡王国不可分割的一部分，却根据《乌特勒支和约》被割让给萨伏依公国。然而地中海的其他帝国财产仍然有待处置。作为仲裁人的查理六世皇帝拒绝签署《乌特勒支和约》，因此他不仅仍然与西班牙（和法国）交战，实际上还占领着位于意大利境内的所有西班牙属地。乌特勒支和谈之后的第二年，1714 年 3 月 7 日，法国和帝国代表在斯特拉斯堡以北、莱茵河右岸的拉施塔特（Rastatt）签署了停火协议。直到 9 月 7 日，双方才在瑞士的巴登（Baden）缔结了真正的和平条约。法国同意将包括那不勒斯、撒丁岛、米兰和位于托斯卡纳的要塞在内的西班牙的所有意大利领土都移交给神圣罗马帝国皇帝；西属尼德兰也同时被割让给皇帝。西班牙失去了对梅诺卡岛和直布罗陀的所有权，而意大利则由奥地利控制。自此，西班牙一下子失去了对地中海西部的控制。乌特勒支和拉施塔特开启了西班牙历史的新纪元，使这个半岛国家在欧洲变得孤立无援，不得不臣服于两个新兴的世界大国：法国和英国。

乌特勒支所施加的条件将持续有效近一个世纪，并在理论上规范了大国之间的关系。但这是强加于西班牙的条件，因此西班牙反复尝试将其推翻。《巴登条约》的内容不包括（神圣罗马）帝国和西班牙之间的和平，这使后者得以自由地质疑地中海的新安排。在接下来的半个世纪中，双方仍处于正式交战状态，并继续争夺对意大利的控制权。

自 1700 年起，在法国的保护和支持下，西班牙王国得以在世界列强中仍占据一席之地，但其对现状颇有不甘。英国和荷兰等后起的商业帝国抓住了其海上霸权带来的一切优势。西班牙还有机会保住其世界帝国的剩余部分吗？

自西班牙阿尔马登运抵新西班牙的水银，帮助提升了白银的产量。在 18 世纪初期，白银的年产量约合 500 万比索，到 18 世纪 20 年代，产量翻了一番，并在腓力五世统治时期一直保持在这一水平。但另一方面，秘鲁总督辖区的人口和产能却皆出现了下滑。在 1650 年后的一个世纪里，玻利维亚那曾经恢宏的波托西银矿开采中心流失了三分之二的人口。同一时期利马的人口也锐减了一半。地震无疑是原因之一。1687 年的地震摧毁了大部分地区，其引发的海啸席卷了卡亚俄港。美洲依旧持续将财富输送至欧洲市场，而伊比利亚半岛则是贸易体系中重要的纽带。1726 年，一位居住在加的斯的南特商人将美洲白银视为 "所有国家的共有财富"。[11] 从 1700 年开始，从西班牙殖民地运抵加的斯的贵金属（包括新格拉纳达增产的黄金）中还包含了大量自巴西运往里斯本的黄金。[12] 西班牙依旧是国际市场的中心，但它在殖民地财富上所扮演的角色发生了根本变化：它现在成了贵金属再出口的中心。从 1640 年到 1763 年，几乎所有到达半岛的金银都被重新出口到了其他欧洲国家和亚洲地区。[13]

马德里的新管理层意识到，来自美洲的产品，无论是商品还是金条，都主要销往非西班牙市场，因此他们仔细研究了可能的解决方案。在美洲港口，如果没有西班牙船只来采购，供应商不可避免地会将其产品出售给其他国家的船只。在 18 世纪初，秘鲁贸易的三分之二以上的货物流向了法国，主要是流向圣马洛港（St-Malo）。[14] 巨额的 "违禁" 交易源远流长，难以被控制。而尝试恢复旧运输系统的努力最终也徒劳无功。

在《乌特勒支和约》签署之后，波旁政府设定了两个明确的优先事项：在战争财政方面为国家争取主动权，同时恢复对外部贸易的控制。这两个涉及收入来源的问题彼此之间也息息相关。失去意大利的领土给帝国的国际网络带来了致命的打击，该网络以前使西班牙能够在欧洲开展事业；当然，另一方面，这一损失也减少了维持欧洲帝国的巨大成本。实际上，新政府勾销了欠外国投资者的那部分债务。腓力五世政府从零开始，在以法国模式组织起来的新官僚机构的帮助下，实现了税收收入的惊人增长，且收入几乎都来自本土而不是海外。[15] 到 18 世纪中叶，西班牙已经处于一种独特的状态，其力量不再取决于帝国，而取决于其内部资产。实际上，西班牙已经把自己从帝国的统治下解放出来。

在这种不寻常的情况下，也许最出人预料的一大进展，就是新式军队体系的建立。《乌特勒支和约》和《拉施塔特条约》不仅摧毁了骄傲的西班牙帝国在欧洲的地位，也剥夺了它在海外的部分领土，在战争年代，西班牙完全失去了在北非的立足点。尽管出现了这些挫折，但西班牙王位继承战争使西班牙政府获得了前所未有的掌控战争机器的自主权。东部省份的合并为西班牙政府提供了物质资源，这是西班牙在历史上第一次拥有足够的物质力量，可以支持腓力及其顾问倾向的好战政策。其主要结果有三点：国库收入增加了，行政控制加强了，新的陆军和海军也建立起来了。

法国在王位继承战争中采取的措施推动了改革的实现。约在 1715 年，国王的意大利人首相——皮亚琴察的枢机主教朱利奥·阿尔贝罗尼（Giulio Alberoni）和米兰的何塞·帕蒂尼奥（José Patiño）——在国王的积极鼓励下，梦想着恢复西班牙在国际舞台上的尊崇地位。1715 年，英国驻马德里代表乔治·巴布（George Bubb）认为"腓力五世的收入比其前任多出三分之一，而他的支出却不及前任的一半"。西班牙政府自己的内部统计印证了这一评估。

建立新的陆军和海军可谓最大的成就。在西班牙尚且统御世界、占主导地位的几个世纪中，与欧洲其他国家一样，西班牙并没有常备军事力量，只在需要时才招募军队。而此时，西班牙有史以来第一次开始维持一支强大的常备军。由于各地（特别是阿拉贡王国）反对兵役，新的波旁军队很难招募士兵，于是重大的行政和财政改革也变得势在必行。事实已经证明，西班牙军队在王位继承战争中的糟糕表现使战争的每个阶段都需要外国军队和外国指挥官的支持。为招募新兵，腓力国王在战争期间颁布了有限的改革措施。但是，建立一支精锐常备军的问题仍然没有得到解决。幸运的是，在战争中服役的许多外国士兵和军官在西班牙王室的号令下愿意继续自己的职业生涯。结果，在18世纪20年代，西班牙军中多达三分之一的步兵是外国人，他们选择遵循古老的传统，继续服务于西班牙王室。1734年，西班牙军中有3万名外国人，其中以比利时人居多，其次是瑞士人和爱尔兰人。[16]实际上，在西班牙军队中服役的比利时人数量惊人，这意味着闻名遐迩的佛兰德军队已在半岛上得到了重新组建。1725年，军队的年度支出将近550万埃斯库多，这笔巨额支出在西班牙史上从未有过。[17]其中，五分之三的军费被用于资助加泰罗尼亚的军队。

守卫半岛上的要塞，维护半岛上失去自治权的各省份的安全，为外部军事远征做出贡献——所有这些都要求西班牙拥有一支永久性的常备军。军队规模的计算方法不尽相同，结果也各有不同。官方数据表明，西班牙军队规模在1734年达到顶峰，当时的士兵人数约为3万；但英国驻马德里代表本杰明·基恩爵士（Sir Benjamin Keene）在大约同一时间的报告中称，实际总人数为7万。几年后，他又在报告中将总数继续提高："西班牙王国内登记在册的部队人数为 15 万，其中 3 万为民兵。我相信西班牙的常备军可能有 7 万有效兵力，其中 19 个步兵营都驻守在奥兰和休达的要塞中。"[18]

　　海军的存在要归功于何塞·帕蒂尼奥。如我们所见，在 18 世纪初，西班牙王室的海军资源受到严重限制。在王位继承战争期间，西班牙在海军事务上极度依赖法国。没有一艘西班牙军舰参与过战争中的任何海事行动。面对英国和荷兰如日中天的海军实力，法国完全无法与之抗衡，这也从一定程度上解释了西班牙在关键战役上连续失败的原因。比利时人贝尔热伊克（Bergeyck）伯爵于 1711 年出任西班牙首相，他是第一个认真关注海军重建问题的大臣。在与法国海军大臣路易·蓬查特兰（Louis Pontchartrain）的通信中，贝尔热伊克伯爵雄心勃勃地提出了一项充分利用法国资源的计划。腓力国王对此提议颇为在意。贝尔热伊克在 1713 年写道："我只向国王简述了计划。由于英国的外交态度，该计划有必要保密。"1714 年 2 月，国王创建了新的海军军官团，废除了所有旧的、用来称呼各舰队指挥官的繁复头衔，取而代之的是一个标准的高级军衔：海上总司令（Captain General of the Sea）。

　　贝尔热伊克的计划并未能被付诸实施，而海军的真正创建还要属帕蒂尼奥于 1717 年在加的斯的尝试。从那时起，政府为海军拨款的数额大幅增加。1705 年，海军军费仅有 7.9 万埃斯库多。到 1713 年，这一数字已经是之前的约 18 倍，超过了 148.5 万埃斯库多，并且仍在不断攀升。1717 年，即帕蒂尼奥掌管海军的第一年，他主导下的海军开支已为 1713 年的 3 倍。他还担任过塞维利亚贸易署的主席及该地区的总督，因此，从某种意义上来讲，帕蒂尼奥实际上拥有很大的决策权。他明智地用手中的决策权来建立船坞并促进造船业的发展。基恩在 1728 年写道："自从我回到这个国家，我最关心的就是帕蒂尼奥正在建设的强大海军。这个理念在他心中是如此强烈，以至于向皇帝提供的赔款、西班牙军队的苦难、宫廷财政的捉襟见肘等情况都无法使他却步。"帕蒂尼奥支付了比斯开和加的斯的造船费用，促进了配套产业的发展，并改革了海军管理。他去世时，海军共有 34 艘战舰、9 艘护卫舰和 16 艘帆船。如若没有这些船只，阿尔贝罗尼的伟大远征和国王在奥兰的事业就都不可能实现。

然而，现实中的致命缺陷影响了西班牙海军的前景。基恩在 1731 年观察到"他们的海军军官还配不上他们的头衔"。成长为优秀的军官和水手均需要多年历练。尽管西班牙在加泰罗尼亚、安达卢西亚和比斯开都建造了船只，但用于海上探险的船只往往是从法国购买或从私人业主那里租用的。例如，参加 1717 年和 1718 年地中海探险的舰队的大部分船只并不是在西班牙本土建造的，而主要源自政府与法国船长签订的合同，[19] 通过这些合同，西班牙才得以在一夜之间转变成一个主要的海上强国。事实证明，这种快速解决方案也是最实用的方案。雇佣兵们给国家增添了表面上的实力，但也仅此而已。实践证明，西班牙的船被证明是出色的运输船，但作为战斗装备却是灾难性的。

1717 年初正在巴塞罗那为海上探险做准备的阿尔贝罗尼曾声称，此行是针对土耳其人的。负责军事准备工作的帕蒂尼奥强烈建议国王不要尝试对那不勒斯这样的遥远目标采取任何行动。1717 年 7 月，腓力和王后伊丽莎白·法尔内塞（腓力在其第一任妻子去世后，于 1715 年与法尔内塞结婚）签署了指令，指示舰队前去占领撒丁岛。[20] 毫无疑问，此番远征的舰队实力强大。在比利时将军莱德（Lède）侯爵的指挥下，大约 100 艘船——包含 9 艘风帆战列舰、6 艘护卫舰——运送了 8 500 名步兵和 500 名骑兵，随后几年他还多次指挥西班牙的远征军。8 月中旬舰队扬帆出航，而到 9 月底，该岛已被西班牙控制。

冒险的成功似乎使阿尔贝罗尼转变态度，开始有选择地使用武力。由于阿尔贝罗尼和帕蒂尼奥在过去几年中的努力，西班牙现在已经拥有了（神圣罗马帝国）皇帝无法望其项背的海军实力。1718 年 6 月，枢机主教在一封寄往意大利的信中写道："在安全没有得到保障的意大利，绝不可能有长治久安。必须进行一场战争，直到最后一个德意志人被驱逐出境。"[21] 欧洲列强刚从撒丁岛远征的意外中恢复过来，1718 年 6 月又有一支舰队从巴塞罗那出发。12 艘风帆战列舰、17 艘护卫舰、7 艘桨帆船、2 艘纵火艇和 276 艘运输船，运送 3 万名士兵和 8 000 名骑兵到撒丁岛，船队在那里装载了给养物资，随后前往西西里岛，部队于 7 月 1 日在巴勒莫附近登陆。

波旁王朝治下的西班牙重拾帝国荣耀的尝试是如此虚幻缥缈，从长远来看甚至是灾难性的。在帕萨罗角（Cape Passaro）发生的一切就是最好的佐证。1718 年，西班牙对撒丁岛和西西里岛赤裸裸的侵略使欧洲列强大为震惊，这些国家曾同意并希望保留《乌特勒支和约》的条件。1718 年 8 月，英国、法国、神圣罗马帝国和萨伏依组成了反西班牙联盟。英国海军将领乔治·宾爵士率领的 21 艘军舰被派往那不勒斯，以保护皇帝利益免受西班牙远征海军的威胁。英国驻马德里大使威胁说要取消在这里的投资项目。目中无人的阿尔贝罗尼对这些警告不屑一顾，仅仅耸了耸肩说："悉听尊便！"8 月 11 日上午，宾在西西里岛东海岸的帕萨罗角发现了西班牙舰队——12 艘新建造的战舰和 17 艘由安东尼奥·德·加斯塔涅塔（Antonio de Gastañeta）指挥的护卫舰。英国军舰开始与西班牙军舰一一交战。夜幕降临时，西班牙舰队已不复存在。它的29艘船只中，有9艘被捕获，6艘被击沉，另外14艘逃脱了。加斯塔涅塔和他的将领们被捕，随后在卡塔尼亚被押解上岸。[22]

随后，英法两国分别于当年12月和次年1月宣战。贝里克公爵率领一支由2万名士兵组成的军队，于1719年4月越过巴斯克边境。领导西班牙军队的是意大利将军卡斯特罗德里戈侯爵普林奇佩·皮奥（Principe Pio），他是从巴塞罗那总督的职位上被招来的。此时的西班牙军队大多集结在潘普洛纳，而国王和普林奇佩·皮奥则试图解救被围困的富恩特拉维亚堡垒。法国人几乎是毫不费力地就占领了富恩特拉维亚（6月18日）和圣塞瓦斯蒂安（8月17日）。8月底，法国人攻陷了3个巴斯克省份——比斯开、吉普斯夸和阿拉瓦。震惊的巴斯克人发现，自己的领土已经被那些剥夺了加泰罗尼亚人自由的入侵者占领了，他们匆忙想要达成和平，甚至愿意将巴斯克并入法国版图作为谈判条件。他们表示，只要能保住自治权，他们不介意成为法国人。但是贝里克并未接受这一提议，若是这个计划成为现实，西班牙随后的整个历史都有可能被改写。

与此同时，英国人于8月进行了海上行动，进攻北部海岸桑托尼亚（Santoña）的造船厂，摧毁了那里所有在建的船只。同时他们也效仿法军，入侵了加利西亚，尽管他们无意征服，这次行动只是单纯的惩罚性入侵。9月底，英军占领了里瓦德奥（Ribadeo）港，5 000名士兵在此登陆，随后占领了维哥、蓬特韦德拉（Pontevedra）等城镇。[23]他们占领里瓦德奥仅仅4天，却在维哥大肆掠夺了4个星期。毫无防备的加利西亚遭受了财物和农作物的双重损失，英国军官也未曾禁止劫掠。这场不义之战于次年结束，除了向西班牙证明若是没有法国和英国的准许它就无法自命为军事强国外，并没有任何其他意义。西班牙被迫于1720年2月加入四国联盟，并参加了1722年在康布雷的非正式和谈，但和谈直到1724年才正式开始。1722年8月，富恩特拉维亚和圣塞瓦斯蒂安被正式返还西班牙。1724年，联盟在康布雷召开的和谈旨在实现地中海地区的和平。腓力将返还撒丁岛，并放弃对前西班牙领地的权利，神圣罗马帝国皇帝也将放弃自己对西班牙王位的主张，而西班牙对帕尔马公国和托斯卡纳公国的继承权也将得到承认。

在1720年夏天从西西里岛撤军后不久，腓力便动用了半岛上其他可用的部队进行了另一次快速的远征。此次行动的目标是占领北非的休达要塞，这里原本是西班牙的领地，自1694年以来就被摩洛哥苏丹穆莱·伊斯梅尔（Muley Ismael）围困。休达具有非凡的象征意义，因为此地仍然是西班牙在北非遗存的唯一领土（西班牙在王位继承战争中已经失去了奥兰）。休达也具有非常可观的物质价值，因为如果没有休达，王室将（从原则上来说）无法再从著名的"十字军诏书"中获得任何收益，而"诏书"正是它最大的收益来源之一。[24] 由帕蒂尼奥组织、莱德侯爵指挥的1.6万人部队从加的斯出发，于11月初在休达附近登陆，剑指苏丹军队。在加强了休达的驻军力量后，其他部队安全返回了西班牙。

几年后，也就是1732年，针对奥兰的类似角逐开始了。伊丽莎白·法尔内塞为国王诞下的查理亲王经各国议定，成为意大利帕尔马公国和皮亚琴察公国的统治者。国王一鼓作气，甚至在儿子前往意大利之前就开始谋划他考虑已久的计划——光复奥兰。这一非洲要塞在王位继承战争中因西班牙桨帆船队叛逃而被穆斯林占领。海军上将马里侯爵受命率领3艘战舰前往热那亚，并以国王的名义从银行领取了 200 万比索，用于为奥兰舰队租用船只。

舰队由帕蒂尼奥指挥，他一如既往地进行着高效的管理。1732 年，在蒙特马尔（Montemar）伯爵何塞·卡里略·德·阿尔沃诺斯（José Carrillo de Albornoz）的指挥下，由 3 万名士兵组成的舰队——共有 12 艘军舰、7 艘桨帆船以及大量运输船——从阿利坎特出发，越过海峡前往非洲。在腓力国王于塞维利亚下诏将行动公告天下之前，有关军事打击目标的所有信息均处于绝密状态。奥兰势孤力单，在 6 天的抵抗之后，要塞及其附近的米尔斯克比尔均被占领。凯旋的消息于 7 月 8 日传至塞维利亚，随之而来的自然是一系列庆祝活动：整个大教堂塔楼顶端的烟花几乎未曾断绝过。但是本杰明·基恩始终担心英国在直布罗陀和地中海地区的利益是否受到了威胁，并对这次远征是否真的成功抱有怀疑，因为据他掌握的信息，西班牙的阵亡人数高达 3 000。

对非洲的迅猛攻势夺回了 20 年多前曾属于西班牙的哨所，保障了地中海入口处的安全，并弥补了失去直布罗陀的损失。但是这场行动也再次激起了西班牙帝国虚无缥缈的梦想。腓力五世通过保住奥兰，就像 12 年前获得休达一样，使西班牙政治精英最长久的一个梦想获得新生，这个梦想便是在北非维持一个帝国。南部边境的前景使枢机主教西斯内罗斯大为着迷，同时也持续困扰着许多西班牙人。在维持世界霸权的努力受挫后，统治精英们突然意识到，帝国的可能性近在咫尺。一个多世纪后，马德里宫廷内的一位政治家曾宣称："非洲，它出现在天主教女王伊莎贝拉的遗嘱中；非洲，西斯内罗斯枢机主教曾心系奥兰；非洲，查理五世曾莅临突尼斯；非洲，它寄托着整个半岛的梦想，从里斯本到加的斯，再从加的斯到巴塞罗那！"[25]

失去的遗产似乎正在一点一点被收复。当第二年（1733年）西班牙被卷入波兰王位继承战时，情况变得更加复杂。过去曾为维持和平而努力的法国外交官们，现在也在同样努力说服西班牙向奥地利发动战争，而来自奥地利的王位候选人正在与法国候选人展开争夺。1733年11月，在埃斯科里亚尔举行的仪式上，法国和西班牙的波旁王朝签署了所谓的家族契约（Family Pact）。次年2月，腓力五世向意大利北部派出西班牙军队，驰援入侵奥地利领土的法国军队。时年18岁的查理被任命为西班牙军队名义上的司令。

鉴于法国人掌控着意大利北部的局势，腓力五世决定改变计划，命令蒙特马尔伯爵领导下的部队向南挺进，占领了曾经归属于西班牙的那不勒斯和西西里岛。西班牙在地中海西部的海军基地毫不费力地支持了这次军事远征。一支由20艘西班牙军舰组成的庞大舰队，连同1.6万人的军队，从巴塞罗那驶向意大利。这是一场迅速且完胜的战役。意大利南部的大多数居民从未接受过奥地利的统治，他们热情地欢迎西班牙人。1734年3月，一到达那不勒斯领土，查理就颁布了对王国所有公民的赦免，确认了他们的法律和特权，并承诺取消奥地利人征收的所有税收。大部分神圣罗马帝国军队看到战斗将是无望的，就不再多做抵抗。

5月9日，甚至在查理到达首都之前，那不勒斯市的代表就来表示臣服。翌日，查理庄严地进城，并被宣布为此地的国王。当月晚些时候，一支从亚得里亚海入侵的奥地利军队被蒙特马尔击败。西西里人期待着从神圣罗马帝国的统治中被解放出来。8月，蒙特马尔率领的一支部队从那不勒斯出发前往西西里岛，9月1日进入巴勒莫，宣布查理为国王，岛上各处的西西里人都对此极力支持。查理在1735年的上半年路过并顺便访问了西西里岛。西班牙的波旁王朝现在控制着整个意大利南部和托斯卡纳。这是一项惊人的成就，以惊人的速度完成，几乎没有人员伤亡。腓力五世的军队收复了除米兰外在乌特勒支失去的意大利领土。在那不勒斯，波旁王朝开创了一个伟大的新王朝时代。

从理论上讲，卡斯蒂利亚精英阶层应该对旧哈布斯堡帝国的复兴而备感欣慰。但是，王朝的更迭和随后30年的战争深远地影响了历史中所有参与者的看法。卡斯蒂利亚花费几个世纪精心编排、营造的那不勒斯王国的历史形象，无非是那不勒斯曾被"大将军"的西班牙军队征服，被并入西班牙王室，并由西班牙人统治。然而这种形象与意大利和法国人组织的对那不勒斯的新征服相去甚远。更糟的是，腓力五世拒绝将那不勒斯（此时则被称为"两西西里王国"）纳入西班牙王室的管辖之下，而是宣称这里是由其子查理统治的独立王国。这个决定激怒了卡斯蒂利亚人。当查理在那不勒斯被宣布为国王的消息传到马德里时，只有两名贵族（均为意大利人）前去拉格兰哈王宫（La Granja）向腓力祝贺。

波旁王朝继承西班牙引发了人们对帝国的激烈批评，因为它已经被哈布斯堡王朝管理了约200年。新政权的一些知识分子不再需要为了保住自己的地位而阿谀奉承，他们对那些（在他们看来）使帝国陷入困境的政策进行了猛烈的抨击。当时的西班牙经济学家们把自己的国家与荷兰、英国、法国等国家的情况进行比较，感受到了深深的"落后、自卑和怨恨"。[26]

新批评家中最引人注目的是何塞·德尔·坎皮略（José del Campillo），他是一位才华横溢的行政人员，腓力五世曾打算让他担任首相，但他的职业生涯因英年早逝而中断。在他的《美洲新经济管理体制》一书中，坎皮略痛陈了西班牙在新世界失去的机遇。这本书在其同事之间流传，但直到 18 世纪末才得以出版。[27]

坎皮略认为，在美洲繁荣的商业中，西班牙从整个大陆的贸易中赚的钱比法国从马提尼克岛赚的还少。西班牙本应该通过开发新大陆的资源来创造财富，却将努力浪费在追求"征服"上。最重要的是，西班牙忽视了它所拥有的最大资源：美洲原住民。他们原本可以被纳入生产项目，而不是被一味压迫和剥削。像西班牙启蒙运动的其他论者一样，坎皮略也强调了西班牙帝国的失败与其他西欧国家（尤其是英国）日益成功之间的对比。他们始终关注着英国的成功模式，毫不犹豫地支持自由贸易体系（尤其是与美洲的自由贸易），认为这是开发西班牙潜力的唯一途径。

事实上，这些批评只是一方的观点。也有一些人怀旧地回顾过去，忧心于周围似乎正在发生的变化。在意大利，西班牙王位被法国王室继承一事，可能会打破统治贵族与西班牙王室之间的长期联系。那些从西班牙统治中获益的人理所当然地感到担忧。1700 年，威尼斯使者从米兰报告说："米兰人害怕回到他们称之为暴政的体制之下，更害怕失去在现政府（哈布斯堡政府）下享有的自由。"[28]一个多世纪以来，米兰（与那不勒斯不同）从未有过饥荒、骚乱和阴谋。对于精英们来说，帝国统治时期意味着协作与成功，而非压迫。

但是在意大利半岛的其他地区，西班牙统治的消失使人们松了一口气。在 18 世纪的那不勒斯，政治经济学家保罗·马蒂亚·多里亚（Paolo Mattia Doria）和安东尼奥·杰诺韦西（Antonio Genovesi）就西班牙统治的影响进行了合理阐述。他们提出了一种日后在意大利被广为接受的观点，那就是他们将"南方问题"归咎于西班牙统治带来的负面影响。这种观点在同时代的那不勒斯律师和历史学家彼得罗·詹农（Pietro Giannone）的著作中也得到了阐述，他的《那不勒斯王国市民社会史》于 1723 年出版，该书于 1726 年在罗马被公开焚烧，作者因此被教皇逐出教会并被流放，死在远离家乡的都灵监狱里。但是他的书对奥地利人而言就像悦耳的音乐，詹农也有幸于 1723 年在维也纳向查理六世皇帝赠送了文稿的副本。[29]

事实上，那不勒斯的知识分子不是在批评哈布斯堡王朝，而是在批评西班牙的统治。"这个国家，"杰诺韦西写道，"成了西班牙的一个省。统治它的不再是那些熟悉当地居民的人，而是外国人，他们几乎都是短暂任职，心在别处。"[30] 在奥地利占领那不勒斯后不久，多里亚写下了《西班牙政府箴言》，对整个西班牙统治时期的情形进行了彻底批评。他说，西班牙人剥夺了那不勒斯人的"美德和财富，代之以无知、邪恶、分裂和不幸"。他们摧毁了文明社会的根基，引入了一种破坏公民美德的暴政。"西印度群岛的情形，"受到西班牙人残害原住民这一标准图景的激发后他宣称，"不仅仅发生在美洲，也发生在这里，就发生在那不勒斯王国。"[31]

与欧洲发生的情况相比，王位继承战争似乎对西班牙帝国在新世界的影响有限，在那里，西班牙的朋友和敌人都没有经历太大变动，无论哪一方都几乎没有什么新的收获。在加勒比地区传教的一名外国耶稣会会士报告说："虽然西班牙人和荷兰人在欧洲爆发了战争，但在美洲，双方却没有交战的迹象。"[32] 这种表象极具欺骗性。在美洲广阔的土地上，一切变化似乎都不太显著，但同样具有决定性。反对波旁王朝的国家并未将努力的重点放在领土扩张上，而是着重于发展贸易，它们竭力破坏西班牙与法国的贸易活动。在北美大陆，它们充分利用当地印第安原住民对西班牙的敌视，与之结盟以对抗西班牙的残余势力。

战事为外国船只进入太平洋提供了机会。因为西班牙人未能控制也无力控制绕过合恩角的海路，所以他们无法阻止其他国家入境。布里斯托尔的商人们抓住了非法贸易的机会，他们资助了两艘装备精良的劫掠船。这两艘船由伍兹·罗杰斯上尉（Captain Woodes Rogers）指挥，鱼龙混杂的水手中也包括了桀骜不驯的威廉·丹皮尔。他们于1709年1月上旬绕过合恩角。在接近智利海岸的胡安·费尔南德斯群岛时，罗杰斯注意到一个岛屿在夜间有火光，于是派出了一艘船前往侦察。根据他的记录，水手们"从岸上回来，带来了很多小龙虾，还有一个裹着山羊皮的男人"。罗杰斯讲述的野蛮人形象后来为丹尼尔·笛福提供了灵感，《鲁宾逊漂流记》（1719）由此诞生，并永久地流传下来。这位"野蛮人"就是亚历山大·塞尔扣克（Alexander Selkirk），他于4年前被船长遗弃在无人岛上。幸运的是，留给塞尔扣克的还有衣服、御寒被褥、一支装有子弹的枪、一把刀，以及书本等诸多必需品。他在难以置信的困难中生存下来，习惯了吃没有盐味的食物，猎捕野生山羊获取肉食，并在自己的衣服穿破时用山羊皮蔽体。

罗杰斯正是靠着在太平洋沿岸侵扰西班牙领地而声名大噪。他将瓜亚基尔港据为己有，用俘获的西班牙船只扩充自己的舰队。在丹皮尔的建议下，他们在新西班牙海岸外蹲守往来的马尼拉大帆船。在下加利福尼亚巡游了几周之后，罗杰斯的船"公爵号"发现了一艘名为"圣母化身号"的落单大帆船，并在短暂的对抗后俘获了这艘船。4天后，即1709年圣诞节那天，罗杰斯和他的其他船只试图俘获另一艘名为"贝戈尼亚号"的大帆船，但未能如愿。随后，这群英国人穿越太平洋，取道关岛返回欧洲，关岛的西班牙人很友善，总督设下60道佳肴款待他们。被俘获的战舰在伦敦被公开展览：这是第一艘被完整运回英国的马尼拉大帆船。布里斯托尔商人对这场行动的资助金额不到1.4万英镑，而他们的获利则高达80万英镑。[33]

　　凭借在海上及商业上的优势，[34] 法国人利用战争的优势与加勒比地区和太平洋地区开展贸易。1702年，西印度委员会报告称："法国人继续在美洲各地进行大宗服装贸易，尤其是在韦拉克鲁斯、圣玛尔塔、卡塔赫纳和波托韦洛。在哈瓦那，法国人几乎垄断了岛上所有的制糖业。"法国驻马德里大使阿姆洛评论说："法国商人通过南太平洋，将大量欧洲商品运往西印度群岛"。[35] 1712年，秘鲁总督无条件接受法国贸易船只进入卡亚俄港。他对政府的解释是："目前国库空空如也，无力为任何一支太平洋舰队提供资金。鉴于卡亚俄市目前的防御状况，我下达了必要的命令，允许目前位于该海岸的12艘或14艘法国船只进入卡亚俄港。"[36] 就像以前的许多情形一样，外国船只的进入是在保护帝国而不是破坏帝国，它们为殖民地提供物资，并维系着殖民地与半岛的联系。枫丹白露宫中的一位政府官员曾说："美洲人早就对在自家港口看到我们的船只不以为奇了。这些商船从欧洲带来了美洲急需的东西，这些东西有很大价值。我们的船只会与当地人进行贸易，就像英国人和荷兰人在加勒比地区进行贸易一样。"[37]

　　1698年起，西班牙人开始在彭萨科拉建造一座小型的木制堡垒，包括作家卡洛斯·德·西根萨·贡戈拉在内的官方探险队曾宣称，这里是西班牙王冠上"最精美的珠宝"。[38]然而，野性而美丽的墨西哥湾北部海岸也是法国人重点关注的目标。尽管拉萨尔的行动失败了，但法国海军大臣路易·蓬查特兰却获得了更大的收益。1699 年初，由皮埃尔·勒·穆瓦纳（Pierre Le Moyne）与西厄尔·德贝维尔（Sieur d'Iberville）指挥的由 5 艘船组成的法国小分队，成为第一支从海湾进入密西西比河入海口的欧洲特遣队。他们在距今新奥尔良约 30 英里处的河口附近建了一个小堡垒（1700年）。他们几乎没有意识到自身举动的重要性，他们已经占领了北美最大水道的入海口，由此可以深入北美大陆内部，将法国在加拿大的殖民地连接起来。而西班牙人一直没能找到这条大河的入海口。此外，由于缺乏人力和物力，西班牙人难以有效控制墨西哥湾东海岸从坦皮科（Tampico）到阿巴拉契的其他地区。西班牙人对内陆的冒险也不太热心：他们几乎没有探索得克萨斯领土的动力，其在哈西奈人（Hasinai）领地上的行动也十分短暂。实际上，到1700 年，西班牙在北美广大地区只有彭萨科拉这一个据点。与之相对的是，法国人早已在莫比尔（Mobile）和西部海岸站稳了脚跟。

在法国人的密西西比要塞竣工之际，法国却转变为西班牙的盟友和保护国。战争爆发伊始，两国已走向联合，将英国人与荷兰人拒于美洲门外。法国的助力显然是无价的。法国军队曾被派去援助被围困的西班牙定居点——彭萨科拉和圣奥古斯丁。法军的增援使西班牙势力得以幸存，但同时，法国人也利用自己作为帝国伙伴的前所未有的地位扩大自身利益，全然不必担心会遭到西班牙的报复。从密西西比河的河口及他们在河口以东的莫比尔的基地出发，法国商人开始向内陆进发，并与乔克托人（Choctaws）和奇克索人（Chickasaws）等内陆部落建立了联系。该地区的法国总督伊贝维尔（Iberville）致力于与这些部落达成和解，这给西班牙人带来了极大的助益，因为这些联盟帮助西班牙人成功阻止了英国殖民者的推进。

1712年，安托万·德·拉·莫特·卡迪亚克（Antoine de La Mothe Cadillac）被任命为法国在路易斯安那的新任总督，此人之前一直在北美大陆任职，并于1701年在那里建立了底特律城。1713年，他收到一封方济各会修士弗朗切斯科·伊达尔戈（Francisco Hidalgo）寄来的信（这信是在2年前的1711年1月，从新西班牙格兰德河河畔的科阿韦拉省寄来的），请求他向新西班牙北部的特哈斯印第安人派遣传教团。卡迪亚克认为这是一个理想的机会，可以利用目前与西班牙人的联盟来增进法国的利益。他派遣来自加拿大的中尉路易斯·德·圣德尼（Louis de Saint-Denis）前往墨西哥城，为西班牙人及其工作提供帮助。结果在1716年，由圣德尼率领的70人西班牙小队（包括8个方济各会修士）越过了格兰德河，并最终于这年夏天在特里尼蒂河（Trinity）和内奇斯河（Neches）之间建立了一个要塞和4个面向哈西奈印第安人的传教中心。[39] 此地非常理想，因为它与法国在红河上的纳基托什（Natchitoches）要塞相距不远。依靠西班牙的支持，法国可以进行贸易，这是他们的主要目的。西班牙人也果断地回到了东得克萨斯，这一进展只有在法国的保护下才有可能。并且如1691年一般，再次任命了一位"总督"。

在接下来的几年中，少数法国商人和代理商设法将其业务范围扩展到新大陆的北部。但是他们的行为也刺激到了新西班牙当局，新西班牙当局开始通过在特哈斯人腹地设立哨所来抵御法国的影响。正是在这里，新西班牙总督在 1718 年建立起圣安东尼奥（San Antonio）的城防及传教团（后来也被称作阿拉莫使团）。尽管法国和西班牙之间的竞争持续不断，但两国在扩张其帝国疆界的同时，在北美和谐共存过一段时间。[40] 法国和西班牙的波旁王朝统治者之间的良好关系保障了两国在美洲殖民地的稳定。路易斯安那的法国人得到了西班牙人的容忍，西班牙人没有办法驱逐他们，因此双方也算相安无事。1718 年，法国摄政（奥尔良公爵）在墨西哥湾附近的密西西比河沿岸建立了一个名为新奥尔良的殖民地，并成为法国人所谓的路易斯安那殖民地的首府。

然而，这种和平共处突然出现了裂痕，1719 年，欧洲的事态表明法国和西班牙正式成为敌人。1719 年 5 月，路易斯安那的法国军队毫不费力地占领了彭萨科拉。这些领土上的"战争"的滑稽程度可以从法国军队在纳基托什地区对西班牙洛斯阿德斯（Los Adaes）定居点的"攻击"中体现出来。某天，7 个法国士兵在指挥官带领下来到镇上，通知唯一的守卫士兵要进行换防。墨西哥城总督获悉战争状况后，立刻派出一支 84 人的军队去增援圣安东尼奥的西班牙人。由于很难招募到合适的士兵，人们花费了 12 个月的时间才筹备起一支严整且有实力的部队。1720 年 10 月，阿瓜约（Aguayo）侯爵率领一支 500 人的军队离开墨西哥城，于 7 个月后抵达圣安东尼奥。队伍随后继续向东，到达内奇斯河。在这段时间里，他们根本没有发现过法国人的踪迹。当阿瓜约和他的军队于 1721 年 6 月到达内奇斯河时，法国人（其邮政系统更迅捷）通知他们，欧洲已经重归和平了。

阿瓜约的远征并不像表面上那样徒劳无功，尽管没能达到驱逐法国人的目的，但依旧取得了成功：这一远征表明西班牙势力在得克萨斯边境地区不论多么脆弱，仍是一股不容忽视的力量。有人指出，[41] 当阿瓜约从得克萨斯撤退时，留下的传教团从过去的 7 个增加到 10 个，要塞也从以前的 2 个增加到了 4 个，士兵也由原来全省的 60 人增加到了 268 人（他在返程途中经过的每个要塞都部署了一些兵力）。

实际上，西班牙在北美的边境不过是一些孤立薄弱的要塞。它们既缺少防卫，又容易受到心怀敌意的印第安人袭击，通常情况下，这些袭击活动背后还有其他欧洲人的组织策划。以得克萨斯的主要据点洛斯阿德斯为例，这里自始至终都完全依靠路易斯安那的法国人提供的补给和武器。[42] 事实上，从新西班牙到大西洋的整个西班牙边境都要依靠其他欧洲人的保护，他们利用西班牙的哨所来发展自己的贸易和通信路线。西班牙的彭萨科拉从莫比尔的法国人那里进货，西班牙的圣奥古斯丁从卡罗来纳的英国人那里购买武器。如果没有其他欧洲供应商的存在，西班牙人将无法在这里生存。鼓励西班牙移民大规模来此定居的尝试并未奏效，仅举一例，圣安东尼奥的定居点只能靠来自韦拉克鲁斯的 15 个加那利岛民家庭维持。[43] 偶尔也有雄心勃勃的传教士和士兵进入内陆探险，但往往收效甚微。

18 世纪上半叶，北美地区的形势非常不妙，以至于在 1720 年，西班牙甚至提出要将佛罗里达交给英国，以换取在王位继承战争中被英国占领的直布罗陀。事实上，这种无力防御的状况在整个帝国中随处可见，但这并不表明西班牙的力量衰退了——因为西班牙的力量一直都很薄弱。究其原因，决定性的因素还在于 16 世纪末，西班牙没有像欧洲其他国家那样在获得了大西洋和太平洋上的永久领地后，以此为基地进行贸易和扩张。

欧洲人的商业势力因大量移民（尤其是英国人）而得到强化。在 1660 年到 1760 年间，北大西洋沿岸的英国人增加了近 20 倍，而佛罗里达和墨西哥湾沿岸已经出现了英语区。到 18 世纪中叶，仅南卡罗来纳的欧洲人就比整个西属佛罗里达的西班牙人多 10 倍。[44] 当地的原住民部落自然更倾向于与强者结盟。大西洋沿岸逐渐落入英国囊中，这为西班牙的主导地位敲响了丧钟。而西班牙人发现他们在大西洋海岸的最后一个立足点正在消失。这些年来，以萨凡纳为基地的英国新殖民地佐治亚的建立，无疑令业已陷入困境的圣奥古斯丁压力倍增。

佛罗里达北部原住民的经历印证了西班牙统治的日渐式微，在那里，方济各会修士仍在勇敢地穿越森林和湖泊，进行一系列传教工作，而这里是阿巴拉契人和蒂姆库安人的领地。从 17 世纪末开始，卡罗来纳的英国人与东边的雅马西（Yamasee）印第安人、西边的克里克（Creek）印第安人联合起来，突袭阿巴拉契人的领地。决定性的一击发生在西班牙王位继承战争期间，1703 年到 1704 年的那个冬天，一支以克里克人为后盾的英国军队袭击并摧毁了阿巴拉契人的残余部落。一位法国当地官员报告说："阿巴拉契已经完全被英国人和野蛮人摧毁了。他们俘虏了 32 名西班牙人驻军。此外，他们还烧死了 17 名西班牙人（包括 3 名方济各会修士），[45] 杀死并俘虏了六七千名阿巴拉契人，还杀死了 6 000 多头牛。西班牙人都退回到了圣奥古斯丁。"[46] 因此也难怪当佛罗里达后来被转交英国统治时，许多印第安人宁愿选择跟随曾经的西班牙人保护者撤离。在流行病和战争肆虐之后，幸存的印第安人已寥寥无几。"佛罗里达曾经有数十万印第安人，到 18 世纪 60 年代几乎骤减为零。"[47]

随着欧洲人角色的逐渐调整，其他更大的变化也应运而生，这些变化都影响了北美大陆的原住民，对西班牙帝国而言也不算好事。到了18世纪初，欧洲的马匹、武器和补给品的输入已开始给许多印第安人部落的环境带来了永久的改变。在得克萨斯，法国商人解放了一直依赖西班牙人提供外部商品的部落。方济各会修士抱怨说："法国人向印第安人提供了数百支枪。"[48]得克萨斯平原上的科曼契人（Comanches）和阿帕契人发现，他们已经具备了攻击和摧毁西班牙哨所及传教所的手段甚至经验。无独有偶，在佛罗里达北部，英国人也向雅马西人和克里克人提供了枪支。游牧部落的印第安人手握的新火器也不可避免地对准了其他印第安人，他们觊觎其他印第安人的土地。幸运的是，这在某种意义上帮助了西班牙人。在普埃布洛地区，从1704年开始，村民们便与西班牙人团结在一起，共同抵抗敌人，尤其是阿帕契人的袭击。在1714年与纳瓦霍人作战的远征队中约有50名西班牙士兵，以及200名普埃布洛印第安人。1719年，对科曼奇人的一次远征中，西班牙军士有60名，而普埃布洛人则达到了500余人。[49]

而在其他方面，要从明显的劣势和困境中获利并非易事。起先垄断了军备的西班牙神职人员此时势孤力单，再也无法利用曾经依靠的主要手段——武力——来维护秩序。如我们所见，在阿巴拉契的传教彻底失败了。1727年，得克萨斯东部的一位访客报告说："传教团中已没有印第安人。"西班牙人从欧洲带来的马匹彻底改变了平原印第安人的生活。尽管部落最初把这种动物当作食材，但他们逐渐了解到马匹也可以被用于运输、狩猎和袭击。到了18世纪，西班牙的前哨基地遭到了原住民部落的反复攻击，印第安人控制了马匹，并用它们来扩张自己的狩猎场。大平原的印第安人——苏族

（Sioux）、黑脚族（Blackfoot）、科曼奇族和克劳族（Crow）——"骑在马背上，踏上了有史以来最壮观的冒险之旅"。[50] 传教士们总是带着一定数量的马、骡子和牛旅行，没有这些动物，传教士们是无法传播基督福音的。

在西班牙人看来，法国商人沿五大湖向南、自墨西哥湾向北进入美洲内陆地带，使局势进一步恶化。1719 年，新墨西哥官员收到科曼奇人传来的情报，称法国人曾把枪支卖给了更北地区的波尼人（Pawnees），以换取兽皮。因为当时法国和西班牙正处于战争状态，巴尔韦德（Valverde）总督感到有必要重新评估一下平原地区的局势。方济各会则急切地抓住了扩大传教范围的机会。1720 年 6 月，一支由 42 名士兵组成的部队在 60 名印第安人盟友的支持下从圣菲出发，两个月后，他们进入了内布拉斯加地区。然而，他们没有找到任何法国人的踪迹，却遭到了波尼人的袭击，几乎全灭。极少数的生还者于 9 月返回圣菲。实际上，西班牙人无法阻止法国人向其印第安盟军分发武器，而这彻底扰乱了平原部落之间的力量平衡。西班牙人成为这种情形的主要受害者，他们的要塞和传教所都缺乏驻守的人力，防御力量太过薄弱，无法抵抗更多的军事压力。到 18 世纪，阿帕契人已成为西班牙边境的主要威胁，但西班牙人仍于 18 世纪 50 年代努力在圣安东尼奥北部建立新的传教团。他们的行动最终还是失败了，部分原因是与阿帕契人为敌的科曼奇人发动了毁灭性的袭击。

整个北美大陆的西班牙人都面临着这种情况。为了生存，他们被迫依靠当地人，不仅是普埃布洛人，还有犹他人（Utes）、纳瓦霍人甚至是科曼奇人的帮助。尽管西班牙人做出了种种努力，但西班牙的疆域并没能得到扩张，反倒萎缩了。缺乏安全保障的传教团放弃了使命并离开了北美。到 18 世纪中叶，整个佛罗里达仅剩下 10 名传教士。[51] 到 18 世纪 60 年代，所有在得克萨斯北部平原传播基督教的尝试都宣告失败。在那 10 年中，分散在从太平洋沿岸到得克萨斯的漫长北方边界上的 22 个要塞中，总计仅有 900 名士兵。[52]

只有加利福尼亚还在西班牙人的掌控之中。17 世纪末，在新西班牙北部传教的非西班牙神职人员对帝国在太平洋沿岸发展势力做出了重要贡献。在 16 世纪中叶，卡比里略发现了圣地亚哥湾；随后，巴斯克人比斯凯诺探索了北部海岸。但是西班牙人仍然被加利福尼亚湾的地形迷惑着，这里的地形让下加利福尼亚半岛看起来仿佛只是一个小岛。直到 1690 年，蒂罗尔神父基诺广泛的旅行和制图工作成果，才向人们证明了一个事实：下加利福尼亚不是一个岛屿，而是与大陆相连的半岛，而这片大陆距离吉拉河（Gila）和科罗拉多河并不远。[53] 这位基诺是一位伟大的耶稣会先驱，他对新西班牙北部，特别是加利福尼亚的陆路进行了探索。自 1687 年开始传教以来，他一直在今天的图森（Tucson）以南 100 英里的地区工作。他在 24 年中一直致力于传教和地理考察，以及写作。他两次深入科罗拉多河，还曾进入过加利福尼亚和海湾。1710 年，基诺修士写道："在过去的 21 年中，我们的传教团的活动范围扩大了足足 200 里格，使 3 万多人接触到了圣天主教信仰的指导，其中皮马人就有 1.6 万人。"[54] 但是直到 18 世纪后期，随着与耶稣会有竞争的方济各会的修士弗雷·朱尼佩罗·塞拉（Fray Junipero Serra）到来，基诺征服上加利福尼亚并使当地人改宗的梦想才得以实现。

基诺于 1711 年去世后，西班牙人对于打通前往美洲北部和太平洋海岸通道的愿景并未消失，但传教士们的工作重点都转移到了下加利福尼亚。到 18 世纪中叶，在边境地带工作的耶稣会会士大多是中欧人，其中也包括巴伐利亚人雅各布·塞德尔迈尔（Jacob Sedelmayr），他在 18 世纪 40 年代成为亚利桑那地区的伟大探险家，他穿越吉拉河并向北前进至科罗拉多河流域。[55] 那时的美洲西北部已不再是西班牙人的专属领地了。

1757 年耶稣会会士在西班牙出版《来自加利福尼亚的消息》之后发生的事情印证了这一点。该书的主要意图是捍卫当时由于各种原因在欧洲受到指责的耶稣会。但是，此书很快在伦敦以英语出版（1759 年），随后又推出了荷兰语、法语和德语译本。英国人正穿过加拿大向西移动，也许最危险的是，俄国人也正向南沿太平洋海岸移动。1728 年，为沙皇服务的丹麦人维图斯·白令（Vitus Bering）探索了西伯利亚的东部边界，并发现了后来以他的名字命名的白令海峡。1741 年，他组织了一支穿越太平洋的探险队，绕过阿留申群岛，在锡特卡（Sitka）以南 60 英里的加利福尼亚北部海岸登陆。加利福尼亚，这个美洲帝国的边缘地带，即将在西班牙的历史上书写一段崭新的篇章。一个曾在菲律宾和墨西哥生活过的西班牙方济各会修士于 1759 年在罗马出版的《加利福尼亚的莫斯科人》就对此发出过警告。两年后，西班牙驻圣彼得堡大使阿尔莫多瓦尔（Almodóvar）侯爵向马德里发送了一份关于白令活动的详细报告，却忽视了俄国人的威胁。[56] 这已经不是外交官们第一次犯下这样的错误了。

无论是顺境还是逆境，无论是战争还是和平，西班牙政府与商人总能从来自美洲的白银中得到一丝安慰。它是建造这个庞大帝国机器的燃料，也将会继续点燃维系帝国的希望。随着白银的流动，商品也流动起来。只要这一进程继续下去，西班牙就会觉得自己是宇宙的中心。尽管西班牙的贸易主要掌握在外国商人手中，但这并没有削弱其重要性。[57] 控制着西班牙白银的西方大国仍然急于维护这个帝国的完整。17 世纪晚期的荷兰人会来帮助西班牙，18 世纪早期的法国人也是如此。然而，在 18 世纪中叶轮到英国人时，他们却一改保护者的身份，而是摇身变为西班牙帝国的严重威胁。西班牙与英国的关系正经受着美洲几起小冲突的考验。双方长达 25 年的持续争端，主要围绕着直布罗陀和亚洲问题，以及英国对美洲的非法贸易展开，这些问题都加剧了西班牙的不满。

主要问题在于英法两国优越的海军和商业实力。在参与美洲贸易的所有船只中，外国船只占了四分之三，而在新世界交易的大部分货物也是外国商品。当西班牙船只到达美洲港口时，它们发现外国船只已经在它们之前到达了那里，市场上也充斥着通过这些外国船直接进口的产品，这完全绕过了伊比利亚半岛运作的垄断体系。所有的商品都是如此。利马的商人在 1706 年报告说，"在波托韦洛举办大型市集并无益于产品销售"，因为总督区的商品一应俱全，这都是法国人带来的。

最赚钱的生意之一是奴隶贸易，商人们可以通过一家在西班牙注册的贸易公司（如前文所见），获取一个将固定数量的非洲奴隶送往美洲市场的"特许契约"。在王位继承战争期间，法国人控制着这些"特许契约"。随着 1713 年《乌特勒支和约》带来了和平，这些"特许契约"又被转交给了英国，英国人同时得到的特权还包括可以每年派遣一艘船去波托韦洛参加贸易展览会。英国人通过其南海公司（South Sea Company）来行使这些特权，该公司在整个加勒比地区建立起了业务网络，他们可以在那里随时接收或是分配黑人奴隶。实际上，该公司不过是一家清算机构，而大部分的奴隶供应和分配都是由有执照的独立小商人和船长完成的，这些从业者都是英国人。该公司还要监督在南美大陆内陆的奴隶分销状况。1725 年，西班牙政府正式允许他们将奴隶从布宜诺斯艾利斯运到内陆，进入智利、玻利维亚和秘鲁的市场。

英国的官方（和非官方）奴隶贸易活动并没有取代其他国家的奴隶贸易，这些国家不仅继续向自己的领土供应奴隶，也向西班牙人供应奴隶。大约在 1720 年，法国人向哈瓦那、波托韦洛和卡塔赫纳非法供应数百名奴隶，荷兰人（在库拉索）和葡萄牙人（在布宜诺斯艾利斯）也仍旧保持活跃。人们缺少有效的手段来监管非法奴隶贸易，而这些非法活动在实际上却使西班牙定居者从中受益。1716 年，该公司向英国驻马德里公使乔治·巴布抱怨说："（美洲）当权者无视大量进口黑人的行为，他们似乎默许了。"1733 年，在古巴，"居民们生活在西班牙政府的豁免之下，因为这些人数量众多，而且都是有罪的，法不责众，人数之众保护了他们非法获取的黑奴及货物不被没收"。[58]

黑奴和其他所有货物的非官方贸易已是司空见惯。在 1721 年、1726 年和 1731 年于波托韦洛举行的市集上，南海公司的年度船"皇家乔治号"及其备用船只带来的产品在整个商品销售中占据了主导。在西班牙，人们有一种印象，即英国人通过控制"特许契约"获得了巨额利润，而外国人则在美洲不断销售违禁品。我们将看到，这个问题引发了许多争议，并最终导致了战争。事实上，英国人自己发现很难从一个完全混乱的贸易体系中获得充足利润。在 1732 年之前的一段时间里，他们只提供了三分之二的合法奴隶，他们的船只在西班牙官方允许的年度贸易船队中也只占据了 40%。[59] 但是他们一旦获利，其利润也是相当丰厚的。在 1731 年的波托韦洛市集上，秘鲁商人几乎花去了一半的钱来购买英国南海公司的年度贸易船带来的货物。

人们很容易错误地接受西班牙人的观点（历史学家一再重复），即外国人正在破坏西班牙殖民地的经济体系，乃至整个大西洋贸易。擅入者持续不断的违禁行为似乎证实了这一观点。17世纪末，新格拉纳达的一位官员报告说，他看到一支由10艘满载违禁品的船组成的船队驶向欧洲。据报道，英国人和荷兰人从海岸掠夺走了大量黄金、白银、珍珠和祖母绿。然而事实是，通过他们的非正式贸易，外国人对殖民地经济做出了宝贵的贡献（我们对此已经有过论述）。没有什么比一份清单更能说明问题了，这些物品是英国商人冒着破产和丧命的危险跨越大西洋运到美洲的，包括：酒杯、杯子、茶壶、盘子、锅碗瓢盆、小刀、蜡烛、锁、箱子、桌子、纸张、肥皂、药品和书籍，[60]更不必说需求量最大的枪支和各类火器了。西班牙官方的贸易体系无力满足帝国的需要，这已是显而易见的事实。如果没有走私者，西班牙的殖民体系就会崩溃。在王位继承战争期间，战争使殖民者的生活状况变得更糟了，但殖民地的存续恰恰得益于英国人和荷兰人的走私活动所带来的补给。[61]

以走私为代表的"非正式经济"的发展是官方贸易体系缺失——由于这个体系从未正常运作过，我们甚至不能说它"崩溃"了——的必然结果。西班牙一直希望将整个新大陆变成自家商品的倾销市场。然而，到了18世纪早期，这个宗主国已经无法满足殖民者的需求。以新格拉纳达的情况为例，从1713年到1763年的半个世纪里，只有4支西班牙大帆船舰队到过卡塔赫纳港。人们被迫从其他供应商那里购买商品。在那几年里，人数众多的外国商人给新格拉纳达运来了纺织品（丝绸和亚麻布）、食品（面粉、油、酒、香料）、工业制成品（剃刀、剪刀、镜子）和奴隶。[62] 作为报酬，他们得到了白银、祖母绿、珍珠、皮革、可可和染料。人们很容易得出这样的（同时也是正确的）结论："非正式经济"实际上就是正常状态下的经济模式，因为走私对维持当地人的生存所需是必要的。地方当局认识到了这一点，于是开始对他们能够识别的走私货物征税。在圣玛尔塔，来自走私品的税收收入是合法商业收入的两倍。[63] 而由于大部分走私商品都逃脱了官方检查，所以我们可以想象这些非正式经济的实际规模会有多么庞大。1737年，卡塔赫纳的一位官员简洁地陈述了新格拉纳达的贸易情况。他说："国王只是名义上的统治者，外国人才是这里真正的主人。"[64]

在这种情况下，我们可以抛弃这样的想法，即新世界的贸易体系是由占主导地位的官方贸易和由走私品构成的次要的非正式贸易组成的。非官方贸易实际上占据着支配地位，甚至成了某种意义上的官方贸易。[65] 得益于《乌特勒支和约》的条款，以库拉索岛、圣尤斯塔斯和荷属圭亚那为代表的三角地区，尤其是其中蓬勃发展的荷兰犹太人贸易社区，[66] 都展开了积极的贸易活动。一名到过该地区的游客报告称"库拉索的荷兰人在这里从事进口、出口、贸易，以及任何他们想做的事情"，他们得到了西班牙定居者、印第安人和王家官员的支持。国王和西班牙传教士可能会有反对意见，但荷兰人控制了整个局面。镇压或调查毫无意义，因为两者都不起作用。1718年，卡塔赫纳的一份官方文件告知西班牙政府："在这里，任何不真实的东西都被呈现出来，仿佛它就是赤裸裸的真理；但我们也无法证明事实并非如此，因为人们不会说出（甚至不愿意说出）不同的看法，或是出于恐惧以及不愿被卷入麻烦的心理而不敢表达意见。"[67]

像荷兰人一样，[68] 英国人也常常抱怨他们的合法贸易受到阻碍，还抱怨西班牙人授权的缉私船（guardacostas）对非正式贸易活动的骚扰。实际上，许多缉私船都是有许可执照的海盗，他们可以任意展开攻击和抢劫，且对象并不限于外国商人。[69] 在南海公司的一名代理商看来，他们是"人类中最可恶的强盗"。英国政府称，在1713 年至 1731 年间，有 180 多艘英国贸易船被缉私船非法查没与抢劫。最臭名昭著的案例是罗伯特·詹金斯（Robert Jenkins）船长的例子，他于 1738 年在下议院宣称，7 年前，也就是 1731 年，美洲的西班牙人掠夺了他的船，而他被绑在桅杆上并被割掉了耳朵。作为证明，他向下议院展示了一个保存有他耳朵的瓶子。当被问到他做了什么时，他说他"将自己的灵魂献给了上帝，并将他的事业献给了他的国家"。他的讲话激起了英国人的爱国主义热情，并使下议院相信，与西班牙开战是唯一的解决办法。1738 年 4 月，身处马德里的本杰明·基恩受其政府指示，要求西班牙赔偿英国航运所受的损害。1739 年 1 月，基恩与西班牙大臣们就赔偿金额进行了谈判，最终达成了《帕多公约》（Convention of Pardo）。但事实上，《帕多公约》没有解决任何主要的争议，西班牙同意支付赔偿金，但也要求英方赔偿其在帕萨罗击沉的西班牙舰队，两项金额互相抵消了。

帕多谈判失败后，英国政客和商人对西班牙的怨恨使战争变得不可避免。英国首相罗伯特·沃波尔爵士（Sir Robert Walpole）试图向愤怒的下议院说明支持西班牙符合英国的利益："在整个过去的时代里，在美洲保障西班牙君主统治完整且不被削弱，似乎是欧洲所有大国的普遍倾向。目前，在欧洲，几乎没有哪个国家拥有的船只和大帆船的能超过西班牙。的确，所有财富都是以西班牙人的名义带回欧洲的，但西班牙本身就好比是一条运河，所有这些财富都通过它流入了欧洲其他地方。"[70] 他的论点是，攻击西班牙帝国实际上也是在损害英国自身的利益，因为英国无疑从西班牙帝国的存在中获利。人们不难证明英国人有效地控制着西班牙的许多市场。英国对西班牙的直接贸易因战争的爆发而发生周期性波动，但贸易额始终是相当可观的。在以前被西班牙控制的地中海地区，英国人的贸易也没有停止增长。到18世纪30年代，地中海已成为伦敦出口至欧洲的四分之三商品的主要市场。[71]

沃波尔无法平息国内的战争狂热，英国政府被迫采取行动。海军上将爱德华·弗农（Edward Vernon）于1739年7月被派往加勒比海增援牙买加，并对西班牙的据点采取侵略行动。10月，伴着教堂的钟声和街道上的欢乐声，伦敦宣布开战。"这是你们的战争，"沃波尔不情愿地给一位大臣写信说，"愿战争能让你们感到满意。"他先前谴责任何针对西班牙的行动都是"不公正和不光彩的"。此后不久，他便辞职了。随后，"詹金斯之耳战争"（War of Jenkins' Ear）则继续进行。

弗农的舰队将攻击重点放在西班牙的主要港口。他们动用6艘军舰和4 000名士兵——包括2 500名白人和500名黑人辅助人员——入侵了波托韦洛。这个防御薄弱的小城在1739年11月投降。弗农在第二年春天返回，摧毁了查格雷斯河上的堡垒圣洛伦索，并袭击了卡塔赫纳。英国攻击的主要目标是哈瓦那港，它是西班牙在加勒比地区所有航运的中心节点。意识到这一威胁后，腓力五世在1740年夏天命令一支由14艘船和2 000名武装人员组成的舰队从埃尔费罗尔（El Ferrol）前往古巴。这支舰队在恶劣天气和疾病的双重打击下，于同年10月被迫在卡塔赫纳港避难。与此同时，腓力国王的盟友法国向其殖民地发出指令，要求封锁英国。

最终在1741年1月，弗农在罗亚尔港集结了一支号称"加勒比地区有史以来最强的舰队"，[72] 舰队共有30艘战舰，加上100艘运输船，载着1.1万名士兵。但是这支队伍的表现远逊于其声名。1741年春天，舰队包围了卡塔赫纳，但由于担心敌方援军的到来，他们还是撤退了。接下来，舰队占领了古巴的关塔那摩湾，但没能从这次占领中取得任何好处。最终，这支舰队占领巴拿马的尝试也失败了。这场海战目标混乱，因为这些人从来没有过占领西班牙领土的意图，所有行动都只是（就像他们对伊比利亚半岛的攻击一样）为了羞辱帝国。相比之下，西班牙人清楚地知道自己必须保卫哈瓦那，而且取得了成功。在整个战争期间，美洲的金银仍然被持续安全地送抵西班牙。

英国人还派出了海军准将乔治·安森（George Anson）率领的一个小中队进入太平洋。这支部队有6艘战船、2艘补给船和1 500名士兵，一切看起来都充满希望。1741年3月至5月，在通过勒梅尔海峡（Le Maire Strait）进入太平洋的3个月里，他们遭遇了灾难性的天气。最后，只有3艘船和一半船员到达了胡安·费尔南德斯岛，他们在那里休息了3个月。随后，这些船在向北的途中洗劫了派塔港，他们的目标是在地峡与弗农会合，并占领巴拿马。听到弗农在加勒比地区失利的消息后，安森改变了目标，转而准备劫掠阿卡普尔科附近的马尼拉大帆船。但这个目标也难以实现，于是指挥官出发穿越太平洋，于1742年11月到达中国澳门。他是4月离开港口的，但他的心思仍然集中在那些大帆船上。1743年5月，他在菲律宾附近巡游时最终发现了自己的战利品：刚从马尼拉驶出的"科瓦东加号"帆船，由葡萄牙船长热罗尼莫·蒙泰罗

（Jerónimo Monteiro）指挥。在一次短暂的行动中，安森占领了这艘帆船，船上有价值约150万比索的货物，1名英国人和70名西班牙人在交火中丧生。[73]这艘船被带到了中国澳门，西班牙水手被释放，而巨船则被出售。

正如罗伯特·沃波尔清楚地看到的那样，海战和商业竞争毫无意义。到18世纪20年代，其他欧洲国家对西班牙商业的干预已经完全破坏了其官方的"垄断"。就连合法掌握在外国人手中的贸易活动——每年开往波托韦洛港的英国船只——也不再有利可图。纳瓦拉的政治经济学家赫罗尼莫·德·乌兹塔里兹（Jerónimo de Uztáriz）在他的《贸易理论与实践》（1724）中率先引发了关于如何摆脱贸易困境的争论。弗农在加勒比海的活动，以及安森在太平洋的活动最终使大西洋两岸的当权者相信，旧的垄断体系已经永远消失了。跨大西洋开放贸易战略被一点一点地付诸实施，最终在1778年，一项王家法令建立起了自由贸易体系，该体系逐渐将整个西班牙美洲纳入其轨道。从那些年起，加的斯的垄断被废除，越来越多的半岛和美洲港口被纳入开放的贸易网络之中。

法国的影响对西班牙进入新思想时代发挥了决定性作用。自17世纪中期以来，半岛上的少数文化圈开始阅读外国作家作品的法语译本。进入西班牙帝国使法国科学家有机会进行西班牙人自己都未曾做过的探索。在腓力五世统治初期的战争年代，路易斯·弗耶（Louis Feuillée）神父进行了第一次真正意义上的南美洲科学考察。他的航行从1707年持续至1711年，他最终出版了《物理观测志》（1714）。科学家阿梅代·弗雷齐耶（Amédée Frézier）也在1712年获得腓力五世的许可前往太平洋。他的两艘船从圣马洛出发，穿过火地岛进入太平洋，一直到达利马。他们于1714年8月返回马赛，并坚信关于澳大利亚大陆的故事纯属虚构。弗雷齐耶尔随即发表了他的观察报告，即《南太平洋航行纪事》（1716）。法国科学院的赞助则促成了该国最重要的一场科考航行，这场航行由伏尔泰的数学家朋友、年轻的贵族夏尔-马里·德·拉孔达米纳（Charles-Marie de La Condamine）领导。[74] 人们讨论的问题也不只限于地球的形状。欧洲科学家们在地球是像英国权威牛顿认为的那样是扁球体（两极稍扁），还是像一些法国专家认为的那样是长椭球体（赤道较窄，两极较长）这个问题上存在分歧。如果牛顿是正确的，两极的纬度就会略微增加，这一信息对编制精确的航海图而言具有重要意义。为了解决这一争议，法国人在1735年组建了两个科学小组，一个在瑞典的拉普兰进行观测，另一个由拉孔达米纳和路易·戈丹（Louis Godin）率领，在秘鲁的基多进行同样的观察。腓力五世还派出了来自加的斯海军学院的两名年轻学员——22岁的豪尔赫·胡安和19岁的安东尼奥·乌略亚，作为西班牙的观察代表来陪同拉孔达米纳进行观测。

西班牙当局既对人们围绕地球形状的争议一无所知，也不熟悉牛顿的工作，[75] 但他们热衷于派出形式上的代表。胡安和乌略亚学习了物理学、几何和法语的速成课程，晋升为军官后，便被派去西印度群岛的卡塔赫纳与法国科学家会面。这些看起来毫无希望的开端最终被证明比任何人想象的都要富有成果。从1753年5月胡安和乌略亚分别乘两艘船离开加的斯的那一刻起，他们就开始了各种科学观察，包括对海上航行的观察，甚至是对美洲异域社会的观察。从6月到达加勒比海，到11月在卡塔赫纳与法国队伍会合，胡安和乌略亚记下了他们所看到的一切。拉孔达米纳称两位年轻的西班牙人是"迷人的绅士，极具同情心，善于交际"，[76] 他们随法国专家穿越地峡前往巴拿马。一个月后，所有人都从这里乘船向南前往他们的目的地基多。乐观的伏尔泰通过出版自己的小说《美洲人》（*Alzire*, 1736）来庆祝这次探险，并向朋友解释说："这部小说的背景是在秘鲁，这个拉孔达米纳正在测量的国家，西班牙人在探索这里，而我为此写作颂歌。"[77]

法国指导的远征是西班牙帝国对启蒙运动时期观测科学的第一个重大贡献。队员们分成两组前往基多。其中一组有胡安、乌略亚，他们带着大多数科学仪器，从瓜亚基尔出发，循着山路前进。另一组在拉孔达米纳的指挥下，先沿海岸上行，然后向内陆进发，前往基多，其间他们一直受到暴雨袭击，但得到了当地印第安人部落的宝贵帮助，印第安人甚至还帮助他们搬运工具。正是在这次旅行中，拉孔达米纳观察到了后来被称为橡胶的物质的特性，并成为第一个把这种物质的样品带到欧洲的人。他还发现了一种新的金属（科学家后来认定是铂），并对奎宁进行了实验。与此同时，胡安和乌略亚致力于记录基多地区社会、生物和经济的各方面信息。

随后观测队成员们开始进行其主要任务。为此他们需要一个足够大的水平区域来建立基线，作为对尽可能大的区域进行三角测量的准备。他们在亚鲁基（Yaruquí）平原多风的沙漠中找好了基线区域，然后根据附近300多英里范围内山脉和山谷的观测数据，分为三组进行三角测量。他们最终在8年后完成了这个耗时很长且艰巨的任务。1743年3月，拉孔达米纳和他的同事布盖（Bouguer）在相隔200英里的两地同时进行了最后的观测。在拉普兰的其他同僚们用同样的方式测量了6年之后，他们的读数最终证实了牛顿的观点。在美洲，科学家们还对当地人和克里奥尔人的社会习俗和文化、动植物的生长、气候、疾病和药物、地震、风和潮汐等诸多主题进行了广泛的考察，并在工作中绘制了许多地图和图表。例如，拉孔达米纳就绘制了第一幅亚马孙的大分水岭地图。

在南美的长期经历使胡安和乌略亚成熟起来，并使他们从新手变成了启蒙时代西班牙帝国的象征人物。尽管在他们看来，这片大陆上的原住民不过是野蛮人。与前西班牙时代文化遗迹的接触，促使他们开始钦佩安第斯山脉古代帝国的成就，并为西班牙忽视印加遗迹而感到遗憾。"这些遗迹证明了他们的伟大成就，而这些废墟则证明了西班牙人对他们的忽视。"1740 年最后几个月，安森海军中将的舰队入侵太平洋，胡安和乌略亚被紧急召集到利马，帮助组织针对英国人的海岸防御。这是"詹金斯之耳战争"在太平洋地区造成的第一个后果。他们感到惊讶的是，秘鲁几乎没有武装，其主要的防御武器是镶了铁头的木制长矛。几个月后，他们返回基多后，看到了令他们感到厌恶的一幕——拉孔达米纳在亚鲁基平原的基线尽头上建造了小型金字塔，并以象征法国王室的百合花进行装饰，还刻下了纪念法国人对该地区所做测量工作的拉丁文铭文。胡安强烈反对这种刻意忽视西班牙、他本人以及乌略亚所做贡献的做法。这一争端被上诉到利马的检审法院，一年后法庭裁定金字塔可以保留，但上面要增加胡安和乌略亚的姓名，并去除百合花装饰。5 年后的 1747 年，西印度委员会（按照胡安和乌略亚的意愿）下令拆除金字塔。它们在第二年如期被夷为平地，但在 1836 年被厄瓜多尔共和国重建。

在拉孔达米纳结束对经度的计算后，他和法国人继续计划进行其他工作。同时，胡安和乌略亚这两个西班牙人注定要在太平洋沿岸再花 3 年时间改进海军防御。乌略亚最终于 1744 年乘坐一艘法国船返回欧洲，这艘船在海上被一艘英国船俘获。他被带到伦敦，在英国皇家学会获得了极大的荣誉，然后又带着所有文件被送回西班牙。胡安平安地乘坐另一艘法国船返回祖国，成为巴黎科学院的通讯会员，并最终在马德里与乌略亚团聚。那时距他们当初离开西班牙已有 11 年了。拉孔达米纳在出发 10 年后，终于在 1745 年返回巴黎。他们都幸运地避开了几个月后的大地震，这场地震在 1746 年 10 月 28 日的 3 分钟之内摧毁了利马市的大部分地区。地震造成的海啸席卷了卡亚俄港口，并吞没了其百分之九十五的人口。

1748 年，胡安和乌略亚在马德里发表了关于其工作的正式报告，即《对南美航行的历史考察》，并附有一卷《天文观测》。人们对出版这些书的可行性有些怀疑，因为西班牙没有合适的纸张，没有经验丰富的印刷和制图工人，也没有适合印刷的铜版。通过进口荷兰印版、模仿法国纸以及像奴隶一样驱使制图工人，这些障碍最终都被克服了。[78] 最终印刷成品为 5 卷本巨著。这是一次巨大的成功，因为法国科学家当时还没有发表他们的研究结果。因此，西班牙政府将拉孔达米纳远征描述为西班牙国家的一项伟大成就，胡安和乌略亚在其中发挥了决定性的作用。由这两个人起草的关于殖民地的大量机密报告，成为后来人们熟知的《关于美洲的机密报告》(Confidential report on America)，然而这部作品当时仅供大臣们参阅，直到 1826 年，一个英国印刷商得到了该文本，并在伦敦公开出版发行（西班牙文版）。

对胡安和乌略亚的崇敬是西班牙宣扬其国家神话的一个经典案例。他们参与法国远征被认为是西班牙在科学上取得伟大成就的证据，而他们的研究直接关系到帝国的战略；[79] 但机密报告中所载的不利信息却被悄悄地搁置一旁。然而，奇怪的是，官方的帝国自豪感不久就为政府委托给两位科学英雄的任务所抵消。1748年，胡安被派往英国，在造船厂担任间谍，并为西班牙招募造船师和水手。次年，乌略亚被派往法国和荷兰，执行类似的任务。当时，工业间谍活动在欧洲被广泛采用，间谍几乎是受人尊敬的。而荷兰和英国是欧洲各地的专家们公开或秘密前去收集工业和技术信息的主要国家。[80] 西班牙一直受益于外国，特别是荷兰的技术，并从1600年以来一直努力收集有关荷兰人的金融和造船技术的情报。[81] 政府此时花费了大笔资金来购买最新的外国军舰，并雇用英国、法国和荷兰的技术人员。

这一政策清楚地表明，西班牙在帝国竞争中处于劣势。外国对西班牙海军改革的贡献是根本性的，没有这种贡献，改革全然无法实现。英国海军的成就给人留下深刻的印象，它决定了西班牙王位继承战争的进程，并使英国在整个18世纪统治着地中海西部。西班牙当局做出了不懈的努力，不论是引进英国海军工匠，还是模仿英国在航运和航海方面的成就。[82] 档案记录提供了大约100名英国工人的名字，他们在18世纪中期被西班牙政府秘密雇用，[83] 也证明了该产业受到了重视。豪尔赫·胡安在1751年向首相恩塞纳达（Ensenada）侯爵提交了一份披露报告，解释了西班牙显而易见的劣势：其海军"没有军备、规章、方法或纪律"，但这并不意味着这种情况是合理的：

> 如果认为陛下应当拥有与法国相当的陆军或与英国相当的海军，那将是疯狂的，因为西班牙既没有充足的人口，也没有足够的财力来支付这样的开销；但是如果既不扩充陆军，也不

能拥有一支体面的海军，西班牙在陆地上就不得不向法国臣服，在海上则不得不向英国臣服。[84]

欧洲历史上最重要的冲突之一，1756 年至 1763 年的七年战争［在北美被称为"法国-印第安人战争"（French and Indian War）*］，对西班牙在欧洲以外的领土分布产生了决定性的影响。主要的冲突发生在英法之间，不仅是缘于欧洲的联盟体系，也缘于英法在印度和加拿大的殖民利益。法国开始在欧洲取得了成功，但随后被英国强大的海军力量打败，实际上失去了在北美和印度的主动权。1761年 8 月，西班牙答应在第二年春天之前加入法国一方作战。[85]实际上，西班牙在更早些时候的 1762 年 1 月就已经介入了冲突。这是一个不幸的决定，因为战争以法国惨败告终。北美的英国人果断地击退了法国人，占领了法属加拿大的剩余领土（以及 1759 年陷落的魁北克），并于 1761 年占领了马提尼克岛。在 1763 年 2 月 10日的巴黎和平谈判中，法国将加拿大以及一些西印度群岛的岛屿割让给英国，但保留了马提尼克岛和瓜德罗普岛。

这场战争完全暴露出了西班牙领土的脆弱性，英国军队进入并占领了哈瓦那和马尼拉，这是西班牙帝国体系中最重要的两个港口。哈瓦那是新大陆舰队穿越大西洋前的中心会合点，被一个号称坚不可摧的堡垒保护着，这是唯一一个可以保护西班牙在北美和外加勒比地区所有领地的堡垒。帕蒂尼奥在 18 世纪 20 年代派遣了法国和意大利工程师去增强了它的防御能力，因为他认为没有西班

---

* 严格来说，法国-印第安人战争的时间应该是 1754—1763 年，指的是英法两国为争夺北美殖民地而进行的战争。——编者注

牙工程师能够胜任这项工作。[86] 堡垒拥有 2 000 人的守备部队，装备相当精良，可以抵御攻击。由海军上将乔治·波科克（George Pocock）爵士指挥的英国舰队于 1762 年 5 月在马提尼克岛会合，集结了 20 艘军舰、5 艘护卫舰和大约 200 艘支援舰，以及 1.1 万名士兵。[87] 部队于 6 月 6 日来到哈瓦那外海，震惊了西班牙官员。因为英国先前已经俘获了他们的邮船，所以他们根本不知道战争已经悄然打响。海湾的复杂地形使它无法被直接攻击，英国人不得不围攻该城两个月，直到 8 月 11 日哈瓦那投降。两天后，西班牙人签署了投降条约。他们将要塞以及由 12 艘军舰和大约 100 艘商船组成的中队一起交给了英国人。英国的伤亡人数也很多，但实际上几乎都是死于胃部疾病和黄热病。5 366 名死亡士兵中的 87%，1 300 名死亡水手中的 95% 都是死于疫病。[88] 约翰逊博士在伦敦听到消息后大声疾呼："愿我的国家永远不再受到这样的诅咒！"

1762 年，一支由 8 艘军舰、3 艘护卫舰和 2 艘商船组成的英国舰队，在舰队指挥官、海军上将科尼什（Admiral Cornish）和部队长官、将军威廉·德雷珀（William Draper）爵士的领导下，带着占领马尼拉的明确目标离开了马德拉斯。这次探险是由东印度公司资助的，公司让伦敦政府相信这次努力是值得的。德雷珀手下的 1 700 名士兵中，有三分之一是英国步兵，其余是印度兵，（用德雷珀自己的话来说）"自斯巴达克斯时代以来，从未有过这样的匪徒"。[89] 部队从印度出发，旅程耗时 8 周，最终于 9 月 23 日抵达马尼拉湾，1 000 多名士兵登陆了。为了抵御攻击，马尼拉城在墨西哥招募了大约 500 名士兵，还有数量不定的当地民兵。但抵抗是徒劳无功的，马尼拉在小规模冲突后于 10 月 10 日投降，进攻部队有 26 人阵亡，而被包围方共计有 178 人受伤和阵亡。投降的还有

"这些岛屿的20多个省份及其附属要塞和城堡"。此外还有一个特殊附加条件，即西班牙人应赔给英国人400万比索。

最后一个条件是至关重要的，因为东印度公司必须承担这次远征的费用，总共将近25万英镑。结果，他们勉强凑齐了四分之一的钱，因为西班牙人拒绝承认赔款要求的有效性。征服者们对自己花了这么多代价换来的东西感到非常失望。期待着丰厚的回报，他们却只发现了一个单调破败、没有什么资源的殖民地。德雷珀将军评论道："这么多岛屿，这么优越的环境，却产出这么少，这似乎很匪夷所思。"同年，另一个英国人说："英国公众荒谬地认为马尼拉一定是一个非常富有的地方。"他们被每年从美洲寄来的大量财富诱惑而相信了这种恶作剧式的幻想。[90] 菲律宾被英国占据的时间并不长，并在1年零10个月后根据《巴黎条约》（1763）被归还给西班牙。英国舰队于1764年6月11日离开。实际上，英国试图控制马尼拉湾的努力从来没有有效过，他们有限的部队只能勉强在马尼拉湾120英里的海域上巡逻。

很少有人会比菲律宾人更后悔回到西班牙统治之下。原住民很少对殖民当局表示不满，通常宁愿向"常来人"宣泄他们的怒火。在1660年至1661年间，针对西班牙人的几起主要起义发生在吕宋岛，集中在在邦板牙省和邦阿西楠省。1745年，他加禄省的农业活动进一步受到骚乱干扰。[91] 当英国人于1762年取得控制权时，当地居民为不再有"国王、神父或其他统治者"而感到高兴。[92] 该市居民在日志中也记录道："'八连'和各省的大量'常来人'都支持英国人。"[93] 英国人的入侵为迭戈·西兰（Diego Silang）成为菲律宾原住民自治运动的组织者提供了机会。他于1762年在附近的维甘（Vigan）成立了自己的政府，但于同年晚些时候被当地神职人员暗杀。英国人在他们短暂逗留期间获得的最显著收获并不是被德雷珀将军描述为"世界上最富饶之城"的城市,而是著名的马尼拉帆船,帆船不久之后便启程前往墨西哥。[94]

"至圣三位一体号"(Santísima Trinidad)是马尼拉远航记录上最大的帆船,其运载的货物价值300万比索,该船于1762年10月在菲律宾群岛被俘获。英国人曾赞叹:"它就像躺在水中的高耸山峰。"在两个小时的激烈对抗中,英国人击毙72人,己方损失28人。可是帆船在从马尼拉出发后不久便遭遇热带风暴,受到严重破坏并不得不返航,驶回马尼拉重新整装,而后前往马德拉斯。人们发现它在那里前途暗淡,就在1764年,经好望角把它驶回到英国,在那里,它成了普利茅斯港的一个旅游景点,从而结束了自己的使命。它虽被囚禁,但仍然高大而骄傲。[95]

对西班牙来说,《巴黎条约》最重要的后果是西班牙必须放弃密西西比河以东的所有美洲领土。为了更好地解决这个问题,法国同意将路易斯安那的殖民地割让给西班牙,查理三世和他的大臣们坚持认为,他们必须拥有路易斯安那,以此作为抵御英国扩张的屏障。因此,在英国的斡旋下,该条约历史性地分割了法国在北美的领土。密西西比河以西的所有土地,包括该河的河口和新奥尔良镇,都将被交给西班牙,而这些土地保留了路易斯安那这个名字。1762年11月3日,双方在枫丹白露宫达成了割让路易斯安那的初步协议,这项内容最终在1763年2月的和平条约中被正式确认。[96]

密西西比河以东的土地被割让给英国,自然而然地使英国人可以畅通无阻地进入大西洋和墨西哥湾之间的所有领土。该条约还赋予英国整个佛罗里达的所有权,以此作为将哈瓦那归还给西班牙的条件。西属圣奥古斯丁的3 000多人和西属彭萨科拉殖民地的700

多人，分别迁移到了古巴和墨西哥。欧洲的外交官们相信，他们有权决定那些几乎没有白人探索过或定居过的遥远土地的所有权，由此给全球的政治地图带来了革命性的变化。英国被确认拥有了格林纳达、多米尼加、圣文森特和多巴哥的领土，占领了加拿大地区（其中一半后来成了美国），还坐拥佛罗里达半岛，以及加勒比地区的主要岛屿。此后一代的英国人几乎统治着美洲大陆的整个北半部分。

1766 年 3 月，新任西班牙总督了抵达西属路易斯安那的首府新奥尔良，他就是安东尼奥·德·乌略亚。在与豪尔赫·胡安进行了开创性的研究之后，他成了殖民地的行政官，并担任过秘鲁总督。他眼前的问题是该如何与法国居民共处，这些法国人并没有因当地主权的移交而迁移到他处，仍保持着自己的居所、文化和贸易习惯。乌略亚得到了严格的指示，要尊重当时的法国法律，甚至都不要在小镇上升起西班牙国旗。然而事实证明，要使西班牙的贸易体系与法国商人坚持的自由贸易相协调是不可能的。1768 年，法国商人以本国美酒为旗号，发起了针对乌略亚的抗议活动。他们在街道上列队高呼"国王万岁！波尔多葡萄酒万岁"，并坚称自己永远不会"喝加泰罗尼亚酿造的糟糕葡萄酒"。[97]乌略亚被迫马上放弃这座城市。由于没有适航的西班牙船只，他被一艘法国船护送到了古巴。西班牙人最终在路易斯安那站稳了脚跟，但从未成功改变法国人与法语在当地定居者群体中占主导地位这一局面。

此后，北美地区仍然是西班牙帝国治下的脆弱属地。路易斯安那随后在 1801 年被交还法国，两年后又被以 1 500 万美元的价格卖给了美国。也许西班牙人在北美仅剩的最脆弱的部分是太平洋沿岸地区与加利福尼亚，正如我们看到的那样，在那里，俄国扩张带来的威胁变得日益显著。1768 年，在墨西哥城的总督主持的一个过于乐观的委员会曾提出，如果采取适当措施保护北太平洋，就有可能"在几年内建立一个与墨西哥相当甚至是更好的新帝国"。[98]这个提议开启了一个新的梦想和一个新的目标，它将西班牙人带到了北部的蒙特利尔，使他们直面温哥华岛，将西班牙国旗插在该岛的努特卡湾（Nootka Sound）。事实证明，这是这两个世纪以来这个日不落的世界帝国面临的最后一个巨大挑战。而此时，帝国的余晖将至。[99]

第十一章

结论：皮萨罗的沉默

我们谁也听不懂他们说的话。

——克里斯托弗·哥伦布，1492 年

1600 年时，欧洲最友善宽容的评论家之一是布朗托姆勋爵皮埃尔·德·布尔代耶（Pierre de Bourdeille），他是一位法国贵族，周游过地中海（包括西班牙），并乐于承认西班牙人的杰出成就：

> 他们征服了东、西印度群岛，那是一个全新的世界。他们打败了我们，把我们赶出了那不勒斯和米兰。他们已经占领了佛兰德和法国，占领了我们的城镇，并在战争中打败了我们。他们打败了日耳曼人，自恺撒大帝以来，还没有哪个罗马皇帝能做到。他们穿越海洋，占领了非洲。通过那些散布在要塞、岩石和城堡里的一小群人，他们给意大利的统治者和佛兰德的庄园制定了法律。

但是，正如他自己的经历所显示的那样，这些成就并不可以仅仅归功于西班牙人。布朗托姆曾在西班牙军队中服役，并参与了

1564 年占领西班牙海外属地戈梅拉岛的战斗。在退隐到乡间修道院的领地上之后，他就像其他文艺复兴时期的法国绅士一样，用文字记录下了自己对同时代伟人们的观感。当他回忆起那些在欧洲一同巩固西班牙帝国势力的佛兰德人、意大利人、卡斯蒂利亚人、德意志人以及法国人指挥官时，西欧贵族与淑女们的优雅也在他那令人难忘的篇章中得以永存。

布朗托姆描述的西班牙帝国显然是历史上最伟大的帝国之一。然而，最近一些关于全球大国的研究几乎忽略了它的存在，这并非偶然。[1] 帝国海军的实力受到了人们的广泛质疑。[2] 西班牙从来都不是完全依靠自身的资源或贡献，也从未拥有过足以超越其他国家的"创新优势"。[3] 像历史上的所有民族一样，卡斯蒂利亚人渴望肯定自己的功绩和英勇。凭借热情、勇气和毅力，他们和西班牙其他民族共同参与了一项非凡的事业，将西班牙推向了令世界注目的前沿。但他们的成功完全依赖于其他人的合作，没有合作，他们就不堪一击。

他们并非实实在在的帝国主义者，不愿扩大自己的领土或文化视野。几乎从一开始，就有卡斯蒂利亚人认为，帝国的角色不应该由西班牙承担。西班牙对加那利群岛和北非的远征都规模有限，并不具备什么野心。西班牙在那不勒斯驻军也是出于王朝利益而非扩张需求。在斐迪南国王的统治下，人们有很多关于权力的幻想，但西班牙既没有手段，也没有金钱将它们变成现实。此后发生了一系列看似不大但从长远来看惊天动地的事件。一名热那亚水手在巴塞罗那宣布，他向西航行，发现了中国和日本；一位下巴凹陷的佛兰德亲王抵达巴利亚多利德，被尊为国王，然后匆匆离开半岛，因为一群德意志诸侯正打算推选他为皇帝；甚至在他离开之前，一位葡萄牙船长率就领 3 艘船从加的斯出发，向南穿越了大西洋。所有这些外国人的活动到底意味着什么？ 1520 年卡斯蒂利亚的公社起义者，以及同时期身处遥远墨西哥的蒙特祖马，似乎都不太理解正在发生的事情，并想要制止这一切。但是帝国的建立是一个宏大的过程，它超越了卡斯蒂利亚的边界和墨西卡人联盟的范围。这不是西班牙人自身权力意志的结果，他们也非常惊讶地发现，自己被推到了帝国缔造者的角色上。

西班牙的权力并非仅仅依靠武力，而是由被卷入帝国网络的领土在技术、生物、人口和经济等方面的深刻变化所塑造的。一小群卡斯蒂利亚冒险家带着无比强烈的幻想，相信自己可以幸存并变得富有，勇敢地在热带丛林中冒险，他们是后来殖民者的引路人，指引他们为更长久的帝国事业奠定了基础。他们的努力是促使其他利益集团为帝国建立做出贡献的催化剂。如果没有盟友的帮助，西班牙人既没有士兵，也没有船只和资金来实现他们的目标。从这个意义上说，把西班牙单独想象成一个独立大国是没有意义的，因为它的力量恰恰等于其合作者能力的总和。在短短的一个世纪中，从 1560 年西班牙脱离维也纳的哈布斯堡王朝，到 1660 年前后英国、法国和荷兰占据了更多的资源优势，西班牙满意地认为自己达到了成功的巅峰。在这以后，卡斯蒂利亚的作家（以及后来的历史学家）就开始哀叹帝国的衰落了。

事实是，西班牙是一个贫穷的国家，之所以一跃成为帝国，是因为它在每一个转折点都得到了其他相关国家在资金、专业知识和人力上的帮助。这是一个从未被完整讲述过的故事，总有一天历史学家会抽出时间来做这件事。那些来自欧洲人口最少的国家之一，却掌握着最为丰富的航海知识，为卡斯蒂利亚人在加那利群岛、加勒比海、马鲁古群岛上提供支持，并在太平洋上为西班牙船只掌舵的葡萄牙人是谁？[4]那些为西班牙人提供船只和财政资助，促使其在地中海独霸一方的热那亚人是谁？那些创造了加勒比地区经济体系，并保卫哈瓦那、波托韦洛和卡亚俄不受外国人掠夺的非洲人是谁？那些掌握马尼拉经济，经营造船业，指挥贸易的中国人是谁？前一秒西班牙人还牢牢地掌握着控制权，而下一刻他们就失去了对殖民地的控制，这种对帝国的传统印象不过是知识分子无意识的幻想罢了。西班牙从未控制过加勒比海海域，更不用说太平洋了。在军事上，起决定性作用的始终是外援（圣康坦战场上的比利时军队、勒班陀海战中的意大利船只，以及阿尔曼萨的法国军队），那种纯粹基于卡斯蒂利亚资源的帝国权力梦想不过是自欺欺人罢了。

卡斯蒂利亚的官方学者（例如内夫里哈）开启了一种持久的历史传统，他们从卡斯蒂利亚王室那里领取薪水，因此也从未停止过赞扬卡斯蒂利亚作为帝国创造者的军事荣耀。在对帝国的质疑声最盛之时，1629年，弗雷·贝尼托·德·佩尼亚洛萨（Fray Benito de Peñalosa）修士沉浸在彻底改写历史的自我安慰中。他说查理五世的权力是由西班牙人建立的，西班牙人是"其军队的力量和支持"。皇帝的军事开销同样由"西班牙的财富"来承担。西班牙士兵也是无与伦比的："我们每天都能看到，在德意志人方阵、意大利人方阵和其他国家的方阵士兵中，只有少数西班牙人，这些方阵创造了奇迹，但如果勇敢的西班牙人不在了，它们就将什么也做不成。"最重要的是，西班牙人在亚洲是不可战胜的："只要4个西班牙人与亚洲军队一起作战或领导一支亚洲军队，就可以战胜并碾轧无数其他国家的军队。"[5]

这种形象与卡斯蒂利亚人乐于让别人为他们建设帝国的现实并

不相符。我们已经看到，在16世纪40年代，当没有卡斯蒂利亚人愿意出去开拓拉普拉塔河流域时，当局急忙招募外国人和摩里斯科人。当新奥尔良的白人定居点找不到殖民者时，外国人就从加那利群岛被招来。当西班牙人无法保卫自己的时候，外国人就会加入军队。"为了即将到来的战役，"1645年，在阿拉贡战役之前，一位卡斯蒂利亚传记作家写道，"我们将集结一支伟大的多国部队，因为我国的男子更重视家庭生活，而非责任和荣誉。"同年，国王本人也不禁为阿拉贡人不愿捍卫自己的领土而叹息："我真感到愕然。国土所面临的威胁近在咫尺，可是这些人却似乎以为敌人还远在菲律宾。"[6]

正如我们在前文所见（第九章），事实上，西班牙人在那些年里为捍卫君主制付出了前所未有的努力。但是到1640年，非卡斯蒂利亚人对西班牙的贡献也不可小觑。卡斯蒂利亚人有时甚至在西班牙本土的军队中都是少数派。[7]1643年8月，腓力四世在阿拉贡共有2.4万名士兵，其中包括4 000名阿拉贡人、2 000名巴伦西亚人、2 500名曾在罗克鲁瓦作战的方阵老兵、4 000名那不勒斯人、1 500名比利时人、1 000名弗朗什-孔泰人和2 000名安达卢西亚人。因此，以同样的方式，"一支强大的多国大军"在意大利、德意志、葡萄牙和荷兰都成了有效的工具，此时在1645年的列伊达（Lleida）也同样如此，士兵从四面八方前来保卫西班牙，抵抗法国的入侵。那不勒斯人、德意志人、爱尔兰人和比利时人前往加泰罗尼亚，保卫帝国的家园。在同一时期，敦刻尔克舰队最优秀的战舰奉命前往半岛保卫西班牙。1641年，比利时人从他们在加的斯的基地驶进大西洋，并将满载美洲白银的舰队安全护送回家。1643年，他们履行了类似的职责，护送开往美洲的船只安全抵达加那利群岛。他们活跃在加泰罗尼亚海岸,在罗萨斯(Rosas)和佩皮尼昂与法国人作战,并在1647年加入了奥地利的唐胡安领导的舰队,前往那不勒斯镇压起义。[8]

帝国是一个跨国组织,其目的是调动领土内外的各种可用资源。[9]无论资源来自哪里,其存在和集中都归功于帝国设法建立的广泛联系网。当充分组织和维护这个国际关系网时,帝国才得以存续。在西班牙这样一个广泛的权力结构中,所涉及的交易成本可能高到令人生畏,甚至是前所未有的。把一支军队从一个地区调到另一个地区所需要的,可能是长期的外交斡旋、昂贵的士兵招募、大量的运输和供应,以及充足的财政支持。在实践中,中央控制在早期帝国中的缺乏,意味着很大一部分成本是由小企业家承担的,尤其是那些在加那利群岛、加勒比地区和美洲大陆活动的先遣官,他们不得不承担巨大风险,以期获得土地和头衔等有担保的收益。

但是,当政府承担这些风险时,它需要顾及的方面则比个人探险者们要多得多。那些为政府事业投资的银行家必须与其他欧洲同行达成协议,以降低风险,他们也不愿意把钱白白投入管理不善的冒险活动中。那些银行家族——富格尔家族、韦尔泽家族、斯皮诺拉家族等——都致力于确保自己的商业投资得到良好经营。在可能的情况下,就像委内瑞拉的韦尔泽家族一样,他们会直接参与帝国事业,在政府的支持下创建一个相互关联的"帝国"企业,它可以增加资源的流动,保障成本的支出合理,并协调有争议的产权。

帝国与财产息息相关。传统帝国观中的所有概念都涉及财产:征服、殖民、建立定居点。这些概念也涉及一部分人对另一部分人的财产主张。在传统的欧洲社区、[10]菲律宾或印加秘鲁,这都不是问题。在这些地方，人们习惯了继续分享财产，而不是夺取他人的财产。从面临"征服"概念的那一刻起，西班牙帝国就不得不认真考虑财产权的问题。许多西班牙人援引罗马的先例，倾向于认为帝国属于统治者，而被征服者的财产应该移交给征服者。政治理论家维多利亚（Vitoria）和腓力二世等人则倾向于认为，帝国是一个联邦，臣服的民众应保留自己的权利和财产，只有在他们叛乱的情况下，他们的财产才会被没收。

与查理五世以及许多文艺复兴时期的知识分子一样，萨拉曼卡大学的多明我会教授同样关注财产权的问题，也提出了许多构想，这些思想在后世逐渐被吸收到国际法理论中，被公认为对国际法理论具有开创性贡献。[11] 他们极其重要的作品部分是通过著名的拉斯·卡萨斯的知名篇章而流传开来的，其中毫不避讳帝国时代发生的骇人事实。[12] 许多教授、传教士和行政人员确实关心如何让西班牙的帝国主义按照道德准则和欧洲规则运作。但是，"帝国理论"尽管可以指导立法者（例如颁布 1573 年法令的腓力二世），但对现实世界的影响却十分有限。关于财产的不同观点在政治实践中的作用微乎其微，因为它们既没有触及更没有改变帝国的存在是为了谋取利益这样一个基本理念。例如，黑人的固有财产权被承认并经常受到尊重，但黑人奴隶制度本身却没有得到改变。当奴隶制对促进繁荣有利时，人们便采用了奴隶制。整个西班牙美洲自从在理论上废除了对印第安原住民的奴役制度以来，一直通过实行"委托监护制"继续压榨印第安人。同样，马德里中央政府的掠夺性政策正在破坏着超国家帝国应该在经济上合理组织的观念。

在前工业化时代，财产的标志是对土地的占有。西班牙帝国无论在哪里建立领地，都是在寻找财富——黄金和白银——的同时索取土地，这既为居住，也为从土地上获取生活必需品和商业活动的基础条件。科尔特斯在古巴曾留下一句名言："我来这里是为了发财，而不是像农民一样耕田。"但就在 5 年后，他已成为西半球最大的土地所有者，拥有成千上万的印第安人为他耕种劳作。这一土地所有形式的转变无疑源于帝国崛起的最直接影响。到了 18 世纪初期，也就是帝国的鼎盛时期，美洲可耕种的优质土地均掌握在外来人的手中。在人口减少时，这个问题可能不足为患；但在那个人口快速增长的世纪里，印第安人却因此要被迫接受自己成为无地者的事实。在 21 世纪，无地产者的困境仍然是曾经的西班牙帝国统治所留下的社会顽疾。

最重要的一点是，金银矿产对帝国的建立和存续厥功至伟。瓦尔特·雷利（Walter Ralegh）爵士是当时伟大的人文主义者之一，后应西班牙大使的要求被处决。他写过记述自己 1595 年远征奥里诺科河经历的文章，题为《广阔、富饶而美丽的圭亚那帝国》，他清楚地看到，西班牙帝国的能力并不取决于"民用码头上的麻袋货物贸易，新大陆的黄金才是引发欧洲各国狂热的决定性筹码"，殖民地的黄金和白银无疑是西班牙势力的主要支柱，尽管西班牙人很快便意识到这是一把双刃剑。

人们通常都会指责西班牙浪费了自己的优势。一位著名的历史学家这样写道："两个世纪以来，西班牙都在挥霍自己的财富和人力。"[13] 书中还认为，其实西班牙在这两方面的资源并非取之不尽，而有限的资源又如此容易被浪费。卡斯蒂利亚人确信，假如他们确实握有足够的财富，一定会明智地进行消费。但是从帝国一直以来的经历而言，其利润实际上始终是由外国人掌握的。财富和人力在很大程度上都是非西班牙人的，他们将其投资于正在进行的帝国事业中，并从中攫取了相应的回报。西班牙人，特别是卡斯蒂利亚人、巴斯克人和安达卢西亚人都做出了卓绝的贡献，并收获了经营者的荣耀，但是这一伟业本身是属于所有人的。

西班牙权力的基本问题之一是卡斯蒂利亚人与外界打交道比较困难，这在某种程度上可以被归结为交流问题。这种情形在中世纪的征服者中很常见，比如在爱尔兰的英格兰人。[14] 卡斯蒂利亚人自认为是优等民族，因此坚持必须通过自身的语言来发号施令，这也是他们唯一接受的交流方式。学习原住民语言的只有传教士等少数人。正如塔拉韦拉向伊莎贝拉女王暗示的那样，语言将是一种统治手段。帝国的卡斯蒂利亚语是一种不断演变的语言，它本身包含了包括葡萄牙语在内的半岛上所有地区的语言要素。最终，在新世界占主导地位的是作为行政中心的托莱多和马德里，以及向殖民地输出移民的中心塞维利亚。

西班牙人的困境，是如何与他们想要统治的讲多种语言的国家轻松沟通。在帝国时代，卡斯蒂利亚的精英们发现语言问题很棘手，这大大影响了他们自身与其他民众之间的关系。在卡斯蒂利亚政策支配荷兰政治和军事生活的一个多世纪里，人们确实很难找到懂荷兰语的卡斯蒂利亚贵族。相比之下，荷兰精英阶层里却有很多文化底蕴深厚之人，他们能够娴熟掌握卡斯蒂利亚语。在伊丽莎白时期的西班牙驻英大使中，没有人会说英语。相反，女王在与大使外出骑马时，却能用卡斯蒂利亚语与之交谈，西班牙大使报告说："（女王）向我展示了她对马匹和语言有极大兴趣。"[15] 几位法国国王（尤其是亨利四世）的西班牙语堪称完美，但西班牙国王中却无人能讲法语。

伴随着帝国势力范围和影响的扩大，西班牙与领地人民的直接交流能力却日趋下降。语言开始成为影响半岛移民与本土居民之间交往的障碍。在 1492 年和 1609 年驱逐了一些少数族群之后，当地有关希伯来语和阿拉伯语的知识也迅速消失。西班牙宗教裁判所的官员偶尔会发现用这些语言所写的可疑书籍，但也无法阅读它们。这种情况对政府的政策、外交和文化都产生了严重的影响。腓力二世在埃斯科里亚尔修道院收集了当时数量最为庞大的阿拉伯语手稿，但无人能读懂这些材料，为此他不得不找来摩尔人。对阿拉伯语书籍的禁止形成了对摩里斯科文化的压制，当摩里斯科人消失时，阿拉伯语的残余也消失了。在北非穆斯林中传播天主教信仰的努力，在无法与穆斯林居民交流的困境中，同样付诸东流。1535 年，奥兰总督在致查理五世的信中表示："在整个奥兰镇，没有一个神父能够用当地人听得懂的语言宣讲信仰，哪怕是一个字都不能。"[16] 其他语言在官方政策下也命运多舛。从 16 世纪 60 年代起，加泰罗尼亚的宗教裁判所停止接受以加泰罗尼亚语或法语提供的证词。审判员身旁的抄写员对拉丁语一无所知，因此所有其他语言都必须翻译成卡斯蒂利亚语，语意曲解的危险几乎无可避免（加泰罗尼亚当局就曾明确指出这一做法的弊端）。[17] 帝国的掌权者发现自己无法与民众直接交流，无法相互了解，一切都需通过翻译员来进行。由此造成的巨大鸿沟几乎难以逾越。1577 年，在荷兰形势的某个关键时刻，一份法语文书被送达马德里，但没有一位大臣能够读懂文件内容，因此人们不得不将其搁置一旁，直到终于有人把文件翻译出来为止。[18] 统治者和被统治者犹如生活在两个无法相互理解的平行宇宙中，统治者与他们所统治的人民断绝了联系。

卡斯蒂利亚人认为语言对沟通造成的障碍是个假命题，反而对自己的母语成为标准语而备感自豪。正如我们在前文（第六章）所见，卡斯蒂利亚语已被赋予"帝国语言"的地位，在行政管理中被普遍使用。这种观点既反映了实情，同时也失之偏颇，因为非卡斯蒂利亚其实仅仅在卡斯蒂利亚人无法用其他语言沟通时，才会使用卡斯蒂利亚语。例如，由于卡斯蒂利亚外交官通常不熟悉外语，外国人不得不对他们讲卡斯蒂利亚语。1527年，在查理五世的枢密院中，为了使卡斯蒂利亚朝臣们能听懂，拿骚伯爵、加蒂纳拉伯爵和皇帝会使用卡斯蒂利亚语公开讲话；而内部聚会时，他们还是会说法语。查理五世时期的人文主义者经常会说好几种语言：皇帝本人同时还会说德语，尽管他曾向波兰大使（用德语）承认，"我的德语说得不太好"。[19]

但是，在西班牙帝国诞生后，要找到掌握外语的合格外交官反而更难了。在16世纪初，欧洲的通用外交语言是拉丁语；但到16世纪中叶，西班牙人已经很少知道这种语言了。1574年，政府在四处寻找一位会讲德语的高级贵族来担任驻维也纳大使时，却苦寻无果，甚至连作为替代语言的拉丁语也无人擅长。[20] 相比之下，奥地利驻马德里大使的卡斯蒂利亚语却一贯很流利。几代之间，由于语言障碍，西班牙都是通过第三方而不是通过本国官员，与地中海的另一劲敌——奥斯曼帝国——维持外交联系。从"天主教国王"斐迪南时代起，奥兰犹太社区的领导人就始终担任着王室与阿拉伯国家谈判的首席口译员，腓力二世和奥利瓦雷斯也很赏识他们的这种能力，很重用他们。[21] 一个简单的解决方案就是，外交部门从多语种地区雇用可从事语言翻译之人。结果，在华沙、海牙和伦敦等地的宫廷中，荷兰人和弗朗什-孔泰人成了西班牙的外交代言人。在17世纪，西班牙驻维也纳大使卡斯塔涅达（Castañeda）在比利时贵族让-亨利·德·萨姆雷（Jean-Henri de Samrée）的陪同和翻译下，与其德意志盟友进行交流。[22] 这一问题在整个帝国时代始终存在。例如，参加《威斯特伐利亚和约》谈判的西班牙与会者不会讲对谈国家的语言，因此不得不雇用弗朗什-孔泰人为代理。当然，偶尔也会有一些外交官能讲意大利语和法语。在 17 世纪，甚至有一些人成为法语及法国文化的推崇者。[23] 尤其值得注意的是，在 18 世纪初期，外国人在帝国的外交事务中发挥着重要作用。腓力五世的大使中有一半以上是外国人，其中有 4 名英国人、2 名荷兰人、1 名比利时人和 15 名意大利人。[24]

这种艰难的情况直至今日也是所有帝国主义强权不得不面对的。一些具体的历史时刻恰恰展现了问题的实质。让我们来回顾一个场景。主角是西班牙第二任驻荷兰大使埃斯特万·德·加马拉（Esteban de Gamarra），他于 1655 年赴海牙任职。[25] 他的前任、弗朗什-孔泰人安托万·布伦（Antoine Brun）被任命的部分原因正是他精通法语和荷兰语，此时的加马拉也格外精通这两门语言。在法国和西班牙争夺荷兰之际，1657 年夏天，加马拉在海牙的大街上与法国大使德·图（De Thou）发生了争吵，引来了一群荷兰人好奇地围观。德·图不会说荷兰语，旁人对他的法语充耳不闻。相比之下，加马拉却可以说荷兰语，因此取得了非同寻常的效果（这一点他在给马德里的大臣路易斯·德·哈罗的信中也做了记述）：

> 300 多人跟着我，大声喊着"西班牙大使赢了"。这件事使我不得不对阁下说，如果我的继任者会说一口和西班牙语一样流利的荷兰语，那对陛下将是莫大的帮助，因为当地人如果能听到我们讲他们的语言，那就很好做事了。当时的市民们就说过："我们可以跟这个人说话，也听得懂他在说什么，但另

一个人，我们却不知道他在说什么。"当地人如此支持我，这让大家都很意外。昨天，荷兰省议会议长[26]告诉我，他的父亲那天晚上来他家时，惊讶地对他说："我的儿子，这是怎么了？谁曾想到过这样的转变？人民竟然都支持西班牙！"

这是一个不寻常的胜利时刻，帝国的历史上很少有类似的时刻。耶稣会会士阿隆索·德·桑多瓦尔在美洲生活了几十年，当他听到西班牙人因为黑人奴隶不会说西班牙语而骂他们是"野兽"时，他反驳说："如果我们的人被阿拉伯人或英国人俘虏，情形怕也是一样的。"[27]桑多瓦尔还试图学习黑人说的语言，这是其他西班牙人不会做的。

西班牙未能创造出一种帝国话语，也就是说，未能在其人民之间建立一种基于共同利益、共同语言的交流和理解，这就是所谓的"皮萨罗的沉默"。有这样一部以口述传说为基础的现代克丘亚戏剧，至今仍在秘鲁和玻利维亚的剧院中表演，内容是关于印加皇帝阿塔瓦尔帕被俘身亡的经历。当卡哈马卡广场上的印加人要求皮萨罗和他的士兵离开时，皮萨罗不知说什么好，只能"动动嘴唇"。由于他的沉默，口译员费利皮略只得替他开口。[28]口译员还代表阿尔马格罗说：

我根本不可能理解您晦涩的语言。

印加皇帝的侄子则回答：

我不知道你在说什么，我无从知晓。

此外，当巴尔韦德神父向印加人献上他的祈祷书时，阿塔瓦尔帕把它扔到一边，因为这部祈祷书并没有对他"说"出任何东西。西班牙人和印第安人之间互不理解的情形，是被征服民族中的某种常态。

对于印第安人来说，他们坚信自己的口语文化比征服者的书面文化更具优越性。[29] 口语被认为是一种力量，说不出话就是缺乏力量，而依赖无声的书面语言就更是如此。在克丘亚戏剧的一个版本中，阿尔马格罗给了印第安人一页有文字的纸张，然后印第安人对印加皇帝评论说："这样看起来简直就像是一窝蚂蚁；换成这样看，又像河岸上鸟儿的爪痕；这样看，就像四脚朝天倒挂着的鹿。不，不，我的主人，我根本就猜不出这是什么名堂。"[30] 在这一时期，口头语言高于书面语言的观念在瓜拉尼人中也广泛存在，在他们口口相传的神话中，语言的"声音"在创世时就产生了。对他们而言，在西班牙征服到来并开始强制使用书面文字后，他们的文化就开始遭到野蛮的对待。在被征服后的几个世纪里，在巴拉圭，口语和书面文化的两个世界继续保持着内在区别。[31] 瓜曼·波马等印第安编年史家试图弥合两个世界之间的鸿沟，但他们最终使用的话语形式却令双方都感到费解。[32]

语言的障碍很少被跨越。费利皮略向聚集在卡哈马卡的印加战士们宣读《诏示》时，欧洲人和殖民地居民之间宛如隔着铁壁铜墙。当第一批方济各会修士在被征服的纳瓦人之中宣讲时，他们只能像皮萨罗一样沉默不语。1525 年，弗雷·赫罗尼莫·德·门选塔神父描述了这些修士刚抵达墨西哥后，由于无法说纳瓦特尔语而决定用拉丁文向纳瓦人传教的情景："他们就像哑巴一样，尽可能用手势让别人理解自己的意思。"[33] 这种沉默看来难以克服。征服墨西哥半个世纪后，西班牙法官阿隆索·德·索里塔（Alonso de Zorita）向来自墨西哥城的印第安人领袖询问，为什么印第安人如此倾向于作恶，"他回答说：'因为你们不了解我们，我们也不了解你们，根本就不知道你们想要什么。你们剥夺了我们良好的秩序和运作机制，让我们陷入了巨大的混乱和无序。'"。[34]索里塔说，印第安人中的长者声称，"随着西班牙人的到来，一切都颠倒了"。这与"塔基·翁克伊"运动时期秘鲁居民的反应如出一辙。

在殖民世界的其他某些地方，书面文字确实渗透得比较成功，例如在墨西哥，这要归功于在特拉特洛尔科的圣克鲁斯学院学习的印第安贵族们的努力，在他们的帮助下，纳瓦特尔语的书写实现了标准化；也正是得益于他们的努力，修士们得以在宗教活动中使用纳瓦特尔语，欧洲文学也开始传播到原住民的世界中。[35]但是，通过文字实现的文化融合，总是现象大于实质。除了书面文字外，美洲原住民的真实世界是由声音、颜色和仪态构成的，这些都是西班牙人无法感知的。[36]这是一个对欧洲人而言完全陌生的世界，他们无法理解它，并将其视为异教。

在文化层面上，内夫里哈凭直觉认为卡斯蒂利亚语应该成为"帝国的语言"，也就是说，卡斯蒂利亚文化应该占主导地位，但这一点却从未实现过。一位卡斯蒂利亚作家在1580年吹嘘说："我们看到西班牙语的威严随着得胜军队的旗帜飘扬到了最遥远的省份。"[37]70年后，巴尔塔萨·格拉西安称，两种通用语言——拉丁语和西班牙语——"是打开今日世界的钥匙"。[38]但这其实只是帝国主义的妄想。

在本书所写的时段内，最著名的世界性帝国就是西班牙，它在全球各大洲都有定居点和军事要塞。然而在欧洲，唯一具有普遍性文化意义的语言当属意大利语，在不久之后的 17 世纪，法语取代了意大利语。在欧洲文艺复兴时期的外交官中，意大利语是仅次于拉丁语的最常用语言。[39] 伦敦、布鲁塞尔、维也纳和华沙的社会精英阶层都以使用、阅读、研究和讲意大利语为风尚。1536 年查理五世在罗马著名的卡斯蒂利亚语演讲，在意大利人眼中就是一种挑衅。此后查理五世吸取教训，没有重蹈覆辙，而是学会了在适当的环境中使用适当的语言。正如我们所见，此次讲话之后，他曾在与法国大使交谈时使用意大利语。在早期，实际上很少有人反对使用卡斯蒂利亚语，因为西班牙尚未成为受人仇视的帝国强权。但后来荷兰人的反抗大大改变了局势。亚历山德罗·法尔内塞任执政官时发现，当地人对西班牙的敌视空前高涨。故此，他小心翼翼地把自己装扮成意大利人，而他的公开演讲也总是使用意大利语或法语，而非西班牙语。[40]

在欧洲，西班牙语和西班牙文学都拥有许多崇拜者。其中一位是波希米亚贵族约翰·乌尔里希·冯·埃根贝格（Johann Ulrich von Eggenberg，卒于 1634 年），他对西班牙的热爱始于 1600 年至 1601 年的一次访问，他收集了塞万提斯和洛佩·德·维加（Lope de Vega）的作品。在白山战役中，他也支持哈布斯堡王朝。时至今日，他丰富的图书收藏依旧保存在布拉格郊外那美丽而空荡荡的克鲁姆洛夫城堡的图书馆中。[41] 在购买外国作品的那些年里，他收集了 28 本西班牙文著作、24 本法文著作，但占绝大多数的当属意大利文书籍——共 126 本书。[42] 尽管西班牙的影响力不可小觑，但当时欧洲的主流文化仍然非意大利文化莫属。这一时期的奥地利贵族想要拓宽文化视野时，主要是去帕多瓦、博洛尼亚和锡耶纳学习，而非前往西班牙。人们在购买外国书籍时，意大利人的作品也更受偏爱。[43] 法国也同样如此，路易十三世国王于 1614 年与西班牙公主——奥地利的安妮——结婚，一度引领了西班牙风尚。但这一热度只持续了不过 10 年。从 17 世纪中叶开始，意大利文化又重回流行的中心，更确切地说，它从未失去过主导地位。[44]

巴伦西亚学者格雷戈里奥·马扬斯（Gregorio Mayans）即为意大利文化的推崇者，他于 1734 年向西班牙宫廷重臣、意大利人何塞·帕蒂尼奥承认，西班牙未能扩大其语言的影响力。他写道："一个国家应该特别注意要实现的，是扩展自己语言的使用范围。"据他说，这只是在腓力二世的伟大时代才发生的事，西班牙语在那时传播到了世界的各个角落。相比之下，此时西班牙语的地位已被英语和法语取代，后两者的文学、科学和语言在世界上都是至高无上的。他说："这是我们的错，是我们的不足。"[45] 对于马扬斯来说，相信在腓力二世治下的某个阶段"西班牙语变成了通用语言"无疑是一种安慰，但事实并非如此。

欧洲人在亚洲从事的早期商贸活动中，葡萄牙语是公认的通用语，[46] 甚至连亚洲商人也会说葡萄牙语，如果西班牙人想和亚洲人交流，就会使用葡萄牙语。锡兰的印度教统治者和望加锡的穆斯林统治者都会读、写葡萄牙语。[47] 为了与其他欧洲人交流，非葡萄牙人的传教士也开始习惯性地说葡萄牙语，结果是其中一些人甚至不能再流利地说自己的母语了。[48] 纳瓦拉人耶稣会会士沙勿略就使用葡萄牙语作为他在亚洲传教的主要语言。直到 18 世纪，在印度的英国东印度公司的官员仍然不得不学习葡萄牙语，以保证与内部员工之间的有效沟通。

但是，西班牙人该用什么语言向臣民传达帝国权力和永恒救赎的信息呢？可以想象，让卡斯蒂利亚语成为帝国的通用语言，简直就是一种愚昧的想法，因为在殖民时期，很少有美洲原住民能说征服者的语言。瓜曼·波马撰写《新编年史》时描绘过印第安人和西班牙人之间的一场冲突，双方几乎完全无法沟通。波马认为西班牙人对美洲的土地和人都不感兴趣，他们唯一在意的就是黄金："在贪婪的驱使下，许多神父、贵妇、商人等西班牙的男男女女乘船前往秘鲁。一切都是秘鲁，大家都在谈论这里，而且还越来越多地关注这块土地上的黄金和白银。"在波马的《新编年史》中，最能说明这一问题的场景之一，是印加皇帝瓦伊纳·卡帕克向征服者致意并问："您吃这些黄金吗？"西班牙人虽然不懂克丘亚语，却还是用西班牙语回答说："我们吃这种黄金。"[49]具有讽刺意味的是，沟通得以进行下去，竟然是多亏了有双方都能理解的元素——黄金。印卡·加尔西拉索·德·拉·维加在西班牙撰写的恢宏巨著《印卡王室述评》中提到，他注意到许多西班牙人在语言上有令人悲叹的不足，以及由此造成的文化隔阂。他写道，印第安人"不敢用正确的含义和解释来描述事物，因为信奉基督教的西班牙人憎恶他们所看到的一切"。即使是博学的西班牙传教士也会混淆克丘亚语的基本用语。[50]

在像马尼拉这样西班牙人占少数的殖民地，卡斯蒂利亚语存在下来的机会微乎其微。最早的西班牙传教士必须面对华裔居民占优势的现象。是这些"常来人"在岛上印刷了第一批书，他们利用在祖国的经验，引进了雕版印刷和活字印刷。这些书都是关于基督教的，是一些多明我会的修士写的。但它们是用当地语言印刷的，而当时西班牙官方并不提倡使用原住民语言，而是支持使用卡斯蒂利亚语。目前已知的第一本印刷作品是1593年一位多明我会修士用中文撰写的。第二本是同年出版的《基督教教义》，是卡斯蒂利亚语和他加禄语的对照读物。弗雷·多明戈·德·涅瓦（Fray Domingo de Nieva）在 1606 年用汉语所写的《新刊僚氏正教便览》中解释说："夫道之不行，语塞之也；教之不明，字异迹也。"[51] 与美洲大陆上的其他传教士一样，他得出结论，认为卡斯蒂利亚语实际上成了帝国事业的障碍。卡斯蒂利亚人除非能够克服语言障碍，否则就不可能进行适当的交流。他和同事们耐心地致力于中国研究，这不仅仅是因为"常来人"一直在菲律宾等待福音到来，更是因为在他们看来，"常来人"背后强大的中华帝国也正在等待着信仰上的改变。

神职人员的语言研究工作具有极大的实际价值，因为在许多情况下，他们将方言从被遗忘的可能中拯救出来，并借此打开了沟通的桥梁。方济各会修士弗朗切斯科·德·帕雷哈（Francisco de Pareja）于 1612 年编纂了第一本专为忏悔用的词汇书，用佛罗里达北部的蒂姆库安方言写成。这是该语言第一次以印刷形式出现，不过事实上，这也是最后一次，因为蒂姆库安印第安人和他们的语言都很快灭绝了。传教士们在民族学方面的努力令人钦佩，但通常收效甚微。包括方济各会在内的许多托钵修会很快放弃了用当地语言教导印第安人的尝试，开始只使用卡斯蒂利亚语。他们在半岛上也放弃了学习阿拉伯语的尝试，随之而来的就是对卡斯蒂利亚语的单一倚赖。1642 年，一位葡萄牙作家评论说，在卡斯蒂利亚人统治他的国家的那些年里，"卡斯蒂利亚人只允许使用他们的语言，他们对待葡萄牙语的态度比对待希腊语还差"。[52] 语言上的沙文主义在所有帝国中都是普遍的现象。这最终引起了人们的误解，使人们误认为卡斯蒂利亚人以某种方式压制和摧毁了当地语言。事实上，那些最关心沟通的人，也就是神职人员，始终努力保持自己所用语言与教区居民所用语言之间的对话。但他们的努力很少奏效。直到18世纪，安第斯山脉的教区神父们还会用卡斯蒂利亚语布道，而那些不知所云的当地人则会礼貌但沉默地听着。

马尼拉的一些神职人员，如17世纪中期的多明我会修士多明戈·德·纳瓦雷特（Domingo de Navarrete），就曾刻苦学习他加禄语、汉语普通话和福建方言。他加禄语的第一本语法书是弗朗切斯科·布兰卡斯（Francisco Blancas）所著的《他加禄语的艺术和规则》（*Art and Rules of the Tagalog language*，1610）。[53] 所有这些开创性的作品只有一个目的：使欧洲人能够理解、运用和书写当地语言。因此，作者们采取了一种完全单向的过程：将卡斯蒂利亚语翻译成当地语言。相比之下，很少有人尝试将当地的概念翻译成西班牙语。他们零星听到并理解了一些原住民语言中的词语，就简单地将其放在了词汇表中，殖民地传教士们仅根据卡斯蒂利亚的概念来定义目之所及的事物。其结果是帝国带来的影响中一个经常被忽视的方面，即这些帝国臣民的思维方式并未得到真正的理解。[54] 传教士与美洲原住民、亚洲人一起生活了几十年，声称自己会说甚至会写他们的语言，但在某些产生冲突的时刻，他们突然意识到自己并没有真正理解这些人的思维方式。征服者和被征服者似乎在说同一种语言，但他们实际上生活在两个意义不同的世界里。[55]

尽管西班牙的帝国经历具有普遍性，但在许多局外人看来，西班牙似乎是一个封闭的世界，脱离了欧洲的现实。人们几乎在世界的每一个角落都可以找到西班牙人，他们当然是在欧洲各地奔波最多的人，但在国内，他们似乎不愿向世界敞开大门。外国游客的证词令人印象深刻。1513年，佛罗伦萨大使圭恰迪尼（Guicciardini）评论说，他们"天生对外国人不友好"。[56] 意大利人一再提及伊比利亚半岛居民对他们抱有明显的敌意。情况更糟糕的是法国人，他们在西班牙各地都不受欢迎，尤其是在阿拉贡、巴伦西亚和加泰罗尼亚，大量的法国居民在这里常常会激起仇恨和暴力。外国人不愿访问西班牙这个事实或许可以解释，为什么当地人看到外国人时会那么惊讶。当弗朗西斯·威鲁比（Francis Willughby）在 17 世纪 60 年代访问卡斯蒂利亚时，他评论说人们"对待陌生人很不文明，会对游客说'你们来我们国家干什么？我们就从不会去你们的国家'"。[57]

当然，随着时间的流逝，半岛移民及其后裔也慢慢融入当地文化中，在逐渐加深自身对周围环境认同的同时，仍保留着对西班牙的记忆。相比之下，西班牙本土似乎仍然与文化交流保持着距离。在胡安和乌略亚从南美返回后起草的报告中，他们对帝国诞生 200 年后西班牙仍对新大陆一无所知的情形深感惊讶。就像其他人以前所做的那样，两位作者指出，轻松获得金银财富的诱惑蒙蔽了西班牙人，使他们对帝国巨大文化资源的开发前景视而不见。

奇怪的是，卡斯蒂利亚人不愿让帝国势力渗透到自己在半岛上的家园之中。我们已经看到（第六章）欧洲其他国家渴望向西班牙学习，并急切地想要翻译其文学作品。但是西班牙人并不热衷于了解其他地区。腓力二世时代，耶稣会士里瓦德内拉（Ribadeneira）甚至指责卡斯蒂利亚人"傲慢而缺乏学习热忱"。[58] 在那个时代，来自外部的异国情调和非凡经历开始影响并改变西方文化。[59] 但是，在与美洲、菲律宾和欧洲地中海地区进行了 300 年的直接接触之后，西班牙仍然不愿改变。例如，很奇怪的一点是西班牙人似乎从未对在海外领土上发现的奇异、丰富但不能带来利润的农产品表现出多大兴趣。烟草很快进入了人们的视线，1569 年，塞维利亚医生莫纳德斯（Monardes）首次向人们介绍了烟草。烟草从此成为西班牙人生活方式的重要组成部分。但是历史学家奥维多和其他人寄回的有关植物、水果、鲜花的详尽报告却受到冷落。反倒是英国人、荷兰人和法国人出版了第一批关于新大陆植物学的全面调查报告。[60] 例如，关于新世界玉米的第一批绘图作品于1539年在斯特拉斯堡、1542年在巴塞尔出版。弗朗切斯科·埃尔南德斯于16世纪70年代在加勒比地区和墨西哥旅行期间完成的植物学开创性研究成果，却落了个在埃斯科里亚尔图书馆积尘的命运；直到1651年，一批意大利知识分子赞助其在罗马出版，这些成果才重见天日。非欧洲原产的食物，包括番茄和豆子，仅以极其缓慢的速度进入西班牙人的饮食中。旅游指南的匮乏也反映出西班牙人对外界的冷漠。成千上万的西班牙人到过地球的尽头，看到了前所未有的奇迹，但他们从未想过通过文字记录下所见所感。他们在16世纪最常用的旅行书，还是皮埃蒙特人乔瓦尼·博特罗所写的。

西班牙在礼貌、文化和住宿方面的不良声誉（这个半岛被认为拥有欧洲最差的旅馆），使得17世纪和18世纪初欧洲贵族子弟进行环欧洲"壮游"时会自动将其排除在外。许多到访该国的游客还是能够客观认识到它的趣味和吸引力，但17世纪初的英国人约翰·霍利斯（John Holles）的观点却代表了一种普遍的认识，即"西班牙只可路过，不可融入其中"。[61] 欧洲人对西班牙的文化状况不以为然。访问过半岛的法国、英国、意大利知识分子也持有同样的观点。这个国家几乎没有尝试吸收欧洲文化，因此欧洲其他国家对它也不屑一顾。1668年，一位意大利贵族在穿越伊比利亚半岛的旅行中评论说："人们的无知很普遍，他们对科学感到恐惧。"同年，英国旅行家威鲁比总结说："西班牙人在各种学问方面都落后于欧洲其他国家。"[62] 这些评论者应该感到欣慰的是，许多受过教育的西班牙人都赞同他们的观点。年轻的巴伦西亚医生胡安·德·卡布里亚达（Juan de Cabriada）在 1687 年惊呼："这是多么悲伤和可耻啊！我们看起来就像印第安人一样，欧洲其他国家已经拥有许多创新和知识，而我们却远远落在后面！"[63] 西班牙依然在欧洲知识和科学界无以立足。当伦敦皇家学会在 17 世纪 60 年代开始组织其与欧洲知识分子的科学联系时，西班牙人显得并不重要。一个至今仍难以解释的谜题是：在拥有了几个世纪普世帝国的经历之后，为什么这个全球性帝国仍无法与拥有相同背景的其他欧洲国家平等对话？[64]

"皮萨罗的沉默"不再只是安第斯山脉短暂冲突中的局部现象。一片寂静笼罩着整个大陆。即使是像腓力二世的顾问比利亚维森西奥这样反对变革的神职人员也认为，有必要警告国王：西班牙人在荷兰没有前途，"因为他们既不懂荷兰语，也不了解那里的法律和习俗"。[65] 帝国未能克服文化差异，这一点令人震惊。在某种程度上，希腊人的帝国和罗马帝国建立在一种有意识的优越感上，这种优越感凌驾于与它们发生冲突的国家之上。与之相反，与西班牙人接触的民族总会坚持认为自己的文化更优越。因此，西班牙在与这些民族的对话中通常都处于劣势地位。这让卡斯蒂利亚人产生了愤怒、沮丧、傲慢甚至麻木等合理反应，他们认为自己作为主人理应得到服从。意大利北部的知识分子此时已承认本土时常被蛮族入侵的事实，却依旧认为西班牙人的文化比自家的更低级。在布鲁塞尔，西班牙人也没有得到更好的待遇。但最糟的情况还是出现在新世界，克里奥尔人中的精英阶层虽然承认自己拥有欧洲血统，但他们更大的自豪感却源于自己与西班牙"征服"前的伟大美洲文明的联系。18 世纪初期，秘鲁的瓦伦布罗索（Valleumbroso）侯爵就鄙视半岛西班牙人，声称自己是印加人的后裔。他穿着印加风格的衣服，喜欢自称为"阿普"（apu），而不是"塞纳尔"（señor），同时也更喜欢讲克丘亚语。[66]

在拿破仑战争期间，由于欧洲形势剧变和美洲起义的威胁，帝国处于政治崩溃的边缘，半岛上的西班牙人绝望地试图宣称存在着一种伟大的文化统一，这后来被政治家们称为"西班牙主义"（Hispanidad），它能够把帝国联邦中的所有人民联系起来。1809 年，饱受战争蹂躏的西班牙中央洪达*致函波哥大市议会，信件内容如下：

> 在两个半球之间，在欧洲和美洲的西班牙人之间，存在着一个永远不会被摧毁的联盟，因为它拥有着将人们紧密联系在一起的最坚实基础：共同的血统，以及相同的语言、法律、习俗、宗教、荣誉、情感、关系和利益。这些纽带将我们团结在一起。

1810 年，当政府采取措施召集由所有自由西班牙人组成的议会时，有人提议也应该召集美洲和亚洲各地的代表。[67]有人建议，菲律宾应设两名代表，所有美洲领地加起来应设 24 名代表。显然，

---

* 洪达，Junta 的音译，意为"会议"或"执政委员会"，历史上指代行政府职能，尤其是政变后临时执政的政权机构。现代拉美国家发生革命或政变后成立的军政府，一般也都用此名。——编者注

这个提议并不承认西班牙海外领土的自治权，而只是想把这些权利与在半岛上对抗法国人的"所有真正的西班牙人"的事业联系起来。帝国神话的这一新措辞在美洲精英阶层中没有得到认可。渴望获得支持的西班牙中央洪达宣布，海外领土不是殖民地，而是"西班牙君主国的重要组成部分"，同时西班牙裔美洲人是"自由人"，"和这个半岛的人享有平等的权利"（引自1810年10月加的斯议会的政令）。[68] 最后，在伊斯帕尼奥拉岛上的圣多明各市成立300年后，西班牙人感到自己需要帝国，就像80年后（当他们失去帝国的时候）他们也觉得自己需要古巴一样。他们需要帝国，因为实际上创造了西班牙的正是帝国本身。

卡斯蒂利亚和西班牙王国之所以崛起，是因为它们善于利用外界的资源。这些资源分别来自那不勒斯人、热那亚人、弗朗什-孔泰人、佛兰德人、纳瓦人、塔万廷苏尤人、中国人等等。而且，由于各地精英阶层的自愿合作，这些努力得到了回报。地中海的贸易和波托西的白银，使塞维利亚成为西方的大都市，并且刺激了经济增长，促进了造船技术和商业的发展，吸引了基督教世界的商人，鼓励了一小批西班牙人移民到全球各地。这个伟大的合作事业把西班牙人聚集在一起，并赋予他们一个共同的目标。无论是在格拉纳达的城墙前，还是在多瑙河岸边，卡斯蒂利亚的贵族们都对这一系列令人惊叹的事件感到自豪，这让他们在一定程度上获得了世界领导地位。

不幸的是，国际合作的广度恰恰削弱了西班牙的技术创新能力。葡萄牙提供了早期有关航海、船舶和领航技术的前沿知识，意大利向地中海提供了船只、人力和武器，德意志人和荷兰人提供了士兵和技术，热那亚人、佛兰德人和葡萄牙人提供了金融专业服务。卡斯蒂利亚人证明了他们完全有能力学习新的技术，[69] 但他们的成就却从未"青出于蓝而胜于蓝"。他们在每个细节上都依赖他们的盟友，从而失去了自力更生的手段。当然，这不是最关键的问题。这个帝国从来就没有缺少过盟友。正如王位继承战争所显示的那样，没有哪个欧洲大国会让帝国利益旁落别家，而在 1763 年《巴黎条约》签署之时，理论上西班牙掌握的土地比历史上任何时期都要多。

包括我自己在内的许多学者都习惯性地认为，正是经营这个庞大帝国的高额成本使西班牙陷入了瘫痪。西班牙人自己确实很容易得出这样的结论，但是这种意见却是基于对成本和花费的错误理解。从斐迪南和伊莎贝拉的时代起，卡斯蒂利亚国库就一直负债累累，但它成功地度过了两个世纪而免于崩溃。其中，来自新世界财富的巨额利润只是部分原因。与任何一家优秀的跨国公司一样，帝国的真正秘诀是对区域事业的成功整合，以及有效的"成本自担"，即由各地分别负责帝国事业的支出，而非由帝国中央统一调配。每一次具体的灾祸虽然会引起马德里的哀叹，却很少会真正动摇帝国事业的存续。战事失利、舰船沉没、货物无法送抵，这些都是必须面对的危险，但是只要投资者没有倒戈或是失去信心，帝国的车轮就可以继续前行。因此，对人力匮乏或资金短缺的讨论其实毫无意义。帝国从来就没有缺少过军队：直到 1763 年，其军队始终都是以外国军士为主体。帝国也从来没有经历过真正的资金短缺：外国商人和金融家——甚至是外国海盗——继续为帝国的区域经济提供担保，即使他们同时也试图削弱马德里的控制。

当一个帝国日薄西山之时，人们通常都会视其为所有顽疾的罪魁祸首。回顾历史，任何时候都没有哪个帝国被真正视为成功的典范。不幸的是，正是这种对失败的敏感意识，助长了人们对西班牙统治世界的这段历史的无尽演绎。西班牙人谴责其他人，而其他人也谴责西班牙：它们是帝国冲突中持久对峙的双方。

西班牙人对外国人的责备可以从士兵马科斯·德·伊萨瓦的作品中找到佐证，伊萨瓦忠实地服务于腓力二世，但就在其职业生涯于16世纪80年代结束时，他却已开始质疑这一切是否有意义（要知道，这可是在帝国建立了仅仅一代人的时间之后啊！）。他写道，"我一直在西班牙以外的地方游走，与意大利人、法国人、荷兰人、瓦隆人、弗朗什-孔泰人、土耳其人和阿拉伯人交谈"，他得出的唯一结论就是："我们的国家被所有人憎恶厌恨。"他的态度带有强烈的民族主义色彩，只看得到卡斯蒂利亚的好处和其他地方的坏处。我们不妨引用他的评论：

> 西班牙以外的这些民族是国王陛下的臣民、朋友或盟友，但他们本质上是反复无常、不可靠、易怒且容易受挑唆的。我们国王的丰功伟绩和西班牙人的神圣名号，使我们鲜有朋友。在过去，西班牙人深受各国人民的爱戴，但在过去的90年里，我们被憎恨厌恶，这一切都是因为战争。嫉妒是一种永不停息的蠕虫，它是土耳其人、阿拉伯人、犹太人、法国人、意大利人、德意志人、捷克人、英格兰人和苏格兰人怨恨和仇恨我们的根源，这些人都是西班牙人的敌人。即使在新大陆，西班牙的强大武器也招来了仇恨和憎恨。[70]

像20世纪的美国人和苏联人一样，西班牙人必须学会忍受广泛的敌视。1632年，一位在布鲁塞尔向腓力四世述职的西班牙官员表示，"对西班牙人的仇视令人难以置信"。[71] 大多数西班牙人受自身世界观的局限，无法认清"帝国"身份势必要付出代价。1570年，身在米兰的一位官员感叹道："我不知道西班牙的民族和帝国是怎么了，世界上竟找不出对他们存有好感的外族人。"[72]

另一方面，那不勒斯的经历是一个经典的例子，可以说明其他人是如何指责西班牙的。正如我们看到的（第十章），意大利人一直声称西班牙人摧毁了意大利半岛的南部。哲学家和历史学家贝内代托·克罗齐（Benedetto Croce）是第一个质疑这种说法的人。关于19世纪意大利南部的问题以及那不勒斯"缺乏国家政治生活"的现象，克罗齐分析了经济学家安东尼奥·塞拉发表于1613年的著作，他指出，如果那不勒斯贫穷，那真正原因就是自身的不努力。应该受到责怪的不是西班牙人，而是那不勒斯人自己。外国资本家（即热那亚人和威尼斯人）如果能够在意大利南部致富，那是得益于"他们自己推动的产业发展，而非当地人"。[73] 克罗齐的作品发表后，再没有严谨的历史学家把意大利的问题完全归咎于西班牙帝国的统治了。帝国的影响总是模棱两可的。在意大利，那不勒斯王国未能克服自身的问题；相反，米兰则从西班牙驻军带来的商业契机中获益。[74] 在反对西班牙的八十年战争带来的混乱和破坏过去许多年后，尼德兰北方人可以满意地回顾他们所获得的经济利益。客观地看，外国势力的统治并不一定会导致灾难。[75]

西班牙人自己都不确定他们的帝国冒险是否成功。国际势力、道德主义者（以及许多纳税人）不断地指出，帝国伟业并未使国家变得更好。一些知识分子向帝国内的盟友们抱怨事态发展得并不顺利。阿拉贡历史学家阿亨索拉在1602年写信给佛兰德学者于斯特斯·利普修斯（Justus Lipsius）时说："我们希望被视为美好事物的保护者，但事实上我们至多是个幽灵或是幻影。"1604 年，在另一封同样写给利普修斯的信中，阿亨索拉又说："［在比利时］我们消耗着士兵和金钱；在这里，我们在自我消耗。"[76] 在帝国的鼎盛时代，成千上万的西班牙人离开了西班牙，轻松逃离了贫困，逃向了承载着美好希望的加勒比、新世界和亚洲——"而西班牙则陷于悲惨黯淡之中，生机消耗殆尽"。[77] 但是，也有许多人认为那些承诺是虚无缥缈的，就如同阿亨索拉所说的幽灵一样。1593 年，一位绝望的殖民者从新西班牙写信来说："不要被欺骗，不要听他们怎么说美洲。只愿我不曾住在这里，上帝知道我是怎么活下来的。"[78]

帝国事业中永远充满着双面性，既有傲人的成就，又有令人蒙羞的经历。来自世界各大洲的所有民族都共享着这种自豪感和耻辱感，如果没有他们，这个全球性帝国的建立将无从谈起。为全球统治付出的代价总是高昂的。彼得·保罗·鲁本斯在思考比利时在西班牙战争安排中的角色时这样说："我们的国家，必定沦为悲剧的战场和剧场。"[79] 无论从哪个层面来看，这场悲剧都是巨大的。例如，加利福尼亚传教所传播的福音并没有给印第安人带来暂时的救赎，印第安人的人数急剧减少。"他们自由时过得很好，"一位方济各会的传教士哀叹道，"但我们一让他们变成基督徒并过上社区生活，他们就会生病和死亡。"[80] 有一些代价是无法衡量的，其中西班牙人也扮演了关键的角色：成千上万的人在战争中丧生，成千上万的人死于海上的沉船。卡斯蒂利亚人死在远离家乡的地方。一代又一代的母亲和妻子将佛兰德的田野视为"西班牙人的墓地"。许多人的死轻于鸿毛，例如 1619 年受遣去往新大陆的 4 000 名士兵，出海没有几天就在大西洋的风暴中丧生。这是"泰坦尼克号"沉船事件死亡人数的两倍多。英国大使从马德里发回报告说："损失非常大，这里的人感到非常悲痛，但他们表现得好像会立即修复一切。"[81]

这些只是所有损失中的一小部分。在尼德兰，真正的代价是数万比利时人和荷兰人为保卫家园而牺牲，这远远超过阿尔瓦公爵处决的 1 200 人。西班牙作为世界强国时犯下的暴行往往是西班牙人的责任。"我们在大约两个半小时内杀死了 8 000 人，"一个年轻的巴斯克人参加了对阿塔瓦尔帕的追捕，他满怀自豪地给他父亲写信称，"我们带走了很多黄金和衣服。"[82] 这些人的死亡构成了世界强权设定的一部分，还有许多类似事件发生。在 1576 年 11 月 4 日的"西班牙之怒"中，哗变的西班牙士兵在城中劫掠并纵火焚烧了安特卫普这个富裕的贸易大都市，造成了 8 000 人丧生。[83] 然而，面对这些生命的代价，那些共同维持西班牙权力的帮凶也难辞其咎。科尔特斯军队中的特拉斯卡拉盟友也在特诺奇蒂特兰大肆杀戮、破坏、劫掠；德意志军团于 1557 年在圣康坦、1572 年 10 月在梅赫伦都毫不留情地进行了屠杀，他们与西班牙人同属一台野蛮的军事机器。在欧洲大陆以外，每年有成千上万的非洲人被赶上葡萄牙人、英国人、荷兰人的船，踏上穿越大西洋的漫长旅程，被运往美洲大陆，很多人还未到目的地就命丧途中。数以百万计的原住民的土地被旧世界的病原体、植物和动物侵入。毫无疑问，对许多人来说，西班牙的帝国事业是承载着巨大荣耀的传奇；但对另外许多人来说，它却是令人无法释怀的悲凉。

注释

前言

1　Castro, p. 571.

2　此类分析的例证可见 Felipe Fernández-Armesto, *The Spanish Armada*, Oxford 1988。

3　Quoted in Parker 1998, p. xix.

4　Francisco Mallari SJ, 'The Spanish navy in the Philippines, 1589–1787', PS, 37, 1989, p. 413.

5　Raymond E. Dumett, ed., *Gentlemanly imperialism and British imperialism. The new debate on empire*, London 1999, p. 13.

6　P. J. Cain and A. G. Hopkins, 'The theory and practice of British imperialism', in Dumett, p. 198.

7　Arthur O'Shaughnessy, 'Ode'.

8　相关争论的具体内容，可以参见 Henry Kamen, 'The decline of Spain : an historical myth?', P&P, 81（1978）, 24–50; 相关综述可参阅 J. K. J. Thompson, *Decline in history. The European experience*, Cambridge 1998。

9　Fernand Braudel, *Autour de la Méditerranée*, Paris 1996, p. 283.

10　Ellis, p. 105.

11　Castro, p. 580.

12　Santiago Ramón y Cajal, *Reglas y consejos sobre investigación científica (Los tónicos de la voluntad)*, 6th edn Madrid 1923, cited in Ramón Tamames, *Estructura económica de España*, Madrid 1960, pp. 198–199.

13　在这一话题上最能引发人们讨论的研究成果参见 E. L. Jones, *The European*

miracle, Cambridge 1981。我的观点集中在一篇未公开发表的文章里，'Early modern Europe, Eric Jones and the world economy', Economic History seminar, St Antony's College, University of Oxford, spring 1987。

14 Cf. Tracy, pp. 142, 195.

第一章　帝国的建立

1 M. L. López-Vidriero and P. Cátedra, 'La imprenta y su impacto en Castilla' in A. Garcia Simon, ed., *Historia de una cultura*, Valladolid 1995, I, 472.

2 Cited in Luis Gil Fernández, *Panorama social del humanismo español (1500–1800)*, Madrid 1981, p. 565. 阿尔杜斯指的是意大利大印刷商阿尔杜斯·马努蒂乌斯（Aldus Manutius），弗罗本指的是瑞士印刷商希罗尼穆斯·弗罗本（Hieronymus Froben）。

3 Hillgarth, pp. 243–249. 维迪兹的 *Tractenbuch* 是第一部全面描绘伊比利亚半岛生活的艺术作品。

4 最近的一项概括性观点，参见 Amancio Labandeira, 'Repertorios tipobibliográficos de Hispanoamérica y Filipinas', *Cuadernos de Investigación Histórica*, 18, Madrid 2001, p. 200。

5 Gil Fernández, p. 573.

6 Ibid., pp. 565 following.

7 关于内夫里哈的简述参见 Jeremy Lawrance, in A. Goodman and A. MacKay, *The impact of humanism on western Europe*, London 1990, pp. 240–246。

8 Cf. Carande, I, 167，以及其后的篇章。

9 关于随后这段历史的简述可以参见我的另一著作 *Spain 1469–1714. A society of conflict*, London 1991, Chapter 1。

10 The bachiller Palma, quoted in J. N. Hillgarth, *The Spanish kingdoms 1250–1516. Vol.II 1410–1516*, Oxford 1978, p. 364.

11 相关引文可见于 Arco y Garay, pp. 119–121。

12 Cf. Eduardo Aznar Vallejo, 'The conquests of the Canary Islands', in Schwartz 1994, pp. 148–51.

13 此处及后文信息源于 L. A. Anaya Hernández, 'Los aborígenes canarios y los estatutos de limpieza', *El museo canario*, xlix（1994），感谢作者给了我一份他的文章。

14 Grove, p. 29.

15 Fernández-Armesto, p. 13.

16 Otte 1996, p. 215.

17 Fernández-Armesto, p. 21.

18 Ibid., pp. 15–21.

19 David E. Vassberg, *The village and the outside world in Golden Age Castile*, Cambridge 1996, pp. 67, 129, 174.

20 Olesa Muñido, I, 360–361，提到没有海军作战。

21 以下内容基于 Eloy Benito Ruano, 'La participación extranjera en la guerra de Granada', *RABM*, 80, no.4, Oct–Dec 1977。

22 Quoted by Benito Ruano, 'Participación', p. 689.

23 M. J. Viguera Molins, 'El ejército', in *El reino nazarí de Granada (1232–1492)*, Madrid 2000, p. 447.

24 M. A. Ladero Quesada, *Castilla y la Conquista del reino de Granada*, Valladolid 1967, p. 201.

25 Otte 1996, pp. 187, 190.

26 Isaba, p. 226.

27 John Edwards, *The Spain of the Catholic Monarchs 1474–1520*, Oxford 2000, pp. 124–127.

28 M. J. Viguera Molins, 'El ejército', in *El reino nazarí de Granada (1232–1492)*, Madrid 2000, pp. 444–445.

29 Benito Ruano, 'Participación', p. 688.

30 Letter of Aug. 1489, in Epistolario de Pedro Martir de Anglería, *CODOIN*, vol. IX, Madrid 1953, p. 123.

31 Quoted in L. P. Harvey, *Islamic Spain 1250 to 1500*, Chicago 1990, p. 278.

32 关于围攻马拉加的最精彩的描述，参见 Prescott 1841, chap. XIII。

33 Harvey, p. 304.

34 Ibid., p. 305.

35 Cf. M. A. Ladero Quesada, *Granada. Historia de un pais islamico (1232–1571)*, Madrid 1969, p. 150.

36 A. Fernández de Madrid, *Vida de Fray Fernando de Talavera*, ed. Granada 1992.

37 Cisneros to the chapter of Toledo, 3 Feb 1500, in Ladero Quesada 1988, p. 427.

38 Cited in Ladero Quesada 1988, p. 305 n.66.

39 Royal letter of 12 Oct 1501, in Ladero Quesada 1988, p. 478.

40 Quoted by L. P. Harvey, in *Legacy of Muslim Spain*, p. 219.

41 最近的一项调查，参见 Kamen 1998。

42 关于驱逐事件背景更全面的讨论，参见 Kamen 1998, chap. 2。

43 Joseph Ha Cohen and Rabbi Capsali, in David Raphael, *The Expulsion 1492 Chronicles*, Hollywood 1992, pp. 17, 106.

44 Cf. Mark D. Meyerson, 'Religious change, regionalism, and royal power in the Spain of Fernando and Isabel', in L. J. Simon, ed., *Iberia and the Mediterranean World of the Middle Ages*, vol.I, Leiden 1995, pp. 101–102.

45 Cf. G. V. Scammell, *The world encompassed. The first European maritime empires c.800–1650*, London 1981, p. 336: 'No more than that of Portugal was Spanish expansion the outcome of precocious nautical skills.'

46 有趣的是，在最近的一项研究中，作者们把海军力量作为帝国力量的先决条件，他们只关注葡萄牙人和荷兰人，而忽略了西班牙人。Karen A. Rasler and William R. Thompson, *The Great Powers and global struggle 1490–1990*, Lexington 1994, pp. 6, 16, 18.

47 Cf. the presentation in Carande, I, 351, 363–364.

48 他（查理八世）的头撞在一个低矮的门楣上。

49 José M. Doussinague, *La política internacional de Fernando el Católico*, Madrid 1944, p. 97.

50 费兰特住在哈蒂瓦，1526 年与热尔梅娜·德·富瓦（曾经是"天主教国王"斐迪南的妻子）结婚，并被任命为名义上的巴伦西亚总督。他于 1559 年去世。

51 Brantôme, I, 35.

52 See the study by Raffaele Puddu, *Il soldato gentilhuomo*, Bologna 1982.

53 斐迪南国王没有为纳瓦罗（1460—1528）赎身。为了报复，纳瓦罗宣布放弃他的财产，不再效忠于斐迪南，并为法国服役。然而，在随后意大利的一场战役中，他被西班牙人俘虏，被关在那不勒斯，并在那里死去。

54 Manglano, II, 209.

55 Prescott 1841, p. 670.

56 J. Vicens i Vives, *Ferran II i la ciutat de Barcelona 1479–1516*, 3 vols, Barcelona 1936–7, II, 332.

57 Cf. Taylor, pp. 41, 46, 58–59.

58 西班牙方阵直到 1536 年才被正式创建出来，见下文第四章。

59 一位权威专家写道："所有激进军事变革的证据都来自西班牙、意大利、荷兰和法国。"Parker 1988, p. 24. 我承认我不知道他为什么会把西班牙列在这个名单中。

60 Juan de Narváez, quoted in Green, III, 99.

61 Quoted in Eric Cochrane, *Historians and historiography in the Italian Renaissance*, Chicago 1981, p. 193.

62 *Crónicas del Gran Capitán*, p. xxxv.

63 Cf. Galasso, p. 19. 这一点很重要，但很多历史学家却忽略了；Merriman, II, 307, 甚至声称那不勒斯是"西班牙帝国的领地"。

64 Cf. Carlos José Hernando Sánchez, *El reino de Nápoles en el Imperio de Carlos V*, Madrid 2001, pp. 48–50.

65 Cf. Ladero Quesada 1988, pp. 201–203.

66 Beatriz Alonso Acero 对最近的研究进行了有益的总结。Beatriz Alonso Acero, 'Las ciudades norteafricanas de la monarquía hispánica en los siglos XVI y XVII', *Torre de los Lujanes*, 45, Oct. 2001, pp. 123–143.

67 Doussinague, p. 134.

68 Ibid., p. 135.

69 Quoted in Ricardo del Arco y Garay, *Fernando el Católico*, Saragossa 1939, p. 270.

70 Doussinague, p. 198.

71 Ibid., p. 194.

72 Vilar and Lourido, pp. 46–47.

73 Arco y Garay, p. 646.

74 Pierre Boissonnade, *Histoire de la réunion de la Navarre à la Castille*, Paris 1893, p. 322.

75 所有数据来自 Boissonnade, p. 325。

76 法德里克·德·托莱多，加西亚·德·托莱多的父亲和腓力二世时期阿尔瓦公爵的祖父。

77 Mario Garcia-Zúñiga, 'Privilegios fiscales y política tributaria en el reino de Navarra (siglos XVI-XVII)', in A. M. Bernal et al., *El gobierno de la economía en el imperio español*, Seville 2000, p. 368.

78 G. Schurhammer, *Francis Xavier, vol.I: Europe*, Rome 1973, p. 49.

79 Cited in Arco y Garay, p. 104.

80 参见 Thomas Brady 引用其他学者的意见，"越来越多的人同意，[追求海外帝国的]最重要动力是欧洲式民族国家的形成"，见 Tracy, p. 120。这个结论不适用于近代早期殖民帝国中最重要的西班牙。坚持欧洲政治力量是欧洲扩张能力的先决条件，是马克思主义所谓从封建主义向资本主义过渡的标准范式的一部分。

81　Juan de Mariana, *De rege*, Madrid 1872, Biblioteca de Autores Españoles, vol. xxxi, p. 475.

82　Ochoa, IV, 48–55.

83　Garrett Mattingly, *Renaissance diplomacy*, London and Boston 1955; Charles H. Carter, *The Western European powers 1500–1700*, London 1971, p. 24.

84　Epistolario de Pedro Mártir, *CODOIN*, IX, 162.

85　Ochoa, IV, 402.

86　Manglano, II, 206.

87　正如我们在前文中已经指出的，拉文纳战役的真正胜利者是法国人，但他们因损失惨重而撤退。

88　In Ochoa, IV, 421.

89　Manglano, II, 79.

90　关于当时形势的概览，参见 Kamen 1991, p. 49。

91　Cited in Ruth Pike, *Enterprise and adventure. The Genoese in Seville and the Opening of the New World*, Ithaca 1966, p. 192.

92　*Crónicas del Gran Capitán*, p. xxx.

93　Ochoa, IV, 450–452.

94　Otte 1996, p. 35.

95　Ibid., p. 186.

96　Ibid., p. 119.

97　Hillgarth, p. 16.

98　Otte 1996, pp. 212–213.

99　Carande, I, 440.

100　Manglano, II, 42.

101　Cf. Bernal, p. 100.

102　Sauer, p. 24.

103　Ibid., p. 32.

104　Cf. Sauer, p. 65.

105　Sauer, p. 100.

106　Peter Martyr d'Anghiera, *De Orbe Novo*, trans. by F. A. MacNutt, 2 vols, New York 1912, I, 262.

107　Sauer, pp. 96–99.

108　Cook 1998, p. 207.

109 'Charles VIII invaded Italy in the grip of millenarian fantasies': R. Finlay, 'The Immortal Republic: the Myth of Venice during the Italian Wars', *SCJ*, xxx, 4, 1999, P. 939.Cf. Samuel Kraus, 'Le roi de France Charles VIII et les espérances messianiques', *REJ*, 51, 1906.

110 关于哥伦布，参见精彩的研究 Milhou 1983, p. 199。

111 Leonard, p. 24.

112 See Kamen 1993, pp. 82–93.

113 大众作家们经常描绘的西班牙教会复兴和改革的图景，在现实中并没有依据。发生改变的时间是在两代人之后，即 16 世纪 60 年代。

114 Milhou 1983, p. 381.

115 参见下面这篇有说服力的文章: Sanjay Subrahmanyam, 'Du Tage au Gange au XVIe siècle: une conjoncture millénariste à l'echelle eurasiatique', *Annales ESC*, 56, no. 1, 2001。

第二章　西方帝国伊始

1 Vargas Machuca, I, 51.

2 最佳的考察依然是 C. R. Boxer, *The Portuguese Seaborne Empire 1415–1825*, Harmondsworth 1973。

3 Jover 1963, pp. 44–48. Jover 的分析是基于伊莎贝拉写给查理的大量信件，这些信件发表在 M. Carmen Mazarío Coleto, *Isabel de Portugal*, Madrid 1951。

4 相关基础性的研究，参见 Hayward Keniston, *Francisco de los Cobos, secretary of the Emperor Charles V*, Pittsburgh 1960。

5 Juan Sanchez Montes, *Franceses, protestantes, turcos. Los españoles ante la política internacional de Carlos V*, Pamplona 1951, p. 102.

6 John M. Headley, 'The Habsburg world empire and the revival of Ghibellinism', in Armitage, p. 66.

7 Arco y Garay, p. 127.

8 Brandi 发现的资料刊印在 Carande, III, 521。

9 我的观点在某种程度上与 Douglass C. North 在他最近的一篇文章中提出的观点一致。Douglass C. North, 'Institutions, transaction costs, and the rise of merchant empires', in James D. Tracy; see esp. p. 27 of the essay. 然而，我更倾向于把他提出的三个因素中的第三个，即接受风险，放到国家债务而不是保险的大背景下进

行论证。

10 Ruiz Martin 1975, p. 733.

11 M. Montañez Matilla, *El Correo en la España de los Austiras*, Madrid 1953, p. 61

12 Cf. the names given in Ochoa,V, 572–575.

13 Ochoa, V,73.

14 Ibid., 92.

15 Brantôme, I, 58.

16 Galasso, p. 63.

17 J. M. Jover, *Carlos V y los españoles*, Madrid 1987 edn, p. 307.

18 Cf. H. V. Bowen, *Elites, enterprise and the making of the British overseas empire 1688–1775*, London and New York 1996, especially Chapter 3.

19 Carande, III, 77.

20 Jover 1963, p. 123.

21 Quoted in Merriman, III, 223.

22 Quoted in ibid., 122.

23 Quoted in Solnon, p. 54.

24 相关信息来自一位亲历过这场战斗的官员的记载：Garcia Cerezeda, 1, 113。

25 3 名卡斯蒂利亚人的事迹可参见 Eloy Benito Ruano in 'Los aprehensores de Francisco I de Francia en Pavia', *Hispania*, XVIII, 1958, p. 547。

26 Taylor, p. 127。这篇材料并没有强调火枪的功效，但肯定了德意志士兵的作用以及佩斯卡拉对轻步兵的指挥水平。

27 Brantôme, I, 93.

28 许多作品都讲述了这段著名的经历。Vicente de Cadenas y Vicent, *El Saco de Roma de 1527*, Madrid 1974，对此做了详细的记载。

29 Vicente de Cadenas y Vicent, *El protectorado de Carlos V en Génova. La 'condotta' de Andrea Doria*, Madrid 1977, pp. 50–91.

30 Arturo Pacini, *La Genova di Andrea Doria nell' Impero di Carlo V*, Florence 1999, p. 154.

31 Green, III, 105.

32 Merriman, Ill, 296.

33 Vicente de Cadenas y Vicent, *Doble coronación de Carlos V en Bolonia*, Madrid 1985.

34 Jover 1963, p. 97.

35 Vicente de Cadenas y Vicent, *Dos años en la vida del emperador Carlos V*

(1546–1547), Madrid 1988, p. 93.

36   Galasso and Migliorini, p. 48.

37   瓦斯托指的是阿方索·德·阿瓦洛斯·德·阿基诺，多里亚的头衔是梅尔菲亲王，贡萨加是莫尔费塔公爵。

38   Otte 1996, pp. 184–193.

39   Cited in Jover 1963, p. 84.

40   Jover 1963, p. 90.

41   Ibid ., p. 398.

42   Garcia Cerezeda, III, 247.

43   Merriman, III, 209.

44   Hernando, pp. 398–404.

45   该领域关键作品为 Ruth Pike, *Enterprise and Adventure. The Genoese in Sevitle and the Opening of the New World*, Ithaca 1966, esp. chap. III。

46   Bernal, pp. 166–169.

47   关于热那亚商人的重要研究，可参见 Felipe Ruiz Martin, 'Los hombres de negocios genoveses', in Kellenbenz。

48   Kirk, p. 409.

49   Quoted in Galasso and Migliorini, p. 141.

50   Quoted in Pike, p. 8.

51   相关精彩论述可参见 Angel Casals, 'Esperanza y frustración. La defensa mediterránea de la Corona de Aragón en la primera mitad del siglo XVI', in *L'Orde de Malta, el regne de Mallorca i la Mediterrània*, Palma de Mallorca 2001, p. 181。

52   Cited Carande, III, 96.

53   García Cerezeda, I, 309.

54   Cited in Green, III, 100.

55   Carande, III, 108.

56   Garcia Cerezeda, I, 464.

57   Carande, III, 175–176.

58   船只与士兵的数据来自 Garcia Cerezeda, II, 21。

59   Solnon, p. 55.

60   Garcia Cerezeda, II, 51.

61   Jover 1963, p. 137.

62   Manglano, II, 95.

63   Jover 1963, p. 151.

64   Ibid., p. 176.

65   Merriman, III, 323–329.

66   Carande, III, 218.

67   关于这场灾难的记载很多，我参考的主要材料来自 Carande, III, 219–223。

68   Merriman, III, 339.

69   介绍这一主题的最佳短文是 Werner Thomas and Eddy Stols, 'La integración de Flandes en la Monarquía Hispánica', in Werner and Verdonk, chap. I。

70   这句话来自 Merriman, III, 225，他与皮雷纳（Pirenne）和其他人的观点一致。

71   L. P. Gachard, ed., *Relation des Troubles de Gand*, Brussels 1846, printed in H. H. Rowen, *The Low Countries in Early Modern Times*, New York 1972, p. 23.

72   Raymond Fagel, *De Hispano-Vlaamse wereld. De contacten tussen Spanjaarden en Nederlanders 1496–1555*, Brussels 1996, pp. 383–385.

73   Cf. Merriman, III, 258, 266.

74   这些数据来自威尼斯派驻到帝国的使者 Alvise Mocenigo，参见他关于战争的记载，刊印于 Cadenas y Vicent, *Dos anõs en la vida del emperador*, pp. 146–148。

75   萨克森公国在 1485 年被韦廷家族的兄弟分割成了"选侯国"和"公爵领地"。宗教改革时期的冲突加剧了两个支系之间的分歧。

76   威尼斯大使说是意大利贵族希波利托·达·波尔托抓住了公爵。

77   Avila y Zúñiga, p. 28. m.

78   戈马拉的记载似乎是梅里曼（Merriman,III, 258）的主要材料来源，后者宣称"在很大程度上，查理是凭借西班牙人才获得了米尔贝格之战的胜利"。

79   Cadenas y Vicent, *Dos años en la vida del emperador*, p. 148.

80   J. M. Jover, *Carlos V y los españoles*, Madrid 1987 edn, p. 307.

81   Both quoted in Merriman, III, 371.

82   参见 Kamen 1997, chap. 2，下面的段落及其中的引文皆出自此处。

83   *Historia general de las Indias*, Zaragoza 1553, I, 4.

84   Cf. Lockhart, in James Lockhart and Stuart B. Schwarz, eds, *Early Latin America*, Cambridge 1983, p. 78: 'in the Caribbean one did not speak of conquest'.

85   Sauer, pp. 23–28.

86   Ibid., pp. 162–174.

87   Quoted in ibid., p. 207.

88   Cf. Merriman, III, 536.

89   Pike, p. 129.

90   Kellenbenz, p. 287; Carande, III, 516–518.

91   Friede, pp. 90–91.

92   Sauer, p. 236.

93   Cited in ibid., p. 235.

94   Cited in Sauer, p. 248 [from CODOIN, 37, 181].

95   Jover 1963, p. 202.

96   Garcia Cerezeda, I, 134.

97   Cross, p. 401.

98   Carande, III, 18.

99   Jover 1963, p. 422.

100   Carande, I, 159.

101   Cited in ibid., 248. 关于财富的详细资料，参见 Carande, III, 168。

102   Carande, I, 263.

103   Carande, III, 21.

104   Ibid., 382, 398.

105   Cited in ibid., 446.

106   Quoted in Merriman, III, 384.

107   Sandoval, p. 479.

108   Quoted in Parker 1998, p. 3.

第三章　新世界

1   Cf. examples in Chile in the 1550s, in Jara, p. 29.

2   后来的征服者以及西班牙本土的理论家，很快就放弃了他们的特权身份来自于教皇意志的想法，转而认为美洲是通过"征服"而赢得的。

3   Cited in Carande, I, 479.

4   Sauer, p. 249.

5   Bernal Díaz del Castillo, *The Conquest of New Spain*, trans. J. M. Cohen, Harmondsworth 1963, p. 250.

6   Bernal Díaz, p. 88.

7   引文出自西班牙文版萨阿贡的"佛罗伦萨手抄本"，刊于 Lockhart 1993。

8   Lockhart 1993, p. 112. 这段话和这里引用的其他文本一样，在抄本中只有纳瓦特尔语，这里的翻译是由 Lockhart 做的。

9   日期是贝尔纳尔·迪亚斯给出的，在他之前这么记载的是戈马拉；但两人写作时间间隔似乎过长，更有可能的是"悲伤之夜"发生在 6 月 30 日的几天前：cf. Hernando Cortés, *Letters from Mexico*, ed. A. R. Pagden, London 1972, p. 479 n. 92。

10 Lockhart 1993, p. 166.

11 仅用几行文字来概括世界历史上最著名的事件之一，显然是不够的。最近的一本优秀论著是 Hugh Thomas, *Conquest, Montezuma, Cortes and the Fall of Old Mexico*, New York 1993。

12 Fernando de Alva Ixtlixochitl, *Ally of Cortes*, trans. by Douglass K.Ballen-tine, El Paso 1969, p. 23.

13 Bernard Grunberg, *L'univers des conquistadores. Les hommes et leurs conquête dans le Mexique du XVIe siècle*, Paris 1993，给出了一个有趣的分析，基于大约58%（或 1 212 个）征服者的细节。他估计，总共有近 2 000 名西班牙人与墨西哥首都的沦陷直接相关。

14 Grunberg, p. 41.

15 Ibid., p. 77.

16 Ibid., p. 104.

17 皮萨罗的兄弟贡萨洛和胡安和他一样都是私生子，他同父异母的婚生兄弟是埃尔南多，他同母异父的兄弟是弗朗切斯科·马丁，他的这个表亲是佩德罗。

18 英文作品中对这一事件有许多不同的记载，较著名的是 John Hemming, *The conquest of the Incas*, New York 1970。我对该事件的简述主要基于 Prescott 写于 1847 年的经典描述，我使用的是 1901 年的版本。

19 Pedro de Cieza de León, *Obras completas*, 2 vols, ed. Carmelo Saenz de Santa Maria, Madrid 1984, 1, 276.

20 "印第安人没有武器，所以他们很容易就会被消灭，没有任何风险"，in Prescott, *Peru*, p. 432。

21 Cieza de León, *Obras completas*, I, 278.

22 "看到一个四五里格长、挤满了人的山谷，是一件很有意思的事。"引自 Prescott, *Peru*, p. 431。

23 Lockhart and Otte, p. 5.

24 Lockhart 1972, pp. 18, 32, 38.

25 在瓦斯卡尔被软禁期间，阿塔瓦尔帕下令处决了他。

26 这是可能的日期，大多数历史学家以前都接受 8 月 29 日这个日期。See Adám Szászdi Nagy, 'Algo más sobre la fecha de la muerte de Atahuallpa', *Historiografía y bibliografía americanistas*, 30(2), Seville 1986, p. 76.

27 Carande, III, 530.

28 Hemming, *The conquest of the Incas*, p. 201.

29 就在我写这篇文章的时候，2002 年 2 月，考古学家宣布在距离马丘比丘遗址约 80 公里的山区发现了比尔卡班巴遗址。

30 这就是那本著名的书中提出的设想：Miguel León-Portilla, *The broken spears: the Aztec account of the conquest of Mexico*, Boston 1962。

31 Cieza de León, *Obras completas*, I, 2.

32 Vargas Machuca, I, 102.

33 Cf. also the presentation in Chapter 6 below.

34 Alva Ixtlilxochitl, p. 67.

35 Quoted by Karen Spalding, The crises and transformations of invaded societies: Andean area', in *Cambridge History of the Native Peoples of the Americas*, III, 1, p. 928.

36 Lockhart, 1993, p. 291.

37 Ibid., 1993, p. 259.

38 Cited in Jara, p. 81.

39 Lockhart 1993, p. 265, from the 'Annals of Tlatelolco'.

40 Jones, p. 17.

41 Jara, p. 86.

42 Quoted in Millones, p. 392.

43 Restall, pp. 87, 89–90. 我把原文中的 foreigners 改成了 strangers，把 cah 改成了 community。

44 Restall, p. 121.

45 Ibid., p. 44.

46 Ibid., p. 73.

47 Cited in Jara, p. 38.

48 Otte 1988, p. 432.

49 Bray, p. 16.

50 Leonard, p. 34.

51 Bray, p. 16.

52 Konetzke, p. 9.

53 See the *Historia General de la emigración española a Iberoamerica*, 2 vols, Madrid 1992, I, 53. 由于美洲没有西班牙式的家庭，每个美洲家庭的规模估计在 3 人左右。López de Velasco 的数字与当时的其他估计相符：cf. Rosenblat, I, 83–88。

54 Steve J. Stern, 'The rise and fall of Indian–White alliances: a regionalview of "conquest" history', *HAHR*, 61, iii, 1981, p. 471.

55 Otte 1988, p. 555.

56 Ibid., 1988, p. 316.

57 Cited in Jara, p. 45.

58 Richard Konetzke, 'La esclavitud de los indios como elemento en laestructuración social de Hispanoamérica', *Estudios de Historia Social de España*, 1, 1949, pp. 441–479.

59 MacLeod, p. 52.

60 Quoted in Cook 1998, p. 4.

61 Restall, p. 14.

62 Ibid., p. 124.

63 Janusz Tazbir, 'Los conquistadores en opinión de los polacos de lossiglos XVI–XVIII', *Ibero–Americana Pragensia*, año III, 1969, p. 175.

64 Cf. Cook 1998, p. 17.

65 Cf. Russell Thornton, *American Indian holocaust and survival. A population history since 1492*, Norman, OK 1987, pp. 40, 44.

66 Cf. Ann F. Ramenofsky, *Vectors of death. The archaeology of European contact*, Albuquerque 1987, pp. 1–6.

67 对这些虚高数字的辛辣而有趣的评论，参见 David Henige, *Numbers from Nowhere. The American Indian contact population debate*, Norman, OK 1998。

68 Reff, p. 275.

69 Cook 1998, pp. 202–204.

70 Cf. Ramenofsky, p. 173.

71 Linda A. Newson, 'Old World epidemics in early colonial Ecuador', in Noble D. Cook and W. George Lovell, eds, *Secret Judgments of God: Old World disease in colonial Spanish America*, Norman, OK 1991, p. 109.

72 Hanns J. Prem, 'Disease outbreaks in central Mexico during the sixteenth century', in Cook and Lovell, pp. 33–34.

73 Otte 1988, p. 97.

74 Cook 1998, p. 206.

75 Thornton, p. 14.

76 Otte 1988, p. 240.

77 Ibid., pp. 45, 327.

78 Ibid., p. 248.

79 Ibid., p. 161.

80 Ida Altman and James Horn, *'To make America'. European emigrationin the early modern period*, Berkeley 1992, p. 3.

81 Auke P. Jacobs 给出了一个有说服力的很好总结: 'Lasmigraciones españolas a América dentro de una perspectiva europea, 1500–1700', in Jan Lechner, ed., *España y Holanda*, Amsterdam and Atlanta 1995。

82 Otte 1988, p. 236.

83 Ibid., p. 284.

84 Ibid., pp. 186, 338.

85 Ibid., p. 144.

86 Ibid., p. 376.

87 Ibid., p. 130.

88 Ibid., p. 454.

89 Leonard, p. 136.

90 Otte 1988, p. 120.

91 Konetzke, p. 37.

92 Otte 1988, pp. 187, 110.

93 Ibid., p. 281.

94 Ibid., p. 349.

95 Ibid., p. 496.

96 Ibid., p. 467.

97 Ibid., p. 207.

98 Ibid., p. 415.

99 Ibid., p. 534.

100 Ibid., p. 524.

101 Ward, p. 34.

102 Quoted in Friede, p. 47.

103 Quoted in ibid., p. 48.

104 Francisco Morales Padrón, 'Colonos canarios en Indias', *AEA*, 8, 1951, 399–441.

105 Francesco D'Esposito, 'Portuguese settlers in Santo Domingo in the sixteenth century (1492–1580)', *JEEH*, 27, ii, Fall 1998, pp. 321–322.

106 Milhou 1976, p. 17 n.69.

107 Eduardo R. Saguier, 'The social impact of a middleman minority in a divided

host society: the case of the Portuguese in early seventeenth century Buenos Aires', *HAHR* 65:3, 1985, p. 480.

108　Enriqueta Vila Vilar, *Hispanoamérica y el comercio de esclavos*, Seville 1977, pp. 101–102.

109　Francesco d'Esposito, 'Presenza italiana tra i "conquistadores" ed i primi colonizzatori del Nuovo Mondo (1492–1560)', *Presencia italiana en Andalucia, siglos XIV-XVII*, Seville 1989, pp. 493–533.

110　Andrews 1978, p. 39.

111　Thornton, pp. 72–97.

112　一项很好的总结参见 Rolando Mellafe, *La esclavitud en Hispanoamérica*, Buenos Aires 1964。

113　Magalhaes, IV, 195.

114　Friede, p. 121; Georges Scelle, *La Traite Négrière aux Indes de Castille*, 2 vols, 1906.

115　Mercado, *Suma de Tratos*, chap. 20.

116　Thornton, p. 118，此处也介绍了他的数据来源。

117　Bowser, p. 72.

118　这个数据略低于 Philip Curtin 的估算结果，我在书中给出的数据源于 Paul Lovejoy, 'The volume of the Atlantic slave trade: a synthesis', in Manning, p. 61；关于西班牙港口的一些详细数据来自 Enriqueta Vila, 1977, cited above, n.108。

119　Patrick Manning, 'Migrations of Africans to the Americas: the impact on Africans, Africa and the New World', in Manning, p. 66.

120　这是一艘英国人的船：Palmer 1981, p. 45。

121　Cf. sources cited in Rout, p. 71.

122　Milhou 1976, p. 35.

123　Quoted Palmer 1981, p. 135.

124　Bowser, p. 75.

125　Cited by Rolando Mellafe, *La introduction de la esclavitud negra en Chile*, Santiago de Chile 1959.

126　Ward, pp. 34–35.

127　Rout, p. 75.

128　Jean-Pierre Tardieu, *Noirs et Indiens au Pérou (XVIe-XVIIe siè)*, Paris 1990, pp. 27, 29.

129　Rout, p. 150.

130 最早的相关研究之一是 José Antonio Saco, *Historia de la esclavitud de la raza africana en el Nuevo Mundo*, 2 vols, Barcelona 1879。

131 Bray, p. 61

132 Bowser, p. 301.

133 Pérez-Mallaína and Torres Ramírez, p. 106.

134 Rout, p. 79.

135 关于西属美洲殖民地黑人的身份认同问题，参见后文第八章内容。

136 Francisco Morales Padrón 与 Enriqueta Vila Vilar 的开拓性研究帮助人们重新框定了伊比利亚半岛历史研究的主题。

137 Vargas Machuca, II, 59.

138 Altman, pp. 252–253.

139 Lyon, pp. 121–127.

140 Lillian E. Fisher, *Viceregal administration in the Spanish-American colonies*, Berkeley 1926.

141 关于帝国统治的更多讨论，参加后文第四章内容。

142 Otte 1988, p. 291.

143 下文内容来自 Charles Gibson, *Tlaxcala in the sixteenth century*, New Haven 1952。

144 Carande, I, 251.

145 Lechner, p. 7.

146 经典的研究是 Robert Ricard, *La 'Conquête spirituelle' du Mexique*, Paris 1933。

147 Mendieta, *Historia eclesiástica indiana*, Mexico 1997, p. 344.

148 Guaman Poma, I, 284.

149 西班牙人与印第安人对于阿塔瓦尔帕事件的不同观点，参见 Patricia Seed, 'Failing to marvel: Atahualpa's encounter with the word', *Latin American Research Review*, 26 (1), 1991, pp. 7–32。

150 Cf. for example López-Baralt, pp. 396–7. 该作品对波马记载的信息做出了很好的符号学阐释，我自己在本书中所讨论的仅限于口头交流。

151 参见后文第十一章的结论。

152 MacCormack, pp. 263, 316.

153 至于传教士对这个问题的看法，可参见 Pagden 1982, pp. 179–189。

154 Mendieta, *Historia eclesiástica indiana*, Mexico 1997, p. 373.

155 Fernando de Armas Medina, *Cristianización del Perú(1532–1600)*, Seville 1953, p. 88.

156 Pagden 1982, p. 158.

157　参见 J. Jorge Klor de Alva 的评论："自特诺奇蒂特兰沦陷以来，主要的需求是战术和民族志方面的知识"，见 'Colonizing souls: the failure of the Indian Inquisition', in M. E. Perry and A. J. Cruz, *Cultural encounters*, Berkeley 1991, p. 10。

158　Jesús Bustamante García, 'Francisco Hernández, Plinio del Nuevo Mundo', in B. Ares and Serge Gruzinski, eds, *Entre dos mundos. Fronteras culturales y agentes mediadores*, Seville 1997, p. 266.

159　后文内容部分基于 Lockhart 1993, pp. 27–46。

160　*Historia eclesiástica*, p. 120.

161　Inga Clendinnen, *Ambivalent conquests. Maya and Spaniard in Yucatan, 1517–1570*, Cambridge 1987, pp. 70, 116.

162　Clendinnen, p. 85.

163　Letter of Motolinía to Charles V, 2 Jan. 1555.

第四章　创造世界强国

1　*Política para Corregidores*, II, 571.

2　下文中没有标注引用来源的大部分内容，都引自 Kamen 1997。

3　下文叙述主要基于腓力的军事派遣记录，藏于 British Library（BL），MS. Add. 28264。

4　第二章中已经解释过尼德兰的结构组成，在本章中，"佛兰德"（Flanders）以及形容词性的"佛兰德的"（Flemish）会被频繁用来指代整个尼德兰，尽管佛兰德只是尼德兰的一个部分，但这是当时西班牙人的普遍用法。当谈到尼德兰南部地区时，我有时会使用"比利时"（Belgium）和"比利时人"（Belgian）。

5　详细记载参见 Kamen 1997, pp. 66–70。

6　Philip to Charles, Nov. 16, 1554, AGS: E leg. 808 f. 54.

7　这些人士既有哲学家也有职业官僚，像是哲学家 Fox Morcillo（Arco y Garay, pp. 138–139），以及职业官僚 Vázquez de Menchaca（Pagden 1995, pp. 56–62）。

8　格朗韦勒在 1561 年被任命为枢机主教。

9　Charles Weiss, *Papiers d'État du Cardinal de Granvelle*, 9 vols, Paris 1841–1852, V, 643, 672.

10　Philip II to Council of State, 1565, AGS: E leg.98.

11　Cf. Kamen 1991, pp. 98–111, 168–171.

12   Braudel, II, 973–987.

13   Brantôme, I, 105.

14   Jeremy Black, *Warfare, Renaissance to Revolution 1492–1792*, Cambridge 1996, p. 27.

15   两种不同观点可参见 Goodman 1997, p. 31，以及 Thompson 1976, *passim*。

16   Cf. the comments of Thompson 1976, pp. 282–283.

17   Henri Lapeyre, *Simon Ruiz et les Asientos de Philippe II*, Paris 1953, p. 14.

18   Braudel, I, 374.

19   Cf. Parker 1998, pp. 50–55.

20   Cf. Anthony F. Buccini, 'Swannekens Ende Wilden: Linguistic attitudes and communication strategies among the Dutch and Indians in New Netherland', in J. C. Prins and others, eds, *The Low Countries and the New World*, Lanham, MD 2000, pp. 16–17.

21   参见本书最后一章内容。

22   John Goss, *The mapmaker's art*, New York 1993, p. 89; G. Parker, 'Maps and Ministers: the Spanish Habsburgs', in David Buisseret, ed., *Monarchs, Ministers and Maps*, Chicago 1993.

23   相关问题综述可参见 Parker 1998, pp. 59–65。

24   Parker 1998, p. 69.

25   Edited by Richard L. Kagan, *Spanish cities of the Golden Age. The views of Anton van den Wyngaerde*, Berkeley 1989. 在那些年中，Joris Hoefnagel 也为温盖尔德在 1572 年出版的一部作品画了一系列西班牙城镇的草图。

26   Philip D. Burden, *The mapping of North America*, Rickmansworth 1996, pp. xxvi, xxxi.

27   Ibid., p. xxix–xxx.

28   Goodman 1988, pp. 68–71，给出了一项有用的概括。See also H. Cline, 'The Relaciones Geográficas of the Spanish Indies', *HAHR*, 44, 1964.

29   像在那不勒斯和西西里的情况可参见 Koenigsberger, p. 50。

30   'The Catalans are not very diligent in serving the crown', an official reported to Philip II in 1562: cited in Joan Lluís Palos, *Catalunya a l'Imperi dels Austria*, Lleida 1994, p. 41.

31   Joseph Rübsam, *Johann Baptista von Taxis*, Freiburg 1889, p. 32.

32   Ibid., p. 32.

33   Quatrefages, p. 113.

34   Ibid., p. 295–298.

35   Ibid., p. 47. 两个显著的例外分别是 1570 年的格拉纳达战争和 1580 年对葡萄牙的入侵，西班牙人为了在伊比利亚半岛的征战而启用了方阵。

36   Brantôme, I, 122.

37   最佳论述参见 Thompson 1976, pp. 103–107。

38   Parker 1979, p. 186.

39   J. Albi de la Cuesta, *De Pavia a Rocroi. Los tercios de infantería española en los siglos XVI y XVII*, Madrid 1999, p. 380.

40   Parker, in Thomas and Verdonk, p. 277.

41   James B. Wood, *The King's Army. Warfare, Soldiers and Society during the Wars of Religion in France, 1562–1576*, Cambridge 1996, p. 233.

42   J. R. Hale, 'Armies, navies and the art of war', in *The New Cambridge Modern History*, vol.III, Cambridge 1968, p. 181. 只有瑞典的军队是个例外，早在 16 世纪中叶，瑞典军队中就只有本国士兵，"是第一支真正意义上的现代国家军队"（Michael Roberts, *Gustavus Adolphus*, 2 vols, London 1953–1958, II, 191）。然而在三十年战争期间，瑞典军队中也开始出现外国士兵。

43   Parker 1984, p. 192.

44   See Figure 4 in Parker 1972, p. 28.

45   Friedrich Edelmayer, 'Soldados del Sacro Imperio en el Mediterraneo en la epoca de Felipe II', in Bruno Anatra and Francesco Manconi, *Sardegna, Spagna e Stati italiani nell'età di Filippo II*, Cagliari 1999, p. 94.

46   Quoted by Mario Rizzo, 'Milano e le forze del principe. Agenti, relazioni e risorse per la difesa dell'impero di Filippo II', in *Felipe II (1527–1598). Europa y la Monarquía Católica*, 4 vols, Madrid 1998, II, 736.

47   Quoted by Croce, p. 105.

48   Cited in Calabria, p. 90 n.21.

49   Gráinne Henry, *The Irish military community in Spanish Flanders, 1586–1621*, Dublin 1992, p. 20.

50   Karin Schüller, *Die Beziehungen zwischen Spanien und Irland im 16. und 17. Jahrhundert*, Munster 1999, p. 123.

51   R. A. Stradling, *The Spanish monarchy and Irish mercenaries*, Dublin 1994, p. 139.

52   Ibid., p. 25.

53   Ibid., p. 266.

54 Parker 1972, p. 44.

55 Stradling 1994, p. 266.

56 Thompson 1976, p. 126.

57 Castillo de Bobadilla, II, 571, 579.

58 Jerónimo de Urrea, *Diálogo de la verdadera honra militar*, Venice 1566, cited in Arco y Garay, p. 327.

59 Andrés Ponce de León to Philip II, Apr. 1575, cited in Thompson 1976, p. 22.

60 Thompson 1976, p. 25.

61 Ibid., pp. 235–237.

62 Quatrefages, p. 194.

63 Thompson 1976, p. 26.

64 Isaba, p. 215.

65 Goodman 1988, pp. 110–117, 121, 127.

66 Thompson 1976, p. 167.

67 Haring, p. 207.

68 Botero 1605, II, iv, 134.

69 参见后文第七章。

70 J. Leitch Wright Jr., *Anglo-Spanish rivalry in North America*, Athens, GA 1971, p. 7.

71 *Cambridge History*, I, i, 340.

72 Goodman 1997, p. 261.

73 Goodman 1988, p. 78.

74 关于 18 世纪领航员训练的改革可参见 M. E. Sellés and Antonio Lafuente, 'La formación de los pilotos en la España del siglo XVIII', in the composite work *La ciencia moderna y el Nuevo Mundo*, Madrid 1985。

75 Goodman 1988, p. 80.

76 Konetzke, p. 31.

77 Ibid., p. 36.

78 Goodman 1997, pp. 215–220.

79 Michel Fontenay, 'The Mediterranean 1500 to 1800', in Victor Mallia-Milanes, ed., *Venice and Hospitaller Malta 1530–1798*, Malta 1992, p. 29.

80 关于舰队构成的杰出论述可参见 Olesa Muñido, I, 504–516.

81 Cf. the comment by Galasso, p. 30: 'The Italian realms had in the context of the empire an importance that is difficult to exaggerate.'

82 Ruiz Martin 1965, p. xviii.

83 AGS: SP leg. 984, documents of Nov 11, 1589.

84 Koenigsberger, p. 57.

85 Ibid., pp. 105, 139.

86 Tommaso Astarita, *The continuity of feudal power*, Cambridge 1992, pp. 203–204.

87 Manuel Rivero, 'Poder y clientelas en la fundación del Consejo de Italia', *Cheiron*, 17–18, 1992.

88 Cf. Galasso, pp. 37–41.

89 D. Frigo, '"Per ben negociare" in Spagna', *Cheiron*, 17–18, 1992, p. 291.

90 见前文第二章。

91 Mario Rizzo, 'Lo stato di Milano nell'età di Filippo II', in Elena Brambilla and Giovanni Muto, *La Lombardia spagnola*, Milan 1997, p. 374.

92 Cited by Koenigsberger, p. 81.

93 Antonio de Herrera, *Comentarios de los Hechos de los Castellanos...en Italia*, Madrid 1624, p. 467.

94 Cf. Luigi de Rosa, 'Economic crisis in the kingdom of Naples in the days of Philip II', *JEEH*, vol.28, no.3, 1999.

95 Roberto Mantelli, *Il pubblico impiego nell'economia del Regno di Napoli*, Naples 1986, p. 102.

96 Croce, p. 130.

97 Mario Rizzo, 'Lo stato di Milano', p. 380.

98 Domenico Sella and Carlo Capra, *Il Ducato di Milano dal 1535 al 1796*, Turin 1984, p. 9.

99 Calabria, pp. 89–90.

100 Quoted in Galasso, p. 183.

101 Quoted in Essen 1933, I, 139.

102 Brantôme, I, 29.

103 在 1622 年西班牙方阵对贝亨奥普佐姆 (Berg-op-Zoom) 的围攻中，据一位目击者估计，随军的非战斗人员比军队本身的人数还要多。

104 Kamen 1997, p. 126.

105 *CODOIN*, XXXVII, 42–70. 尽管表面上比利亚维森西奥的建议很自由主义，但他也是尼德兰独立事业的狂热反对者。

106 Cf. Braudel, II, 1068.

107 例如，1570 年 1 月，帝国军队从米兰收到了 414 箱武器：AGS: E leg. 152 f. 76。1572 年，他们订购了 250 门大炮：AGS: E leg. 154 f. 106。

108 Don Juan to Ruy Gómez, Nov 5, 1570, *CODOIN*, XXXVIII, 156.

109 各种资料对船只和士兵数量的记载稍有差异。我采用的常用数据来自 Cayetano Rosell, *Historia del combate naval de Lepanto*, Madrid 1853, p. 79；José M. Martinez-Hidalgo, *Lepanto*, Barcelona 1971, p. 15；I. A. A. Thompson and Geoffrey Parker, 'Lepanto (1571): the costs of victory', in Thompson 1992。

110 对于勒班陀海战的最佳叙述仍然是 Braudel, II, 1102–1103。

111 John F. Guilmartin, 'The tactics of the battle of Lepanto clarified', in Craig L. Symonds, ed., *New aspects of naval history*, Annapolis 1981, p. 44.

112 Martinez-Hidalgo (cited in n.107), p. 35

113 Eric Cochrane, *Historians and Historiography in the Italian Renaissance*, Chicago 1981, p. 205.

114 Ruiz Martin 1975, p. 739.

115 March, J. M., *Don Luis de Requeséns en el gobierno de Milán*, Madrid 1943, p. 57.

116 García Hernán, p. 231.

117 Cited in ibid., p. 228.

118 Cf. Milhou 1983, pp. 361–365.

119 Vilar and Lourido, p. 66.

120 Notes by king in AGS: Eleg. 2842.

121 *CODOIN*, LXXV, 135.

122 Secretary Prats to king, Nov 1572, *CODOIN*, LXXV, 129.

123 事实上这个任命早在 1572 年就已经下达，但雷克森斯直到 1573 年底才抵达尼德兰。

124 AGS: E leg. 156 ff. 105, 141.

125 'Lo que Su Magd manda que se platique', AGS: E leg. 568 f. 51.

126 Quoted by Parker in Thomas and Verdonk, p. 281.

127 Parker 1979, p. 33.

128 Cited in A. Morel-Fatio, *L'Espagne au XVIe et au XVIIe siécle*, Heilbronn 1878, p. 112.

129 The standard life is William S. Maltby, *Alba; a biography of Fernando Álvarez de Toledo, Third Duke of Alba, 1507–1582*, Berkeley 1983.

130 Brantôme, I, 31.

131 Duque de Alba, *Epistolario del III duque de Alba, Don Fernando Alvarez de*

Toledo, 3 vols, Madrid 1952, I, 110, 118.

132　Alba, *Epistolario*, I, 349, 370.

133　Ibid., 390, 447. 阿尔瓦公爵在信中说有 3 000 名方阵士兵折损在海上，这个数字似乎不太可能是真的。因为他还提到他们组成了 3 个连队，所以我把士兵损失人数改为 1 000 人。

134　地中海地区的人们对这些银行的看法可参见 Martin H. Körner, *Solidarités financières suisses au seiziéme siècle*, Lausanne 1980, p. 332。

135　José Manuel Pérez Prendes, *La monarquía indiana y el estado de derecho*, Valencia 1989, p. 150.

136　Guaman Poma, I, 334.

137　Ibid., 340.

138　西班牙思想家口中的"帝国"更像是想象中的图景而非现实情形。关于这个话题的最佳著作是写成于一代人之前的作品: Mario Góngora, *Studies in the colonial history of Spanish America*, Cambridge 1975。

139　Quoted in Lewis Hanke, *The Spanish struggle for Justice in the Conquest of America*, Philadelphia 1949, p. 167.

第五章　东方的明珠

1　Quoted in Schurz 1939, p. 26.

2　下文论述基于 Goodman 1988, pp. 53–65。

3　Leonard Andaya, in Tarling, p. 354.

4　Montserrat León Guerrero, 'El hallazgo del tornaviaje de las Filipinas por el Pacífico', XIII *Coloquio*, p. 1032.

5　Nicholas D. Pisano, *The Spanish pacification of the Philippines 1565–1600*, Kansas 1992, pp. 289–303.

6　Morga, p. 14.

7　Pisano, pp. 332–333.

8　Leslie E. Bauzon, *Deficit government. Mexico and the Philippine situado, 1606–1804*, Tokyo 1981, p. 2.

9　Quoted in Nicholas P. Cushner, *Spain in the Philippines*, Quezon City 1971, p. 4.

10　Morga, pp. 238, 269.

11　Otte 1988, p. 89.

12   Cf. Phelan 1959, chap.VIII.

13   直到 20 世纪，亚洲才广泛引入玉米种植。

14   Schurz 1939, p. 29.

15   Ibid., p. 23.

16   Otte 1988, p. 89.

17   Schurz 1939, p. 26.

18   Ibid., p. 70.

19   Anthony Reid, in Tarling, p. 477.

20   Reed, p. 33.

21   Phelan, p. 11.

22   Gungwu, p. 59.

23   Morga, p. 224.

24   Schurz 1939, p. 92.

25   Cf. Reed, p. 56.

26   Morga, p. 154.

27   Gungwu, p. 62.

28   Morga, p. 14.

29   Ibid., p. 249.

30   Reed, p. 34.

31   Quoted in ibid., p. 33.

32   Schurz 1939, chap. 6.

33   O. H. K. Spate, *The Spanish lake*, London 1979, pp. 106–109.

34   Cook 1973, p. 16.

35   *The Cambridge History of the Pacific islanders*, Cambridge 1997, pp. 122–124.

36   Schurz 1939, p. 262.

37   Otte 1988, p. 116.

38   Schurz 1939, pp. 256, 259.

39   Ibid., p. 15.

40   Cook 1973, pp. 5–6.

41   相关研究书目参见 P. Pérez Herrero, 'El galeón de Manila. Relaciones comerciales entre el Extremo Oriente y América', in *El Extremo Oriente Ibérico*, Madrid 1989, p. 445。

42   Leonard Andaya, in Tarling, p. 357.

43   Crosby, p. 199.

44   A. Kobata, 'The production and uses of gold and silver in 16th and 17th century Japan', *EconHR*, XVIII, 2, 1965, p. 255.

45   Leonard Andaya, in Tarling, p. 351. 一些日本学者给出的数字要高得多，参见 William S. Atwell, 'International bullion flows and the Chinese economy circa 1530–1650, *P&P*, 95, May 1982, p. 71。

46   改编自以下引文：Vera Valdés Lakowsky, *De las minas al mar. Historia de la plata mexicana en Asia: 1586–1834*, Mexico 1987, p. 119。

47   Meilink-Roelofsz, p. 265.

48   J. Kathirithamby-Wells, in Tarling, p. 607.

49   Meilink-Roelofsz, p. 264.

50   Scott, p. 9.

51   Quoted in Schurz 1939, p. 42.

52   Schurz 1939, p. 41.

53   Leonard Andaya, in Tarling, p. 347.

54   Gil, p. 62.

55   Hall, p. 62.

56   Boxer 1967, p. 169.

57   Hall, pp. 363–364.

58   Gil, p. 110.

59   Ibid., p. 121.

60   Quoted in Schurz 1939, p. 99.

61   W. Michael Mathes, *Sebastian Vizcaíno y la expansión española en el océano Pacífico, 1580–1630*, Mexico 1973, pp. 99–115.

62   Gil, pp. 309–385, 这是同时代人对比斯凯诺之旅的记载。

63   Ohashi Yukihiro, 'New perspectives on the Tokugawa persecution', p. 50, in J. Breen and M. Williams, *Japan and Christianity,* London 1996.

64   Schurz 1939, p. 195.

65   Gil, p. 191. 这位官员是罗德里戈·德·比韦罗（Rodrigo de Vivero），他在 1608 年至 1609 年担任菲律宾总督。

66   Boxer 1959, pp. 111, 135.

67   Schurz 1939, p. 81.

68   *España y el Pacífico*, Madrid 1990, p. 36, a summary of the 1586 memorial.

69   Bauzon, *Deficit government*, p. 14.

70   Scott, p. 6.

71 Cf. Merle Ricklefs, 'Balance and military innovation in 17th-century Java', in Douglas M. Peers, ed., *Warfare and Empires. Contact and conflict between European and non-European military and maritime forces and cultures*, Aldershot 1997, p. 101.

72 Leonard Andaya, in Tarling, p. 387.

73 Reid, p. 229.

74 G.V. Scammell, 'Indigenous assistance in the establishment of Portuguese power in Asia', in *Ships, oceans and empire*, Aldershot 1995, chap. XI, p. 8.

75 Furber, p. 100.

76 Botero 1605, II, iv, 140.

77 Boxer 1969, pp. 133–134.

78 Argensola's *Conquista de las Islas Malucaswas* published in 1609; see Green, IV, 49–50.

79 John Villiers, 'Manila and Maluku: trade and warfare in the eastern archipelago 1580–1640', *PS*, 34, 1986, p. 152.

80 Schurz 1939, p. 140.

81 Ibid., p. 141.

82 Quoted in Valdés Lakowsky, p. 100.

83 Boxer 1969, p. 123.

84 Gil, p. 31 n.19.

85 Goodman 1988, p. 63.

86 John M. Headley, 'Spain's Asian presence, 1565–1590: structures and aspirations', *HAHR* 75:4, 1995, p. 640.

87 Ibid., p. 641.

88 Rodao, p. 14.

89 Ibid., p. 23.

90 Ibid., p. 28.

91 Irving A. Leonard, *Los libros del Conquistador*, Mexico 1953, p. 48.

92 Cook 1973, p. 3.

93 Spate, *The Spanish lake*, p. 229.

94 Quoted in Andrews 1984, p. 132.

95 Quoted in Bradley, p. 26.

96 Andrews 1984, pp. 144–158.

97 Cf. Pérez-Mallaína and Torres Ramirez, pp. 4, 86.

98　Cook 1973, p. 11.

99　Bolton 1908, pp. 123–132.

100　Cook 1973, p. 18.

101　Boxer 1978, p. 134 n.43.

102　Boxer 1959, p. 200.

103　Cf. Anthony Reid, 'Islamization and Christianization in Southeast Asia: the critical phase, 1550–1650', pp. 158–160, in Anthony Reid, ed., *Southeast Asia in the early modern era: Trade, power and belief*, Ithaca 1993.

104　Olwer, p. 121.

105　Boxer 1978, p. 112.

106　Phelan 1959, p. 18.

107　Ibid., p. 131.

108　Ibid., p. 88.

109　Boxer 1978, p. 61.

110　Schurz 1939, p. 52.

111　Ibid., p. 288.

第六章　帝国的边疆

1　Otte 1988, p. 325.

2　关于边境问题，参见 Silvio Zavala, 'The frontiers of Hispanic America', in W. D. Wyman and C. B. Kroeber, eds, The frontier in perspective, Madison 1965；以及 Frederick Jackson Turner, 'The significance of the frontier in American history'，该作品已多次再版。

3　该领域极具先驱性却很少被重视的研究成果参见 Schurz 1956, chap. VIII。

4　Leonard, p. 46.

5　Ibid., p. 61.

6　Rosenblat, II, 24–26.

7　Otte, 'La mujer', p. 1497.

8　Adapted from the text in James Lockhart and Enrique Otte, *Letters and people of the Spanish Indies. Sixteenth century*, Cambridge 1976, pp. 15–17.

9　Angela Pereda López, 'La mujer burgalesa en la América del siglo XVI', *XIII Coloquio*, p. 1152.

10 Maria Angeles Gálvez Ruiz, 'Mujeres y "maridos ausentes" en Indias', *XIII Coloquio*, p. 1166.

11 Otte 1988, pp. 222, 162.

12 Ibid., p. 379.

13 Ibid., p. 303.

14 Pereda López, p. 1156.

15 Enrique Otte, 'La mujer de Indias en el siglo XVI', *XIII Coloquio*, p. 1495.

16 Otte, 'La mujer', p. 1497.

17 Knaut, p. 29.

18 Cited in Weber, p. 49.

19 Wachtel, p. 293. 他指出印第安人的数量为 1.6 万。

20 Bannon, p. 27.

21 Lyon, p. 5.

22 1565 年事件的完整经过参见 Lyon, pp. 171–188。

23 Ibid., p. xix.

24 Otte 1988, p. 212.

25 Powell, p. 158.

26 Bannon, p. 36.

27 Knaut, p. 42.

28 See Weber, p. 86.

29 Bannon, p. 39.

30 Bolton, pp. 234–238.

31 Knaut, p. 196.

32 *Cambridge History*, I, i, 359.

33 该法令起草委员会的主席奥万多将拉斯·卡萨斯的手稿带到了马德里以供研究之用: Lewis Hanke, *Aristotle and the American Indians*, London 1959, pp. 86–87。

34 Miguel Angel de Bunes Ibarra, 'Felipe II y el Mediterráneo: la frontera olvidada y la frontera presente', in *Felipe II (1527–1598): Europa y la Monarquía Católica*, 4 vols, Madrid 1998, I, i, 100–102.

35 关于边境地带传教团的深入研究，参见 Herbert Bolton, 'The mission as a frontier institution in the Spanish American colonies', *AHR*, xxiii, 1917–1918。对西班牙形势的精彩论述亦可参见 Weber, pp. 11–13。

36 Jara, pp. 94, 99.

37 Ibid., pp. 124–125.

38   Cited by J. Israel, 'Spanish imperial strategy in northern New Spain', *El Hispanismo anglonorte americano*, 2 vols, Córdoba 2001, I, 522.

39   Powell, p. 169.

40   Lane, p. 18.

41   Otte 1988, p. 581.

42   Milhou 1976, p. 14.

43   Hoffman, Paul E., *The Spanish crown and the defense of the Caribbean, 1535–1585*, Baton Rouge 1980, p. 12.

44   舰队活动情况参见 Hoffman, *Defense*, pp. 130, 134, 187。

45   Andrews 1984, p. 129.

46   R. D. Hussey, 'Spanish reaction to foreign aggression in the Caribbean to about 1680', *HAHR*, 4, 1929, 286–302.

47   Goodman 1988, p. 127.

48   Andrews 1984, p. 283.

49   Andrews 1978, p. 159.

50   Engel Sluiter, 'Dutch maritime power and the colonial status quo, 1585–1641', *PHR*, xi, 1942, p. 32.

51   Peter Gerhard, *Pirates on the west coast of New Spain 1575–1742*, Glendale 1960, p. 239.

52   Pérez-Mallaína and Torres Ramirez, p. 218.

53   Bradley, p. 19.

54   Ibid., p. 40.

55   Gerhard, *Pirates*, p. 124; Bradley, pp. 52–63.

56   Bradley, p. 28.

57   在 17 世纪末的利马，每个西班牙人可以得到 3 名有色人种居民的帮助，参见 Bradley, p. 183。

58   Cited b A. Pérotin-Dumon in Tracy, p. 211.

59   Cf. ibid., p. 223.

60   Cf. Andrews 1978, p. 79.

61   葡萄牙王国也有类似的"保教权"。

62   Figures from Pedro Borges, *El envío de misioneros a América durante la época española*, Salamanca 1977.

63   Gerónimo de Mendieta, *Historia eclesiástica indiana*, Mexico 1997, pp. 36–37.

64   Cf. Francisco Javier Alegre SJ, *Historia de la Provincia de la Compañia de*

Jesús de Nueva España, vol. IV (1676–1766), Rome 1960.

65   Cutter and Engstrand, pp. 144–164.

66   Phelan 1956, pp. 60, 69.

67   Cf. Adriaan C. Van Oss, *Catholic colonialism. A parish history of Guatemala 1524–1821*, Cambridge 1986, pp. 57–58.

68   Weber, p. 95.

69   关于"反宗教改革"在西班牙的开端，参见 Kamen 1993。

70   Bolton, p. 309 n.2.

71   精彩描述参见 Spicer, pp. 288–298。

72   Ibid., p. 324.

73   Quoted by Monique Mustapha, 'L'évangile par la force? Le clergé colonial vu par Acosta', in J. P. Duviols and A. Molinié-Bertrand, *La violence en Espagne et en Amérique (XVe-XIXe siécles)*, Paris 1997, p. 179.

74   Knaut, p. 7.

75   Van Oss (cited above, n.67), pp. 143–144.

76   译文引自 Weber, p. 106。

77   Cf. Weber, pp. 130–133.

78   Weber, p. 105.

79   相关战略参见 ibid., pp. 107–121。

80   Knaut, p. 69.

81   Sauer, p. 189.

82   Crosby, p. 88.

83   Fisher, p. 35.

84   Cited in Crosby, p. 84.

85   Wachtel, pp. 279, 226.

86   Laverne H. Clark, *They sang for horses. The impact of the horse on Navajo and Apache folklore*, Tucson 1966, p. 29.

87   精彩阐释参见 Melville, p. 6。

88   这个短语似乎源自 Alfred W. Crosby，参见其作品 *Ecological imperialism: the biological expansion of Europe, 900–1900*, New York 1986。

89   Reff, p. 276.

90   Spicer, p. 166.

91   Melville, p. 47.

92   Ibid., p. 79.

93 Alvaro Huerga, 'La pre-Inquisición hispanoamericana', in J. Pérez Villanueva and B. Escandell Bonet, *Historia de la Inquisición en España y America*, vol.I, Madrid 1984, p. 662.

94 Ibid., p. 679.

95 Ibid., p. 680.

96 Cf. Richard Greenleaf, *Zumarraga and the Mexican Inquisition*, Washington 1961.

97 传教士们使用克丘亚语时，会用"Dios"这个词来指代上帝，因为克丘亚语中没有与之相对应的词，因此对印第安人而言，"Dios"不过是众神之中的又一位，是基督徒们的神灵。

98 Millones, p. 143.

99 Louis Baudin, *Daily life in Peru under the last Incas*, London 1961, p. 148.

100 Rafael Varón, 'El Taki Onqoy: las raíces andinas de un fenómeno colonial', in *Millones*, pp. 356–366. Varón 对"takias"的解释是："历史故事歌谣"（cantar histórico），我在本书中则用"民谣"（ballad）而非"吟诵"或是"歌曲"来称呼它。

101 *Millones*, pp. 343, 345.

102 Ibid., p. 409.

103 Cf. Iris Gareis, 'Repression and cultural change: the extirpation of idolatry in colonial Peru', in Griffiths and Cervantes, p. 237.

104 这段时期的有趣材料参见 Pierre Duviols, *Cultura andina y represión. Procesos y visitas de idolatrías y hechicerías: Cajatambo siglo XVII*, Cusco 1986。

105 Weber, p. 114.

106 Magnus Morner, *The political and economic activities of the Jesuits in the La Plata region*, Stockholm 1953，是这一领域的权威作品。

107 Caraman, pp. 27, 36.

108 Ibid., p. 121.

109 Ibid., p. 104.

110 Chevalier, p. 249.

111 Bannon, pp. 61–64.

112 Nicholas P. Cushner, *Lords of the land. Sugar, wine and Jesuit estates of coastal Peru, 1600–1767*, Albany 1980.

113 Cushner, *Lords of the land*, p. 69.

第七章　世界强权的贸易

1　Quoted in Pagden 1990, p. 50.

2　Quoted in MacLeod, p. 56.

3　这个方法也可能是来自意大利，参见 Carlos Serrano Bravo, 'Intercambio tecnológico en la amalgamación', in M. Castillo Martos, ed., *Minería y metalurgia. Intercambio tecnológico y cultural entre América y Europa*, Seville 1994, p. 409。

4　Cross, p. 405.

5　Otte 1988, p. 526.

6　Ibid., p. 525.

7　Cf. the summary in Steve J. Stern, 'Feudalism, capitalism and the world system in the perspective of Latin America and the Caribbean', *AHR*, vol.93, no.4, Oct. 1988, p. 850.

8　Cross, p. 404.

9　Otte 1988, p. 526.

10　Ibid. p. 474.

11　Ibid., p. 409.

12　Arco y Garay, p. 328.

13　Cf. C. R. and W. D. Phillips, *Spain's Golden Fleece*, Baltimore 1997, pp. 168–176.

14　See Michel Mollat, 'Le role international des marchands espagnols dans les ports de l'Europe occidental à l'époque des Rois Catholiques', *Congreso para la Historia de la Corona de Aragón*, Zaragoza 1952; also Constance J. Mathers, 'Merchants from Burgos in England and France, 1470–1570', reprinted in Douglas A. Irwin, *Trade in the pre-modern era, 1400–1700*, 2 vols, Cheltenham 1996, pp. 67–97.

15　Pike, p. 10.

16　Guillermo Lohmann Villena, *Les Espinosa. Une famille d'hommes d'affaires en Espagne et aux Indes à l'époque de la colonisation*, Paris 1968, pp. 14–15.

17　Mercado, p. 314.

18　Ibid., p. 315.

19　Bernal, p. 142.

20　Ibid., pp. 154–155.

21　Ibid., pp. 162–165.

22 See Woodrow Borah, *Early colonial trade and navigation between Mexico and Peru*, Berkeley 1954.

23 Vila Vilar, p. 294.

24 Boxer 1959, p. 170.

25 Reid, p. 26.

26 1600 年前后，新西班牙白银与黄金的兑换比例约为 15:1，在中国则为 8:1：Cross, p. 399。

27 整体情况参见 Om Prakash, 'Precious metal flows in Asia and world economic integration in the seventeenth century', in Wolfram Fischer et al., eds, *The emergence of a world economy 1500–1914*, 2 vols, Wiesbaden 1986, vol.I。

28 Hernán Asdrúbal Silva, 'Marginalidad rioplatense y relaciones comerciales con el Brasil en épocas de Felipe II', *XIII Coloquio*, p. 970.

29 Cf. Lapeyre, chap. IV, 'Les foires de Castille'.

30 Mercado, pp. 414–15.

31 Report by the financier Simón Ruiz, in Lapeyre, p. 485.

32 Ruiz Martin 1965, p. xxix.

33 Lewes Roberts, *The Merchants Mappe of Commerce*, London 1636, quoted in Haring 1918, p. 178 n.1.

34 Felipe Ruiz Martín, 'Los hombres de negocios genoveses de España durante el siglo XVI', in Kellenbenz, p. 85.

35 Ruiz Martin 1965, chap. III.

36 Ibid., p. xxxvi–xxxvii.

37 Ibid., pp. xxxvii–xxxviii, xl.

38 Phillips, *Golden Fleece*, p. 180.

39 Ruiz Martín 1965, p. xl.

40 Lapeyre, p. 118.

41 专业学者会认识到，这是我与安德烈·贡德·弗兰克（André Gunder Frank）和伊曼纽尔·沃勒斯坦（Emmanuel Wallerstein）所做的出色的马克思主义分析的主要区别，他们都毫不怀疑地接受西班牙资本主义在殖民时期占据了首要地位的观点。

42 Ruiz Martin 1965, p. xlix.

43 Enriqueta Vila Vilar, 'La liquidación de un imperio mercantil a fines del s.XVI', *XIII Coloquio*, p. 987. Also, by the same, 'Descendencia y vinculaciones sevillanas de un procer italiano: Juan Antonio Corzo Vicentelo', in *Presencia*

italiana en Andalucia, siglos XIV-VII, Seville 1989, pp. 411–426. 她还有一项更深入的研究：*Los Corzo y los Mañara: tipos y arquetipos del mercader con América*, Seville 1991。

44 Vila Vilar, 'Descendencia y vinculaciones', p. 423.

45 Estimates of Boyajian 1993, p. 42.

46 Cf. Pike, p. 144.

47 Calabria, pp. 5, 19.

48 Cf. Nicolas Broens, *Monarquía y capital mercantil: Felipe IV y las redes comerciales portugueses (1627–1635)*, Madrid 1989, p. 30.

49 Eddy Stols, *De Spaanse Brabanders of de Handelsbetrekkingen der Zuidelijke Nederlanden met de Iberische Wereld 1598–1648*, 2 vols, Brussels 1971, I, 98–113; II, 1–73.

50 Hermann Kellenbenz, 'Mercaderes extranjeros en América del Sur a comienzos del siglo XVII', *AEA*, XXVIII, 1971, p. 395.

51 Vila Vilar, 1982, p. 300.

52 Quoted in Kirk, p. 413. 所引言论出现在 1623 年。

53 下文内容及相关参考文献参见 Kamen 1997, pp. 158–168。

54 根据 Brantôme, I, 133，"一些人说他从侯爵夫人那里感染了天花"，但也有人认为他是被安东尼奥·佩雷斯毒死的。不过这两种说法都不是真的。

55 Essen 1933, II, 188.

56 Ibid., II, 256.

57 Ibid., II, 299; III, 21.

58 Ibid., IV, 134.

59 Fernando Bouza, *Portugal en la monarquía hispánica (1580–1640)*, Madrid 1987, 2 vols, I, 65–95.

60 Ruiz Martin 1965, pp. lvii–lviii.

61 Moura to king, Feb. 7, 1579, *CODOIN*, VI, 110.

62 Philip to Osuna and Moura, Apr 14, 1579, *CODOIN*, VI, 350.

63 Cf. Bouza, I, 209–280.

64 *CODOIN*, VII, 295.

65 Muster of April 1580, *CODOIN*, XXXII, 27–29. 阿尔瓦公爵不喜欢意大利士兵。他曾经写道："看在上帝的分上，陛下不要再招募意大利人了，这是在白白浪费钱；但如果是德意志士兵，那就可以再招募 5 000 人。"：Ibid. p. 15。

66 腓力五世对那不勒斯的占领得到了民众的支持。

67　下文来自 Kamen 1997, pp. 242–243。

68　Juan Rufo.

69　Otte 1988, p. 1："从 1580 年开始，西班牙对美洲的殖民开始走向成熟。"

70　Arco y Garay, p. 226.

71　相关经典研究的核心论点参见 Parker 1998，比如在该作第 166 页，作者将葡萄牙战役描述为"西班牙掌控全球的关键一步"。我对此持反对意见，因为我们不能用西班牙政治家或者军事将领的言论来简单证明西班牙确有称霸全球的野心。

72　像是布罗代尔就曾感到，16 世纪 80 年代的宗教狂热"将西班牙国王变成了天主教的拥护者"：Braudel, II, 677。

73　Cited in E. García Hernán, *La Armada española en la monarquia de Felipe II y la defensa del Mediterráneo*, Madrid 1995, p. 19.

74　Merriman, IV, 381.

75　P. T. Rooney, 'Habsburg fiscal policies in Portugal 1580–1640', *JEEH*, vol. 23, no.3, winter 1994, p. 546.

76　Philip to Alba, Badajoz, Aug 31, 1580, *CODOIN*, XXXII, 507.

77　Kamen 1997, p. 264.

78　舰船名单见 Colin Martin and Geoffrey Parker, *The Spanish Armada*, London 1988, pp. 34–35。

79　关于舰队准备工作的最佳研究，参见 Thompson 1992, chapters VIII and IX。

80　Carlos Selvagem, *Portugal militar*, Lisbon 1931, p. 356，指出葡萄牙人士兵总数超过了 5 000 人，此外还有 1 000 名葡萄牙人水手。

81　Thompson 1992, chap. VIII p. 12.

82　Cited in ibid., chap. VIII, p. 17.

83　Andrews 1984, p. 238.

84　Ibid., p. 246.

85　Andrews 1978, p. 162.

86　Ibid., p. 168.

87　Ibid., p. 187.

88　Kamen 1997, p. 283.

89　Otte 1998, pp. 442, 444.

90　Cf. Kamen 1997, pp. 233, 295.

91　Henry Kamen, 'Toleration and dissent in sixteenth-century Spain', *SCJ*, no.19, Spring 1988, p. 22.

92　Rodriguez Villa 对安布罗焦的职业生涯的调查研究堪称最佳，但还有大量未发表的文献资料，足以揭示安布罗焦全新的一面。

93　Rodriguez Villa, p. 39.

94　Cf. Stradling 1992, p. 13.

95　Cf. Paul C. Allen, *Philip III and the pax hispanica 1598–1621*, New Haven, CT and London, p. 139.

96　Rodriguez Villa, p. 71.

97　Ibid., p. 663.

98　Israel 1997, pp. 33–34.

99　Rodriguez Villa, p. 414.

100　Quoted in Parker 1984, p. 49.

101　Polisensky 1971, p. 124.

102　Polisensky 1978, pp. 79–84.

103　Quoted in Parker 1984, p. 55.

104　Polisensky 1971, p. 125.

105　Rodriguez Villa, p. 354.

106　Ibid., p. 387.

107　Ibid., p. 385.

108　Rubens, p. 102.

109　最近一位西班牙艺术评论家承认，"斯皮诺拉实际上是热那亚人，而布雷达战役中的大部分官兵都是外国人"，Francisco Calvo Serraller, in the collective work *Velázquez*, Barcelona 1999, p. 136。

110　Schwartz 1991, pp. 740–745.

111　Reported by Rubens, p. 124.

112　我引用的英文版来自 Lynch, p. 103。

113　Rubens, p. 207.

114　Ibid., pp. 179, 206.

115　Ibid., pp. 118–119.

116　Stradling 1992, p. 59.

117　Ibid., p. 255.

118　Memorandum of 1628, cited Stradling 1992, p. 63.

119　Rodriguez Villa, p. 480.

120　Cited in Rodao, p. 43.

121　Israel 1982, p. 117.

122 Ibid., p. 122. 我重新组织了下引文。

123 Ibid., 1982, p. 121.

124 Rubens, p. 295.

第八章 身份认同与教化使命

1 Avila y Zúñiga, p. 66v.

2 参见前文第三章。

3 Sepúlveda, II, 95.

4 Cited in Puddu, p. 63.

5 Cited in Quatrefages, p. 282.

6 *Crónicas del Gran Capitán*, p. 375.

7 Herrera, pp. 6, 265.

8 Sandoval, I, 20.

9 Pike, p. 195.

10 Isaba, pp. 66–67.

11 Aedo y Gallart, pp. 130, 195.

12 Maravall, I, 464, 475.

13 Cited by Antonio Mestre, 'La historiografía española del siglo XVIII', *Coloquio Internacional Carlos III y su siglo. Actas, tomo I*, Madrid 1990, p. 39.

14 Cf. Kamen 1993, pp. 354–357.

15 Cited in Kamen 1993, p. 355.

16 在国外出版的卡斯蒂利亚语作品一览表，参见 Kamen 1993, p. 404。

17 Henry Thomas, 'The output of Spanish books in the sixteenth century', *The Library*, 1, 1920, p. 30.

18 Jaime Moll, 'Problemas bibliográficas del libro del Siglo de Oro', BRAE, 59, 1979; also his 'Valoración de la industria editorial española del siglo XVI', in *Livre et lecture en Espagne et en France sous l'Ancien Régime*, Paris 1981.

19 Dr Diego Cisteller, cited in Kamen 1993, p. 365.

20 Otero Lana, p. 109.

21 我的妻子记得，在电视刚出现在加泰罗尼亚的时候，她的祖母曾经高兴地看了几个小时，尽管老人根本听不懂电视里的语言（卡斯蒂利亚语）。

22 Ambassador Khevenhüller, cited in Friedrich Edelmayer, 'Aspectos del trabajo

de los embajadores de la casa de Austria en la segunda mitad del siglo XVI', *Pedralbes*(Barcelona), no.9, 1989, p. 47.

23 Arturo Farinelli, *Die Beziehungen zwischen Spanien und Deutschland in der Litteratur der beiden Lander*, Berlin 1892, p. 27.

24 Cf. Dale B. J. Randall, *The Golden Tapestry. A critical survey of non-chivalric Spanish fiction in English translation (1543–1657)*, Durham, NC, 1963.

25 Lechner, p. 10.

26 Jan Lechner, *Repertorio de obras de autores españoles en bibliotecas holand-esas hasta comienzos del siglo XVIII*, Utrecht 2001, p. 309. 我无比感激作者给我提供了这份极具价值的书稿。

27 Carlos Gilly, *Spanien und der Basler Buchdruck bis 1600*, Basel 1985, pp. 155–273.

28 Franco Meregalli, *Presenza della letteratura spagnola in Italia*, Florence 1974, p. 17.

29 A. Núñez de Castro, *Sólo Madrid es Corte*, Madrid 1658.

30 Jean Muret, *Lettres écrites de Madrid en 1666 et 1667*, Paris 1879, p. 75.

31 Jonathan Brown, 'La antigua monarquía española como área cultural', in *Los Siglos*, p. 22.

32 更多讨论参见 Kamen 1997, chap. 7。

33 西班牙代理人从英国购买的大约 200 幅画，在 2002 年成为普拉多举办的 "世纪买卖：1604—1655 年西班牙和英国的艺术联结" 展览的主题。

34 相关审查与问讯情形，参见 Kamen 1998, chap. 6。

35 Kamen 1993, p. 411.

36 Green, IV, 59.

37 Castro, p. 583.

38 Beatriz Alonso Acero, 'Judíos y musulmanes en la España de Felipe II: los presidios norteafricanos, paradigma de la sociedad de frontera', in *Felipe II (1527–1598): Europa y la Monarquía Católica*, 4 vols, Madrid 1998, II, 22.

39 Daniel M. Swetschinski, *Reluctant cosmopolitans: the Portuguese Jews of seventeenth-century Amsterdam*, Littman Library, 2000.

40 Schwartz 1991, p. 753.

41 Jonathan Israel, *Empires and entrepots. The Dutch, the Spanish monarchy and the Jews 1585–1713*, London 1990, p. 356.

42 Cited in Schurz 1956, p. 348.

43 Israel 1997, p. xxi.

44 Friede, p. 47.

45 Schurz 1956, p. 203.

46 Ibid., p. 204.

47 Israel 1975, p. 76.

48 L. F. Thomaz, in Tracy, p. 305.

49 Serge Gruzinski, *Images at war*, Durham, NC 2001, p. 112.

50 Quoted in Jara, p. 95.

51 Kamen 1997, p. 241.

52 Ida Altman, *Transatlantic ties in the Spanish empire*, Stanford 2000, p. 185.

53 Macías and Morales Padrón, p. 65.

54 Israel 1975, p. 112.

55 Ibid., p. 115.

56 Otte 1988, p. 526.

57 Ibid., p. 435.

58 Macías and Morales Padrón, p. 87.

59 Otte 1988, p. 384.

60 Ibid., p. 307.

61 Ibid., p. 124.

62 Macias and Morales Padrón, p. 187.

63 Chronicle of Mariño de Lovera, cited in Jara, p. 92.

64 Israel 1975, p. 136.

65 Ibid., p. 115.

66 Pagden, 'Identity formation in Spanish America', in Canny and Pagden, pp. 67–68.

67 这些作者和其他人的观点的精彩总结，参见 Brading, part 2, 'Strangers in their own land'。

68 Otte 1988, p. 470.

69 Jacques Lafaye, *Quetzalcoatl et Guadalupe. La formation de la conscience nationale au Méxique(1531–1813)*, Paris 1974, p. 281.

70 Maravall, I, 472, 478.

71 Tamar Herzog, 'Private organizations as global networks in early modern Spain and Spanish America', in L. Roniger and T. Herzog, *The collective and the public in Latin America. Cultural identities and political order*, Brighton 2000, p. 121.

72 John L. Kessell, ed., *Remote beyond compare. Letters of don Diego de Vargas to his*

family from New Spain and New Mexico, 1675–1706, Albuquerque 1989, p. 333.

73 Ibid., pp. 333, 353.

74 Ibid., p. 446.

75 Olivia Harris, 'Ethnic identity and market relations: Indians and mestizos in the Andes', in Larson and Harris, p. 358

76 Rosenblat, II, 30.

77 Ibid., 19.

78 Otte 1988, p. 61.

79 Schwartz and Salomon, 'New people and new kinds of people', in *Cambridge History*, III, 2, p. 485.

80 Thornton, pp. 129–30.

81 See above, chap. 3.

82 Benzoni, cited Thornton, p. 202.

83 Cf. Thornton, pp. 213–217.

84 Carlos Guillot, *Negros rebeldes y negros cimarrones*, Buenos Aires 1961, p. 42.

85 See Thornton, pp. 288–90.

86 Palmer 1976, p. 133.

87 Guillot, pp. 126–127.

88 David Davidson, 'Negro slave control and resistance in colonial Mexico, 1519–1650', *HAHR*, 46, 1966.

89 Miguel Acosta Saignes, *Vida de los esclavos negros en Venezuela*, Caracas 1967, pp. 259–261.

90 关于非洲人改宗基督教的情形，参见 Thornton, chap. 9。

91 Palmer 1976, p. 164.

92 Cited in Thornton, p. 267.

93 Cf the discussion in Palmer 1976, pp. 172–184; also the article by Frederick Bowser in Stanley L. Engerman and Eugene D. Genovese, eds, *Race and slavery in the western hemisphere*, Stanford 1975.

94 Gage, p. 197.

95 Cf. the comments of Palmer 1976, p. 178.

96 Chevalier, p. 113.

97 Juan and Ulloa, 1, 134, 133, 101.

98 Juan and Ulloa, I, 164.

99 Wachtel, p. 224.

100 Erwin P. Grieshaber, 'Hacienda-Indian community relations and Indian acculturation', in Foster, I, 82–83.

101 Lockhart 1992, p. 115.

102 Ibid., pp. 443–444.

103 Spicer, pp. 189–191.

104 Grahn, pp. 38–41.

105 Scott, pp. 2, 10.

106 术语借用自 Jonathan Hill in Hill, pp. 1–2。

107 Gary C. Anderson, *The Indian southwest, 1580–1830. Ethnogenesis and reinvention,* Norman, OK, 1999, p. 34.

108 Nancy P. Hickerson, 'Ethnogenesis in the south plains', in Hill, p. 74.

109 Larson and Harris, p. 27.

110 Ibid., p. 25.

111 Steve J. Stern, 'The variety and ambiguity of native Andean intervention in European colonial markets', in Larson and Harris, p. 77.

112 Inga Clendinnen, 'Landscape and world view: the survival of Yucatec Maya culture under Spanish conquest', in Foster, p. 445.

113 Rafael Varon, 'El Taki Onqoy: las raices andinas de un fenómeno colonial', in Millones, pp. 339–340.

114 Millones, p. 178.

115 López-Baralt, p. 302.

116 这里所提到的每个国家的文献都很丰富，但对本书来说都相对边缘化。

117 Léon van der Essen and G. J. Hoogewerff, *Le sentiment national dans les Pays-Bas,* Brussels 1944, p. 38.

118 Ibid., p. 81.

119 Ibid., p. 45.

120 Kamen 1997, pp. 309, 318; Rodríguez Villa, p. 570.

121 Kamen 1997, p. 241.

122 关于 16 世纪情况的经典研究参见 Sverker Arnoldsson 的作品，关于之后时代的一些情况，参见 Hillgarth, chap. 7。

123 大量详细的案例参见 Garcia Cerezeda, *passim*。

124 Sepúlveda, II, 96.

125 Rubens, p. 258.

126 Tocco, pp. 32–34, 68.

127　Ibid., pp. 9–10.

128　Ibid., pp. 34–40.

129　Ibid., pp. 17, 25.

130　关于克鲁斯事件的最佳研究来自 Alvaro Huerga, 我引用了他的表述。

131　对克鲁斯事件最有影响力的新研究是 Marcel Bataillon, *Erasme et l'Espagne*, Paris 1937。

132　下文主要观点来自 Huerga, pp. 272–295。

133　Quoted in ibid., p. 292.

134　Martin González de Cellorigo, *Memorial de la política necesaria y útil restauración a la república de España*, Valladolid 1600, p. 15.

135　Sancho de Moncada, *Restauración politica de España*, Madrid 1619, p. 22.

136　关于拉斯·卡萨斯的大量文献可以从 Lewis Hanke 的著作中找到。

137　Phelan 1956, p. 82.

138　J. Gayo Aragon, OP, 'The controversy over justification of Spanish rule in the Philippines', in Gerald H. Anderson, ed., *Studies in Philippine Church history*, Ithaca 1969, pp. 18–19.

139　Quoted in Parker 1998, p. 284.

140　Iñigo Ibáñez de Santa Cruz, 'El ignorante y confuso gobierno', BL Cott. Vespasian C. XIII, ff. 375–87. Another version in BL Eg. 329 f. 16 onwards.

141　'Discurso al Rey nuestro Señor del estado que tienen sus reynos'；该文献已出版（Madrid 1990）。

142　Sepúlveda, III, 65.

143　Maravall, I, 501.

144　Sáinz Rodríguez, p. 82.

145　Cited in Kamen 1969, p. 392.

146　相关内容参见 Pagden 1982, chap. 7。

147　Pagden 1982, p. 162.

148　Olwer, p. 121. 这是 1952 年出版于墨西哥的西班牙语著作的译本。

149　Gage, p. 234.

150　Nicholas Griffiths, *The cross and the serpent. Religious repression and resurgence in colonial Peru*, Norman, OK 1996, p. 263.

151　Lance Grahn, '"Chicha in the chalice": spiritual conflict in Spanish American mission culture', in Griffiths and Cervantes, p. 261.

152　Cutter and Engstrand, pp. 122–132. 经典的研究是 Herbert E. Bolton, *Ruin of Christendom. A biography of Eusebio Francisco Kino*, Tucson 1984 (repr. of 1936 edn)。

153 Quoted in Spicer, p. 310.

154 Grahn, '"Chicha in the chalice"', p. 268.

第九章 帝国的巩固（1630—1700）

1 Cited in J. M. Jover, *1635. Historia de una polémica y semblanza de una generación*, Madrid 1949, p. 401 n. 26.

2 Galasso, p. 325.

3 对于米兰金融家在帝国事业中重要地位的精彩总结，参见 Giuseppe De Luca, 'Hombres de negocios milaneses al servicio de la Monarquía Hispánica', *Torre de Lujanes*, 46 (2002), pp. 131–177。

4 Rubens, p. 260, in a letter of 1628.

5 Tocco, pp. 99, 103, 124.

6 A comment of 1628, in Rubens, p. 258.

7 Cited in Stradling 1994, p. 101.

8 Rubens, p. 142.

9 Stradling 1994, p. 275.

10 Rodriguez Villa, p. 593.

11 Rubens, p. 368.

12 Essen 1944, pp. 23–24; Henri Pirenne, *Histoire de Belgique*, 3rd edn, Brussels 1927, vol.IV, pp. 260–266.

13 Stradling 1994, p. 107.

14 Essen 1944, p. 112.

15 Ibid., p. 185.

16 Aedo y Gallart, pp. 7, 98. 骑兵主要是意大利人和佛兰德人，德意志人和意大利人占了步兵总数的80%。在讷德林根战斗打响前，这支队伍还获得了来自布鲁塞尔的比利时步兵和骑兵分队的增援。Essen 1944, p. 414.

17 英文著作中对这场战斗最清晰的总结，参见 C. V. Wedgwood, *The Thirty Years' War*, Harmondsworth 1957, pp. 327–335。

18 在许多西班牙人的历史著作中，胜利总是被塑造成独属于西班牙的，帝国军队的关键作用常常会被忽略，其中90%的士兵都是非西班牙人的事实也没有被提及。

19 Aedo y Gallart, p. 128.

20 Quoted in Parker 1984, p. 141.

21 Georges Pages, *La Guerre de Trente Ans*, Paris 1949, p. 181.

22 Written at Brussels, Feb. 1626: Rubens, p. 130.

23 Stradling 1994, pp. 109–117.

24 Ibid., p. 118.

25 Matías de Novoa, cited in Arco y Garay, p. 546.

26 Cited in J. M. Jover (cited above, n.1), p. 408 n. 51.

27 "赫尔墨斯主义"是文艺复兴晚期的一种神秘哲学，主张要从前基督教时代的作品中找到真正的知识。

28 那不勒斯的宗教裁判所是意大利宗教裁判所的一个独立部分，与西班牙宗教裁判所没有关系。

29 Headley, p. 52.

30 Quoted in Pagden 1990, p. 51.

31 Headley, p. 214.

32 Pagden 1990, p. 44.

33 J. L. Palos, *Catalunya a l'Imperi dels Àustria*, Lleida 1994, pp. 105–109.

34 Rodriguez Villa, pp. 700–704.

35 Vargas Machuca, I, 61.

36 Report by bishop of Solsona, 15 Oct 1694, printed in Antonio Valladares de Sotomayor, *Semanario Erudito*, 34 vols, Madrid 1788, vol.30, p. 267.

37 Ruth Mackay, *The limits of royal authority*, Cambridge 1999, p. 69.

38 Rodriguez Villa, p. 42.

39 Essen 1944, p. 121.

40 Goodman 1997, pp. 202–205.

41 Ibid., p. 207.

42 Ibid., p. 208.

43 Quoted in Thompson 1992, chap. IV pp. 9–11.

44 Boxer 1967, pp. 375–382.

45 John R. Shepherd, *Statecraft and political economy on the Taiwan frontier 1600–1800*, Stanford 1993, p. 56.

46 Ibid., p. 58.

47 Israel 1997, chap. 4，我同意 Israel 在这里的观点，西班牙人并不打算放弃与荷兰人的战斗，不准备专心应付法国人。

48 M. A. Echevarría, *Flandes y la monarquía hispánica 1500–1713*, Madrid 1998,

p. 312.

49　Alcalá Zamora, p. 399.

50　这些数据出自 ibid., pp. 429–433。

51　Israel 1982, p. 268.

52　我的估算遵循了 Stradling 1992, p. 107。

53　Alcalá Zamora, p. 459.

54　Ibid., p. 458.

55　此处及本段中的其他引文来自 'La política exterior', in vol.VIII of the *Historia general de España y América: La crisis de la hegemonía española, siglo XVII,* Ediciones Rialp, Madrid 1986。

56　Ricardo del Arco y Garay, *La erudición española en el siglo XVII y el cronista de Aragón Andrés de Uztarroz,* 2 vols, Madrid 1950, I, 259.

57　Quoted in Schwartz 1991, p. 749.

58　Cf. the excellent discussion in Boyajian 1993, pp. 167–172.

59　Israel 1982, p. 277.

60　Hernán Asdrúbal Silva, 'Marginalidad rioplatense', p. 968.

61　Boyajian 1993, p. 21.

62　Ibid., p. 33.

63　Ibid., p. 13.

64　Elkan Adler, 'Documents sur les Marranes d'Espagne et de Portugal sous Philippe IV', *REJ,* 49, 1904.

65　Cited in S. Subrahmanyam and Luis Thomaz, 'The Portuguese in the Indian Ocean', in Tracy, p. 305.

66　Boyajian 1983, chap. 3.

67　Ibid., p. 44.

68　Ibid., pp. 121–125.

69　Quoted in Boyajian 1983, p. 139.

70　Tocco, p. 263.

71　G. Signorotto, 'Il Marchese di Caracena al governo di Milano', in *Cheiron,* 17–18, 1992, p. 149.

72　Ibid., pp. 164–166.

73　我对罗克鲁瓦之战的描述主要基于当周的《弗朗索瓦信使报》的记载，引自 Geoffrey Symcox, *War, diplomacy and imperialism, 1618–1763,* New York 1974, p. 135。

74 From a letter of Melo to the king in 1643, quoted by Geoffrey Parker in Thomas and Verdonk, p. 283.

75 Stradling 1994, p. 288.

76 Domínguez Ortiz, p. 74.

77 Goodman 1997, p. 29.

78 本书成书后我才得知这一领域的优秀出版论文 Manuel Herrero Sánchez, *El acercamiento hispano-neerlandés (1648–1678)*, Madrid 2000。他的研究详细介绍了本书提到的外交问题。

79 Barbour, pp. 32–33, 35

80 这个主题少有人研究，不过可以参见 J. C. M. Boeijen, 'Een bijzondere Vijand. Spaanse kroniekschrijvers van de Tachtigjarige Oorlog', in *Tussen twee culturen. De Nederlanden en de Iberische wereld 1550–1800*, Nijmegen 1991。

81 Israel 1997, p. 209. Herrero Sánchez, p. 53 n. 58，给出的战舰数量是 8 艘。

82 Herrero Sánchez, p. 63.

83 Quoted by ibid., p. 82.

84 Israel 1982, pp. 418–427.

85 Barbour, p. 110.

86 Ibid., p. 101.

87 Quoted in R. A. Stradling, *Europe and the decline of Spain*, London 1981, p. 161.

88 Herrero Sánchez, p. 195.

89 Ibid., p. 158.

90 相关的最佳研究成果主要基于法语材料，参见 Emile Laloy, *La révolte de Messine, l'expédition de Sicile et la politique française en Italie (1674–1678)*, 3 vols, Paris 1929–1931。

91 David Salinas, *La diplomacia española en las relaciones con Holanda durante el reinado de Carlos II(1665–1700)*, Madrid 1989, p. 54.

92 Goodman 1997, p. 6.

93 Ibid., pp. 114–124.

94 Otero Lana, p. 267. 我的数据中排除了那些小船。

95 Alcalá Zamora, p. 52.

96 Goodman 1997, p. 134.

97 B. Torres Ramirez, *La Armada de Barlovento*, Seville 1981, p. 75.

98 Alcalá Zamora, pp. 68–69.

99　Pérez-Mallaína and Torres Ramirez, p. 215.

100　Otero Lana, pp. 259–260.

101　Ibid., p. 56. 这位作者清晰地区分了"武装船"与"海盗船"之间的差异。我这里把二者都归作一类。

102　Otero Lana, p. 225.

103　Details in Kamen 1980, p. 381.

104　Richard J. Shell, 'The Marianas population decline: seventeenth-century estimates', *The Journal of Pacific History*, 34 (3), 1999, p. 304.

105　Robert F. Rogers, *Destiny's Landfall. A History of Guam*, Honolulu 1995, p. 72.

106　Schurz 1939, p. 49.

107　Francisco Mallari SJ, 'Muslim raids in Bicol 1580–1792, *PS*, 34, 1986, p. 264.

108　Parker 1988, p. 112.

109　Schurz 1939, p. 321.

110　Furber, pp. 271–272.

111　Pierre Chaunu, *Les Philippines et le Pacifique des Ibériques*, Paris 1960, p. 255.

112　My italics; in Bolton, p. 308.

113　Spicer, pp. 159–160.

114　Cf. Henry W. Bowden, *American Indians and Christian missions. Studies in cultural conflict,* Chicago 1981, p. 55. 这部作品对相关的起义活动进行了精彩的概述，pp. 91–117。

115　Bolton, pp. 338–339.

116　Bannon, p. 86.

117　Murdo J. MacLeod, 'Dominican explanations for revolts and their suppression in colonial Chiapas 1545–1715', in Susan E. Ramirez, ed., *Indian-Religious relations in colonial Spanish America*, Syracuse 1989, p. 46.

118　Weber, p. 143.

119　Quoted in Verner W. Crane, *The southern frontier 1670–1732*, Westport 1956, p. 81.

120　Weddle, p. 82.

121　Ibid., p. 83.

122　Letter of Fray Damián Massanet to Carlos de Sigüenza, in Bolton, p. 369.

123　Quoted in Ellis, p. 107.

124　Lane, pp. 114–125.

125　Ward, p. 173.

126 Bradley, p. 105.

127 Pérez-Mallaína and Torres Ramirez, pp. 295–299.

128 Bradley, pp. 129–156.

129 Quoted in Bradley, p. 160.

130 Bradley, p. 163.

131 Postma, p. 14.

132 Quoted in Donnan, I, 348.

133 Donnan, I, 108.

134 Postma, p. 55.

135 Palmer 1981, p. 98.

136 Pauline Croft, *The Spanish Company*, London 1973, p. xxiii.

137 Croft, p. xlix.

138 Donnan, I, 110.

139 Donnan, I, 116.

140 Padfield II, p. 180.

141 Cited Attman 1983, p. 32.

142 Barbour, p. 50.

143 Attman 1983, p. 33.

144 Barbour, p. 51

145 Parker 1979, p. 188.

146 The phrase is by Attman 1983, p. 33.

147 Cf. Stradling 1992, p. 18: 'The hegemonic empire had arrived at the bizarre situation of dependence for consumer materials on its main adversary.'

148 Quoted in Herrero Sánchez, p. 364.

149 下文中所有相关细节信息均来自 Kamen 1980。

150 金银进口的新数据来自 ibid., pp. 131–140, 以及 Michel Morineau, *Incroyables gazettes et trésors merveilleux*, London 1985。

151 Francisco Martínez de Mata, *Memoriales*, ed. Gonzalo Anés, Madrid 1971, pp. 149–150.

第十章　在新的治理下

1 Kamen 1969, p. 133.

2　*The Histoire militaire de la France: vol.I: des origines à 1715*, ed. Philippe Contamine, Paris 1992, p. 389, 这里对 17 世纪 90 年代法国军队总兵力的估算结果是 60 万人。

3　Cited in Kamen 1969, p. 26.

4　A. Morel-Fatio and H. Léonardon, eds, *Recueil des Instructions données aux ambassadeurs,* vol.12, Espagne, Paris 1898, p. 8.

5　下文段落来自我的另一部作品 *Philip V of Spain. The king who reigned twice ,* New Haven, CT and London 2001。

6　Details in Kamen 1969, chap. 4.

7　关于这场战争，参见 Arthur Parnell, *The War of the Succession in Spain during the reign of Queen Anne 1702–1711*, London 1905, pp. 210–222。

8　这里引用的数据基于 Parnell, chap. XXIV，当时在场的军官还提供了更高的估算数字。

9　J. W. Stoye, in *The New Cambridge Modern History*, vol.VI, Cambridge 1970, p. 597.

10　Cited in Parnell, p. 257.

11　Quoted in Bernal, p. 315.

12　Attman 1983, p. 30.

13　Ct. the discussion in Attman 1986, pp. 30–33.

14　Quoted in Bernal, p. 299.

15　See figures in Kamen, *Philip V*, pp. 241–242.

16　Cristina Borreguero, 'Extranjeros al servicio del ejército español del siglo XVIII', in *Coloquio Internacional Carlos III y su siglo. Actas*, 2 vols, Madrid 1990, II, 78–79.

17　AGS Guerra Moderna leg. 2362, 'Gastos generales de los ejércitos'.

18　Cited in Lynch, p. 125.

19　For example, the contracts cited by Joan Mercader, *Felip V i Catalunya*, Barcelona 1968, pp. 217–232. Cf. Geoffrey J. Walker, *Spanish politics and imperial trade 1700–1789*, London 1979, p. 96.

20　Cf. M. A. Alonso Aguilera, *La conquista y el dominio español de Sardinia (1717–1720)*, Valladolid 1977, pp. 49–56.

21　Cited by D. Ozanam, in *Historia de España Menéndez Pidal*, Madrid 2000, vol. XXIX, i, 589.

22　Padfield II, p. 184. Micaela Mata, *Menorca Británica, vol.I. 1712–1727*, Mahon

1994, p. 138.

23   A. Meijide Pardo, *La invasión inglesa de Galicia en 1719*, Santiago 1970.

24   "保卫休达符合西班牙人的利益，因为没有休达，他们就没有借口提高十字军税，这可是国王的巨大利润来源。": *Voyage du Père Labat en Espagne 1705–1706*, Paris 1927, p. 232。

25   Cited in Arco y Garay, p. 646.

26   Stein and Stein, p. 149.

27   这部作品大约写于 1740 年，如今已没有现存的原始手稿，它被认为是 Campillo 的作品。相关讨论参见 Pagden 1995, pp. 120–121。这也有可能是 Melchor de Macanaz 的作品，相关可能性分析见 Stein and Stein, pp. 221–226。

28   Cited by C. Mozzarelli, 'Patrizi e governatore nello stato di Milano', in *Cheiron*, 17–18, 1992, p. 130.

29   Franco Venturi, 'L'Italia fuori d'Italia', *Storia d'Italia, III: Dal primo Settecento all'Unità*, Turin 1973, p. 1019.

30   Pagden 1990, p. 68.

31   Ibid., p. 86.

32   Arauz, p. 138.

33   Schurz 1939, p. 329.

34   Cf. Pérez-Mallaína and Torres Ramirez, p. 230.

35   Kamen 1969, pp. 146, 152.

36   Quoted in Pérez-Mallaína and Torres Ramirez, p. 232.

37   E. W. Dahlgren, *Les relations commerciales et maritimes entre la France et les côtes de l'Océan Pacifique*, Paris 1909, p. 633.

38   Weber, p. 155.

39   Bannon, p. 114.

40   A point made by Weber, p. 163.

41   Quoted in Bannon, p. 122.

42   Weber, p. 174.

43   Weddle, p. 302.

44   Cited in Weber, p. 179.

45   据一位目击者说，囚犯被无助地捆绑，然后被点燃烧死。

46   David Hurst Thomas, ed., *Ethnology of the Indians of Spanish Florida*, New York 1991, p. 123.

47   Jerald T. Milanich, *Florida Indians and the Invasion from Europe*, Gainesville

1995, p. 230.

48 Weber, p. 186.

49 Jones, pp. 65–98.

50 Crosby, p. 104.

51 Cited in Weber, p. 182.

52 Jones, p. 8.

53 值得注意的是，距当时 100 年前的奥特利乌斯已经在他 1589 年绘制的太平洋地图中把下加利福尼亚标注成一个半岛。

54 Relation of Father Kino, in Bolton, p. 450.

55 Bannon, p. 150.

56 Cook, p. 46.

57 关于西班牙境内外国商人的活动，参见 Wilhelm von den Driesch, *Die auslandischen Kaufleute während des 18. Jahrhunderts in Spanien und ihre Beteiligung am Kolonialhandel*, Cologne 1972。

58 Palmer 1981, pp. 87–88.

59 Cited in Lynch, p. 150.

60 Hector R. Feliciano, *El contrabando inglés en el Caribe y el Golfo de México (1748–1778)*, Seville 1990, pp. 238–240.

61 Arauz, I, 149.

62 Grahn, p. 27.

63 Ibid., p. 96.

64 Ibid., p. 122.

65 Enriqueta Vila Vilar, p. 311.

66 Arauz, I, 46–66.

67 Ibid., 260.

68 Arauz, II, 55–69.

69 Arauz, I, 286.

70 Quoted in Padfield II, p. 195.

71 Christopher J. French, 'London's overseas trade with Europe 1700–1775', *JEEH*, 23, iii, Winter 1994, p. 492.

72 J. C. M. Ogelsby, 'Spain's Havana squadron and the preservation of the balance of power in the Caribbean, 1740–1748', *HAHR*, 69:3, 1969, p. 479.

73 Schurz 1939, p. 337.

74 下文主要引自 Goodman 1972, chap. XI。

75   Lafuente and Mazuecos, p. 195.

76   Ibid., p. 98.

77   Ibid., p. 68.

78   Ibid., pp. 221–222.

79   See the informative chapter on 'La gloria nacional', in ibid., pp. 195–235.

80   Cf. Karel Davids, 'Openness or secrecy? Industrial espionage in the Dutch Republic', *JEEH*, 24, ii, Fall 1995.

81   M. A. Echevarría, *La diplomacia secreta en Flandes 1598–1643*, Leioa 1984; cf. Stradling 1992, p. 21 n.13.

82   José P. Merino Navarro, *La Armada española en el siglo XVIII*, Madrid 1981, pp. 49–53, 68–71.

83   Ibid., pp. 100–102.

84   Quoted in Lafuente and Mazuecos, p. 232.

85   Folmer, p. 307.

86   J. R. McNeill, *Atlantic empires of France and Spain. Louisbourg and Havana, 1700–1763*, Chapel Hill 1985, p. 245 n.123.

87   David Syrett, ed., *The siege and capture of Havana 1762*, London 1970, p. xix.

88   J. R. McNeill, p. 104; Syrett, p. xxxv.

89   Nicholas Tracy, *Manila ransomed. The British assault on Manila in the Seven Years War*, Exeter 1995, p. 17.

90   Schurz 1939, pp. 37, 42.

91   Phelan 1959, pp. 145–147.

92   J. Kathirithamby-Wells, in Tarling, p. 561.

93   Nicholas P. Cusher, *Documents illustrating the British conquest of Manila 1762–1763*, London 1971, p. 118.

94   Schurz 1939, pp. 339–340.

95   David F. Marley, 'The Great Galleon: the Santisima Trinidad (1750–65)', *PS*, 41 (1993).

96   Folmer, p. 310.

97   Weber, p. 201.

98   Cook 1973, p. 49.

99   努特卡事件（1789年）是俄罗斯帝国、西班牙帝国和盎格鲁-撒克逊帝国历史上的一个关键时刻，但这已经超出了本书所讨论的范畴。

第十一章　结论：皮萨罗的沉默

1　Rasler and Thompson, *The Great Powers*(cited in chap. i, n. 46), p. 6，认为只有四个帝国具有"卓越国家"的地位，它们分别是葡萄牙、荷兰、英国和美国。

2　George Modelski and William R. Thompson, *Seapower in global politics, 1494–1993*, London 1988, pp. 56, 174, 267.

3　Rasler and Thompson, p. 7.

4　事实上，葡萄牙人和他们在新世界和亚洲的帝国，已经被以维托里诺·马加尔海·戈迪尼奥（Vitorino Magalhaes Godinho）和查尔斯·博克瑟（Charles Boxer）为首的一大批杰出历史学家精辟而详尽地研究过。葡萄牙人在西班牙帝国中所扮演的角色则较少受到关注。

5　Arco y Garay, pp. 38–40.

6　Both quoted in Stradling 1994, pp. 253–254.

7　Thompson 1992, chap. IV p. 13.

8　Stradling 1992, pp. 120–127.

9　这一段是对这部作品主要论点的总结：Hopkins, 'Back to the future', p. 205。

10　关于现代早期欧洲的社区主义，参见我的 *Early modern European society*, London 2000, pp. 9–14。

11　Cf the perceptive presentation in Chapter 1 of Pagden 1990.

12　对拉斯·卡萨斯这个备受崇拜的人物的过度关注，往往会扭曲我们对西班牙人在美洲真实言行的认知。

13　Richard Herr, in *New York Times*, Book Review, 1 July 2001, p. 21.

14　R. R. Davies, 'Language and historical mythology', TRHS, 6 ser., VII, p. 15

15　Cited by M. Fernández Alvarez, *Tres embajadores de Felipe II enInglaterra*, Madrid 1951, p. 143.

16　Fernand Braudel, *Autour de la Méditerranée*, Paris 1996, p. 71.

17　Kamen 1993, p. 218.

18　Kamen 1997, p. 221.

19　Ochoa, V, 610.

20　Kamen 1997, p. 220.

21　Cf. J. Israel, 'The Jews of Spanish Oran', in Israel 1997, pp. 221–224.

22　Essen 1944, p. 141.

23　Gutiérrez, pp. 195–206，是诸多可被引用说明的案例之一。

24　Didier Ozanam, 'La diplomacia de los primeros Borbones (1714–1759)',

Cuadernos de Investigación Histórica, no. 6, p. 182.

25　接下来的事件见 Herrero Sánchez, p. 163。

26　省议会议长（Pensionary）是荷兰省的首席行政官。

27　Alonso de Sandoval, *De Instaurando Aethiopum salute*, Seville 1627, in a modern edition by Enriqueta Vila Vilar, as *Un tratado sobre la esclavitud*, Madrid 1987, p. 381.

28　Wachtel, p. 71.

29　Cf. the essay by J. Goody and I. Watt, 'The consequences of literacy', first published in 1962 and reprinted in P. P. Giglioli, ed., *Language and social conflict*, Harmondsworth 1972.

30　Wachtel, p. 73.

31　Milagros Ezquerro, 'L'identité paraguayenne au peril du bilinguismeespagnol-guarani', in Milagros Ezquerro, ed., *Identité et altérité*, Caen 1994, p. 90.

32　Cf. Frank Salomon, 'Chronicles of the impossible', in Rolena Adorno,ed., *From oral to written expression: native Andean chronicles of the early colonial period*, Syracuse 1982, p. 32: Guaman, he says, 'tries to speak through two qualitatively different systems of thought at the same time'.

33　Cited by Manuel Alvar, 'Lengua, imágenes y cambio cultural en América', *Torre de Lujanes*, 42, Oct 2000, p. 84.

34　Alonso de Zorita, *The Lords of New Spain*, ed. Benjamin Keen, Rutgers 1963, p. 125.

35　Serge Gruzinski, *The Conquest of Mexico. The incorporation of Indian societies into the western world, 16th to 18th centuries*, Cambridge 1993, p. 59.

36　Gruzinski, p. 91.

37　Quoted in Pagden 1990, p. 58.

38　Cited in Green, III, 84.

39　Cf. Ochoa, IV, 502.

40　Essen 1933, II, 36.

41　至少在我数年前造访那里时还是空荡荡的。

42　Polišenský 1978, p. 32.

43　参见前沿研究 Otto Brunner, *Neue Wege der Sozialgeschichte*, Gottingen 1956。

44　*L'Age d'Or de l'Influence espagnole. La France et l'Espagne á l'époqued'Anne d'Autriche 1615–1666*, Paris 1991, p. 51.

45　M. J. Martinez Alcalde, *Las ideas lingüísticas de Gregorio Mayáns*, Valencia

1992, pp. 243–244.

46 Furber, p. 298.

47 C. R. Boxer, *The Portuguese Seaborne Empire 1415–1825*, Harmondsworth 1973, p. 128.

48 J. S. Cummins, *A question of rites. Friar Domingo Navarrete and the Jesuits in China*, Aldershot 1993, p. 210.

49 López-Baralt, p. 303.

50 MacCormack, p. 348.

51 P. Van der Loon, 'The Manila incunabula and early Hokkien studies', *Asia Major*, XII, 1966, p. 30.

52 Quoted in Edward Glaser, *Estudios Hispano-Portugueses. Relaciones litera-rias del Siglo de Oro*, Madrid 1957, pp. v–vii.

53 Vicente L. Rafael, *Contracting colonialism. Translation and Christian conversion in Tagalog society under early Spanish rule*, Ithaca 1988, p. 26.

54 Vicente Rafael 的研究堪称相关研究的最佳。

55 Cf. MacCormack, p. 407. 我在英属印度的生活经历与此相似。英国人学会了说一种叫作印度斯坦语的混合语言，借此建立了基本的交流，但也仅此而已。

56 Hillgarth, p. 48.

57 Kamen 1980, p. 8.

58 Gutiérrez, p. 182.

59 As explored in the rich volumes of Donald Lach, *Asia in the making of Europe*, 3 vols, Chicago 1965–1993.

60 Cf. Jonathan D. Sauer, 'Changing perception and exploitation of New World plants in Europe, 1492–1800', in F. Chiapelli, ed., *First images of America: the impact of the New World on the Old*, 2 vols, Berkeley 1976, II, 813–832.

61 Hillgarth, p. 73.

62 Kamen 1980, pp. 313, 319.

63 Ibid., p. 322.

64 一个反复出现的对策是将造成西班牙文化孤立的责任推给宗教裁判所。

65 参见上文第四章。

66 Mannheim p. 71.

67 Federico Suarez, *El proceso de la convocatoria a Cortes (1808–1810)*, Pamplona 1982, p. 410.

68 For all these quotations, Timothy E. Anna, 'Spain and the breakdown of the

Imperial Ethos', in Armitage, pp. 326, 328.

69   Cf. J. M. López Piñero et al., *Materiales para la historia de las ciencias en España, s.XVI-XVII*, Valencia 1976.

70   Isaba, pp. 216–217.

71   Quoted in Henri Lonchay, *La rivalité de la France et de l'Espagne aux Pays-Bas 1635–1700*, Brussels 1896, p. 26.

72   BL Add. 28399 ff. 7–9.

73   Croce, p. 145. Serra 的观点似乎也与当前关于"全球化"的辩论有关。

74   Mario Rizzo, 'Lo Stato di Milano nell'eta di Filippo II', in Elena Brambilla and Giovanni Muto, *La Lombardia spagnola*, Milan 1997, p. 381. 还可参见 Romano Canosa, *Milano nel Seicento. Grandezza e miseria nell'Italia spagnola*, Milan 1993："纯正意大利精神（好）和西班牙文化的主导地位（坏）之间的简单对比已不再被接受。"

75   Cf. the comments of Bartolome Yun, 'La economia castellana en el sistema político imperial en el siglo XVI', in Aurelio Musi, ed., *Nel sistema imperiale: I'Italia spagnola*, Naples 1994, pp. 217–219.

76   Alejandro Ramírez, *Epistolario de Justo Lipsio y los españoles (1577–1606)*, St Louis 1967, pp. 337, 402.

77   Otte 1988, p. 57.

78   Ibid., p. 562.

79   Rubens, p. 207.

80   Weber, p. 263.

81   Quoted in Stradling 1994, p. 204.

82   Lockhart and Otte, p. 6. 8 000 人的数字当然是夸大了。但即使是这个数字的一半，也相当于 2001 年 9 月 11 日恐怖分子在纽约于同一时间段内谋杀的人数。

83   几乎是 4 年前巴黎圣巴托罗缪大屠杀中死亡人数的 3 倍，cf. Motley, p. 640。